# 公路、铁路工程现场试验检测技术手册

侯永生　吴瑞祥　朱冀军　刘志强　编著

中国铁道出版社

2012年·北京

**图书在版编目(CIP)数据**

公路、铁路工程现场试验检测技术手册/侯永生编著
北京:中国铁道出版社,2012.5
ISBN 978-7-113-14260-5

Ⅰ.①公… Ⅱ.①侯… Ⅲ.①道路工程—试验—技术手册
②道路工程—检测—技术手册③铁路工程—试验—技术手册
④铁路工程—检测—技术手册 Ⅳ.①U41-62②U21-62

中国版本图书馆CIP数据核字(2012)第026367号

**书　　名**:公路、铁路工程现场试验检测技术手册
**作　　者**:侯永生　吴瑞祥　朱冀军　刘志强

---

**责任编辑**:曹艳芳　　**编辑部电话**:010-51873017　　**电子信箱**:chengcheng0322@163.com
**编辑助理**:江新照　张　浩
**封面设计**:崔丽芳
**责任校对**:孙　玫
**责任印制**:郭向伟

---

**出版发行**:中国铁道出版社(100054,北京市西城区右安门西街8号)
**网　　址**:http://www.tdpress.com
**印　　刷**:三河市华丰印刷厂
**版　　次**:2012年5月第1版　2012年5月第1次印刷
**开　　本**:787 mm×1 092 mm　1/16　印张:28.25　字数:717千
**书　　号**:ISBN 978-7-113-14260-5
**定　　价**:75.00元

---

# 前　言

“十一五”期间,全国建筑业年完成总产值达9.5万亿元,增加值年均20.6%;建筑业增加值占国内生产总值的比重保持在6%左右,成为拉动国民经济发展的重要产业,在国民经济中的支柱地位不断加强。国家“十二五规划”提出,全国建筑业总产值、建筑业增加值年均增长15%以上;C60以上的混凝土用量达到总用量10%,HRB400以上钢筋用量达到总用量45%,钢结构工程比例增加;完善法规制度和标准规范,建立健全施工图审查、质量监督、质量检测、竣工验收备案、质量保修、质量保险、质量评价等工程质量法规制度。

随着建筑业的发展,作为建设工程质量控制一部分的试验检测工作的重要性也越来越突出,而作为试验检测工作的基础环节,工程现场试验检测的工作质量直接关系着工程实体质量的最终实现。

近年来,不严格执行工程建设强制性标准规范等情况较为普遍,工程质量安全事故时有发生。另一方面,随着技术进步,建筑行业的标准规范修订频繁,主要材料标准、施工规范近半数进行了修订,这些标准的宣贯对施工质量的保证起着极大的作用。本书根据最新现行标准为依据进行编制,给现场试验人员带来最新现行标准规范要求。

建筑业从业人员流动性较大,尤其是试验检测人员,随着其参与检测工作的深入,熟练试验人员大都上升到一定管理岗位或进行转岗,现场试验人员大多是刚刚接触试验检测工作的新员工,对试验检测知识和工作程序不熟悉,而现场试验人员的工作质量直接关系到工程质量的保证。本书旨在为广大现场试验人员提供基本的基础性试验检测知识,指导实际工作。

为增加可查阅性及条理性,对涉及工程材料部分知识按以下十个方面进行编写:概述、执行标准、相关标准、性能指标、验收批量、取样方法、样品数量、检测项目、质量评定、使用注意事项。对涉及现场试验部分知识按以下九个方面进行编写:试验目的、适用范围、试验原理、执行标准、仪器设备、试验准备、试验步骤、数据处理、试验注意事项。对涉及配合比设计部分知识,按以下十个方面进行编写:设计目的、适用范围、设计原理、执行标准、相关标准、设计准备、设计内容、检测项目、试配调整、设计注意事项。

本书共分为六章,第一章试验检测的组织与运行,主要介绍公路、铁路行业试验检测相关的法律法规,组织机构、人员、设备、检测能力的配置与管理,试验管理制度和管理程序等。第二章路基工程材料及现场检测,主要介绍公路、铁路路基填料的种类与要求,路基结构材料及路基现场试验。第三章桥涵工程材料及现场试验,主要介绍桥涵工程金属材料、预应力材料、桥梁支座以及桥梁工程现场相关试验检测。第四章隧道工程材料及现场试验,主要介绍隧道工程用材料及相关试验与检测。第五章路面工程材料及现场试验,主要介绍路面基层、表层材料,沥青混凝土、水泥混凝土配合比设计,以及路面工程常用现场试验检测。第六章轨道工程材料及现场试验,分别从无砟轨道和有砟轨道两个方面介绍轨道工程用材料及现场试验。

对本书引用的国家相关法律、法律性文件、规章标准等,因行业熟知的关系,故均采用简称。例如,《中华人民共和国建筑法》,简称为《建筑法》,……。

本书在编写过程中得到河北省道路结构与材料工程技术研究中心的大力帮助,在此深表感谢!

由于书中涉及面广、内容较多,编者知识与经验有限,不足和错误之处,敬请指正。

2011 年 12 月

# 目　录

# 第一章　试验检测的组织与运行

## 第一节　试验检测相关法律法规

法律法规架构按其立法权限分为5个层次:法律、行政法规、部门规章、地方性法规和地方规章。与试验检测相关的法律法规也分这5个层次。

### 一、法　　律

法律是由全国人民代表大会及其常务委员会审议通过,以中华人民共和国主席令形式颁布的权利和义务的规范性文件。与试验检测相关的法律有以下几部。

《建筑法》第五十九条　建筑施工企业必须按照工程设计要求、施工技术标准和合同的约定,对建筑材料、建筑构配件和设备进行检验,不合格的不得使用。

《计量法》第二条　在中华人民共和国境内,建立计量基准器具、计量标准器具,进行计量检定,制造、修理、销售、使用计量器具,必须遵守本法。

《计量法》第三条　国家采用国际单位制。国际单位制计量单位和国家选定的其他计量单位,为国家法定计量单位。国家法定计量单位的名称、符号由国务院公布。非国家法定计量单位应当废除。废除的办法由国务院制定。

《计量法》第八条　企业、事业单位根据需要,可以建立本单位使用的计量标准器具,其各项最高计量标准器具经有关人民政府计量行政部门主持考核合格后使用。

《计量法》第九条　县级以上人民政府计量行政部门对社会公用计量标准器具,部门和企业、事业单位使用的最高计量标准器具,以及用于贸易结算、安全防护、医疗卫生、环境监测方面的列入强制检定目录的工作计量器具,实行强制检定。未按照规定申请检定或者检定不合格的,不得使用。实行强制检定的工作计量器具的目录和管理办法,由国务院制定。对前款规定以外的其他计量标准器具和工作计量器具,使用单位应当自行定期检定或者送其他计量检定机构检定,县级以上人民政府计量行政部门应当进行监督检查。

《计量法》第二十七条　使用不合格的计量器具或者破坏计量器具准确度,给国家和消费者造成损失的,责令赔偿损失,没收计量器具和违法所得,可以并处罚款。

《计量法》第二十八条　制造、销售、使用以欺骗消费者为目的的计量器具的,没收计量器具和违法所得,处以罚款;情节严重的,并对个人或者单位直接责任人员依照刑法有关规定追究刑事责任。

《产品质量法》第二条　在中华人民共和国境内从事产品生产、销售活动,必须遵守本法。本法所称产品是指经过加工、制作,用于销售的产品。建设工程不适用本法规定;但是,建设工程使用的建筑材料、建筑构配件和设备,属于前款规定的产品范围的,适用本法规定。

《产品质量法》第十二条　产品质量应当检验合格,不得以不合格产品冒充合格产品。

《产品质量法》第十三条　可能危及人体健康和人身、财产安全的工业产品,必须符合保障人体健康和人身、财产安全的国家标准、行业标准；未制定国家标准、行业标准的，必须符合保障人体健康和人身、财产安全的要求。禁止生产、销售不符合保障人体健康和人身、财产安全的标准和要求的工业产品。具体管理办法由国务院规定。

《产品质量法》第十九条　产品质量检验机构必须具备相应的检测条件和能力，经省级以上人民政府产品质量监督部门或者其授权的部门考核合格后，方可承担产品质量检验工作。法律、行政法规对产品质量检验机构另有规定的，依照有关法律、行政法规的规定执行。

《产品质量法》第二十条　从事产品质量检验、认证的社会中介机构必须依法设立，不得与行政机关和其他国家机关存在隶属关系或者其他利益关系。

《产品质量法》第二十一条　产品质量检验机构、认证机构必须依法按照有关标准，客观、公正地出具检验结果或者认证证明。产品质量认证机构应当依照国家规定对准许使用认证标志的产品进行认证后的跟踪检查；对不符合认证标准而使用认证标志的，要求其改正；情节严重的，取消其使用认证标志的资格。

《产品质量法》第五十七条　产品质量检验机构、认证机构伪造检验结果或者出具虚假证明的，责令改正，对单位处五万元以上十万元以下的罚款，对直接负责的主管人员和其他直接责任人员处一万元以上五万元以下的罚款；有违法所得的，并处没收违法所得；情节严重的，取消其检验资格、认证资格；构成犯罪的，依法追究刑事责任。

产品质量检验机构、认证机构出具的检验结果或者证明不实，造成损失的，应当承担相应的赔偿责任；造成重大损失的，撤销其检验资格、认证资格。产品质量认证机构违反本法第二十一条第二款的规定，对不符合认证标准而使用认证标志的产品，未依法要求其改正或者取消其使用认证标志资格的，对因产品不符合认证标准给消费者造成的损失，与产品的生产者、销售者承担连带责任；情节严重的，撤销其认证资格。

## 二、行政法规

行政法规是国务院为领导和管理国家各项行政工作，根据宪法和法律，并且按照《行政法规制定程序暂行条例》的规定而制定的政治、经济、教育、科技、文化、外事等各类法规的总称。行政法规由国务院依法制定或批准以国务院令的形式颁布。行政法规的具体名称有条例、规定和办法。对某一方面的行政工作作比较全面、系统的规定，称“条例”；对某一方面的行政工作作部分的规定，称“规定”；对某一项行政工作作比较具体的规定，称“办法”。它们之间的区别是：在范围上，条例、规定适用于某一方面的行政工作，办法仅用于某一项行政工作；在内容上，条例比较全面、系统，规定则集中于某个部分，办法比条例、规定要具体得多；在名称使用上，条例仅用于法规，规定和办法在规章中也常用到。与试验检测相关的行政法规如下。

《计量法实施细则》第十条　企业、事业单位建立本单位各项最高计量标准，须向与其主管部门同级的人民政府计量行政部门申请考核。乡镇企业向当地县级人民政府计量行政部门申请考核。经考核符合本细则第七条规定条件并取得考核合格证的，企业、事业单位方可使用，并向其主管部门备案。

《计量法实施细则》第十一条　使用实行强制检定的计量标准的单位和个人，应当向主持考核该项计量标准的有关人民政府计量行政部门申请周期检定。

使用实行强制检定的工作计量器具的单位和个人，应当向当地县（市）级人民政府计量行政部门指定的计量检定机构申请周期检定。当地不能检定的，向上一级人民政府计量行政部门指定的计量检定机构申请周期检定。

《计量法实施细则》第十二条　企业、事业单位应当配备与生产、科研、经营管理相适应的计量检测设施，制定具体的检定管理办法和规章制度，规定本单位管理的计量器具明细目录及相应的检定周期，保证使用的非强制检定的计量器具定期检定。

《计量法实施细则》第三十二条　为社会提供公证数据的产品质量检验机构，必须经省级以上人民政府计量行政部门计量认证。

《计量法实施细则》第三十三条　产品质量检验机构计量认证的内容

（一）计量检定、测试设备的性能；

（二）计量检定、测试设备的工作环境和人员的操作技能；

（三）保证量值统一、准确的措施及检测数据公正可靠的管理制度。

《计量法实施细则》第三十四条　产品质量检验机构提出计量认证申请后，省级以上人民政府计量行政部门应指定所属的计量检定机构或者被授权的技术机构按照本细则第三十三条规定的内容进行考核。考核合格后，由接受申请的省级以上人民政府计量行政部门发给计量认证合格证书。未取得计量认证合格证书的，不得开展产品质量检验工作。

《计量法实施细则》第三十五条　省级以上人民政府计量行政部门有权对计量认证合格的产品质量检验机构，按照本细则第三十三条规定的内容进行监督检查。

《计量法实施细则》第三十六条　已经取得计量认证合格证书的产品质量检验机构需新增检验项目时，应按照本细则有关规定，申请单项计量认证。

《计量法实施细则》第五十五条　未取得计量认证合格证书的产品质量检验机构，为社会提供公证数据的，责令其停止检验，可并处一千元以下的罚款。

《建设工程质量管理条例》第二十九条　施工单位必须按照工程设计要求、施工技术标准和合同约定，对建筑材料、建筑构配件、设备和商品混凝土进行检验，检验应当有书面记录和专人签字；未经检验或者检验不合格的，不得使用。

《建设工程质量管理条例》第三十一条　施工人员对涉及结构安全的试块、试件以及有关材料，应当在建设单位或者工程监理单位监督下现场取样，并送具有相应资质等级的质量检测单位进行检测。

《建设工程质量管理条例》第六十五条　违反本条例规定，施工单位未对建筑材料、建筑构配件、设备和商品混凝土进行检验，或者未对涉及结构安全的试块、试件以及有关材料取样检测的，责令改正，处10万元以上20万元以下的罚款；情节严重的，责令停业整顿，降低资质等级或者吊销资质证书；造成损失的，依法承担赔偿责任。

### 三、部门规章

部门规章是国务院各部门、各委员会、审计署等根据法律和行政法规的规定和国务院的决定，在本部门的权限范围内制定和发布的调整本部门管理范围内的规范性文件。主要形式是命令、指示、办法、规章等。与试验检测相关的部门规章主要有以下几项。

(1)《建设工程质量检测管理办法》(建设部2005年第141号令)，具体内容详见附录A。

(2)《公路水运工程试验检测管理办法》(交通部2005年第12号令)，具体内容详见附录B。

(3)《水利工程质量检测管理规定》(水利部2008年第36号令)，具体内容详见附录C。

(4)《铁路建设管理办法》(铁道部令第11号，2003年10月1日实施)，具体内容详见附录D。

(5)《铁路建设工程质量管理规定》(铁道部2005年第25号令),具体内容详见附录E。

(6)《公路水运工程试验检测信用评价办法(试行)》(交质监发〔2009〕318号),具体内容详见附录F。

(7)《实验室和检查机构资质认定管理办法》(国家质量监督检验检疫总局2006年第86号),将在本章以后章节详细介绍。

(8)《关于印发〈实验室资质认定评审准则〉的通知》(国认实函〔2006〕141号),将在本章以后章节详细介绍。

(9)《关于公布〈公路水运工程试验检测机构等级标准〉及〈公路水运试验检测机构等级评定程序〉的通知》(交质监发〔2008〕274号),将在本章以后章节详细介绍。

(10)《客运专线铁路工地试验室建设管理手册》(工管工〔2009〕57号),将在本章以后章节详细介绍。

**四、地方性法规**

地方性建设法规是在不与宪法、法律、行政法规相抵触的前提下,由省、自治区、直辖市人民代表大会,以及常务委员会制定并发布,或由省、自治区人民政府所在地的市和经国务院批准的较大的市人民代表大会常务委员会制定,并报省、自治区人民代表大会常务委员会批准后施行的其效力不能及于全国,而只能在地方区域内发生法律效力的规范性法律文件。例如《江苏省工程建设管理条例》(1996年6月14日江苏省第八届人民代表大会常务委员会第二十一次会议通过;根据2002年6月22日江苏省第九届人民代表大会常务委员会第三十次会议《关于修改〈江苏省工程建设管理条例〉的决定》第一次修正;根据2003年4月21日江苏省第十届人民代表大会常务委员会第二次会议《关于修改〈江苏省工程建设管理条例〉的决定》第二次修正;根据2004年8月20日江苏省第十届人民代表大会常务委员会第十一次会议《关于修改〈江苏省工程建设管理条例〉的决定》第三次修正)。

**五、地方规章**

地方建设规章是由省、自治区人民政府所在地的市,以及经国务院批准的较大的市人民政府,根据法律和国务院的行政法规制定并发布的建设方面的规章。例如《关于印发〈北京市建设工程质量检测管理若干规定〉的通知》(京建质〔2007〕1137号)。

**六、标准规范**

国家标准、行业标准、地方标准是根据《标准法》制定并在相应范围内执行的规定,有些还是强制性规定。标准规范严格意义上讲不属于法律、法规的范畴,类似于部门规章。如果法律、法规规定应当达到标准要求的,标准就有了法律效力。与试验检测管理相关的标准规范有:

(1)《检测和校准实验室能力的通用要求》(GB/T 27025—2008);

(2)《铁路建设项目工程试验室管理标准》(TB 10442—2009);

(3)《建筑工程检测试验技术管理规范》(JGJ 190—2010);

(4)《建设工程检测试验管理规程》(DB11/T 386—2006)。

此外,试验检测还需要大量的产品技术标准、检测方法标准、设计、施工规范等标准规范。特殊情况下还需由用户提供检测要求。

## 第二节　组 织 机 构

### 一、组织机构类型

1. 母体组织机构类型

目前,服务于公路、铁路工程施工现场的试验检测机构主要来源于两种母体检测机构。一种是建筑施工企业的内部试验室。这种模式是当前作为施工现场试验室母体检测机构的主要形式,一般是经过 CMA 计量认证和各行业试验检测管理部门资质等级认定,具有出具检测数据的资格,但一般作为企业内部试验检测的管理部门,承担企业内部承揽工程的试验检测任务和施工现场试验室的授权与管理,不承担商业化市场检测业务,没有独立企业运作的理念。另一种是以独立法人检测公司成立的试验检测公司。它同样经过 CMA 计量认证和各行业试验检测管理部门资质等级认定,具有出具检测数据的资格,主要承担商业化市场检测业务,也接受工程施工方或业主委托,建立施工现场试验室。

前一种模式的优点是,试验管理与施工方企业管理文化相一致,有利于试验与相关部门对工程的协调管理,缺点是来自于行政管理方面干扰的可能性大,不利于试验检测的公正性与第三方性质。后一种模式的试验室正好可避免前一种模式的缺点,有利于检测的第三方公正性,但试验对工程施工过程的控制管理相对要弱一些。

2. 现场试验检测组织机构

建设工程的现场试验检测管理是项目经理部的一项重要职责,项目经理部均设置与工程技术管理、安全质量管理、物资设备管理等部门平行的现场试验管理机构。依据施工现场是否设置现场试验室的不同,项目现场试验管理机构的设置也稍有不同,对设置现场试验室的项目经理部,现场试验管理机构的设置可参照如图 1－2－1 所示形式组织。其行政管理归属项目经理部,业务上受上级授权检测机构管理与指导。

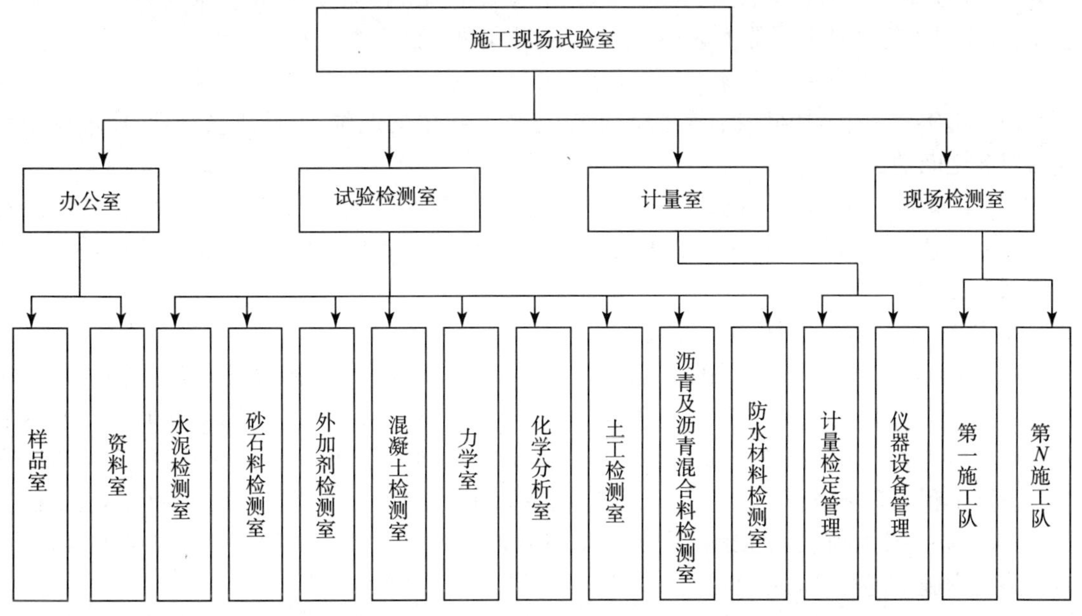


图 1－2－1　施工现场试验室组织机构图

## 二、组织机构设置要求

1. 组织机构设置基本要求

《实验室和检查机构资质认定管理办法》(国家质量监督检验检疫总局令第86号)对试验检测组织机构作出了具体规定,相关条款如下。

第十三条　实验室和检查机构应当依法设立,保证客观、公正和独立地从事检测、校准和检查活动,并承担相应的法律责任。

第十七条　实验室和检查机构应当建立能够保证其公正性、独立性和与其承担的检测、校准和检查活动范围相适应的质量体系,按照认定基本规范或者标准制定相应的质量体系文件并有效实施。

第二十六条　实验室和检查机构及其人员应当独立于检测、校准和检查数据和结果所涉及的利益相关各方,不受任何可能干扰其技术判断的因素的影响,并确保检测、校准和检查的结果不受实验室和检查机构以外的组织或者人员的影响。

第二十七条　实验室和检查机构的人员不得与其从事的检测、校准和检查项目以及出具的数据和结果存在利益关系;不得参与任何有损于检测、校准和检查判断的独立性和诚信度的活动;不得参与与检测、校准和检查项目或者类似的竞争性项目有关系的产品的设计、研制、生产、供应、安装、使用或者维护活动。

第二十八条　实验室和检查机构从事与其控股股东生产、经营的同类产品或者有竞争性的产品的检测、校准和检查活动时,应当建立保证其检测、校准和检查活动的独立性和公正性的质量体系及其文件,明确本机构的职责、责任和工作程序,并与其控股股东从事的设计、研制、生产、供应、安装、使用或者维护等活动完全分开。

在《关于印发〈实验室资质认定评审准则〉的通知》(国认实函〔2006〕141号)文件中对试验机构进一步作了细致要求。

(1)实验室一般为独立法人;非独立法人的实验室需经法人授权,能独立承担第三方公正检验,独立对外行文和开展业务活动,有独立账目和独立核算。

(2)实验室管理体系应覆盖其所有场所进行的工作。

(3)实验室应明确其组织和管理结构、在母体组织中的地位,以及质量管理、技术运作和支持服务之间的关系。

(4)实验室最高管理者、技术管理者、质量主管及各部门主管应有任命文件,独立法人实验室最高管理者应由其上级单位任命;最高管理者和技术管理者的变更需报发证机关或其授权的部门确认。

2. 公路工程试验检测机构设置要求

《公路水运工程试验检测管理办法》(交通部2005年第12号令)依据检测机构的公路水运工程试验检测水平、主要试验检测仪器设备及检测人员的配备情况、试验检测环境等基本条件对检测机构划分为公路工程和水运工程专业两个系列。公路工程专业分为综合类和专项类。公路工程综合类设甲、乙、丙3个等级。公路工程专项类分为交通工程和桥梁隧道工程。

《关于进一步加强公路水运工程工地试验室管理工作的意见》(厅质监字〔2009〕183号)对公路工程施工现场试验室作了如下规定。

(1)需设立工地试验室的公路水运工程建设项目,建设单位应在招标文件、合同文件中明确工地试验室的检测能力、人员、仪器设备配备要求,督促中标单位保证工地试验室的投入,加强对工地试验室试验检测工作的监督检查，按照《公路水运工程试验检测信用评价办法》的要求开展对工地试验室和试验检测人员的信用评价工作。

(2)施工单位、监理单位应根据工程质量安全管理需要或合同约定，在工程现场可自行设立工地试验室，也可委托第三方试验检测机构设立工地试验室，设立工地试验室的母体均应具有相应的"公路水运试验检测机构等级证书"(以下简称等级证书)。

建设单位也可通过招标等方式直接委托具有等级证书和"计量认证证书"(以下简称计量证书)的第三方试验检测机构设立工地试验室，承担工程建设项目监理的全部或部分试验检测工作。

任何单位不得干预工地试验室独立、客观地开展试验检测活动。

(3)设立工地试验室的母体试验检测机构，应当在其等级证书核定的业务范围内，根据工程现场管理需要或合同约定，对工地试验室进行授权。授权内容包括工地试验室可开展的试验检测项目及参数、授权负责人、授权工地试验室的公章、授权期限等。"公路水运工程工地试验室设立授权书"应加盖母体试验检测机构公章及等级专用标识章。

(4)工地试验室设立实行登记备案制。经试验检测机构授权设立的工地试验室，应当填写"公路水运工程工地试验室备案登记表"，经建设单位初审后报送项目质监机构登记备案，质监机构对通过备案的工地试验室出具"公路水运工程工地试验室备案通知书"。

工地试验室被授权的试验检测项目及参数或试验检测持证人员进行变更的，应当由母体试验检测机构报经建设单位同意后，向项目质监机构备案。

(5)母体试验检测机构应加强对授权工地试验室的管理和指导，根据工程现场管理需要或合同约定，合理配备工地试验室试验检测人员和仪器设备，并对工地试验室试验检测结果的真实性和准确性负责。

(6)工地试验室应按照母体试验检测机构质量管理体系的要求，建立完整的试验检测人员档案、仪器设备管理档案和试验检测业务档案，严格按照试验检测规程操作，并做到试验检测台账、仪器设备使用记录、试验检测原始记录、试验检测报告相互对应。试验检测报告签字人必须是持证的试验检测人员。

工地试验室试验检测环境(包括所设立的养护室、样品室、留样室等)应满足试验检测规程要求和试验检测工作需要。

鼓励工地试验室推行标准化、信息化管理。

(7)工地试验室应在母体试验检测机构授权的范围内，为工程建设项目提供试验检测服务，不得对外承揽试验检测业务。

工地试验室出具的试验检测报告应加盖工地试验室印章，印章包含的基本信息有：母体试验检测机构名称 + 建设项目标段名称 + 工地试验室。

(8)工地试验室实行授权负责人责任制。工地试验室授权负责人对工地试验室运行管理工作和试验检测活动全面负责，授权负责人必须是母体试验检测机构委派的正式聘用人员，且须持有试验检测工程师证书。

(9)母体试验检测机构应制定工地试验室授权负责人管理制度，对其工作进行监督管理。

(10)工地试验室授权负责人变更，需由母体试验检测机构提出申请，经项目建设单位同意后报项目质监机构备案。擅自离岗或同时任职于两家及以上工地试验室，均视为违规行为，按照《公路水运工程试验检测信用评价办法》予以扣分。

3. 铁路工程试验检测机构设置要求

铁道部工管工[2009]57号文件《客运专线铁路工地试验室建设管理手册》和《铁路建设项目工程试验室管理标准》(TB 10442—2009)对铁路工程施工现场试验室的设置进行了规定。

(1)铁路建设项目工程试验室管理工作应在建设单位统一组织下实施。建设单位可不设试验室。施工单位、监理单位应根据项目规模分别建立试验室。设计单位必要时进行独立的试验检测工作。施工和监理单位的工地试验室应为独立部门,直接受项目总工和总监领导,业务上受母体单位指导。

(2)铁路建设项目工程试验室应是通过资质认定的母体试验室派出机构,其试验检测工作应在母体试验室资质认定的范围内。

(3)施工单位与监理单位不得相互共用同一试验室。

(4)试验室应配齐与从事试验检测活动相适应的专业技术人员和管理人员,主要人员应稳定。试验人员不得在不同建设项目或同一建设项目的不同试验室兼职。

(5)试验检测报告批准人应是母体试验室资质认定的授权签字人。

(6)试验室应建立完善的岗位责任制和各项管理制度。

(7)施工单位试验室应按中心试验室和试验分室两级设置。对规模较小的项目也可只设中心试验室。中心试验室、试验分室应是有资质的母体试验室派出机构。预制梁(板)场应单独设置试验分室;混凝土拌和站应设专职试验人员,配备必要的设施和设备,开展检测工作。中心试验室宜设在管段的中部且交通便利;试验分室的管理跨度一般在25 km以内。

(8)监理单位必须独立设置试验室。当监理标段不超过60 km时,可只设中心试验室。当标段超过80 km时,除应设中心试验室外,还应增设试验分室,每个试验分室管理跨度一般为60 km;中心试验室宜设在管段的中部且交通便利。

(9)监理单位试验室应按施工质量验收标准和合同要求开展试验检测工作。

(10)监理单位试验室应是有资质母体试验室的派出机构,其试验检测工作应在母体试验室资质认定的范围内进行。

## 三、机构职责

1. 基本职责

(1)试验鉴定各种主要工程材料的质量是否符合现行国家标准和行业标准;判定原材料、半成品、结构构件是否合格。为工程合理地选择原材料,优化原材料的组合,提高工程质量,降低工程成本。

(2)检验、测试工程的结构和构件成品、半成品的质量是否符合设计和施工的技术要求。

(3)通过现场测试及施工过程中的监督检查,控制工程施工过程质量,确保工程整体质量。

(4)监督检查主要工程材料的合理保管和正确使用;为改进施工工艺,优化施工流程,提供数据。

(5)试验研究新材料和新的测试方法,推广应用有关新技术、新工艺和新材料,不断提高测试水平,促进施工技术发展。

(6)配合设计和施工,为其提供有关试验数据和技术参数,并做好收集、统计工作。

(7)为施工提供可执行的标准数据,例如配合比、最佳含水率、最大干密度。

(8)为分析工程质量事故的原因提供佐证,为工程质量事故的处理提供依据。

2. 公路现场试验检测机构的主要职责

(1)对工地所用原材料、构件、产品等进行试验检测;严格按照有关标准规范要求进行施工过程的试验检验,禁止不合格材料流入施工现场。按照规范、规程的要求、标准、频率进行施工过程中的现场质量控制。

(2)提供结构混凝土、道路土基及路面各结构层的质量控制标准;结合施工生产,进行必要的课题研究,积极推广新材料、新工艺、新技术和新的测试方法。

(3)根据工程需要提出仪器设备的购置计划,经审批后实施。

(4)建立健全试验仪器设备台账,做好仪器设备的使用与维护保养。

(5)编制试验仪器设备的周检计划并组织实施。

(6)负责对施工现场材料检验和试验状态标识进行监督检查。

(7)对不能试验的试验项目,选定具有资质的试验单位,并委托检验。

(8)不定期对所辖工程进行抽样检查。参与工程的质量检查验收工作。

(9)做好试验原始资料的整理、保管工作,保证其真实、可靠、有效,实现可追溯性。

(10)参加有关工程质量检查及质量事故的调查分析工作。

3. 铁路工程施工单位现场试验室职责

(1)中心试验室工作职责及管理应符合下列要求:

①按照建设、监理单位的要求,结合工程项目特点,制定详细的试验、检测、过程控制等计划。及时上报各种资料。

②按母体试验室程序文件的要求,制定试验室人员的岗位责任制度,建立健全仪器设备管理制度、样品管理制度、试验检测记录管理制度、报告审核签发管理制度、试验检测安全与环保管理制度、档案资料管理制度等。

③制定试验室组织机构图、检测流程图以及质量保证体系图。

④对试验分室进行管理、检查并提供业务指导。组织本项目试验人员的业务培训工作。

⑤建立试验检测用标准台账,实行动态管理。负责试验检测资料的归档管理。

⑥制定仪器设备的检定和校准计划,做好仪器设备检定和校准工作,形成台账。

⑦在母体机构检测范围内并经授权后开展相关项目的试验检测。

⑧参与管段内试桩、路基试验段等工程试验方案的编制,并实施过程监控和确认。做好地基原位测试工作。

⑨确定委外试验项目,做好委外试验检测机构资质的选择工作。

⑩对原材料、混凝土、路基压实质量等进行抽样检测,对混凝土拌和站施工配合比及称量记录等进行抽查,形成台账。建立不合格品台账,并记录不合格品的处置情况。

(2)试验分室工作职责及管理应符合下列要求:

①接受中心试验室的管理和业务指导。

②按检定和校准计划,做好仪器设备检定和校准工作。

③建立试验检测用标准台账,并实行动态管理。

④按照授权开展的试验检测项目组织试验检测。

⑤按照铁路工程施工质量验收标准和相应规范的规定,对需要送检的项目进行取样和送检,并做好记录。

⑦建立不合格品台账,并记录不合格品的处置情况。

(3)预制梁(板)场试验分室工作职责及管理应符合下列要求:

①接受中心试验室的管理和业务指导。

②按照建设、监理单位的要求，结合工程项目特点，制定本试验室详细的试验、检测、过程控制等管理办法、岗位责任制、作业指导书等。

③按检定和校准计划，做好仪器设备检定和校准工作。

④建立试验检测用标准台账，实行动态管理。

⑤开展检测项目应经授权。

⑥负责本场全部试验检测资料的归档管理。

⑦建立不合格品台账，并记录不合格品的处置情况。

(4)混凝土拌和站试验工作应满足下列要求：

①接受中心试验室和试验分室的管理，按试验分室的要求开展工作。

②根据混凝土拌和站的工作特点，制定原材料、混凝土拌合物等试验检测工作流程。

③按检定和校准计划，做好仪器设备检定和校准工作。

④拌和站现场试验检测项目主要包括细骨料的细度模数、含泥量、泥块含量、含水率，粗骨料的级配、含泥量、泥块含量、针片状含量、含水率及混凝土坍落度、扩展度、含气量、出机温度等。

⑤做好拌和站计量系统的周期校准工作。

⑥负责本站试验检测资料的归档管理。

4. 铁路工程监理单位试验室职责

(1)监理单位中心试验室工作职责及管理应符合下列要求：

①按建设单位的要求，结合项目特点，制定详细的试验检测和过程控制等计划。及时上报各种资料。

②负责对施工单位试验分室工作条件的确认，并应在收到书面申请10个工作日内完成。负责对管段内监理委外检验的试验检测机构资质进行选择，报建设单位确认；对施工单位委外试验检测机构的资质进行确认。

③按母体试验室程序文件的要求，制定试验室人员的岗位责任制度，建立健全仪器设备管理制度、样品管理制度、试验检测记录管理制度、报告审核签发管理制度、试验检测安全与环保管理制度、档案资料管理制度等。

④制定试验室组织机构图、检测流程图以及质量保证体系图。

⑤对试验分室以及施工单位试验室进行监督、检查。组织管段内监理试验人员的业务培训工作。

⑥建立试验检测用标准台账，实行动态管理。建立不合格品台账，并记录不合格品的处置情况。

⑦制定仪器设备的检定和校准计划，做好检定和校准工作。

⑧按照标准的规定，结合工程项目的进展，对进场各种原材料、混凝土拌合物性能、实体质量等进行见证检验、平行检验等；审核配合比设计资料，及时做好记录。

⑨定期对施工单位进场的原材料、施工过程中的工序质量等进行抽样检验，做好抽查记录。

⑩完成建设单位等的委托试验。

(2)监理单位试验分室工作职责及管理应符合下列要求：

①接受中心试验室的管理和业务指导。

②按照仪器设备的检定和校准计划,做好检定和校准工作。

③监督本管段内施工单位试验室的试验检测工作。

④按照标准的规定,结合工程项目的进展,对进场各种原材料、混凝土拌合物性能、实体质量等进行见证检验、平行检验等,并做好记录。

⑤建立不合格品台账,并记录不合格品的处置情况。

## 第三节　人员及职责

### 一、人员配置要求

1. 公路工程试验室人员配置要求

试验检测组织机构与人员,按《公路水运工程试验检测机构等级标准》规定,试验检测人员配备应满足以下要求:

(1)综合甲级试验检测机构

①持试验检测人员证书总人数不少于32人。

②持试验检测工程师证书人数不少于12人。

③持证工程师专业配置:材料、公路专业分别不少于3人,桥梁、隧道、交安专业分别不少于2人。

④相关专业高级职称人数不少于6人。

⑤技术负责人应具有相关专业高级职称;持试验检测工程师证书;8年以上试验检测工作经历。

⑥质量负责人应具有相关专业高级职称;持试验检测工程师证书;8年以上试验检测工作经历。

(2)综合乙级试验检测机构

①持试验检测人员证书总人数不少于16人。

②持试验检测工程师证书人数不少于6人。

③持证工程师专业配置:材料专业不少于3人;公路专业不少于2人;桥梁专业不少于1人。

④相关专业高级职称人数不少于1人。

⑤技术负责人应具有相关专业高级职称;持试验检测工程师证书;5年以上试验检测工作经历。

⑥质量负责人应具有相关专业中级职称;持试验检测工程师证书;5年以上试验检测工作经历。

(3)综合丙级试验检测机构

①持试验检测人员证书总人数不少于7人。

②持试验检测工程师证书人数不少于3人。

③持证工程师专业配置:材料、公路、桥梁专业分别不少于1人。

④技术负责人应具有相关专业中级职称;持试验检测工程师证书;5年以上试验检测工作经历。

⑤质量负责人应具有相关专业中级职称;持试验检测工程师证书;5年以上试验检测工作经历。

(4)交通工程专项试验检测机构

①持试验检测人员证书总人数不少于22人。

②持试验检测工程师证书人数不少于10人。

③持证工程师专业配置:机电工程专业不少于6人;安全设施专业不少于4人。

④相关专业高级职称人数不少于4人。

⑤技术负责人应具有相关专业高级职称;持试验检测工程师证书;8年以上试验检测工作经历。

⑥质量负责人应具有相关专业高级职称;持试验检测工程师证书;8年以上试验检测工作经历。

(5)桥梁隧道工程专项试验检测机构

①持试验检测人员证书总人数不少于25人。

②持试验检测工程师证书人数不少于12人。

③持证工程师专业配置:材料专业不少于2人;桥梁、隧道专业分别不少于5人。

④相关专业高级职称人数不少于6人。

⑤技术负责人应具有相关专业高级职称;持试验检测工程师证书;8年以上试验检测工作经历。

⑥质量负责人应具有相关专业高级职称;持试验检测工程师证书;8年以上试验检测工作经历。

(6)临时资质的工地试验检测机构

按各省(市)交通质量监督站规定执行。

2. 铁路工程试验室人员配置要求

(1)施工单位中心试验室人员资格和管理应符合下列规定:

①中心试验室由主任、技术主管、试验人员等组成。经铁路工程试验检测专业培训合格的人员不宜少于8人,且具有工程师及以上技术职称的不应少于2人。

②中心试验室技术主管应具备工程师及以上技术职称,从事本专业工作5年以上,并经铁路工程试验检测专业培训合格。

③人员应保持稳定,不得随意更换。主要试验人员变更应向建设单位主管部门提出书面申请。

(2)施工单位试验分室人员资格和管理应符合下列规定:

①试验分室由主任、技术主管、试验人员等组成。经铁路工程试验检测专业培训合格的人员不应少于5人。

②试验分室主管应具有助理工程师及以上技术职称,从事本专业工作3年以上,并经铁路工程试验检测专业培训合格。

③人员应保持稳定,不得随意更换。技术主管变更应向监理单位主管部门提出书面申请。

(3)施工单位预制梁(板)场试验分室人员资格和管理应符合下列规定:

①预制梁(板)场试验分室由主任、技术主管、试验人员等组成。预制箱梁场经铁路工程试验检测专业培训合格的人员不应少于8人;预制T梁场经铁路工程试验检测专业培训合格的人员不应少于6人;预制板场经铁路工程试验检测专业培训合格的人员不应少于5人;预制梁(板)场试验分室具有工程师及以上技术职称的不应少于1人。

②梁(板)场试验分室技术主管应具备工程师及以上技术职称,从事本专业工作5年以

上，并经铁路工程试验检测专业培训合格。

③人员应保持稳定，不得随意更换。主要试验人员变更应向建设单位主管部门提出书面申请。

(4)施工单位混凝土拌和站经铁路工程试验检测专业培训合格的人员不少于2人。

(5)监理单位中心试验室人员资质和管理应符合下列规定：

①中心试验室由主任、技术主管、试验人员等组成。经铁路工程试验检测专业培训合格的人员不应少于6人，且具有工程师及以上技术职称的人员不应少于2人。

②中心试验室技术主管应具备工程师及以上技术职称，从事本专业工作5年以上，并经铁路工程试验检测专业培训合格。

③人员应保持稳定，不得随意更换。主要试验人员变更应向建设单位主管部门提出书面申请。

(6)监理单位试验分室人员资质和管理应符合下列规定：

①试验分室由主任、技术主管、试验人员等组成。试验分室经铁路工程试验检测专业培训合格的人员不宜少于4人。

②试验分室技术主管应具有助理工程师及以上技术职称，从事本专业工作3年以上，并经铁路工程试验检测专业培训合格。

③人员应保持稳定，不得随意更换。试验分室主管变更应向建设单位主管部门提出书面申请。

## 二、岗位设置及职责

试验检测机构的岗位设置有行政管理方面的要求，也有机构认证、技术管理方面的要求。行政管理方面设置的岗位一般有试验室主任、副主任、总工程师、部门负责人（如办公室负责人、检测室负责人、财务负责人、业务承揽负责人等）、试验人员、后勤辅助人员（如资料员、司机）等；机构认证、技术管理方面设置的岗位一般有最高管理者、技术负责人、质量负责人、检测室负责人、设备管理员、计量员、安全员、质量监督员、内审员、授权签字人等。一个试验检测机构的岗位设置可根据自身的实际情况结合两方面的要求具体设置。试验检测机构关键岗位的职责如下。

1. 最高管理者代表

(1)主持制定质量方针和质量目标，策划质量管理体系，建立和实施质量管理体系，保持质量管理体系的完整性；对管理方针和目标、管理体系的现状和适应性进行评价。

(2)负责建立适当的沟通过程，以确保质量管理体系的有效性。

(3)主持管理评审会议，按策划的时间间隔评审质量管理体系，实施管理评审，以确保其持续的适宜性、充分性和有效性，包括评价质量方针、质量目标、质量管理体系改进的机会和变更的需要。保持质量管理评审的记录。

(4)审定管理评审实施计划，批准管理手册的发布和更改，批准其他管理规章、制度及支持性文件的发布和更改。

(5)负责提供必要的各种资源支持。

(6)批准内部管理机构设置方案、基本管理制度和规章。

2. 管理者代表/主任

(1)负责贯彻执行与检测质量有关的政策、方针、法规、条例和制度。确定机构的工作方针和目标，审定、批准发展计划和工作计划。

(2)对行政及业务工作全面负责，组织、协调各部门的工作，保证工作任务的完成，对试验检测工作完成情况和试验检测工作的质量负责。履行试验检测的管理职能，开展试验检测的监督、检查和指导工作。

(3)负责考核人员的工作质量，督促试验检测作业计划的完成情况。

(4)负责建立健全质量管理体系和质量保证体系，切实保证能公正地、科学地、准确地进行各类试验检测工作。组织策划、建立、保持文件化的各个管理体系，并保持各个管理体系的有效实施。

(5)审核管理体系的管理手册、程序文件，批准程序文件的发布和更改，对程序文件的争议有裁决权。

(6)组织并全权负责管理体系运行情况的日常监督，确保管理体系自我监督机制的建立与运行，及时向最高管理者汇报各个管理体系的运行情况及绩效，以便于最高管理者对各个管理体系改进的机会和需求做出决策。

(7)策划、定期组织管理体系的内部审核，策划质量体系审核计划要点和所需的资源；审批内部审核报告，策划、组织管理评审的筹备工作。参加管理评审活动，起草管理评审报告。

(8)负责组织目标、指标和管理方案的实施和落实；对议定的改进措施实施跟踪验证；负责组织环境因素的识别、评价、控制工作；负责危险源辨识及风险评价的组织领导工作。

(9)主持事故分析会和质量分析会，督促、检查岗位责任制的执行情况；检查《质量手册》的执行情况，督促工地试验室岗位责任制的执行情况。

(10)落实保护委托人机密信息和所有权的各项措施所需的资源和责任人。

(11)负责与服务商签订服务协议，批准采购计划，负责签订分包协议合同。

(12)审批年度仪器设备送检计划、比对计划、培训计划、仪器设备购置和报废计划，批准财务预算及经费开支和使用计划。

3. 技术负责人/总工

(1)在主任领导下，全面负责技术工作，对试验检测工作在技术上、质量上把关，保证试验检测工作的科学性和公正性。

(2)贯彻执行有关技术政策和技术标准、规范、规程，全面掌握本领域试验检测技术的发展方向，制订测试技术的发展计划。对测试工作中不符合技术规范的数据有权否决，与质量负责人会商后作出重测决定。

(3)负责测试仪器设备和测试方法的完善更新，审核重要仪器设备的购置计划。

(4)审核和批准试验检测实施细则、测试规范和测试大纲，检查操作规程。

(5)深入试验检测现场，对测试工作中出现的技术问题，组织现场分析及时解决。

(6)审核、评价、签发检测报告，对报告的结论负技术责任；确定是否对已发出的报告进行更改，对需要更正的报告进行跟踪。

(7)主持各类技术会议，对发生的技术事故进行分析处理，并与有关人员一起制订防止同类事故发生的具体措施。

(8)组织监督员和质量负责人开展新工作实施前的评审活动，组织人员培训和技术交流，负责试验检测人员的技术考核。

(9)制定现场环境控制目标；建立监控措施和手段；决定实施环境隔离的应急措施；组织不确定度评定、稳定性及试验检测能力考核和结果验证工作。

(10)参与对分包试验室的质量审核;拟定分包协议/合同。

(11)对所执行的检测标准、方法的有效性负责;负责组织落实培训计划。

4. 质量保证负责人/副主任

(1)全面负责试验检测的工作质量,对试验检测工作质量把关,对质量保证体系负责,定期向主任和技术负责人报告测试工作质量情况。负责制订有关质量政策及方针。

(2)深入检测现场,检查检测程序,把好质量关,监督测试中的方法是否符合技术标准和规范。

(3)协调处理试验检测工作质量争议,具体处理质量事故,并研究、解决存在的质量问题。

(4)协同技术负责人及时组织人员学习、贯彻新颁布的技术标准、规范、规程,不断提高试验检测工作的质量水平。

(5)参与审核测试大纲,对工作中不注意质量的人员提出改正意见,对拒不服从者可令其停止测试工作,以确保测试质量。

(6)负责对测试数据进行审查以保证测试数据准确可靠;负责对原始记录、检测报告等技术资料进行检查以确保检测结果准确、可靠、完整、公正;对测试工作中突发的不正常现象,有权作出重测和作废等处置决定。

(7)参加管理评审,并向管理评审会议报告内审结果和客户要求;对议定的改进措施负责组织实施,并跟踪验证。

(8)制定能力验证/比对试验计划,组织实施能力验证/比对和内部质量控制活动。

(9)负责组织对检验中出现的偏离进行处理与核查,并提出纠正和预防措施。协助技术负责人处理质量体系运行的偏离,并提出纠正和预防措施。

(10)制定安全与环境保护措施并监督检查。

(11)编写仪器设备和标准物质的使用、维护、溯源、运行检查的作业指导书。发现仪器设备和标准物质存在缺陷时,负责对可能产生的影响进行追溯。

(12)质量负责人负责组织对分包试验室进行质量审核。

(13)组织实施对委托人抱怨的处理;按照规定的时间答复委托人调查和处理结果。

(14)对保密措施的实施进行监督检查;帮助解决纠正和预防措施中存在的反应延迟等问题;对监督检查中发现的问题及时向主任报告。

(15)负责管理各项质量申诉或抱怨,依据法律有关条文,采取相应措施。

(16)负责检查和考核《质量手册》等质量体系文件的执行情况。组织安排质量体系内审活动。召开测试质量研讨会,对测试工作中的不足之处提出意见,对其他测试人员的改进建议与技术负责人一起进行研究。

(17)组织处理重大质量责任事故。

5. 检测部门负责人

(1)负责组织测试工作。组织制定检测规范、实施细则和编制测试方案,负责组织、检查、落实所从事测试项目的准备工作(试验大纲、仪器和人员准备)与实施。组织测试人员整理数据及编写测试报告交技术质量负责人批准。

(2)认真掌握和执行所从事测试项目的有关技术标准、规范、规程和测试方法。对测试仪器设备和试验检测工作质量负责。

(3)负责检查《质量管理手册》的执行情况,并将检查情况详细记录、提出整改意见报质量负责人。

(4)负责测试中的设备和人身安全工作。

(5)参与事故分析会,处理有关的测试质量技术问题。测试中发现不正常情况,及时与质量保证负责人联系,会同技术负责人一道解决。

6. 管理部门及负责人职责

(1)协助质量负责人组织编写质量管理体系文件,负责体系文件的控制,确保质量管理体系正常运行。协助质量负责人完成内审资料的整理归档工作、运行检查、稳定性考核和验证比对的组织实施。

(2)负责管理各类文件档案及记录。负责人员技术档案的整理、归档。负责收集、整理、提供各类科技、检测技术信息。负责外来文件的收集、编号、发放,确保校准/检测现场使用的文件为有效版本。

(3)受理试验检测业务与用户协商,经主任审核后签定协议书。

(4)负责管理和维护安全和内务工作。

(5)负责对仪器设备、计算机和自动化设施的管理和维护。负责拟制消耗品的采购计划,组织对供货商资质的调查,并参与对消耗品的验收。

(6)负责制定培训规划、年度培训计划和人员考核工作。考核和检查人员的工作状况和任务完成情况。

7. 试验检测员

(1)严格遵守质量文件各项规定,掌握执行所从事测试项目的有关技术标准、规范、规程和测试方法。严格按照检测标准、规范、检测实施细则进行各项试验检测工作,确保试验检测数据的准确可靠。

(2)掌握有关计量法规及法定计量单位知识,熟悉试验检测任务和所用仪器设备的性能,熟悉并掌握有关误差理论、数字修约及数理统计方面的知识,能独立进行数据处理工作并能对计算结果准确性进行判断;按照仪器设备和标准物质的使用、维护、溯源、运行检查要求,熟练地操作仪器设备和使用标准物质。

(3)对在检样品进行管理,负责在检样品的传递、保管,按照作业指导书进行样品制备;参加测试方案的制定。

(4)按相应的检测技术规程或协议实施检测工作,整理原始记录、仪器设备记录、检测报告;按照检验原始记录编制、校对检验报告。

(5)负责记录检测环境数据及环境条件的维持;负责执行现行有效的检验标准、方法;负责对检测数据的采集、处理、记录、存储、传输检索进行控制。

(6)严格遵守安全操作规程,做到安全检测,当现场不具备安全操作条件时有权拒绝检测,有权拒绝使用不合格检测仪器或超过检定周期的仪器,有权拒绝行政的或其他方面的干预。

(7)熟悉所使用的测试仪器和被测对象,认真按要求做好试验检测记录,并科学地进行数据处理。测试工作完毕后,及时填写仪器设备操作使用、维护记录及标准品、标准溶液等领用记录,及时清理试验检测仪器设备,妥善存放和保养。

(8)工作出现的技术质量问题应及时向现场检测负责人汇报。参与各种事故的技术分析,处理测试质量的技术问题,对本人造成的事故承担相应的责任。

8. 现场试验员/取样员

(1)负责本工点试验工作的现场管理。

(2)贯彻执行国家、部、省、公司、业主、监理单位等有关计量、试验的标准、规范、规程、方法及规章制度。

(3)对工程使用的材料、混凝土及砂浆试件、工程用水、环境水、填土等应根据设计文件和有关施工技术规则和标准提前取样送试验室检验,并对样品的代表性负责。

(4)根据施工计划和工程进度,及时提出混凝土(砂浆)、防水材料等配合比选定计划,按时送试验室选定配合比。

(5)及时测定砂、石含水率,换算施工配合比,填发配料单,经主管技术负责人签证后,交付施工;记录当地气象、养护温度及冬季测温等;协同工地负责人填写混凝土(砂浆)灌注日志及试件检查报告。

(6)认真按混凝土(砂浆)施工规范的要求进行施工控制,检查拌合物拌和、运输、浇筑、震捣、养护的质量,按规定制作试件和养护,并按期送检。

(7)及时做好试验原始资料的整理和保管工作,并按监理实施细则报送驻地监理站审核。

(8)做好现场材料堆放管理及状态标识的控制。材料应分类堆放,堆放条件不得影响材料性能,状态标识应根据材料的实际情况及检验状态变化及时更新。标识内容应包括:材料名称、产地、规格型号、出厂编号、进场数量、检验情况、进场日期、拟用工程部位,做到材料实物、合格证、标识、试验报告一一对应。

(9)施工中发现违背规范规定影响质量时,有权制止施工,并及时向负责人反映,必要时可以直接向项目经理报告。

9. 质量监督员

(1)对检验全过程实施跟踪监督,了解试验检测工作目的、任务,监督检查检测用技术标准、指导性文件的有效性及使用和执行是否正确。

(2)对试验检测人员是否严格按国家、行业标准和规范规定的试验检测方法或试验检测实施细则开展检测工作进行监督;对采样人员采集样品的代表性和有效性进行监督;对环境条件、仪器设备和检测人员的操作是否符合规范要求进行监督。监督检验报告的形成、发送和归档是否按规定进行;协助技术负责人对可疑结果进行核查。

(3)参与"运行检查"和实验室间的能力验证、比对过程的控制等验证活动和内部校核工作,并参加评审。

(4)对不合格项按要求及时做好记录,轻微不合格项已纠正的记录上报。对出现在同一人、同一事的轻微不合格项并得不到纠正的记录和出现重大不合格项时应及时上报。

(5)有权制止有违真实性、有效性、正确性的任何操作活动。监督检查各部门技术职责和人员岗位责任制是否有效贯彻执行,各项检验工作是否符合质量体系文件的要求。

(6)参与质量体系文件的编制、修订工作。协助做好质量事故、质量申诉的认定、调查和处理,监督实施纠正(预防)措施。

(7)对检测人员的原始记录、数据处理和检测报告的规范化执行情况进行监督。监督检测人员的工作质量,重点监控关键设备、岗位的工作情况,及时向质量负责人报告检测工作质量情况并提出工作建议。

(8)负责对分包检验活动进行监督;负责监督环境监控的有效性;协助质量负责人对抱怨的调查。

10. 质量内审员

(1)检查与监督各项试验检测活动是否符合质量手册等质量体系文件规定,及时向质量负责人报告有关质量保证体系运行情况。

(2)参与质量体系审核,策划内审计划,并按计划要求准备、实施并报告审核工作,审定所建议的纠正措施,并使之形成文件。

(3)正当地获取和公正地评定所负责审核要素的客观证据,将审核结果形成记录,并提交审核报告及有关资料;对审核的纠正措施的完成情况进行验证。

(4)负责验证审核中不合格项所采取的纠正措施的有效性。

(5)有权建议停止有违质量文件的任何活动。

(6)参与质量申诉与质量事故的调查处理,提出纠正(预防)措施。

11. 授权签字人

(1)熟悉授权签字领域试验检验标准与测试方法。

(2)掌握仪器设备维护、定期校准或检定的规定及校准(检定)状态。

(3)熟悉试验检测结果的不确定度及其计算过程与方法。

(4)熟悉授权签字领域的记录、报告及其核查程序,对相关试验检测结果进行最终评定。

(5)在授权的试验检测项目限制范围内,审查试验检测报告的完整性、项目齐全性、依据正确性和结论的准确性。

(6)发现不符合有关规定的试验检测报告,有权要求报告编制人员改正。

(7)负责授权签字领域内试验检验报告的签发,负责对试验检测报告的解释。

12. 资料管理员

(1)负责试验室所有检测原始记录、检测报告及其他有关资料的存档管理。

(2)负责接收试验资料和有关文件,并做好登记工作。

(3)跟踪个样检测工作的全过程,发现试验质量或试验进度问题及时向主任报告。

(4)收集各试验人员送来的试验结果,打印试验报告,签名确认,妥善保管。

(5)严格遵守保密制度,不得随意复制、散发检测报告,不得泄露原始数据。

(6)严格遵守试验室制定的档案入库制度,做好分类登记工作,对各类资料的分类应科学管理,便于查找。

13. 仪器设备管理员

(1)协同检测室负责人拟定设备购置更新计划。负责新购置检测仪器设备的验收工作;负责试验检测仪器设备的维修及保养等工作。

(2)定期检查和抽查在用仪器设备的技术状况,发现不正常或损坏时,有权立即贴“停用”标志,并做好相应记录。

(3)建立详尽的仪器设备档案;保管试验检测仪器设备的维修、使用、报废记录。

(4)宣传贯彻仪器操作规程,对大型专用仪器设备指定专人保管;监督检查试验人员对仪器设备的使用及维护。

14. 样品管理员岗位

(1)在技术负责人的指导下参加样品的接收与回退。

(2)建立样品台账、档案、标识、状态的管理系统。

(3)监督样品的制备和传递,按照样品的检验要求对样品进行管理,有权制止违反样品管理程序的偏离行为,并责成当事人予以纠正。

(4)对样品的保密负责。

15. 安全监督员

(1)熟悉、掌握安全管理规定和安全处置措施的实施。

(2)对机构的人员伤害、样品、药品、设施和设备的安全实施定期检查,并对防火、防盗、易燃、易爆、有毒物品的保管与发放的检查。

(3)有权对违反安全的一切行为实施坚决的制止。

16. 计量检定员

(1)负责计量标准器具的计量检定及日常维护保养,以及标准件的定期比对、保管、发放和报废。

(2)正确使用计量标准器具、标准物质,并对它们按规定进行计量检定以保证其具备良好的技术状态。

(3)执行计量技术法规及计量器具规程或暂行校验方法,切实执行互检、互审制度,确保检定数据及结论正确。

(4)不断学习计量学知识,经常学习计量法规、规程,学习误差理论,更新知识,不断提高理论技术水平。

(5)检查各检测室在用检测仪器的周期计量检定制度的执行情况,有权制止使用不合格仪器和超检定周期的检测仪器,并将有关情况向上级报告。

### 三、人员管理

对试验检测人员的管理应贯穿于试验检测的各个环节,不仅应对试验检测人员的技能进行培训和考核,还应对试验检测人员的职业道德和工作态度进行教育监督。作为一个合格的试验检测人员,至少应做到以下基本原则。

(1)认真学习,坚决贯彻国家、部门、地方有关文件、政策法令、纪律,严格按照有关标准规范、方法进行各项测试工作,实事求是,依法办事,做到检测数据准确、结论正确无误。

(2)坚持原则,忠于职守,遵守各项规定和制度。

(3)履行职责、遵纪守法、不以权谋私、不受礼、不收贿、不参加委托方的宴请和娱乐活动。

(4)抵制任何行政干涉和经济利益影响,秉公办事,以事实和数据为依据,以标准、规范和规程为准绳,保证检测数据的真实可靠。

(5)未经许可,不准擅自抽样和违章处理试样,不私自承接检测任务、不私自检测产品,不向受检方泄漏监督检测的抽样内容和时间。

(6)严守试验室秘密和受检方技术、专利及商业机密。

## 第四节　仪 器 设 备

### 一、公路试验检测机构仪器设备配置要求

《关于公布〈公路水运工程试验检测机构等级标准〉及〈公路水运试验检测机构等级评定程序〉的通知》(交质监发〔2008〕274 号)中规定,公路工程试验检测机构仪器设备配置应达到以下要求(注:黑体字标注的仪器为强制性要求)。

1. 综合甲级试验检测机构仪器设备配置要求

(1)土:**标准筛,摇筛机,密度计,电子天平,烘箱,光电液塑限联合测定仪,自动击实仪,脱模器,CBR 试验装置(路面材料强度仪或其他荷载装置),比重瓶**,杠杆压力仪,承载板及测力装置,表面振动压实仪,三轴仪,自由膨胀率测定装置,高温炉,分析天平。

(2)集料:标准筛(砂、石筛),摇筛机,烘箱,电子天平,规准仪,游标卡尺,压碎值试验仪,压力机,洛杉矶磨耗机,加速磨光机,摆式摩擦系数测定仪,砂当量仪,李氏比重瓶,细集料棱角性测定仪,叶轮搅拌机,测长仪及配件,应力环及测试装置。

(3)岩石:压力机,电动切石机,游标卡尺,砂轮磨平机,低温试验箱,电子天平,烘箱,抽气设备。

(4)水泥:电子天平,Blaine透气仪,透气比表面积仪,水泥净浆搅拌机,标准法维卡仪,沸煮箱,雷氏夹,胶砂搅拌机,振实台,标准恒温恒湿养护箱,电动抗折试验机,恒应力压力机,凝结时间测定仪,水泥胶砂流动度测试仪,高温炉,滴定装置。

(5)水泥混凝土、砂浆:标准养护室,水泥混凝土搅拌机,振动台,压力机(材料试验机),抗折试验夹具,千分表,坍落度筒,含气量测定仪,混凝土贯入阻力仪,混凝土渗透仪,容量筒,劈裂试验夹具,冻融试验机,混凝土动弹性模量测定仪,混凝土磨耗试验机,水泥砂浆搅拌机,水泥砂浆稠度仪,水泥砂浆分层度仪,干缩养护箱,比长仪。

(6)水、外加剂:酸度计,分析天平,滴定设备,烘箱,压力机,混凝土贯入阻力仪,含气量测定仪,阳极极化仪或钢筋锈蚀测量仪。

(7)无机结合料稳定材料:自动击实仪,压力机,路面材料强度仪,脱模器,标准养护室,滴定设备,电子天平,负压筛析仪,烘箱,电炉,分析天平,高温炉,Blaine透气仪。

(8)沥青:比重瓶,分析天平,自动针入度仪,恒温水槽,烘箱,低温延度仪,软化点仪,闪点仪,薄膜烘箱,电子天平,旋转薄膜烘箱,蜡含量测定仪,真空减压毛细管黏度计,秒表,布氏旋转黏度仪,毛细管黏度计,真空泵,恩格拉黏度计,黏韧性试验仪,滤筛(1.18 mm),电极板,沥青乳液稳定性试验管,标准筛,电炉,冰箱。

(9)沥青混合料:沥青混合料拌和机,浸水天平,电子天平,烘箱,马歇尔自动击实仪,马歇尔稳定度仪,恒温水槽,脱模器,真空负压装置,轮碾成型机,车辙试验机,沥青抽提仪(或燃烧炉),标准筛,摇筛机,路面材料强度仪,恒温冰箱。

(10)钢筋(含接头):万能材料试验机,弯曲装置,游标卡尺,标距打点机。

(11)锚具、钢绞线:大行程万能试验机,引伸仪,锚具试验系统,洛氏硬度计,松弛试验机,疲劳试验机。

(12)板式橡胶支座:压力机(≥5 000 kN),剪切侧向加载系统,老化箱,游标卡尺,变形测量装置。

(13)土工合成材料:材料试验机,各种专用夹具,厚度测定仪,电子天平,钢尺,渗透系数测定仪。

(14)路基路面:路面雷达测试系统,环刀,灌砂筒,天平,取芯机,激光平整度仪,承载板,贝克曼梁,自动弯沉仪(落锤或连续式),激光构造深度测试仪,摩擦系数测试设备(横向力或制动力式),摆式仪,路面渗水仪,车辙自动测定仪,全站仪(或经纬仪、测距仪)、水准仪、钢尺、核子密度仪或无核密度仪。

(15)地基基础、基桩:承载板及测试装置,水准仪,基桩动测仪,超声波检测仪,千斤顶加载装置,位移测试装置,静、动力触探仪,测斜仪,百米钻机(配标准贯入设备,泥浆泵,岩芯管钻头,取样器等),成孔质量检测装置。

(16)结构混凝土:回弹仪,取芯机,压力机,非金属超声波检测仪,碳化深度测量装置,钢筋保护层测定仪,裂缝测量装置,钢筋锈蚀测量仪,氯离子含量测定仪或化学滴定装置,混凝土电阻率测量仪。

（17）桥梁结构、构件：**静态应变测量与采集设备（至少两种原理设备，测点总数不少于100），动态应变测量、采集与分析设备（不少于16通道），全站仪，变形测量装置，精密水准仪，**测振传感器，裂缝测量装置，钢筋锈蚀测量仪，氯离子含量测定仪或化学滴定装置，桥梁检查车（平台）。

（18）隧道：**激光断面仪，锚杆拉拔仪，**地质雷达，收敛计，精密水准仪，CO浓度检测仪，光透过率仪，照度计，精密声级计。

（19）交通安全设施（标志，标线，护栏，隔离栅等）：**几何测量量（刃）具，反光标志逆反射系数测试仪，反光标线逆反射系数测试仪，标线涂层厚度测试仪，摆式摩擦系数测定仪，突起路标发光强度系数测试仪，色彩色差仪（表面色），磁性涂层测厚仪，超声波测厚仪，电涡流涂层测厚仪，分析天平，电子天平，气流式盐雾腐蚀试验箱，**1.0级电子万能材料试验机（量程不小于200 kN），0.5级电子万能材料试验机，反光膜附着性能测定仪，玻璃珠筛分器，恒温恒湿环境试验箱（均匀性不超过±1 ℃），漆膜磨耗仪，突起路标抗冲击试验装置或落球冲击试验机。

2. 综合乙级试验检测机构仪器设备配置要求

（1）土：**标准筛，摇筛机，密度计，电子天平，烘箱，光电液塑限联合测定仪，自动击实仪，脱模器，CBR试验装置（路面材料强度试验仪或其他荷载装置），**比重瓶，杠杆压力仪，承载板及测力装置，分析天平，高温炉。

（2）集料：**标准筛（砂、石筛），摇筛机，烘箱，电子天平，规准仪，游标卡尺，压碎值试验仪，压力机，洛杉矶磨耗机，加速磨光机，摆式摩擦系数测定仪，砂当量仪，**李氏比重瓶，细集料棱角性测定仪，叶轮搅拌机，测长仪及配件，应力环及测试装置。

（3）岩石：**压力机，游标卡尺，**电动切石机，砂轮磨平机，低温试验箱，电子天平，烘箱，抽气设备。

（4）水泥：**电子天平，透气比表面积仪，水泥净浆搅拌机，标准法维卡仪，雷氏夹，沸煮箱，胶砂搅拌机，振实台，标准恒温恒湿养护箱，电动抗折试验机，恒应力压力机，凝结时间测定仪，**水泥胶砂流动度测试仪，高温炉。

（5）水泥混凝土、砂浆：标准养护室，水泥混凝土搅拌机，振动台，材料试验机，抗折试验夹具，千分表，坍落度筒，含气量测定仪，混凝土贯入阻力仪，混凝土渗透仪，容量筒，劈裂试验夹具，水泥砂浆搅拌机，水泥砂浆稠度仪，水泥砂浆分层度仪，干缩养护箱，比长仪。

（6）水、外加剂：**酸度计，分析天平，滴定设备，烘箱，压力机，**混凝土贯入阻力仪，含气量测定仪，阳极极化仪或钢筋锈蚀测量仪。

（7）无机结合料稳定材料：**自动击实仪，压力机，路面材料强度仪，脱模器，标准养护室，滴定设备，电子天平，烘箱，电炉，分析天平，**负压筛析仪，高温炉，Blaine透气仪。

（8）沥青：**自动针入度仪，烘箱，恒温水槽，低温延度仪，软化点仪，闪点仪，薄膜烘箱，电子天平，**比重瓶，分析天平，真空减压毛细管黏度计，滤筛（1.18 mm），沥青乳液稳定性试验管，电极板，标准筛，电炉，冰箱。

（9）沥青混合料：**沥青混合料拌和机，马歇尔自动击实仪，马歇尔稳定度仪，烘箱，恒温水槽，脱模器，沥青抽提仪（或燃烧炉），电子天平，标准筛，摇筛机，轮碾成型机，车辙试验机，**最大理论密度测定仪，真空负压装置，路面材料强度测试仪。

（10）钢筋（含接头）：**万能材料试验机，弯曲装置，游标卡尺，**标距打点机。

（11）路基路面：**环刀，灌砂筒，天平，取芯机，弯沉测试设备，平整度测试设备，摩擦系数测试设备，构造深度测试仪，路面渗水仪，**全站仪（或经纬仪，测距仪），水准仪，钢尺，承载板。

(12)地基基础、基桩:承载板及测试装置,水准仪,静力触探仪,动力触探仪,压力机,基桩动测仪,超声波检测仪。

(13)结构混凝土:回弹仪,取芯机,压力机,碳化深度测量装置,钢筋位置及保护层测定仪,非金属超声波检测仪,裂缝测量装置。

3. 综合丙级试验检测机构仪器设备配置要求

(1)土:标准筛,摇筛机,密度计,电子天平,烘箱,光电液塑限联合测定仪,自动击实仪,脱模器,分析天平,比重瓶。

(2)集料:标准筛,摇筛机,压碎值测定仪,压力机,针片状规准仪,游标卡尺,李氏比重瓶。

(3)水泥:水泥净浆搅拌机,标准法维卡仪,雷氏夹,沸煮箱,胶砂搅拌机,振实台,标准恒温恒湿养护箱,电动抗折试验机,恒应力压力机,凝结时间测定仪。

(4)水泥混凝土、砂浆:标准养护室,水泥混凝土搅拌机,标准振动台,材料试验机,抗折试验夹具,坍落度筒,水泥砂浆搅拌机,水泥砂浆稠度仪,水泥砂浆分层度仪,含气量测定仪。

(5)外加剂:压力机,混凝土贯入阻力仪,含气量测定仪,钢筋锈蚀测量仪。

(6)无机结合料稳定材料:标准电动击实仪,压力机,路面材料强度试验仪,烘箱,恒温恒湿养护室(箱),脱模器,电子天平,滴定设备,分析天平。

(7)沥青:针入度仪,恒温水槽,烘箱,低温延度仪,软化点仪,电炉,比重瓶,分析天平。

(8)沥青混合料:沥青混合料拌和机,马歇尔自动击实仪,烘箱,马歇尔稳定度仪,恒温水槽,脱模器,沥青抽提仪(或燃烧炉),电子天平,标准筛。

(9)钢筋(含接头):万能材料试验机,弯曲装置,游标卡尺,标距打点机。

(10)路基路面:环刀,灌砂筒,天平,取芯机,贝克曼梁,3 m 直尺,摆式摩擦系数测定仪,人工铺砂仪。

(11)结构混凝土:回弹仪,取芯机,压力机,碳化深度测量装置,裂缝观测装置。

4. 交通工程专项试验检测机构仪器设备配置要求

(1)例行试验:步入式环境试验箱(不小于 12 $m^3$),气流式盐雾腐蚀试验箱,化学试验器皿,分析天平(感量 0.1 mg),架盘天平,电子天平(感量 0.01 g),电磁震动试验台(不小于 3 t 推力),循环盐雾腐蚀试验箱,6 500 W 水冷氙弧灯老化试验箱,紫外光老化试验箱。

(2)电性能检测:数字万用表,钳形电流表,接地电阻表,视频信号发生器,视频测量仪,低速数据测试仪(50 bit/s ~ 10 M),通信性能综合分析仪(速率不小于 2.5 G),兆欧表,耐电压测试仪,密封防尘试验箱(不小于 8 $m^3$),喷淋试验装置。

(3)光学量检测:光强计,照度计,非接触型亮度色度计,色彩色差仪,标准 A 光源,暗室(箱)(有效空间不小于 $20 \times 2 \times 2$ $m^3$),标准逆反射测试系统(30.48 m)。

(4)原材料性能:耐环境应力开裂试验装置,邵式硬度计,巴氏硬度计,1.0 级电子万能材料试验机(量程不小于 200 kN),0.5 级电子万能材料试验机(分辨力 1 N),耐热应力开裂试验装置,维卡软化点测定仪,热变形温度测量仪,氧指数测定仪,熔体流动速率测定仪,光泽度仪,红外光谱分析仪,光谱直读分析仪,循环盐雾腐蚀试验箱,6 500 W 水冷氙弧灯老化试验箱,紫外光老化试验箱。

(5)防腐层质量:涂层附着力测定锤,化学试验器皿,分析天平(感量 0.1 mg),架盘天平,电子天平(感量 0.01 g),游标卡尺,板厚千分尺,磁性涂层测厚仪,超声波测厚仪,漆膜弯曲试验装置,漆膜耐冲击测定器,小型恒温恒湿环境试验箱(均匀性不超过 ±1 ℃),电热恒温干燥箱,气流式盐雾腐蚀试验箱,脆化温度试验箱,电涡流涂层测厚仪,循环盐雾腐蚀试验箱,

6 500 W 水冷氙弧灯老化试验箱，紫外光老化试验箱。

（6）交通安全设施：几何测量量具刃具，反光标志逆反射系数测试仪，反光膜附着性能测定装置，反光膜抗冲击性能测试仪，恒温恒湿环境试验箱，反光标线逆反射系数测试仪，漆膜磨耗仪，标线涂层厚度测试装置，摆式摩擦系数测试仪，玻璃珠筛分器，标准筛，放大镜（不小于100 倍）加标准液，突起路标发光强度系数测试仪，突起路标抗冲击试验装置或落球冲击试验机，轮廓标发光强度系数测试仪（或标准逆反射测试系统），轮廓标耐密封测量装置，压力机（不小于 600 kN）、测力计，光谱直读分析仪，6 500 W 水冷氙弧灯老化试验箱，紫外光老化试验箱，不黏胎时间测定仪，流动度测定杯。

（7）通信管道与基础：几何测量量（刃）具，1.0 级电子万能材料试验机（量程不小于100 kN），0.5 级电子万能材料试验机（含引伸计），分析天平，电子天平，化学器皿，塑料通信管内壁摩擦系数测定仪，微机控制管材耐压爆破试验机，落锤式冲击仪，弯曲半径试验装置，灌砂筒，全站仪或水准仪。

（8）监控设施：几何测量量（刃）具，测速雷达，低速数据测试仪，兆欧表，耐电压测试仪，全站仪，风速风向计，视频信号发生器，视频测量仪，亮度计，数字式万用表，接地电阻测试仪，温湿度计，照度计，数字存储示波器（不小于 500 MHz），网络线缆认证测试仪，网络性能分析仪，网络协议分析仪，目测及功能现场测试，OTDR，光源，光功率计，电缆故障综合测试仪。

（9）通信设施：几何测量量（刃）具，OTDR，电缆故障综合测试仪，话缆串扰测试仪，通信性能综合分析仪（速率不小于 2.5 G），光源，光功率计，可变光衰减器，时基铷钟，市话模拟呼叫器，声级计，通用信号发生器，数字式万用表，钳形电流表，接地电阻测试仪，兆欧表，耐电压测试仪，数字存储示波器，杂波表，话路传输分析仪，场强计，功率计，频谱分析仪，高压测试系统。

（10）收费设施：亮度计，照度计，数字式万用表，接地电阻测量仪，兆欧表，耐电压测试仪，数字存储示波器（不小于 500 MHz），视频信号发生器，视频测量仪，网络线缆认证测试仪，电缆故障综合测试仪，目测及功能现场测试，几何测量量具，OTDR，光源，光功率计，电缆故障综合测试仪。

（11）低压配电设施：数字式万用表，接地电阻测试仪，兆欧表，耐电压测试仪，电力谐波表，相位表，电缆故障综合测试仪，高压测试系统。

（12）照明设施：几何测量量（刃）具，照度计，亮度计，超声波测厚仪，全站仪（或测距仪加经纬仪），磁性涂层测厚仪，超声波测厚仪，电涡流涂层测厚仪。

（13）隧道机电设施：CO 测试仪，烟雾传感器，能见度仪，几何测量量（刃）具，全站仪，风速风向计，测速雷达，低速数据测试仪，兆欧表，耐电压测试仪，视频信号发生器，视频测量仪，亮度计，数字式万用表，接地电阻测试仪，温湿度计，照度计，数字存储示波器（不小于500 MHz），网络线缆认证测试仪，网络性能分析仪，网络协议分析仪，电缆故障综合测试仪，OTDR，光源，光功率计，电力谐波表，相位表，高压测试系统。

5. 桥梁隧道工程专项试验检测机构仪器设备配置要求

（1）结构混凝土：回弹仪，取芯机，压力机，碳化深度测量装置，钢筋位置及保护层测定仪，非金属超声波检测仪，裂缝测量装置，钢筋锈蚀测量仪，混凝土电阻率测量仪，氯离子含量测定仪或化学滴定装置。

（2）桥梁结构检测与监测：静态应变测量与采集设备（至少要有两种原理设备，测点总数不少于 200 点），动态应变测量，采集与分析设备（测点数不少于 16 通道），全站仪，变形测量装置，水准仪，测振传感器，温度测量装置，索力测量装置，GPS 测量系统，风速仪，桥梁检查车

(平台)。

(3)地基基础、基桩:承载板及测试装置,水准仪,测斜仪,静力触探仪、动力触探仪,压力机,超声波检测仪,低应变仪,承载力测试装置,千斤顶加载装置,位移测试装置,高应变仪,百米钻机(配标准贯入设备,泥浆泵,岩芯管钻头,取样器等),成孔质量检测装置。

(4)钢筋(含接头):万能材料试验机,游标卡尺,标距打点机。

(5)锚具、钢绞线:大行程万能试验机,松弛试验机,引伸仪,锚具试验系统,洛氏硬度计,疲劳试验机。

(6)桥梁支座:压力机(≥5 000 kN),剪切侧向加载系统,老化箱,游标卡尺,厚度塞尺,变形测量装置。

(7)伸缩缝:钢直尺,游标卡尺,厚度塞尺,力学性能试验装置。

(8)波纹管:钢直尺,游标卡尺,小型电子万能试验机(带加载工装),柔韧性专用工装,落锤冲击试验机,低温装置。

(9)钢结构:全站仪(或经纬仪和测距仪),水准仪,钢尺,涂层厚度仪,扭力板手,金属超声波探伤仪,射线探伤仪,磁粉探伤仪,超声测力计。

(10)隧道结构:隧道激光断面仪,锚杆拉拔仪,电钻或地质雷达。

(11)隧道围岩稳定性及支护监控量测:收敛计,精密水准仪,钢筋应力计及测量装置,多点位移计及测量装置,压力盒,表面应变计。

(12)隧道环境检测:照度计,精密声级计,CO 浓度检测仪,风速计,光透过率仪。

(13)隧道施工超前地质预报:超前地质预报仪(地震探测仪或地质雷达探测仪)。

## 二、铁路试验检测机构试验仪器配置要求

依据《铁路建设项目工程试验室管理标准》(TB 10442—2009),铁路工程试验检测机构试验仪器设备配置应满足下列条件。

(1)中心试验室应根据承担的工作内容、投标承诺配备仪器设备,且满足规定试验检测项目的要求;对部分频次低、设备价格昂贵的试验检测项目可进行委外检测。

(2)试验分室根据管段内的工作内容以及分工要求配备仪器设备。

(3)预制梁(板)场试验分室仪器设备应结合生产和产品认证需要配备。

(4)混凝土拌和站的试验仪器设备配备应满足混凝土用原材料质量控制及拌合物性能检测要求。

(5)试验室应配备办公、劳保、防护用品及安全设备(施),配备专用交通和通讯工具。

(6)仪器设备的工作性能、状态、量程及精度(分辨率)应满足标准要求。仪器设备按表 1-4-1 的要求进行选配。

**表 1-4-1　各级试验室主要试验设备配置表**

| 序号 | 设备名称 | 量　程 | 精度(分辨率) | 中心试验室 | 试验分室 | 梁场试验分室 | 板场试验分室 | 水泥乳化沥青砂浆试验分室 |
|---|---|---|---|---|---|---|---|---|
| 1 | 万能材料试验机 | 1 000 kN | ±1% | √ | × | × | × | × |
| 2 | 万能材料试验机 | 600 kN | ±1% | √ | √ | √ | × | × |
| 3 | 万能材料试验机 | 300 kN | ±1% | √ | × | × | √ | × |
| 4 | 压力试验机 | 2 000 kN | ±1% | √ | √ | √ | √ | × |
| 5 | 恒压力试验机 | 300 kN | ±1% | √ | √ | √ | √ | √ |

续上表

| 序号 | 设备名称 | 量　程 | 精度（分辨率） | 中心试验室 | 试验分室 | 梁场试验分室 | 板场试验分室 | 水泥乳化沥青砂浆试验分室 |
|---|---|---|---|---|---|---|---|---|
| 6 | 拉力试验机 | 2.5 kN | ±1% | √ | × | × | × | × |
| 7 | 路面材料强度试验仪 | 100 kN | ±1% | √ | × | × | × | × |
| 8 | 电动抗折机 | 5 000 N 或 6 000 N | 5 N | √ | √ | √ | √ | √ |
| 9 | 电动抗折机 | 300 N | 3 N | √ | × | × | × | × |
| 10 | 水泥比表面积测定仪 | 200 ~ 1 000 $m^2$/kg | ±1% | √ | √ | √ | √ | × |
| 11 | 负压筛析仪 | 4 000 ~ 6 000 Pa | — | √ | √ | √ | √ | × |
| 12 | 雷氏沸煮箱 | 210 min | ±5 min | √ | √ | √ | √ | × |
| 13 | 胶砂流动度仪 | 100 ~ 260 mm | 1.0 mm | √ | √ | √ | √ | √ |
| 14 | 行星式水泥胶砂搅拌机 | 240 s | ±1 s | √ | √ | √ | √ | √ |
| 15 | 水泥净浆搅拌机 | 120 s | ±1 s | √ | √ | √ | √ | × |
| 16 | 水泥胶砂振实台 | 14.7 ~ 15.3 mm | 0.1 mm | √ | √ | √ | √ | √ |
| 17 | 水泥标准稠度仪 | 0 ~ 75 mm | 1 mm | √ | √ | √ | √ | × |
| 18 | 水泥恒温恒湿养护箱 | 10 ℃ ~ 20 ℃ | ±1 ℃ | √ | √ | √ | √ | √ |
| 19 | 强制式混凝土搅拌机 | 60 ~ 100 L，55 r/min | ±1 r/min | √ | √ | √ | √ | × |
| 20 | 混凝土渗透仪 | 4 MPa | 0.05 MPa | √ | √ | × | × | × |
| 21 | 混凝土含气量测定仪 | 10% | 0.5% | √ | √ | √ | √ | × |
| 22 | 压力泌水仪 | 100 mL | 0.1 mL | √ | √ | √ | √ | × |
| 23 | 贯入阻力仪 | 1 200 N | ±5 N | √ | √ | √ | √ | × |
| 24 | 混凝土冻融循环试验机（快冻） | −20 ℃ ~ 10 ℃ | ±1 ℃ | √ | × | × | × | × |
| 25 | 动弹模量测定仪 | 100 ~ 10 000 Hz | 0.5% | √ | × | × | × | × |
| 26 | 保护层测定仪 | 5 ~ 60 mm | ±1 mm | √ | √ | √ | × | × |
| 27 | 混凝土钻孔机 | $\phi$100 ~ 150 mm | — | √ | √ | × | × | × |
| 28 | 刻度显微镜 | 5 ~ 40 倍 | 0.01 mm | √ | √ | √ | √ | × |
| 29 | 回弹仪 | 10 ~ 100 | ±2 | √ | √ | × | × | × |
| 30 | 电通量测定仪 | 4 000 C | 1.0% | √ | √ | √ | √ | × |
| 31 | 自动控温控湿设备 | 20 ℃ | ±1 ℃ | √ | √ | √ | √ | √ |
| 32 | 砂浆稠度仪 | 0 ~ 145 mm | 1 mm | √ | √ | × | × | × |
| 33 | 砂浆分层度仪 | $\phi$150 mm | 1 mm | √ | √ | √ | × | × |
| 34 | 道砟筛 | 0.074 ~ 63 mm | 0.005 ~ 18.7 mm | √ | √ | × | × | × |
| 35 | 沥青针入度仪 | 0 ~ 50 mm | 0.1 mm | √ | × | × | × | √ |
| 36 | 沥青延度仪 | 0 ~ 150 cm | 0.5 mm | √ | × | × | × | √ |
| 37 | 沥青软化点仪 | 0 ℃ ~ 125 ℃ | 0.5 ℃ | √ | × | × | × | √ |
| 38 | 沥青闪点仪 | 0 ℃ ~ 300 ℃ | ±1 ℃ | √ | × | × | × | √ |

续上表

| 序号 | 设备名称 | 量　程 | 精度（分辨率） | 中心试验室 | 试验分室 | 梁场试验分室 | 板场试验分室 | 水泥乳化沥青砂浆试验分室 |
|---|---|---|---|---|---|---|---|---|
| 39 | 沥青标准黏度计 | $\phi$3 mm、$\phi$4 mm、$\phi$5 mm、$\phi$10 mm | — | √ | × | × | × | √ |
| 40 | 沥青动力黏度计 | 0 ℃～100.0 ℃ | ±0.01 ℃ | √ | × | × | × | √ |
| 41 | 乳化沥青稳定性试验管 | 内径32 mm，高约350 mm | 内径±0.1 mm | √ | × | × | × | √ |
| 42 | 沥青恒温烘箱 | 10 ℃～300 ℃ | ±5 ℃ | √ | × | × | × | √ |
| 43 | 沥青混合料拌和机 | — | — | √ | × | × | × | √ |
| 44 | 不透水仪 | 0～0.6 MPa | 0.1 MPa | √ | × | × | × | × |
| 45 | 轻型动力触探仪 | 10 kg | ±0.01 kg | √ | √ | × | × | × |
| 46 | 重型动力触探仪 | 63.5 kg | ±0.5 kg | √ | √ | × | × | × |
| 47 | 相对密度仪 | 250～1 000 $cm^3$ | ±10 $cm^3$ | √ | √ | × | × | × |
| 48 | 液塑限测定仪 | 0～22 mm | ±0.1 mm | √ | √ | × | × | × |
| 49 | 电动重型击实仪 | 2.5 kg、4.5 kg | ±5 g | √ | √ | × | × | × |
| 50 | 无侧限压力仪 | 500 N | 1% | √ | √ | × | × | × |
| 51 | 静力触探系统 | 100 kN | 0.3% | √ | × | × | × | × |
| 52 | $E_{Vd}$动态模量测试仪 | 沉陷值 0.1～2.0 mm | 0.05 mm | √ | √ | × | × | × |
| 53 | $E_{V2}$静态模量测试仪 | 力50 kN<br>位移0～15 mm | 1%<br>0.01 mm | √ | √ | × | × | × |
| 54 | $K_{30}$平板荷载仪 | 力50 kN<br>位移0～10 mm | 1%<br>0.01 mm | √ | √ | × | × | × |
| 55 | 核子湿度密度仪 | 1.12～2.73 g/$cm^3$ | 0.04 g/$cm^3$ | √ | √ | × | × | × |
| 56 | 钢丝反复弯曲机 | $\phi$3.5～7.5 mm | — | × | × | × | √ | × |
| 57 | 钢材洛氏硬度计 | 0～130 HR | 1 HR | × | × | √ | × | × |
| 58 | 电热干燥箱 | 300 ℃ | ±1 ℃ | √ | √ | √ | √ | √ |
| 59 | 箱式高温炉 | 0 ℃～1 200 ℃ | ±20 ℃ | √ | √ | √ | √ | × |
| 60 | 泥浆含砂量测定器 | 500 mL | 1 mL | × | √ | × | × | × |
| 61 | 微机控制万能材料试验机 | 50 kN | ±1% | × | × | × | × | √ |
| 62 | 微机控制万能材料试验机 | 10 kN | ±1% | × | × | × | × | √ |
| 63 | 轨道板温度（模拟）自动养护仪 | — | — | × | × | × | √ | × |
| 64 | 涂层厚度测试仪 | 0.03～0.5 mm | 0.01 mm | × | × | × | √ | × |
| 65 | 针孔检测仪 | 500 μm | ±5% | × | × | × | √ | × |
| 66 | 电动轻搅拌机 | 容积5 L | — | × | × | × | × | √ |
| 67 | 砂浆含气量测定仪 | 1 L | — | × | × | × | × | √ |

续上表

| 序号 | 设备名称 | 量　程 | 精度（分辨率） | 中心试验室 | 试验分室 | 梁场试验分室 | 板场试验分室 | 水泥乳化沥青砂浆试验分室 |
|---|---|---|---|---|---|---|---|---|
| 68 | 氙灯老化箱 | SN－900 | — | × | × | × | × | √ |
| 69 | 恒温恒湿养护箱 | 15 ℃～40 ℃，55%～70% RH | ±0.5 ℃，±5% RH | √ | √ | × | × | √ |
| 70 | 抗拔仪（轨道板套管抗拔） | 20 t | 0.1 kN | × | × | × | √ | × |
| 71 | 分析天平 | 200 g | 0.000 1 g | √ | √ | × | × | √ |
| 72 | 电子天平 | 1 000/3 000 g | 0.01 g/0.1 g | √ | √ | √ | √ | √ |
| 73 | 静水力学天平（配网蓝） | 5 000 g | 0.01 g | √ | √ | √ | √ | √ |
| 74 | 电子秤 | 10/20/30 kg | 0.1 g/1 g | √ | √ | √ | √ | √ |
| 75 | 游标卡尺 | 200 mm | 0.02 mm | √ | √ | √ | √ | √ |
| 76 | 深度卡尺 | 200 mm | 0.02 mm | √ | × | × | √ | √ |
| 77 | J 漏斗 | — | — | × | × | × | × | √ |

## 三、仪器设备管理

仪器设备管理包含仪器设备购置（调拨）、验收、建档、安置、标识、溯源、日常使用、流转与维护保养、周期检定等主要内容。

1. 购置、验收、建档

（1）根据所开展的试验检测项目配备相应的、满足过程控制所需的检验测试仪器设备。编制试验设备需求计划，经批准后，方可进行购置。必须做好合格分供方的评价工作、合同评审工作及设备验收工作。

（2）试验设备应安置在符合检测条件的试验环境中，根据需要设置设备基础支座，固定稳固，电路、水路设置安全、方便。

（3）试验仪器设备按“固定资产”和“一般仪器”分别建立仪器设备台账、使用卡片和技术档案，实行彩色标签管理。所有仪器设备按计量器具类别编制计量号，按使用分类建立管理号，并制成统一标识牌，贴挂在仪器设备比较易于观察的部位。

（4）主要试验检测仪器设备应建立履历书，及时记录仪器设备的使用、检定、修理、发生故障等情况，仪器设备调动时履历书要随机移交。仪器设备档案应统一保管，不得外借，不得损坏或丢失。

2. 设备使用

（1）试验仪器设备由使用单位设置专人负责设备的保管、使用、检定、维护保养。

（2）对贵重、精密、特殊仪器设备应指定仪器负责人，不定时对仪器进行检修保养，及时填写检修记录。对有辐射源、毒源的设备及试剂应由持有相应操作上岗证书的人专门进行保管，应单独存放在安全的地点，并在醒目位置挂上相应标记，制定管理细则，妥善保管。

（3）使用人必须经过培训考核，取得岗位操作合格证方可上岗操作。

（4）仪器设备使用前必须检查，运转正常后，方可进行试验、检测，检测结束后必须重新检查仪器状况，并作好仪器设备使用记录备查。

(5)仪器设备出现故障,应立即停机,保持现状,由使用操作人员详细填写故障或损坏原因记录,并报告设备管理员及技术负责人。

(6)仪器设备的修理应送维修部门,任何人不得私自拆卸,维修情况应记入维修记录并存档;维修后的计量仪器设备,应由计量部门检定合格后方可使用。

(7)对长期不使用或其他原因需要检修的仪器设备,应办理停用手续。经申请,由试验室负责人批准后,可停用或封存,并进行标识。

3. 检定

(1)试验仪器设备,应按国家规范规定周期,编制周检计划并实施检定,取得检定合格证后才能使用。

(2)对国家无检定规程的仪器设备,应按《工程试验仪器校验检验方法》(TGX 001—086—2008)或经技术负责人批准的试验室仪器自校规程进行校准。

(3)仪器设备均应根据其状态(合格、停用)用彩色标志进行标识。

(4)新购置的仪器设备和经搬动后重新安装的压力机、万能材料试验机要重新进行检定或校准,合格后方可使用。

(5)停用或封存的仪器设备在启用时,应经申请批准,重新进行检定校验,合格后方可使用。

(6)与检验试验无关人员不得进行试验仪器的操作使用。仪器在使用前应作适当的检查,确保其测试结果的准确度。

(7)在测试过程中,当仪器设备出现偏差不符合要求时,可用相同等级满足测试工作要求的仪器重新测试;无代用仪器者,应对该仪器重新检定和校验,合格后方能使用,并形成记录。对以往的测试结果进行分析,评价其有效性,形成记录,必要时可重新取样测试。

(8)试验设备利用计算机软件进行试验时,应按要求由有资质单位进行周期检定或确认后方能使用;必要时,应在试验前进行比对后再使用。

4. 标准物质的购置、验收及使用

(1)试验室负责人根据检测工作的需要,提出标准物质的购置申请,经批准后购置。

(2)所购置的标准物质应是有证标准物质,或经国家批准生产的,并在有效期内,其功能应符合相关的技术要求。

(3)新购置的标准物质,由试验室负责人组织验收,合格后,对标准物质进行编号、登记台账并建档,纳入《仪器设备管理档案》统一管理。

(4)需要检定的标准物质,使用时应在检定有效期内。

(5)标准物质的使用由试验室负责人批准,并有使用记录。

(6)标准物质应存放于卫生整洁的环境中。

(7)有毒或有辐射的标准物质应建立专门的使用说明。

(8)过期或失效的标准物质,应报试验室主任批准后销毁。

5. 报废

对不能满足精度要求又不能修复和新标准明令废止的试验设备的报废,应经批准后办理报废手续。

## 第五节　检 测 能 力

### 一、公路试验检测机构检测能力的要求

《关于公布〈公路水运工程试验检测机构等级标准〉及〈公路水运试验检测机构等级评定程序〉的通知》(交质监发〔2008〕274号)中规定,公路工程试验检测机构的检测能力应达到以下要求(注:黑体字标注的为强制性要求)。

1. 综合甲级试验检测机构的检测能力(表1-5-1)

**表1-5-1　综合甲级试验检测能力基本要求**

| 序号 | 项　目 | 主要试验检测参数 |
|---|---|---|
| 1 | 土 | **颗粒级配,界限含水率,最大干密度,最佳含水率,CBR,比重,天然稠度,**回弹模量,粗粒土最大干密度,凝聚力,内摩擦角,自由膨胀率,烧失量,有机质含量 |
| 2 | 集料 | **颗粒级配,针片状颗粒含量,压碎值,磨耗值,磨光值,集料含泥量,砂当量,吸水率,**密度,坚固性,碱活性,软弱颗粒含量,细集料棱角性,含水率,泥块含量,有机质含量,亚甲蓝值MBV,矿粉亲水系数 |
| 3 | 岩石 | **单轴抗压强度,**抗冻性,含水率,密度,毛体积密度,吸水率 |
| 4 | 水泥 | **密度,比表面积,标准稠度用水量,凝结时间,安定性,胶砂强度,**胶砂流动度,烧失量,$SO_3$含量,MgO含量 |
| 5 | 水泥混凝土、砂浆 | **抗压强度,抗折强度,抗压弹性模量,配合比设计,坍落度,含气量,混凝土凝结时间,抗渗性,表观密度,**泌水率,劈裂抗拉强度,抗折弹性模量,抗冻性,耐磨性,砂浆稠度,分层度,干缩率 |
| 6 | 水、外加剂 | **pH值,氯离子含量,减水率,泌水率比,抗压强度比,**不溶物含量,可溶物含量,硫酸盐及硫化物含量,含气量,凝结时间差,外加剂的钢筋锈蚀,匀质性 |
| 7 | 无机结合料稳定材料 | **最大干密度,最佳含水率,无侧限抗压强度,水泥或石灰剂量,石灰有效钙镁含量,粉煤灰细度,粉煤灰烧失量,**粉煤灰比表面积,$SiO_2$、$Al_2O_3$、$Fe_3O_4$含量 |
| 8 | 沥青 | **密度,针入度,针入度指数,延度,软化点,薄膜加热试验,旋转薄膜加热试验,闪点,蜡含量,黏附性,动力黏度,布氏旋转黏度,改性沥青弹性恢复率,改性沥青的离析性,**沥青化学组分,运动黏度,恩格拉黏度,黏韧性,乳化沥青蒸发残留物含量,乳化沥青筛上残留物含量,乳化沥青微粒粒子电荷,乳化沥青储存稳定性,乳化沥青破乳速度 |
| 9 | 沥青混合料 | **配合比设计,密度,马歇尔稳定度,空隙率,矿料间隙率,流值,最大理论密度,动稳定度,沥青用量,矿料级配,**抗弯拉强度,冻融劈裂强度比,沥青析漏损失,飞散损失 |
| 10 | 钢筋(含接头) | **抗拉强度,屈服强度,伸长率,冷弯** |
| 11 | 锚具、钢绞线 | **最大力,规定非比例延伸力,最大力总伸长率,锚固效率系数,总应变,洛氏硬度,**弹性模量,松弛率,组装件疲劳试验,周期荷载试验,辅助性试验 |
| 12 | 板式橡胶支座 | **抗压弹性模量,抗剪弹性模量,极限抗压强度,抗剪黏结性能,抗剪老化** |
| 13 | 土工合成材料 | 拉伸强度,延伸率,梯形撕裂强度,顶破强度,厚度,单位面积质量,垂直渗透系数 |
| 14 | 路基路面 | **厚度,压实度,平整度,土基回弹模量,弯沉,构造深度,摩擦系数,渗水系数,车辙、几何尺寸** |
| 15 | 地基基础、基桩 | **地基承载力,地表沉降,基桩完整性,基桩承载力,**深层水平位移,成孔质量 |

续上表

| 序号 | 项　目 | 主要试验检测参数 |
|---|---|---|
| 16 | 结构混凝土 | 强度，混凝土碳化深度，钢筋位置及保护层厚度，表观及内部缺陷，钢筋锈蚀电位，氯离子含量，混凝土电阻率 |
| 17 | 桥梁结构、构件 | 静态、动态应变（应力），变形（位移），模态参数（频率、振型、阻尼比），承载能力 |
| 18 | 隧道 | 断面尺寸，锚杆拉拔力，支护（衬砌）背后的空洞，衬砌厚度，地质观察，周边位移，拱顶下沉，CO浓度，烟雾浓度，照度，噪声 |
| 19 | 交通安全设施（标志、标线、护栏、隔离栅等） | 外观及几何尺寸，反光标志逆反射系数，反光标线逆反射系数，标线涂层厚度，标线抗滑性能，突起路标发光强度系数，色度性能（表面色），金属构件防腐层性能，立柱（支撑）竖直度，拼接螺栓抗拉荷载，反光膜抗拉荷载，反光膜附着性能，玻璃珠含量，涂料抗压强度，涂料耐磨耗性能，突起路标抗压荷载，突起路标抗冲击性能 |

2. 综合乙级试验检测机构的检测能力（表1－5－2）

**表1－5－2　综合乙级试验检测能力基本要求**

| 序号 | 项　目 | 主要试验检测参数 |
|---|---|---|
| 1 | 土 | 颗粒级配，界限含水率，最大干密度，最佳含水率，CBR，天然稠度，比重，回弹模量，有机质含量，烧失量 |
| 2 | 集料 | 颗粒级配，针片状颗粒含量，压碎值，磨耗值，磨光值、集料含泥量，砂当量，坚固性，密度，吸水率，软弱颗粒含量，细集料棱角性，含水率，泥块含量，有机质含量，亚甲蓝值MBV，矿粉亲水系数 |
| 3 | 岩石 | 单轴抗压强度，抗冻性，含水率，密度，毛体积密度，吸水率 |
| 4 | 水泥 | 密度，比表面积，凝结时间，安定性，胶砂强度，标准稠度用水量，烧失量，胶砂流动度 |
| 5 | 水泥混凝土、砂浆 | 抗压强度，抗折强度，配合比设计，坍落度，含气量，混凝土凝结时间，抗渗性，表观密度，抗压弹性模量，泌水率，劈裂抗拉强度，抗折弹性模量，砂浆稠度，分层度，干缩率 |
| 6 | 水、外加剂 | pH值，氯离子含量，减水率，抗压强度比，泌水率比，不溶物含量，可溶物含量，硫酸盐及硫化物含量，含气量，凝结时间差，外加剂的钢筋锈蚀试验 |
| 7 | 无机结合料稳定材料 | 最大干密度，最佳含水率，无侧限抗压强度，水泥或石灰剂量，石灰有效钙镁含量，粉煤灰细度，粉煤灰烧失量，粉煤灰比表面积 |
| 8 | 沥青 | 针入度，延度，软化点，闪点，黏附性，薄膜加热试验，密度，动力黏度，改性沥青弹性恢复率，改性沥青的离析性，乳化沥青储存稳定性，乳化沥青破乳速度，乳化沥青微粒粒子电荷，乳化沥青筛上残留物含量 |
| 9 | 沥青混合料 | 马歇尔稳定度，流值，空隙率，矿料间隙率，沥青用量，矿料级配，动稳定度，最大理论密度 |
| 10 | 钢筋（含接头） | 抗拉强度，屈服强度，伸长率，冷弯 |
| 11 | 路基路面 | 厚度，压实度，平整度，弯沉，构造深度，摩擦系数，渗水系数，几何尺寸，土基回弹模量 |
| 12 | 地基基础、基桩 | 地基承载力，地表沉降，基桩完整性 |
| 13 | 结构混凝土 | 强度，混凝土碳化深度，钢筋位置及保护层厚度，表观及内部缺陷 |

3. 综合丙级试验检测机构的检测能力(表1-5-3)

表1-5-3　综合丙级试验检测能力基本要求

| 序号 | 项　目 | 主要试验检测参数 |
|---|---|---|
| 1 | 土 | 颗粒级配,界限含水率,最大干密度,最佳含水率,天然稠度,有机质含量,比重 |
| 2 | 集料 | 颗粒级配,压碎值,针片状颗粒含量,密度,含水率,泥块含量,矿粉亲水系数 |
| 3 | 水泥 | 凝结时间,安定性,胶砂强度,标准稠度用水量 |
| 4 | 水泥混凝土、砂浆 | 抗压强度,抗折强度,配合比设计,坍落度,含气量,砂浆稠度,分层度 |
| 5 | 外加剂 | 减水率,抗压强度比,泌水率比,凝结时间差,含气量,外加剂的钢筋锈蚀试验 |
| 6 | 无机结合料稳定材料 | 最大干密度,最佳含水率,无侧限抗压强度,水泥或石灰剂量,石灰有效钙镁含量 |
| 7 | 沥青 | 针入度,延度,软化点,黏附性,沥青密度 |
| 8 | 沥青混合料 | 马歇尔稳定度,流值,空隙率,矿料间隙率,沥青用量,矿料级配 |
| 9 | 钢筋(含接头) | 抗拉强度,屈服强度,伸长率,冷弯 |
| 10 | 路基路面 | 厚度,压实度,弯沉,平整度,摩擦系数,构造深度 |
| 11 | 结构混凝土 | 强度,表观缺陷,混凝土碳化深度 |

4. 交通专项试验检测机构的检测能力(表1-5-4)

表1-5-4　交通专项试验检测能力基本要求

| 序号 | 项　目 | 主要试验检测参数 |
|---|---|---|
| 1 | 例行试验 | 环境温度试验,环境湿度试验,一般盐雾试验,耐化学溶剂腐蚀试验,振动试验,冲击试验,循环盐雾腐蚀试验,人工加速耐候性试验 |
| 2 | 电性能检测 | 电压,电流,电阻,接地电阻,视频传输性能,数据传输性能,电气绝缘强度,IP防护等级 |
| 3 | 光学量检测 | 发光强度,照度,亮度,表面色,逆反射色,绝对法测发光强度系数,绝对法测逆反射系数 |
| 4 | 原材料性能 | 耐环境应力开裂性能,非金属材料硬度,金属材料力学性能,非金属材料力学性能,耐热应力开裂,维卡软化点,热变形温度,氧指数,熔体流动速率,粉末涂层光泽度,高分子材料官能团分析,金属材料化学成份分析,循环盐雾腐蚀试验,人工加速耐候性试验 |
| 5 | 防腐层质量 | 金属涂层对金属基底的附着性能,附着量,平均厚度,均匀性,高分子涂层附着性能,抗弯曲性能,耐冲击性能,耐湿热性能,耐盐雾腐蚀性能,耐化学溶剂腐蚀性能,耐低温脆化性能,循环盐雾腐蚀试验,人工加速耐候性试验 |
| 6 | 交通安全设施 | 波形梁钢护栏安装质量及性能测试,反光膜性能测试,交通标志板安装质量及性能测试,热熔型路面标线涂料性能测试,道路交通标线施工质量及性能测试,路面标线用玻璃微珠性能测试,突起路标安装质量及性能测试,轮廓标安装质量及性能测试,隔离设施安装质量及性能测试,防眩设施安装质量及性能测试,混凝土护栏安装质量及性能测试,缆索安装质量及性能测试,金属材料化学成份分析,耐候性,热熔型路面标线涂料密度、不黏胎干燥时间、耐水性、耐碱性、加热残留份、流动度,路面标线用玻璃微珠折射率、密度、耐水性 |
| 7 | 通信管道与基础 | 外观质量,外形尺寸,材料力学性能,塑料通信管内壁摩擦系数,塑料管道耐压爆破性能,管道密封性能,耐落锤冲击性能,塑料管弯曲半径,管道基础压实度,人(手)孔防水,高程 |
| 8 | 监控设施 | 车辆检测器安装质量及性能测试,气象检测器安装质量及性能测试,闭路电视监视系统安装质量及性能测试,可变标志安装质量及性能测试,监控(分)中心设备安装及软件调测,大屏幕投影系统性能,计算机监控软件与网络性能测试,光电缆线路安装质量及性能测试,地图板安装质量及性能测试 |

续上表

| 序号 | 项 目 | 主要试验检测参数 |
| --- | --- | --- |
| 9 | 通信设施 | 通信管道(含双壁波纹管,高密度聚乙烯硅芯管,玻璃纤维增强塑料管道及电缆管箱)与光电缆线路的技术参数及安装质量,光纤数字传输设备安装质量及系统测试,数字程控交换设备安装质量及系统测试,紧急电话设备安装质量及系统测试,通信电源性能,无线移动通信系统测试 |
| 10 | 收费设施 | 入口车道设备性能及安装质量,出口车道设备性能及安装质量,收费站设备性能及软件测试,IC卡及发卡编码系统测试,内部有线对讲及紧急报警系统测试,收费系统计算机网络性能测试,收费中心设备及软件测试,收费站内光电缆与塑料管道参数及安装质量 |
| 11 | 低压配电设施 | 中心(站)内低压配电设备性能及安装质量,外场设备电力电缆线路参数及安装质量 |
| 12 | 照明设施 | 照度及均匀度,灯杆基础尺寸,法兰和地脚几何尺寸,灯杆壁厚,灯杆垂直度,灯杆横纵向偏差,金属灯杆防腐涂层厚度,避雷针或接闪器高度 |
| 13 | 隧道机电设施 | 环境检测设备性能及安装质量,报警与诱导设施性能及安装质量,通风设施性能及安装质量,照明设施性能及安装质量,本地控制器性能及安装质量,隧道监控中心计算机控制系统测试,消防设施性能及安装质量,隧道监控中心计算机网络测试 |

5. 桥梁隧道专项试验检测机构的检测能力(表1-5-5)

**表1-5-5　桥梁隧道专项试验检测能力基本要求**

| 序号 | 项 目 | 主要试验检测参数 |
| --- | --- | --- |
| 1 | 结构混凝土 | 强度,混凝土碳化深度,钢筋位置及保护层厚度,表观及内部缺陷,钢筋锈蚀电位,氯离子含量,混凝土电阻率 |
| 2 | 桥梁结构检测与监测 | 静态、动态应变(应力),变形,位移,模态参数(频率、振型、阻尼比),索力,承载能力,桥梁线形,温度,加速度,速度,风速 |
| 3 | 地基基础、基桩 | 地基承载力,地表沉降,深层水平位移,基桩完整性,基桩承载力,特殊地基处理性能,成孔质量 |
| 4 | 钢筋(含接头) | 抗拉强度,屈服强度,伸长率,冷弯 |
| 5 | 锚具、钢绞线 | 最大力,规定非比例延伸力,最大力总伸长率,弹性模量,松弛率,静载锚固性能(锚固效率系数,总应变),洛氏硬度,周期荷载试验,组装件疲劳试验,辅助性试验 |
| 6 | 桥梁支座 | 外观及内在质量,竖向压缩变形,抗压弹性模量,抗剪弹性模量,极限抗压强度,抗剪黏结性能,抗剪老化,盆环径向变形,支座摩擦系数,支座转动力矩 |
| 7 | 伸缩缝 | 外形尺寸,外观质量,组装质量,防水性能,拉伸压缩时最大水平摩阻力,拉伸压缩时变位均匀性 |
| 8 | 波纹管 | 外观质量,外形尺寸,环刚度,局部横向载荷,柔韧性,抗冲击性 |
| 9 | 钢结构 | 几何尺寸,防护涂装,高强螺栓扭矩,钢材及焊缝无损探伤 |
| 10 | 隧道结构 | 断面尺寸,锚杆拉拔力,支护(衬砌)背后的空洞,衬砌厚度 |
| 11 | 隧道围岩稳定性及支护监控量测 | 周边位移,拱顶下沉,锚杆轴力,地表下沉,围岩内部位移,围岩压力及两层支护间压力,钢支撑内力 |
| 12 | 隧道环境检测 | 照度,噪声,CO浓度,风速,烟雾浓度 |
| 13 | 隧道施工超前地质预报 | 前方地质的变化情况,灾害体的分布及性质 |

## 二、铁路工程试验检测机构检测能力要求

依据《铁路建设项目工程试验室管理标准》(TB 10442—2009),铁路工程试验检测机构检测能力应满足下列要求。(注:黑体字表达试验检测项目为必做项目。)

1. 施工单位中心试验室检测能力(表1-5-6)

**表1-5-6 施工单位中心试验室主要试验检测项目**

| 试验检测项目分类 | 试验检测项目 |
|---|---|
| 水泥 | **细度,比表面积,标准稠度用水量,凝结时间,安定性,胶砂强度,胶砂流动度,烧失量**,MgO 含量,$SO_3$ 含量,CaO 含量,氯离子含量,游离 CaO 含量,碱含量,胶材抗蚀系数,熟料中 $C_3A$ 含量 |
| 粉煤灰 | **细度,需水量比,活性指数,烧失量,含水率,安定性**,CaO 含量,游离 CaO 含量,$SO_3$ 含量,氯离子含量,MgO 含量,CaO 含量,碱含量 |
| 磨细矿渣粉 | **比表面积,需水量比,流动度比,含水率,密度,活性指数,烧失量**,$SO_3$ 含量,氯离子含量,MgO 含量,CaO 含量,碱含量 |
| 细集料 | **表观密度,堆积密度和紧密密度,细度模数,含泥量,泥块含量,云母含量,有机物含量,轻物质含量,含水率,吸水率,压碎指标值,石粉含量**,坚固性,硫酸盐及硫化物含量,氯离子含量,碱活性(砂浆棒法),抑制碱-骨料有效性 |
| 粗集料 | **表观密度,堆积密度和紧密密度,紧密空隙率,颗粒级配,含泥量,泥块含量,针片状颗粒含量**,压碎指标值,有机物含量,岩石抗压强度,含水率,吸水率,坚固性,硫酸盐及硫化物含量,氯离子含量,碱活性(砂浆棒法),抑制碱-骨料有效性 |
| 外加剂 | 减水剂:**减水率,压力泌水率,常压泌水率比,含气量,凝结时间之差,抗压强度比,固体含量,水泥净浆流动度,坍落度保留值,密度**,相对耐久性指标,硫酸钠含量,氯离子含量,对钢筋锈蚀作用,收缩率比,pH 值及匀质性。<br>速凝剂:**固体含量,凝结时间,细度,含水率,抗压强度(比),含水率**,pH 值,氯离子含量,总碱量。<br>膨胀剂:**细度,凝结时间,抗压强度,抗折强度,含水率**,限制膨胀率,MgO 含量,氯离子含量,总碱量 |
| 工程用水 | **凝结时间差,抗压强度比**,pH 值,不溶物含量,可溶物含量,氯化物含量,硫酸盐含量,游离 $CO_2$,侵蚀性 $CO_2$,酸度,碱度,钙镁离子浓度,硫化物含量,碱含量 |
| 混凝土 | **配合比设计,坍落度,扩展度,含气量,常压泌水率,压力泌水率,表观密度,凝结时间,抗压强度,轴心抗压强度,静力受压弹性模量,抗裂性能,抗渗性,电通量,入模温度**,抗冻性 |
| 砂浆 | 配合比设计,稠度,抗压强度,抗折强度,流动度,分层度,表观密度,保水性,含气量,**弹性模量,收缩率,膨胀率**,拉伸黏结强度,抗冻性 |
| 水泥浆体材料 | **凝结时间,流动度,自由泌水率,毛细泌水率,压力泌水率,抗压强度,抗折强度,24 h 自由膨胀率,含气量,充盈度**,对钢筋锈蚀性试验 |
| 建筑石材 | 天然密度,含水率,吸水率,孔隙率,饱和吸水率,单轴抗压强度,软化系数,耐冻系数,冻融损失率 $L$ 或 $Q$。 |
| 石灰 | 细度,有效 CaO、MgO、未消化残渣含量 |
| 砌体 | **外观尺寸,吸水率,抗压,抗折强度,容重** |
| 金属材料 | **抗拉强度,屈服强度,伸长率,断裂伸长度,冷弯**,弹性模量,硬度,涂层厚度,涂层连续性,涂层可弯性 |

续上表

| 试验检测项目分类 | 试验检测项目 |
|---|---|
| 道砟，底砟与级配碎石 | **粒径级配，针状指数，片状指数，粒径 0.1 mm 以下粉末含量，风化颗粒及其他杂石含量，黏土团及其他杂质含量，0.02 mm 以下颗粒质量百分率，不小于 22.4 mm 带有破碎颗粒含量，综合颗粒密度，小于 0.5 mm 细颗粒的液限，小于 0.5 mm 细颗粒塑限，不均匀系数，曲率系数，细长及扁平颗粒含量**，抗磨耗，抗冲击性能，抗压碎性能，渗水性能，抗大气腐蚀性能，稳定性能，大于 1.7 mm 颗粒硫酸钠溶液浸泡损失率，**洛杉矶磨耗率，黏土团及有机物含量**，级配碎石配合比设计 |
| 土工及原位测试 | **含水率，密度，颗粒密度，颗粒级配（分析），界限含水率，相对密度，最大干密度，最优含水率，抗压回弹模量，改良土配合比，无侧限抗压强度，水泥或石灰剂量的测定，压实系数，孔隙率，地基系数，动态变形模量，静态变形模量，自由膨胀率，静力触探，动力触探**，固结试验，抗剪强度，自由膨胀率，基桩低应变及取芯，单桩及复合地基静载荷试验 |
| 土工织物 | 单位面积质量，幅宽，网孔尺寸，断裂强度，断裂伸长率，厚度 |
| 混凝土结构及非破损检测 | **钢筋位置及保护层厚度，混凝土强度（钻芯法，回弹法**，超声回弹综合法，后装拔出法），基桩完整性 |
| 防水材料 | 拉伸强度，伸长率，低温弯折性，不透水性，抗穿孔，热老化处理，耐化学侵蚀，保护层混凝土与防水卷材黏结强度，拉伸强度保持率，耐碱性，固体含量，撕裂强度 |

注：1. 中心试验室开展的具体试验项目可根据承担工程任务情况及相应施工质量验收标准确定。

2. 黑体字表达试验检测项目为中心试验室必做项目，全项试验检测项目应按相关技术标准要求确定，本室所缺试验检测项目应委外具有资质（含母体试验室）的试验检测机构检测。

## 2. 施工单位试验分室检测能力（表 1－5－7）

**表 1－5－7 施工单位试验分室主要试验检测项目**

| 试验检测项目分类 | 试验检测项目 |
|---|---|
| 水泥 | **细度，比表面积，标准稠度用水量，凝结时间，安定性，胶砂强度，胶砂流动度** |
| 粉煤灰 | **细度，烧失量，需水量比，活性指数，含水率，安定性** |
| 磨细矿渣粉 | **比表面积，烧失量，需水量比，流动度比，含水率，密度，活性指数** |
| 细集料 | **表观密度，堆积密度和紧密密度，细度模数，含泥量，泥块含量，云母含量，有机物含量，轻物质含量，含水率，吸水率，压碎指标值，石粉含量** |
| 粗集料 | **表观密度，堆积密度和紧密密度，紧密空隙率，颗粒级配，含泥量，泥块含量**，针片状颗粒含量，压碎指标值，有机物含量，岩石抗压强度，含水率，吸水率 |
| 外加剂 | 减水剂：**减水率，压力泌水率，常压泌水率比，含气量，凝结时间之差，抗压强度比，固体含量，水泥净浆流动度，坍落度保留值，密度，pH 值。**<br>速凝剂：**固体含量，凝结时间，细度，含水率，抗压强度（比），pH 值。**<br>膨胀剂：**细度，凝结时间，抗压强度，抗折强度，含水率** |
| 工程用水 | 凝结时间差，抗压强度比，pH 值 |
| 混凝土 | **配合比设计，坍落度，扩展度，含气量，常压泌水率，压力泌水率，表观密度，凝结时间，抗压强度，入模温度**，轴心抗压强度，静力受压弹性模量，抗裂性能，抗渗性，电通量 |
| 砂浆 | 配合比设计，稠度，抗压强度，抗折强度，流动度，分层度，表观密度，保水性，含气量，弹性模量，收缩率，膨胀率 |
| 水泥浆体材料 | **凝结时间，流动度，自由泌水率，毛细泌水率，压力泌水率，抗压强度，抗折强度，自由膨胀率，含气量，充盈度** |
| 建筑石材 | **天然密度，含水率，吸水率，孔隙率，饱和吸水率，单轴抗压强度，软化系数** |

续上表

| 试验检测项目分类 | 试验检测项目 |
| --- | --- |
| 金属材料 | **抗拉强度,屈服强度,伸长率,断裂伸长度,冷弯** |
| 道砟,底砟与级配碎石 | **粒径级配,针状指数,片状指数,粒径 0.1 mm 以下粉末含量,风化颗粒及其他杂石含量,黏土团及其他杂质含量,0.02 mm 以下颗粒质量百分率,不小于 22.4 mm 带有破碎颗粒含量,综合颗粒密度,小于 0.5 mm 细颗粒的液限,小于 0.5 mm 细颗粒塑限,不均匀系数,曲率系数,**大于 1.7 mm 颗粒硫酸钠溶液浸泡损失率,细长及扁平颗粒含量,黏土团及有机物含量,级配碎石配合比设计 |
| 土工及原位测试 | **含水率,密度,颗粒密度,颗粒级配(分析),界限含水率,相对密度,最大干密度,最优含水率,抗压回弹模量,改良土配合比,无侧限抗压强度,水泥或石灰剂量的测定,压实系数,孔隙率,地基系数,动态变形模量,静态变形模量,自由膨胀率,静力触探,动力触探** |
| 泥浆 | **黏度,密度,含砂率,胶体率** |
| 混凝土结构及非破损 | **钢筋位置及保护层厚度,混凝土强度(钻芯法、回弹法)** |
| 防水材料 | **尺寸偏差,外观,面积,卷重,厚度,含水率,细度,凝结时间,抗折强度,抗压强度,减水率,泌水率比,抗压强度比,含气量,凝结时间差** |

注:1. 试验分室开展的具体试验项目可根据承担工程任务情况及相应施工质量验收标准确定。
2. 黑体字表达试验检测项目为试验分室必做项目,全项试验检测项目应按相关技术标准要求确定,本室所缺试验检测项目应委外具有资质(含母体试验室)的试验检测机构检测。
3. 不出具正式试验检测报告的分室可结合项目特点和中心试验室的要求确定试验检测项目。

### 3. 施工单位预制梁(板)场试验分室检测能力(表 1-5-8)

**表 1-5-8　预制梁(板)场试验分室试验检测项目**

| 试验检测项目分类 | 试验检测项目 |
| --- | --- |
| 水泥 | **细度,比表面积,标准稠度用水量,凝结时间,安定性,胶砂强度,胶砂流动度,烧失量** |
| 粉煤灰 | **细度,烧失量,需水量比,活性指数,含水率,安定性** |
| 磨细矿渣粉 | **比表面积,烧失量,需水量比,流动度比,含水率,密度,活性指数** |
| 细集料 | **表观密度,堆积密度,紧密密度,细度模数,含泥量,泥块含量,云母含量,有机物含量,轻物质含量,含水率,吸水率,压碎指标值,石粉含量** |
| 粗集料 | **表观密度,堆积密度和紧密密度,紧密空隙率,颗粒级配,含泥量,泥块含量,针片状颗粒含量,压碎指标值,有机物含量,岩石抗压强度,含水率,吸水率** |
| 外加剂 | 减水剂:**减水率,压力泌水率,常压泌水率比,含气量,凝结时间之差,抗压强度比,固体含量,水泥净浆流动度,坍落度保留值,密度,**pH 值<br>膨胀剂:**细度,凝结时间,抗压强度,抗折强度,含水率** |
| 工程用水 | **凝结时间差,抗压强度比,**pH 值 |
| 混凝土 | **配合比设计,坍落度,扩展度,含气量,常压泌水率,压力泌水率,表观密度,凝结时间,抗压强度,入模温度,轴心抗压强度,静力受压弹性模量,抗裂性能,抗渗性,**电通量 |
| 水泥浆体材料 | **浆体配合比,凝结时间,流动度,自由泌水率,毛细泌水率,压力泌水率,抗压强度,抗折强度,自由膨胀率,含气量,充盈度** |
| 金属材料 | **抗拉强度,屈服强度,伸长率,断裂伸长度,冷弯,硬度,反复弯曲,涂层厚度,外观尺寸,**锚板强度,锚具锚固性能静载试验 |
| 混凝土结构及非破损检测 | **钢筋位置及保护层厚度,混凝土强度(钻芯法,回弹法)** |

注:1. 预制梁(板)场试验室开展的具体试验项目应根据承担工程任务情况及相应施工质量验收标准和技术条件确定。
2. 黑体字表达检测项目为梁(板)场试验分室必做项目,全项试验检测项目应按相关技术标准要求确定,本室所缺试验检测项目应委外具有资质(含其母体试验室)的试验检测机构检测。

4. 施工单位水泥乳化沥青砂浆试验分室检测能力(表 1 –5 –9)

**表 1 –5 –9　水泥乳化沥青砂浆试验分室试验检测项目**

| 板型 | 材料 | 试验检测项目 |
|---|---|---|
| CRTS Ⅰ型 | 乳化沥青 | **外观,颗粒极性,恩氏黏度,筛上剩余量,储存稳定性,低温储存稳定性,水泥混合性,残留物含量,针入度,溶解度,延度** |
| | 聚合物乳液 | **密度,不挥发物,水泥混合性** |
| | 水泥 | **细度,比表面积,标准稠度用水量,凝结时间,安定性,胶砂强度,胶砂流动度,烧失量,不溶物、$SO_3$、MgO、氯离子含量** |
| | 砂 | **细度模数,表观密度,吸水率,泥块含量,含泥量,有机物,颗粒级配**,氯化物含量 |
| | 膨胀剂 | **含水率,细度,凝结时间,抗压强度,抗折强度**,限制膨胀率,MgO 含量,总碱量,氯离子含量 |
| | 铝粉 | 松装密度,质量分数,粒度分布 |
| | 乳化沥青砂浆 | **砂浆温度,流动度,可工作时间,含气量,表观密度,抗压强度,弹性模量**,膨胀率,泛浆率,抗冻性,耐候性 |
| CRTS Ⅱ型 | 乳化沥青 | 筛上剩余物,颗粒极性,粒径,储存稳定性,低温储存稳定性,残留物含量,针入度,软化点(环球法),溶解度,延度,水泥混合性 |
| | 水泥 | **细度,比表面积,标准稠度用水量,凝结时间,安定性,胶砂强度,胶砂流动度,烧失量** |
| | 干料 | 级配,扩展度,抗压强度,膨胀率 |
| | 减水剂 | 减水率,泌水率比,含气量,凝结时间差,抗压强度比,收缩率比,相对耐久性,钢筋锈蚀 |
| | 工程用水 | **凝结时间差,抗压强度比**,pH 值 |
| | 乳化沥青砂浆 | **拌合物温度,扩展度,流动度,分离度,含气量,单位容积质量,抗压强度,抗折强度,弹性模量**,膨胀率,抗冻性,抗疲劳性 |

注:1. 水泥乳化沥青试验分室开展的具体试验项目应根据承担工程任务情况及相应验收标准和技术条件确定。
2. 黑体字表达检测项目为水泥乳化沥青试验分室必做项目,全项试验检测项目应按相关技术标准要求确定,本室所缺试验检测项目应委外具有资质(含其母体试验室)的试验检测机构检测。

# 第六节　管 理 制 度

## 一、管理制度的内涵

制度是一个组织为了规范自身的建设,维护工作秩序,提高工作效率,经过一定的程序制定的,是要求大家共同遵守的办事规程或行动准则,是组织管理的依据和准则。管理制度一般指组织在生产、财务、质量、管理等各个方面制订的规章,包括组织管理的方方面面,大体上可以分为规章制度和责任制度。规章制度侧重于工作内容、范围和工作程序、方式;责任制度侧重于规范责任、职权和利益的界限及其关系。

## 二、管理制度的制定原则

1. 借鉴

管理制度是涵盖多方面的一个完善体系,当一个新成立的组织建立自己的管理制度时,借鉴同行业其他组织的管理制度是必要的,也是快速建立管理制度体系的一种实用方法。但借鉴不等于生搬硬套,要巧学活用,学习同行业先进的、成熟的管理理念与管理方法,摒弃陈旧的管理观念。

2. 适用

管理制度的建立不可一味求全求严,在建立组织自身的管理制度时,一定要具有适用性,正确评估,审视自身,走自身特色的管理道路。应当结合自身实际和需要,因地制宜地适时进行修改和完善制度,建立适合自己组织运行和管理的制度体系,解决运行中存在的实际问题。

3. 循序渐进

新建组织的管理制度在管理工作过程中一般是沿着从无到有,从简单到复杂,从容易到困难的顺序进行的,所以循序渐进原则也是管理规律的反映。贯彻循序渐进的管理原则,要求做到:一是管理制度设计者要按照管理的系统工程进行编制,不能想当然的让制度缺失和出现空档;二是管理者要从组织管理的实际台阶出发,由低向高,由简到繁,通过日积月累,逐步提高管理制度的针对性和实效性;三是管理制度要贯彻到组织各项工作的每一个环节中去。

## 三、试验检测机构的管理制度体系

试验检测机构的运行目的是提供准确可靠的试验检测数据,确保检测质量。为了保证检测质量,从全面质量管理的观点出发,应对影响检测结果的各种因素(包括人的因素和物的因素)进行控制,建立完善的管理制度。一般,一个试验检测机构的管理制度体系应涵盖以下几个方面。

1. 岗位责任制度

岗位责任制可分为机构及部门职责和人员岗位职责两部分,是试验检测机构的一项重要制度。岗位责任制应明确组织及组织机构框图中列出的各部门的职责范围、管理功能、技术功能,明确各类人员的职责,尤其对主任、技术负责人、质量负责人和各部门负责人、检测试验人员、样品管理人员、设备管理人员、计量检定管理人、质量监督人员、资料管理人员等明确其职责范围、权限及质量责任。

2. 仪器设备管理制度

仪器设备管理制度应包含仪器设备购置(调拨)、验收、建档、安置、标识、溯源、日常使用、流转与维护保养、周期检定等主要内容。仪器设备的管理不仅指试验检测中用到的检测设备,还包括计量检定用标准物质、试验用标准物质的管理。

3. 样品管理制度

样品管理制度应包含样品的接受、标识、流转、储存、留样及处置等内容。样品应设专人管理。

4. 试验检测记录管理制度

试验检测记录管理制度应包含记录格式、信息、数据及数据处理、记录的更改原则、复核以及标识、查阅、归档等内容。

5. 报告审核签发管理制度

报告审核签发管理制度应包含报告格式、信息、审核签发程序及检测报告发放、标识、查阅、归档等内容。

6. 试验检测环境管理制度

试验检测环境管理制度应包含试样制作、样品储存、各操作间在试验过程中的温湿度要求等内容。

7. 安全与环保管理制度

安全与环保管理制度应包含特殊设备的操作细则、安全措施及设施，做好防盗、防火以及废弃物处置等内容。

8. 档案资料管理制度

档案资料管理制度应包含资料收发、标识、保管、查阅、修订和废止等内容，档案资料应设专人动态管理。

9. 试验检测事故分析制度

试验检测事故分析制度应包含试验检测事故发生时的处置及现场保护措施，检测事故责任界定、原因分析、事故处理及应急预案制定等内容。

10. 不合格品管理制度

不合格品管理制度应包含不合格品的复检、留样、反馈、建立不合格品台账以及记录不合格品的处置情况等内容。

## 四、试验检测机构管理制度示例

1. 检测机构及部门职责

参见本章第二节第三部分。

2. 人员岗位职责

参见本章第三节第二部分。

3. 仪器设备管理制度

参见本章第四节第三部分。

4. 样品管理制度

(1)样品的接收

①办公室在抽样和接收客户送检样品时，应根据客户的检测需求，认真检查样品及其配件、样品的完整性和对应于检测要求的适应性，同时应与客户商定样品准备和试毕样品处理方式，填写《试验委托单》，并经客户签字确认，样品及其资料应及时传递到检测室。

②抽样样品、送检样品传递或送达检测室后，应进行交接验收，查看样品状况是否与抽样单或流转卡相符。对以封装方式送达的样品，应检查封签是否完整有效以及运输过程有无损坏，必要时应会同抽样人员进行验收。

③检测室在接收样品时认真检查样品状态及记录资料。

④接收样品如果存在检测项目有疑问、委托方的检测要求不明确、样品不符合有关规定要求、有异常(包括包装和封签)等情况时，应与委托方联系，取得进一步说明后再进行检测。

(2)抽样样品的管理

①抽样人员随车带回或亲自押送样品。交样品保管员查验、登记。

②抽样人员到现场抽样，应领取抽样凭证，抽样封签等。

③抽样人员在运输途中应对样品妥善保管，保证样品的完整性。

(3)样品的识别

样品的识别按分类、编号、填标签有明显标志。办公室根据样品所处的试验状态，分别加贴“待检”或“已检”标签，标签上应有样品识别号，识别号由办公室编排。样品在不同试验状态或样品制备、流转、储存过程，都应做好标识转移工作，以保持样品识别的唯一性，保证必要时可追溯性。

(4)样品的流转

①样品按传递顺序传递,交接签收时应检查样品状态。

②在试验前应对样品进行检查确认,如发现状态与要求不符或对所要求的试验规定得不够具体时,试验人员必须询问委托方,要求给予进一步的说明并记录。

③当委托方要求对样品进行准备(包括制备、装配等)时,相关操作室应按作业指导书的要求妥善完成,并应检查和确认。

④样品在制备、试验、传递过程中应加以防护,严格遵守有关样品的使用说明,避免受到非正常损坏。样品如遇意外损坏或丢失,应详细记录其情况,报质量主管追查责任,并及时与客户联系采取补救措施。

⑤试验人员对试验完毕的样品包括无法试验的样品,应有状态标识以免发生混淆,使样品具有可追溯性并记录。

(5)样品的储存

①检验应有专门适宜的样品储存场所,样品由样品管理员负责管理。样品应分类存放,标识清楚,登记入册,做到账物一致。

②对于存放条件有特殊要求的样品(如需养护的样品),应按照相应的规定对样品进行维护并记录。对于贵重样品必须存放于指定地点,并采取防护措施;对于易燃、有毒的危险样品应隔离存放,做出明显标记。

③试验人员检验完的样品应及时退回样品库保存,包括经试验不合格或无法试验的样品。

④为避免试验的样品在存储、处置和试验过程中发生非正常损坏,检测室及收样室应具备适当的设施和环境条件、安全措施,分类定位存放,以保证试验结果的准确可靠。

⑤收样人负责样品的安全。

(6)样品的处置

①样品留样期不得少于报告申诉期,留样期一般不超过60天,特殊样品根据要求另行商定留样期。

②检测完毕,供样单位需领回样品时,应签注“对本样品的检测报告无异议”之后方可办理。对于不取回的样品,由办公室按要求进行处理,并报技术负责人审核批准。

③抽样样品已过留样期,办公室按规定处理。

(7)样品的保密与安全

严格按客户签订的协议或有关规定进行样品的检测、储存和处置。严格执行保密程序,对客户的样品、附件及有关信息负保密责任。

5. 试验检测记录管理制度

(1)记录的填写

①各检测室根据需要,组织设计各种记录表格格式,技术负责人和质量负责人组织审批各种记录表格格式。如果启用新记录表格格式,由技术负责人和质量负责人审核批准后使用,原有旧的记录表格格式废除停用。

②记录人填写记录时,内容应真实、齐全、及时、清晰、明了;书写一律采用碳素或蓝黑墨水,不得使用铅笔、圆珠笔或红色笔。

③记录上应有记录人和复核人签字、记录日期等,且不得留有空格,空格处应画斜线。

④填写原始记录时,应特别注意试样(件)的顺序编号、制作或抽取日期、试验检测日

期等。

⑤检测所用主要仪器设备名称、规格、型号及完好状况，测试环境（如温度、湿度、天气）等均应填写完整。试验过程中如遇到停电或仪器设备发生故障，一般应重新试验，如确实不影响数据精度要求时，在试验记录中注明。

(2)记录收集、编目和存档

①各种记录由办公室负责收取、存档。

②办公室按记录的内容分类编目，汇总登记后归档。

(3)记录的查阅

①查阅人员查阅记录应得到主任批准。

②办公室应登记每次查阅的情况。

(4)记录的修改

①已存档的记录需修改时，技术负责人必须签字，并得到质保负责人同意。

②记录修改时，应遵循记录的修改原则，采用“杠改法”，被更改处必须清淅可见，在更改处附近应有更改人的签名或盖章。

③办公室归档记录进行妥善保管，资料室内有防潮、防火和防虫蛀、鼠咬设施，并便于存取查阅。

(5)记录保密

①试验室人员不得将检测记录拷贝、复印和泄露给别的单位或个人。

②办公室在没有主任允许的情况下，不得将存档记录借给他人。如果外借，借阅人必须签字，办公室要登记。

(6)记录清理、销毁和处理

记录保存到期，经过评审和试验室主任签字同意后，在有监督的情况下进行销毁。

6. 试验报告管理制度

(1)检测报告由有上岗证的试验员填写，亲笔签上自己的全称姓名，以示对测试数据和检测结论负责。

(2)检测室组长对检测试验人员编写的检测试验报告进行复核，主要是检查所用技术标准是否合适、测试方法是否正确、检验报告的数据、图表、曲线与原始记录是否相符合，检验结论是否准确恰当，然后亲笔全称签名，以示对检验质量负责。

(3)技术负责人负责报告的审核、签发；如技术负责人不在，由主任审核、签发；若主任也不在，由质量负责人负责审核、签发。

(4)签审完成的报告，交给办公室盖上试验室的印鉴后发放归档保管。

(5)办公室在报告发放时，报告领取人应在《报告发放登记表》中签字确认。

(6)如果在报告审查时发现错误，将追究其上一级责任人的责任，并按试验室的规定处理。如果报告发出后存在不足时，应及时就该报告进行补充说明；如果报告发出后存在错误时，应立即回收该报告，修改无误后重新发放。

(7)审查中，任何一级负责人都无权更改检测数据，即使发现错误，也应由原检验人员按有关规定负责更改后，再逐级履行报告审批手续。

(8)试验报告的更改程序

①当已发出的检验报告需要更改时，应马上通知质保负责人，并由质保负责人召集相关人员开会，查明原因，制定措施并上报试验室主任；

②更改报告时,试验室发出题为《对(××××-××××-×××)号试验报告更改》的文件,报告由原试验员填写,经质保负责人校核,技术负责人审批并签名后发出;

③更改文件作为原检验报告的附件和原始检验报告具有同等效力,但所更改的内容以更改文件为准。

7. 试验检测环境管理制度

(1)试验室主任根据检测项目及相关的检测规程的要求,制定各检测项目有效工作时所需的设施和环境标准。

(2)用于各检测室的设施和环境必须满足以下要求:

①动力和照明电分别按 380 V 和 220 V 供给;

②对在检测过程中将产生油烟和有害气体的检测室,应安装通风排气仪器设备;

③有恒温恒湿要求的检测室安装空调和去湿机;

④对电磁干扰、灰尘、振动、电源电压等严格控制,对产生较大噪声的检测项目采取隔离措施;

⑤相邻区域的工作不相容时,采取有效的隔离措施。

(3)各检测室严格按要求进行设施和环境的监控记录,发现设施和环境条件不符合要求时,应报办公室及时进行调整以满足要求。

(4)试验室是进行试验、检测和检定的工作场所,必须保证试验室有良好的工作环境,即清洁、安静、整齐、明亮和适当的温湿度。

(5)试验室是工作场所,禁止随地吐痰、禁止吃东西、禁止吸烟和大声喧哗,禁止将与工作无关的物品带入试验室,禁止与试验无关的闲杂人等进入试验室。

(6)有特殊要求的工作室(如化学室)必须遵照特殊规定,任何人不得违反。

(7)试验室内应建立仪器设备使用台账和维修保养台账,当使用设备时,必须按规程操作。使用及维修保养应按照台账要求填写和签名。

(8)室内设备及常用工具应摆放整齐,使用过后要物归原处并且做好清洁卫生。

(9)试验室内消防设备、灭火器应经常检查,任何人不得擅自挪动位置,并不得挪作他用。

(10)试验室内的日常工作结束后要检查水、电、门窗是否关闭,防止发生意外。

(11)室外进行的检测项目所需设施和环境条件,由检测人员按相关标准规定进行监控记录,对危及检测结果和安全的环境条件应停止检测。

8. 检测安全与环保管理制度

(1)安全管理职责

①主任是安全管理的第一责任人,对试验室的安全管理全面负责。

②技术负责人、质量负责人负责试验室的消防安全管理,落实主任布置的各项安全生产目标任务。

③试验室设兼职安全管理员一人,负责巡查本室安全生产设施的完好情况,监督所有人员的安全生产执行情况。

④试验检测人员负责执行工作范围内的安全程序。

(2)实验检测安全管理制度

①仪器、设备的安装、操作应符合有关安全技术标准,电动设备应有良好的接地装置,并经检查确认后方可使用。

②在进行各类强度试验时,应设置有效防护,防止试件飞溅伤害人员及设备。

③仪器设备使用中,操作人员不得擅自离开,防止安全事故的发生。

④加强仪器设备检查维修,确保其性能稳定、示值准确,严禁“带病”使用。

⑤有毒、易燃、易爆物品及强酸、强碱等化学品的存放、使用、处理应符合国家安全规程的规定。

⑥试验检测人员必须持有试验检测上岗证书,并参加安全技术培训。

⑦试验检测人员应熟悉设备仪具性能,严格遵守操作规程。

⑧操作中若发现设备仪具运转异常,有异味,或遇停电、停水、漏油、漏水时,应立即停机并切断电源、水源,属故障停机时应排除故障。

⑨预制构件检验或现场结构试验,必须采取符合要求的安全措施。

⑩杂物应专区分类堆放,不得随处乱放。

(3)消防安全管理制度

①试验室应定期对安全设施的有效性及存储情况、安全标志的有效性及完整性进行检查,安全员应经常检查上述情况,发现问题,及时上报并及时处理。

②在检测过程中如果采用酒精燃烧法检测材料含水率时,试验点应远离酒精桶及附近易燃物品,并应处于下风口位置。点火应采用长杆一头缠绕棉纱引燃酒精。再次加注酒精时应该仔细确认在第一次酒精燃烧已完全熄灭后间隔一段时间再加注酒精。在试验过程中,严禁吸烟,防止因意外点燃酒精伤人或引起火灾。

③沥青抽提试验时,现场人员严禁吸烟,防止引燃三氯乙烯溶剂造成火灾。

④钢筋切割时,应远离易燃、易爆物品,防止因火花飞溅造成火灾。

⑤下班时,应切断所有仪器设备的电源、水源,并关好门窗。

9. 档案管理制度

(1)需管理的文件资料

①国家、行业等发放的有关标准、规范、规程等。

②业主发放的有关文件、资料等。

③本中心试验室发放的有关文件、规章制度、办法等。

④仪器设备汇总表、台账等。

⑤仪器设备说明书,计量检定合格证,验收、维修、使用记录等。

⑥样品、物资入库及发放登记等。

⑦各类检验原始记录、委托单和检测报告书等。

⑧用户反馈的质量意见及处理方法。

(2)职责分工

①外发文件由办公室制定,并由试验室主任负责审核、批准。

②《质量手册》、《程序文件》由质量负责人组织办公室有关人员编写并由质量负责人完成修订和审核。

③技术负责人组织作业指导书和记录表格的编制、审核和修订。

④试验室办公室负责各类文件的分类、编号、归档、管理和处理过期文件。

(3)文件分类及编号

①红头文件、检验报告、原始记录及其他有关文件,均由办公室统一编号。

②标准、规范、技术图书应实行登记造册,分别编制目录,供查找方便;及时掌握新标准、规范变更情况,适时收集补充,不得采用作废标准。

③文件应按内部、外部进行登记分类保管。内部文件较多时，可再分为上级、同级、下级进行管理，年底按文件档案管理要求归档。

(4)文件管理

①办公室应建立文件档案目录，并由档案管理员专人管理，按不同试验检测项目分别编号、放置。档案盒内应有卷内目录，资料按卷内目录有序放置。

②文件的发放由主任批准，作好收文、发文、登记、签名工作。

③文件的借阅应向办公室办理相关手续，阅读完后应马上返还，以免丢失。文件复印应经主任批准后，办公室办理登记后才有效。

④技术档案是试验中心的技术机密，要编号造册并妥善存放在条件较好，温度、湿度适当的房间里，防止虫蛀霉烂，所有的技术档案由办公室统一保管。

10. 检测事故分析报告制度

(1)凡属下列情况者，为检测事故：

①检测时搞错试验样品；

②加工试样时，弄错规格以至无法弥补；

③试验时未及时做原始记录，而得不到试验结果；

④不按标准方法或非标准样品未事先拟定合适的试验方案，以致检测结果无法使用；

⑤检测前试样搬运、保管不善而丢失、损坏；

⑥检测仪器未达到要求的精度或检测读数错误而无法复测或报告已发出；

⑦计算错误，而报告已发出；

⑧报告字迹书写不清、结论错误、受检单位提出意见。

(2)事故发生后，发现人应立即停止试验检测并报告室主任。

(3)事故责任者应实事求是填写事故分析报告，说明事故发生的时间、地点、经过、旁证、事故的性质和原因。

(4)根据事故严重程度，临时组成事故分析小组，对事故进行分析，做出结论并提出处理意见。

(5)事故原因查明后，要制定出切实可行的防范措施，避免同类事故再次发生。

11. 不合格品管理制度

(1)不合格试验品确定依据

现行工程检测、试验规范及规程；国家有关原材料试验标准、规范、规程。

(2)不合格试验品确定方法

①不合格原材料的确定方法：现场试验员按材料进场验收报检程序在现场监理的见证下取样，送试验室按有关规范、规程进行检测，确认样品合格与否。

②不合格工程实体的确定方法：混凝土实体通过对同等条件养护或标准养护条件下的试件进行抗压强度试验，确定混凝土强度合格与否；路基强度指标及物理指标通过现场检测确定；隧道锚杆锚固强度通过抗拔试验确定；其他钢筋骨架或钢构件通过现场尺量或目视确定；桩基强度通过委托单位检测报告确定；基坑基底承载力或软基处理复合地基承载力通过现场检测确定。

(3)不合格试验品台账建立

试验室将建立不合格试验品的台账，试验员按标准规范进行检测发现不合格试验品应留样，并进行登记。

(4)不合格试验品处理程序

当出现产品不合格试验品时,试验室按如下程序办理。

①发现人应及时报告试验室主任,试验室主任立即检查原因,如果不是设备、操作、环境等检验方面原因所致,确系不合格,应及时通知监理工程师和项目总工共同深入现场按标准规范重新取样进行复检,并通知现场对材料进行控制。

②复检后仍然不合格,应及时填写《不合格试验品控制报告》,并通知所属项目经理部、监理单位、安全质量部。其中,影响结构安全的建材、制品、构件等项目,应在 12 h 内告知以上部门。

③《不合格试验品控制报告》应一式四份,其中所属项目经理部、监理单位、安质部各一份,试验室留一份存档。

④试验室根据不合格品复检结果出据不合格报告,并上报技术质量部,由总工组织相关人员对结果进行评审并研究处理方案,根据造成损失的程度对相关责任人进行处理。

⑤项目部在接到试验室的《不合格试验品控制报告》后,要立即对相应的材料进行标识、隔离并严禁私自用于工程施工。这批材料应该降级使用或者退场,如果降级使用必须通过监理工程师和项目总工的签字同意方可使用。

⑥现场发现不合格实体应立即进行标识,立即向项目经理部汇报,由项目经理部召开质量分析会确定该不合格实体的处置方式(返工或返修)。进行返修处置的要制定返修方案,施工现场按照返修方案实施返修。

12. 测试数据校验制度

(1)测试数据有下列现象之一者,均为差错:

①数据读错或记错;

②使用超过计量有效期的仪器进行测试所得的数据;

③测试环境条件不符合要求;

④由于试样错误造成的读数错误;

⑤漏记测试记录项目;

⑥记错样品编号;

⑦其他人为原因造成的数据错误;

⑧不按规定读取测试数据有效值。

(2)为防止差错,实行试验数据自检、专检和抽检等制度,力求数据准确无误。

①自检:是指测试人员和数据记录员对测试数据的自行检验,发现差错找出原因予以纠正,自检中发现的错误不作记录。

②专检:由本专业组长负责对测试数据进行检验,如发现错误应会同测试人员找出差错原因,并采取正确措施予以纠正,专检中发现的差错应由测试人员、记录人员负责。

③抽检:由质量保证负责人(或技术负责人)对测试数据进行检验,如发现差错,应由本专业检测室测试人员找出原因,并采取正确方法进行处理。

④试验检测人员应在检测项目原始记录和检测报告上签字,对检测数据负责。

13. 检测结果异议处理制度

(1)委托单位自接到报告之日起,应在 10 天内将申诉书面材料送专业检测室。

(2)申诉书经室主任审查确认理由充足,则登记编号,责成专业检测室负责人进行处理并应在 3 日内做出答复。

(3)专业检测室负责人根据申诉内容,认真核对原始记录、检测报告,并对检测仪器设备环境条件详细查看整机、附件、备品、技术资料等是否完好,然后查看电路、电源、机器性能等各项技术指标是否合格,同时办理入账建档手续。

(4)经过检查核实,由于试验结论错误,给委托单位造成经济损失的,应按有关规定予以赔偿,造成不良影响的应消除影响。

14. 保密制度

(1)有关保密资料按密级要求设置专柜。

(2)保密资料一般不能外借,特殊情况需要借阅时需办理借阅手续。

(3)工作外出时一般不得携带保密资料,必须携带时应采取适当安全措施。

(4)职工调离时不得将有关的保密资料带走。

(5)经常对工作人员进行保密教育。

(6)不遵守保密制度,造成泄密的要按事故处理,并追究其责任。

## 第七节　体 系 文 件

### 一、体系文件概述

1. 体系文件的含义

体系文件是描述一个组织管理体系结构、职责和工作程序的一整套文件。管理体系是实施管理所必需的组织结构、程序、过程和资源。一个组织的管理就是通过对内部各种过程进行管理来实现的,明确过程管理的要求、管理的人员、管理人员的职责、实施管理的方法以及实施管理所需要的资源,用文件形式表述出来,就形成了该组织的管理体系文件。

体系文件是建立健全管理体系的重要组成部分,是将全部体系要素用文件形式加以规定和描述,界定了职责和权限,处理好了接口,使质量体系成为职责分明、协调一致的有机整体。体系文件是一个试验室内部实施质量管理的法规,也是向委托方(客户)证实质量体系实用性和实际运行状况的证明。体系文件一旦批准实施,就必须认真执行;文件如需修改,需按规定的程序执行。体系文件也是评价管理体系实际运作的依据。一个试验室只能有唯一的质量体系文件系统,一般一项活动只能规定唯一的程序。应根据各自的性质、任务和特点,制定适合自身质量方针以及检测工作特点和需要的,具有可操作性的质量体系文件。

2. 体系文件的层次

体系文件主要由质量管理手册、程序文件和作业指导书、记录等质量文件构成。分为不同层次:第一层次,质量手册;第二层次,程序文件;第三层次,作业指导书(含检测细则、操作规程);第四层次,质量记录(表格、报告、记录等)。

质量手册是阐明一个试验室的质量方针,并描述其质量体系的文件。质量手册应描述质量体系范围,各过程之间相互接口关系,及各过程所要求形成的文件的控制程序,它对试验室的组织结构(含职责)、程序、活动能力即过程和资源作出规定。它不仅是质量体系表征形式,更是质量体系建立和运行的纲领和试验室长期遵循的纲领性文件,主要回答做什么的问题。

程序文件是描述为实施质量体系要求所涉及到的各职能部门质量活动和具体工作程序的文件,并应对各职能部门质量活动和具体工作程序中的细则作出规定。主要回答如何做的问题,供各部门使用,属支持性文件。以保证过程和活动的策划、运作得到有效组织并连续有效的控制。

作业指导书是供具体工作人员使用的更详细的文件，是实施各过程和质量控制活动的技术依据和管理性文件的依据，主要回答依据什么执行的问题，为执行性文件，用以指导操作人员完成各项质量控制活动。作业指导书和程序文件的区别在于，一个作业指导书只涉及到一项独立的具体任务，而一个程序文件涉及到质量体系中某个过程的整个活动。

质量记录为质量体系运行的证实依据，即是质量体系运行有效性的客观依据及完成某项活动的证据，主要回答执行结果如何，为证实监督文件。

3. 体系文件编制的总体原则

系统性：对其质量体系中采用的全部要素、要求和规定，有系统、有条理地制订成各项方针和程序。

协调性：体系文件的所有规定应与试验室的其他管理规定相协调；体系文件之间相互协调，处理好各种接口，避免出现衔接不良或相互矛盾冲突现象；体系文件也应与有关技术标准、规范相互协调。

可读性：编写文件尽量用通俗易懂的词语，方便使用者阅读。

符合性、可操作性：编写的文件既符合标准及认证准则的要求，又能符合组织的管理运作，注重从企业自身需要出发，充分利用现有管理标准、制度等，总结组织以前的管理经验并融合进去。

增值性：组织能按文件统一规范一致性操作提高工作质量、效率和业绩，进而确保提供产品的符合性。

普及性：尽可能扩展到组织最低层次。

## 二、质量手册

1. 质量手册的含义

质量手册是对质量体系作概括表述、阐述及指导质量体系实践的主要文件，是组织中质量管理和质量保证活动应长期遵循的纲领性文件。试验室质量管理手册要将其组织结构、岗位设置、职责权限和相互关系、过程、资源等按照实验室认可准则（或资质认定评审准则）的要求进行全面描述。

质量手册有三方面作用：①在组织内部，它是由组织最高领导人批准发布的、有权威的、实施各项质量管理活动的基本法规和行动准则；②对外部实行质量保证时，它是证明组织质量体系存在，并具有质量保证能力的文字表征和书面证据，是取得用户和第三方信任的手段；③质量手册不仅为协调质量体系有效运行提供了有效手段，也为质量体系的评价和审核提供了依据。

2. 质量手册的编制原则

(1)符合认可准则及有关法律法规的要求。

(2)符合实验室的实际情况。

(3)有利于向客户、认可机构、相关方提供质量满足要求的证据。

(4)内容全面、结构层次清楚、语言通俗易懂、名词术语标准规范。

3. 质量手册的编制方法

(1)方案策划

质量手册应包含组织的质量方针和对所采用的质量体系标准的全部适用要素的描述。质量手册的常见结构如下。

1)封面

封面应包括:公司的名称;手册标题;手册发行版序;生效日期;批准人签名;文件编号;手册发放控制编号等。

2)批准页

由实验室最高管理者发布的批准质量手册的命令。

3)修订页

用修订记录表的形式说明手册中各部分的修改情况。应列出:修订序号;对应章节条号;修改内容;批准人;批准日期等。

4)目录

列出手册所含各章节题目。

5)授权书

如实验室为非独立法人,应有法人对实验室的授权法人证书,授予独立行文、独立开展业务、独立账目、独立核算的权利。

6)母体法人公正性声明

母体法人发布的支持检测工作正常进行、不干预检测工作的声明

7)实验室主任公正性声明

由试验室主任公布的试验室保证工作性的声明与基本措施。

8)第一章　实验室概况

本章中需要描写以下内容:①实验室成立的背景和历史演变;②能力概况,如场地、设备、设施、人员、业务范围等;③管理体系,即依据的质量管理标准规范,认证认可情况等;④业绩,即成立以来开展的业务范围、工作量、工作成绩等;⑤联系方式。

9)第二章　质量手册的管理

明确质量手册的编制、审核、批准、发放、控制、修订、采用术语等。

10)第三章　质量方针、质量目标

质量方针是实验室在质量方面的总的宗旨和方向,要求全体员工理解、贯彻、执行,所以应简单明确、便于记忆,除要表述质量方针外,还要解释和说明质量方针的含义。

11)第四章　管理要求

按照认证准则及相关标准对各要素进行描述,一般应包括:目的,阐明实施要素要求的目的;适用范围,阐明实施要素要求适用的活动;责任,阐明实施要素要求过程中所涉及到的部门或人员的责任;程序概要,阐明实施要素要求的全部活动原则和要求;相关文件,列出实施要素要求所需的各类文件。

12)第五章　技术要求

同第四章要求。

13)附录

其主要内容包括以下 11 个方面:①组织机构框图;②人员一览表;③授权签字人一览表;④质量职责分配表;⑤管理体系框图;⑥检测项目一览表;⑦实验室平面图;⑧仪器设备一览表;⑨检测工作流程图;⑩程序文件目录;⑪实验室行为准则。

(2)编制方法

编写质量手册时,需要注意以下四点方法:

1)编写前充分学习深入理解认可准则条文;

2)对实验室的现状作深入研究,识别过程、规定控制范围;

3)与程序文件可有重复,但手册对过程的描述应简略扼要;

4)可参考范本编写,但不可照搬照抄。

(3)格式要求

质量手册的格式应考虑是否方便修改控制,是否方便使用,是否适合文件管理等三个方面。一般应分章排序,活页装订,设置页眉、页脚。

4. 质量手册示例

质量手册第五章第三节检测和检测方法编制格式见表1-7-1。

**表1-7-1 质量手册编制示例**

| ××××检测中心 | |
|---|---|
| 质量手册 | 第 页 共 页 |
| 第五章 技术要求 | 第 版第 次修订 |
| 主题:检测和检测方法 | 颁布日期: 年 月 日 |

5. 检测和检测方法

(1)目的

为确保检测人员使用现行有效的方法开展检测工作;确保检测数据的准确性、完整性和保密性,本机构对检测方法的选择,确认使用予以控制。对检测数据的采集、存储、计算、转移和处理过程予以控制。

(2)职责

1)技术负责人负责检测方法的选择、确认、批准工作。

2)综合室负责检测方法现行有效并使检测人员及时得到有效的检测方法。

3)各检测室负责编制必要的作业指导书,经技术负责人批准后的实施。

(3)控制要求

1)编制《检测工作程序》、《检测方法管理程序》、《数据保护程序》、《允许偏离程序或标准规范程序》、《不确定度评定程序》,对本机构开展检测工作的工作流程、检测方法的选择确认,对"允偏"情况的处置、数据采集、计算、转移、处理过程的完整、保密做出规定。

2)为保证检测工作规范,规定检测工作程序的基本工作流程如下:

①大型检测业务,综合室接收业务,组织合同评审签发委托检验书。

②日常委托检测,样品管理员接收委托方样品填写委托单并下达任务通知单。

③各检测室组织人员对样品实施检测,对影响检测结果的操作人员、检测方法、检测仪器、样品制备、环境条件等主要因素进行控制。

④各检测室负责依据原始数据编制打印检测报告。

⑤综合室负责发放报告。

⑥综合室受理客户的申诉和投诉,质量负责人具体组织调查分析并给客户满意的答复。

3)检测方法的控制规定有如下几方面。

①检测方法的选择

a. 选择国家标准、行业标准,作为所有资质认定的检测项目的检测依据,包括被检样品的抽样、处理、运输、存储和准备。

b. 各检测室编制可能影响检测结果所必需的作业指导书,如检测方法方面的检测操作细则;检测设备方面的操作规程及维护保养;样品处置方面的样品制备、处置规定;数据处理方面的修约规定,统计处理,不确定度评定等。

c. 综合室确保所有检测方法、作业文件现行有效,并使检测人员及时得到这些文件。

d. 根据客户和合同要求选择适用有效的检测方法。

e. 客户未指定检测方法时,优先选择国家标准,行业标准,地方标准。

f. 客户提出的方法不合适或已经过期时,综合室必须通知客户。

g. 国际标准或本机构制定并经过确认的非标方法,仅限于对特定的委托检测。

h. 检测方法的偏离:只有对该偏离形成文件规定,经技术判断、授权、技术负责人批准并经得客户同意后方可实施。

②检测方法的确认

a. 应确认的检测方法包括:本机构自已编制的检测方法;从国内外著名技术刊物上获取的检测方法;超出其预定范围使用,扩充和修改过的标准方法。

b. 确认方式。

(a)技术方法:如使用参考标准或标准物质进行校准;实验室间比对;与其他方法所得到的结果进行比较;对检测结果不确定度进行评定。

(b)技术负责人组织并主持评审会,对检测方法的使用,检测过程和检测方法所用技术进行讨论,对检测方法能否满足预期要求作出结论。

(c)保留确认的过程记录。

4)数据保护与控制。

①本机构规定对所有检测原始记录、检测报告建立审核制度,审核时须对数据计算、修约处理、转换过程进行系统性和适当的核查。

②检测数值修约与检测结果判定执行《数值修约规则与极限数值的表示与判定》(GB/T 8170—2008);测量不确定度评定与表示执行《测量不确定度评定与表示》(JJF 1059—1999)。

③使用计算机或自动化设备进行数据的采集、处理、记录、报告、存储或检索时,计算机软件应足够详细,对其适用性进行验证。

④计算机和自动检测设备的使用者实行专职制,未经允许不得交叉使用。计算机内数据应定期被刻录,硬盘有备份,需要保密的数据不得放在共享设备上,若部门共享必须设置操作权限,进行授权控制。系统内的计算机不得采取任何方式接入其他网络系统,防止非授权人接触,防止数据被修改,确保数值的完整性和保密性。

⑤环境条件应满足计算机和自动检测仪器的使用条件,对计算机及自动检测仪器要适时进行维护,确保功能正常。

5)允许偏离程序或标准规范的控制。

①"允许偏离"仅限于不可抗拒因素造成偏离程序或标准规范的例外情况,这些偏离以不降低检测质量为原则。

②对检测方法偏离允许情况仅限于以下几种:

a. 标准已作废,尚未完成新、旧标准转换工作,检测需按时完成。

b. 标准规定的检验方法不完善,有先进方法可采用。

c. 标准规定的某项检验方法明显不合理。

③各检测室提出检测方案,编写检测方法,指明检测方法依据,报技术负责人审批后方可使用。

④对某些管理程序偏离的允许情况限于以下几种：

a. 仪器设备不得已超周期使用。

b. 标准规定的仪器设备已淘汰，新仪器设备配备不到位。

c. 有上岗人员因故不在，检测需按时完成。

⑤检测室提出偏离申请，报质量负责人审批，按审批方案实施。

⑥任何偏离都应及时通知客户并得到客户同意，检测人员应把偏离情况记入检测记录。

(4)相关文件

CSCECSY/CX16－2011 检测工作程序；

CSCECSY/CX17－2011 检测方法管理程序；

CSCECSY/CX18－2011 数据保护程序；

CSCECSY/CX19－2011 不确定度评定和表示程序；

CSCECSY/CX20－2011 允许偏离程序或标准规范管理程序；

CSCECSY/CX27－2011 开展新检测项目的规定。

## 三、程序文件

1. 程序文件的含义

程序是为进行某活动或过程所规定的方法，描述程序的文件称为程序文件，是质量手册的支持性文件；它应包含质量体系中采用的全部要素的要求和规定；每一质量体系程序文件应针对质量体系中一个逻辑上独立的活动。

程序文件的作用有三个方面：

(1)使质量活动受控。对影响质量的各项活动作出规定；规定各项活动的方法和评定的准则，使各项活动处于受控状态。

(2)阐明与质量活动有关人员的责任：职责、权限、相互关系。

(3)作为执行、验证和评审质量活动的依据。程序的规定在实际活动中执行；执行的情况应留下证据；依据程序审核实际运作是否符合要求。

2. 程序文件的编制原则

(1)符合评审准则、体系认证以及行业管理等要求。这是编制程序文件的基本要求。

(2)程序文件必须是涉及到质量管理体系的一个逻辑上的独立部分或活动。

由于程序文件是对质量管理体系的某项质量活动实施内容、方法和顺序要求的规定，因此程序文件所描述的应该是能够构成一个逻辑上独立的质量活动。这种逻辑上的独立可以是质量管理体系的一个条款的一部分，或涉及多个相关的条款。

程序文件对质量活动应规定目的和范围，实施的具体步骤，实施结果的处理、反馈，以及在实施过程中与各部门的关系等，形成一个逻辑上独立的部分。

(3)程序文件的内容必须同质量手册的规定要求相一致。

程序文件是质量手册的支持性的文件。因此，程序文件实际上是对质量手册规定的进一步展开、落实和细化。

程序文件的编写要考虑质量管理体系的整体性、系统性，既要把各项质量活动加以充分展开，使所有的程序文件充分体现质量手册的规定和要求，同时也要注意处理好各个程序文件之间的关系。使它们既是一个单独的逻辑上独立的部分，同时各程序文件相互又构成一个有机的整体，充分落实和实施质量管理体系所要求的各项质量活动。程序文件编写还要处理好质量活动发生过程中各个部门之间的联系，规定好各部门之间的接口问题，真正使程序文件中规定的各项活动能够协调进行。

(4)程序文件应简练、准确，具有很强的可操作性。

程序文件编写应力求简明，用词要准确，避免赘述。要清楚地规定整个质量活动在实施过程中的每一步骤和环节，相关部门的责任及其义务。即使是没有从事过此项工作的人，通过程序文件也能清楚地了解此项质量活动的内容和过程，并能很快地明确按其流程应该做什么和怎样去做的要求。

(5)程序文件不涉及到纯技术性的细节问题。

程序文件是质量活动的具体实施方法和步骤，在实施某项质量活动时，会涉及到一些技术细节和工作细节，这些细节一般情况下由工作文件来确定。

3. 程序文件的编制方法

(1)方案策划

程序应阐明影响质量的管理人员、操作人员、验证和审核人员的责任、权力和相互关系，说明各种不同活动实施方法、使用的文件和所进行的控制，因此程序文件编写要对质量活动进行准确的叙述，并对质量活动中所涉及到的责任、权力和相互关系作出规定。文件的内容主要是规定质量活动应做什么，即实施的方法和步骤，而不是叙述如何做的具体细节。这些细节在作业指导书等工作文件中予以规定。

为了使这些质量活动和工作处于受控状态，一般来讲有多少项质量活动就必须编制相应数量的程序文件。对于性质相同、工作相近的程序也可以把几个质量活动串在一起，编制一个程序文件。

确定程序文件目录一般由质量负责人组织相关部门讨论，按照质量管理体系的要求提出程序文件目录，然后协调并统一确定。一般评审准则或标准中出现“形成文件的程序”之处，即要求建立该程序，形成文件，并加以实施和保持。如文件控制程序、质量记录控制程序、内部审核程序、不合格品控制程序、纠正措施程序、预防措施程序。

一个实验室需要编制多少个程序文件应从本实验室的实际出发，结合实验室的规模、人员素质、检测工作复杂程度等确定程序文件数量，列出程序文件清单。一般试验检测机构应建立以下程序。

1)保证公正性和诚实性的程序；

2)保护客户机密和所有权的程序；

3)检测质量监督程序；

4)文件控制和维护程序；

5)合同评审程序；

6)检测分包控制程序；

7)外部服务和供应品采购控制程序；

8)服务客户管理程序；

9)客户意见调查和处理抱怨的程序；

10)不符合检测工作控制程序；

11)例外允许偏离的程序；

12)实施纠正措施的程序；

13)实施预防措施的程序；

14)记录和档案管理程序;

15)管理体系内部审核程序;

16)管理评审程序;

17)人力资源管理程序;

18)人员培训及资格确认程序;

19)设施和环境条件控制程序;

20)项目试验室管理程序

21)现场检测工作程序;

22)检测方法选择和确认程序;

23)数据处理程序;

24)测量不确定度评定程序;

25)仪器设备与标准物质管理程序;

26)试剂和消耗材料管理程序;

27)期间核查管理程序;

28)量值溯源程序;

29)试验比对或能力验证程序;

30)抽样管理程序;

31)样品管理程序;

32)开展新项目的评审程序;

33)安全与内务管理程序;

34)环境保护管理程序;

35)参考标准管理程序;

36)质量控制程序;

37)检测结果报告程序;

38)计算机数据管理系统控制程序。

(2)编制方法

程序文件一般按活动的逻辑顺序描述开展该项活动的细节。明确输入、输出和整个流程中各个环节的转换内容,以及对人员、设备、材料、环境和信息等方面具体的要求。阐明规定应做的工作和执行者,在何时、何地进行,所使用的仪器设备、依据的文件、控制方式、记录要求及特殊情况处理等。

程序文件编写要用“6问(5W1H)分析法”来规定该项质量活动,即为什么做(Why)、做什么(What)、谁来做(Who)、在何时做(When)、何地做(Where),如何做即采用什么方法做(How)。

程序文件的结构一般为:

1)封面

可在单份或整套文件前加封面,便于控制文件和进行文件控制。

内容(根据需要选用):公司标志、名称;文件编号、文件名;编制人、审核人、批准人及日期;颁布、生效日期;修改状态/版号;修改记录(可专设修改页);受控状态/保密等级;发文登记号等。

2)修改控制页

可单置于封面后或与其他附页合并说明文件修改的历史情况。

内容:修改单编号;修改标识;修改人/日期;审批人/日期;修改内容等。

3)目的

说明实施本程序控制的活动及要达到的目的,即为何要做(Why)。

4)范围

说明本程序适用范围,即在何处做(Where)。注明程序所涉及的有关部门和活动以及程序所涉及的相关人员、产品。

5)职责

说明本程序涉及的职能部门的职责,即由谁来做(Who)。具体规定负责实施该项程序的部门或人员及其责任和权限,以及与实施该项程序相关的部门或人员及其责任和权限。

6)工作流程

进一步阐述本程序涉及的过程由谁(Who)何时(When)在何处(Where)为何(Why)做什么事情(What),以及如何(How)完成。可用文字描述,也可用流程图形式。包括采用什么设备、工具、文件,以及如何控制、记录,例外特殊情况的处理方式等。

7)相关文件/支持性文件

即本程序引用的文件。如相关程序文件、作业指导书、操作规程或其他管理性、技术性文件。

8)相关记录/表格

本程序引用的表格。

(3)格式要求

对格式无规定性的要求,但应从便于管理的角度出发,形成程序文件的统一格式,并考虑文件控制的要求。程序文件格式见表1-7-2。

**表1-7-2 程序文件格式**

<table>
<tr><td colspan="2">××××检测中心</td></tr>
<tr><td rowspan="2">程序文件</td><td>文件编号:×××××/CX09-2011</td></tr>
<tr><td>第 版 第 次修订</td></tr>
<tr><td>主题:档案管理程序</td><td>第 页 共 页</td></tr>
</table>

4. 程序文件示例

(1)目的

档案管理程序:对档案的整理、分类、编目、保存、归档、处理过程进行控制,确保档案的完整性、规范性和管理体系运行的可追溯性。

(2)适用范围

本程序适用于本机构档案的整理、分类、保存、归档、处理。

(3)编制依据

CSCECSY/SC-2011《质量手册》、《实验室资质认定评审准则》

(4)职责

①综合室负责本机构档案的归档、保存,并按规定处理。对档案的保密工作负全责。

②质量记录的整理由各相关部门进行。

(5)工作程序

①档案的归档范围

本机构档案分为三大类:质量体系文件、人事行政文件、质量记录。

②档案的编目

质量体系文件按质量手册、程序文件、作业指导书、技术标准进行分类编目。

人事行政文件按人事档案、外来行政文件、内部行政文件、外发行政文件进行分类编目。

质量记录按形成科室、记录类型进行编目。其中检测委托单、检测原始记录与检测报告三单合一后按检测项目分类编目。

③档案归档范围与保存期限

档案归档范围与保存期限见表 1－7－3。

**表 1－7－3　档案归档范围与保存期限**

| 序号 | 档案类型 | 分类号 | 保存期限 | 序号 | 档案类型 | 分类号 | 保存期限 |
|---|---|---|---|---|---|---|---|
| 1 | 外来行政文件 | WL | — | 15 | 比对试验与能力验证档案 | BY | 5 年 |
| 2 | 内部行政文件 | WN | — | 16 | 允许偏离检测档案 | RP | 5 年 |
| 3 | 外发行政文件 | WF | — | 17 | 纠正/预防措施 | PJ | 3 年 |
| 4 | 人事及培训档案 | RS | — | 18 | 新检测项目档案 | XX | 3 年 |
| 5 | 质量手册 | SC | — | 19 | 仪器设备档案 | SB | 长期至报废后一年 |
| 6 | 程序文件 | CX | — | 20 | 事故分析与处理档案 | SC | 3 年 |
| 7 | 通用指导书 | TZ | — | 21 | 检测质量记录、检测报告 | ZJ | 2 年 |
| 8 | 检测实施细则 | JX | — | 22 | 分包检测档案 | FB | 2 年 |
| 9 | 仪器设备操作维护规程 | YC | — | 23 | 外部支持服务与供应档案 | FG | 长期 |
| 10 | 仪器设备自校规程 | YZ | — | 24 | 申诉和投诉处理档案 | ST | 3 年 |
| 11 | 试验设备检测规程 | SJ | — | 25 | 合同评审、委托检测合同 | HT | 2 年 |
| 12 | 质量文件管理档案 | ZW | 3 年 | 26 | 不确定度评审 | — | 3 年 |
| 13 | 质量审核档案 | ZS | 3 年 | 27 | — | — | — |
| 14 | 管理评审档案 | GP | 3 年 | 28 | — | — | — |

④档案的提交归档

各检测室应定期向综合室提交分类整理并编目完毕的档案材料归档保存。

a. 检测结果报告档案每半月由检测报告发放人员整理后交综合室归档保存。

b. 其他各种档案，由各科室或各岗位人员于每年 12 月 31 日前整理后交综合室归档保存。

⑤档案的交接

综合室在接受各科室提交的归档档案材料时，须办理交接手续，填写一式两份的《档案交接记录》。

⑥档案的借阅

a. 借阅档案须按规定持《档案借阅审批表》方可借阅。

b. 借阅人事档案及行政文件须经综合室负责人审核，主任批准。

c. 借阅质量体系文件须经质量负责人审核，主任批准。

d. 借阅质量记录及检测报告时，必须由主任、技术负责人、质量负责人共同签字方可借阅。

e. 任何人不得携带借阅的档案材料离开档案室。

f. 需要档案复制件时，须由主任、技术负责人、质量负责人共同签字批准，见到《档案复制审批表》后方可由综合室复制。

⑦档案的销毁

超过保存期不需要保存的档案，应填写《档案销毁审批表》，经综合室负责人、质量负责人、技术负责人、主任审核批准后进行销毁。

(6)报告和记录表

档案交接记录　CSCECSY/CX09 - 01 - 2011

档案借阅审批表　CSCECSY/CX09 - 02 - 2011

档案复制审批表　CSCECSY/CX09 - 03 - 2011

档案销毁审批表　CSCECSY/CX09 - 04 - 2011

(7)相关文件

保密和保护所有权程序。

## 四、作业指导书

1. 作业指导书的含义

作业指导书是指为保证某过程的质量而制订的程序。作业指导书也是一种程序，只不过其针对的对象是具体的作业活动，而程序文件描述的对象是某项系统性的质量活动。作业指导书是指导保证过程质量的最基础的文件和为开展纯技术性质量活动提供指导，是质量体系程序文件的支持性文件。

试验检测行业的作业指导书可分为方法类、仪器类、样品类、数据类等。包括：检测实施细则；仪器设备操作规程；抽样方法；样品制备、处置方法；比对试验方法；仪器设备自校方法；期间核查方法；数据处理方法；测量不确定度评定方法；消耗品验收方法；修正值(曲线)；对照图表、常用参数；计算机软件；化学试剂配制方法等。

2. 作业指导书的编制原则

(1)符合标准规范，现行有效。

(2)可操作性强。

(3)尽可能详尽充分。

3. 作业指导书的编制方法

(1)需要编写作业指导书的情况

①当标准规范规定不详细、不充分、可操作性不强时；

②标准中引用的标准很多时；

③标准中有可选择的内容时；

④试验室在培员工、签约员工较多时。

(2)作业指导书的内容

①依据：依据的标准、规范、规程；

②适用范围：作业活动的对象范围(例如检测项目参数和范围)和活动的内容(例如抽样和样品运送、仪器操作、数据处理等)；

③技术要求：包括仪器、环境、符合性要求等；

④步骤和方法；

⑤数据处理方法；

⑥结果表示方法；

⑦出现意外、差异、偏离时的处理方法；

⑧相关文件和记录。

4. 作业指导书示例

## 防水板焊接充气试验作业指导书

1　总则

1.1　目的

统一防水板焊接充气试验操作步骤，保证试验准确可靠。

1.2　适用范围

本方法适用于本标段隧道防水板焊接充气试验检测。

1.3　引用标准

《高速铁路隧道工程施工质量验收标准》(TB 10753—2010)。

2　方法原理

将5号注射针/压力表及充气装置相连，将注射针插入焊缝两层防水板之间，充气到0.25 MPa保持15 min，压力下降在10%以内为焊缝合格。

3　仪器设备

(1)充气试验仪；

(2)注射针(5号)；

(3)热封机；

(4)工具：裁纸刀、手钳、细铁丝、502胶水。

4　试验步骤

(1)检查防水板焊缝是否有脱焊、补焊，确定本次试验焊缝的长度、起点与终点。

(2)在焊缝的一端准备插入注射针的部位塞入2 cm长细铁丝，将两层防水板隔开。若焊缝端头已封住，用裁纸刀裁开焊缝，塞入铁丝后用热封机封口。

(3)用热封机将焊缝两端封口。

(4)检查充气试验仪气密性，如有漏气，用502胶水或细铁丝将连接处紧固好，保证充气装置、压力表、注射针头连接处不漏气。

(5)将针头小心插入已塞入细铁丝的焊缝内，要防止折断针头或穿透两层防水板。

(6)打开气泵，对焊缝进行充气，当压力表达到0.25 MPa时停止充气，保持15 min，记录气压下降值。

5　结果判定

充气到0.25 MPa保持15 min，气压下降在10%以内判定焊缝合格。如压力下降过快说明有渗漏，用肥皂水涂在焊缝上，有气泡的地方重新补焊。

6　检验频率

每一浇筑段环向检查一条焊缝，纵向检查两条焊缝。

7　记录

防水板充气试验记录表

## 五、记　录

1. 记录的含义

记录是为已完成的活动或达到的结果提供客观证据的文件。记录可分为质量记录和技术记录两类,质量记录是进行质量活动时产生的记录;技术记录是进行技术活动时产生的记录。

质量记录应能客观反映质量活动和体系运行的实际情况,是质量活动追踪和预防的依据。记录可以是书面的,也可以是储存在任何媒体上的。大量的质量记录是以表格的形式表述。

记录具有以下特点:

(1)可操作性

记录应具有可操作性,应明确、具体、实用。

(2)可检查性

质量记录反映操作者的实际操作活动,具有数量化和特征化,应可以检查和评价。

(3)可追溯性

需要追踪了解查明原因时,可通过质量记录查明情况,从而可以有针对性地采取预防和纠正措施。

(4)可见证性

为进行内部或外部质量体系审核提供证据,它可以证实是否已实施了规定的质量体系要求及实施的程度。另外,质量记录也可以反映对不合格情况采取了哪些纠正措施。

(5)系统性

记录了整个质量活动的完整过程,因而具有连续性,也为管理者分析质量问题、质量发展趋势提供依据,同时也为质量成本分析、统计技术的运用提供了依据。

2. 记录的设计原则

(1)为某过程设计的记录要能充分反映该过程的效果,内容应完整有效,记录中无缺项、漏项等。

(2)设计的记录必须具有双向追溯性,即可向前追溯也可向后追溯。填表人或编制人、审核人、批准人、日期等标识清楚。

质量记录一般要做到便于管理、易于操作,能正确、真实、准确地进行质量活动,具有很强的可追溯性。同时质量记录尽可能做到信息完整,判定技术性记录信息是否完整的标准是看能否复(再)现技术活动;判定管理性纪录信息是否完整的标准是看能否实现跟踪检查。

# 第二章 路基工程材料及现场检测

## 第一节 铁路路基工程填料

### 一、铁路路基工程普通填料的分类

依据《铁路路基设计规范》(TB 10001—2005)的规定,用于铁路路基工程的普通填料按颗粒粒径大小分为三大类别:巨粒土、粗粒土和细粒土。

(1)巨粒土、粗粒土填料应根据颗粒组成、颗粒形状、细粒含量、颗粒级配、抗风化能力等,按表2-1-1分为A、B、C、D组。其中颗粒级配分为良好($C_u \geqslant 5$,且$C_c = 1 \sim 3$)和不良($C_u < 5$,或$C_c \neq 1 \sim 3$)。不均匀系数$C_u = d_{60}/d_{10}$,曲率系数$C_c = d_{30}^2/(d_{10} \times d_{60})$。$d_{10}$、$d_{30}$、$d_{60}$分别为颗粒级配曲线上对应于10%、30%、60%含量的粒径。硬块石的单轴饱和抗压强度$R_c > 30$ MPa,软块石的单轴抗压强度$R_c \leqslant 30$ MPa。

(2)细粒土填料按表2-1-2分为粉土、黏性土和有机土。粉土、黏性土应采用液限含水率$w_L$进行填料分组:当$w_L < 40\%$时,为C组;当$w_L \geqslant 40\%$时,为D组。有机土为E组。液限含水率试验采用圆锥仪法,圆锥仪总质量为76 g,入土深度10 mm。

(3)填料根据土质类型和渗水性可分为渗水土、非渗水土。A、B组填料中,细粒土含量小于10%、渗透系数大于$10^{-3}$ cm/s的巨粒土、粗粒土(细砂除外)为渗水土,其余为非渗水土。

**表2-1-1 巨粒土、粗粒土填料分组**

<table>
<tr><th colspan="6">一级定名</th><th colspan="3">二级定名</th><th rowspan="2">填料分组</th></tr>
<tr><th colspan="3">类别</th><th colspan="2">名称</th><th>说明</th><th>细粒含量</th><th>颗粒级配</th><th>名称</th></tr>
<tr><td rowspan="11">巨粒土</td><td rowspan="11">碎石类土</td><td rowspan="11">块石类</td><td rowspan="5">块石土</td><td>硬块石土</td><td>粒径大于200 mm颗粒的质量超过总质量的50%(不易风化,尖棱状为主)</td><td>—</td><td>—</td><td>硬块石</td><td>A</td></tr>
<tr><td rowspan="4">软块石土</td><td rowspan="4">粒径大于200 mm颗粒的质量超过总质量的50%(易风化,尖棱状为主)</td><td rowspan="4">—</td><td rowspan="4">—</td><td>$R_c > 15$ MPa的不易风化软块石</td><td>A</td></tr>
<tr><td>$R_c \leqslant 15$ MPa的不易风化软块石</td><td>B</td></tr>
<tr><td>易风化软块石</td><td>C</td></tr>
<tr><td>风化软块石</td><td>D</td></tr>
<tr><td colspan="2" rowspan="6">漂石土</td><td rowspan="6">粒径大于200 mm颗粒的质量超过总质量的50%(浑圆或圆棱状为主</td><td rowspan="2"><5%</td><td>良好</td><td>级配好的漂石</td><td>A</td></tr>
<tr><td>不良</td><td>级配不好的漂石</td><td>B</td></tr>
<tr><td rowspan="2">5%~15%</td><td>良好</td><td>级配好的含土漂石</td><td>A</td></tr>
<tr><td>不良</td><td>级配不好的含土漂石</td><td>B</td></tr>
<tr><td>15%~30%</td><td>—</td><td>土质漂石</td><td>B</td></tr>
<tr><td>>30%</td><td>—</td><td>土质漂石</td><td>C</td></tr>
</table>

续上表

| 一级定名 | | | | | | 二级定名 | | | 填料分组 |
|---|---|---|---|---|---|---|---|---|---|
| 类别 | | | 名称 | | 说明 | 细粒含量 | 颗粒级配 | 名称 | |
| 巨粒土 | 碎石类土 | 碎石类 | 卵石土 | | 粒径大于 200 mm 颗粒的质量超过总质量的 50%（不易风化，尖棱状为主） | <5% | 良好 | 级配好的卵石 | A |
| | | | | | | | 不良 | 级配不好的卵石 | B |
| | | | | | | 5% ~15% | 良好 | 级配好的含土卵石 | A |
| | | | | | | | 不良 | 级配不好的含土卵石 | B |
| | | | | | | 15% ~30% | — | 土质卵石 | B |
| | | | | | | >30% | — | 土质卵石 | C |
| | | | 碎石土 | | 粒径大于 60 mm 颗粒的质量超过总质量的 50%（不易风化，尖棱状为主） | <5% | 良好 | 级配好的碎石 | A |
| | | | | | | | 不良 | 级配不好的碎石 | B |
| | | | | | | 5% ~15% | 良好 | 级配好的含土碎石 | A |
| | | | | | | | 不良 | 级配不好的含土碎石 | B |
| | | | | | | 15% ~30% | — | 土质碎石 | B |
| | | | | | | >30% | — | 土质碎石 | C |
| 粗粒土 | | 砾石类 | 粗砾土 | 粗圆砾土 | 粒径大于 20 mm 颗粒的质量超过总质量的 50%（浑圆或圆棱状为主） | <5% | 良好 | 级配好的粗圆砾 | A |
| | | | | | | | 不良 | 级配不好的粗圆砾 | B |
| | | | | | | 5% ~15% | 良好 | 级配好的含土粗圆砾 | A |
| | | | | | | | 不良 | 级配不好的含土粗圆砾 | B |
| | | | | | | 15% ~30% | — | 土质粗圆砾 | B |
| | | | | | | >30% | — | 土质粗圆砾 | C |
| | | | | 粗角粒土 | 粒径大于 20 mm 颗粒的质量超过总质量的 50%（尖棱状为主） | <5% | 良好 | 级配好的粗角砾 | A |
| | | | | | | | 不良 | 级配不好的粗角砾 | B |
| | | | | | | 5% ~15% | 良好 | 级配好的含土粗角砾 | A |
| | | | | | | | 不良 | 级配不好的含土粗角砾 | B |
| | | | | | | 15% ~30% | — | 土质粗角砾 | B |
| | | | | | | >30% | — | 土质粗角砾 | C |
| | | | 细砾土 | 细圆砾土 | 粒径大于 2 mm 颗粒的质量超过总质量的 50%（浑圆或圆棱状为主） | <5% | 良好 | 级配好的细圆砾 | A |
| | | | | | | | 不良 | 级配不好的细圆砾 | B |
| | | | | | | 5% ~15% | 良好 | 级配好的含土细圆砾 | A |
| | | | | | | | 不良 | 级配不好的含土细圆砾 | B |
| | | | | | | 15% ~30% | — | 土质细圆砾 | B |
| | | | | | | >30% | — | 土质细圆砾 | C |
| | | | | 细角砾土 | 粒径大于 2 mm 颗粒的质量超过总质量的 50%（尖棱状为主） | <5% | 良好 | 级配好的细角砾 | A |
| | | | | | | | 不良 | 级配不好的细角砾 | B |
| | | | | | | 5% ~15% | 良好 | 级配好的含土细角砾 | A |
| | | | | | | | 不良 | 级配不好的含土细角砾 | B |
| | | | | | | 15% ~30% | — | 土质细角砾 | B |
| | | | | | | >30% | — | 土质细角砾 | C |

续上表

| 类别 | | 名称 | 说明 | 细粒含量 | 颗粒级配 | 名称 | 填料分组 |
|---|---|---|---|---|---|---|---|
| | | | 一级定名 | 二级定名 | | | |
| 粗粒土 | 砂类土 | 砾砂 | 粒径大于 2 mm 颗粒的质量超过总质量的 25% ~50% | <5% | 良好 | 级配好的砾砂 | A |
| | | | | | 不良 | 级配不好的砾砂 | B |
| | | | | 5% ~15% | 良好 | 级配好的含土砾砂 | A |
| | | | | | 不良 | 级配不好的含土砾砂 | B |
| | | | | >15% | — | 土质砾砂 | B |
| | | 粗砂 | 粒径大于 0.5 mm 颗粒的质量超过总质量的 50% | <5% | 良好 | 级配好的粗砂 | A |
| | | | | | 不良 | 级配不好的粗砂 | B |
| | | | | 5% ~15% | 良好 | 级配好的含土粗砂 | A |
| | | | | | 不良 | 级配不好的含土粗砂 | B |
| | | | | >15% | — | 土质粗砂 | B |
| | | 中砂 | 粒径大于 0.25 mm 颗粒的质量超过总质量的 50% | <5% | 良好 | 级配好的中砂 | A |
| | | | | | 不良 | 级配不好的中砂 | B |
| | | | | 5% ~15% | 良好 | 级配好的含土中砂 | A |
| | | | | | 不良 | 级配不好的含土中砂 | B |
| | | | | >15% | — | 土质中砂 | B |
| | | 细砂 | 粒径大于 0.075 mm 颗粒的质量超过总质量的 85% | <5% | 良好 | 级配好的细砂 | B |
| | | | | | 不良 | 级配不好的细砂 | C |
| | | | | 5% ~15% | — | 含土的细砂 | C |
| | | 粉砂 | 粒径大于 0.075 mm 颗粒的质量超过总质量的 50% | — | — | 粉砂 | C |

**表 2-1-2　细粒土填料分组**

| 一级定名 | | | | 二级定名 | | | 填料分组 |
|---|---|---|---|---|---|---|---|
| | | | | 液限含水率 | 名称 | 塑性图 | |
| 细粒土 | 粉土 | | $I_p \leqslant 10$，且粒径大于 0.075 mm 颗粒的质量不超过全部质量 50% 的土 | $w_L<40\%$ | 低液限粉土 | 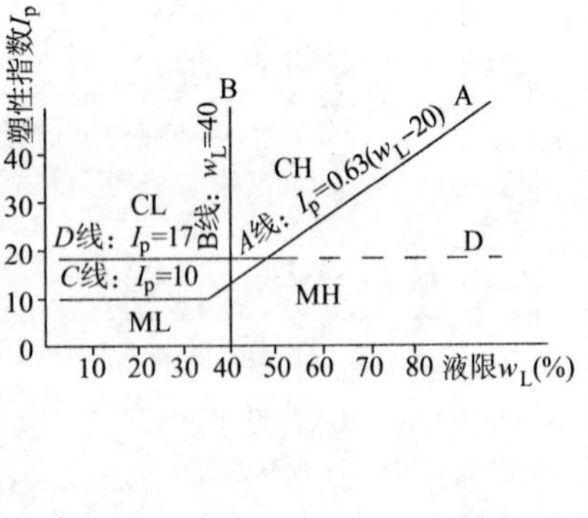 塑性指数$I_p$；B；A；40；30；20；10；0；$w_L=40$；CH；CL；D线：$I_p=17$；B线：$w_L=40$；A线：$I_p=0.63(w_L-20)$；D；C线：$I_p=10$；MH；ML；10 20 30 40 50 60 70 80 液限$w_L$(%) | C |
| | | | | $w_L \geqslant 40\%$ | 高液限粉土 | | D |
| | 黏性土 | 粉质黏土 | $10<I_p \leqslant 17$ | $w_L<40\%$ | 低液限粉质黏土 | | C |
| | | | | $w_L \geqslant 40\%$ | 高液限粉质黏土 | | D |
| | | 黏土 | $I_p>17$ | $w_L<40\%$ | 低液限黏土 | | C |
| | | | | $w_L \geqslant 40\%$ | 高液限黏土 | | D |
| | 有机土 | | | 有机质含量大于5% | | | E |

## 二、A 组填料

(一)概述

属于 A 组填料的巨粒土有:硬块石、单轴抗压强度大于 15 MPa 的不易风化软块石、级配好的漂石、级配好的含土漂石、级配好的卵石、级配好的含土卵石、级配好的碎石、级配好的含土碎石。粗粒土有:级配好的粗圆砾、级配好的含土粗圆砾、级配好的粗角砾、级配好的含土粗角砾、级配好的细圆砾、级配好的含土细圆砾、级配好的细角砾、级配好的含土细角砾、级配好的砾砂、级配好的含土砾砂、级配好的粗砂、级配好的含土粗砂、级配好的中砂、级配好的含土中砂。

A 组填料可用于以下部位填筑:Ⅰ、Ⅱ级铁路基床表层;高速铁路、Ⅰ、Ⅱ级铁路基床底层;高速铁路、Ⅰ、Ⅱ级铁路基床以下路堤,Ⅰ、Ⅱ级铁路过渡段。

(二)执行标准

《铁路路基设计规范》(TB 10001—2005)。

《高速铁路设计规范(试行)》(TB 10621—2009)。

《铁路路基工程施工质量验收标准》(TB 10414—2003)。

《高速铁路路基工程施工质量验收标准》(TB 10751—2010)。

(三)相关标准

《铁路工程土工试验规程》(TB 10102—2010)。

(四)性能指标

1. 粒径

Ⅰ、Ⅱ级铁路基床表层填料粒径不大于 150 mm;高速铁路正线基床底层填料粒径不大于 60 mm,Ⅰ、Ⅱ级铁路基床底层填料粒径不大于 200 mm;高速铁路正线基床以下路堤填料不大于 75 mm,Ⅰ、Ⅱ级铁路基床以下路堤填料最大粒径不大于 300 mm 或摊铺厚度的 2/3;Ⅰ、Ⅱ级铁路过渡段填料粒径不大于 150 mm。

2. 颗粒级配

各种 A 组填料的颗粒级配应符合填料分组对颗粒级配、细粒含量等的规定要求。高速铁路正线用于寒冷地区路基冻结影响范围的填料,砾石类土的细粒含量不应大于 15%,砂类土的细粒含量不应大于 5%。高速铁路正线用于浸水路堤的填料,细粒含量应小于 10%。

3. 渗水性要求

浸水路堤、无缝线路桥头及涵洞两侧应用渗水土填筑。

4. 上下层不同填料的要求

使用不同种类填料填筑时,上下两层填料的颗粒级配应满足 $D_{15} < 4d_{85}$($D_{15}$ 指较粗一层土的颗粒粒径,小于该粒径的质量占总质量的 15%;$d_{85}$ 指较细一层的颗粒粒径,小于该粒径的质量占总质量的 85%)。

5. 压实质量

(1)Ⅰ、Ⅱ级铁路路基及过渡段的基床压实标准见表 2-1-3。

**表 2-1-3　Ⅰ、Ⅱ级铁路路基及过渡段的基床压实标准**

| 层位 | 压实指标 | 细粒土和黏砂、粉砂 | | 细砂、中砂、粗砂、砾砂 | | 砾石类 | | 碎石类 | | 块石类混合料 | |
|---|---|---|---|---|---|---|---|---|---|---|---|
| | | Ⅰ级 | Ⅱ级 | Ⅰ级 | Ⅱ级 | Ⅰ级 | Ⅱ级 | Ⅰ级 | Ⅱ级 | Ⅰ级 | Ⅱ级 |
| 表层 | 压实系数 $K_h$ | — | 0.91 | — | — | — | — | — | — | — | — |
| | 地基系数 $K_{30}$(MPa/cm) | — | 0.90 | — | 1.0 | 1.5 | 1.2 | 1.5 | 1.2 | — | — |

续上表

<table>
<tr><td rowspan="2">层位</td><td rowspan="2">压实指标</td><td colspan="2">细粒土和黏砂、粉砂</td><td colspan="2">细砂、中砂、粗砂、砾砂</td><td colspan="2">砾石类</td><td colspan="2">碎石类</td><td colspan="2">块石类混合料</td></tr>
<tr><td>Ⅰ级</td><td>Ⅱ级</td><td>Ⅰ级</td><td>Ⅱ级</td><td>Ⅰ级</td><td>Ⅱ级</td><td>Ⅰ级</td><td>Ⅱ级</td><td>Ⅰ级</td><td>Ⅱ级</td></tr>
<tr><td rowspan="2">表层</td><td>相对密度 $D_r$</td><td>—</td><td>—</td><td>—</td><td>0.75</td><td>—</td><td>—</td><td>—</td><td>—</td><td>—</td><td>—</td></tr>
<tr><td>孔隙率 $n$(%)</td><td>—</td><td>—</td><td>—</td><td>—</td><td>28</td><td>33</td><td>28</td><td>33</td><td>—</td><td>—</td></tr>
<tr><td rowspan="4">底层</td><td>压实系数 $K_h$</td><td>0.91</td><td>0.89</td><td>—</td><td>—</td><td>—</td><td>—</td><td>—</td><td>—</td><td>—</td><td>—</td></tr>
<tr><td>地基系数 $K_{30}$(MPa/cm)</td><td>0.9</td><td>0.8</td><td>1.0</td><td>0.8</td><td>1.2</td><td>1.0</td><td>1.2</td><td>1.0</td><td>1.5</td><td>1.2</td></tr>
<tr><td>相对密度 $D_r$</td><td>—</td><td>—</td><td>0.75</td><td>0.7</td><td>—</td><td>—</td><td>—</td><td>—</td><td>—</td><td>—</td></tr>
<tr><td>孔隙率 $n$(%)</td><td>—</td><td>—</td><td>—</td><td>—</td><td>33</td><td>35</td><td>33</td><td>35</td><td>—</td><td>—</td></tr>
</table>

（2）Ⅰ、Ⅱ级铁路路基及过渡段的基床以下路堤压实标准见表2－1－4。

**表2－1－4　Ⅰ、Ⅱ级铁路路基及过渡段的基床以下路堤压实标准**

<table>
<tr><td rowspan="2">层位</td><td rowspan="2">压实指标</td><td colspan="2">细粒土和黏砂、粉砂</td><td colspan="2">细砂、中砂、粗砂、砾砂</td><td colspan="2">砾石类</td><td colspan="2">碎石类</td><td colspan="2">块石类混合料</td></tr>
<tr><td>Ⅰ级</td><td>Ⅱ级</td><td>Ⅰ级</td><td>Ⅱ级</td><td>Ⅰ级</td><td>Ⅱ级</td><td>Ⅰ级</td><td>Ⅱ级</td><td>Ⅰ级</td><td>Ⅱ级</td></tr>
<tr><td rowspan="4">不浸水部分</td><td>压实系数 $K_h$</td><td>0.89</td><td>0.86</td><td>—</td><td>—</td><td>—</td><td>—</td><td>—</td><td>—</td><td>—</td><td>—</td></tr>
<tr><td>地基系数 $K_{30}$(MPa/cm)</td><td>0.8</td><td>0.7</td><td>0.8</td><td>0.7</td><td>1.0</td><td>0.8</td><td>1.0</td><td>0.8</td><td>1.2</td><td>1.0</td></tr>
<tr><td>相对密度 $D_r$</td><td>—</td><td>—</td><td>0.7</td><td>0.65</td><td>—</td><td>—</td><td>—</td><td>—</td><td>—</td><td>—</td></tr>
<tr><td>孔隙率 $n$(%)</td><td>—</td><td>—</td><td>—</td><td>—</td><td>35</td><td>37</td><td>35</td><td>37</td><td>—</td><td>—</td></tr>
<tr><td rowspan="4">底层</td><td>压实系数 $K_h$</td><td>0.91</td><td>0.89</td><td>—</td><td>—</td><td>—</td><td>—</td><td>—</td><td>—</td><td>—</td><td>—</td></tr>
<tr><td>地基系数 $K_{30}$(MPa/cm)</td><td>0.9</td><td>0.8</td><td>1.0</td><td>0.8</td><td>1.2</td><td>1.0</td><td>1.2</td><td>1.0</td><td>1.5</td><td>1.2</td></tr>
<tr><td>相对密度 $D_r$</td><td>—</td><td>—</td><td>0.75</td><td>0.7</td><td>—</td><td>—</td><td>—</td><td>—</td><td>—</td><td>—</td></tr>
<tr><td>孔隙率 $n$(%)</td><td>—</td><td>—</td><td>—</td><td>—</td><td>33</td><td>35</td><td>33</td><td>35</td><td>—</td><td>—</td></tr>
</table>

（3）高速铁路基床以下路堤压实质量标准见表2－1－5。

**表2－1－5　高速铁路基床以下路堤压实质量标准**

<table>
<tr><td rowspan="2">指　标</td><td colspan="2">压实标准</td></tr>
<tr><td>砂类土或细砾土</td><td>碎石类及粗砾土</td></tr>
<tr><td>压实系数 $K_h$</td><td>≥0.92</td><td>≥0.92</td></tr>
<tr><td>地基系数 $K_{30}$(MPa/m)</td><td>≥110</td><td>≥130</td></tr>
</table>

注：无砟轨道可采用 $K_{30}$ 或 $E_{v2}$。采用 $E_{v2}$ 时，其控制标准为 $E_{v2} \geqslant 45$ MPa 且 $E_{v2}/E_{v1} \leqslant 2.6$。

（4）高速铁路基床底层普通填料、物理改良土压实质量标准见表2－1－6。

**表2-1-6　高速铁路基床底层普通填料、物理改良土压实质量标准**

| 指　　标 | 压　实　标　准 | |
|---|---|---|
| | 砂类土或细砾土 | 碎石类及粗砾土 |
| 地基系数 $K_{30}$(MPa/m) | ≥130 | ≥150 |
| 动态变形模量 $E_{vd}$(MPa) | ≥40 | ≥40 |
| 压实系数 $K_h$ | ≥0.95 | ≥0.95 |
| 7d 饱和无侧限抗压强度(kPa) | — | — |

注:无砟轨道可采用 $K_{30}$ 或 $E_{v2}$。采用 $E_{v2}$ 时,其控制标准为 $E_{v2}$≥80 MPa 且 $E_{v2}/E_{v1}$≤2.5。

(五)验收批量

1. 填料检验

基床底层、基床以下路堤填料填筑前对取土场填料进行取样检验。填筑中基床底层、基床以下路堤填料每 10 000 $m^3$ 为一个批量,检验一次。但细粒土液塑限、击实试验每 5 000 ~ 10 000 $m^3$ 检验一次。基床表层填料每 5 000 $m^3$ 为一个批量,检验一次。当填料土质发生变化或更换取土场时应重新进行检验。

2. 压实质量检验

地基系数 $K_{30}$、动态变形模量、二次变形模量:每填高 0.9 m,纵向每 100 m 检查 2 个断面 4 点,不足 0.9 m 亦检查 2 个断面 4 点;每个过渡段检测 2 点。

压实系数、相对密度、孔隙率:每层沿纵向 100 m 等间距检查 2 个断面 6 点;每个过渡段检测 2 点。

(六)取样方法

1. 填料取样:按《铁路工程土工试验规程》(TB 10102—2010)的规定进行取样。

2. 压实质量取样:

地基系数 $K_{30}$、动态变形模量、二次变形模量:距路基边缘 2 m 处 2 点、中间 2 点。

压实系数、相对密度、孔隙率:每个断面左、中、右各 2 点,左、右点应距路基边缘 1 m。

(七)样品数量

1. 填料:100 ~ 200 kg。

2. 压实质量:

地基系数 $K_{30}$、动态变形模量、二次变形模量:4 点。

压实系数:6 点。

(八)检测项目

1. 填料:颗粒密度、相对密度、击实试验、最大干密度、大于 5 mm 颗粒的单位体积重、大于 20 mm 颗粒的单位体积重、大于 40 mm 颗粒的单位体积重。

2. 压实质量:相对密度、孔隙率、地基系数 $K_{30}$、压实系数、相对密度、孔隙率、动态变形模量、二次变形模量。

(九)质量评定

1. 填料:各项检验结果不符合设计要求的不得作为相应部位的填料,要用在该部位时必须经改良合格符合要求。

2. 压实质量:各项检验结果必须符合压实质量标准要求,否则不能进行下一步施工。

(十)使用注意事项

(1)路堤填筑前应作好路基两侧排水,填筑施工不得污染农田和环境。

(2)路堤填筑应按"三阶段、四区段、八流程"的施工工艺组织施工,每个区段的长度应根据使用机械的能力、数量确定,一般宜在200 m以上或以构筑物为界。各区段或流程内严禁几种作业交叉进行。

(3)路堤雨季施工,每次作业收工前应将铺填的松土层摊铺压实完毕,且填筑的每一压实层面均做成向路基两侧2% ~4%的横向排水坡。严禁雨天进行非渗水土的填筑。

(4)软土和松软土地段路基采用排水固结地基处理措施时,必须控制填筑速率,当路堤中心线地面沉降速率大于每昼夜10 mm、坡脚水平位移速率大于每昼夜5 mm时,应停止填筑,待观测值恢复到限值以内再进行填筑。

(5)膨胀土地基上的路堤填筑,施工前应结合永久排水设施做好地表排水设施,排水沟应随挖随砌,铺砌必须及时完成。

(6)黄土地区的路堤填筑,施工前应结合永久排水设施做好地表排水设施,排水沟应随挖随砌,铺砌必须及时完成。施工中路基范围黄土地基上不得浸水。

(7)盐渍土地基上的路堤填筑,当盐渍土地基的含盐量大于规定时,应铲除表层盐渍土,挖除厚度应根据开挖后地基检测结果确定,且不得小于设计要求。铲除宽度应包括护道,并应有自路基中线向两侧不小于2%的横向排水坡。

## 三、B组填料

### (一)概述

属于B组填料的巨粒土有:单轴抗压强度不大于15 MPa的不易风化软块石、级配不好的漂石、级配不好的含土漂石、细粒含量15% ~30%的土质漂石、级配不好的卵石、级配不好的含土卵石、细粒含量15% ~30%的土质卵石、级配不好的碎石、级配不好的含土碎石、细粒含量15% ~30%的土质碎石;粗粒土有:级配不好的粗圆砾、级配不好的含土粗圆砾、细粒含量15% ~30%的土质粗圆砾、级配不好的粗角砾、级配不好的含土粗角砾、细粒含量15% ~30%的土质粗角砾、级配不好的细圆砾、级配不好的含土细圆砾、细粒含量15% ~30%的土质细圆砾、级配不好的细角砾、级配不好的含土细角砾、细粒含量15% ~30%的土质细角砾、级配不好的砾砂、级配不好的含土砾砂、土质砾砂、级配不好的粗砂、级配不好的含土粗砂、土质粗砂、级配不好的中砂、级配不好的含土中砂、土质中砂、级配好的细砂。

B组填料可用于以下部位填筑:Ⅱ级铁路基床表层;高速铁路,Ⅰ、Ⅱ级铁路基床底层;高速铁路,Ⅰ、Ⅱ级铁路基床以下路堤。

### (二)执行标准

《铁路路基设计规范》(TB 10001—2005)。

《高速铁路设计规范(试行)》(TB 10621—2009)。

《铁路路基工程施工质量验收标准》(TB 10414—2003)。

《高速铁路路基工程施工质量验收标准》(TB 10751—2010)。

### (三)相关标准

《铁路工程土工试验规程》(TB 10102—2010)。

### (四)性能指标

1. 粒径

Ⅱ级铁路基床表层填料粒径不大于150 mm;高速铁路正线基床底层填料粒径不大于60 mm,Ⅰ、Ⅱ级铁路基床底层填料粒径不大于200 mm;高速铁路正线基床以下路堤填料粒径不大于 75 mm，Ⅰ、Ⅱ级铁路基床以下路堤填料最大粒径不大于 300 mm 或摊铺厚度的 2/3。

2. 颗粒级配

各种 B 组填料的颗粒级配应符合填料分组对颗粒级配、细粒含量等的规定要求。高速铁路正线用于寒冷地区路基冻结影响范围的填料，砾石类土的细粒含量不应大于 15%，砂类土的细粒含量不应大于 5%。高速铁路正线用于浸水路堤的填料，细粒含量应小于 10%。

3. 渗水性要求

浸水路堤、无缝线路桥头及涵洞两侧应用渗水土填筑。

4. 上下层不同填料的要求

使用不同种类填料填筑时，上下两层填料的颗粒级配应满足 $D_{15} < 4d_{85}$。

5. 压实质量

（1）Ⅰ、Ⅱ级铁路路基的基床压实标准见表 2－1－7。

**表 2－1－7　Ⅰ、Ⅱ级铁路路基的基床压实标准**

| 层位 | 压实指标 | 细粒土和黏砂、粉砂 | | 细砂、中砂、粗砂、砾砂 | | 砾石类 | | 碎石类 | | 块石类混合料 | |
|---|---|---|---|---|---|---|---|---|---|---|---|
| | | Ⅰ级 | Ⅱ级 | Ⅰ级 | Ⅱ级 | Ⅰ级 | Ⅱ级 | Ⅰ级 | Ⅱ级 | Ⅰ级 | Ⅱ级 |
| 表层 | 压实系数 $K_h$ | — | 0.91 | — | — | — | — | — | — | — | — |
| | 地基系数 $K_{30}$ (MPa/cm) | — | 0.90 | — | 1.0 | 1.5 | 1.2 | 1.5 | 1.2 | — | — |
| | 相对密度 $D_r$ | — | — | — | 0.75 | — | — | — | — | — | — |
| | 孔隙率 $n$(%) | — | — | — | — | 28 | 33 | 28 | 33 | — | — |
| 底层 | 压实系数 $K_h$ | 0.91 | 0.89 | — | — | — | — | — | — | — | — |
| | 地基系数 $K_{30}$ (MPa/cm) | 0.9 | 0.8 | 1.0 | 0.8 | 1.2 | 1.0 | 1.2 | 1.0 | 1.5 | 1.2 |
| | 相对密度 $D_r$ | — | — | 0.75 | 0.7 | — | — | — | — | — | — |
| | 孔隙率 $n$(%) | — | — | — | — | 33 | 35 | 33 | 35 | — | — |

（2）Ⅰ、Ⅱ级铁路路基基床以下路堤压实标准见表 2－1－8。

**表 2－1－8　Ⅰ、Ⅱ级铁路路基基床以下路堤压实标准**

| 层位 | 压实指标 | 细粒土和黏砂、粉砂 | | 细砂、中砂、粗砂、砾砂 | | 砾石类 | | 碎石类 | | 块石类混合料 | |
|---|---|---|---|---|---|---|---|---|---|---|---|
| | | Ⅰ级 | Ⅱ级 | Ⅰ级 | Ⅱ级 | Ⅰ级 | Ⅱ级 | Ⅰ级 | Ⅱ级 | Ⅰ级 | Ⅱ级 |
| 不浸水部分 | 压实系数 $K_h$ | 0.89 | 0.86 | — | — | — | — | — | — | — | — |
| | 地基系数 $K_{30}$ (MPa/cm) | 0.8 | 0.7 | 0.8 | 0.7 | 1.0 | 0.8 | 1.0 | 0.8 | 1.2 | 1.0 |
| | 相对密度 $D_r$ | — | — | 0.7 | 0.65 | — | — | — | — | — | — |
| | 孔隙率 $n$(%) | — | — | — | — | 35 | 37 | 35 | 37 | — | — |
| 底层 | 压实系数 $K_h$ | 0.91 | 0.89 | — | — | — | — | — | — | — | — |
| | 地基系数 $K_{30}$ (MPa/cm) | 0.9 | 0.8 | 1.0 | 0.8 | 1.2 | 1.0 | 1.2 | 1.0 | 1.5 | 1.2 |
| | 相对密度 $D_r$ | — | — | 0.75 | 0.7 | — | — | — | — | — | — |
| | 孔隙率 $n$(%) | — | — | — | — | 33 | 35 | 33 | 35 | — | — |

(3)高速铁路基床以下路堤压实质量标准见表2-1-9。

**表2-1-9　高速铁路基床以下路堤压实质量标准**

| 指　　标 | 压 实 标 准 | |
|---|---|---|
| | 砂类土或细砾土 | 碎石类及粗砾土 |
| 压实系数 $K_h$ | ≥0.92 | ≥0.92 |
| 地基系数 $K_{30}$(MPa/m) | ≥110 | ≥130 |

注:无砟轨道可采用 $K_{30}$ 或 $E_{v2}$。采用 $E_{v2}$ 时,其控制标准为 $E_{v2}\geqslant45$ MPa 且 $E_{v2}/E_{v1}\leqslant2.6$。

(4)高速铁路基床底层普通填料、物理改良土压实质量标准见表2-1-10。

**表2-1-10　高速铁路基床底层普通填料、物理改良土压实质量标准**

| 指　　标 | 压 实 标 准 | |
|---|---|---|
| | 砂类土或细砾土 | 碎石类及粗砾土 |
| 地基系数 $K_{30}$(MPa/m) | ≥130 | ≥150 |
| 动态变形模量 $E_{vd}$(MPa) | ≥40 | ≥40 |
| 压实系数 $K_h$ | ≥0.95 | ≥0.95 |

注:无砟轨道可采用 $K_{30}$ 或 $E_{v2}$。采用 $E_{v2}$ 时,其控制标准为 $E_{v2}\geqslant80$ MPa 且 $E_{v2}/E_{v1}\leqslant2.5$。

(五)验收批量

1. 填料检验

基床底层、基床以下路堤填料填筑前对取土场填料进行取样检验。填筑中基床底层、基床以下路堤填料每10 000 $m^3$ 为一个批量,检验一次。但细粒土液塑限、击实试验每5 000~10 000 $m^3$ 检验一次。当填料土质发生变化或更换取土场时应重新进行检验。

2. 压实质量检验

地基系数 $K_{30}$、动态变形模量、二次变形模量:每填高0.9 m,纵向每100 m检查2个断面4点,不足0.9 m亦检查2个断面4点;每个过渡段检测2点。

压实系数、相对密度、孔隙率:每层沿纵向100 m等间距检查2个断面6点;每个过渡段检测2点。

(六)取样方法

1. 填料取样:按《铁路工程土工试验规程》(TB 10102—2010)的规定进行取样。

2. 压实质量取样:

地基系数 $K_{30}$、动态变形模量、二次变形模量:距路基边缘2 m处2点、中间2点。

压实系数、相对密度、孔隙率:每个断面左、中、右各2点,左、右点应距路基边缘1 m。

(七)样品数量

1. 填料:100~200 kg。

2. 压实质量:

地基系数 $K_{30}$、动态变形模量、二次变形模量:4点。

压实系数、相对密度、孔隙率:6点。

(八)检测项目

1. 填料:颗粒密度、相对密度、击实试验、最大干密度、大于5 mm颗粒的单位体积重、大于20 mm颗粒的单位体积重、大于40 mm颗粒的单位体积重。

2. 压实质量：地基系数 $K_{30}$、压实系数、相对密度、孔隙率、动态变形模量、二次变形模量。

（九）质量评定

1. 填料：各项检验结果不符合设计要求的不得作为相应部位的填料，要用在该部位时必须经改良合格符合要求。

2. 压实质量：各项检验结果必须符合压实质量标准要求，否则不能进行下一步施工。

（十）使用注意事项

B 组填料的使用注意事项同 A 组填料。

## 四、C 组填料

（一）概述

属于 C 组填料的巨粒土有：易风化软块石、细粒含量大于 30% 的土质漂石、细粒含量大于 30% 的土质卵石、细粒含量大于 30% 的土质碎石。粗粒土有：细粒含量大于 30% 的土质粗圆砾、细粒含量大于 30% 的土质粗角砾、细粒含量大于 30% 的土质细圆砾、细粒含量大于 30% 的土质细角砾、级配不好的细砂、含土细砂、粉砂、低液限粉土、低液限粉质黏土、低液限黏土。

C 组填料可用于以下部位填筑：Ⅱ级铁路基床底层；高速铁路，Ⅰ、Ⅱ级铁路基床以下路堤。

（二）执行标准

《铁路路基设计规范》（TB 10001—2005）。

《高速铁路设计规范（试行）》（TB 10621—2009）。

《铁路路基工程施工质量验收标准》（TB 10414—2003）。

《高速铁路路基工程施工质量验收标准》（TB 10751—2010）。

（三）相关标准

《铁路工程土工试验规程》（TB 10102—2010）。

（四）性能指标

1. 粒径

Ⅱ级铁路基床底层填料粒径不大于 200 mm；高速铁路正线基床以下路堤填料不大于 75 mm；Ⅰ、Ⅱ级铁路基床以下路堤填料最大粒径不大于 300 mm 或摊铺厚度的 2/3。

2. 颗粒级配

各种 C 组填料的颗粒级配应符合填料分组对颗粒级配、细粒含量等的规定要求。高速铁路正线用于寒冷地区路基冻结影响范围的填料，砾石类土的细粒含量不应大于 15%，砂类土的细粒含量不应大于 5%。高速铁路正线用于浸水路堤的填料，细粒含量应小于 10%。

3. 渗水性要求

浸水路堤、无缝线路桥头及涵洞两侧应用渗水土填筑。

4. 上下层不同填料的要求

使用不同种类填料填筑时，上下两层填料的颗粒级配应满足 $D_{15} < 4d_{85}$。

5. 压实质量

（1）Ⅱ级铁路路基基床压实标准见表 2－1－11。

表 2-1-11　Ⅱ级铁路路基基床压实标准

| 层位 | 压实指标 | 细粒土和黏砂、粉砂 | | 细砂、中砂、粗砂、砾砂 | | 砾石类 | | 碎石类 | | 块石类混合料 | |
|---|---|---|---|---|---|---|---|---|---|---|---|
| | | Ⅰ级 | Ⅱ级 | Ⅰ级 | Ⅱ级 | Ⅰ级 | Ⅱ级 | Ⅰ级 | Ⅱ级 | Ⅰ级 | Ⅱ级 |
| 底层 | 压实系数 $K_h$ | 0.91 | 0.89 | — | — | — | — | — | — | — | — |
| | 地基系数 $K_{30}$ (MPa/cm) | 0.9 | 0.8 | 1.0 | 0.8 | 1.2 | 1.0 | 1.2 | 1.0 | 1.5 | 1.2 |
| | 相对密度 $D_r$ | — | — | 0.75 | 0.7 | — | — | — | — | — | — |
| | 孔隙率 $n$(%) | — | — | — | — | 33 | 35 | 33 | 35 | — | — |

(2) Ⅰ、Ⅱ级铁路路基基床以下路堤压实标准见表 2-1-12。

表 2-1-12　Ⅰ、Ⅱ级铁路路基基床以下路堤压实标准

| 层位 | 压实指标 | 细粒土和黏砂、粉砂 | | 细砂、中砂、粗砂、砾砂 | | 砾石类 | | 碎石类 | | 块石类混合料 | |
|---|---|---|---|---|---|---|---|---|---|---|---|
| | | Ⅰ级 | Ⅱ级 | Ⅰ级 | Ⅱ级 | Ⅰ级 | Ⅱ级 | Ⅰ级 | Ⅱ级 | Ⅰ级 | Ⅱ级 |
| 不浸水部分 | 压实系数 $K_h$ | 0.89 | 0.86 | — | — | — | — | — | — | — | — |
| | 地基系数 $K_{30}$ (MPa/cm) | 0.8 | 0.7 | 0.8 | 0.7 | 1.0 | 0.8 | 1.0 | 0.8 | 1.2 | 1.0 |
| | 相对密度 $D_r$ | — | — | 0.7 | 0.65 | — | — | — | — | — | — |
| | 孔隙率 $n$(%) | — | — | — | — | 35 | 37 | 35 | 37 | — | — |
| 底层 | 压实系数 $K_h$ | 0.91 | 0.89 | — | — | — | — | — | — | — | — |
| | 地基系数 $K_{30}$ (MPa/cm) | 0.9 | 0.8 | 1.0 | 0.8 | 1.2 | 1.0 | 1.2 | 1.0 | 1.5 | 1.2 |
| | 相对密度 $D_r$ | — | — | 0.75 | 0.7 | — | — | — | — | — | — |
| | 孔隙率 $n$(%) | — | — | — | — | 33 | 35 | 33 | 35 | — | — |

(3)高速铁路基床以下路堤压实质量标准见表 2-1-13。

表 2-1-13　高速铁路基床以下路堤压实质量标准

| 指　标 | 压实标准 | |
|---|---|---|
| | 砂类土或细砾土 | 碎石类及粗砾土 |
| 压实系数 $K_h$ | ≥0.92 | ≥0.92 |
| 地基系数 $K_{30}$(MPa/m) | ≥110 | ≥130 |

注:无砟轨道可采用 $K_{30}$ 或 $E_{v2}$。采用 $E_{v2}$ 时,其控制标准为 $E_{v2}\geq45$ MPa 且 $E_{v2}/E_{v1}\leq2.6$。

(五)验收批量

1. 填料检验

基床底层、基床以下路堤填料填筑前对取土场填料进行取样检验。填筑中基床底层、基床以下路堤填料每 10 000 $m^3$ 为一个批量,检验一次。但细粒土液塑限、击实试验每 5 000 ~ 10 000 $m^3$ 检验一次。当填料土质发生变化或更换取土场时应重新进行检验。

2. 压实质量检验

地基系数 $K_{30}$、二次变形模量:每填高 0.9 m,纵向每 100 m 检查 2 个断面 4 点,不足 0.9 m 亦检查 2 个断面 4 点;每个过渡段检测 2 点。

压实系数、相对密度、孔隙率:每层沿纵向 100 m 等间距检查 2 个断面 6 点;每个过渡段检测 2 点。

(六)取样方法

1. 填料取样:按《铁路工程土工试验规程》(TB 10102—2010)的规定进行取样。

2. 压实质量取样:

地基系数 $K_{30}$、二次变形模量:距路基边缘 2 m 处 2 点、中间 2 点。

压实系数、相对密度、孔隙率:每个断面左、中、右各 2 点,左、右点应距路基边缘 1 m。

(七)样品数量

1. 填料 100 ~ 200 kg。

2. 压实质量:

地基系数 $K_{30}$、二次变形模量:4 点。

压实系数:6 点。

(八)检测项目

1. 填料:颗粒密度、相对密度、击实试验、最大干密度、大于 5 mm 颗粒的单位体积重、大于 20 mm 颗粒的单位体积重、大于 40 mm 颗粒的单位体积重。

2. 压实质量:地基系数 $K_{30}$、二次变形模量、压实系数、相对密度、孔隙率。

(九)质量评定

1. 填料:各项检验结果不符合设计要求的不得作为相应部位的填料,要用在该部位时必须经改良合格符合要求。

2. 压实质量:各项检验结果必须符合压实质量标准要求,否则不能进行下一步施工。

(十)使用注意事项

C 组填料的使用注意事项同 A 组填料。

## 五、改 良 土

(一)概述

改良土是通过在土中掺入物理改良材料——砂、砾石、碎石或化学改良材料——石灰、水泥、粉煤灰等以改善其工程特性的混合料,并根据改良手段分为物理改良土和化学改良土。填料改良应通过试验提出最佳掺合料、最佳配比及改良后的强度等指标。

改良土可用于以下部位路堤的填筑:Ⅱ级铁路基床表层;高速铁路,Ⅰ、Ⅱ级铁路基床底层;高速铁路,Ⅰ、Ⅱ级铁路基床以下路堤。

(二)执行标准

《铁路路基设计规范》(TB 10001—2005)。

《高速铁路设计规范(试行)》(TB 10621—2009)。

《铁路路基工程施工质量验收标准》(TB 10414—2003)。

《高速铁路路基工程施工质量验收标准》(TB 10751—2010)。

(三)相关标准

《铁路工程土工试验规程》(TB 10102—2010)。

(四)性能指标

1. 外掺水泥、石灰、粉煤灰的品种、规格、质量应符合设计要求。对于高速铁路,尚须满足下列规定:

(1)外掺料为水泥等胶材时,宜采用普通硅酸盐水泥或矿渣硅酸盐水泥,强度等级为42.5或32.5,初凝时间不宜小于3.0 h,终凝时间不宜小于6.0 h,安定性和强度指标应符合现行《通用硅酸盐水泥》(GB 175—2007)的要求。不应使用快硬水泥、早强水泥。

(2)外掺料为石灰时,宜采用一级建筑钙质生石灰粉或合格建筑钙质生石灰,其石灰的($CaO+MgO$)含量不应小于80%;$CO_2$含量不应大于9%;生石灰粉0.90 mm筛的筛余不应大于0.5%;0.125 mm筛的筛余不应大于12.0%;建筑钙质生石灰未消化残渣含量(5 mm孔筛余)不应大于15%。

(3)外掺料为粉煤灰或同类外掺料时,矿物成分($SiO_2+Al_2O_3+Fe_2O_3$)含量不宜小于70%;0.045 mm方孔筛筛余不应大于25%;三氧化硫($SO_3$)含量不应大于3%;烧失量不应大于8%。

2. 外掺砂、砾石、碎石的种类、质量应符合设计要求。

3. 改良土的质量应符合设计要求。改良土填筑层石灰、水泥掺料剂量试验配比允许偏差为+1%~-0.5%。

4. 对高速铁路,改良土的原料土应符合下列规定:

(1)用石灰改良时,原土料的有机质含量不应大于5%,硫酸盐含量(折算成$SO_4^{2-}$)不应大于0.8%。

(2)用水泥改良时,原土料的有机质含量不应大于2%,硫酸盐含量(折算成$SO_4^{2-}$)不应大于0.25%。

5. 改良土的压实质量

(1)Ⅰ、Ⅱ级铁路路基的基床压实标准见表2-1-14。

**表2-1-14 Ⅰ、Ⅱ级铁路路基的基床压实标准**

| 层位 | 压实指标 | 细粒土和黏砂、粉砂 | | 细砂、中砂、粗砂、砾砂 | | 砾石类 | | 碎石类 | | 块石类混合料 | |
|---|---|---|---|---|---|---|---|---|---|---|---|
| | | Ⅰ级 | Ⅱ级 | Ⅰ级 | Ⅱ级 | Ⅰ级 | Ⅱ级 | Ⅰ级 | Ⅱ级 | Ⅰ级 | Ⅱ级 |
| 表层 | 压实系数$K_h$ | — | 0.91 | — | — | — | — | — | — | — | — |
| | 地基系数$K_{30}$(MPa/cm) | — | 0.90 | — | 1.0 | 1.5 | 1.2 | 1.5 | 1.2 | — | — |
| | 相对密度$D_r$ | — | — | — | 0.75 | — | — | — | — | — | — |
| | 孔隙率$n$(%) | — | — | — | — | 28 | 33 | 28 | 33 | — | — |
| 底层 | 压实系数$K_h$ | 0.91 | 0.89 | — | — | — | — | — | — | — | — |
| | 地基系数$K_{30}$(MPa/cm) | 0.9 | 0.8 | 1.0 | 0.8 | 1.2 | 1.0 | 1.2 | 1.0 | 1.5 | 1.2 |
| | 相对密度$D_r$ | — | — | 0.75 | 0.7 | — | — | — | — | — | — |
| | 孔隙率$n$(%) | — | — | — | — | 33 | 35 | 33 | 35 | — | — |

(2)Ⅰ、Ⅱ级铁路路基基床以下路堤压实标准见表2-1-15。

**表 2－1－15　Ⅰ、Ⅱ级铁路路基基床以下路堤压实标准**

| 层位 | 压实指标 | 细粒土和黏砂、粉砂 | | 细砂、中砂、粗砂、砾砂 | | 砾　石　类 | | 碎　石　类 | | 块石类混合料 | |
|---|---|---|---|---|---|---|---|---|---|---|---|
| | | Ⅰ级 | Ⅱ级 | Ⅰ级 | Ⅱ级 | Ⅰ级 | Ⅱ级 | Ⅰ级 | Ⅱ级 | Ⅰ级 | Ⅱ级 |
| 不浸水部分 | 压实系数 $K_h$ | 0.89 | 0.86 | — | — | — | — | — | — | — | — |
| | 地基系数 $K_{30}$（MPa/cm） | 0.8 | 0.7 | 0.8 | 0.7 | 1.0 | 0.8 | 1.0 | 0.8 | 1.2 | 1.0 |
| | 相对密度 $D_r$ | — | — | 0.7 | 0.65 | — | — | — | — | — | — |
| | 孔隙率 $n$(%) | — | — | — | — | 35 | 37 | 35 | 37 | — | — |
| 底层 | 压实系数 $K_h$ | 0.91 | 0.89 | — | — | — | — | — | — | — | — |
| | 地基系数 $K_{30}$（MPa/cm） | 0.9 | 0.8 | 1.0 | 0.8 | 1.2 | 1.0 | 1.2 | 1.0 | 1.5 | 1.2 |
| | 相对密度 $D_r$ | — | — | 0.75 | 0.7 | — | — | — | — | — | — |
| | 孔隙率 $n$(%) | — | — | — | — | 33 | 35 | 33 | 35 | — | — |

（3）高速铁路基床以下路堤物理改良土压实标准见表 2－1－16。

**表 2－1－16　高速铁路基床以下路堤物理改良土压实标准**

| 指　　标 | 压　实　标　准 | |
|---|---|---|
| | 砂类土或细砾土 | 碎石类及粗砾土 |
| 压实系数 $K_h$ | ≥0.92 | ≥0.92 |
| 地基系数 $K_{30}$（MPa/m） | ≥110 | ≥130 |

注：无砟轨道可采用 $K_{30}$ 或 $E_{v2}$。采用 $E_{v2}$ 时，其控制标准为 $E_{v2}$ ≥45 MPa 且 $E_{v2}/E_{v1}$ ≤2.6。

（4）高速铁路基床以下路堤化学改良土压实质量标准见表 2－1－17。

**表 2－1－17　高速铁路基床以下路堤化学改良土压实质量标准**

| 指　　标 | 压　实　标　准 |
|---|---|
| 压实系数 $K_h$ | ≥0.92 |
| 7 d 饱和无侧限抗压强度（kPa） | ≥250 |

（5）高速铁路基床底层改良土压实质量标准见表 2－1－18。

**表 2－1－18　高速铁路基床底层改良土压实质量标准**

| 指　　标 | 压　实　标　准 | | |
|---|---|---|---|
| | 化学改良土 | 砂类土或细砾土 | 碎石类及粗砾土 |
| 地基系数 $K_{30}$（MPa/m） | — | ≥130 | ≥150 |
| 动态变形模量 $E_{vd}$（MPa） | — | ≥40 | ≥40 |
| 压实系数 $K_h$ | ≥0.95 | ≥0.95 | ≥0.95 |
| 7 d 饱和无侧限抗压强度（kPa） | ≥350(550) | — | — |

注：无砟轨道可采用 $K_{30}$ 或 $E_{v2}$。采用 $E_{v2}$ 时，其控制标准为 $E_{v2}$ ≥80 MPa 且 $E_{v2}/E_{v1}$ ≤2.5。括号内数字为寒冷地区化学改良土考虑冻融循环作用所需强度值。

（五）验收批量

1. 外掺水泥、石灰、粉煤灰的批量：同一产地、厂家、品种且连续进场的水泥每 500 t 为一批。石灰、粉煤灰每 4 000 t 检验一次。对高速铁路，水泥、石灰、粉煤灰同厂家、同品种、同规格每 200 t 检验一组；水泥进场 3 个月或受潮结块时应复检，粉煤灰等同类外掺料的 $SO_3$ 含量和（$SiO_2+Al_2O_3+Fe_2O_3$）含量每 2 000 t 检验一组。

2. 外掺砂、砾石、碎石的批量：同一产地、品种、规格且连续进场的砂、砾石、碎石每 2 000 $m^3$ 为一批，不足上述数量亦按一批计。

3. 改良土每生产 5 000 $m^3$ 为一批。石灰、水泥剂量每 100 m 检查 3 处。

4. 压实质量应满足下列要求。

地基系数 $K_{30}$、动态变形模量、二次变形模量：每填高 0.9 m，纵向每 100 m 检查 2 个断面 4 点，不足 0.9 m 亦检查 2 个断面 4 点。

压实系数、相对密度、孔隙率：每层沿纵向 100 m 等间距检查 2 个断面 6 点。

5. 无侧限抗压强度：每 2 000 $m^3$ 检验一组。

6. 高速铁路改良土用的原料土检验批量：每 50 000 $m^3$ 检验一次原料土有机质和硫酸盐含量，填料发生变化或更换取土场时应重新进行检验，同一土源不少于 1 次。

（六）取样方法

1. 外材料的取样应符合《铁路工程土工试验规程》（TB 10102—2010）的规定。

2. 改良土的取样应在施工现场随机抽取生产好的改良土进行试验。

3. 改良土无侧限抗压强度的取样：在施工现场按规定频次取样，按工地预定达到的压实度制备试件。

4. 压实质量应满足下列要求。

地基系数 $K_{30}$、动态变形模量、二次变形模量：距路基边缘 2 m 处 2 点、中间 2 点。

压实系数、相对密度、孔隙率：每个断面左、中、右各 2 点，左、右点应距路基边缘 1 m。

5. 原料土取样：在取土场随机取样，取样方法应符合《铁路工程土工试验规程》（TB 10102—2010）的规定。

（七）样品数量

1. 外掺材料取样数量

水泥 12 kg，石灰、粉煤灰 5 kg，砂、砾石、碎石不少于 50 kg。

2. 改良土取样

不少于 50 kg。石灰剂量检测 3 点。

3. 压实质量

地基系数 $K_{30}$、动态变形模量、二次变形模量：4 点。

压实系数、相对密度、孔隙率：6 点。

4. 无侧限抗压强度

当多次试验结果的偏差系数 $C_v \leq 10\%$ 时，为 6 个试件；$10\% < C_v \leq 15\%$ 时，为 9 个试件；$C_v > 15\%$ 时，为 13 个试件。

5. 原料土

不少于 50 kg。

（八）检测项目

1. 外掺水泥、石灰、粉煤灰的检验项目：水泥检验强度等级、凝结时间、安定性；石灰检验

($CaO + MgO$)含量、$CO_2$含量、细度、未消化残渣含量,粉煤灰检验细度、烧失量、($SiO_2 + Al_2O_3 + Fe_2O_3$)含量。

2. 外掺砂、砾石、碎石的检验项目:颗粒分析、密度、压碎值、有机质含量。

3. 物理改良土检验项目:颗粒级配、相对密度、液塑限、压碎值、击实试验、大于5 mm颗粒的单位体积重、大于20 mm颗粒的单位体积重。

4. 化学改良土的检验项目:击实、最大干密度、无侧限抗压强度。

5. 压实质量检验项目:地基系数$K_{30}$、动态变形模量、二次变形模量、压实系数、相对密度、孔隙率。

6. 原料土:有机质含量、硫酸盐含量。

(九)质量评定

1. 外掺材料的各项检测结果必须符合设计要求,否则不能用于改良。

2. 生产好的改良土应满足设计要求,否则不得用于工程实体。

3. 改良土的压实质量应满足质量验收标准的规定,否则不得进入下一步工序。

4. 每一验收路段的无侧限抗压强度平均值$R$应满足下式要求。

$$R \geqslant R_d/(1 - Z_a \cdot C_v) \tag{2-1-1}$$

式中 $R_d$——设计抗压强度;

$C_v$——试验结果的偏差系数(以小数计);

$Z_a$——标准正态分布表中随保证率而变的系数,保证率取95%时为1.645。

(十)使用注意事项

改良土填筑的注意事项除了普通填料填筑中应注意的事项外,还应该注意以下方面:

1. 水泥、石灰、粉煤灰运输、储存应妥善覆盖保管,不得日晒雨淋,以防受潮变质。生石灰应经过充分消解后方可使用。施工中应防止水泥、石灰、粉煤灰粉末飞扬。

2. 改良土的下承层表面应平整、坚实,应有不小于2%的排水坡。

3. 拌和时,土块应打碎,粒径不应大于15 mm,应按工艺性试验确定的配合比配料并拌和均匀,色泽一致,无灰条、灰团、花面,拌合物中不得含有土块、生石灰块,及时消除粗细集料窝和局部过分潮湿之处。

4. 填料的含水率应严格控制,其施工含水率等于或略大于最优含水率。

5. 碾压后的压实层面不得有明显轮迹,并不得有"弹簧"、松散、起皮现象。

6. 化学改良土应按设计要求的养生期洒水养护。

## 六、过渡段级配碎石、级配砂砾石

(一)概述

过渡段是路堤与桥台、路堤与路堑、路堤与横向结构物衔接时,需作特殊处理的地段。Ⅰ、Ⅱ级铁路过渡段可以采用A组填料或者级配碎石、级配砂砾石作为填料。高速铁路过渡段只能采用级配碎石作为填料。级配碎石是由预先筛分成几个大小不同粒级的碎石按一定比例混合而成的混合料。

(二)执行标准

《铁路路基设计规范》(TB 10001—2005)。

《高速铁路设计规范(试行)》(TB 10621—2009)。

《铁路路基工程施工质量验收标准》(TB 10414—2003)。

《高速铁路路基工程施工质量验收标准》(TB 10751—2010)。

(三)相关标准

《铁路工程土工试验规程》(TB 10102—2010)。

(四)性能指标

1. Ⅰ、Ⅱ级铁路过渡段级配碎石、级配砂砾石的质量应符合设计要求。

2. 高速铁路过渡段级配碎石的质量应符合下列规定。当使用基床表层使用的级配碎石时,其质量应符合基床表层级配碎石质量要求。

(1)高速铁路过渡段级配碎石级配范围应符合表2-1-19的规定。

**表2-1-19 高速铁路过渡段级配碎石级配范围**

| 级配编号 | 通过下列筛孔(mm)质量百分率(%) | | | | | | | | | |
|---|---|---|---|---|---|---|---|---|---|---|
| | 50 | 40 | 30 | 25 | 20 | 10 | 5 | 2.5 | 0.5 | 0.075 |
| 1 | 100 | 95~100 | — | — | 60~90 | — | 30~65 | 20~50 | 10~30 | 2~10 |
| 2 | — | 100 | 95~100 | — | 60~90 | — | 30~65 | 20~50 | 10~30 | 2~10 |
| 3 | — | — | 100 | 95~100 | — | 50~80 | 30~65 | 20~50 | 10~30 | 2~10 |

(2)颗粒总针状、片状碎石含量不大于20%;质软、易破碎的碎石含量不得超过10%。

3. Ⅰ、Ⅱ级铁路过渡段基床表层、基床底层及基床以下路堤的填筑压实质量应符合表2-1-20、表2-1-21的规定。

**表2-1-20 Ⅰ、Ⅱ级铁路路基及过渡段的基床压实标准**

| 层位 | 压实指标 | 细粒土和黏砂、粉砂 | | 细砂、中砂、粗砂、砾砂 | | 砾石类 | | 碎石类 | | 块石类混合料 | |
|---|---|---|---|---|---|---|---|---|---|---|---|
| | | Ⅰ级 | Ⅱ级 | Ⅰ级 | Ⅱ级 | Ⅰ级 | Ⅱ级 | Ⅰ级 | Ⅱ级 | Ⅰ级 | Ⅱ级 |
| 表层 | 压实系数 $K_h$ | — | 0.91 | — | — | — | — | — | — | — | — |
| | 地基系数 $K_{30}$ (MPa/cm) | — | 0.90 | — | 1.0 | 1.5 | 1.2 | 1.5 | 1.2 | — | — |
| | 相对密度 $D_r$ | — | — | — | 0.75 | — | — | — | — | — | — |
| | 孔隙率 $n$(%) | — | — | — | — | 28 | 33 | 28 | 33 | — | — |
| 底层 | 压实系数 $K_h$ | 0.91 | 0.89 | — | — | — | — | — | — | — | — |
| | 地基系数 $K_{30}$ (MPa/cm) | 0.9 | 0.8 | 1.0 | 0.8 | 1.2 | 1.0 | 1.2 | 1.0 | 1.5 | 1.2 |
| | 相对密度 $D_r$ | — | — | 0.75 | 0.7 | — | — | — | — | — | — |
| | 孔隙率 $n$(%) | — | — | — | — | 33 | 35 | 33 | 35 | — | — |

**表 2-1-21　Ⅰ、Ⅱ级铁路路基及过渡段的基床以下路堤压实标准**

| 层位 | 压实指标 | 细粒土和黏砂、粉砂 | | 细砂、中砂、粗砂、砾砂 | | 砾石类 | | 碎石类 | | 块石类混合料 | |
|---|---|---|---|---|---|---|---|---|---|---|---|
| | | Ⅰ级 | Ⅱ级 | Ⅰ级 | Ⅱ级 | Ⅰ级 | Ⅱ级 | Ⅰ级 | Ⅱ级 | Ⅰ级 | Ⅱ级 |
| 不浸水部分 | 压实系数 $K_h$ | 0.89 | 0.86 | — | — | — | — | — | — | — | — |
| | 地基系数 $K_{30}$（MPa/cm） | 0.8 | 0.7 | 0.8 | 0.7 | 1.0 | 0.8 | 1.0 | 0.8 | 1.2 | 1.0 |
| | 相对密度 $D_r$ | — | — | 0.7 | 0.65 | — | — | — | — | — | — |
| | 孔隙率 $n$(%) | — | — | — | — | 35 | 37 | 35 | 37 | — | — |
| 底层 | 压实系数 $K_h$ | 0.91 | 0.89 | — | — | — | — | — | — | — | — |
| | 地基系数 $K_{30}$（MPa/cm） | 0.9 | 0.8 | 1.0 | 0.8 | 1.2 | 1.0 | 1.2 | 1.0 | 1.5 | 1.2 |
| | 相对密度 $D_r$ | — | — | 0.75 | 0.7 | — | — | — | — | — | — |
| | 孔隙率 $n$(%) | — | — | — | — | 33 | 35 | 33 | 35 | — | — |

4. 高速铁路过渡段压实质量标准

压实标准应符合压实系数 $K_h \geq 0.95$、地基系数 $K_{30} \geq 150$ MPa/m、动态变形模量 $E_{vd} \geq 50$ MPa。

（五）验收批量

1. Ⅰ、Ⅱ级铁路过渡段级配碎石、级配砂砾石的检验批量为 10 000 $m^3$，但颗粒级配、击实试验、大于 5 mm 颗粒的单位体积重每 2 000 $m^3$检验一次。

2. 高速铁路过渡段级配碎石的建议批量为 2 000 $m^3$。

3. Ⅰ、Ⅱ级铁路过渡段压实质量检验应符合下列规定。

地基系数 $K_{30}$、动态变形模量：每填高 0.9 m，每个过渡段检测 2 点。

压实系数：每个过渡段检测 2 点。

4. 高速铁路过渡段压实质量检验批量：每个过渡段每压实层抽样检验压实系数 3 点，每填高 30 cm 左右抽样检验动态变形模量 3 点，每填高约 60 cm 抽样检验地基系数 2 点。

（六）取样方法

1. Ⅰ、Ⅱ级铁路过渡段级配碎石、级配砂砾石的取样方法应符合《铁路工程土工试验方法标准》（TB 10102—2010）的规定。

2. 高速铁路过渡段级配碎石的取样应在填筑现场抽样，按《铁路工程土工试验方法标准》（TB 10102—2010）的规定进行。

3. Ⅰ、Ⅱ级铁路过渡段压实质量取样应符合下列规定。

地基系数 $K_{30}$、动态变形模量：距路基边缘 2 m 处 2 点、中间 2 点。

压实系数：每个断面 2 点，左、右点应距路基边缘 1 m。

4. 高速铁路过渡段压实质量取样：施工单位每过渡段每压实层抽样检验压实系数 3 点，其中距路基两侧填筑级配碎石边线 1 m 处左、右各 1 点，路基中部 1 点；每填高约 30 cm 抽样检验动态变形模量 3 点，其中 1 点应靠近桥台或横向结构物边缘处；每填高约 60 cm 抽样检验地基系数 2 点，其中距路基填筑级配碎石边线 2 m 处 1 点，路基中部 1 点。

（七）样品数量

1. Ⅰ、Ⅱ级铁路过渡段级配碎石、级配砂砾石样品为 200 kg。

2. 高速铁路过渡段级配碎石取样数量为200 kg。

3. Ⅰ、Ⅱ级铁路过渡段压实质量应符合下列规定。

地基系数$K_{30}$、动态变形模量:2点。

压实系数:3点。

4. 高速铁路过渡段压实质量:地基系数2点、动态变形模量3点、压实系数3点。

(八)检测项目

1. Ⅰ、Ⅱ级铁路过渡段级配碎石、级配砂砾石的检验项目:颗粒分析、磨耗量、有机质含量、颗粒级配、击实试验、大于5 mm颗粒的单位体积重。

2. 高速铁路过渡段级配碎石检验项目:颗粒级配、针片状含量、软弱颗粒含量。

3. 压实质量:地基系数$K_{30}$、压实系数、动态变形模量。

(九)质量评定

1. Ⅰ、Ⅱ级铁路过渡段级配碎石、级配砂砾石的颗粒分析、磨耗量、有机质含量、颗粒级配、击实试验、大于5 mm颗粒的单位体积重不符合设计要求时,应重新生产或改作其他用途。

2. 高速铁路过渡段级配碎石颗粒粒径、针片状含量、软弱颗粒含量不符合规定时,不得用于过渡段填筑。若采用基床表层级配碎石,则应符合基床表层质量要求。

3. 压实质量:各项检验结果必须符合压实质量标准要求,否则不能进行下一步施工。

(十)使用注意事项

1. 填筑前应选择试验段做摊铺压实工艺性试验,确定主要工艺参数,并报监理单位确认。

2. 过渡段填筑必须待桥台结构物混凝土或砌体水泥砂浆强度达到设计强度,过渡段地基工程经验收合格后方可施工。

3. 过渡段路基应与其连接的路基同时施工,并按大致相同的高度分层填筑。桥台后2 m范围内的填筑压实应采用人工配合小型机械压实。过渡段的填筑不得破坏桥台的稳定及损坏结构物。

4. 软土和泥沼地区路基填筑完成后,对有架桥机作业的桥头过渡段路堤必须进行试压和预压。

5. 高速铁路过渡段基床表层的施工应符合路基基床表层施工规定,级配碎石应掺入5%水泥。高速铁路路基与桥涵过渡段基床表层以下级配碎石应掺入3%水泥。掺入水泥的级配碎石混合料应在4 h内使用完毕。

6. 过渡段填筑前应根据据场地情况,采取相应的施工临时排水措施。桥台背后排水系统应与过渡段级配碎石填筑协调组织施工,确保工程质量。

## 七、基床表层级配碎石、级配砂砾石

(一)概述

级配碎石是由预先筛分分成几个大小不同粒级的碎石按一定比例混合而成的混合料。

(二)执行标准

《铁路路基设计规范》(TB 10001—2005)。

《高速铁路设计规范(试行)》(TB 10621—2009)。

《铁路路基工程施工质量验收标准》(TB 10414—2003)。

《高速铁路路基工程施工质量验收标准》(TB 10751—2010)。

(三)相关标准

《铁路工程土工试验规程》(TB 10102—2010)。

(四)性能指标

1. Ⅰ级铁路级配碎石质量指标

(1)级配碎石或级配砂砾石填料的粒径级配应分别符合表2-1-22、表2-1-23的规定,且0.5 mm筛以下的细集料中通过0.075 mm筛的颗粒含量应小于等于66%。

表2-1-22　级配碎石的粒径级配范围

| 方孔筛边长(mm) | 0.075 | 0.1 | 0.5 | 1.7 | 7.1 | 16 | 25 | 45 |
|---|---|---|---|---|---|---|---|---|
| 过筛质量百分率(%) | 0~7 | 0~11 | 7~32 | 13~46 | 41~75 | 67~91 | 82~100 | 100 |

表2-1-23　级配砂砾石的粒径级配范围

| 级配编号 | 通过下列筛孔(mm)质量百分率(%) | | | | | | | | |
|---|---|---|---|---|---|---|---|---|---|
| | 50 | 40 | 30 | 20 | 10 | 5 | 2 | 0.5 | 0.075 |
| 1 | 100 | 90~100 | — | 65~85 | 45~70 | 30~55 | 15~35 | 10~20 | 4~10 |
| 2 | — | 100 | 90~100 | 75~95 | 50~70 | 30~55 | 15~35 | 10~20 | 4~10 |
| 3 | — | — | 100 | 85~100 | 60~80 | 30~50 | 15~30 | 10~20 | 2~8 |

注:用圆孔筛时,采用1~3号级配;用方孔筛时,采用2~3号级配。

(2)级配碎石或级配砂砾石的质量应符合铁路碎石道床底砟的有关规定。

①在粒径大于16 mm的粗颗粒中带有破碎面的颗粒所占的质量百分率不少于30%。

②粒径大于1.7 mm的集料的洛杉矶磨耗率不大于50%。

③粒径大于1.7 mm的集料的硫酸钠溶液浸泡损失率不大于12%。

④粒径小于0.5 mm的细集料的液限不大于25%,其塑性指数小于6。

⑤黏土团及其他杂质含量的质量百分率小于等于0.5%。

2. 高速铁路基床表层级配碎石质量指标

(1)粒径级配应符合表2-1-24的规定。其不均匀系数$C_u$不得小于15,0.02 mm以下颗粒质量百分率不得大于3%。粒径级配曲线如图2-1-1所示。

表2-1-24　高速铁路基床表层级配碎石粒径级配

| 方孔筛边长(mm) | 0.1 | 0.5 | 1.7 | 7.1 | 22.4 | 31.5 | 45 |
|---|---|---|---|---|---|---|---|
| 过筛质量百分率(%) | 0~11(5) | 7~32 | 13~46 | 41~75 | 67~91 | 82~100 | 100 |

注:括号内数字适用于寒冷地区铁路。

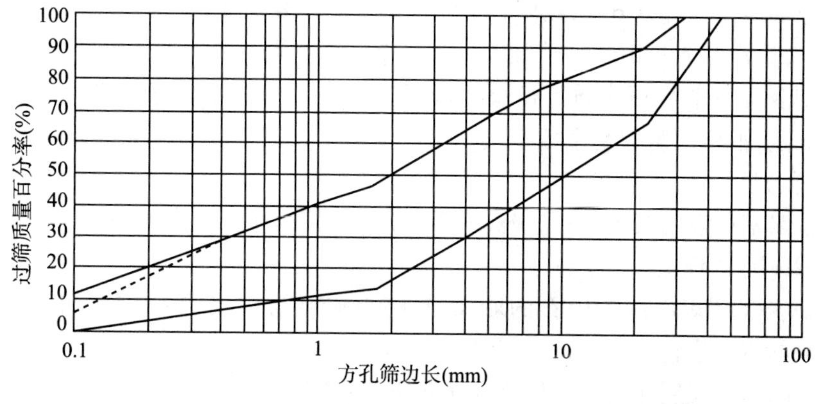


图2-1　1　高速铁路基床表层级配碎石粒径级配曲线

(2)在粒径大于 22.4 mm 的粗颗粒中带有破碎面的颗粒所占的质量百分率不少于30%。

(3)粒径大于1.7 mm的集料的洛杉矶磨耗率不大于30%;硫酸钠溶液浸泡损失率不大于6%。粒径小于0.5 mm的细集料的液限不大于25%,其塑性指数小于6。不得含有黏土团及其他杂质。

3. 压实质量

(1)Ⅰ级铁路基床表层级配碎石、级配砂砾石压实标准见表2-1-25。

**表2-1-25 Ⅰ级铁路基床表层级配碎石、级配砂砾石压实标准**

| 填料 | 厚度(m) | 地基系数 $K_{30}$(MPa/m) | 孔隙率 $n$(%) | 适用范围 |
|---|---|---|---|---|
| 级配碎石或级配砂砾石 | 0.6 | ≥150 | <28 | 路堤 |
| 级配碎石或级配砂砾石 | 0.5 | ≥150 | <28 | 软质岩、强风化硬质岩及土质路堑 |
| 中粗砂 | 0.1 | ≥150 | <28 | |

(2)高速铁路基床表层压实标准见表2-1-26。

**表2-1-26 高速铁路基床表层压实标准**

| 压实标准 | 级配碎石 |
|---|---|
| 压实系数 $K_h$ | ≥0.97 |
| 地基系数 $K_{30}$(MPa/m) | ≥190 |
| 动态变形模量 $E_{vd}$(MPa) | ≥55 |

注:无砟轨道可采用 $K_{30}$ 或 $E_{v2}$。当采用 $E_{v2}$ 时,其控制标准为 $E_{v2} \geq 120$ MPa 且 $E_{v2}/E_{v1} \leq 2.3$。

(五)验收批量

1. Ⅰ级铁路基床表层级配碎石、级配砂砾石的检验批量为10 000 $m^3$,但颗粒级配、击实试验、大于5 mm颗粒的单位体积重每2 000 $m^3$检验一次。

2. 高速铁路基床表层级配碎石每一料场检验洛杉矶磨耗率、硫酸钠浸泡损失率、液限和塑性指数2次。每工班抽样检验1次粒径级配、黏土及其他杂质含量、大于22.4 mm颗粒中带有破碎面的颗粒含量。

在施工现场每5 000 $m^3$检验一次颗粒级配。

3. Ⅰ级铁路基床表层压实质量检验应满足下列规定。

地基系数 $K_{30}$:每填高0.6 m,纵向每100 m检查2个断面4点。

孔隙率:每层沿纵向每100 m等间距检查2个断面6点。

4. 高速铁路基床表层压实质量检验批量:每100 m每压实层抽样检验压实系数6点,动态变形模量6点,抽样检验地基系数4点。

(六)取样方法

1. Ⅰ级铁路基床表层级配碎石、级配砂砾石的取样方法应符合《铁路工程土工试验规程》(TB 10102—2010)的规定。

2. 高速铁路基床表层级配碎石的取样应在料场抽样,按《铁路工程土工试验规程》(TB 10102—2010)的规定进行。

3. Ⅰ级铁路基床表层压实质量取样应满足下列规定。

地基系数 $K_{30}$:距路基边缘2 m处2点、中间2点。

孔隙率:每个断面 3 点,左、中、右点距路基边缘 1 m 处各 1 点。

4. 高速铁路基床表层压实质量取样:施工单位每 100 m 每压实层抽样检验压实系数、动态变形模量 6 点,其中距路基两侧边线 1. 5 m 处左、右各 2 点,路基中部 2 点。抽样检验地基系数 4 点,其中距路基边线 1. 5 m 处各 1 点,路基中部 2 点。

(七)样品数量

1. Ⅰ级铁路基床表层级配碎石、级配砂砾石样品为 100 kg。

2. 高速铁路基床表层级配碎石取样数量为 100 kg。

3. Ⅰ级铁路基床表层压实质量取样应满足下列规定。

地基系数 $K_{30}$:4 点。

孔隙率:6 点。

4. 高速铁路过渡段压实质量:地基系数 4 点、动态变形模量 6 点、压实系数 6 点。

(八)检测项目

1. Ⅰ级铁路过渡段级配碎石、级配砂砾石的检验项目:颗粒分析、磨耗量、有机质含量、颗粒级配、击实试验、大于 5 mm 颗粒的单位体积重。

2. 高速铁路基床表层级配碎石检验项目:洛杉矶磨耗率、硫酸钠浸泡损失率、液限和塑性指数、粒径级配、黏土及其他杂质含量、大于 22. 4 mm 颗粒中带有破碎面的颗粒含量。

3. 压实质量检验项目:地基系数 $K_{30}$、孔隙率、压实系数、动态变形模量。

(九)质量评定

1. Ⅰ级铁路基床表层级配碎石、级配砂砾石的颗粒分析、磨耗量、有机质含量、颗粒级配、击实试验、大于 5 mm 颗粒的单位体积重不符合设计要求时,应重新生产或改作其他用途。

2. 高速铁路基床表层级配碎石洛杉矶磨耗率、硫酸钠浸泡损失率、液限和塑性指数、粒径级配、黏土及其他杂质含量、大于 22. 4 mm 颗粒中带有破碎面的颗粒含量不符合规定时,不得用于基床表层填筑。

3. 压实质量:各项检验结果必须符合压实质量标准要求,否则不能进行下一步施工。

(十)使用注意事项

1. 级配碎石或级配砂砾石与上部道床碎石及下部填土之间的颗粒级配应满足 $D_{15} < 4d_{85}$ 的规定。当与下部填土不能满足以上要求时,基床表层应采用颗粒级配不同的双层结构,或在基床底层表面铺设土工合成材料反滤层;当下部填土为改良土时,可不受此限制。

2. 基础底层的顶部和基床以下填料部位的顶部应设 4% 的人字排水坡。

3. 级配碎石混合料拌制前,应检查配料计量系统的工作状态,测定各种集料的含水率,根据测试结果和环境条件及时调整施工配合比。级配碎石混合料出场时的含水率宜在工艺试验确定的填料出场控制含水率范围内。

4. 在进行大面积填筑前,应根据初选的摊铺和碾压机械及试生产的填料,在现场选取长度不小于 100 m 的地段进行摊铺压实工艺试验,确定工艺参数,并报监理单位确认。

5. 基床表层的填筑应按“四区段、六流程”施工工艺组织施工,每个区段的长度应根据使用机械的能力、数量确定,宜在 100 m 以上。各区段或流程内严禁几种作业交叉进行。

# 第二节　公路路基工程填料

## 一、公路路基填料分类

依据《公路土工试验规程》(JTG E40—2007),公路工程用土以土的颗粒组成特征、塑性指标(液限、塑限、塑性指数)、有机质存在情况进行分类。土分为巨粒土、粗粒土、细粒土和特殊土,如图2－2－1所示。

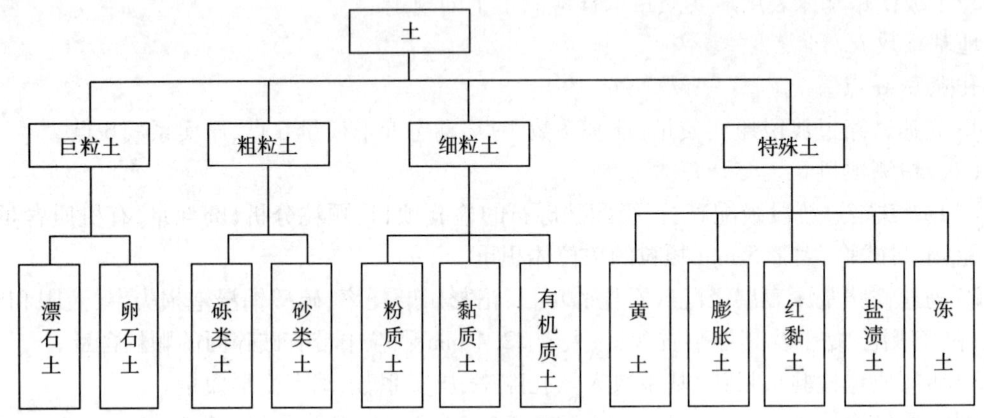


图2－2－1　土分类总体系

土的颗粒根据图2－2－2所列粒组范围划分粒组。

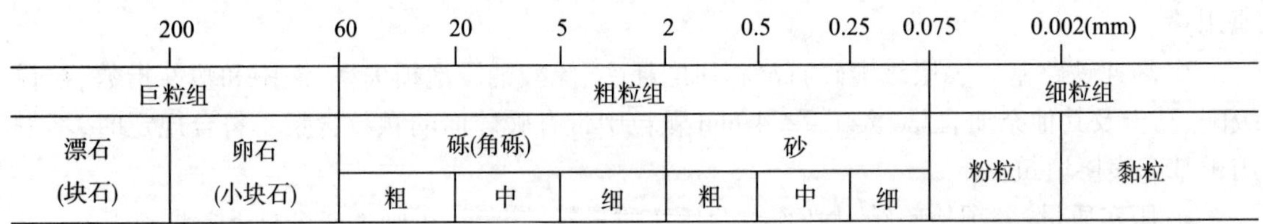


图2－2－2　粒组划分图

1. 巨粒土分类

巨粒土按图2－2－3定名分类。

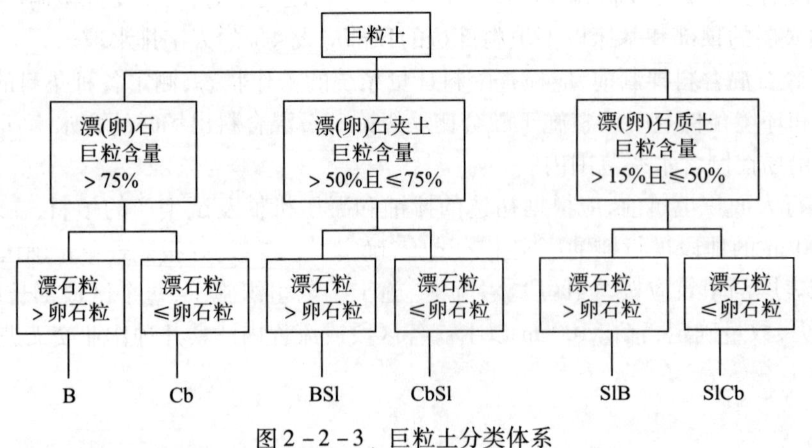


图2－2－3　巨粒土分类体系

(1)巨粒组质量多于总质量75%的土称漂(卵)石。漂石粒组质量多于卵石粒组质量的土称漂石;漂石粒组质量少于或等于卵石粒组质量的土称卵石。

(2)巨粒组质量为总质量50%～75%(含75%)的土称漂(卵)石夹土。漂石粒组质量多于卵石粒组质量的土称漂石夹土;漂石粒组质量少于或等于卵石粒组质量的土称卵石夹土。

(3)巨粒组质量为总质量15%～50%(含50%)的土称漂(卵)石质土。漂石粒组质量多于卵石粒组质量的土称漂石质土;漂石粒组质量少于或等于卵石粒组质量的土称卵石质土。

(4)巨粒组质量少于或等于总质量15%的土,可扣除巨粒,按粗粒土或细粒土的相应规定分类定名。

巨粒土分类体系中的漂石换成块石,B换成Ba,即构成相应的块石分类体系。巨粒土分类体系中的卵石换成小块石,Cb换成Cba,即构成相应的小块石分类体系。

2. 粗粒土分类

巨粒组土粒质量少于或等于总质量15%,且巨粒组土粒与粗粒组土粒质量之和多于总土质量50%的土称粗粒土。粗粒土中砾粒组质量多于砂粒组质量的土称砾类土。砾类土根据其中细粒含量和类别以及粗粒组级配进行分类。分类体系如图2-2-4所示。砾类土分类体系中的砾石换成角砾,G换成Ga,即构成相应的角砾土分类体系。

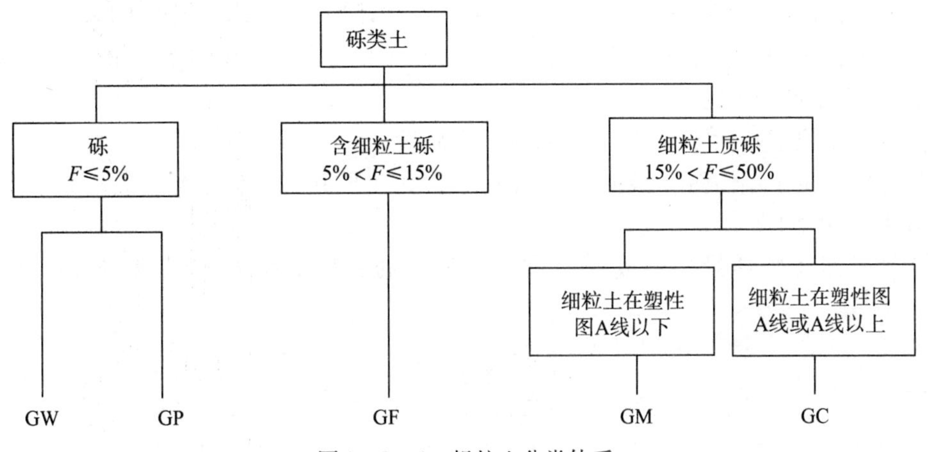


图2-2-4　粗粒土分类体系

(1)砾类土中细粒组质量少于或等于总质量5%的土称砾,按下列级配指标定名:

①当$C_u$≥5,且$C_c$=1～3时,称级配良好砾。

②不同时满足以上条件时,称级配不良砾。

(2)砾类土中细粒组质量为总质量5%～15%(含15%)的土称含细粒土砾。

(3)砾类土中细粒组质量大于总质量15%,并小于或等于总质量50%的土称细粒土质砾,按细粒土在塑性图中的位置定名:

①当细粒土位于塑性图A线以下时,称粉土质砾。

②当细粒土位于塑性图A线或A线以上时,称黏土质砾。

3. 砂类土分类

粗粒土中砾粒组质量少于或等于砂粒组质量的土称砂类土。砂类土根据其中细粒含量和类别以及粗粒组的级配进行分类。分类体系如图2-2-5所示。根据粒径分组由大到小,以首先符合者命名。需要时,砂可进一步分为粗砂、中砂、细砂。粗砂指粒径大于0.5 mm颗粒多于总质量50%的砂,中砂指粒径大于0.25 mm颗粒多于总质量50%的砂,细砂指粒径大于

0.075 mm 颗粒多于总质量 75% 的砂。

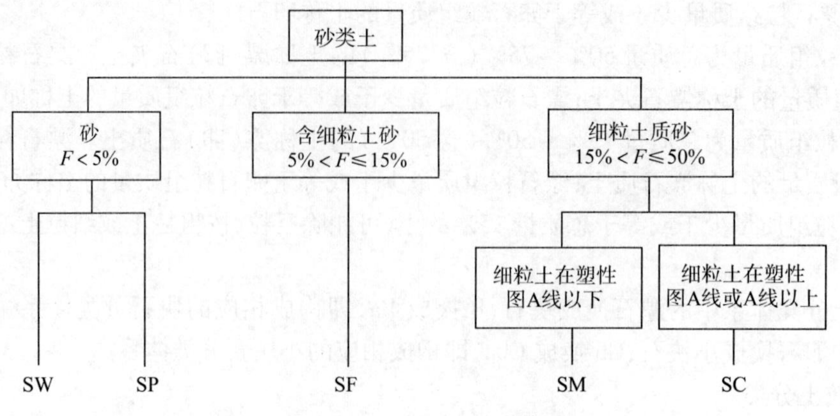


图 2－2－5　砂类土分类体系

(1)砂类土中细粒组质量少于或等于总质量 5% 的土称砂,按下列级配指标定名:

①当 $C_u \geqslant 5$,且 $C_c = 1 \sim 3$ 时,称级配良好砂。

②不同时满足上条条件时,称级配不良砂。

(2)砂类土中细粒组质量为总质量 5% ~15%(含 15%)的土称含细粒土砂。

(3)砂类土中细粒组质量大于总质量 15%,并小于或等于总质量 50% 的土称细粒土质砂,按细粒土在塑性图中的位置定名:

①当细粒土位于塑性图 A 线以下时,称粉土质砂。

②当细粒土位于塑性图 A 线或 A 线以上时,称黏土质砂。

4. 细粒土分类

土中细粒组土粒质量多于或等于总质量 50% 的土称细粒土,分类体系如图 2－2－6 所示。

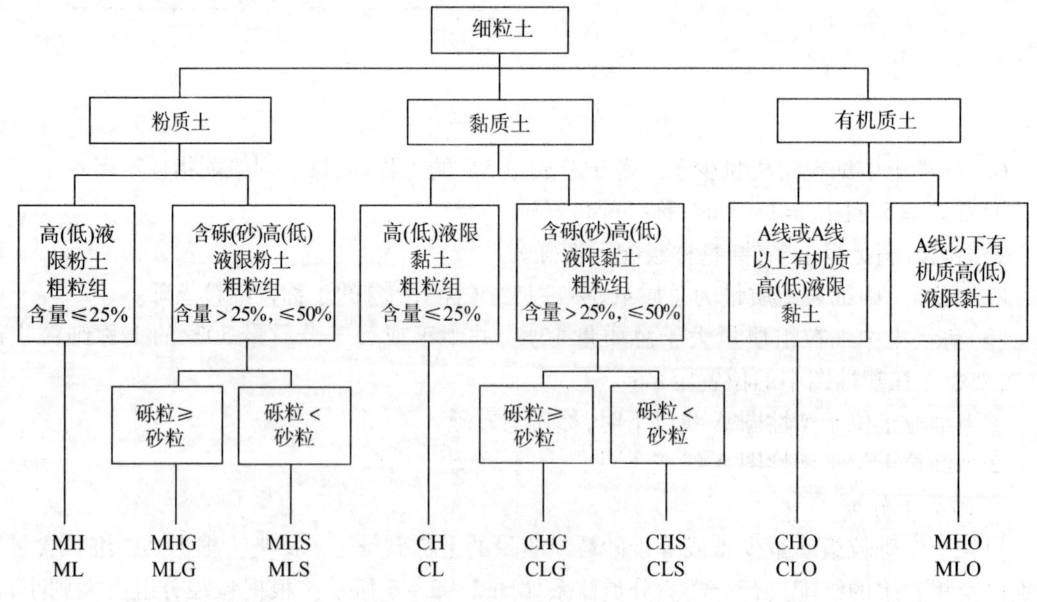


图 2－2－6　细粒土分类体系

细粒土按塑性图分类,如图 2－2－7 所示。

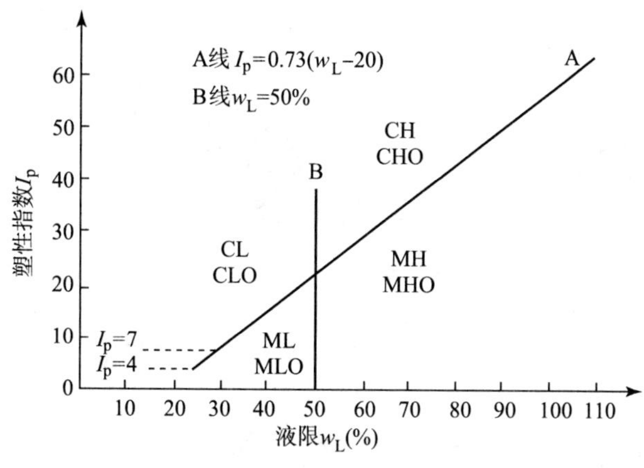


图 2-2-7　塑性图

细粒土按下列规定划分：

(1)细粒土中粗粒组质量少于或等于总质量 25% 的土称粉质土或黏质土。

(2)细粒土中粗粒组质量为总质量 25% ~50%(含 50%)的土称含粗粒的粉质土或含粗粒的黏质土。

(3)有机质含量多于或等于总质量的 5%,且少于总质量 10% 的土称有机质土。有机质含量多于或等于 10% 的土称为有机土。

细粒土按其在塑性图的位置确定土名称：

(1)当细粒土位于塑性图 A 线或 A 线以上时,在 B 线或 B 线以右称为高液限黏土,在 B 线以左称低液限黏土。

(2)当细粒土位于 A 线以下时,在 B 线或 B 线以右称为高液限粉土,在 B 线以左,$I_p=4$ 线以下,称低液限粉土。

(3)黏土、粉土过渡区的土可以按相邻土层的类别考虑细分。

含粗粒的细粒土应先按上述规定确定细粒土部分的名称,再按以下规定最终定名：

(1)当粗粒土中砾粒组质量多于砂粒组质量时,称含砾细粒土。

(2)当粗粒土中砂粒组质量多于或等于砾粒组质量时,称含砂细粒土。

有机质土应根据塑性图按下列规定定名：

(1)位于塑性图 A 线或 A 线以上时,在 B 线或 B 线以右,称有机质高液限黏土,在 B 线以左,$I_p=7$ 线以上,称有机质低液限黏土。

(2)位于 A 线以下时,在 B 线或 B 线以右称为有机质高液限粉土,在 B 线以左,$I_p=4$ 线以下,称有机质低液限粉土。

(3)黏土、粉土过渡区的土可以按相邻土层的类别考虑细分。

5. 特殊土的分类

黄土、膨胀土和红黏土定名如图 2-2-8 所示。

(1)黄土：低液限黏土。分布范围：大部分在 A 线以上,液限小于 40%。

(2)膨胀土：高液限黏土。分布范围：大部分在 A 线以上,液限大于 50%。

(3)红黏土：高液限粉土。分布范围：大部分在 A 线以下,液限大于 55%。

盐渍土分类见表 2-2-1。

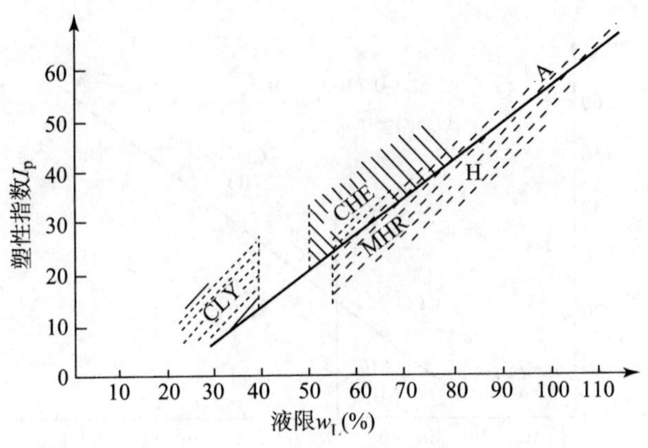


图2-2-8 特殊土塑性图

**表2-2-1 盐渍土分类**

| 土层 $Cl^-/SO_4^{2-}$ 平均总盐量 名称 | 氯盐渍土 | 亚氯盐渍土 | 亚硫盐渍土 | 硫酸盐渍土 |
|---|---|---|---|---|
| | >2.0 | 1.0~2.0 | 0.3~1.0 | <0.3 |
| 弱盐渍土 | 0.3~1.5 | 0.3~1.0 | 0.3~0.8 | 0.3~0.5 |
| 中盐渍土 | 1.5~5.0 | 1.0~4.0 | 0.8~2.0 | 0.5~1.5 |
| 强盐渍土 | 5.0~8.0 | 4.0~7.0 | 2.0~5.0 | 1.5~4.0 |
| 过盐渍土 | >8.0 | >7.0 | >5.0 | >4.0 |

冻土根据冻结状态持续时间的长短,分为多年冻土、隔年冻土和季节冻土三种,见表2-2-2。

**表2-2-2 冻土按冻结状态持续时间分类**

| 类型 | 持续时间 $t$(年) | 地面温度特征(℃) | 冻融特征 |
|---|---|---|---|
| 多年冻土 | $t≥2$ | 年平均地面温度≤0 | 季节融化 |
| 隔年冻土 | $2>t≥1$ | 最低月平均地面温度≤0 | 季节冻结 |
| 季节冻土 | $t<1$ | 最低月平均地面温度≤0 | 季节冻结 |

## 二、巨粒土填料、粗粒土填料

(一)概述

粒径大于60 mm的石块不少于总质量15%的土称巨粒土。其中大于100 mm粒径的土属漂石组或块石组,60~100 mm粒径的土属卵石组或小块石组。按各种粒组含量的不同,巨粒土可分为:漂石、卵石、块石、小块石、漂石夹土、卵石夹土、块石夹土、小块石夹土、漂石质土、卵石质土、块石质土、小块石质土等。

粒径大于0.075 mm的颗粒含量大于总土质量50%,且大于60 mm粒径颗粒不大于总土质量15%的土称为粗粒土。其中粒径在2~60 mm的土属砾组或角砾组;粒径在0.075~2 mm的土属砂组。按各种粒组含量的不同,粗粒土可分为:级配良好砾、级配不良砾、级配良好角砾、级配不良角砾、细粒土砾、细粒土角砾、粉土质砾、黏土质砾、粉土质角砾、黏土质角砾、级配良好砂、级配不良砂、含细粒土砂、粉土质砂、黏土质砂等。

巨粒土、粗粒土可用于公路工程路床及路基的填料，但应满足各个部位对粒径的限制。用粒径大于 40 mm 且含量超过总质量 70% 的石料填筑的路堤称为填石路堤。石料含量占总质量 30% ~70% 的土石混合材料修筑的路堤称为土石路堤。

（二）执行标准

《公路路基施工技术规范》(JTG F10—2006)。

《公路工程质量检验评定标准　第一册　土建工程》(JTG F80/1—2004)。

（三）相关标准

《公路工程路基设计规范》(JTG D30—2004)。

（四）性能指标

1. 含草皮、生活垃圾、树根、腐殖质的土严禁作为填料。膨胀性岩石、易溶性岩石、强风化石料、崩解性岩石和盐化岩石等均不应直接用于路堤填筑。

2. 泥炭、淤泥、冻土、强膨胀土、有机质土及易溶盐超过允许含量的土，不得直接用于填筑路基；确需使用时，必须采取技术措施进行处理，经检验满足设计要求后方可使用。

3. 路床填料最大粒径应小于 100 mm，路堤填料最大粒径应小于 150 mm。但上、下路堤填料最大粒径 150 mm 的规定不适用于填石路堤和土石路堤。填石路堤填料粒径应不大于 500 mm，并不宜超过层厚的 2/3，不均匀系数宜为 15 ~20。路床底面以下 400 mm 范围内，填料粒径应小于 150 mm。土石路基填料中，中硬、硬质石料的最大粒径不得大于压实层厚的 2/3，石料为强风化石料或软质石料时，最大粒径不得大于压实层厚。

4. 土质路堤填料的最小强度和压实质量应符合表 2－2－3 的规定。

**表 2－2－3　路堤填料最小强度和压实度要求**

| 项目 | | 路面底面以下深度(m) | 填料最小强度(CBR)(%) | | | 压实度(%) | | |
|---|---|---|---|---|---|---|---|---|
| | | | 高速公路、一级公路 | 二级公路 | 三、四级公路 | 高速公路、一级公路 | 二级公路 | 三、四级公路 |
| 路床 | 上路床 | 0～0.3 | 8 | 6 | 5 | ≥96 | ≥95 | ≥94 |
| | 下路床 | 0.3～0.8 | 5 | 4 | 3 | ≥96 | ≥95 | ≥94 |
| 路堤 | 上路堤 | 0.8～1.5 | 4 | 3 | 3 | ≥94 | ≥94 | ≥93 |
| | 下路堤 | 1.5 以下 | 3 | 2 | 2 | ≥93 | ≥92 | ≥90 |

注：1. 表列压实度按《公路土工试验规程》(JTG E40—2007)中重型击实试验法求得的最大干密度的压实度。

2. 当三、四级公路铺筑沥青混凝土和水泥混凝土路面时，其压实度应采用二级公路的规定值。

3. 路堤采用特殊填料或处于特殊气候地区时，压实度标准可根据试验路的状况在保证路基强度要求的前提下适当降低。

4. 特别干旱地区的压实度标准可降低 2% ~3%。

5. 土质路堤和软质石料填筑的土石路基，填筑至设计标高并整修完成后，其施工质量应符合表 2－2－4 的规定。

**表 2－2－4　土质路堤施工质量标准**

| 序号 | 检查项目 | 允许偏差 | | |
|---|---|---|---|---|
| | | 高速公路、一级公路 | 二级公路 | 三、四级公路 |
| 1 | 路基压实度 | 符合规定 | 符合规定 | 符合规定 |

续上表

| 序号 | 检 查 项 目 | 允 许 偏 差 | | |
|---|---|---|---|---|
| | | 高速公路、一级公路 | 二级公路 | 三、四级公路 |
| 2 | 弯沉 | 不大于设计值 | 不大于设计值 | 不大于设计值 |
| 3 | 纵断高程(mm) | +10<br>-15 | +10<br>-20 | +10<br>-20 |
| 4 | 中线位移(mm) | 50 | 100 | 100 |
| 5 | 宽度 | 不小于设计值 | 不小于设计值 | 不小于设计值 |
| 6 | 平整度(mm) | 15 | 20 | 20 |
| 7 | 横坡(%) | ±0.3 | ±0.5 | ±0.5 |
| 8 | 边坡坡度 | 不陡于设计坡度 | 不陡于设计坡度 | 不陡于设计坡度 |

6. 填石路堤中,不同强度的石料,应分别采用不同的填筑层厚和压实控制标准,岩石的分类见表2-2-5。填石路堤的压实质量标准宜用孔隙率作为控制指标,并符合表2-2-6~表2-2-8的要求。采用强夯或冲击式压路机进行施工的填石路堤,其压实层厚与质量控制标准可通过现场试验或参照相应的技术规范确定。

**表2-2-5 岩石分类表**

| 岩石类型 | 单轴饱和抗压强度(MPa) | 代 表 性 岩 石 |
|---|---|---|
| 硬质岩石 | ≥60 | 1. 花岗岩、闪长岩、玄武岩等岩浆岩类;<br>2. 硅质、铁质胶结的砾岩及砂岩、石灰岩、白云岩等沉积岩类;<br>3. 片麻岩、石英岩、大理岩、板岩、片岩等变质岩类 |
| 中硬岩石 | 30~60 | |
| 软质岩石 | 5~30 | 1. 凝灰岩等喷出岩类;<br>2. 泥砾岩、泥质砂岩、泥质页岩、泥岩等沉积岩类;<br>3. 云母片岩或千枚岩等变质岩类 |

**表2-2-6 硬质石料压实质量控制标准**

| 分 区 | 路面底面以下深度(m) | 摊铺层厚(mm) | 最大粒径(mm) | 压实干重度($kN/m^3$) | 孔隙率(%) |
|---|---|---|---|---|---|
| 上路堤 | 0.80~1.5 | ≤400 | 小于层厚2/3 | 由试验确定 | ≤23 |
| 下路堤 | >1.50 | ≤600 | 小于层厚2/3 | 由试验确定 | ≤25 |

**表2-2-7 中硬石料压实质量控制标准**

| 分 区 | 路面底面以下深度(m) | 摊铺层厚(mm) | 最大粒径(mm) | 压实干重度($kN/m^3$) | 孔隙率(%) |
|---|---|---|---|---|---|
| 上路堤 | 0.80~1.5 | ≤400 | 小于层厚2/3 | 由试验确定 | ≤22 |
| 下路堤 | >1.50 | ≤500 | 小于层厚2/3 | 由试验确定 | ≤24 |

**表 2-2-8　软质石料压实质量控制标准**

| 分　区 | 路面底面以下深度(m) | 摊铺层厚(mm) | 最大粒径(mm) | 压实干重度($kN/m^3$) | 孔隙率(%) |
|---|---|---|---|---|---|
| 上路堤 | 0.80~1.5 | ≤300 | 小于层厚 | 由试验确定 | ≤20 |
| 下路堤 | >1.50 | ≤400 | 小于层厚 | 由试验确定 | ≤22 |

7. 中硬、硬质石料土石路基和填石路堤填筑至设计标高并整修完成后，其施工质量应符合表 2-2-9 的规定。

**表 2-2-9　填石路堤施工质量标准**

| 序　号 | 检　查　项　目 | | 允　许　偏　差 | |
|---|---|---|---|---|
| | | | 高速公路、一级公路 | 其他公路 |
| 1 | 压实度 | | 符合试验路确定的施工工艺 | |
| | | | 沉降差≤试验路确定的沉降差 | |
| 2 | 纵断高程(mm) | | +10<br>-20 | +10<br>-30 |
| 3 | 弯沉 | | 不大于设计值 | |
| 4 | 中线位移(mm) | | 50 | 100 |
| 5 | 宽度 | | 不小于设计值 | |
| 6 | 平整度(mm) | | 20 | 30 |
| 7 | 横坡(%) | | ±0.3 | ±0.5 |
| 8 | 边坡 | 坡度 | 不陡于设计值 | |
| | | 平顺度 | 符合设计要求 | |

8. 高速公路、一级公路、二级公路路堤与桥台、横向构造物(涵洞、通道)连接处应设置过渡段，路基压实度不应小于 96%。

(五)验收批量

压实度、孔隙率应每一施工段的每一压实层验收一次，弯沉等其他指标应以每一施工段填筑至设计标高并整修完成后验收。

(六)取样方法

压实度、孔隙率用灌砂法、灌水(水袋)法检测时，取土样的底面位置为每一压实层底部；用环刀法试验时，环刀中部处于压实层厚的 1/2 深度；用核子仪试验时，应根据其类型，按说明书要求办理。弯沉值用贝克曼梁或自动弯沉仪测量。

(七)样品数量

压实度、孔隙率每 1 000 $m^2$ 至少 2 点，不足 1 000 $m^2$ 时检验 2 点；纵断高程每 200 m 测 4 个断面；中线偏位每 200 m 测 4 点，弯道加 HY、YH 2 点；宽度每 200 m 测 4 处；平整度每200 m 测 2 处×10 尺；横坡每 200 m 测 4 个断面；边坡坡度每 200 m 测 4 处。弯沉值每一双车道评定路段(不超过 1 km)检查 80~100 个点，多车道公路必须按车道数与双车道之比，相应增加测点。

（八）检测项目

压实度、孔隙率、纵断高程、中线偏位、宽度、平整度、横坡、边坡坡度、弯沉。

（九）质量评定

1. 分项工程的判定

分项工程评分值不小于75分者为合格；小于75分者为不合格。评定为不合格的分项工程，经加固、补强或返工、调测，满足设计要求后，可以重新评定其质量等级，但计算分部工程评分值时按其复评分值的90%计算。

2. 分项工程质量评分

分项工程质量检验内容包括基本要求、实测项目、外观鉴定和质量保证资料四个部分。只有在其使用的原材料、半成品、成品及施工工艺符合基本要求的规定，且无严重外观缺陷和质量保证资料真实并基本齐全时，才能对分项工程质量进行检验评定。

涉及结构安全和使用功能的重要实测项目为关键项目，其合格率不得低于90%（属于工厂加工制造的交通工程安全设施及桥梁金属构件不低于95%，机电工程为100%），且检测值不得超过规定极值，否则必须进行返工处理。

实测项目的规定极值是指任一单个检测值都不能突破的极限值，不符合要求时该实测项目为不合格。

压实度、弯沉值评分不符合要求时，则该分项工程评为不合格。

分项工程的评分值满分为100分，按实测项目采用加权平均法计算。存在外观缺陷或资料不全时，须予减分。

$$\text{分项工程得分}=\frac{\sum[\text{检查项目得分}\times\text{权值}]}{\sum\text{检查项目权值}}$$

$$\text{分项工程评分值}=\text{分项工程得分}-\text{外观缺陷减分}-\text{资料不全减分}$$

3. 基本要求检查

（1）检查内容

①在路基用地和取土坑范围内，应清除地表植被、杂物、积水、淤泥和表土，处理坑塘，并按规范和设计要求对基底进行压实。

②路基填料应符合规范和设计的规定，经认真调查、试验后合理选用。

③填方路基须分层填筑压实，每层表面平整，路拱合适，排水良好。

④施工临时排水系统应与设计排水系统结合，避免冲刷边坡，勿使路基附近积水。

⑤在设定取土区内合理取土，不得滥开滥挖。完工后应按要求对取土坑和弃土场进行修整，保持合理的几何外形。

⑥修筑填石路堤时应进行地表清理，逐层水平填筑石块，摆放平稳，码砌边部。填筑层厚度及石块尺寸应符合设计和施工规范规定，填石空隙用石砟、石屑嵌压稳定。上、下路床填料和石料最大尺寸应符合规范规定。采用振动压路机分层碾压，压至填筑层顶面石块稳定，18 t以上压路机振压两遍无明显标高差异。

（2）检查要求

分项工程所列基本要求，对施工质量优劣具有关键作用，应按基本要求对工程进行认真检查。经检查不符合基本要求规定时，不得进行工程质量的检验和评定。

4. 实测项目计分

(1)实测项目

实测项目内容及规定见表 2－2－10。

**表 2－2－10　路基实测项目**

<table>
<tr><th rowspan="3">项　次</th><th colspan="3" rowspan="3">检　查　项　目</th><th colspan="3">规定值或允许偏差</th><th rowspan="3">权　值</th></tr>
<tr><th rowspan="2">高速公路、一级公路</th><th colspan="2">其他公路</th></tr>
<tr><th>二级公路</th><th>三、四级公路</th></tr>
<tr><td rowspan="5">1</td><td rowspan="5">压实度(%)</td><td rowspan="2">零填及挖方(m)</td><td>0～0.30</td><td>—</td><td>—</td><td>94</td><td rowspan="5">3</td></tr>
<tr><td>0～0.80</td><td>≥96</td><td>≥95</td><td>—</td></tr>
<tr><td rowspan="3">填方(m)</td><td>0～0.80</td><td>≥96</td><td>≥95</td><td>≥94</td></tr>
<tr><td>0.80～1.50</td><td>≥94</td><td>≥94</td><td>≥93</td></tr>
<tr><td>>1.50</td><td>≥93</td><td>≥92</td><td>≥90</td></tr>
<tr><td>2</td><td colspan="3">弯沉(0.01 mm)</td><td colspan="3">不大于设计要求值</td><td>3</td></tr>
<tr><td>3</td><td colspan="3">纵断高程(mm)</td><td>+10<br>－15</td><td colspan="2">+10<br>－20</td><td>2</td></tr>
<tr><td>4</td><td colspan="3">中线偏位(mm)</td><td>50</td><td colspan="2">100</td><td>2</td></tr>
<tr><td>5</td><td colspan="3">宽度(mm)</td><td colspan="3">不小于设计</td><td>2</td></tr>
<tr><td>6</td><td colspan="3">平整度(mm)</td><td>15</td><td colspan="2">20</td><td>2</td></tr>
<tr><td>7</td><td colspan="3">横坡(%)</td><td>±0.3</td><td colspan="2">±0.5</td><td>1</td></tr>
<tr><td>8</td><td colspan="3">边坡</td><td colspan="3">不陡于设计值</td><td>1</td></tr>
</table>

注:1. 表列压实度以重型击实试验法为准,评定路段内的压实度平均值下置信界限不得小于规定标准,单个测定值不得小于极值(表列规定值减 5 个百分点)。小于表列规定值 2 个百分点的测点,按其数量占总检查点的百分率计算减分值。

2. 采用核子仪检验压实度时应进行标定试验,确认其可靠性。

3. 特殊干旱、特殊潮湿地区或过湿土路基,可按交通部颁发的路基设计、施工规范所规定的压实度标准进行评定。

4. 三级公路修筑沥青混凝土或水泥混凝土路面时,其路基压实度应采用二级公路标准。

(2)计分方法

对规定检查项目采用现场抽样方法,按照规定频率和下列计分方法对分项工程的施工质量直接进行检测计分。

检查项目除按数理统计方法评定的项目以外,均应按单点(组)测定值是否符合标准要求进行评定,并按合格率计分。

$$\text{检查项目合格率}(\%)=\frac{\text{检查合格的点(组)数}}{\text{该检查项目的全部检查点(组)数}}$$

$$\text{检查项目得分}=\text{检查项目合格率}\times 100$$

5. 外观缺陷减分

(1)检查内容

①路基应表面平整,边线直顺,曲线圆滑。不符合要求时,单向累计长度每 50 m 减 1～2 分。

②路基边坡应坡面平顺,稳定,不得亏坡,曲线圆滑。不符合要求时,单向累计长度每 50 m减 1～2 分。

③取土坑、弃土堆、护坡道、碎落台的位置适当,外形整齐、美观,防止水土流失。不符合要求时,每处减 1～2 分。

④填石路基上边坡不得有松石。不符合要求时,每处减 1～2 分。

(2)检查要求

对工程外表状况应逐项进行全面检查，如发现外观缺陷，应进行减分。对于较严重的外观缺陷，施工单位须采取措施进行整修处理。

6. 资料不全减分

分项工程的施工资料和图表残缺，缺乏最基本的数据，或有伪造涂改者，不予检验和评定。资料不全者应予减分，减分幅度可按标准所列各款逐款检查，视资料不全情况，每款减1～3分。

7. 压实度评定

(1)路基、路面压实度以1～3 km长的路段为检验评定单元。检验评定段的压实度代表值$K$(算术平均值的下置信界限)为

$$K = k - t_a/(n)^{1/2} \times S \geqslant K_0 \qquad (2-2-1)$$

式中 $k$——检验评定段内务测点压实度的平均值；

$t_a$——分布表中随测点数和保证率(或置信度$a$)而变的系数，取值见表2-2-11，采用的保证率：高速公路、一级公路基层、底基层为99%，路基、路面面层为95%，其他公路基层、底基层为95%，路基、路面面层为90%；

$S$——检测值的标准差；

$n$——检测点数；

$K_0$——压实度标准值。

**表2-2-11　$t_a/(n)^{1/2}$值**

| 点数＼保证率 | 99% | 95% | 90% | 点数＼保证率 | 99% | 95% | 90% |
|---|---|---|---|---|---|---|---|
| 1 | 22.501 | 4.465 | 2.176 | 21 | 0.552 | 0.376 | 0.289 |
| 2 | 4.021 | 1.686 | 1.089 | 22 | 0.537 | 0.367 | 0.282 |
| 3 | 2.270 | 1.177 | 0.819 | 23 | 0.523 | 0.358 | 0.275 |
| 4 | 1.676 | 0.953 | 0.686 | 24 | 0.510 | 0.350 | 0.269 |
| 5 | 1.374 | 0.823 | 0.603 | 25 | 0.498 | 0.342 | 0.264 |
| 6 | 1.188 | 0.734 | 0.544 | 26 | 0.487 | 0.335 | 0.258 |
| 7 | 1.060 | 0.670 | 0.500 | 27 | 0.477 | 0.328 | 0.253 |
| 8 | 0.966 | 0.620 | 0.466 | 28 | 0.467 | 0.322 | 0.248 |
| 9 | 0.892 | 0.580 | 0.437 | 29 | 0.458 | 0.316 | 0.244 |
| 10 | 0.833 | 0.546 | 0.414 | 30 | 0.449 | 0.310 | 0.239 |
| 11 | 0.785 | 0.518 | 0.393 | 40 | 0.383 | 0.266 | 0.206 |
| 12 | 0.744 | 0.494 | 0.376 | 50 | 0.340 | 0.237 | 0.184 |
| 13 | 0.708 | 0.473 | 0.361 | 60 | 0.308 | 0.216 | 0.167 |
| 14 | 0.678 | 0.455 | 0.347 | 70 | 0.285 | 0.199 | 0.155 |
| 15 | 0.651 | 0.438 | 0.335 | 80 | 0.266 | 0.186 | 0.145 |
| 16 | 0.626 | 0.423 | 0.324 | 90 | 0.249 | 0.175 | 0.136 |
| 17 | 0.605 | 0.410 | 0.314 | 100 | 0.236 | 0.166 | 0.129 |
| 18 | 0.586 | 0.398 | 0.305 | >100 | $\frac{2.3265}{\sqrt{n}}$ | $\frac{1.6449}{\sqrt{n}}$ | $\frac{1.2815}{\sqrt{n}}$ |
| 19 | 0.568 | 0.387 | 0.297 |  |  |  |  |

(2) $K \geqslant K_0$，且单点压实度 $K_i$ 全部大于等于规定值减 2 个百分点时，评定路段的压实度合格率为 100%；当 $K \geqslant K_0$，且单点压实度全部大于等于规定极值时，按测定值不低于规定值减 2 个百分点的测点数计算合格率。

(3) $K < K_0$ 或某一单点压实度 $K_i$ 小于规定极值时，该评定路段压实度为不合格，相应分项工程评为不合格。

(4)路堤施工段落短时，分层压实度应全部符合要求，且样本数不少于 6 个。

8. 弯沉值评定

(1)弯沉代表值为弯沉测量值的上波动界限，用下式计算：

$$l_r = \bar{l} + Z_a \cdot S \tag{2-2-2}$$

式中 $l_r$——弯沉代表值，0.01 mm；

$\bar{l}$——实测弯沉的平均值；

$S$——标准差；

$Z_a$——与要求保证率有关的系数，其取值见表 2－2－12。

**表 2－2－12 $Z_a$ 值**

| 层 位 | $Z_a$ | |
|---|---|---|
| | 高速公路、一级公路 | 二、三级公路 |
| 沥青面层 | 1.645 | 1.5 |
| 路基 | 2.0 | 1.645 |

(2)当路基和柔性基层、底基层的弯沉代表值不符合要求时，可将超出 $\bar{l} \pm (2 \sim 3)S$ 的弯沉特异值舍弃，重新计算平均值和标准差。对舍弃的弯沉值大于 $\bar{l} + (2 \sim 3)S$ 的点，应找出其周围界限，进行局部处理。

用两台弯沉仪同时进行左右轮弯沉值测定时，应按两个独立测点计，不能采用左右两点的平均值。

(3)弯沉代表值大于设计要求的弯沉值时，相应分项工程为不合格。

(4)测定时的路表温度对沥青面层的弯沉值有明显影响，应进行温度修正。当沥青层厚度小于或等于 50 mm 时，或路表温度在 20 ℃ ±2 ℃范围内，可不进行温度修正。若在非不利季节测定时，应考虑季节影响系数。

(十)使用注意事项

1. 性质不同的填料，应水平分层、分段填筑，分层压实。同一水平层路基的全宽应采用同一种填料，不得混合填筑。每种填料的填筑层压实后的连续厚度不宜小于 500 mm。填筑路床顶最后一层时，压实后的厚度应不小于 100 mm。

2. 对潮湿或冻融敏感性小的填料，应填筑在路基上层。强度较小的填料应填筑在下层。在有地下水的路段或临水路基范围内，宜填筑透水性好的填料。

3. 在透水性不好的压实层上填筑透水性较好的填料前，应在其表面设 2% ~4% 的双向横坡，并采取相应的防水措施。不得在由透水性较好的填料所填筑的路堤边坡上覆盖透水性不好的填料。

4. 路堤填筑时，应从最低处起分层填筑，逐层压实；当原地面纵坡大于 12% 或横坡陡于 1∶5 时，应按设计要求挖台阶，或设置坡度向内并大于 4%、宽度大于 2 m 的台阶。

5. 填方分几个作业段施工时，接头部位如不能交替填筑，则先填路段应按 1∶1 坡度分层留台阶；如能交替填筑，则应分层相互交替搭接，搭接长度不小于2 m。

6. 选择施工机械，应考虑工程特点、土石种类及数量、地形、填挖高度、运距、气候条件、工期等因素，经济合理地确定。填方压实应配备专用碾压机具。

7. 填石路床、路堤施工前，应先修筑试验路段，确定松铺厚度、压实机械型号与组合、压实速度及压实遍数、沉降差等参数。

8. 二级及二级以上公路的填石路堤应分层填筑压实。二级以下砂石路面公路在陡峻山坡地段施工特别困难时，可采用倾填的方式将石料填筑于路堤下部，但在路床底面以下不小于1.0 m范围内仍应分层填筑压实。

9. 中硬、硬质石料填筑路堤时，应进行边坡码砌。码砌边坡的石料强度、尺寸及码砌厚度应符合设计要求。边坡码砌与路基填筑宜基本同步进行。

### 三、细粒土填料

(一)概述

粒径小于0.075 mm颗粒土含量不小于总土质量50%的土称细粒土。其中，粒径在0.002~0.075 mm之间的土属粉粒组，粒径小于0.002 mm的土属黏粒组。细粒土按其塑性指数和各粒组含量不同，可分为：高液限粉土、低液限粉土、高液限黏土、低液限黏土、含砾高液限粉土、含砾低液限粉土、含砾高液限黏土、含砾低液限黏土、含砂高液限粉土、含砂低液限粉土、含砂高液限黏土、含砂低液限黏土、有机质土、有机土等。

(二)执行标准

《公路路基施工技术规范》(JTG F10—2006)。

《公路工程质量检验评定标准　第一册　土建工程》(JTG F80/1—2004)。

(三)相关标准

《公路工程路基设计规范》(JTG D30—2004)。

(四)性能指标

1. 泥炭、淤泥、冻土、强膨胀土、有机质土及易溶盐超过允许含量的土等，不得直接用于填筑路基。粉质土不宜直接填筑于路床，冰冻地区的路床及浸水部分的路堤不应直接采用粉质土填筑。

2. 液限大于50%、塑性指数大于26、含水率不适宜直接压实的细粒土，不得直接作为路堤填料；需要使用时，必须采取技术措施进行处理，经检验满足设计要求后方可使用。

3. 浸水路堤应选用渗水性良好的材料填筑。当采用细砂、粉砂作填料时，应考虑振动液化的影响。

4. 高填方路堤填料宜优先采用强度高、水稳性好的材料，或采用轻质材料。受水淹、浸的部分，应采用水稳性和透水性均好的材料。

5. 桥涵台背和挡土墙墙背应优先选用渗水性良好的填料。在渗水材料缺乏的地区，采用细粒土填筑时，宜用石灰、水泥、粉煤灰等无机结合料进行处治。

6. 细粒土填筑时，土的含水率应接近最佳含水率。当含水率过高时，应采取晾晒或掺入石灰、水泥、粉煤灰等材料进行处治。

7. 半填半挖路基的填料应综合设计，当挖方区为土质时，应优先采用渗水性好的材料填筑，同时对挖方区路床0.80 m范围内土体进行超挖回填碾压，并在填挖交界处路床范围内铺设土工格栅；当挖方区为坚硬岩石时，宜采用填石路基。

8. 纵向填挖交界处应设置过渡段，土质地段过渡段宜采用级配较好的砾类土、砂类土、碎石填筑，岩石地段过渡段可采用填石路堤。

9. 路堤基底为红黏土时，应设置排水隔离垫层，厚度 0.3 ~ 0.5 m，采用渗水性良好的砂砾或碎石填筑，其顶面应设置反滤层。

10. 高速公路及一、二级公路路基填土高度小于路面与路床的总厚度，且基底为膨胀土时，宜挖除地表 0.30 ~ 0.60 m 的膨胀土，并将路床换填非膨胀土或掺灰处理。若为强膨胀土，挖除深度应达到大气影响深度。

11. 冻土路基填料设计应考虑冻结层上水的发育情况及填料的冻胀敏感性，有条件时应优先采用卵石土或碎石土作填料。严禁使用塑性指数大于 12、液限大于 32% 的细粒土和富含腐殖质的土及冻土。保温护道填料，应就地取材，采用泥炭、草皮、塔头草或细粒土。

12. 滨海路堤填料应选择渗水性好的材料，有困难时，可采用细粒土，并应采取适当的防护和加固措施。

13. 水库地区路基应采用压缩变形小、水稳性好的渗水性材料作填料。当渗水性材料较为缺乏时，路堤受库水位浸泡的部位宜用渗水性材料填筑，库水位以上的部位可用细粒土填筑。对于用细粒土填筑的路堤，当渗透速度和渗透压力较大而可能发生冲蚀时，除放缓边坡外，宜在低水位一侧设置排水设施。

14. 当采用细粒土填筑路堤时，路堤填料最小强度应符合表 2-2-13 的规定。

**表 2-2-13 路堤填料最小强度和压实度要求**

| 项目 | | 路面底面以下深度(m) | 填料最小强度(CBR)(%) | | | 压实度(%) | | |
|---|---|---|---|---|---|---|---|---|
| | | | 高速公路、一级公路 | 二级公路 | 三、四级公路 | 高速公路、一级公路 | 二级公路 | 三、四级公路 |
| 路床 | 上路床 | 0 ~ 0.3 | 8 | 6 | 5 | ≥96 | ≥95 | ≥94 |
| | 下路床 | 0.3 ~ 0.8 | 5 | 4 | 3 | ≥96 | ≥95 | ≥94 |
| 路堤 | 上路堤 | 0.8 ~ 1.5 | 4 | 3 | 3 | ≥94 | ≥94 | ≥93 |
| | 下路堤 | 1.5 以下 | 3 | 2 | 2 | ≥93 | ≥92 | ≥90 |

注：1. 表列压实度系按《公路土工试验规程》(JTG E40—2007)中重型击实试验法求得的最大干密度的压实度。
2. 当三、四级公路铺筑沥青混凝土和水泥混凝土路面时，其压实度应采用二级公路的规定值。
3. 路堤采用特殊填料或处于特殊气候地区时，压实度标准可根据试验路的状况在保证路基强度要求的前提下适当降低。
4. 特别干旱地区的压实度标准可降低 2% ~3%。
5. 当路基填料 CBR 值达不到表列要求时，可掺石灰或其他稳定材料处理。

15. 路堤填筑至设计标高并整修完成后，其施工质量应符合表 2-2-14 的规定。

**表 2-2-14 土质路堤施工质量标准**

| 序号 | 检查项目 | 允许偏差 | | |
|---|---|---|---|---|
| | | 高速公路、一级公路 | 二级公路 | 三、四级公路 |
| 1 | 路基压实度 | 符合规定 | 符合规定 | 符合规定 |
| 2 | 弯沉 | 不大于设计值 | 不大于设计值 | 不大于设计值 |
| 3 | 纵断高程(mm) | +10<br>-15 | +10<br>-20 | +10<br>-20 |
| 4 | 中线位移(mm) | 50 | 100 | 100 |

续上表

| 序号 | 检查项目 | 允许偏差 | | |
|---|---|---|---|---|
| | | 高速公路、一级公路 | 二级公路 | 三、四级公路 |
| 5 | 宽度 | 不小于设计值 | 不小于设计值 | 不小于设计值 |
| 6 | 平整度(mm) | 15 | 20 | 20 |
| 7 | 横坡(%) | ±0.3 | ±0.5 | ±0.5 |
| 8 | 边坡坡度 | 不陡于设计坡度 | 不陡于设计坡度 | 不陡于设计坡度 |

(五)验收批量

压实度应每一施工段的每一压实层验收一次,弯沉等其他指标应以每一施工段填筑至设计标高并整修完成后验收。

(六)取样方法

压实度、孔隙率用灌砂法、灌水(水袋)法检测时,取土样的底面位置为每一压实层底部;用环刀法试验时,环刀中部处于压实层厚的1/2深度;用核子仪试验时,应根据其类型,按说明书要求办理。弯沉值用贝克曼梁或自动弯沉仪测量。

(七)样品数量

压实度、孔隙率每1 000 $m^2$ 至少2点,不足1 000 $m^2$ 时检验2点;纵断高程每200 m测4断面;中线偏位每200 m测4点,弯道加HY、YH 2点;宽度每200 m测4处;平整度每200 m测2处×10尺;横坡每200 m测4断面;边坡坡度每200 m测4处。弯沉值每一双车道评定路段(不超过1 km)检查80~100个点,多车道公路必须按车道数与双车道之比,相应增加测点。

(八)检测项目

压实度、纵断高程、中线偏位、宽度、平整度、横坡、边坡坡度、弯沉。

(九)质量评定

参见本节第二部分第九项质量评定内容。

(十)使用注意事项

1. 性质不同的填料,应水平分层、分段填筑,分层压实。同一水平层路基的全宽应采用同一种填料,不得混合填筑。每种填料的填筑层压实后的连续厚度不宜小于500 mm。填筑路床顶最后一层时,压实后的厚度应不小于100 mm。

2. 对潮湿或冻融敏感性小的填料应填筑在路基上层。强度较小的填料应填筑在下层。在有地下水的路段或临水路基范围内,宜填筑透水性好的填料。

3. 在透水性不好的压实层上填筑透水性较好的填料前,应在其表面设2%~4%的双向横坡,并采取相应的防水措施。不得在由透水性较好的填料所填筑的路堤边坡上覆盖透水性不好的填料。

4. 路堤填筑时,应从最低处起分层填筑,逐层压实;当原地面纵坡大于12%或横坡陡于1:5时,应按设计要求挖台阶,或设置坡度向内并大于4%、宽度大于2 m的台阶。

5. 填方分几个作业段施工时,接头部位如不能交替填筑,则先填路段,应按1:1坡度分层留台阶;如能交替填筑,则应分层相互交替搭接,搭接长度不小于2 m。

6. 选择施工机械,应考虑工程特点、土石种类及数量、地形、填挖高度、运距、气候条件、工期等因素,经济合理地确定。填方压实应配备专用碾压机具。

## 四、特殊土填料

### (一)概述

1. 红黏土

红黏土是碳酸盐类岩石在温湿气候条件下经风化后形成的褐红色粉土或黏性土。红黏土的结构可根据其裂隙发育特征按表 2－2－15 分类。

**表 2－2－15　红黏土的结构分类**

| 土体结构 | 裂隙发育特征 | $S_t$ |
|---|---|---|
| 致密状结构 | 偶见裂隙(＜1 条/m) | ＞1.2 |
| 巨块状结构 | 较多裂隙(1～2 条/m) | 0.8～1.2 |
| 碎块状结构 | 富裂隙(＞5 条/m) | ＜0.8 |

注:$S_t$ 为红黏土的天然状态与保湿扰动状态土样的无侧限抗压强度之比。

红黏土的复浸水特性可按表 2－2－16 分类。

**表 2－2－16　红黏土的复浸水特性分类**

| 类　别 | $I_r$ 与 $I'_r$ 关系 | 复　浸　水　特　性 |
|---|---|---|
| Ⅰ | $I_r \geq I'_r$ | 收缩后复浸水膨胀,能恢复到原位 |
| Ⅱ | $I_r < I'_r$ | 收缩后复浸水膨胀,不能恢复到原位 |

注:$I_r = w_L / w_P$,$I'_r = 1.4 + 0.0066 w_L$;$w_L$ 为液限;$w_P$ 为塑限。

2. 膨胀土

膨胀土是含亲水性矿物并具有明显的吸水膨胀与失水收缩特性的高塑性黏土。它是一种以蒙脱石、伊利石或伊利石—蒙脱石为基本矿物成分的黏土。根据膨胀土的胀缩能力,把膨胀土分为三个等级:胀缩率大于 4% 的称为强膨胀土或者严重膨胀土;胀缩率 2% ～4% 的称为中等膨胀土;胀缩率小于 2% 的称为弱膨胀土。

3. 盐渍土

盐渍土是易溶盐含量大于规定值的土。盐渍土按含盐性质的不同,分为五类,见表 2－2－17。

**表 2－2－17　盐渍土按含盐性质分类**

| 盐渍土名称 | 离子含量比值 | |
|---|---|---|
| | $Cl^- / SO_4^{2-}$ | $CO_3^- + HCO_3^- / Cl^- + SO_4^{2-}$ |
| 氯盐渍土 | ＞2 | — |
| 亚氯盐渍土 | 1～2 | — |
| 亚硫酸盐渍土 | 0.3～＜1.0 | — |
| 硫酸盐渍土 | ＜0.3 | — |
| 碳酸盐渍土 | — | ＞0.3 |

注:离子含量以 1 kg 土中离子的毫摩尔数计(mmol/kg)。

盐渍土的盐渍化程度按表 2－2－18 进行分类。

**表 2-2-18　盐渍土按盐渍化程度分类**

| 盐渍土名称 | 细粒土<br>土层的平均含盐量(以质量百分数计) | | 粗粒土<br>通过 10 mm 筛孔土的平均含盐量(以质量百分数计) | |
|---|---|---|---|---|
| | 氯盐渍土及<br>亚氯盐渍土 | 硫酸盐渍土及<br>亚硫酸盐渍土 | 氯盐渍土及<br>亚氯盐渍土 | 硫酸盐渍土及<br>亚硫酸盐渍土 |
| 弱盐渍土 | 0.3~1.0 | 0.3~0.5 | 2.0~5.0 | 0.5~1.5 |
| 中盐渍土 | 1.0~5.0 | 0.5~2.0 | 5.0~8.0 | 1.5~3.0 |
| 强盐渍土 | 5.0~8.0 | 2.0~5.0 | 8.0~10.0 | 3.0~6.0 |
| 过盐渍土 | >8.0 | >5.0 | >10.0 | >6.0 |

注:离子含量以 100 g 干土内的含盐总量计。

4. 红黏土、膨胀土、盐渍土一般不得作为二级及二级以上公路路床、零填及挖方路基0~0.80 m 范围内的填料;不得作为三、四级公路上路床、零填及挖方路基 0~0.30 m 范围内的填料。

(二)执行标准

《公路路基施工技术规范》(JTG F10—2006)。

《公路工程质量检验评定标准　第一册　土建工程》(JTG F80/1—2004)。

(三)相关标准

《公路工程路基设计规范》(JTG D30—2004)。

(四)性能指标

1. 红黏土填料。

(1)红黏土作为路基填料时,其最小强度应满足表 2-2-3 的规定。当不能满足时,应进行处治。压缩系数大于 0.5 $MPa^{-1}$的红黏土不得用于填筑路堤。

(2)未经改性处理的红黏土填筑路堤高度不宜大于 10 m。

(3)高液限土不能直接作为路堤填料。当利用挖方路段高液限土填筑路堤时,应进行处治。

(4)在确定路堤填筑的最佳含水率和最大干密度时,宜采用湿土法重型击实试验。

2. 膨胀土填料。

(1)强膨胀土不应作为路堤填料。

(2)高速公路及一、二级公路采用中等膨胀土作为路堤填料时应经改性处理后方可填筑。弱膨胀土作为路堤填料时,若胀缩总率不超过 0.7%,可直接填筑,并采取防水、保温、封闭、坡面防护等措施;否则,应按公路等级、气候、水文特点、填土层位等具体情况,结合实践经验进行处治。

(3)膨胀土改性处理的掺灰最佳配比,以其掺灰后胀缩总率不超过 0.7% 为宜。

(4)若采用中等膨胀土作为路床填料,应经改性处理后方可填筑,改性后的胀缩总率不得超过 0.7%。胀缩总率不超过 0.7% 的弱膨胀土可直接填筑。

(5)膨胀土填筑的路基,应及时碾压密实。在确定路堤填筑的最佳含水率和最大干密度时,宜采用湿土法重型击实试验。

3. 盐渍土填料。

盐渍土填筑路堤的填料可用性,应视不同公路等级和路堤填筑部位以及当地气候特征、水文地质条件,按表 2-2-19 确定。当原有路基填料换填受到限制时,可在原填料中掺入加固剂处治。加固剂的类型、成分和掺入剂量可根据填料土质通过试验确定。

**表 2-2-19　盐渍土用作路基填料的可用性**

| 土类 | 公路等级 / 填土层位 | 高速公路、一级公路 | | | 二级公路 | | | 三、四级公路 | |
|---|---|---|---|---|---|---|---|---|---|
| | | 0~0.80 m | 0.80~1.50 m | 1.50 m 以下 | 0~0.80 m | 0.80~1.50 m | 1.50 m 以下 | 0~0.80 m | 0.80~1.50 m |
| 细粒土 | 弱盐渍土 | × | ○ | ○ | △ | ○ | ○ | ○ | ○ |
| | 中盐渍土 | × | × | ○ | △ | ○ | ○ | △ | ○ |
| | 强盐渍土 | × | × | △ | × | △ | △ | × | △ |
| | 过盐渍土 | × | × | × | × | × | △ | × | △ |
| 粗粒土 | 弱盐渍土 | × | △ | ○ | △ | ○ | ○ | △ | ○ |
| | 中盐渍土 | × | × | △ | × | △ | ○ | × | △ |
| | 强盐渍土 | × | × | × | × | × | △ | × | △ |
| | 过盐渍土 | × | × | × | × | × | △ | × | × |

注：表中“○”——“可用”；“△”——部分可用；“×”——不可用。

4. 液限大于 50%、塑性指数大于 26、含水率不适宜直接压实的细粒土，不得直接作为路堤填料；需要使用时，必须采取技术措施进行处理，经检验满足设计要求后方可使用。

5. 土的含水率应接近最佳含水率，当含水率过高时，应采取晾晒或掺入石灰、水泥、粉煤灰等材料进行处治。

6. 路堤基底为红黏土时，应设置排水隔离垫层，厚度 0.3~0.5 m，采用渗水性良好的砂砾或碎石填筑，其顶面应设置反滤层。

7. 高速公路及一、二级公路路基填土高度小于路面与路床的总厚度时，基底为膨胀土时，宜挖除地表 0.30~0.60 m 的膨胀土，并将路床换填非膨胀土或掺灰处理。若为强膨胀土，挖除深度应达到大气影响深度。

8. 冻土路基填料设计应考虑冻结层上水的发育情况及填料的冻胀敏感性，有条件时应优先采用卵石土或碎石土作填料。严禁使用塑性指数大于 12、液限大于 32% 的细粒土和富含腐殖质的土及冻土。保温护道填料，应就地取材，采用泥炭、草皮、塔头草或细粒土。

9. 水库地区路基应采用压缩变形小、水稳性好的渗水性材料作填料。当渗水性材料较为缺乏时，路堤受库水位浸泡的部位宜用渗水性材料填筑，库水位以上的部位可用细粒土填筑。对于用细粒土填筑的路堤，当渗透速度和渗透压力较大而可能发生冲蚀时，除放缓边坡外，宜在低水位一侧设置排水设施。

10. 直接用作路堤填料的特殊土填料最小强度、压实度应符合表 2-2-20 的规定。经改性后的特殊土填料填筑的路基最小强度和压实度应符合细粒土填料最小强度和压实度要求（表 2-2-3）。

**表 2-2-20　路堤填料最小强度和压实度要求**

| 项目 | | 路面底面以下深度（m） | 填料最小强度（CBR）（%） | | | 压实度（%） | | |
|---|---|---|---|---|---|---|---|---|
| | | | 高速公路、一级公路 | 二级公路 | 三、四级公路 | 高速公路、一级公路 | 二级公路 | 三、四级公路 |
| 路床 | 上路床 | 0~0.3 | — | — | — | — | — | — |
| | 下路床 | 0.3~0.8 | — | — | 3 | — | — | ≥94 |

续上表

| 项　目 | | 路面底面以下深度(m) | 填料最小强度(CBR)(%) | | | 压　实　度(%) | | |
|---|---|---|---|---|---|---|---|---|
| | | | 高速公路、一级公路 | 二级公路 | 三、四级公路 | 高速公路、一级公路 | 二级公路 | 三、四级公路 |
| 路堤 | 上路堤 | 0.8~1.5 | 4 | 3 | 3 | ≥94 | ≥94 | ≥93 |
| | 下路堤 | 1.5 以下 | 3 | 2 | 2 | ≥94 | ≥94 | ≥93 |

注:1. 表列压实度系按《公路土工试验规程》(JTG E40—2007)中重型击实试验法求得的最大干密度的压实度。

2. 当三、四级公路铺筑沥青混凝土和水泥混凝土路面时,其压实度应采用二级公路的规定值。

3. 路堤采用特殊填料或处于特殊气候地区时,压实度标准可根据试验路的状况在保证路基强度要求的前提下适当降低。

4. 特别干旱地区的压实度标准可降低 2% ~3% 。

5. 当路基填料 CBR 值达不到表列要求时,可掺石灰或其他稳定材料处理。

11. 路堤填筑至设计标高并整修完成后,其施工质量应符合表 2-2-21 的规定。

**表 2-2-21　土质路堤施工质量标准**

| 序　号 | 检　查　项　目 | 允　许　偏　差 | | |
|---|---|---|---|---|
| | | 高速公路、一级公路 | 二级公路 | 三、四级公路 |
| 1 | 路基压实度 | 符合规定 | 符合规定 | 符合规定 |
| 2 | 弯沉 | 不大于设计值 | 不大于设计值 | 不大于设计值 |
| 3 | 纵断高程(mm) | +10<br>-15 | +10<br>-20 | +10<br>-20 |
| 4 | 中线位移(mm) | 50 | 100 | 100 |
| 5 | 宽度 | 不小于设计值 | 不小于设计值 | 不小于设计值 |
| 6 | 平整度(mm) | 15 | 20 | 20 |
| 7 | 横坡(%) | ±0.3 | ±0.5 | ±0.5 |
| 8 | 边坡坡度 | 不陡于设计坡度 | 不陡于设计坡度 | 不陡于设计坡度 |

(五)验收批量

压实度应每一施工段的每一压实层验收一次,弯沉等其他指标应以每一施工段填筑至设计标高并整修完成后验收。

对盐渍土填料的含盐量及其均匀性应加强施工控制检测,路床以下每 1 000 $m^3$填料、路床部分每 500 $m^3$填料应至少作一组测试,每组 3 个土样,填方不足上列数量时,亦应做一组试件。

(六)取样方法

压实度、孔隙率用灌砂法、灌水(水袋)法检测时,取土样的底面位置为每一压实层底部;用环刀法试验时,环刀中部处于压实层厚的 1/2 深度;用核子仪试验时,应根据其类型,按说明书要求办理。弯沉值用贝克曼梁或自动弯沉仪测量。

(七)样品数量

压实度、孔隙率每 1 000 $m^2$ 至少 2 点,不足 1 000 $m^2$ 时检验 2 点;纵断高程每 200 m 测 4 断面;中线偏位每 200 m 测 4 点,弯道加 HY、YH 2 点;宽度每 200 m 测 4 处;平整度每 200 m 测 2 处 ×10 尺;横坡每 200 m 测 4 断面;边坡坡度每 200 m 测 4 处。弯沉值每一双车道评定路段(不超过 1 km)检查 80 ~100 个点,多车道公路必须按车道数与双车道之比,相应增加测点。

(八)检测项目

压实度、纵断高程、中线偏位、宽度、平整度、横坡、边坡坡度、弯沉。

(九)质量评定

参见本节第二部分第九项质量评定内容。

(十)使用注意事项

1. 性质不同的填料,应水平分层、分段填筑,分层压实。同一水平层路基的全宽应采用同一种填料,不得混合填筑。每种填料的填筑层压实后的连续厚度不宜小于500 mm。填筑路床顶最后一层时,压实后的厚度应不小于100 mm。

2. 对潮湿或冻融敏感性小的填料,应填筑在路基上层。强度较小的填料应填筑在下层。在有地下水的路段或临水路基范围内,宜填筑透水性好的填料。

3. 在透水性不好的压实层上填筑透水性较好的填料前,应在其表面设2% ~4% 的双向横坡,并采取相应的防水措施。不得在由透水性较好的填料所填筑的路堤边坡上覆盖透水性不好的填料。

4. 路堤填筑时,应从最低处起分层填筑,逐层压实;当原地面纵坡大于12% 或横坡陡于1:5 时,应按设计要求挖台阶,或设置坡度向内并大于4% 、宽度大于2 m 的台阶。

5. 填方分几个作业段施工时,接头部位如不能交替填筑,则先填路段应按 1:1 坡度分层留台阶;如能交替填筑,则应分层相互交替搭接,搭接长度不小于2 m。

6. 选择施工机械,应考虑工程特点、土石种类及数量、地形、填挖高度、运距、气候条件、工期等因素,经济合理地确定。填方压实应配备专用碾压机具。

7. 特殊土路基应尽量避免雨季施工。雨季施工时,应防止松土被雨淋湿。施工中应保持作业面横坡不小于3% 。雨后作业面,应经晾干且重新压实合格后方可进行下道工序的施工。

8. 膨胀土路基填筑松铺厚度不得大于300 mm;土块粒径应小于37.5 mm。

9. 盐渍土路堤应分层填筑、分层压实,每层松铺厚度不宜大于200 mm,砂类土松铺厚度不宜大于300 mm。碾压时应严格控制含水率,碾压含水率不宜大于最佳含水率1 个百分点。雨天不得施工。

**五、粉煤灰填料**

(一)概述

粉煤灰路堤是指全部采用粉煤灰(纯灰)或部分采用粉煤灰(灰土间隔)填筑的公路路堤。用粉煤灰修筑公路路堤,应采取相应的技术措施,做好断面设计、结构设计和排水设计,保证粉煤灰路堤有足够的强度和稳定性。

(二)执行标准

《公路路基施工技术规范》(JTG F10—2006)。

《公路工程质量检验评定标准 第一册 土建工程》(JTG F80/1—2004)。

(三)相关标准

《公路工程路基设计规范》(JTG D30—2004)。

(四)性能指标

1. 用于高速公路、一级公路路堤的粉煤灰烧失量宜小于20% ,烧失量超过标准的粉煤灰应作对比试验,分析论证后采用。

2. 粉煤灰的粒径宜在 0.001～1.18 mm 之间，小于 0.075 mm 的颗粒含量宜大于 45%。粉煤灰中不得含团块、腐殖质及其他杂质。

3. 粉煤灰使用前必须选择有代表性的试样进行击实试验，确定最大干密度和最佳含水率。

4. 粉煤灰路堤上路床范围应采用土质填筑，也可与路面结构层相结合，采用石灰土、二灰土等路面底基层材料作封顶层。

5. 粉煤灰路堤底部应离开地下水位或地表长期积水位 500 mm 以上，否则应设置隔离层。隔离层厚度不宜小于 300 mm，隔离层横坡不宜小于 3%。

6. 包边土和顶面封层的填料，宜采用塑性指数不小于 12 的黏性土。隔离层和土质护坡中的盲沟所用砂砾料、矿渣料等，最大粒径应小于 75 mm，4.75 mm 以下细料含量小于 50%，含泥量小于 5%。

7. 粉煤灰路堤压实度标准应符合表 2－2－22 的规定。

**表 2－2－22　粉煤灰路堤压实度要求**

| 项　目 | | 路面底面以下深度(m) | 压　实　度(%) | |
|---|---|---|---|---|
| | | | 二级及二级以上公路 | 其他公路 |
| 路床 | 上路床 | 0～0.3 | ≥95 | ≥93 |
| | 下路床 | 0.3～0.8 | ≥93 | ≥90 |
| 路堤 | 上路堤 | 0.8～1.5 | ≥92 | ≥87 |
| | 下路堤 | 1.5 以下 | ≥90 | ≥87 |

注：1. 表列压实度系按《公路土工试验规程》(JTG E40—2007)中重型击实试验法求得的最大干密度的压实度。
2. 特别干旱地区的压实度标准可降低 2%～3%。

8. 路堤填筑至设计标高并整修完成后，其施工质量应符合表 2－2－23 的规定。

**表 2－2－23　土质路堤施工质量标准**

| 序　号 | 检　查　项　目 | 允　许　偏　差 | | |
|---|---|---|---|---|
| | | 高速公路、一级公路 | 二级公路 | 三、四级公路 |
| 1 | 路基压实度 | 符合规定 | 符合规定 | 符合规定 |
| 2 | 弯沉 | 不大于设计值 | 不大于设计值 | 不大于设计值 |
| 3 | 纵断高程(mm) | +10<br>－15 | +10<br>－20 | +10<br>－20 |
| 4 | 中线位移(mm) | 50 | 100 | 100 |
| 5 | 宽度 | 不小于设计值 | 不小于设计值 | 不小于设计值 |
| 6 | 平整度(mm) | 15 | 20 | 20 |
| 7 | 横坡(%) | ±0.3 | ±0.5 | ±0.5 |
| 8 | 边坡坡度 | 不陡于设计坡度 | 不陡于设计坡度 | 不陡于设计坡度 |

（五）验收批量

压实度应每一施工段的每一压实层验收一次，弯沉等其他指标应以每一施工段填筑至设计标高并整修完成后验收。

（六）取样方法

压实度、孔隙率用灌砂法、灌水（水袋）法检测时，取土样的底面位置为每一压实层底部；用环刀法试验时，环刀中部处于压实层厚的1/2深度；用核子仪试验时，应根据其类型，按说明书要求办理。弯沉值用贝克曼梁或自动弯沉仪测量。

（七）样品数量

压实度、孔隙率每1 000 $m^2$ 至少2点，不足1 000 $m^2$ 时检验2点；纵断高程每200 m测4断面；中线偏位每200 m测4点，弯道加HY、YH 2点；宽度每200 m测4处；平整度每200 m测2处×10尺；横坡每200 m测4断面；边坡坡度每200 m测4处。弯沉值每一双车道评定路段（不超过1 km）检查80～100个点，多车道公路必须按车道数与双车道之比，相应增加测点。

（八）检测项目

压实度、纵断高程、中线偏位、宽度、平整度、横坡、边坡坡度、弯沉。

（九）质量评定

参见本节第二部分第九项质量评定内容。

（十）使用注意事项

1. 施工前应铺筑试验路段。

2. 储运粉煤灰应符合下列规定：

(1)调节粉煤灰含水率宜在储灰场或灰池中进行。

(2)粉煤灰运输、装卸、堆放，应采取有效措施防止扬尘、流失与污染环境。

(3)储灰场地应排水通畅，地面应硬化。大的储灰场宜设置雨水沉淀池。堆场应安装洒水设备，防止干灰飞扬。

(4)颗粒组成、最大干密度和最佳含水率有显著差别的灰源应分别堆放，分段填筑。

3. 温度在0℃以上方可施工，并避开大风季节。粉煤灰路堤的压实应遵循先轻后重、先低后高的原则。

4. 按设计要求铺筑隔离层，隔离层界面的路拱横坡应与路堤同坡。

5. 粉煤灰路堤应采用水平分层填筑施工。当分成不同作业段填筑时，先填地段应分层预留台阶，每个压实层应相互重叠搭接，搭接长度宜大于1.5 m，相邻作业段接头范围内的压实度应达到规定要求。

6. 土质包边土应与粉煤灰填筑同步进行。土质护坡铺筑宽度应保证削坡后的净宽满足设计要求，同时应按设计要求做好土质护坡的排水盲沟，底层盲沟标高应避免地表水倒灌。

7. 粉煤灰摊铺后必须及时碾压，做到当天摊铺、当天碾压完毕。施工过程中，应及时洒水，防止干灰飞扬。暂时不能及时铺筑上层粉煤灰，除特殊情况外，禁止车辆通行，并洒水润湿，防止表面干燥松散。施工间隔较长时，应在路堤顶面覆盖适当厚度的封闭土层，并压实。横坡宜稍大于路拱。

8. 铺筑上层时，宜采取洒水润湿、控制卸料车行驶路线、速度、调头、急刹车等措施，防止压实层松散。

9. 当铺筑至粉煤灰路堤顶层时，宜及时按设计要求做封闭层。

10. 应按设计要求做好粉煤灰与混凝土结构、金属结构物等接触界面的防护。

# 第三节　土工合成材料

土工合成材料是用于岩土工程和土木工程等工程建设用聚合物材料或聚合物工程材料的总称,包括土工织物、土工膜、土工复合材料、土工特种材料等。它以人工合成的聚合物,如塑料、化纤、合成橡胶等为原料,制成各种类型的产品,置于土体内部,表面或各层土体之间,发挥加强或保护土体的作用。使用土工合成材料的最显著的目的是使工程项目更加安全可靠,节省工程成本。

## 一、短纤针刺非织造土工布

(一)概述

土工合成材料是指用于岩土工程和土木工程的聚合物材料或聚合物工程材料,广泛应用于水利、堤坝、筑路、机场、建筑、环保等许多领域。短纤针刺非织造土工布是土工合成材料中的主要产品之一,是由合成短纤维为原料,干法成网经针刺加固而成的。在工程中可起过滤、排水、隔离、防护、加强等作用。

短纤针刺非织造土工布按原料分为涤纶、丙纶、维纶、乙纶等针刺非织造土工布;按结构分为普通型和复合型等。

短纤针刺非织造土工布的品种由生产部门根据市场需求设计。

产品主要规格以单位面积质量和幅宽表示,推荐系列如下。

单位面积质量($g/m^2$):100、150、200、250、300、350、400、450、500、600、800 等。

幅宽(m):2.0、2.5、3.0、3.5、4.0、4.5、5.0、5.5、6.0 等。

特殊需要可根据要求设计。

(二)执行标准

《土工合成材料　短丝针刺非织造土工布》(GB/T 17638—1998)。

(三)相关标准

《纺织品织物拉伸性能　第 1 部分:断裂强力和断裂伸长率的测定　条样法》(GB/T 3923.1—1997)。

《纺织品织物长度和幅宽的测定》(GB/T 4666—2009)。

《土工合成材料　取样和试样准备》(GB/T 13760—2009)。

《土工合成材料　规定压力下厚度的测定　第 1 部分:单层产品厚度的测定方法》(GB/T 13761.1—2009)。

《土工合成材料　土工布及土工布有关产品单位面积质量的测定方法》(GB/T 13762—2009)。

《土工合成材料　梯形法撕破强力的测定》(GB/T 13763—2010)。

《土工布及其有关产品　有效孔径测定　干筛法》(GB/T 14799—2005)。

《土工合成材料　静态顶破试验(CBR 法)》(GB/T 14800—2010)。

《土工布及其有关产品　宽条拉伸试验》(GB/T 15788—2005)。

《土工布及其有关产品　无负荷时垂直渗透特性的测定》(GB/T 15789—2005)。

《土工布　接头/接缝宽条拉伸试验方法》(GB/T 16989—1997)。

《土工布及其有关产品　动态穿孔试验　落锥法》(GB/T 17630—1998)。

《土工布及其有关产品　抗氧化性能的试验方法》(GB/T 17631—1998)。

《土工布及其有关产品　抗酸、碱液性能的试验方法》(GB/T 17632—1998)。

《土工布及其有关产品　平面内水流量的测定》(GB/T 17633—1998)。

《土工布及其有关产品　有效孔径的测定　湿筛法》(GB/T 17634—1998)。

《土工布及其有关产品　摩擦特性的测定　第1部分:直接剪切试验》(GB/T 17635.1—1998)。

《土工布及其有关产品　抗磨损性能的测定　砂布/滑块法》(GB/T 17636—1998)。

《土工布及其有关产品　拉伸蠕变和拉伸蠕变断裂性能的测定》(GB/T 17637—1998)。

(四)性能指标

短纤针刺非织造土工布的技术要求分为内在质量和外观质量。内在质量分为基本项和选择项。基本项包含的项目都是考核项;选择项包含的项目为可选项,可根据合同需要商定,但一经选定,则也成为考核项,不得随意更改。

1. 基本项的要求见表2-3-1。其标准值为生产控制性指标,对于合同另有要求的,则以合同规定作为考核指标。

**表2-3-1　基本项技术要求**

| 序号 | 项目＼指标＼规格 | 100 | 150 | 200 | 250 | 300 | 350 | 400 | 450 | 500 | 600 | 800 | 备注 |
|---|---|---|---|---|---|---|---|---|---|---|---|---|---|
| 1 | 单位面积质量偏差(%) | -8 | -8 | -8 | -8 | -7 | -7 | -7 | -7 | -6 | -6 | -6 | — |
| 2 | 厚度(mm),≥ | 0.9 | 1.3 | 1.7 | 2.1 | 2.4 | 2.7 | 3.0 | 3.3 | 3.6 | 4.1 | 5.0 | — |
| 3 | 幅宽偏差(%) | -0.5 | | | | | | | | | | | — |
| 4 | 断裂强力(kN/m),≥ | 2.5 | 4.5 | 6.5 | 8.0 | 9.5 | 11.0 | 12.5 | 14.0 | 16.0 | 19.0 | 25.0 | 纵横向 |
| 5 | 断裂伸长率(%) | 25~100 | | | | | | | | | | | |
| 6 | CBR顶破强力(kN),≥ | 0.3 | 0.6 | 0.9 | 1.2 | 1.5 | 1.8 | 2.1 | 2.4 | 2.7 | 3.2 | 4.0 | — |
| 7 | 等效孔径$O_{90}(O_{95})$(mm) | 0.07~0.2 | | | | | | | | | | | — |
| 8 | 垂直渗透系数(cm/s) | $K\times(10^{-1}\sim10^{-2})$,$K=1.0\sim9.9$ | | | | | | | | | | | — |
| 9 | 撕破强力(kN),≥ | 0.08 | 0.12 | 0.16 | 0.20 | 0.24 | 0.28 | 0.33 | 0.38 | 0.42 | 0.46 | 0.60 | — |

注:1. 规格按单位面积质量。实际规格介于表中相邻规格之间,按内插法计算相应考核指标,超出表中范围时,考核指标由供需双方协商确定。

2. 幅宽标准值按设计或协议确定。

3. 撕破强力为参考指标,作为生产内部控制,用户有要求的按实际设计值考核。

2. 选择项包括动态穿孔(mm)、刺破强力(N)、纵横向强力比、拼接强度、平面内水流量($m^2/s$)、湿筛孔径(mm)、摩擦系数、抗紫外线性能、抗酸碱性能、抗氧化性能、抗磨损性能、蠕变性能等。选择项的标准值由供需合同规定。当需方要求的某些指标不能同时满足时,可由供需双方协商,以满足工程应用中的主要指标为原则,并兼顾其他指标。

3. 外观质量:外观疵点分为轻缺陷和重缺陷,评定要求见表2-3-2。

表 2-3-2　外观疵点的评定

| 序　号 | 疵点名称 | 轻 缺 陷 | 重 缺 陷 | 备　注 |
|---|---|---|---|---|
| 1 | 布面不匀、折痕 | 轻微 | 严重 | — |
| 2 | 杂物 | 软质,粗≤5 mm | 硬质;软质,粗 >5 mm | — |
| 3 | 边不良 | ≤300 cm 时,每 50 cm 计一处 | >300 cm | — |
| 4 | 破损 | ≤0.5 cm | >0.5 cm;破洞 | 以疵点最大长度计 |
| 5 | 其他 | 参照相似疵点评定 | | — |

(五)验收批量

工厂内部检验以同一班次生产的同一规格的产品为一批,批量较小时可累计 100 卷为一批,但一周产量仍不满 100 卷时,则以一周内产量为一批;交付验收的产品应以同一品种、同一规格、同一工艺的一个交货批划分检验批。

(六)取样方法

内在质量的测定以批为单位,每批产品随机抽取 2% ~3% ,但不少于 2 卷,采样及试验准备按 GB/T 13760—2009 进行。卷装的头两层不应取做样品。在卷装上沿着垂直于机器方向(生产方向即卷装长度方向)的整个宽度方向裁取样品,样品要足够长,以获得所要求的试样数量。用于每次试验的试样,应从样品中长度和宽度方向上均匀地裁取,且距样品边缘至少 100 mm 。测试前,应将试样保存在干燥、干净、避光处,防止受到化学物品浸蚀和机械损伤。

(七)样品数量

厚度试样长度1 m,所需试样数量 10 个;单位面积质量试样长度 1 m,所需试样数量 10 个;拉伸性能试样长度 2 m,所需试样数量 10 个;抗静态顶破性能试样长度 2 m,所需试样数量 10 个;特征孔径试样长度 2 m,所需试样数量 5 个;垂直渗透系数试样长度 1 m,所需试样数量 5 个;平面渗流量试样长度 1 m,所需试样数量 6 个;抗氧化性能试样长度 3 m,所需试样数量 12 个。

(八)检测项目

外观质量、单位面积质量、厚度、幅度、断裂强力、断裂延伸率。

(九)质量评定

1. 短纤针刺非织造土工布的质量以卷(段)为单位评定,内在质量和外观质量均达要求的为合格,否则为不合格。

2. 内在质量指标分批试验,按批评定。基本项和选择项中的选定项全部达到要求的,内在质量为合格,否则为不合格。

3. 在一卷土工布上不允许存在重缺陷,轻缺陷每 200 $m^2$ 应不超过 5 个,否则外观质量为不合格。

4. 复检规定。

(1)交付验收、质量鉴定、质量仲裁、质量抽查等检验按复验规定,但双方另有协议的不受此限。

(2)产品交货后,收货方应立即验收,如验收发现问题,应在双方规定的期限内(一般为 1

个月)向生产厂提出复验,如逾期不验收或没有提出复验要求时,应立即按付货方检验结果收货。

(3)对验收结果有异议时,双方可会同复验或提请双方同意的仲裁检验机构进行检验,复验结果即为最终结果。复验费用由责任方承担。

(4)内在质量的复验,抽取检验批批量的1% ~2% 作为检验样品,但不少于3卷。检验结果按相关质量指标规定,如经检验发现问题,可重新在该批产品中抽取相同数量样品,对不合格项进行复验,并以全部抽取样品的检验结果平均值作为复验结果。复验一次为准,复验合格者作全批合格,否则作全批不合格处理。

(5)外观质量的复验,抽取检验批批量的5% ~10% 作为检验样品,但不少于10卷,每卷产品的评定按相关指标要求进行,所检验产品不合格品率在10% 以内,作全批合格,但实际查出的不合格品由生产厂负责调换;当不合格品率超过10% 时,该批产品作不合格或退货处理。

(十)使用注意事项

1. 产品在运输、储存中不得沾污、雨淋、破损,不得长期曝晒和直立。

2. 产品应放置在干燥处,周围不得有酸、碱等腐蚀性介质,注意防潮、防火。

## 二、长丝纺粘针刺非织造土工布

(一)概述

长丝纺粘针刺非织造土工布按纤维种类分为涤纶、丙纶、锦纶、乙纶等长丝纺粘针刺非织造土工布,按结构分为普通型和复合型。长丝纺粘针刺非织造土工布的规格以标称断裂强度表示,幅宽和单位面积为辅助规格,按合同规定和实际需要设计。产品规格推荐系列:标称断裂强度(kN/m)为4.5、7.5、10、15、20、25、30、40、50等。

(二)执行标准

《土工合成材料　长丝纺粘针刺非织造土工布》(GB/T 17639—2009)。

(三)相关标准

《纺织品织物长度和幅宽的测定》(GB/T 4666—2009)。

《土工合成材料取样和试样准备》(GB/T 13760—2009)。

《土工合成材料　规定压力下厚度的测定　第1部分:单层产品厚度的测定方法》(GB/T 13761.1—2009)。

《土工合成材料　土工布及土工布有关产品单位面积质量的测定方法》(GB/T 13762—2009)。

《土工合成材料　梯形法撕破强力的测定》(GB/T 13763—2010)。

《土工布及其有关产品　有效孔径测定　干筛法》(GB/T 14799—2005)。

《土工合成材料　静态顶破试验(CBR法)》(GB/T 14800—2010)。

《土工布及其有关产品　宽条拉伸试验》(GB/T 15788—2005)。

《土工布及其有关产品　无负荷时垂直渗透特性的测定》(GB/T 15789—2005)。

《土工布　接头/接缝宽条拉伸试验方法》(GB/T 16989—1997)。

《土工布及其有关产品　动态穿孔试验　落锥法》(GB/T 17630—1998)。

《土工布及其有关产品　抗氧化性能的试验方法》(GB/T 17631—1998)。

《土工布及其有关产品　抗酸、碱液性能的试验方法》(GB/T 17632—1998)。

《土工布及其有关产品　平面内水流量的测定》(GB/T 17633—1998)。

《土工布及其有关产品　有效孔径的测定　湿筛法》(GB/T 17634—1998)。

《土工布及其有关产品　摩擦特性的测定　第1部分:直接剪切试验》(GB/T 17635.1—1998)。

《土工布及其有关产品　抗磨损性能的测定　砂布/滑块法》(GB/T 17636—1998)。

《土工布及其有关产品　拉伸蠕变和拉伸蠕变断裂性能的测定》(GB/T 17637—1998)。

《土工布及其有关产品　刺破强力的测定》(GB/T 19978—2005)。

(四)性能指标

长丝纺粘针刺非织造土工布的技术要求分为内在质量和外观质量。内在质量分为基本项和选择项。

1. 基本项的要求见表2-3-3。其中第1项至第6项为考核项,第7项至第9项为参考项。

**表2-3-3　基本项技术要求**

| 序号 | 项　目 | 指　　标 | | | | | | | | |
|---|---|---|---|---|---|---|---|---|---|---|
| | 标称断裂强度(kN/m) | 4.5 | 7.5 | 10 | 15 | 20 | 25 | 30 | 40 | 50 |
| 1 | 纵横向断裂强度(kN/m),≥ | 4.5 | 7.5 | 10.0 | 15.0 | 20.0 | 25.0 | 30.0 | 40.0 | 50.0 |
| 2 | 纵横向标准强度对应伸长率(%) | 40~80 | | | | | | | | |
| 3 | CBR顶破强力(kN),≥ | 0.8 | 1.6 | 1.9 | 2.9 | 3.9 | 5.3 | 6.4 | 7.9 | 8.5 |
| 4 | 纵横向撕破强力(kN),≥ | 0.14 | 0.21 | 0.28 | 0.42 | 0.56 | 0.70 | 0.82 | 1.10 | 1.25 |
| 5 | 等效孔径 $O_{90}(O_{95})$(mm) | 0.05~0.20 | | | | | | | | |
| 6 | 垂直渗透系数(cm/s) | $K\times(10^{-1}\sim10^{-3})$,$K=1.0\sim9.9$ | | | | | | | | |
| 7 | 厚度(mm),≥ | 0.8 | 1.2 | 1.6 | 2.2 | 2.8 | 3.4 | 4.2 | 5.5 | 6.8 |
| 8 | 幅宽偏差(%) | -0.05 | | | | | | | | |
| 9 | 单位面积质量偏差(%) | -5 | | | | | | | | |

注:1. 规格按单位面积质量。实际规格介于表中相邻规格之间,按内插法计算相应考核指标,超出表中范围时,考核指标由供需双方协商确定。

2. 第8、9项标准值按设计或协议确定。

3. 实际断裂强度低于标准强度时,标准强度对应伸长率不作符合性判定。

2. 选择项包括动态穿孔(mm)、刺破强力(N)、纵横向强力比、拼接强度、平面内水流量($m^2$/s)、湿筛孔径(mm)、摩擦系数、抗紫外线性能、抗酸碱性能、抗氧化性能、抗磨损性能、蠕变性能、定伸长负荷、定负荷伸长率和断裂伸长率等。选择项的标准值由供需合同规定。当需方要求的某些指标不能同时满足时,可由供需双方协商,以满足工程应用中的主要指标为原则,并兼顾其他指标。

3. 外观质量:外观疵点分为轻缺陷和重缺陷,评定要求见表2-3-4。每一种产品上不允许存在重缺陷,轻缺陷每200 $m^2$应不超过5个。

**表2-3-4 外观疵点的评定**

| 序 号 | 疵点名称 | 轻 缺 陷 | 重 缺 陷 | 备 注 |
|---|---|---|---|---|
| 1 | 杂物 | 软质,粗≤5 mm | 硬质;软质,粗>5 mm | — |
| 2 | 边不良 | ≤300 cm时,每50 cm计一处 | >300 cm | — |
| 3 | 破损 | ≤0.5 cm | >0.5 cm;破洞 | 以疵点最大长度计 |
| 4 | 其他 | 参照相似疵点评定 | | — |

(五)验收批量

按交货批号的同一品种、同一规格的产品作为检验批。

(六)取样方法

从一批产品中抽取一定数量的卷数,当一批的卷数不大于50卷时至少抽2卷,大于50卷时至少抽3卷。样品的抽取和试样的准备按GB/T 13760—2009执行。卷装的头两层不应取做样品。在卷装上沿着垂直于机器方向(生产方向即卷装长度方向)的整个宽度方向裁取样品,样品要足够长,以获得所要求的试样数量。用于每次试验的试样,应从样品中长度和宽度方向上均匀地裁取,且距样品边缘至少100 mm 。测试前,应将试样保存在干燥、干净、避光处,防止受到化学物品浸蚀和机械损伤。

(七)样品数量

厚度试样长度1 m,所需试样数量10个;单位面积质量试样长度1 m,所需试样数量10个;拉伸性能试样长度2 m,所需试样数量10个;抗静态顶破性能试样长度2 m,所需试样数量10个;特征孔径试样长度2 m,所需试样数量5个;垂直渗透系数试样长度1 m,所需试样数量5个;平面渗流量试样长度1 m,所需试样数量6个;抗氧化性能试样长度3 m,所需试样数量12个。

(八)检测项目

纵横向断裂强度、纵横向标准强度对应伸长率、CBR顶破强力、纵横向撕破强力、等效孔径、垂直渗透系数、外观质量。

(九)质量评定

1. 内在质量的判定:内在质量的测定应从批样的每一卷中距头端至少3 m随机剪取一个样品,以所有样品的平均结果表示批的内在质量。符合相关技术指标要求判为内在质量合格。

2. 外观质量的判定:外观质量检验按技术指标要求对抽取的每卷产品进行评定,如果所有卷均符合指标要求,则为外观质量合格。如有不合格卷时,再重新取样进行复验。若复验卷均符合指标要求,则该批产品外观质量合格;如果复验结果仍有不合格卷,则该批产品外观质量不合格。

3. 内在质量和外观质量均合格时判定该批产品合格。

(十)使用注意事项

1. 产品在运输、储存中不得沾污、雨淋、破损,不得长期曝晒和直立。

2. 产品应放置在干燥处,周围不得有酸、碱等腐蚀性介质,注意防潮、防火。

## 三、长丝机织土工布

(一)概述

长丝机织土工布按纤维品种分为涤纶、丙纶等长丝机织土工布,按用途分为模袋布、反滤布、复合用基布等。长丝机织土工布的规格以经向断裂强度表示,幅宽和单位面积为辅助规格,按合同规定和实际需要设计。产品规格推荐系列如下。

经向标称断裂强度(kN/m):35、50、65、80、100、120、140、160、180、200、250 等。

(二)执行标准

《土工合成材料　长丝机织土工布》(GB/T 17640—2008)。

(三)相关标准

《纺织品　织物长度和幅宽的测定》(GB/T 4666—2009)。

《土工合成材料　取样和试样准备》(GB/T 13760—2009)。

《土工合成材料　规定压力下厚度的测定　第 1 部分:单层产品厚度的测定方法》(GB/T 13761.1—2009)。

《土工合成材料　土工布及土工布有关产品单位面积质量的测定方法》(GB/T 13762—2009)。

《土工合成材料　梯形法撕破强力的测定》(GB/T 13763—2010)。

《土工布及其有关产品　有效孔径测定　干筛法》(GB/T 14799—2005)。

《土工合成材料　静态顶破试验(CBR 法)》(GB/T 14800—2010)。

《土工布及其有关产品　宽条拉伸试验》(GB/T 15788—2005)。

《土工布及其有关产品　无负荷时垂直渗透特性的测定》(GB/T 15789—2005)。

《土工布　接头/接缝宽条拉伸试验方法》(GB/T 16989—1997)。

《土工布及其有关产品　动态穿孔试验　落锥法》(GB/T 17630—1998)。

《土工布及其有关产品　抗氧化性能的试验方法》(GB/T 17631—1998)。

《土工布及其有关产品　抗酸、碱液性能的试验方法》(GB/T 17632—1998)。

《土工布及其有关产品　平面内水流量的测定》(GB/T 17633—1998)。

《土工布及其有关产品　有效孔径的测定　湿筛法》(GB/T 17634—1998)。

《土工布及其有关产品　摩擦特性的测定　第 1 部分:直接剪切试验》(GB/T 17635.1—1998)。

《土工布及其有关产品　抗磨损性能的测定　砂布/滑块法》(GB/T 17636—1998)。

《土工布及其有关产品　拉伸蠕变和拉伸蠕变断裂性能的测定》(GB/T 17637—1998)。

《土工布及其有关产品　刺破强力的测定》(GB/T 19978—2005)。

(四)性能指标

长丝机织土工布的技术要求分为内在质量和外观质量。内在质量分为基本项和选择项。

1. 基本项的要求见表 2-3-5。其中一般机织土工布考核第 1 项至第 7 项,模袋布考核第 1 项至第 8 项,模袋考核第 1 项至第 10 项,第 11 项至第 12 项为参考项。

2. 选择项包括动态穿孔(mm)、刺破强力(N)、拼接强度、湿筛孔径(mm)、摩擦系数、抗紫外线性能、抗酸碱性能、抗氧化性能、抗磨损性能、蠕变性能、定伸长负荷、定负荷伸长率和断裂伸长率等。选择项的标准值由供需合同规定。当需方要求的某些指标不能同时满足时,可由供需双方协商,以满足工程应用中的主要指标为原则,并兼顾其他指标。

表 2-3-5　基本项技术要求

| 序号 | 项　目 | 指 | | | | 标 | | | | | | |
|---|---|---|---|---|---|---|---|---|---|---|---|---|
| | 标称断裂强度(kN/m) | 35 | 50 | 65 | 80 | 100 | 120 | 140 | 160 | 180 | 200 | 250 |
| 1 | 经向断裂强度(kN/m),≥ | 35 | 50 | 65 | 80 | 100 | 120 | 140 | 160 | 180 | 200 | 250 |
| 2 | 纬向断裂强度(kN/m),≥ | 按协议规定,无特殊要求时,则按经向断裂强度×0.7 | | | | | | | | | | |
| 3 | 标准强度对应伸长率(%),≤ | 经向 35,纬向 30 | | | | | | | | | | |
| 4 | CBR 顶破强力(kN),≥ | 2.0 | 4.0 | 6.0 | 8.0 | 10.5 | 13.0 | 15.5 | 18.0 | 20.5 | 23.0 | 28.0 |
| 5 | 等效孔径 $O_{90}$($O_{95}$)(mm) | 0.05~0.50 | | | | | | | | | | |
| 6 | 垂直渗透系数(cm/s) | $K\times(10^{-2}\sim10^{-5})$,$K=1.0\sim9.9$ | | | | | | | | | | |
| 7 | 幅宽偏差(%) | -1.0 | | | | | | | | | | |
| 8 | 模袋冲灌厚度偏差(%) | ±8 | | | | | | | | | | |
| 9 | 模袋长、宽偏差(%) | ±2 | | | | | | | | | | |
| 10 | 缝制强度(kN/m),≥ | 标称断裂强度×0.5 | | | | | | | | | | |
| 11 | 经纬向撕破强力(kN),≥ | 0.4 | 0.7 | 1.0 | 1.2 | 1.4 | 1.6 | 1.8 | 1.9 | 2.1 | 2.3 | 2.7 |
| 12 | 单位面积质量偏差(%) | -5 | | | | | | | | | | |

注:1. 规格按经向断裂强度。实际规格介于表中相邻规格之间,按线性内插法计算相应考核指标,超出表中范围时,考核指标由供需双方协商确定。

2. 第 7~9 项和第 12 项标准值按设计或协议确定。

3. 实际断裂强度低于标准强度时,标准强度对应伸长率不作符合性判定。

3. 外观质量:外观疵点分为轻缺陷和重缺陷,要求见表 2-3-6。每一种产品上不允许存在重缺陷,轻缺陷每 200 $m^2$应不超过 5 个。

表 2-3-6　外观疵点的评定

| 序　号 | 疵点名称 | 轻　缺　陷 | 重　缺　陷 | 备　注 |
|---|---|---|---|---|
| 1 | 断纱、缺纱 | 分散的,1~2 根 | 并列 2 根以上 | — |
| 2 | 杂物 | 软质,粗≤5 mm | 硬质;软质,粗>5 mm | — |
| 3 | 边不良 | ≤300 cm 时,每 50 cm 计一处 | >300 cm | — |
| 4 | 破损 | ≤0.5 cm | >0.5 cm;破损 | 以疵点最大长度计 |
| 5 | 稀路 | 10 cm 内少 2 根 | 10 cm 内少 3 根 | — |
| 6 | 其他 | 参照相似疵点评定 | | — |

(五)验收批量

按交货批号的同一品种、同一规格的产品为一检验批。

(六)取样方法

从一批产品中抽取一定数量的卷数,当一批的卷数不大于 50 卷时至少抽 2 卷,大于 50 卷时至少抽 3 卷。样品的抽取和试样的准备按 GB/T 13760—2009 执行。卷装的头两层不应取做样品。在卷装上沿着垂直于机器方向(生产方向即卷装长度方向)的整个宽度方向裁取样品,样品要足够长,以获得所要求的试样数量。用于每次试验的试样,应从样品中长度和宽度方向上均匀地裁取,且距样品边缘至少 100 mm 。测试前,应将试样保存在干燥、干净、避光处,防止受到化学物品浸蚀和机械损伤。

(七)样品数量

厚度试样长度 1 m,所需试样数量 10 个;单位面积质量试样长度 1 m,所需试样数量 10 个;拉伸性能试样长度 2 m,所需试样数量 10 个;抗静态顶破性能试样长度 2 m,所需试样数量 10 个;特征孔径试样长度 2 m,所需试样数量 5 个;垂直渗透系数试样长度 1 m,所需试样数量 5 个;平面渗流量试样长度 1 m,所需试样数量 6 个;抗氧化性能试样长度 3 m,所需试样数量 12 个。

(八)检测项目

断裂强度、标准强度对应伸长率、CBR 顶破强力、撕破强力、等效孔径、垂直渗透系数、外观质量等。

(九)质量评定

1. 内在质量的判定:内在质量的测定应从批样的每一卷中距头端至少 3 m 随机剪取一个样品,以所有样品的平均结果表示批的内在质量。符合相关技术指标要求判为内在质量合格。

2. 外观质量的判定:外观质量检验按技术指标要求对抽取的每卷产品进行评定,如果所有卷均符合指标要求,则为外观质量合格。如有不合格卷时,再重新取样进行复验。若复验卷均符合指标要求,则该批产品外观质量合格;如果复验结果仍有不合格卷,则该批产品外观质量不合格。

3. 内在质量和外观质量均合格时判定该批产品合格。

(十)使用注意事项

1. 产品在运输、储存中不得沾污、雨淋、破损,不得长期曝晒和直立。

2. 产品应放置在干燥处,周围不得有酸、碱等腐蚀性介质,注意防潮、防火。

## 四、裂膜丝机织土工布

(一)概述

裂膜丝机织土工布是土工合成材料中的主要产品之一,在工程中可起防护、加强、隔离、过滤、排水等作用。裂膜丝机织土工布由聚合物切膜丝(纱)、裂膜丝(纱)为原料织制。按原料分为聚丙烯、聚乙烯等裂膜丝机织土工布;按用纱结构分为切膜丝(纱)、裂膜丝(纱)等裂膜丝机织土工布。裂膜丝机织土工布的品种由生产部门根据市场需求设计。产品主要规格以经向断裂强力表示,幅宽和单位面积质量表示辅助规格,推荐系列如下。

经向断裂强力(kN/m):20、30、40、50、60、70、80、100、120、140、160、180 等;

幅宽(m):2.0、3.0、4.0、4.5、5.0、5.5、6.0 等。

(二)执行标准

《土工合成材料　裂膜丝机织土工布》(GB/T 17641—1998)。

(三)相关标准

《纺织品　织物拉伸性能　第 1 部分:断裂强力和断裂伸长率的测定　条样法》(GB/T 3923. 1—1997)。

《纺织品　织物长度和幅宽的测定》(GB/T 4666—2009)。

《土工合成材料　取样和试样准备》(GB/T 13760—2009)。

《土工合成材料　规定压力下厚度的测定　第1部分:单层产品厚度的测定方法》(GB/T 13761.1—2009)。

《土工合成材料　土工布及土工布有关产品单位面积质量的测定方法》(GB/T 13762—2009)。

《土工合成材料　梯形法撕破强力的测定》(GB/T 13763—2010)。

《土工布及其有关产品　有效孔径测定　干筛法》(GB/T 14799—2005)。

《土工合成材料　静态顶破试验(CBR法)》(GB/T 14800—2010)。

《土工布及其有关产品　宽条拉伸试验》(GB/T 15788—2005)。

《土工布及其有关产品　无负荷时垂直渗透特性的测定》(GB/T 15789—2005)。

《土工布　接头/接缝宽条拉伸试验方法》(GB/T 16989—1997)。

《土工布及其有关产品　动态穿孔试验　落锥法》(GB/T 17630—1998)。

《土工布及其有关产品　抗氧化性能的试验方法》(GB/T 17631—1998)。

《土工布及其有关产品　抗酸、碱液性能的试验方法》(GB/T 17632—1998)。

《土工布及其有关产品　平面内水流量的测定》(GB/T 17633—1998)。

《土工布及其有关产品　有效孔径的测定　湿筛法》(GB/T 17634—1998)。

《土工布及其有关产品　摩擦特性的测定　第1部分:直接剪切试验》(GB/T 17635.1—1998)。

《土工布及其有关产品　抗磨损性能的测定　砂布/滑块法》(GB/T 17636—1998)。

《土工布及其有关产品　拉伸蠕变和拉伸蠕变断裂性能的测定》(GB/T 17637—1998)。

(四)性能指标

裂膜丝机织土工布的技术要求分为内在质量和外观质量。内在质量分为基本项和选择项。基本项包含的项目都是考核项;选择项包含的项目为可选项,可根据合同需要商定,但一经选定,则也成为考核项,不得随意更改。

1. 基本项的要求见表2-3-7。其标准值为生产控制性指标,对于合同另有要求的,则以合同规定作为考核指标。

**表2-3-7　基本项技术要求**

| 序号 | 项目 \ 指标 \ 规格 | 20 | 30 | 40 | 50 | 60 | 80 | 100 | 120 | 140 | 160 | 180 | 备注 |
|---|---|---|---|---|---|---|---|---|---|---|---|---|---|
| 1 | 经向断裂强力(kN/m),≥ | 20 | 30 | 40 | 50 | 60 | 80 | 100 | 120 | 140 | 160 | 180 | — |
| 2 | 纬向断裂强力(kN/m),≥ | 由合同规定,如没有特殊要求,按经向强力的0.7-1 | | | | | | | | | | | — |
| 3 | 断裂伸长率(%),≤ | 25 | | | | | | | | | | | — |
| 4 | 幅宽偏差(%) | -1.0 | | | | | | | | | | | — |
| 5 | CBR顶破强力(kN),≥ | 1.6 | 2.4 | 3.2 | 4.0 | 4.8 | 6.0 | 7.5 | 9.0 | 10.5 | 12.0 | 13.5 | — |
| 6 | 等效孔径$O_{90}$($O_{95}$)(mm) | 0.07~0.5 | | | | | | | | | | | — |
| 7 | 垂直渗透系数(cm/s) | $K\times(10^{-1}\sim10^{-4})$,$K=1.0\sim9.9$ | | | | | | | | | | | — |
| 8 | 抗紫外线(强度保持)(%) | 70(500 h) | | | | | | | | | | | — |

续上表

| 序号 | 指标＼规格<br>项目 | 20 | 30 | 40 | 50 | 60 | 80 | 100 | 120 | 140 | 160 | 180 | 备注 |
|---|---|---|---|---|---|---|---|---|---|---|---|---|---|
| 9 | 撕破强力(kN),≥ | 0.20 | 0.27 | 0.34 | 0.41 | 0.48 | 0.60 | 0.72 | 0.84 | 0.96 | 1.10 | 1.25 | 纵横 |
| 10 | 单位面积质量(g/cm²) | 120 | 160 | 200 | 240 | 280 | 340 | 400 | 460 | 520 | 580 | 640 | — |

注:1. 规格按经向强力。实际规格介于表中相邻规格之间,按内插法计算相应考核指标,超出表中范围时,考核指标由供需双方协商确定。

2. 幅宽标准值按设计或协议确定。

3. 第8~10项为参考指标,作为生产内部控制,用户有要求的按实际设计值考核。

2. 选择项包括动态穿孔(mm)、刺破强力(N)、拼接强度、湿筛孔径(mm)、摩擦系数、抗酸碱性能、抗氧化性能、抗磨损性能、蠕变性能等。选择项的标准值由供需合同规定。当需方要求的某些指标不能同时满足时,可由供需双方协商,以满足工程应用中的主要指标为原则,并兼顾其他指标。

3. 外观质量:外观疵点分为轻缺陷和重缺陷,要求见表2-3-8。

**表2-3-8 外观疵点的评定**

| 序 号 | 疵点名称 | 轻 缺 陷 | 重 缺 陷 | 备 注 |
|---|---|---|---|---|
| 1 | 断纱、缺纱 | 分散的,1~2根 | 并列2根及以上 | — |
| 2 | 杂物 | 软质,粗≤5 mm | 硬质;软质,粗>5 mm | — |
| 3 | 豁边、边不良 | ≤300 cm时,每50 cm计一处 | >300 cm | — |
| 4 | 破损 | ≤0.5 cm | >0.5 cm;破损 | 以疵点最大长度计 |
| 5 | 稀路 | 10 cm内少2根 | 10 cm内少3根 | — |
| 6 | 其他 | 参照相似疵点评定 | | — |

(五)验收批量

工厂内部检验以同一班次生产的同一规格的产品为一批,批量较小时可累计100卷为一批,但一周产量仍不满100卷时,则以一周内产量为一批;交付验收的产品应以同一品种、同一规格、同一工艺的一个交货批划分检验批。

(六)取样方法

内在质量的测定以批为单位,每批产品随机抽取2%~3%,但不少于2卷,采样及试验准备按GB/T 13760—2009进行。卷装的头两层不应取做样品。在卷装上沿着垂直于机器方向(生产方向即卷装长度方向)的整个宽度方向裁取样品,样品要足够长,以获得所要求的试样数量。用于每次试验的试样,应从样品中长度和宽度方向上均匀地裁取,且距样品边缘至少100 mm。测试前,应将试样保存在干燥、干净、避光处,防止受到化学物品浸蚀和机械损伤。

(七)样品数量

厚度试样长度1 m,所需试样数量10个;单位面积质量试样长度1 m,所需试样数量10个;拉伸性能试样长度2 m,所需试样数量10个;抗静态顶破性能试样长度2 m,所需试样数量10个;特征孔径试样长度2 m,所需试样数量5个;垂直渗透系数试样长度1 m,所需试样数量

5 个;平面渗流量试样长度 1 m,所需试样数量 6 个;抗氧化性能试样长度 3 m,所需试样数量 12 个。

(八)检测项目

外观质量、幅宽、断裂强力、断裂伸长率。

(九)质量评定

1. 裂膜丝机织土工布的质量以卷(段)为单位评定,内在质量和外观质量均达要求的为合格,否则为不合格。

2. 内在质量指标分批试验,按批评定。基本项和选择项中的选定项全部达到要求的,内在质量为合格,否则为不合格。

3. 在一卷土工布上不允许存在重缺陷,轻缺陷每 200 $m^2$ 应不超过 5 个,否则外观质量为不合格。

4. 复检规定如下。

(1)交付验收、质量鉴定、质量仲裁、质量抽查等检验按复验规定,但双方另有协议的不受此限。

(2)产品交货后,收货方应立即验收,如验收发现问题,应在双方规定的期限内(一般为 1 个月)向生产厂提出复验,如逾期不验收或没有提出复验要求时,应立即按付货方检验结果收货。

(3)对验收结果有异议时,双方可会同复验或提请双方同意的仲裁检验机构进行检验,复验结果即为最终结果。复验费用由责任方承担。

(4)内在质量的复验,抽取检验批批量的 1% ~2% 作为检验样品,但不少于 3 卷。检验结果按相关质量指标规定,如经检验发现问题,可重新在该批产品中抽取相同数量样品,对不合格项进行复验,并以全部抽取样品的检验结果平均值作为复验结果。复验一次为准,复验合格者作全批合格,否则作全批不合格处理。

(5)外观质量的复验,抽取检验批批量的 5% ~10% 作为检验样品,但不少于 10 卷,每卷产品的评定按相关指标要求进行,所检验产品不合格品率在 10% 以内,作全批合格,但实际查出的不合格品由生产厂负责调换;当不合格品率超过 10% 时,该批产品作不合格或退货处理。

(十)使用注意事项

1. 产品在运输、储存中不得沾污、雨淋、破损,不得长期曝晒和直立。

2. 产品应放置在干燥处,周围不得有酸、碱等腐蚀性介质,注意防潮、防火。

## 五、非织造布复合土工膜

(一)概述

非织造布复合土工膜是以非织造土工布为基材,以聚乙烯、聚氯乙烯等为膜材复合而成的。非织造布复合土工膜可按下列方法分类。

按基材:短纤针刺非织造布复合土工膜、长丝纺黏针刺非织造布复合土工膜。

按膜材:聚乙烯(PE)、聚氯乙烯(PVC)、氯化聚乙烯(CPE)等复合土工膜。

按结构:一布一膜、二布一膜、一布二膜、二布二膜、多布多膜等复合土工膜。

非织造布复合土工膜的规格以标称断裂强度表示,幅宽、单位面积质量及膜材厚度为辅助规格,按合同规定和实际需要设计。

产品规格推荐系列如下。

标称强度(kN/m):5、7.5、10、12、14、16、18、20等。

(二)执行标准

《非织造布复合土工膜》(GB/T 17642—2008)。

(三)相关标准

《纺织品　织物长度和幅宽的测定》(GB/T 4666—2009)。

《土工合成材料　取样和试样准备》(GB/T 13760—2009)。

《土工合成材料　规定压力下厚度的测定　第1部分:单层产品厚度的测定方法》(GB/T 13761.1—2009)。

《土工合成材料　土工布及土工布有关产品单位面积质量的测定方法》(GB/T 13762—2009)。

《土工合成材料　梯形法撕破强力的测定》(GB/T 13763—2010)。

《土工合成材料　静态顶破试验(CBR法)》(GB/T 14800—2010)。

《土工布及其有关产品　宽条拉伸试验》(GB/T 15788—2005)。

《土工布　接头/接缝宽条拉伸试验方法》(GB/T 16989—1997)。

《土工布多层产品中单层厚度的测定》(GB/T 17598—1998)。

《土工布及其有关产品　动态穿孔试验　落锥法》(GB/T 17630—1998)。

《土工布及其有关产品　抗氧化性能的试验方法》(GB/T 17631—1998)。

《土工布及其有关产品　抗酸、碱液性能的试验方法》(GB/T 17632—1998)。

《土工布及其有关产品　平面内水流量的测定》(GB/T 17633—1998)。

《土工布及其有关产品　摩擦特性的测定　第1部分:直接剪切试验》(GB/T 17635.1—1998)。

《土工布及其有关产品　抗磨损性能的测定　砂布/滑块法》(GB/T 17636—1998)。

《土工布及其有关产品　拉伸蠕变和拉伸蠕变断裂性能的测定》(GB/T 17637—1998)。

《土工合成材料　短纤针刺非织造土工布》(GB/T 17638—1998)。

《土工合成材料　长丝纺粘针刺非织造土工布》(GB/T 17639—2008)。

《土工合成材料　聚乙烯土工膜》(GB/T 17643—1998)。

《土工布及其有关产品　刺破强力的测定》(GB/T 19978—2005)。

《土工合成材料　防渗性能　第1部分:耐静水压的测定》(GB/T 19979.1—2005)。

《土工合成材料　防渗性能　第2部分:渗透系数的测定》(GB/T 19979.2—2006)。

(四)性能指标

1. 材料质量

(1)产品使用的聚乙烯土工膜应符合GB/T 17643—1998的规定,其他膜材也应符合相应标准的要求。

(2)产品使用的非织造土工布应符合GB/T 17638—1998或GB/T 17639—2008的要求。

2. 内在质量

(1)内在质量分为基本项和选择项,基本项技术要求见表2-3-9,其中第1~7项为考核项,第8项为参考项。

表 2-3-9　基本项技术要求

| 项　　目 | | 指　　标 | | | | | | | |
|---|---|---|---|---|---|---|---|---|---|
| 标称断裂强度(kN/m) | | 5 | 7.5 | 10 | 12 | 14 | 16 | 18 | 20 |
| 1 | 纵横向断裂强度(kN/m),≥ | 5.0 | 7.5 | 10.0 | 12.0 | 14.0 | 16.0 | 18.0 | 20.0 |
| 2 | 纵横向标准强度对应伸长率(%) | 30~100 | | | | | | | |
| 3 | CBR 顶破强力(kN),≥ | 1.1 | 1.5 | 1.9 | 2.2 | 2.5 | 2.8 | 3.0 | 3.2 |
| 4 | 纵横向撕破强力(kN),≥ | 0.15 | 0.25 | 0.32 | 0.40 | 0.48 | 0.56 | 0.62 | 0.70 |
| 5 | 耐静水压(MPa) | 按表 2-3-10 取值 | | | | | | | |
| 6 | 剥离强度(N/cm),≥ | 6 | | | | | | | |
| 7 | 垂直渗透系数(cm/s) | 按设计或合同要求 | | | | | | | |
| 8 | 幅宽偏差(%) | -1.0 | | | | | | | |

注:1. 实际规格(标称断裂强度)介于表中相邻规格之间,按线性内插法计算相应考核指标;超出表中范围时,考核指标由供需双方协商确定。

2. 第 6 项如测定时试样难以剥离或未到规定剥离强度基材或膜材断裂,视为符合要求。

3. 第 8 项标准值按设计或协议确定。

4. 实际断裂强度低于标准强度时,标准强度对应伸长率不作符合性判定。

表 2-3-10　耐静水压规定值

| 项　　目 | | 膜　厚　度(mm) | | | | | | | |
|---|---|---|---|---|---|---|---|---|---|
| | | 0.2 | 0.3 | 0.4 | 0.5 | 0.6 | 0.7 | 0.8 | 1.0 |
| 耐静水压(MPa),≥ | 一布一膜 | 0.4 | 0.5 | 0.6 | 0.8 | 1.0 | 1.2 | 1.4 | 1.6 |
| | 二布一膜 | 0.5 | 0.6 | 0.8 | 1.0 | 1.2 | 1.4 | 1.6 | 1.8 |

注:膜厚介于表中相邻规格之间,按线性内插法计算相应考核指标;超出表中范围时,考核指标由供需双方协商确定。

(2)选择项包括动态穿透、刺破强力、平面内水流量、摩擦系数、抗紫外线性能、耐酸碱性能、抗氧化性能、蠕变性能、拼接强度、抗磨损性能、定负荷伸长率、定伸长负荷和断裂伸长率等。选择项的标准值由有关各方商定。

(3)当需方要求的某些指标不能同时满足时,可由供需双方协商,以满足工程应用中的主要指标为原则,并要兼顾其他指标。

3. 外观质量

外观疵点分为轻缺陷和重缺陷(表 2-3-11)。每一种产品上不允许存在重缺陷,轻缺陷每 200 $m^2$应不超过 5 个。

表 2-3-11　外观疵点的评定

| 序　号 | 疵点名称 | 轻　缺　陷 | 重　缺　陷 | 备　注 |
|---|---|---|---|---|
| 1 | 分层、折痕 | 明显 | 严重 | — |
| 2 | 杂物 | 软质,粗≤5 mm | 硬质;软质,粗>5 mm | — |
| 3 | 边不良 | ≤300 cm 时,每 50 cm 计一处 | >300 cm | — |
| 4 | 修补点 | ≤2 cm | >2 cm;破洞 | 以最大长度计 |
| 5 | 其他 | 参照相似疵点评定 | | — |

（五）验收批量

按交货批号的同一品种、同一规格的产品作为检验批。

（六）取样方法

从一批产品中抽取一定数量的卷数，当一批的卷数不大于 50 卷时至少抽 2 卷，大于 50 卷时至少抽 3 卷。样品的抽取和试样的准备按 GB/T 13760—2009 执行。卷装的头两层不应取做样品。在卷装上沿着垂直于机器方向（生产方向即卷装长度方向）的整个宽度方向裁取样品，样品要足够长，以获得所要求的试样数量。用于每次试验的试样，应从样品中长度和宽度方向上均匀地裁取，且距样品边缘至少 100 mm 。测试前，应将试样保存在干燥、干净、避光处，防止受到化学物品浸蚀和机械损伤。

（七）样品数量

厚度试样长度 1 m，所需试样数量 10 个；单位面积质量试样长度 1 m，所需试样数量 10 个；拉伸性能试样长度 2 m，所需试样数量 10 个；抗静态顶破性能试样长度 2 m，所需试样数量 10 个；特征孔径试样长度 2 m，所需试样数量 5 个；垂直渗透系数试样长度 1 m，所需试样数量 5 个；平面渗流量试样长度 1 m，所需试样数量 6 个；抗氧化性能试样长度 3 m，所需试样数量 12 个。

（八）检测项目

断裂强度、标准强度对应伸长率、CBR 顶破强力、撕破强力、耐静水压、剥离强度、垂直渗透系数、外观质量等。

（九）质量评定

1. 内在质量的判定：内在质量的测定应从批样的每一卷中距头端至少 3 m 随机剪取一个样品，以所有样品的平均结果表示批的内在质量。符合相关技术指标要求判为内在质量合格。

2. 外观质量的判定：外观质量检验按技术指标要求对抽取的每卷产品进行评定，如果所有卷均符合指标要求，则为外观质量合格。如有不合格卷时，再重新取样进行复验。若复验卷均符合指标要求，则该批产品外观质量合格；如果复验结果仍有不合格卷，则该批产品外观质量不合格。

3. 内在质量和外观质量均合格时判定该批产品合格。

（十）使用注意事项

1. 产品在运输、储存中不得沾污、雨淋、破损，不得长期曝晒和直立。

2. 产品应放置在干燥处，周围不得有酸、碱等腐蚀性介质，注意防潮、防火。

## 六、聚氯乙烯土工膜

（一）概述

聚氯乙烯土工膜是以聚氯乙烯树脂为原料，加入增塑剂等助剂所生产一种土工合成材料。分为单层聚氯乙烯土工膜、双层聚氯乙烯复合土工膜及夹网聚氯乙烯复合土工膜。适用于江河堤坝、水库、渠道、蓄水池、引水隧道、公路、铁路、隧道、机场、水上娱乐设施、建筑物的基层防水及各种地下、水下工程的防渗漏衬垫和作为垃圾掩埋场、污水处理场、废水处理场等环保工程使用。

（二）执行标准

《聚氯乙烯土工膜》（GB/T 17688—1999）。

（三）相关标准

《塑料　非泡沫塑料密度的测定　第 1 部分：浸渍法、液体比重瓶法和滴定法》（GB/T

1033.1—2008)。

《塑料薄膜和薄片气体透过性试验方法　压差法》(GB/T 1038—2000)。

《塑料试样状态调节和试验的标准环境》(GB/T 2918—1998)。

《软聚氯乙烯压延薄膜和片材》(GB/T 3830—2008)。

《纺织品　织物拉伸性能　第1部分:断裂强力和断裂伸长率的测定　条样法》(GB/T 3923.1—1997)。

《塑料薄膜和薄片厚度的测定　机械测量法》(GB/T 6672—2001)。

《塑料薄膜和薄片材长度和宽度的测定》(GB/T 6673—2001)。

《塑料薄膜加热尺寸变化率试验方法》(GB/T 12027—2004)。

《塑料拉伸性能的测定　第3部分:薄膜和薄片的试验条件》(GB/T 1040.3—2006)。

《土工合成材料　静态顶破试验(CBR法)》(GB/T 14800—2010)。

《土工合成材料　非织造复合土工膜》(GB/T 17642—2008)。

《塑料直角撕裂性能试验方法》(QB/T 1130—1991(2009))。

(四)性能指标

1. 单层聚氯乙烯土工膜和双层聚氯乙烯复合土工膜的技术要求

(1)规格尺寸及其偏差。

单层聚氯乙烯土工膜产品的规格尺寸及其偏差应符合表2-3-12、表2-3-13的要求,产品单卷的长度偏差为+2%。

**表2-3-12　厚度及其偏差**

| 项　目 | 指　标 | | | | |
|---|---|---|---|---|---|
| 厚度(mm) | 0.30 | 0.50 | 0.80 | 1.00 | 1.50 |
| 极限偏差(mm) | ±0.03 | ±0.05 | ±0.08 | ±0.10 | ±0.15 |
| 平均偏差(%) | ±6 | | | | |

注:其他规格产品,由供需双方商定。

**表2-3-13　宽度及偏差**

| 项　目 | 指　标 | |
|---|---|---|
| 宽度(mm) | 2 000 | >2 000 |
| 偏差(mm) | +50 | +60 |

注:其他规格产品,由供需双方商定。

双层聚氯乙烯复合土工膜产品的厚度及其偏差应符合表2-3-14的要求,宽度及其偏差应符合表2-3-13的要求,产品单卷的长度偏差为+2%。

**表2-3-14　厚度及其偏差**

| 项　目 | 指　标 | | | | |
|---|---|---|---|---|---|
| 厚度(mm) | 0.60 | 0.80 | 1.00 | 1.50 | 2.00 |
| 极限偏差(mm) | ±0.09 | ±0.12 | ±0.15 | ±0.23 | ±0.30 |
| 平均偏差(%) | ±10 | | | | |

注:其他规格产品,由供需双方商定。

(2)外观质量。

单层聚氯乙烯土工膜和双层聚氯乙烯复合土工膜产品颜色一般为黑色,应色泽均匀,其他颜色可由供需双方商定。外观质量应符合表2－3－15的要求。

**表2－3－15 外观质量**

| 序号 | 项目 | 指标 |
| --- | --- | --- |
| 1 | 切口 | 平直,无明显锯齿现象 |
| 2 | 水文、云雾及机械划痕 | 不明显 |
| 3 | 杂质和僵块 | 直径0.6～2.0 mm的杂质和僵块,允许每平方米20个以内,直径2 mm以上的不允许有 |
| 4 | 断头 | 单层聚氯乙烯土工膜不允许有断头;双层聚氯乙烯复合土工膜断头不超过1个 |
| 5 | 永久性皱褶 | 不允许 |
| 6 | 卷端面错位 | ≤10 mm |

(3)单层聚氯乙烯土工膜和双层聚氯乙烯复合土工膜的平直度应小于30 mm。

(4)每卷产品的长度或重量由供需双方商定。

(5)产品的物理力学性能应符合表2－3－16的要求。

**表2－3－16 物理力学性能**

| 序号 | 项目 | | 指标 |
| --- | --- | --- | --- |
| 1 | 密度(g/cm$^3$) | | 1.25～1.35 |
| 2 | 拉伸强度(纵/横)(MPa) | | ≥15/13 |
| 3 | 断裂伸长率(纵/横)(%) | | ≥220/200 |
| 4 | 撕裂强度(纵/横)(N/mm) | | ≥40 |
| 5 | 低温弯折性(－20℃) | | 无裂纹 |
| 6 | 尺寸变化率(纵/横)(%) | | ≤5 |
| 7 | 耐静水压(MPa) | | 按表2－3－17、表2－3－18取值 |
| 8 | 渗透系数(cm/s) | | ≤$10^{-11}$ |
| 9 | 透气系数(cm$^3$·cm)/(cm$^2$·s·cmHg) | | 按设计或合同规定 |
| 10 | 热老化处理 | 外观 | 无气泡,不黏结,无孔洞 |
| | | 拉伸强度相对变化率(纵/横)(%) | ≤25 |
| | | 断裂伸长率相对变化率(纵/横)(%) | ≤25 |
| | | 低温弯折性(－20℃) | 无裂纹 |

**表2－3－17 单层聚氯乙烯土工膜耐静水压规定值**

| 项目 | 指标 | | | | |
| --- | --- | --- | --- | --- | --- |
| 膜材厚度(mm) | 0.30 | 0.50 | 0.80 | 1.00 | 1.50 |
| 耐静水压(MPa),≥ | 0.50 | 0.50 | 0.80 | 1.00 | 1.50 |

表 2－3－18　双层聚氯乙烯土工膜耐静水压规定值

| 项　目 | 指　　标 | | | | |
|---|---|---|---|---|---|
| 膜材厚度(mm) | 0.60 | 0.80 | 1.00 | 1.50 | 2.00 |
| 耐静水压(MPa),≥ | 0.50 | 0.80 | 1.00 | 1.50 | 1.50 |

2. 夹网聚氯乙烯复合土工膜的技术要求

(1)规格尺寸及其偏差。

夹网聚氯乙烯复合土工膜产品的厚度及其偏差应符合表 2－3－19 的要求，宽度及其偏差应符合表 2－3－13 的要求，产品单卷的长度偏差为 +2%。

表 2－3－19　厚度及其偏差

| 项　目 | 指　　标 | | | | |
|---|---|---|---|---|---|
| 厚度(mm) | 0.50 | 0.80 | 1.00 | 1.50 | 2.00 |
| 极限偏差(mm) | ±0.07 | ±0.12 | ±0.15 | ±0.22 | ±0.30 |
| 平均偏差(%) | ±10 | | | | |

注：其他规格产品，由供需双方商定

(2)外观质量。

夹网聚氯乙烯复合土工膜产品颜色一般为黑色，应色泽均匀，其他颜色可由供需双方商定。外观质量应符合表 2－3－15 的要求，每卷复合用的网的接头不允许超过 2 个，断头不允许超过 2 个。

(3)夹网聚氯乙烯复合土工膜的平直度应小于 30 mm。

(4)每卷产品的长度或重量由供需双方商定。

(5)产品的物理力学性能应符合表 2－3－20 的要求。

表 2－3－20　物理力学性能

| 序　号 | 项　　目 | | 指　　标 |
|---|---|---|---|
| 1 | 密度($g/cm^3$) | | 1.20～1.30 |
| 2 | 断裂强力(纵/横)(kN/5 cm) | | 0.5～2.0 |
| 3 | 低温弯折性(－20℃) | | 无裂纹 |
| 4 | 尺寸变化率(纵/横)(%) | | ≤5 |
| 5 | 撕裂负荷(纵/横)(N) | | ≥80 |
| 6 | 耐静水压(MPa) | | 按表 2－3－21 取值 |
| 7 | CBR 顶破强力(kN) | | 按设计或合同规定 |
| 8 | 渗透系数(cm/s) | | $\leq 10^{-11}$ |
| 9 | 透气系数($cm^3 \cdot cm$)/($cm^2 \cdot s \cdot cmHg$) | | 按设计或合同规定 |
| 10 | 热老化处理 | 外观 | 无气泡，不黏结，无孔洞 |
| | | 断裂强力相对变化率(纵/横)(%) | ≤25 |
| | | 低温弯折性(－20℃) | 无裂纹 |

表 2-3-21　夹网聚氯乙烯复合土工膜耐静水压规定值

| 项　目 | 指 | | 标 | | |
| --- | --- | --- | --- | --- | --- |
| 膜材厚度(mm) | 0.50 | 0.80 | 1.00 | 1.50 | 2.00 |
| 耐静水压(MPa),≥ | 0.50 | 0.80 | 1.00 | 1.50 | 1.50 |

(五)验收批量

产品以批为单位进行验收。同一批号的原料、同一配方、同一工艺条件、同一规格的产品每 100 t 为一批。不足 100 t 时,以定货数为一批。

(六)取样方法

产品质量的测定以批为单位,每批产品随机抽取 3 卷作为样品。样本必须从每交付批产品中随机抽取。在被抽取的样本上,从末端面向内舍去 2 m 后,在宽度方向上距离两端 200 mm处裁取样品。

(七)样品数量

拉伸强度、断裂伸长率试验试样 20 个,撕裂强度试验试样 5 个,低温弯折性试样 4 个,尺寸变化率试样 3 个,耐静水压试样 3 个,渗透系数试样 3 个,密度试样 5 个,透气系数试样 3 个。

(八)检测项目

1. 单层聚氯乙烯土工膜和双层聚氯乙烯复合土工膜的出厂检验项目为规格尺寸及偏差、外观质量、平直度、密度、拉伸强度、断裂伸长率、撕裂强度、低温弯折性、尺寸变化率、耐静水压。

2. 夹网聚氯乙烯复合土工膜的出厂检验项目为规格尺寸及偏差、外观质量、平直度、密度、断裂强力、低温弯折性、尺寸变化率、撕裂负荷、耐静水压。

(九)质量评定

1. 规格尺寸及偏差、外观质量、平直度、长度及重量偏差中有 1 项不合格,物理力学性能指标全部合格时,判该批产品为合格批。

2. 规格尺寸及偏差、外观质量、平直度、长度及重量偏差中有 1 项不合格,物理力学性能指标有 1 项不合格时,则应重新对该批产品抽取双倍样品对物理力学指标不合格项进行复验,复验全部合格,判该批产品为合格批。复验结果仍有 1 项不合格,则判该批为不合格批。复验结果作为最终判定依据。

(十)使用注意事项

1. 产品在运输时应避免日晒、沾污、重压、强烈碰撞和划伤,并保持外包装完好无损。

2. 产品应储存在干燥、阴凉、清洁的库房内,同时保持包装的完整。膜卷不应堆放过高,堆码高度不超过 1.5 m,距热源不得小于 1 m。储存期限从生产之日起不超过 1 年。

## 七、公路工程用土工膜

(一)概述

公路工程用土工膜按选用的原材料分类,原材料名称及代号见表 2-3-22。

产品的规格系列见表 2-3-23。

**表 2-3-22 原材料名称代号**

| 名 称 | 代 号 | 名 称 | 代 号 |
| --- | --- | --- | --- |
| 聚乙烯 | PE | 聚丙烯 | PP |
| 高密度聚乙烯 | HDPE | 聚酯 | PES |
| 聚丙烯晴 | PAC | 聚酰胺 | PA |

注:未列原材料,其名称应特殊说明;未列塑料及树脂基础聚合物的名称代号按 CB/T 1844.1—2008 规定表示。

**表 2-3-23 规 格 系 列**

| 型 号 | M0.3 | M0.4 | M0.5 | M0.6 | M1 | M1.5 | M2 | M2.5 | M3 |
| --- | --- | --- | --- | --- | --- | --- | --- | --- | --- |
| 标称厚度(mm) | 0.3 | 0.4 | 0.5 | 0.6 | 1 | 1.5 | 2 | 2.5 | 3 |

注:工程单一使用土工膜,则土工膜厚度不得小于 0.5 mm。

(二)执行标准

《公路工程土工合成材料土工膜》(JT/T 518—2004)。

(三)相关标准

《塑料 符号和缩略语 第 1 部分:基础聚合物及其特征性能》(GB/T 1844.1—2008)。

《塑料薄膜加热尺寸变化率试验方法》(GB/T 12027—2004)。

《聚乙烯管材和管件炭黑含量的测定(热失重法)》(GB/T 13021—1991)。

《土工合成材料 现场鉴别标识》(GB/T 14798—2008)。

《土工合成材料 非织造复合土工膜》(GB/T 17642—2008)。

《公路土工合成材料试验规程》(JTG E50—2006)。

《塑料直角撕裂性能试验方法》(QB/T 1130—1991(2009))。

(四)性能指标

1. 尺寸偏差

土工膜尺寸偏差应符合表 2-3-24 的规定。

**表 2-3-24 土工膜尺寸偏差**

| 项 目 | 参 数 |
| --- | --- |
| 幅宽(m) | ≥3 |
| 幅宽偏差(%) | +2.5 |
| 厚度偏差(%) | +24 |

2. 物理性能

物理性能参数应符合表 2-3-25 的规定。

**表 2-3-25 物理性能参数**

| 项 目 | 参 数 | | | | | | | | |
| --- | --- | --- | --- | --- | --- | --- | --- | --- | --- |
| 型号 | M0.3 | M0.4 | M0.5 | M0.6 | M1 | M1.5 | M2 | M2.5 | M3 |
| 纵横向拉伸强度(kN/m),≥ | 3 | 5 | 6 | 8 | 12 | 17 | 18 | 19 | 20 |
| 纵横向拉伸断裂伸长率(%),≥ | 100 | | 300 | | | 500 | | | |
| 纵横向直角撕裂强度(N/mm),≥ | 10 | 15 | 20 | 30 | 40 | 80 | 100 | 120 | 150 |
| CBR 顶破强度(kN),≥ | 1 | 1.5 | 2.5 | 3 | 4 | 5 | 6 | 7 | 8 |
| 低温弯折性(-20℃) | 无裂纹 | | | | | | | | |
| 纵横向尺寸变化率 | ≤5 | | | | | | | | |

3. 抗光老化等级

土工膜抗光老化等级应符合表 2－3－26 的规定。

**表 2－3－26　土工膜抗光老化等级**

| 抗光老化等级 | Ⅰ | Ⅱ | Ⅲ | Ⅳ |
| --- | --- | --- | --- | --- |
| 光辐射强度为 550 $W/m^2$ 照射 150 h,标称拉伸强度保持率(%) | <50 | 50～80 | 80～95 | >95 |
| 炭黑含量(%) | — | 2+0.5 | | |
| 炭黑在土工膜材料中的分布要求 | 均匀、无明星聚块或条状物 | | | |

注:对不含炭黑或不采用炭黑作抗光老化助剂的土工膜,其抗光老化等级的确定参照执行。

4. 土工膜耐静水压力和抗渗性

土工膜耐静水压力和抗渗性应符合表 2－3－27 的规定。

**表 2－3－27　土工膜耐静水压力和抗渗性**

| 项　目 | 型号规格 | | | | | | | | |
| --- | --- | --- | --- | --- | --- | --- | --- | --- | --- |
| | M0.3 | M0.4 | M0.5 | M0.6 | M1 | M1.5 | M2 | M2.5 | M3 |
| 耐静水压力(MPa),≥ | 0.3 | 0.5 | 0.7 | 0.8 | 1.5 | 2.0 | 2.5 | 3 | 3.5 |
| 垂直渗透系数(cm/s),≥ | $\leqslant 5\times10^{-11}$ | | | | | | | | |

5. 外观质量

(1)产品颜色应色泽均匀,无明显油污。

(2)产品无损伤、无破裂、无气泡、不黏结、无孔洞,不应有接头、断头和永久性皱褶。

(3)外观质量还应符合表 2－3－28 的规定。

**表 2－3－28　外 观 质 量**

| 序　号 | 项　目 | 要　　求 |
| --- | --- | --- |
| 1 | 切　口 | 平直,无明显锯齿现象 |
| 2 | 水文、云雾及机械划痕 | 不明显 |
| 3 | 杂质和僵块 | 直径 0.6～2.0 mm 的杂质和僵块,允许每平方米 20 个以内,直径 2 mm 以上的不允许有 |
| 4 | 卷端面错位 | ≤50 mm |

6. 成品尺寸

土工膜每卷的纵向基本长度不小于 30 m,卷中不得有拼段。

(五)验收批量

产品以批为单位进行验收,同一牌号的原料、同一配方、同一规格、同一生产工艺的产品为一批,每批数量不超过 500 卷,不足 500 卷以 5 日产量为一批。

(六)取样方法

产品检验以批为单位,检验从每批产品中随机抽取 3 卷。

(七)样品数量

拉伸强度、断裂伸长率试验试样 20 个,撕裂强度试验试样 5 个,低温弯折性试样 4 个,尺寸变化率试样 3 个,耐静水压试样 3 个,渗透系数试样 3 个,密度试样 5 个,透气系数试样 3 个。

（八）检测项目

出厂检验必须检验尺寸偏差、外观质量，其他指标按合同要求检验。

（九）质量评定

1. 外观质量符合标准规定指标的为合格。

2. 若物理性能参数全部合格，而规格尺寸和外观质量中只有一项不合格，则判为合格批。若物理性能参数有一项不合格，则应在该片产品中重新抽取双倍数量的样品制作试样，对不合格项进行复检，复检全部合格，则该批为合格；如果检验仍有一项不合格，则判为该批不合格。复检结果为最终检验结果。

（十）使用注意事项

1. 产品在装卸运输过程中，不得抛摔，避免与尖锐物品混装运输，避免剧烈冲击。运输应有遮篷等防雨、防日晒措施。

2. 产品不得露天存放，应避免日光长期照射，并远离热源，距离应大于 5 m。保存期自产品生产之日起不超过 12 个月。土工膜应包装完好，储存在无腐蚀气体、无粉尘和通风良好干燥的室内，堆码高度不超过 1.5 m。

## 八、塑料土工格栅

（一）概述

塑料土工格栅是一种高分子聚合物，以高密度聚乙烯（HDPE）或聚丙烯（PP）为主要原料，经塑化挤出、冲孔、拉伸而成的平面网状结构的土工合成材料。本节的土工格栅不是指以塑料加筋带焊接和化学纤维或玻璃纤维材料经编而成的土工格栅。

土工格栅主要用于岩土工程的加筋、加固材料。一般分为单向拉伸塑料土工格栅和双向拉伸塑料土工格栅。单向拉伸塑料土工格栅产品规格有 TGDG35、TGDG50、TGDG80、TGDG120、TGDG160 等，适用于挡墙、陡坡、路堤、桥台及滑坡、塌方修复等工程的加筋材料。双向拉伸塑料土工格栅产品规格有 TGSG1515、TGSG2020、TGSG2525、TGSG3030、TGSG3535、TGSG4040、TGSG4545 等，适用于公路、铁路、机场、码头等的软基处理、堤坝、护岸、道路拓宽、公路路面、机场道面等工程用的加固材料。

（二）执行标准

《土工合成材料　塑料土工格栅》（GB/T 17689—2008）。

（三）相关标准

《聚乙烯管材和管件炭黑含量的测定（热失重法）》（GB/T 13021—1991）。

《土工布及其有关产品　拉伸蠕变和拉伸蠕变断裂性能的测定》（GB/T 17637—1998）。

《塑料土工格栅蠕变试验和评价方法》（QB/T 2854—2007）。

（四）性能指标

1. 尺寸偏差

宽度偏差不应有负偏差。

2. 颜色及外观

（1）颜色为黑色，色泽应均匀。

（2）外观应无损伤、无破裂。网孔大小形状应均匀。

3. 炭黑含量

炭黑含量≥2.0%。

4. 力学性能

塑料土工格栅力学性能见表 2－3－29 ~ 表 2－3－31。

**表 2－3－29 聚丙烯单向拉伸土工格栅力学性能**

| 产品规格 | 拉伸强度(kN/m),≥ | 2% 伸长率时的拉伸强度(kN/m),≥ | 5% 伸长率时的拉伸强度(kN/m),≥ | 标称伸长率(%),≤ |
|---|---|---|---|---|
| TGDG35 | 35.0 | 10.0 | 22.0 | 10.0 |
| TGDG50 | 50.0 | 12.0 | 28.0 | |
| TGDG80 | 80.0 | 26.0 | 48.0 | |
| TGDG120 | 120.0 | 36.0 | 72.0 | |
| TGDG160 | 160.0 | 45.0 | 90.0 | |
| TGDG200 | 200.0 | 56.0 | 112.0 | |

**表 2－3－30 高密度聚乙烯单向拉伸土工格栅力学性能**

| 产品规格 | 拉伸强度(kN/m),≥ | 2% 伸长率时的拉伸强度(kN/m),≥ | 5% 伸长率时的拉伸强度(kN/m),≥ | 标称伸长率(%),≤ |
|---|---|---|---|---|
| TGDG35 | 35.0 | 7.5 | 21.5 | 11.5 |
| TGDG50 | 50.0 | 12.0 | 23.0 | |
| TGDG80 | 80.0 | 21.0 | 40.0 | |
| TGDG120 | 120.0 | 33.0 | 65.0 | |
| TGDG160 | 160.0 | 47.0 | 93.0 | |

**表 2－3－31 聚丙烯双向拉伸土工格栅力学性能**

| 产品规格 | 纵/横向拉伸强度(kN/m),≥ | 纵/横 2% 伸长率时的拉伸强度(kN/m),≥ | 纵/横 5% 伸长率时的拉伸强度(kN/m),≥ | 纵/横标称伸长率(%),≤ |
|---|---|---|---|---|
| TGSG1515 | 15.0 | 5.0 | 7.0 | 15.0/13.0 |
| TGSG2020 | 20.0 | 7.0 | 14.0 | |
| TGSG2525 | 25.0 | 9.0 | 17.0 | |
| TGSG3030 | 30.0 | 10.5 | 21.0 | |
| TGSG3535 | 35.0 | 12.0 | 24.0 | |
| TGSG4040 | 40.0 | 14.0 | 28.0 | |
| TGSG4545 | 45.0 | 16.0 | 32.0 | |
| TGSG5050 | 50.0 | 17.5 | 35.0 | |

5. 蠕变性能

蠕变折算系数 $RF_{cr}$ 应满足工程设计年限要求。

(五)验收批量

同一原料、同一配方和相同工艺情况下生产同一规格塑料土工格栅为一批,每批数量不得超过 500 卷,生产 7 天尚不足 500 卷则以 7 天产量为一批。

(六)取样方法

在同批塑料土工格栅产品中,随机抽取 3 卷,进行宽度和外观检查。在上述检查合格的样品中任取一卷,去掉外层长度 500 mm 后,截取全幅宽产品 1 m 作为力学性能检验样品;截取全幅宽产品

5 m 作为定型检验样品。样品应在温度(20 ±2)℃环境下放置至少 24 h,并在该环境下进行试验。

单拉塑料格栅采用单肋法测试时,裁取试样时将样品两侧面去掉 2 个肋后,在宽度方向均匀裁取 10 个试样。试样应沿纵向方向保留 3 个节点,试样沿横方向取 3 个肋,剪断两侧的 2 个肋。采取多肋法测试时,均匀裁取 5 个试样,试样应沿着纵向方向保留 3 个节点,在横向两侧剪断 2 肋,试样有效宽度不小于 200 mm。试样形状如图 2 -3 -1 所示。

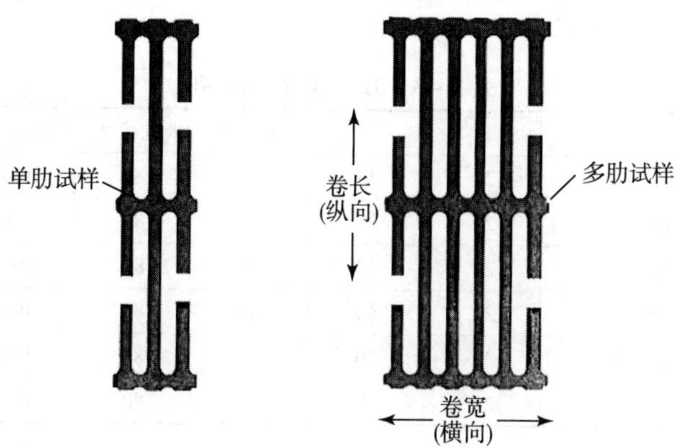


图 2 -3 -1　单向拉伸塑料土工格栅试样

双拉塑料格栅采用单肋法测试时,均匀地从样品纵、横方向上各取 10 个试样,试样长度至少包括两个完整单元,且试样长度不小于 100 mm。采用多肋法测试时,均匀在纵、横两个方向上各裁取 5 个试样,试样有效宽度不小于 200 mm,长度至少包括两个完整单元,且长度不小于 100 mm。试样形状如图 2 -3 -2 所示。

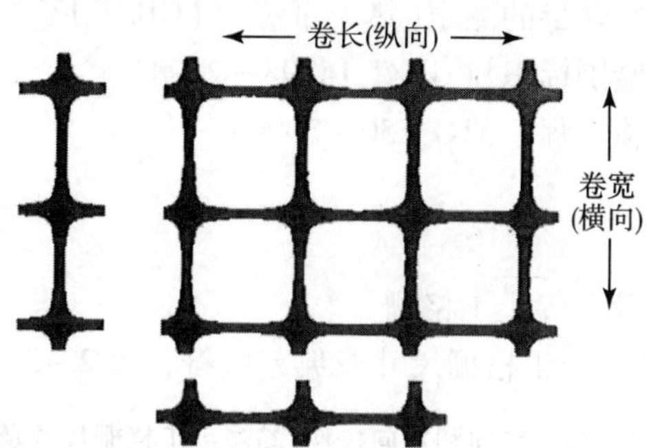


图 2 -3 -2　双向拉伸塑料土工格栅试样

(七)样品数量

随机抽取 1 卷,截取全幅宽 1 m 长为样品

(八)检测项目

出厂检验项目包括尺寸偏差、颜色与外观、力学性能。

(九)质量评定

1. 所检项目均合格时,则判定该批为合格。

2. 检验项目中有不合格项时,则应在该批产品中重新抽取双倍样品制作试样,对不合格项进行复检,复检合格后则判定为合格;复检项目仍不合格,则判定该批为不合格。

(十)使用注意事项

1. 产品在装卸运输过程中,不得抛摔,避免与尖锐物品混装运输,避免剧烈冲击。

2. 产品存放应避免日光长期照射,并远离热源。

## 九、交通工程用土工格栅

(一)概述

用于公路、港口工程土工格栅按使用受力的方向分两类:单向土工格栅,代号为 GD;双向土工格栅,代号为 GS。每类土工格栅又分为拉伸土工格栅、经编和黏焊土工格栅三种。每种格栅的规格系列见表 2-3-32。

表 2-3-32　规格系列

| 格栅种类 | 标称每延米抗拉强度(kN/m) | | | | | | |
|---|---|---|---|---|---|---|---|
| 单向拉伸土工格栅 GDL | 20 | 35 | 50 | 80 | 100 | 125 | 150 |
| 双向拉伸土工格栅 GSL | 20 | 35 | 50 | 80 | 100 | 125 | 150 |
| 单向经编土工格栅 GDJ | 25 | 40 | 60 | 80 | 100 | 125 | 150 |
| 双向经编土工格栅 GSL | 25 | 40 | 60 | 80 | 100 | 125 | 150 |
| 单向黏结、焊接土工格栅 GDZ | 25 | 40 | 60 | 80 | 100 | 125 | 150 |
| 双向黏结、焊接土工格栅 GSZ | 25 | 40 | 60 | 80 | 100 | 125 | 150 |

(二)执行标准

《交通工程土工合成材料　土工格栅》(JT/T 480—2002)。

(三)相关标准

《纤维玻璃化学分析方法》(GB/T 1549—2008)。

《增强材料　机织物试验方法　第 3 部分:宽度和长度的测定》(GB/T 7689.3—2001)。

《聚乙烯管材和管件炭黑含量的测定(热失重法)》(GB/T 13021—1991)。

《土工合成材料　现场鉴别标识》(GB/T 14798—2008)。

《公路土工合成材料试验规程》(JTG E50—2006)。

(四)性能指标

1. 尺寸偏差

(1)单向和双向拉伸以及黏焊土工格栅

单向和双向拉伸以及黏焊土工格栅尺寸及偏差应符合表 2-3-33 的规定。

表 2-3-33　单向和双向拉伸、黏焊土工格栅尺寸及偏差

| 标称单位面积质量偏差(%) | ±5.0 | 宽度偏差(mm) | +20 |
|---|---|---|---|
| 单向土工格栅宽度(m) | ≥1.0 | 单向土工格栅网孔中心最小净空尺寸(mm) | 12+2 |
| 双向土工格栅宽度(m) | ≥2.0 | 双向土工格栅网孔中心最小净空尺寸(mm) | 20+2 |

(2)单向、双向经编玻纤格栅,高强度聚酯长丝格栅

单向、双向经编玻纤格栅,高强度聚酯长丝格栅尺寸及偏差应符合表 2-3-34 规定。

表 2-3-34　单向和双向经编、玻纤土工格栅尺寸偏差

| 标称单位面积质量偏差(%) | ±5.0 | 宽度偏差(mm) | +19 |
|---|---|---|---|
| 单向土工格栅宽度(m) | ≥1.0 | 网孔中心纵、横向最小净空尺寸(mm) | 9.0+0.5 |
| 双向土工格栅宽度(m) | ≥2.0 | — | — |

2. 物理力学性能

(1)物理力学性能参数应符合表 2-3-35~表 2-3-40 的规定。

**表 2-3-35　单向拉伸(GDL)和高强聚酯长丝经编(GDJ)土工格栅技术参数**

| 项　目 | 规　　格 | | | | | | |
|---|---|---|---|---|---|---|---|
| 标称 GDL 或 GDJ | 20 | 35 | 50 | 80 | 100 | 125 | 150 |
| 每延米极限抗拉强度(kN/m) | ≥20 | ≥35 | ≥50 | ≥80 | ≥100 | ≥125 | ≥150 |
| 标称抗拉强度下的伸长率(%) | ≤12 | ≤12 | ≤12 | ≤13 | ≤13 | ≤13 | ≤13 |
| 2% 伸长率时的拉伸力(kN/m) | ≥6 | ≥10 | ≥15 | ≥24 | ≥30 | ≥37 | ≥45 |
| 5% 伸长率时的拉伸力(kN/m) | ≥12 | ≥20 | ≥28 | ≥45 | ≥59 | ≥78 | ≥96 |

**表 2-3-36　双向拉伸(GSL)和高强聚酯长丝经编(GSJ)土工格栅技术参数**

| 项　目 | 规　　格 | | | | | | |
|---|---|---|---|---|---|---|---|
| 标称 GSL 或 GSJ | 20 | 35 | 50 | 80 | 100 | 125 | 150 |
| 每延米纵、横向极限抗拉强度(kN/m) | ≥20 | ≥35 | ≥50 | ≥80 | ≥100 | ≥125 | ≥150 |
| 纵、横向标称抗拉强度下的伸长率(%) | ≤13 | ≤13 | ≤13 | ≤13 | ≤13 | ≤14 | ≤14 |
| 纵、横向 2% 伸长率时的拉伸力(kN/m) | ≥7 | ≥12 | ≥17 | ≥28 | ≥35 | ≥43 | ≥52 |
| 纵、横向 5% 伸长率时的拉伸力(kN/m) | ≥14 | ≥24 | ≥34 | ≥56 | ≥70 | ≥86 | ≥104 |

**表 2-3-37　单向经编玻纤土工格栅(GDB)技术参数**

| 项　目 | 规　　格 | | | | | | |
|---|---|---|---|---|---|---|---|
| 标称 GDB | 25 | 40 | 60 | 80 | 100 | 125 | 150 |
| 每延米拉伸断裂强度(kN/m) | ≥25 | ≥40 | ≥60 | ≥80 | ≥100 | ≥125 | ≥150 |
| 断裂伸长率(%) | ≤4 | | | | | | |

**表 2-3-38　双向经编玻纤土工格栅(GSB)技术参数**

| 项　目 | 规　　格 | | | | | | |
|---|---|---|---|---|---|---|---|
| 标称 GSB | 25 | 40 | 60 | 80 | 100 | 125 | 150 |
| 每延米纵、横向拉伸断裂强度(kN/m) | ≥25 | ≥40 | ≥60 | ≥80 | ≥100 | ≥125 | ≥150 |
| 纵横向断裂伸长率(%) | ≤4 | | | | | | |

**表 2-3-39　单向黏焊土工格栅(GDZ)技术参数**

| 项　目 | 规　　格 | | | | | | |
|---|---|---|---|---|---|---|---|
| 标称 GSZ | 25 | 40 | 60 | 80 | 100 | 125 | 150 |
| 每延米纵向极限抗拉强度(kN/m) | ≥25 | ≥40 | ≥60 | ≥80 | ≥100 | ≥125 | ≥150 |
| 纵向标称抗拉强度下的伸长率(%) | ≤10 | ≤10 | ≤10 | ≤11 | ≤11 | ≤11 | ≤11 |
| 纵向 2% 伸长率时的拉伸力(kN/m) | ≥10 | ≥20 | ≥22 | ≥35 | ≥55 | ≥60 | ≥85 |
| 纵向 5% 伸长率时的拉伸力(kN/m) | ≥15 | ≥25 | ≥40 | ≥55 | ≥65 | ≥90 | ≥100 |
| 黏、焊点极限剥离力(N) | ≥30 | | | | | | |

**表 2-3-40　双向黏焊土工格栅(GSZ)技术参数**

| 项　目 | 规　　格 | | | | | | |
|---|---|---|---|---|---|---|---|
| 标称 GSZ | 25 | 40 | 60 | 80 | 100 | 125 | 150 |
| 每延米纵横向极限抗拉强度(kN/m) | ≥25 | ≥40 | ≥60 | ≥80 | ≥100 | ≥125 | ≥150 |
| 纵横向标称抗拉强度下的伸长率(%) | ≤12 | ≤12 | ≤12 | ≤13 | ≤13 | ≤13 | ≤13 |
| 纵横向 2% 伸长率时的拉伸力(kN/m) | ≥10 | ≥20 | ≥22 | ≥35 | ≥55 | ≥60 | ≥85 |
| 纵横向 5% 伸长率时的拉伸力(kN/m) | ≥15 | ≥25 | ≥40 | ≥55 | ≥65 | ≥90 | ≥100 |
| 黏、焊点极限剥离力(N) | ≥30 | | | | | | |

(2)光老化等级应符合表 2－3－41 的规定。

**表 2－3－41　土工格栅光老化等级**

| 光老化等级 | Ⅰ | Ⅱ | Ⅲ | Ⅳ |
|---|---|---|---|---|
| 紫外线辐射强度为 550 W/$m^2$ 照射 150 h 强度保持率(%) | <50 | 50～80 | 80～95 | >95 |
| 工　程　情　况 | 无光老化要求 | 0.5～1 年临时工程 | 1～3 年施工期 | 3～8 年施工期 |
| 炭黑含量(%) | — | ≥2.5±0.5 | | |
| 炭黑粒径，纳米($10^{-9}$m) | — | ≤25.0 | | |
| 炭黑在格栅材料中的分布要求 | 均匀、无明显聚块或条状物 | | | |

(3)蠕变性能技术参数按下列规定计算确定。

计算公式

$$\varepsilon_1 = \varepsilon_0 + b\lg t \qquad (2-3-1)$$

式中　$\varepsilon_1$——在 $P$ 荷载作用 $t$ 时后的总应变量，%；

$\varepsilon_0$——受力开始时初始应变量，%；

$t$——试验历时，h；

$b$——蠕变系数，$b \geqslant 0.0167$。

蠕变试验加荷水平为产品标称极限(断裂)抗拉强度的 60%，试验温度为 20℃。

3. 原材料名称标识及技术要求

(1)对蠕变的要求。

单向拉伸塑料土工格栅原材料要求：高分子量高密度聚乙烯(HDPE)共聚物密度应在 0.940～0.960 g/$cm^3$之间；在温度为 190℃、质量为 21.6 kg 条件下，材料的 MFR(容体流动速度)小于 15，或在 2.16 kg、190℃条件下 MFR 小于 0.25。

单项拉伸塑料土工格栅在拉伸后纵向筋条中材料中分子高度"取向性"并穿过横向筋条，分子排列方向与筋条方向一致(其他类型材料的土工格栅参照执行)。

(2)原材料的名称标识及技术要求见表 2－3－42。

**表 2－3－42　原材料的名称标识及技术要求**

| 类　型 | 名　称 | 标识符 | 技　术　要　求 | 主要生产工艺 | |
|---|---|---|---|---|---|
| | | | | 名　称 | 代　号 |
| 塑料格栅 | 聚丙烯 | PP | 必须是原始粒状颗粒原料，严禁使用粉状和再造粒状颗粒原料 | 拉　伸 | L |
| | 高密度聚乙烯 | HDPE | | | |
| 玻璃纤维格栅 | 无碱玻璃 | GE | 碱金属氧化物的含量不大于 0.8% | 经　编 | B |
| 经编格栅 | 高强聚酯长丝 | HP | — | | J |
| 黏结格栅 | 聚丙烯或高密度聚乙烯 | PP 或 HDPE | 必须是原始粒状颗粒原料，严禁使用粉状和再造粒状颗粒原料 | 黏　结 | Z |
| 焊接格栅 | | | | 焊　接 | |

4. 外观质量

(1)产品颜色应色泽均匀，无明显油污。

(2)产品无损伤、无破裂。

5. 成品尺寸

宽度:土工格栅宽度不得小于标称值。

长度:土工格栅每卷的纵向基本长度不允许小于 50 m,卷中不得有拼断。

(五)验收批量

产品以批为单位进行验收,同一牌号的原料、同一配方、同一规格、同一生产工艺并稳定连续生产的一定数量的产品为一批,每批数量不超过 500 卷,每卷长于或等于 50 m,不足 500 卷则以 5 日产量为一批。

(六)取样方法

产品检验依批为单位,检验从每批产品中随机抽取 5 卷。

(七)样品数量

在外观检查合格的样品中任取一卷,去掉外层长度 500 mm 后,截取全幅宽产品 1 m 作为力学性能检验样品。

(八)检测项目

尺寸及偏差、每延米极限抗拉强度、伸长率、2% 伸长率时的拉伸力、5% 伸长率时的拉伸力、黏焊点极限剥离力。

(九)质量评定

1. 外观质量判定:样品外观质量应符合外观质量指标的规定。

2. 理化性能的判定:碱金属氧化物含量、网眼尺寸以样本算术平均值判定。

3. 复检判定:若物理力学参数和原材料质量全部合格,而规格尺寸,外观质量中只有一项不合格,则判为合格批;若物理力学参数和原材料质量有一项不合格,则应在该批产品中重新抽取双倍样品制作试样,对物理力学参数和原材料质量中的不合格项目进行复检,复检全部合格,该批为合格;检测如果仍有一项不合格,则判为该批不合格。复检结果为最终判定依据。

(十)使用注意事项

1. 产品在装卸运输过程中,不得抛摔,避免与尖锐物品混装运输,避免剧烈冲击。运输应有遮篷等防雨、防日晒措施。

2. 产品不得露天存放,应避免日光长期照射,并离热源大于 5 m。产品自生产日期起,保存期为 12 个月。玻纤土工格栅应储存在无腐蚀气体、无粉尘和通风良好干燥的室内。

## 十、公路工程用有纺土工织物

(一)概述

有纺土工织物按编织类型可分为两类:机织有纺土工织物和针织有纺土工织物。机织有纺土工织物是由两组或两组以上纱线、条带或其他线条状物体,通过垂直相交编织成的土工织物。针织有纺土工织物是由一根或多根纱线或其他成分弯曲成圈,并互相穿套成的土工织物。有纺土工织物使用原材料名称代号见表 2-3-43。

**表 2-3-43 原材料名称代号**

| 名 称 | 代 号 | 名 称 | 代 号 |
|---|---|---|---|
| 聚乙烯 | PE | 聚丙烯 | PP |
| 高密度聚乙烯 | HDPE | 聚酯 | PES |
| 无碱玻璃纤维 | GE | 聚酰胺 | PA |

注:未列原材料,其名称应特殊说明;未列塑料及树脂基础聚合物的名称代号按 GB/T 1844.1—2008 规定表示。

产品的规格系列见表 2－3－44。

表 2－3－44 规格系列

| 有纺土工织物类型 | 型号规格 | | | | | | | | |
|---|---|---|---|---|---|---|---|---|---|
| 机织有纺土工织物 | WJ20 | WJ35 | WJ50 | WJ65 | WJ80 | WJ100 | WJ120 | WJ150 | WJ180 |
| 针织有纺土工织物 | WZ20 | WZ35 | WZ50 | WZ65 | WZ80 | WZ100 | WZ120 | WZ150 | WZ180 |
| 标称纵横向拉伸强度(kN/m),≥ | 20 | 35 | 50 | 65 | 80 | 100 | 120 | 150 | 180 |

(二)执行标准

《公路工程土工合成材料　有纺土工织物》(JT/T 514—2004)。

(三)相关标准

《塑料　符号和缩略语　第 1 部分:基础聚合物及其特征性能》(GB/T 1844.1—2008)。

《聚乙烯管材和管件炭黑含量的测定(热失重法)》(GB/T 13021—1991)。

《土工合成材料　现场鉴别标识》(GB/T 14798—2008)。

《公路土工合成材料试验规程》(JTG E50—2006)。

(四)性能指标

1. 有纺土工织物尺寸偏差应符合下列规定。

(1)单位面积质量相对偏差:±7%。

(2)幅宽:不小于 2 m。

(3)幅宽偏差:+3%。

2. 有纺土工织物的物理机械性能参数应符合表 2－3－45 的规定。

表 2－3－45 物理性能参数

| 项　目 | 型号规格 | | | | | | | | |
|---|---|---|---|---|---|---|---|---|---|
| | WJ20 | WJ35 | WJ50 | WJ65 | WJ80 | WJ100 | WJ120 | WJ150 | WJ180 |
| | WZ20 | WZ35 | WZ50 | WZ65 | WZ80 | WZ100 | WZ120 | WZ150 | WZ180 |
| 标称纵横向拉伸强度(kN/m),≥ | 20 | 35 | 50 | 65 | 80 | 100 | 120 | 150 | 180 |
| 纵横向拉伸断裂伸长率(%) | ≤30 | | | | | | | | |
| CBR 顶破强度(kN),≥ | 1.6 | 2 | 4 | 6 | 8 | 11 | 13 | 17 | 21 |
| 纵横向梯形撕破强度(kN),≥ | 0.3 | 0.5 | 0.8 | 1.1 | 1.3 | 1.5 | 1.7 | 2.0 | 2.3 |
| 垂直渗透系数(cm/s) | $5\times(10^{-1}\sim10^{-4})$ | | | | | | | | |
| 等效孔径 $O_{95}$(mm) | 0.07～0.5 | | | | | | | | |

3. 高分子有机合成材料有纺土工织物抗光老化等级应符合表 2－3－46 的规定。

表 2－3－46 土工有纺织物抗光老化等级

| 抗光老化等级 | Ⅰ | Ⅱ | Ⅲ | Ⅳ |
|---|---|---|---|---|
| 光辐射强度为 550 W/m² 照射 150 h,标称拉伸强度保持率(%) | <50 | 50～80 | 80～95 | >95 |
| 炭黑含量(%) | — | 2+0.5 | | |
| 炭黑在有纺土工织物材料中的分布要求 | 均匀、无明显聚块或条状物 | | | |

注:对不含炭黑或不采用炭黑作抗光老化助剂的有纺土工织物,其抗光老化等级的确定参照执行。

4. 外观质量

(1)产品颜色应色泽均匀,无明显油污。

(2)产品无损伤、无破裂。

(3)外观质量还应符合表2-3-47的规定。

**表2-3-47 外观质量**

| 序号 | 项目 | 要求 |
| --- | --- | --- |
| 1 | 经、纬密度偏差 | 在100 mm内与公称密度相比不允许缺2根以上 |
| 2 | 断丝 | 在同一处不允许有2根以上的断丝。同一处断丝2根以内(包括2根),100 $m^2$内不超过6处 |
| 3 | 蛛丝 | 不允许有大于50 $mm^2$的蛛网,100 $m^2$内不超过3个 |
| 4 | 布边不良 | 整卷不允许连续出现长度大于2 000 mm的毛边、散边 |

5. 成品尺寸

有纺土工织物每卷的纵向基本长度不允许小于30 m,卷中不得有拼段。

(五)验收批量

产品以批为单位进行验收,同一牌号的原料、同一配方、同一规格、同一生产工艺并稳定连续生产的一定数量的产品为一批,每批数量不超过500卷,每卷长度大于或等于30 m,不足500卷则以5日产量为一批。

(六)取样方法

产品检验以批为单位,检验从每批产品中随机抽取3卷。

(七)样品数量

在外观检查合格的样品中任取1卷,去掉外层长度500 mm后,截取全幅宽产品1 m作为物理机械性能检验样品。

(八)检测项目

尺寸偏差、拉伸强度、断裂伸长率、CBR顶破强度、梯形撕破强度、垂直渗透系数、等效孔径。

(九)质量评定

1. 外观质量的判定

样品外观质量以符合外观质量相关指标的规定为合格。

2. 复检判定

若物理机械性能参数全部合格,而尺寸偏差和外观质量中只有一项不合格,则判为合格批;若物理机械性能有一项不合格,则应在该批产品中重新抽取双倍数量的样品制作试样,对物理机械性能参数中的不合格项目进行复检,复检全部合格,该批为合格;检测如果仍有一项不合格,则判为该批不合格。复检结果为最终判定依据。

(十)使用注意事项

1. 产品在装卸运输过程中,不得抛摔,避免与尖锐物品混装运输,避免剧烈冲击。运输应有遮篷等防雨、防日晒措施。

2. 产品不得露天存放,应避免日光长期照射,并远离热源,距离应大于15 m。产品自生产日期起,保存期为12个月。玻纤有纺土工织物应储存在无腐蚀气体、无粉尘和通风良好干燥的室内。

## 十一、公路工程用无纺土工织物

(一)概述

公路工程土工合成材料无纺土工织物按纤丝的类型和固着成型工艺,可分为八类:长丝热轧,代号 CZ;长丝热粘,代号 CN;长丝化粘,代号 CH;长丝针刺,代号 CC;短纤热轧,代号 DZ;短纤热粘,代号 DN;短纤化粘,代号 DH;短纤针刺,代号 DC。

按无纺土工织物结构可进一步分为:长丝无纺土工织物,由高分子聚合物材料喷丝,经一定处理后形成的无限长的细丝,按照定向排列或任意连列并结合在一起的平面结构织物,代号为 TCZ;短纤无纺土工织物,由高分子聚合物材料喷丝,经一定处理后形成的无限长的细丝,再将细丝切割成短丝,按照定向排列或任意连列并结合在一起的平面结构织物,代号为 TDZ;针刺无纺土工织物,由长丝或短纤按一定要求和工艺铺置成纤网,利用带刺口的针对纤网上下反复穿刺,使纤维相互缠结固着而形成的土工织物,代号为 TCC 或 TDC;热粘无纺土工织物,由长丝或短纤按一定要求和工艺铺置成纤网,让纤网在一定温度下热粘,使纤维之间相互黏合固着而形成的土工织物,代号为 TCN 或 TDN;化粘无纺土工织物,由长丝或短纤按一定要求和工艺铺置成纤网,对纤网加化学黏合剂使纤维之间相互黏接固着而形成的土工织物,代号为 TCH 或 TDH。

无纺土工织物使用原材料名称代号见表 2-3-48。

**表 2-3-48　原材料名称代号**

| 名　称 | 代　号 | 名　称 | 代　号 |
|---|---|---|---|
| 聚乙烯 | PE | 聚丙烯 | PP |
| 高密度聚乙烯 | HDPE | 聚酯 | PES |
| 无碱玻璃纤维 | GE | 聚酰胺 | PA |

注:未列原材料,其名称应特殊说明;未列塑料及树脂基础聚合物的名称代号按 GB/T 1844.1—2008 规定表示。

产品的规格系列见表 2-3-49。

**表 2-3-49　规 格 系 列**

| 有纺土工织物类型 | 型　号　规　格 | | | | | | | | | |
|---|---|---|---|---|---|---|---|---|---|---|
| 长丝热轧 | TCZ3 | TCZ4 | TCZ6 | TCZ8 | TCZ10 | TCZ15 | TCZ20 | TCZ25 | TCZ30 | TCZ40 |
| 长丝热粘 | TCN3 | TCN4 | TCN6 | TCN8 | TCN10 | TCN15 | TCN20 | TCN25 | TCN30 | TCN40 |
| 长丝化粘 | TCH3 | TCH4 | TCH6 | TCH8 | TCH10 | TCH15 | TCH20 | TCH25 | TCH30 | TCH40 |
| 长丝针刺 | TCC3 | TCC4 | TCC6 | TCC8 | TCC10 | TCC15 | TCC20 | TCC25 | TCC30 | TCC40 |
| 短丝热轧 | TDZ3 | TDZ4 | TDZ6 | TDZ8 | TDZ10 | TDZ15 | TDZ20 | TDZ25 | TDZ30 | TDZ40 |
| 短丝热粘 | TDN3 | TDN4 | TDN6 | TDN8 | TDN10 | TDN15 | TDN20 | TDN25 | TDN30 | TDN40 |
| 短丝化粘 | TDH3 | TDH4 | TDH6 | TDH8 | TDH10 | TDH15 | TDH20 | TDH25 | TDH30 | TDH40 |
| 短丝针刺 | TDC3 | TDC4 | TDC6 | TDC8 | TDC10 | TDC15 | TDC20 | TDC25 | TDC30 | TDC40 |

(二)执行标准

《公路土工合成材料　无纺土工织物》(JT/T 667—2006)。

(三)相关标准

《塑料符号和缩略语　第 1 部分:基础聚合物及其特征性能》(GB/T 1844.1—2008)。

《聚乙烯管材和管件炭黑含量的测定(热失重法)》(GB/T 13021—1991)。

《土工合成材料　现场鉴别标识》(GB/T 14798—2008)。

《公路土工合成材料试验规程》(JTG E50—2006)。

(四)性能指标

1. 无纺土工织物厚度不小于0.5 mm,尺寸偏差应符合下列规定。

(1)单位面积质量偏差:±10%。

(2)厚度偏差:±15%。

(3)幅宽偏差:+0.5%。

2. 无纺土工织物的物理力学性能参数应符合表2-3-50的规定。

**表2-3-50 物理力学性能指标**

| 项目 | 型号规格 | | | | | | | | | |
|---|---|---|---|---|---|---|---|---|---|---|
| | TCZ3 | TCZ4 | TCZ6 | TCZ8 | TCZ10 | TCZ15 | TCZ20 | TCZ25 | TCZ30 | TCZ40 |
| | TCN3 | TCN4 | TCN6 | TCN8 | TCN10 | TCN15 | TCN20 | TCN25 | TCN30 | TCN40 |
| | TCH3 | TCH4 | TCH6 | TCH8 | TCH10 | TCH15 | TCH20 | TCH25 | TCH30 | TCH40 |
| | TCC3 | TCC4 | TCC6 | TCC8 | TCC10 | TCC15 | TCC20 | TCC25 | TCC30 | TCC40 |
| | TDZ3 | TDZ4 | TDZ6 | TDZ8 | TDZ10 | TDZ15 | TDZ20 | TDZ25 | TDZ30 | TDZ40 |
| | TDN3 | TDN4 | TDN6 | TDN8 | TDN10 | TDN15 | TDN20 | TDN25 | TDN30 | TDN40 |
| | TDH3 | TDH4 | TDH6 | TDH8 | TDH10 | TDH15 | TDH20 | TDH25 | TDH30 | TDH40 |
| | TDC3 | TDC4 | TDC6 | TDC8 | TDC10 | TDC15 | TDC20 | TDC25 | TDC30 | TDC40 |
| 纵横向拉伸强度(kN/m),≥ | 3 | 4 | 6 | 8 | 10 | 15 | 20 | 25 | 30 | 40 |
| 纵横向拉伸断裂伸长率(%) | 25~100 | | | | | | | | | |
| CBR顶破强度(kN),≥ | 0.5 | 0.7 | 1.0 | 1.2 | 1.7 | 2.5 | 3.5 | 4.0 | 5.5 | 7.0 |
| 纵横向梯形撕破强度(kN),≥ | 0.10 | 0.12 | 0.16 | 0.2 | 0.25 | 0.4 | 0.5 | 0.6 | 0.8 | 1.0 |
| 等效孔径 $O_{95}$(mm) | 0.07~0.3 | | | | | | | | | |

3. 无纺土工织物抗光老化等级应符合表2-3-51的规定。

**表2-3-51 土工无纺织物抗光老化等级**

| 抗光老化等级 | Ⅰ | Ⅱ | Ⅲ | Ⅳ |
|---|---|---|---|---|
| 光辐射强度为550 W/m² 照射150 h,标称拉伸强度保持率(%) | <50 | 50~80 | 80~95 | >95 |
| 炭黑含量(%) | — | 2~2.5 | | |

注:对不含炭黑或不采用炭黑作抗光老化助剂的无纺土工织物,其抗光老化等级可参照执行。

4. 外观质量

(1)产品颜色应色泽均匀,无明显油污。

(2)产品无损伤、无破裂。

(3)外观质量还应符合表2-4-52的规定。

**表2-4-52 外观质量**

| 序号 | 项目 | 轻缺陷 | 备注 |
|---|---|---|---|
| 1 | 布面不均、折痕 | 轻微 | — |
| 2 | 杂物 | 软质、粗经≤5 mm | — |
| 3 | 边不良 | ≤300 cm时,每50 cm计一处 | — |
| 4 | 破损 | ≤0.5 cm | 以疵点最大长度计 |

注:在一卷无纺土工织物上不允许存在重缺陷,轻缺陷每200 m² 应不超过5个。

(五)验收批量

产品以批为单位进行验收。同一牌号的原料、同一配方、同一规格和同一生产工艺并稳定连续生产的一定数量的产品为一批,每批数量不超过500卷,每卷长度大于或等于30 m,不足500卷则以5日产量为一批。

(六)取样方法

产品检验以批为单位,从每批产品中随机抽取3卷进行检验。

(七)样品数量

在外观检查合格的样品中任取一卷,去掉外层长度500 mm后,截取全幅宽产品1 m作为物理机械性能检验样品。

(八)检测项目

尺寸偏差、拉伸强度、CBR顶破强度、梯形撕破强度、断裂伸长率、等效孔径。

(九)质量评定

1. 外观质量的判定

样品外观质量以符合外观质量相关指标的规定为合格。

2. 复检判定

若物理力学性能参数全部合格,而尺寸偏差和外观质量中只有一项不合格,则判为合格批;若物理力学性能有一项不合格,则应在该批产品中重新抽取双倍数量的样品制作试样,对物理力学性能参数中的不合格项目进行复检,复检全部合格,该批为合格;检测如果仍有一项不合格,则判为该批不合格。复检结果为最终判定依据。

(十)使用注意事项

1. 产品在装卸运输过程中,不得抛摔,避免与尖锐物品混装运输,避免剧烈冲击。运输工具应有遮篷等防雨与防晒措施。

2. 未掺加防老化助剂的无纺土工织物产品不得露天存放,应避免日光长期照射,并离热源大于15 m。对具有抗光老化能力以及掺加防老化助剂的无纺土工织物累积暴露存放不得超过1个月。玻纤无纺土工织物应储存在无腐蚀气体、无粉尘和通风良好、干燥的室内。

## 十二、公路工程用塑料排水板(带)

(一)概述

塑料排水板(带)是以薄型土工织物包裹不同材料制成的不同形状的芯材,组合成一种具有一定宽度的复合型排水产品。一般将宽度为10 cm的称为排水带,而将宽度不小于100 cm的称为排水板。

塑料排水板(带)是针对淤泥、淤泥质土、冲填土等饱和黏性土及杂填土地基运用排水固结法进行软基处理的良好垂直通道,可大大缩短固结时间,以增加作用于土颗粒的有效应力来加速地基固结沉降,从而达到提高强度的目的。塑料排水板(带)具有质量容易控制,成本较低;在施工过程中没有排水孔断面不均匀和受堵塞的情况;断面小,对地基扰动小;打设机械轻,可用于较软弱的地基等优点。

塑料排水板(带)按打设软土地基深度可分为5类:适用打设深度10 m的为A型;适用打设深度15 m的为$A_0$型;适用打设深度20 m的为B型;适用打设深度25 m的为$B_0$型;适用打设深度35 m的为C型。

按功能分为4类:双面反滤排水板(带),代号为FF;单面反滤排水板(带),代号为F;一面反滤排水，另一面隔离防渗排水板（带），代号为 F；加筋兼反滤排水板（带），代号为 F1。

（二）执行标准

《公路土工合成材料　塑料排水板（带）》（JT/T 521—2004）。

（三）相关标准

《土工合成材料测试规程》（SL/T 235—1999）。

（四）性能指标

1. 产品规格系列与尺寸偏差

塑料排水板（带）的规格系列与尺寸偏差见表 2－3－53。

**表 2－3－53　规格系列与尺寸偏差**

| 项　目 | 型　　号 | | | | |
|---|---|---|---|---|---|
| | SPB－A | SPB－$A_0$ | SPB－B | SPB－$B_0$ | SPB－C |
| 厚度（mm），≥ | 3.5 | 3.5 | 4.0 | 4.0 | 4.5 |
| 厚度允许偏差（%） | ±0.5 | | | | |
| 宽度（mm） | >95 | | | | |
| 宽度允许偏差（%） | ±2 | | | | |

2. 基本性能指标

塑料排水板（带）性能指标，包括：纵向通水量、复合体抗拉强度与延伸率、滤膜抗拉强度与延伸率、滤膜渗透系数、滤膜等效孔径等。其各项技术要求见表 2－3－54。

**表 2－3－54　塑料排水扳（带）的基本技术要求**

| 项　　目 | | 型　号　规　格 | | | | |
|---|---|---|---|---|---|---|
| | | SPB－A | SPB－$A_0$ | SPB－B | SPB－$B_0$ | SPB－C |
| 材　质 | 芯　带 | 高密度聚乙烯、聚丙烯等 | | | | |
| | 滤　膜 | 材料为涤纶、丙纶等无纺织物；单位面积质量宜大于 85 g/$m^2$ | | | | |
| 复合体 | 抗拉强度（干态）（kN/10 cm）（延伸率为 10% 的强度），> | 1.0 | 1.0 | 1.2 | 1.2 | 1.2 |
| | 延伸率（%），> | 4 | | | | |
| 纵向通水量（$cm^3$/s）（侧压力为 350 kPa），≥ | | 25 | 25 | 30 | 30 | 30 |
| 滤膜的拉伸强度（kN/m） | 干拉强度 | 1.5 | 1.5 | 2.5 | 2.5 | 3.0 |
| | 湿拉强度 | 1.0 | 1.0 | 2.0 | 2.0 | 2.5 |
| 芯板压曲强度（kPa），> | | 250 | | | 350 | |
| 滤膜渗透反滤特性 | 渗透系数（cm/s） | $k_g \geq 5 \times 10^{-4}$，$k_g \geq 10\ k_s$ | | | | |
| | 等效孔径 $O_{95}$（mm） | <0.075 | | | | |

注：1. $k_g$——滤膜的渗透系数；$k_s$——地基土的渗透系数；

2. 塑料排水板（带）滤膜干拉强度为延伸率 10% 的纵向抗拉强度，湿拉强度为浸泡 24 h 后，延伸率 15% 的横向抗拉强度。

3. 原材料

芯板用聚丙烯为原材料时，严禁使用再生料。

4. 外观质量

(1)槽型塑料排水板(带)板芯槽齿无倒伏现象,钉型排水板(带)板芯乳头圆滑不带刺。

(2)塑料排水板(带)板芯无接头,表面光滑、无空洞和气泡、齿槽应分布均匀。

(3)塑料排水板(带)滤膜应符合下列规定。

①每卷滤膜接头不多于一个,接头搭接长度大于 20 cm;

②滤膜应包紧板芯,包覆时用热合法或黏合法;

③当用黏合法时,黏合缝应连续,缝宽为 5 mm +1 mm。

(五)验收批量

产品以批为单位进行验收,同一配方、同一生产工艺、同一设备稳定连续生产的一定数量的产品为一批,每批数量不超过 20 万 m。小于 20 万 m 的按 20 万 m 计;不同批次生产的排水板(带)应分批检测,同批次生产但分批运输的也应分批次检测。

(六)取样方法

产品检验以批为单位,外观质量检测时每次抽取 5 卷(盘)进行检测。

(七)样品数量

复合体抗拉强度、延伸率,测试件数量不少于 6 条,滤膜干拉强度或湿拉强度测试件不少于 6 个,压曲强度试样不少于 3 件。

(八)检测项目

尺寸偏差、复合体抗拉强度、复合体延伸率、反滤特性芯板压曲强度。

(九)质量评定

1. 外观质量的判定

在外观质量检测中抽取 5 卷排水板(带)中,当有 3 卷不符合技术指标的规定时,则该 5 卷所代表的排水板(带)不合格;若有 2 卷不符合规定时,可再抽取 2 卷检测,若仍有 2 卷不符合规定,则该批排水板(带)为不合格。

2. 复检判定

在外观质量检验后,检验复合体抗拉强度、复合体延伸率、反滤特性芯板压屈强度三个指标均合格时则判该批产品为合格批。三个指标有一项不合格,则应在该产品中重新抽取双倍数量的样品制作试样,对三指标中的不合格项目进行复检,复检全部合格,判该批为合格批;检测结果若仍有一项不合格,则判该批产品为不合格。复检结果作为最终判定的依据。

(十)使用注意事项

1. 塑料排水板(带)在运输过程中应轻放、轻卸,不能长期日晒雨淋。

2. 塑料排水板(带)应储存在通风、干燥、温度适宜的仓库内,产品不应重压。严禁与化工腐蚀物品一起堆放。

## 十三、公路工程用短纤针刺非织造土工布

(一)概述

公路工程用短纤针刺非织造土工布按纤维品种分为聚酯(PET)、聚丙烯(PP)、聚酰胺(PA)、聚乙烯(PE)短纤针刺非织造土工布。规格系列按单位面积质量分为 200、250、300、350、400、450、500 等。

(二)执行标准

《公路土工合成材料　短纤针刺非织造土工布》(JT/T 520—2004)。

(三)相关标准

《纺织品　织物拉伸性能　第1部分:断裂强力和断裂伸长率的测定　条样法》(GB/T 3923.1—1997)。

《纺织品　织物长度和幅宽的测定》(GB/T 4666—2009)。

《土工合成材料　取样和试样准备》(GB/T 13760—2009)。

《土工布及其有关产品　抗氧化性能的试验方法》(GB/T 17631—1998)。

《土工布及其有关产品　抗酸、碱液性能的试验方法》(GB/T 17632—1998)。

《土工布　接头/接缝宽条拉伸试验方法》(GB/T 16989—1997)。

《公路土工合成材料　长丝纺粘针刺非织造土工布》(JT/T 519—2004)。

《公路土工合成材料试验规程》(JTG E50—2006)。

(四)性能指标

1. 产品规格系列与尺寸偏差

短纤针刺非织造土工布的规格系列与尺寸偏差见表2-3-55。

**表2-3-55　产品规格系列与尺寸偏差**

| 项　目 | 规　格 | | | | | | |
|---|---|---|---|---|---|---|---|
| | 200 | 250 | 300 | 350 | 400 | 450 | 500 |
| 单位面积质量($g/m^2$) | 200 | 250 | 300 | 350 | 400 | 450 | 500 |
| 单位面积质量偏差(%) | -8 | -8 | -7 | -7 | -7 | -7 | -6 |
| 厚度(mm),≥ | 2.0 | 2.2 | 2.4 | 2.7 | 3.1 | 3.5 | 3.8 |
| 厚度偏差(%) | 15 | | | | | | |
| 宽度(m),≥ | 3.0 | | | | | | |
| 标称宽度偏差(%) | -0.5 | | | | | | |

2. 基本项性能要求

短纤针刺非织造土工布的基本项性能指标见表2-3-56。

**表2-3-56　基本项性能指标**

| 性　能 | 规　格 | | | | | | |
|---|---|---|---|---|---|---|---|
| | 200 | 250 | 300 | 350 | 400 | 450 | 500 |
| 纵横向断裂强度(kN/m),≥ | 6.5 | 8.0 | 9.5 | 11.0 | 12.5 | 14.0 | 16.0 |
| 纵横向断裂延伸率(%) | 30~80 | | | | | | |
| CBR顶破强度(kN),≥ | 0.9 | 1.2 | 1.5 | 1.8 | 2.1 | 2.4 | 2.7 |
| 等效孔径$O_{90}$($O_{95}$)(mm) | 0.08~0.20 | | | | | | |
| 垂直渗透系数(cm/s) | $5\times10^{-2}\sim5\times10^{-1}$ | | | | | | |
| 纵横向撕破强度(kN),≥ | 0.16 | 0.20 | 0.24 | 0.28 | 0.33 | 0.38 | 0.42 |

3. 选择项

动态穿孔(mm)、刺破强度(N)、纵横向强度比、平面内水流量($m^2/s$)、湿筛孔径(mm)、摩擦系数、抗紫外线性能、抗酸碱性能、抗氧化性能、抗磨损性能、蠕变性能和拼接强度等。性能指标应符合JTJ/T 019—1998的规定。作反滤层的无纺土工织物,应耐腐蚀、抗老化,具有较好的透水性能,等效孔径$O_{95}$应满足保土、透水、防淤堵设计准则要求。

4. 外观

外观分为轻缺陷和重缺陷,见表 2-3-57。

**表 2-3-57 外观疵点的评定**

| 序 号 | 疵点名称 | 轻缺陷 | 重缺陷 | 备 注 |
|---|---|---|---|---|
| 1 | 布面不匀、折痕 | 轻 微 | 严 重 | — |
| 2 | 杂 物 | 软质,粗≤5 mm | 硬质;软质,粗>5 mm | — |
| 3 | 边不良 | ≤300 cm 时,每 50 cm 计一处 | >300 cm | — |
| 4 | 破损 | ≤0.5 cm | >0.5 cm;破洞 | 以疵点最大长度计 |
| 5 | 其他 | 参照相似疵点评定 | | — |

(五)验收批量

以同一班次生产的同一规格的产品为一批,批量较小时可累计 400 卷为一批,但一周产量仍不满 400 卷时,则以一周内产量为一批。交付验收的产品应以同一品种、同一规格、同一工艺的一个交货批划分检验批。

(六)取样方法

性能要求的测定以批为单位,每批产品随机抽取 2% ~3%,但不少于两卷,采样及试验准备按 GB/T 13760—2009 的规定进行。卷装的头两层不应取做样品。在卷装上沿着垂直于机器方向(生产方向即卷装长度方向)的整个宽度方向裁取样品,样品要足够长,以获得所要求的试样数量。用于每次试验的试样,应从样品中长度和宽度方向上均匀地裁取,且距样品边缘至少 100 mm。测试前,应将试样保存在干燥、干净、避光处,防止受到化学物品浸蚀和机械损伤。

(七)样品数量

厚度试样长度 1 m,所需试样数量 10 个;单位面积质量试样长度 1 m,所需试样数量 10 个;拉伸性能试样长度 2 m,所需试样数量 10 个;抗静态顶破性能试样长度 2 m,所需试样数量 10 个;特征孔径试样长度 2 m,所需试样数量 5 个;垂直渗透系数试样长度 1 m,所需试样数量 5 个;平面渗流量试样长度 1 m,所需试样数量 6 个;抗氧化性能试样长度 3 m,所需试样数量 12 个。

(八)检测项目

外观质量、断裂强度、断裂伸长率、CBR 顶破强度、等效孔径、垂直渗透系数、撕破强度等。

(九)质量评定

1. 性能检验规定

检验批性能指标的检验结果以所采取样品平均结果表示。基本项和选择项全部达到要求的为合格,否则为不合格。

2. 外观质量检验评定

在一卷土工布上不允许存在重缺陷,轻缺陷每 200 $m^2$ 应不超过 5 个,否则外观质量为不合格。

3. 复检规定

(1)外观质量的复检

抽取检验批批量的 5% ~10% 作为检验样品,但不少于 10 卷,每卷产品的评定按技术指标规定进行,所检验产品不合格品率在 10% 以内,为全批合格;当不合格率超过 10% 时,该批产品为不合格。

(2)性能复检

抽取检验批批量的 1% ~2% 作为检验样品,但不少于 3 卷。检验结果应符合相关技术指标规定，如经检验发现问题，可重新在该批产品中抽取相同数量样品，对不合格项进行复检，并以全部抽取样品的检验结果平均值作为复检结果。复检一次为准，复检合格者为全批合格，否则按全批不合格处理。

（十）使用注意事项

1. 产品在运输和储存中不得沾污、雨淋和破损，不得长期曝晒和直立。

2. 产品应放置在干燥处，周围不得有酸和碱等腐蚀性介质，注意防潮、防火。

## 十四、公路工程用长丝纺粘针刺非织造土工布

（一）概述

公路工程用长丝纺粘针刺非织造土工布按纤维品种分为聚酯（PET）、聚丙烯（PP）、聚酰胺（PA）、聚乙烯（PE）长丝纺粘针刺非织造土工布。按用途分为沥青铺面用和路基用。规格系列按单位面积质量分为150、200、250、300、350、400、450、500等。

（二）执行标准

《公路工程土工合成材料　长丝纺粘针刺非织造土工布》（JT/T 519—2004）。

（三）相关标准

《纺织品　织物拉伸性能　第1部分：断裂强力和断裂伸长率的测定　条样法》（GB/T 3923.1—1997）。

《纺织品　织物长度和幅宽的测定》（GB/T 4666—2009）。

《土工合成材料　取样和试样准备》（GB/T 13760—2009）。

《土工布及其有关产品　抗氧化性能的试验方法》（GB/T 17631—1998）。

《土工布及其有关产品　抗酸、碱液性能的试验方法》（GB/T 17632—1998）。

《土工布　接头/接缝宽条拉伸试验方法》（GB/T 16989—1997）。

《公路土工合成材料试验规程》（JTG E50—2006）。

（四）性能指标

1. 产品规格系列与尺寸偏差

长丝纺粘针刺非织造土工布的规格系列与尺寸偏差见表2－3－58。

**表2－3－58　产品规格系列与尺寸偏差**

| 项　目 | 规　格 | | | | | | | |
|---|---|---|---|---|---|---|---|---|
| | 150 | 200 | 250 | 300 | 350 | 400 | 450 | 500 |
| 单位面积质量（g/m²） | 150 | 200 | 250 | 300 | 350 | 400 | 450 | 500 |
| 单位面积质量偏差（%） | －10 | －6 | －5 | －5 | －5 | －5 | －5 | －4 |
| 厚度（mm），≥ | 1.7 | 2.0 | 2.2 | 2.4 | 2.5 | 3.1 | 3.5 | 3.8 |
| 厚度偏差（%） | 15 | | | | | | | |
| 宽度（m），≥ | 3.0 | | | | | | | |
| 标称宽度偏差（%） | －0.5 | | | | | | | |

注：1. 规格按单位面积质量，实际规格介于表中相邻规格之间时，按内插法计算相应考核指标；

2. 采用聚酯材料制造的150 g/m² 长丝纺粘针刺非织造土工布用于沥青铺面用。

2. 基本项性能要求

长丝纺粘针刺非织造土工布基本项性能指标见表2－3－59。

**表 2-3-59　基本项性能指标**

| 性　能 | 规　格 | | | | | | | |
|---|---|---|---|---|---|---|---|---|
| | 150 | 200 | 250 | 300 | 350 | 400 | 450 | 500 |
| 纵横向断裂强度(kN/m),≥ | 7.5 | 10.0 | 12.5 | 15.0 | 17.5 | 20.5 | 22.5 | 25.0 |
| 纵横向断裂延伸率(%) | 30~80 | | | | | | | |
| CBR 顶破强度(kN),≥ | 1.4 | 1.8 | 2.2 | 2.6 | 3.0 | 3.5 | 4.0 | 4.7 |
| 等效孔径 $O_{90}$($O_{95}$)(mm) | 0.08~0.20 | | | | | | | |
| 垂直渗透系数(cm/s) | $5\times10^{-2}\sim5\times10^{-1}$ | | | | | | | |
| 纵横向撕破强度(kN),≥ | 0.21 | 0.28 | 0.35 | 0.42 | 0.49 | 0.56 | 0.63 | 0.70 |

3. 选择项

动态穿孔(mm)、刺破强度(N)、纵横向强度比、平面内水流量($m^2$/s)、湿筛孔径(mm)、摩擦系数、抗紫外线性能、抗酸碱性能、抗氧化性能、抗磨损性能、蠕变性能和拼接强度等。性能指标应符合 JTJ/T 019—1998 的规定。用于沥青铺面用的长丝纺粘针刺非织造土工布,耐高温性应在 210 ℃以上,并须经单面烧毛工艺处理。可采用聚酯材料制造的 150 g/$m^2$ 长丝纺粘针刺非织造土工布。用于路基用的长丝纺粘针刺非织造土工布,其耐腐蚀,抗老化、导排性能应满足设计要求。

4. 外观

外观分为轻缺陷和重缺陷,见表 2-3-60。

**表 2-3-60　外观疵点的评定**

| 序　号 | 疵点名称 | 轻　缺　陷 | 重　缺　陷 | 备　注 |
|---|---|---|---|---|
| 1 | 布面不匀、折痕 | 轻微 | 严重 | — |
| 2 | 杂物、僵丝 | 软质,粗≤5 mm | 硬质;软质,粗>5 mm | — |
| 3 | 边不良 | ≤300 cm 时,每 50 cm 计一处 | >300 cm | — |
| 4 | 破损 | ≤0.5 cm | >0.5 cm;破洞 | 以疵点最大长度计 |
| 5 | 其他 | 参照相似疵点评定 | | — |

(五)验收批量

以同一班次生产的同一规格的产品为一批,批量较小时可累计 400 卷为一批,但一周产量仍不满 400 卷时,则以一周内产量为一批。交付验收的产品应以同一品种、同一规格、同一工艺的一个交货批划分检验批。

(六)取样方法

性能要求的测定以批为单位,每批产品随机抽取 2% ~ 3%。但不少于 2 卷,采样及试验准备按 GB/T 13760—2009 的规定进行。

(七)样品数量

厚度试样长度 1 m,所需试样数量 10 个;单位面积质量试样长度 1 m,所需试样数量 10 个;拉伸性能试样长度 2 m,所需试样数量 10 个;抗静态顶破性能试样长度 2 m,所需试样数量

10个;特征孔径试样长度2 m,所需试样数量5个;垂直渗透系数试样长度1 m,所需试样数量5个;平面渗流量试样长度1 m,所需试样数量6个;抗氧化性能试样长度3 m,所需试样数量12个。

(八)检测项目

外观质量、断裂强度、断裂伸长率、CBR顶破强度、等效孔径、垂直渗透系数、撕破强度等。

(九)质量评定

1. 性能检验规定

检验批性能指标的检验结果以所采取样品平均结果表示。基本项和选择项全部达到要求的为合格,否则为不合格。

2. 外观质量检验评定

在一卷土工布上不允许存在重缺陷,轻缺陷每200 $m^2$ 应不超过5个,否则外观质量为不合格。

3. 复检规定

(1)外观质量的复检

抽取检验批批量的5% ~10%作为检验样品,但不少于10卷,每卷产品的评定按技术指标规定进行,所检验产品不合格品率在10%以内,为全批合格;当不合格率超过10%时,该批产品为不合格。

(2)性能复检

抽取检验批批量的1% ~2%作为检验样品,但不少于3卷。检验结果应符合相关技术指标规定,如经检验发现问题,可重新在该批产品中抽取相同数量样品,对不合格项进行复检,并以全部抽取样品的检验结果平均值作为复检结果。复检一次为准,复检合格者为全批合格,否则按全批不合格处理。

(十)使用注意事项

1. 产品在运输和储存中不得沾污、雨淋和破损,不得长期曝晒和直立。

2. 产品应放置在干燥处,周围不得有酸和碱等腐蚀性介质,注意防潮、防火。

## 第四节　路基工程现场试验

### **一、含水率试验**(烘干法)

(一)试验目的

测定土、砂石等路基填料材料中孔隙间所含水占材料质量的比率。用于计算土的干密度、孔隙比、孔隙率、饱和度等指标。

(二)适用范围

烘干法是测定含水率的标准方法,适用于黏质土、粉质土、砂类土和有机质土类。土中有机质含量即烧失量超过5%或土中含有石膏和硫酸盐时,应控制温度在65℃ ~70℃,将试样烘至恒重。

(三)试验原理

土中的水分为强结合水、弱结合水及自由水。工程上含水率定义为土中自由水的质量与土粒质量之比的百分数,一般认为在100℃ ~110℃温度下能将土中自由水蒸发掉。

(四)执行标准

《土工试验方法标准》(GB/T 50123—1999)。

《公路土工试验规程》(JTG E40—2007)。

《铁路工程土工试验规程》(TB 10102—2010)。

(五)仪器设备

1. 烘箱:可采用电热烘箱或温度能保持105℃~110℃的其他能源烘箱,也可用红外线烘箱。

2. 天平:感量0.01 g。

3. 其他:干燥器、称量盒等。

(六)试验准备

1. 含水率试验的取样应在有代表部位取样,不应该在含水率有明显变化的材料表面、底层等部位取样。

2. 烘干法测定含水率所需试样质量应符合表2-4-1的要求。

**表2-4-1 试样质量**

| 材料分类 | 土质 | 试样质量(g) |
|---|---|---|
| 细粒土 | 粉土、黏性土 | 15~30 |
| | 有机土 | 30~50 |
| 粗粒土 | 砂类土 | 30~50 |
| | 砾石土 | 500~1 000 |
| 巨粒土 | 碎石土 | 1 500~3 000 |

3. 预先在天平上称量称量盒的质量。

(七)试验步骤

1. 取具有代表性试样放入称量盒内,立即盖好盒盖,称量称量盒加湿土质量。扣除称量盒质量后为湿土质量 $m_0$。

2. 揭开盒盖,将试样和盒放入烘箱内,在温度105℃~110℃恒温下烘干。烘干时间对细粒土不得少于8 h,对砂类土不得少于6 h。对含有机质超过5%的土,应将温度控制在65℃~70℃的恒温下烘干。

3. 将烘干后的试样和盒取出,放入干燥器内冷却(一般只需0.5~1 h即可)。冷却后盖好盒盖,称质量,准确至0.01 g。扣除称量盒质量为干土质量 $m_d$。

(八)数据处理

1. 土的含水率按下式计算。

$$w=(m_0-m_d)/m_d\times100\% \tag{2-4-1}$$

式中 $w$——含水率;

$m_0$——湿试样质量,g;

$m_d$——干试样质量,g。

2. 含水率试验须进二次平行测定,取其算术平均值,允许平行差值应符合表2-4-2的要求。

(九)试验注意事项

1. 含石膏土和有机质土的含水率测试法

表 2-4-2　含水率平行测定允许差值

| 土的类别 | 允许平行差值(%) | | |
|---|---|---|---|
| | $w \leqslant 10$ | $10 < w \leqslant 40$ | $w > 40$ |
| 砂类土、有机土、粉土、黏性土 | 0.5 | 1.0 | 2.0 |
| 砾石类、碎石类 | 1.0 | 2.0 | — |

含石膏土和有机质土的烘干温度在110℃时,对含石膏土会失去结晶水,对含有机质土其有机成分会燃烧,测试结果将与含水率定义不符。这种试样的干燥宜用真空干燥箱在近乎1个大气压力作用下将土干燥,或将烘箱温度控制在75℃～80℃,干燥8 h以上为好。

2. 无机结合料稳定土的含水率测试法

无机结合料在国外常称为水硬性结合料。它主要指水泥、石灰、粉煤灰和石灰或水泥粉煤灰,所用术语水泥稳定土、石灰稳定土、石灰粉煤灰稳定土等都是总称。

如水泥与水拌和就要发生水化作用,在较高温度下水化作用发生较快。因此,需将水泥混合料放在原为室温的烘箱内,再启动烘箱升温,则在升温过程中水泥与水的水化作用发生较快,而烘干法又不能除去已与水泥发生水化作用的水,这样得出的含水率往往偏小。所以应提前将烘箱升温到110℃,使放入的水泥混合料一开始就能在105℃～110℃的环境下烘干。另外,烘干后冷却时应用硅胶作干燥剂。

## 二、含水率试验(酒精燃烧法)

(一)试验目的

测定土、砂石等路基填料材料中孔隙间所含水占材料质量的比率。用于计算土的干密度、孔隙比、孔隙率、饱和度等指标。

(二)适用范围

适用于不含有机质的砂类土、粉土、黏性土的含水率快速测定。

(三)试验原理

在土样中加入酒精,利用酒精能在土上燃烧,使土中水分蒸发,将土样烘干。一般应烧3次,本法是快速测定法中较准确的一种,现场测试中用的较多。

(四)执行标准

《土工试验方法标准》(GB/T 50123—1999)。

《公路土工试验规程》(JTG E40—2007)。

《铁路工程土工试验规程》(TB 10102—2010)。

(五)仪器设备

1. 称量盒。
2. 天平:感量0.01 g
3. 酒精:纯度95%。
4. 滴管、火柴、调土刀等。

(六)试验准备(指取样及样品加工等)

1. 土样应有代表性,黏质土5～10 g,砂类土20～30 g。
2. 试验过程中应预备湿抹布等防火措施,注意试验安全。

(七)试验步骤

1. 将试样放入称量盒内,称湿土质量。

2. 用滴管将酒精注入放有试样的称量盒中,直至盒中出现自由液面为止。为使酒精在试样中充分混合均匀,可将盒底在桌面上轻轻敲击。

3. 点燃盒中酒精,燃至火焰熄灭。

4. 将试样冷却数分钟,按第2、3步的方法重新燃烧两次。

5. 待第三次火焰熄灭后,盖好盒盖,立即称干土质量,准确至0.1 g。

其余同烘干法。

(八)数据处理

1. 土的含水率按下式计算。

$$w = (m_0 - m_d)/m_d \times 100\% \qquad (2-4-2)$$

式中 $w$——含水率;

$m_0$——湿试样质量,g;

$m_d$——干试样质量,g。

2. 含水率试验须进二次平行测定,取其算术平均值,允许平行差值应符合表2-4-3的要求。

**表2-4-3 含水率平行测定允许差值**

| 土 的 类 别 | 允许平行差值(%) | | |
|---|---|---|---|
| | $w \leqslant 10$ | $10 < w \leqslant 40$ | $w > 40$ |
| 砂类土、有机土、粉土、黏性土 | 0.5 | 1.0 | 2.0 |
| 砾石类、碎石类 | 1.0 | 2.0 | — |

(九)试验注意事项

酒精燃烧法测试土的含水率应首先确定是否适用,含有有机质及在高温下宜分解为液体和气体的土不应用燃烧法测试含水率。另外应注意防止烫伤及用火安全。

## 三、密度试验(环刀法)

(一)试验目的

环刀法是测量现场密度的传统方法。国内习惯采用的环刀容积通常为200 $cm^3$,环刀高度通常约5 cm。

(二)适用范围

适用于小粒径且有一定黏结作用的材料现场检测密度的试验,对于含有粒料的稳定土及松散性材料不适用于环刀法测试。

(三)试验原理

通过一定体积的环刀切取一定状态下的材料,称取其质量,利用密度定义(密度为单位体积的物质质量)求得所测材料的密度。

(四)执行标准

《土工试验方法标准》(GB/T 50123—1999(2008))。

《公路土工试验规程》(JTG E40—2007)。

《铁路工程土工试验规程》(TB 10102—2010)。

（五）仪器设备

1. 环刀：包括环刀、环盖、定向筒和击实锤系统（导杆、落锤、手柄）。环刀内径 6 ~ 8 cm，高 2 ~ 5.4 cm，壁厚 1.5 ~ 2.2 mm。

2. 天平：感量 0.1 g。

3. 其他：镐、小铁锹、修土刀、毛刷、直尺、钢丝锯、凡士林、木板及测定含水率设备等。

（六）试验准备（指取样及样品加工等）

1. 擦净环刀，称取环刀质量 $m_2$，准确至 0.1 g。

2. 在试验地点，将面积约 30 cm × 30 cm 的地面清扫干净。并将压实层铲去表面浮动及不平整的部分，达到一定深度，使环刀打下后，能达到要求的取土深度，但不得扰动下层。

（七）试验步骤

1. 将定向筒齿钉固定于铲平的地面上，顺次将环刀、环盖放入定向筒内与地面垂直。

2. 将导杆保持垂直状态，用取土器落锤将环刀打入压实层中，至环盖顶面与定向筒上口齐平为止。

3. 去掉击实锤和定向筒，用镐将环刀及试样挖出。

4. 轻轻取下环盖，用修土刀自边至中削去环刀两端余土，用直尺检测直至修平为止。

5. 擦净环刀外壁，用天平称取环刀及试样合计质量 $m_1$，准确至 0.1 g。

6. 自环刀中取出试样，取具有代表性的试样，测定其含水率。

（八）数据处理

按下式分别计算试样的湿密度 $\rho_w$ 及干密度 $\rho_d$。

$$\rho_w = (m_1 - m_2)/v \qquad (2-4-3)$$

$$\rho_d = \rho_w/(1 + 0.01w) \qquad (2-4-4)$$

（九）试验注意事项

用环刀法测得的密度是环刀内土样所在深度范围内的平均密度。它不能代表整个碾压层的平均密度。由于碾压土层的密度一般是从上到下减小的，若环刀取在碾压层的上部，则得到的数值往往偏大，若环刀取的是碾压层的底部，则所得的数值将明显偏小。就检查路基土和路面结构层的压实度而言，我们需要的是整个碾压层的平均压实度，而不是碾压层中某一部分的压实度，因此，在用环刀法测定土的密度时，应使所得密度能代表整个碾压层的平均密度。然而，这在实际检测中是比较困难的；只有使环刀所取的土恰好是碾压层中间的土，环刀法所得的结果才可能与灌砂法的结果大致相同。

**四、密度试验**（灌砂法）

（一）试验目的

测试地基、路基或路面材料压实后材料密度。

（二）适用范围

该方法可用于现场测试细粒土、砂类土和砾石土或路面材料的密度，但需要携带较多量的砂，而且称量次数较多，测试速度较慢。

（1）当集料的最大粒径小于 15 mm、测定层的厚度不超过 150 mm 时，宜采用 $\phi$100 mm 的小型灌砂筒测试。

（2）当集料的粒径等于或大于 15 mm，但不大于 40 mm，测定层的厚度超过 150 mm，但不超过 200 mm 时，应用 $\phi$150 mm 的大型灌砂筒测试。

(3)铁路工程中用于测定最大粒径小于75 mm的土的密度。

(三)试验原理

灌砂法是利用均匀颗粒的砂去置换试洞的体积,再利用试洞中挖出的试样质量求得材料的压实密度。它是当前最通用的现场密度测试方法。

(四)执行标准

《土工试验方法标准》(GB/T 50123—1999(2008));

《公路土工试验规程》(JTG E40—2007);

《铁路工程土工试验规程》(TB 10102—2010)。

(五)仪器设备

1. 灌砂筒:有大小两种,根据需要采用。储砂筒筒底中心有一个圆孔,下部装一倒置的圆锥形漏斗,漏斗上端开口,直径与储砂筒的圆孔相同,漏斗焊接在一块铁板上,铁板中心有一圆孔与漏斗上开口相接,储砂筒筒底与漏斗之间设有开关。开关铁板上也有一个相同直径的圆孔。

2. 金属标定罐:用薄铁板制作的金属罐,上端周围有一罐缘。

3. 基板:用薄铁板制作的金属方盘,盘的中心有一圆孔。

4. 玻璃板:边长约500~600 mm的方形板。

5. 试样盘或密封容器:小筒挖出的试样可用铝盒存放,大筒挖出的试样可用搪瓷盘或塑料袋存放。

6. 天平或台称:称量10~15 kg,感量不大于1 g。用于含水率测定的天平精度,对细粒土、中粒土、粗粒土宜分别为0.01 g、0.1 g、1.0 g。

7. 含水率测定器具:如铝盒、烘箱等。

8. 量砂:粒径0.30~0.60 mm及0.25~0.50 mm清洁干燥的均匀砂,约20~40 kg。使用前须洗净、烘干,并放置足够长的时间,使其与空气的湿度达到平衡。

9. 盛砂的容器:塑料桶等。

10. 其他:凿子、改锥、铁锤、长把勺、小簸箕、毛刷等。

(六)试验准备

1. 标定筒下部圆锥体内砂的质量。

(1)在灌砂筒筒口高度上,向灌砂筒内装砂至距筒顶15 mm左右为止。称取装入筒内砂的质量$m_1$,准确至1 g。以后每次标定及试验都应该维持装砂高度与质量不变。

(2)将开关打开,让砂自由流出,并使流出砂的体积与工地所挖试坑内的体积相当(可等于标定罐的容积),然后关上开关,称灌砂筒内剩余砂质量$m_5$,准确至1 g。

(3)不晃动储砂筒的砂,轻轻地将灌砂筒移至玻璃板上,将开关打开,让砂流出,直到筒内砂不再下流时,将开关关上,并细心地取走灌砂筒。

(4)收集并称量留在板上的砂或称量筒内的砂,准确至1 g。玻璃板上的砂就是填满锥体的砂,质量为$m_2$。

(5)重复上述测量3次,取其平均值。

2. 标定量砂的单位质量$\gamma$。

(1)用水确定标定罐的容积$V$,准确至1 mL。

将空罐放在台秤上,使罐的上口处于水平位置,读记罐$m_7$,准确至1 g,向标定罐中灌水,注意不要将水弄到台秤上或罐的外壁;将一直尺放在罐顶,当罐中水面快要接近直尺时,用滴管往罐中加水，直到水面接触直尺；移除直尺，读记罐和水的总质量 $m_8$。

标定罐体积 $$V=(m_8-m_7)/\rho_w \quad (2-4-5)$$

(2)在储砂筒中装入 $m_1$ 的砂，并将灌砂筒放在标定罐上，将开关打开，让砂流出，在整个流砂过程中，不要碰动灌砂筒，直到砂不再下流时，将开关关闭，取下灌砂筒，称取筒内剩余砂的质量 $m_3$，准确至 1 g。

(3)计算填满标定罐所需砂的质量 $m_a=m_1-m_2-m_3$。

(4)重复上述测量 3 次，取其平均值。

(5)计算量砂的单位质量：$\rho_s=m_a/V$。

(七)试验步骤

1. 在试验地点，选一块平坦表面，并将其清扫干净，面积不得小于基板面积。

2. 将基板放在平坦表面上。当表面的粗糙度较大时，则将盛有量砂的灌砂筒放在基板中间的圆孔上，将灌砂筒的开关打开，让砂流入基板的中孔内，直到储砂筒内的砂不再下流时关闭开关。取下灌砂筒，并称量筒内砂的质量 $m_6$，准确至 1 g。当需要检测厚度时，应先测量厚度后再进行这一步骤。

3. 取走基板，并将留在试验地点的量砂收回，重新将表面清扫干净。

4. 将基板放回清扫干净的表面上(尽量放在原处)，沿基板中孔凿洞(洞的直径与灌砂筒一致)。在凿洞过程中，应注意勿使凿出的材料丢失，并随时将凿出的材料取出装入塑料袋中，不使水分蒸发，也可放在大试样盒内。试洞的深度应等于测定层厚度，但不得有下层材料混入，最后将洞内的全部凿松材料取出。对土基或基层，为防止试样盘内材料的水分蒸发，可分几次称取材料的质量。全部取出材料的总质量为 $m_t$，准确至 1 g。

5. 从挖出的全部材料中取出有代表性的样品，放在铝盒或洁净的搪瓷盘中，测定其含水率 $w$(以% 计)。样品的数量如下：用小灌砂筒测定时，对于细粒土，不少于 100 g，对于各种中粒土，不少于 500 g；用大灌砂筒测定时，对于细粒土，不少于 200 g，对于各种中粒土，不少于 1 000 g，对于粗粒土或水泥、石灰、粉煤灰等无机结合料稳定材料，宜将取出的全部材料烘干，且不少于 2 000 g，称其质量 $m_d$，准确至 1 g。当为沥青表面处治或沥青贯入结构类材料时，则省去测定含水率步骤。

6. 将基板安放在试坑上，将灌砂筒安放在基板中间(储砂筒内放满砂质量 $m_1$)，使灌砂筒的下口对准基板的中孔及试洞，打开灌砂筒的开关，让砂流入试坑内。在此期间，应注意勿碰动灌砂筒，直到储砂筒内的砂不再下流时，关闭开关。小心取走灌砂筒，并称量筒内剩余砂的质量 $m_4$，准确到 1 g。

7. 如清扫干净的平坦表面的粗糙度不大，也可省去上述第 2 步和第 3 步的操作。在试洞挖好后，将灌砂筒直接对准放在试坑上，中间不需要放基板。打开筒的开关，让砂流入试坑内。在此期间，应注意勿碰动灌砂筒。直到储砂筒内的砂不再下流时，关闭开关，小心取走灌砂筒，并称量剩余砂的质量 $m'_4$，准确至 1 g。

8. 仔细取出试筒内的量砂，以备下次试验时再用，若量砂的湿度已发生变化或量砂中混有杂质，则应该重新烘干、过筛，并放置一段时间，使其与空气的温度达到平衡后再用。

(八)数据处理

1. 计算填满试坑所用的砂的质量 $m_b$

灌砂时试洞上放有基板的情况

$$m_b=m_1-m_4-(m_5-m_6) \quad (2-4-6)$$

灌砂时试洞上不放基板的情况

$$m_b = m_1 - m'_4 - m_2 \tag{2-4-7}$$

2. 计算试坑材料的湿密度

$$\rho_w = m_t/m_b \times \rho_s \tag{2-4-8}$$

3. 计算试坑材料的干密度

$$\rho_d = \rho_w/(1 + 0.01w) \tag{2-4-9}$$

(九)试验注意事项

1. 量砂规则。量砂如果重复使用,一定要注意晾干,处理一致,否则影响量砂的松方密度。

2. 每换一次量砂,都必须测定松方密度,漏斗中砂的数量也应该每次重做。因此量砂宜事先准备较多数量。切勿到试验时临时找砂,又不作试验,仅使用以前的数据。

3. 地表面处理要平整,只要表面凸出一点,使整个表面高出一薄层,其体积也算到试坑中去了,会影响试验结果。因此一般宜采用放上基板先测定一次粗糙表面消耗的量砂,计算填坑的砂量,只有在非常光滑的情况下方可省去此操作步骤。

4. 在挖坑时试坑周壁应笔直,避免出现上大下小或上小下大的情形,这样就会使检测密度偏大或偏小。

5. 灌砂时检测厚度应为整个碾压层厚,不能只取上部或者取到下一个碾压层中。

### 五、密度试验(蜡封法)

(一)试验目的

测定原状土或填土的密度。

(二)适用范围

适用于易破裂土和形态不规则的坚硬土密度的测试。

(三)试验原理

蜡封法是将不规则的土样(体积不小于 5 $cm^3$)称其自然质量后,浸入熔化的石蜡中,使土样被石蜡所包裹,而后称其在空气中重与在水中重,并按公式计算土样密度。这种方法所得密度值一般比其他方法大,这是因为在任何情况下难以避免熔蜡浸入土内孔隙中的缘故。

(四)执行标准

《土工试验方法标准》(GB/T 50123—1999(2008))。

《公路土工试验规程》(JTG E40—2007)。

《铁路工程土工试验规程》(TB 10102—2010)。

(五)仪器设备

1. 天平:分度值 0.01 g。

2. 其他:切土刀、石蜡、烧杯、温度计、细线、针及熔蜡加热器等。

(六)试验准备

1. 用削土刀切取体积约 30 $cm^3$ 的试件,削除试件表面的松、浮土以及尖锐棱角,在天平上称量,准确至 0.01 g。取代表性土样进行含水率测定。

2. 将石蜡加热至刚过熔点,并保持温度待用。

(七)试验步骤

1. 用细线系住试件浸入石蜡中，使试件表面覆盖一薄层严密的石蜡，若试件蜡膜上有气泡，需用热针刺破气泡，再用石蜡填充针孔，涂平孔口。

2. 待冷却后，将蜡封试件在天平上称量，准确至0.01 g。

3. 用细线将蜡封试件置于天平一端，使其浸浮在盛有蒸馏水的烧杯中，注意试件不要接触烧杯壁。称蜡封试件的水中质量，准确至0.01 g，并测量蒸馏水的温度。

4. 将蜡封试件从水中取出，擦干石蜡表面水分，在空气中称其质量，将其与2中所称质量相比，若质量增加，表示水分进入试件中。若浸入水分质量超过0.03 g，应重做。

（八）数据处理

按下式计算湿密度及干密度。

$$\rho = \frac{m}{\dfrac{m_1 - m_2}{\rho_{wt}} - \dfrac{m_1 - m}{\rho_n}} \tag{2-4-10}$$

$$\rho_d = \frac{\rho}{1 + 0.01w} \tag{2-4-11}$$

式中 $\rho$——土的湿密度，g/cm$^3$，计算至0.01；

$\rho_d$——土的干密度，g/cm$^3$，计算至0.01；

$m$——试件质量，g；

$m_1$——蜡封试件质量，g；

$m_2$——蜡封试件水中质量，g；

$\rho_{wt}$——蒸馏水在$t$℃时密度，g/cm$^3$，准确至0.001；

$\rho_n$——石蜡密度，g/cm$^3$，应事先实测，准确至0.01；一般可采用0.92 g/cm$^3$；

$w$——含水率，%。

蜡封法试验应进行二次平行测定，取其算术平均值，平行差值不得大于0.03 g/cm$^3$。

（九）试验注意事项

1. 蜡封试样在水中的质量，是指试样在水中的重力与浮力之差。蜡封试样的质量和蜡封试样在纯水中的质量之差，与纯水在某一温度时的密度的比值，即为蜡封试样的体积，当再减去试样上蜡的体积之后，即得土样的体积。

2. 石蜡宜选用55号石蜡，密度以实测为准，无条件实测时，可采用其密度近似值0.92 g/cm$^3$。

3. 蜡封的质量好坏直接影响着密度测试的准确性，因此蜡封过程中应做到密封、厚度薄，在保证蜡封质量前提下浸蜡时间尽量短。

## 六、密度试验（核子射线法）

（一）试验目的

测定路基、路面压实度的现场检测，可同时检测填土的压实密度和含水率。

（二）适用范围

用于测定沥青混合料面层的压实密度时，在表面用散射法测定，所测定沥青面层的层厚应不大于根据仪器性能决定的最大厚度。用于测定土基或基层材料的压实密度及含水率时打洞后用直接透射法测定，测定层的厚度不宜大于20 cm。在进行沥青混合料压实层密度测定前，应用核子法对钻孔取样的试件进行标定；测定其他材料密度时，宜与灌砂法的结果进行标定。

（三）试验原理

核子射线法的原理是根据不同密度的土对γ射线（铯137—γ源，半衰期为33.2年）的反射，间接地求出该材料的密度；根据土中游离水中的氢离子对中子（镅241/铍中子源，半衰期为458年）的反射，测出氢离子含量，进而推算出游离水的含量，即计算出含水率。

（四）执行标准

《公路路基路面现场测试规程》（JTG E60—2008）。

《铁路工程土工试验规程》（TB 10102—2010）。

（五）仪器设备

核子湿度密度仪：由主机和附件组成。

1. 主机：由放射源、探测器、微处理器、测深定位装置等组成，如图2-4-1所示。

（1）放射源：铯137—γ源，辐射活性3.7×108 Bq镅241/铍中子源，辐射活性1.85×109 Bq。

（2）探测器：盖革—密勒计数管，接收γ射线；氢—3探测管，接收中子射线。

（3）微处理器：将探测器接收到的射线信号转换成数据，并经运算后显示检测结果。

（4）测深定位装置：将放射源放置到预定的测试深度。

2. 附件：标准块、导板、钻杆、充电器。

3. 技术指标。

测量范围：含水量0～0.64 g/cm³；密度1.12～2.73 g/cm³。

准确度：含水量±0.004 g/cm³；密度±0.004 g/cm³。

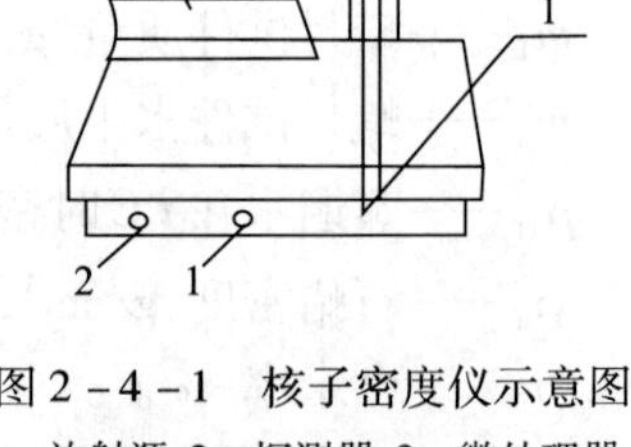


图2-4-1　核子密度仪示意图

1—放射源；2—探测器；3—微处理器；4—测深定位装置

（六）试验准备（指取样及样品加工等）

1. 标准计数和统计试验：将标准块放在坚硬的材质表面，按规定将仪器放置在标准块上，仪器手柄设置在安全位置。周围10 m以内无其他放射源，3 m以内的地面上不得堆放其他材料。按下启动键，开始进行标准计数或统计试验。操作人员应退到离仪器2 m以外区域。当仪器发出结束信号后，检查含水量、密度的标准计数或统计分析结果，如果其数值在规定的范围内，即可开始检测。

2. 输入设定参数。

（1）测量计数时间（不宜小于30 s）；

（2）选择计量单位g/cm³或kg/cm³；

（3）密度、含水率的偏移量，当无偏移量时输入"0"；

（4）测点记录号。

3. 平整被测材料表面，必要时可用少量细粉颗粒铺平，然后用导板或钻杆造孔。孔深必须大于测试深度，孔应垂直，孔壁光滑，不得坍塌。

（七）试验步骤

1. 按规定方法将仪器就位，并将放射源定位到预定的测试深度，按下启动键开始测试，操作人员退到离仪器2 m以外的区域。

2. 当仪器发出结束信号后，储存或记录检测结果，并将放射源退回到安全位置。

（八）数据处理

干密度和含水率按下式计算。

$$\rho_d = \rho - \rho_{sw} \tag{2-4-12}$$

$$w = \rho_{sw}/(\rho - \rho_{sw}) = \rho_{sw}/\rho_d \tag{2-4-13}$$

式中 $\rho$——土的湿密度，g/cm³；

$\rho_d$——土的干密度，g/cm³；

$\rho_{sw}$——单位体积土中水的质量，g/cm³；

$w$——含水率，%。

在同一测点，仪器在初始位置进行第一次读数，然后将仪器绕测孔旋转180°进行第二次读数，密度的平行差值不大于0.03 g/cm³时，试验结果取两次读数的平均值。如果两次测定的平行差值超过允许差值，则应将仪器再绕测孔旋转到90°和270°的位置进行两次读数，取四次读数的算术平均值。

（九）试验注意事项

1. 被测材料中含有硼、氢等吸收中子的元素成非自由水氢元素时，其检测结果应用烘干法求出偏移量进行校正。

2. 基坑边缘或沟中测试时，仪器的侧面与坑壁的距离不宜小于0.6 m；采用特殊补偿功能对测试结果进行校正的，不受距离的限制。

3. 测试操作人员等接触核子密度仪的人员应进行核辐射防护知识的培训。

4. 仪器不使用时，应将手柄置于安全位置，仪器应装入专用的仪器箱内，放置在符合核辐射安全规定的地方。

5. 仪器工作时，所有人员均应退到距仪器2 m以外的地方。

## 七、相对密度试验

（一）试验目的

求无凝聚性土的最大与最小孔隙比，用于计算相对密度，借此了解土在自然状态或经压实后的松紧情况和土粒结构的稳定性。特别是在抗震稳定性方面，相对密度具有重要的意义。

（二）适用范围

适用于颗粒粒径小于5 mm的土，且粒径2～5 mm的试样质量不大于试样总质量的15%。

（三）试验原理

相对密度是砂紧密程度的指标，等于其最大孔隙比与天然孔隙比之差和最大孔隙比与最小孔隙比之差的比值。

（四）执行标准

《土工试验方法标准》（GB/T 50123—1999（2008））；

《公路土工试验规程》（JTG E40—2007）；

《铁路工程土工试验规程》（TB 10102—2010）。

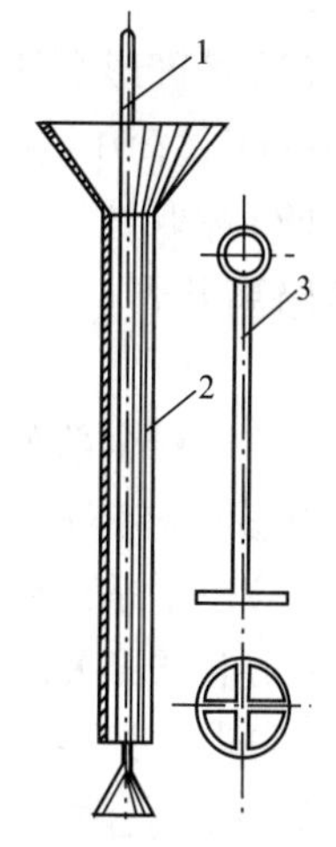


图2-4-2 长颈漏斗

1—锥形塞；2—长颈漏斗；3—拂平器

（五）仪器设备

1. 量筒：容积为500 cm³及100 cm³两种，后者内径应大于60 mm。

2. 长颈漏斗：颈管内径约12 mm，颈口磨平，如图2-4-2所示。

3. 锥形塞:直径约 15 mm 的圆锥体镶于铁杆上。

4. 砂面拂平器。

5. 电动最小孔隙比仪,如无此种仪器,可用下列 6 ~ 8 所述的设备。

6. 金属容器,有以下两种。

(1)容积 250 $cm^3$,内径 50 mm,高度 127 mm。

(2)容积 1 000 $cm^3$,内径 100 mm,高度 127 mm。

7. 振动仪,如图 2 - 4 - 3 所示。

8. 击锤:锤重 1.25 kg,高度 150 mm,锤座直径 50 mm,如图 2 - 4 - 4 所示。

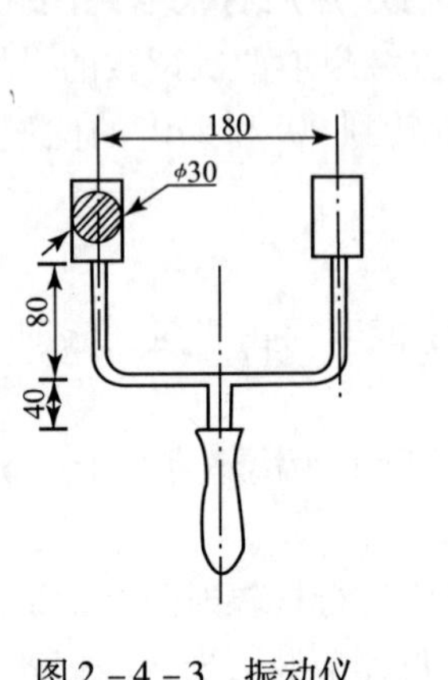


图 2 - 4 - 3　振动仪

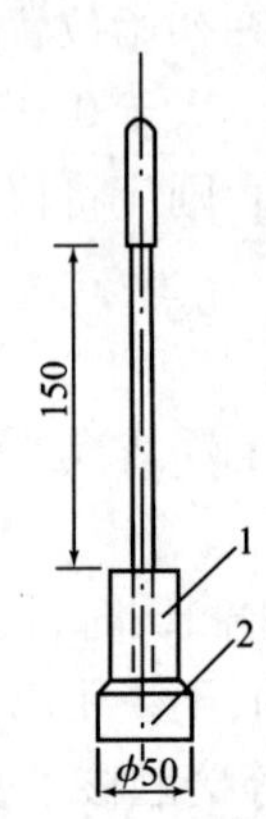


图 2 - 4 - 4　击锤

1—击锤;2—锤座

9. 台秤,分度值 1 g。

(六)试验准备

取代表性试样约 6 kg,充分风干(或烘干),用手搓揉或用圆木棉在橡皮板上碾散,并拌和均匀。

(七)试验步骤

1. 最大孔隙比的测定

(1)将锥形塞杆自漏斗下口穿入,并向上提起,使锥体堵住漏斗管口,一并放入体积为 1 000 $cm^3$量筒中,使其下端与量筒底相接触。

(2)称取试样 700 g,准确至 1 g,均匀倒入漏斗中,将漏斗与塞杆同时提高,移动塞杆使锥体略离开管口,管口应经常保持高出砂面约 1 ~ 2 cm,使试样缓缓且均匀分布地落入量筒中。

(3)试样全部落入量筒后取出漏斗与锥形塞,用砂面拂平器将砂面拂平,勿使量筒振动,然后测读砂样体积,估读至 5 $cm^3$。

(4)以手掌或橡皮塞堵住量筒口,将量筒倒转,缓慢地转动量筒内的试样,并回到原来位置,如此重复几次,记下体积的最大值,估读至 5 $cm^3$。

(5)取上述两种方法测得的较大体积值,计算最大孔隙比。

2. 最小孔隙比的测定

(1)分三次将样品倒入容器振击,先取上述试样 600 ~ 800 g(其数量应使振击后的体积略大于容器容积的 1/3)倒入 1 000 $cm^3$容器内,用振动仪以各 150 ~ 200 次/min 的速度敲打容器两侧,并在同一时间内,用击锤于试样表面锤击 30 ~ 60 次/min,直至砂样体积不变为止(一般约5～10 min时）。敲打时要用足够的力量使试样处于振动状态。振击时，粗砂可用较少击数，细砂应用较多击数。

（2）如用电动最小孔隙比试验仪时，当试样同上法装入容器后，开动电机，进行振击试验。

（3）按上述方法进行后两次加土的振动和锤击，第三次加土时应先在容器口上安装套环。

（4）最后一次振毕，取下套环，用修土刀齐容器顶面削去多余试样，称量，准确至1 g，计算其最小孔隙比。

（八）数据处理

1. 计算最小与最大干密度

$$\rho_{dmin}=\frac{m}{V_{max}} \tag{2-4-14}$$

$$\rho_{dmax}=\frac{m}{V_{min}} \tag{2-4-15}$$

式中 $\rho_{dmin}$——最小干密度（$g/cm^3$），计算至0.01；

$\rho_{dmax}$——最大干密度（$g/cm^3$），计算至0.01；

$m$——试样质量（g）；

$V_{min}$——试样最小体积（$cm^3$）；

$V_{max}$——试样最大体积（$cm^3$）。

2. 计算最大与最小孔隙比

$$e_{max}=\frac{\rho_w G_s}{\rho_{dmin}}-1 \tag{2-4-16}$$

$$e_{min}=\frac{\rho_w G_s}{\rho_{dmax}}-1 \tag{2-4-17}$$

式中 $\rho_{dmin}$——最小干密度（$g/cm^3$）；

$\rho_{dmax}$——最大干密度（$g/cm^3$）；

$G_s$——土粒比重；

$e_{min}$——最小孔隙比，计算至0.01；

$e_{max}$——最大孔隙比，计算至0.01。

3. 计算相对密度

$$D_r=\frac{e_{max}-e_0}{e_{max}-e_{min}} \tag{2-4-18}$$

或

$$D_r=\frac{(\rho_d-\rho_{dmin})\rho_{dmax}}{(\rho_{dmax}-\rho_{dmin})\rho_d} \tag{2-4-19}$$

式中 $D_r$——相对密度，计算至0.01；

$\rho_{dmin}$——最小干密度（$g/cm^3$）；

$\rho_{dmax}$——最大干密度（$g/cm^3$）；

$e_0$——天然孔隙比或填土的相应孔隙比；

$e_{min}$——最小孔隙比；

$e_{max}$——最大孔隙比；

$\rho_d$——天然干密度或填土的相应干密度（$g/cm^3$）。

最小与最大干密度，均须进行两次平行测定，取其算术平均值，其平行差值不得超过0.03 g/cm$^3$。

## 八、颗粒分析试验（筛析法）

（一）试验目的

测定土的粒径大小和级配状况，为土的分类、定名和工程应用提供依据。

（二）适用范围

适用于分析粒径大于 0.075 mm 的土的颗粒组成，铁路土工试验方法适用于不大于 200 mm粒径土的筛分，公路土工试验方法适用于不大于 60 mm 粒径土的筛分。

（三）试验原理

筛析法是将土样通过逐级减小孔径的一组标准筛子。把土样的大小颗粒按筛孔径大小逐级加以分组，计算各粒组质量占总质量的百分比，从而获得土的颗粒级配情况。

（四）执行标准

《土工试验方法标准》（GB/T 50123—1999（2008））。

《公路土工试验规程》（JTG E40—2007）。

《铁路工程土工试验规程》（TB 10102—2010）。

（五）仪器设备

1. 粗细筛各一套：粗筛筛孔直径为分别为 60、40、20、10、5、2 mm（铁路土工试验方法还包含 200、150、100、75 mm 筛）；细孔筛筛孔直径分别为 2.0、1.0、0.5、0.25、0.075 mm。

2. 天平：称量 5 000 g，分度值 1 g；称量 1 000 g，分度值 0.1 g；称量 200 g，分度值 0.01 g。

3. 案秤：称量 10 kg，分度值 5 g。

4. 台秤：称量 100 kg，分度值 50 g。

5. 振筛机。

6. 其他：烘箱，瓷盘、研钵等。

（六）试验准备

1. 对于无黏聚性的土样

（1）将土样放在橡皮板上风干，用木碾将黏结的土团充分碾散拌匀，用四分法取代表性土样备用。

（2）将试样先过 2 mm 筛，分别称筛上和筛下的试样质量。当筛下的试样质量小于试样总质量的 10% 时，不作细筛分析；筛上的试样质量小于试样总质量的 10% 时，不作粗筛分析。如粒径小于 0.075 mm 试样质量大于试样总质量的 10% 时，则应将这部分细颗粒用密度计法或移液管法测定其小于 0.075 mm 的颗粒组成。

2. 对于有黏聚性的土样

（1）将土样放在橡皮板上，用木碾将黏结的土团充分碾散，拌匀、烘干、称量，如土样过多时，用四分法取代表性土样。

（2）将试样置于盛有清水的瓷盆中，浸泡并搅拌，使粗细颗粒分散。将浸润后的混合液过 2 mm 筛，边冲边洗过筛，直至筛上仅留大于 2 mm 以上的土粒为止。然后将筛上洗净的砂砾风干称量，用于粗筛分析，剩余混合液用于细筛分析。

（3）将通过 2 mm 筛下的混合液存放在盆中，待稍沉淀，将上部悬液过 0.075 mm 细筛，用带橡皮头的玻璃棒研磨盆内浆液，再加清水搅拌、研磨、静置、过筛，反复进行，直至盆内悬液澄清。最后，将全部土粒倒在 0.075 mm 筛上，用水冲洗，直到筛上仅留大于 0.075 mm 净砂为止。将大于 0.075 mm 的净砂烘干称量，进行细筛分析。

(4)将大于 2 mm 颗粒及 2～0.075 mm 的颗粒质量从原称量的总质量中减去，即为小于 0.075 mm 颗粒。

3. 筛分样品数量

筛分样品数量应满足表 2－4－4 的规定。

**表 2－4－4　筛分法取样数量表**

| 土粒粒径(mm) | <2 | <10 | <20 | <40 | <60 |
|---|---|---|---|---|---|
| 取样数量(g) | 100～300 | 300～1 000 | 1 000～2 000 | 2 000～4 000 | 4 000 以上 |

(七)试验步骤

1. 粗筛筛分

(1)取 2 mm 筛上试样倒入依次叠好的由大到小排列的粗筛的最上层筛中，进行筛分。

(2)由最大孔径的筛开始，顺序将各筛取下，在瓷盘上用手轻叩摇晃，至每分钟筛下量不大于该级筛余质量的 1% 为止。漏下的土粒应全部放入下一级筛内，然后将留在各筛上的土称重。要求各粗筛的土质量和与试样质量之差不得大于 1%。

2. 细筛筛分

取 2 mm 筛下的土样倒入依次叠好的细筛(孔径为 2 mm、0.5 mm、0.25 mm、0.075 mm)的最上层筛中进行筛析。筛析时细筛可放在摇筛机上振摇，振摇时间一般为 10～15 min。由最大孔径的筛开始，顺序将各筛取下，在瓷盘上用手轻叩摇晃，至每分钟筛下量不大于该级筛余质量的 1% 为止。漏下的土粒应全部放入下一级筛内，然后将留在各筛上的土称重。要求细筛及底盘内土质量总和与原来所取 2 mm 筛下试样质量之差不得大于 1%。

(八)数据处理

1. 按下式计算小于某粒径颗粒质量百分数。

$$X = A/B \times 100\% \qquad (2-4-20)$$

式中　$X$——小于某粒径颗粒的质量百分数(%)，计算至 0.01；

$A$——小于某粒径的颗粒质量(g)；

$B$——试样的总质量(g)。

2. 在半对数坐标纸上，以小于某粒径的土质量百分数为纵坐标，粒径为横坐标，绘制颗粒大小级配曲线，求出各粒组的颗粒质量百分数。

3. 按下式计算不均匀系数。

$$C_u = d_{60}/d_{10} \qquad (2-4-21)$$

式中　$C_u$——不均匀系数，计算至 0.1 且含两位以上有效数字；

$d_{60}$——限制粒径，即土中小于该粒径的颗粒质量为 60% 的粒径(mm)；

$d_{10}$——有效粒径，即土中小于该粒径的颗粒质量为 10% 的粒径(mm)。

(九)试验注意事项

1. 细筛中当大于 0.075 mm 的颗粒超过试样总质量的 15% 时，应先进行筛分试验，然后经过细筛，再用密度计法或移液管法进行试验。

2. 在筛分时，应注意土的遗洒，筛后各级筛上和筛底土总质量与筛前试样质量之差，不应大于 1%。

3. 计算小于某粒径颗粒质量百分数时,分子为小于该粒径筛下面的所有土的质量,包含细筛部分质量,总质量为粗筛和细筛总的质量。

## 九、最大干密度、最优含水率试验(击实法)

(一)试验目的

土的压实质量、含水状况和压实工艺密切相关,在一定工艺下,土只有在最佳含水率范围内才能获得最大的干密度。击实试验的目的就是模拟施工条件,测定土的最佳含水率和最大干密度。

(二)适用范围

击实试验适用于确定细粒土最大干密度和最佳含水率。

击实试验由于击实功的不同,可分为重型和轻型击实;击实试验中按采集土样的含水率,分湿土法和干土法;按土能否重复使用,也分为两种,即土能重复使用和不能重复使用。选择时应根据下列原则进行:根据工程的具体要求,按击实试验方法种类中规定选择轻型或重型试验方法,轻型击实适用于粒径不大于 20 mm 的土,重型击实适用于粒径不大于 40 mm 的土;根据土的性质选用干土法或湿土法,对于高含水率土宜选用湿土法;对于非高含水率土则选用干土法;除易击碎的试样外,试样可以重复使用。

试样中超粒径颗粒质量占总质量的 5% ~30% 时,其测得的最大干密度和最优含水率应进行校正。

对公路路基填料,当细粒土中的粗粒土总含量大于 40% 或粒径大于 0. 005 mm 颗粒的含量大于土总质量的 70% 时,还应做粗粒土最大干密度试验,其结果与重型击实试验结果比较,最大干密度取两种试验结果的最大值。

(三)试验原理

击实试验是在室内模拟现场施工条件,在给定的击实功的条件下,利用标准化的击实仪器和规定的标准方法,求得干密度与含水率的关系,从而求出压实填土所能达到的最大干密度和相应的最优含水率。

(四)执行标准

《土工试验方法标准》(GB/T 50123—1999(2008))。

《公路土工试验规程》(JTG E40 -2007)。

《铁路工程土工试验规程》(TB 10102—2010)。

(五)仪器设备

(1)击实仪:由击实锤、击实筒、护筒组成;对公路、铁路工程其各部位具体尺寸略有不同。

(2)推土器:螺旋式推土器或其他适用设备。

(3)天平:称量 200 g,分度值 0. 01 g。

(4)台秤:称量 15 kg,分度值 5 g。

(5)标准筛:孔径 5 mm、20 mm、40 mm。

(6)其他:碾土设备、喷水设备、切土刀、称量盒,烘箱等。

(六)试验准备

1. 选择试验方法

击实试验分为轻型和重型两种,应根据工程要求和土的粒径来选择,具体参数在公路、铁路行业稍有不同,参见表 2 -4 -5、表 2 -4 -6。

表 2-4-5　公路击实试验方法种类

| 试验方法 | 类别 | 锤底直径（cm） | 锤质量（kg） | 落高（cm） | 试筒尺寸 | | 试样尺寸 | | 层数 | 每层击数 | 击实功（$kJ/m^3$） | 最大粒径（mm） |
|---|---|---|---|---|---|---|---|---|---|---|---|---|
| | | | | | 内径（cm） | 高（cm） | 高度（cm） | 体积（$cm^3$） | | | | |
| 轻型 | Ⅰ-1 | 5 | 2.5 | 30 | 10 | 12.7 | 12.7 | 997 | 3 | 27 | 598.2 | 20 |
| | Ⅰ-2 | 5 | 2.5 | 30 | 15.2 | 17 | 12 | 2 177 | 3 | 59 | 598.2 | 40 |
| 重型 | Ⅱ-1 | 5 | 4.5 | 45 | 10 | 12.7 | 12.7 | 997 | 5 | 27 | 2 687.0 | 20 |
| | Ⅱ-2 | 5 | 4.5 | 45 | 15.2 | 17 | 12 | 2 177 | 3 | 98 | 2 677.2 | 40 |

表 2-4-6　铁路击实试验方法种类

| 试验类型 | 编号 | 锤底直径（mm） | 锤质量（kg） | 落高（mm） | 试筒尺寸 | | | 护筒 | 层数 | 每层击数 | 击实功（$kJ/m^3$） | 最大粒径（mm） |
|---|---|---|---|---|---|---|---|---|---|---|---|---|
| | | | | | 内径（mm） | 高（mm） | 体积（$cm^3$） | 高度（mm） | | | | |
| 轻型 | Q1 | 51 | 2.5 | 305 | 102 | 116 | 947.4 | 50 | 3 | 25 | 592 | 5 |
| | Q2 | 51 | 2.5 | 305 | 152 | 116 | 2 103.9 | 50 | 3 | 56 | 597 | 20 |
| 重型 | Z1 | 51 | 4.5 | 457 | 102 | 116 | 947.4 | 50 | 5 | 25 | 2 659 | 5 |
| | Z2 | 51 | 4.5 | 457 | 152 | 116 | 2 103.9 | 50 | 5 | 56 | 2 682 | 20 |
| | Z3 | 51 | 4.5 | 457 | 152 | 116 | 2 103.9 | 50 | 5 | 94 | 2 701 | 40 |

2. 试样制备

试样制备分干法和湿法两种，对一般土，干法制样和湿法制样所得击实结果有一定差异，对于具体试验应根据工程性质选择制备方法。

（1）干法制样

①将代表性土样风干或在低于 50 ℃温度下烘干，风干或烘干后以不破坏试样的基本颗粒为准。放在橡皮板上用木碾碾散，过 5 mm、20 mm 或 40 mm 筛（筛号视粒径大小而定）拌匀备用。试样用量，小击实筒最少 20 kg，大击实筒最少 50 kg。

②测定土样风干含水率。按土的塑限估计最佳含水率，在最佳含水率附近选择依次相差约 2% 的含水率制备一组试样（不少于 5 个），其中有两个含水率大于塑限、两个小于塑限、一个接近塑限。

③按预定的含水率制备试样。根据击实筒容积大小，每个试样取 2.5 kg 或 6.5 kg，将称好的土平铺于不吸水的平板上，用喷水设备往土样上均匀喷洒预定的水量拌和均匀，装入塑料袋内静置备用。静置时间对高塑性黏性土不得少于 24 h，对低塑性黏性土不得少于 12 h。

（2）湿法制样

将天然含水率的土样破碎，过 5 mm、20 mm 或 40 mm 筛（筛孔视粒径大小而定），混合均匀后，按选定击实筒容积取 5 份试样，其中一份保持天然含水率，其余 4 份分别风干或加水到所需的不同含水率。制备好的试样应完全拌匀，保证水分均匀分布。

（七）试验步骤

1. 称取并记录击实筒质量。

2. 将击实仪放在坚硬的地面上,安装好击实筒及护筒,击实筒内壁涂少许润滑油。取制备好的土样依据所选击实方法按表 2－4－5 或表 2－4－6 的规定分层击实。每层高度应近似,两层交界处层面刨毛,所用试样的总量应使最后的击实面超出试筒顶面不大于 6 mm。击实时应保持导筒垂直平稳,击锤应以均匀速度作用到整个试样上,在沿击实筒周围锤击一遍后,中间再加一击。

3. 击实完成后拆去护筒,用修土刀修平筒顶部、底部试样,擦净击实筒外壁,称筒和试样的总质量,准确至 5 g。

4. 用推土器推出筒内试样,在试样中心选取两个代表性试样用烘干法测定含水率。

5. 依次重复上述过程将所备不同预定含水率的土样击完。

(八)数据处理

1. 按下式计算击实后试样的干密度($\rho_d$)。

$$\rho_d = \frac{\rho}{1 + 0.01w} \tag{2-4-22}$$

式中 $\rho$——击实后试样的湿密度,g/cm³;

$w$——击实后试样的含水率,%。

2. 以干密度 $\rho_d$ 为纵坐标,含水率 $w$ 为横坐标,绘 $\rho_d - w$ 关系曲线,曲线上峰值点的纵、横坐标分别为最大干密度和最佳含水率,如图 2－4－5 所示。

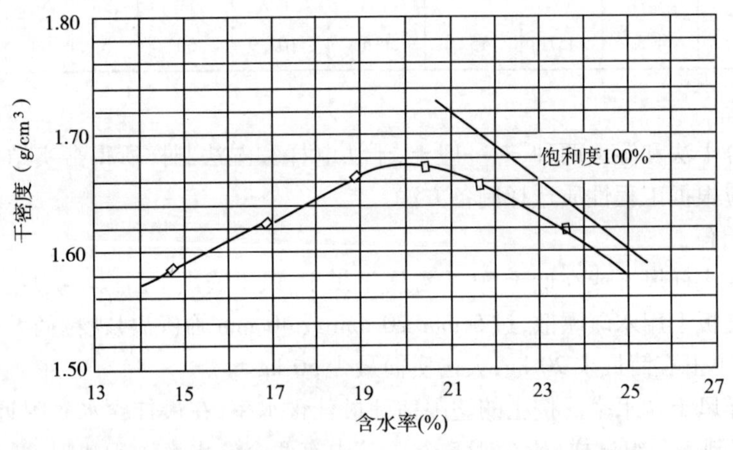


图 2－4－5 含水率与干密度关系图

3. 当需对干密度和含水率进行校正时,按下式计算校正最大干密度($\rho'_{dmax}$)和最佳含水率($w'_{opt}$)。

$$\rho'_{dmax} = \frac{1}{\dfrac{1-\rho_s}{\rho_{dmax}} + \dfrac{\rho_s}{\rho_\alpha}} \times \rho_s \tag{2-4-23}$$

$$w'_{opt} = w_{opt}(1-\rho_s) + \rho_s w_x \tag{2-4-24}$$

式中 $\rho_{dmax}$——试验所测得的粒径小于 5 mm、20 mm 或 40 mm 试样的最大干密度(g/cm³);

$\rho_s$——以小数表示试样中粒径大于 5 mm、20 mm 或 40 mm 的颗粒含量;

$\rho_\alpha$——粒径大于 5 mm、20 mm 或 40 mm 的颗粒毛体积密度(g/cm³);

$w_{opt}$——试验测得粒径小于 5 mm、20 mm 或 40 mm 的颗粒的试样的最优含水率(%)。

$w_x$——粒径大于 5mm、20mm 或 40mm 颗粒吸着含水率(%)。

(九)试验注意事项

1. 击实试验方法不仅分公路、铁路、工民建工程,还分重型与轻型等类型,试验时一定按工程性质和土料选择适用的方法和仪器进行。

2. 土样制备时含水状态的均匀性直接关系到击实试验结果的准确性与代表性,土样加水量一定计算准确,拌制均匀,浸润时间符合土的性质。黏性土 12 ~ 24 h,粉性土 6 ~ 8 h,砂性土、砂砾土、红土砂砾、级配砂砾等 4 h 左右,含土很少的未筛分碎石、砂砾和砂等 2 h。

3. 击实过程中每层填土高度对击实的结果有一定影响,应按击实层数分层大致均匀填料,击完后高度不得超出试筒高度 6 mm 以上。

4. 当土样中超粒径颗粒在 5% ~30% 时,应在击实时扣除超粒径颗粒,测得最大干密度和最优含水率后进行修正。

5. 无机结合料的试样制备时,水泥不参与土与其他混合料的浸润过程,仅在击实前 1 h 内将其和已浸润过的料进行拌和。另外,含水率的测试也应采用无机结合料稳定土的含水率测试法。

## 十、最大干密度试验(表面振动压实仪法)

(一)试验目的

测定粗粒土的最大干密度,计算粗粒土的压实系数。

(二)适用范围

适用于最大颗粒粒径小于 75 mm(铁路工程)或 60 mm(公路过程)、通过 0.075 mm 筛的颗粒质量不大于 15% 的无黏聚性自由排水的粗粒土。最大颗粒粒径不小于 75 mm 的巨粒土应按规定进行校正。公路工程有干法和湿法两种试验方法,铁路工程仅规定干法一种试验方法。

(三)试验原理

振动夯板在试样表面做垂直振动,压实被自上而下传播,颗粒棱角剪裁破碎后,颗粒位置重新排列,移动到相应于土工试验规格标准条件下的稳定位置,从而土体得到压实。通过测定在最佳压实时的密度,测得土体的最大干密度。

(四)执行标准

《公路土工试验规程》(JTG E40—2007)。

《铁路工程土工试验规程》(TB 10102—2010)。

(五)仪器设备

1. 振动器:包括振动电机和钢制夯。电机功率 0.75 ~2.2 kW,振动频率 30 ~50 Hz,激振力 10 ~80 kN。钢制夯应固定于振动电机上,并配有一厚 15 ~40 mm 的夯板。夯板直径应小于试筒内径 2 ~5 mm。钢制夯与振动电机总重在试样表面产生 18 kPa 以上的静压力。表面振动压实仪如图 2 -4 -6 所示。

2. 试筒:试筒的底板应固定于混凝土基础上或质量大于 450 kg 的混凝土垫块上。试筒容积宜用灌砂法每年标定一次。试筒尺寸及选择见表 2 -4 -7。

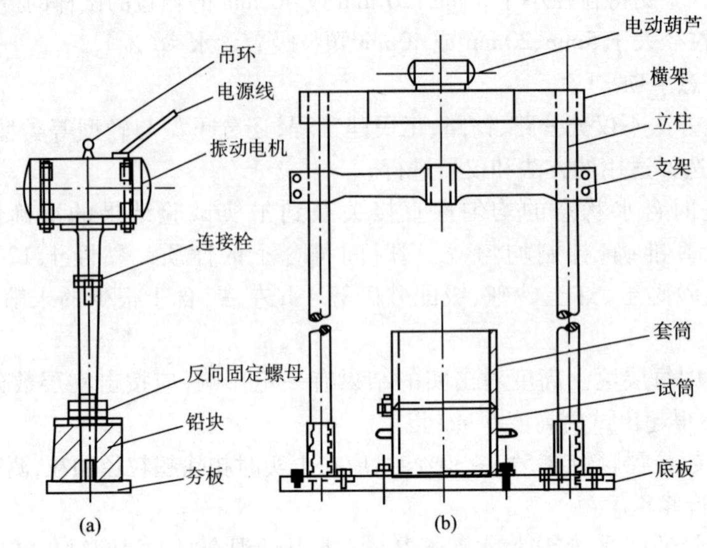

图 2-4-6　表面振动压实仪

**表 2-4-7　试筒尺寸及选择**

| 土粒最大尺寸(mm) | 试样质量(kg) | 试筒尺寸 | | 套筒高度(mm) | 装料工具 |
|---|---|---|---|---|---|
| | | 容积($cm^3$) | 内径(mm) | | |
| <75 | 35~40 | 14 200 | 280 | 250 | 小铲或大勺 |
| 60 | 35~40(34) | 14 200 | 280 | 250 | 小铲或大勺 |
| 40 | 35~40(34) | 14 200 | 280 | 250 | 小铲或大勺 |
| 20 | 7~10(11) | 2 830 | 152 | 305 | 小铲或大勺 |
| 10 | 7-10(11) | 2 830 | 152 | 305 | 直径 25 mm 漏斗 |
| 5 | 7~10(11) | 2 830 | 152 | 305 | 直径 25 mm 漏斗 |

注:括号内数值为公路试验要求试样质量。

3. 套筒:内径应与试筒配套,高度为 170~250 mm,与试筒固定后内壁成直线连接。

4. 台秤:称量 50 kg,分度值 50 g;称量 10 kg,分度值 5 g。

5. 分析筛:孔径为 75 mm、60 mm、40 mm、20 mm、10 mm、5 mm、2 mm、0. 075 mm。

6. 直钢条:350 mm×25 mm×3 mm。

7. 深度仪或钢尺:测量精度要求至 0. 5 mm。

8. 其他:烘箱、小铲、漏斗、橡皮锤、秒表等。

(六)试验准备

1. 干土法:充分拌匀烘干试样,使其颗粒分离程度尽可能小;然后大致分成三份备用。测定并记录空试筒质量。

2. 湿土法:可对烘干试样加足量水,或用现场湿土料进行。将试样拌匀,使其颗粒分离程度尽可能小,然后大致分成三份备用。测定并记录空试筒质量。如果向干料中加水,则需最小饱和时间约 1/2 h;加水量宜加到足够分量,即在拌料盘中无自由水滞积,且在振密过程中基本保持饱和状态。加水量可参照下式估算

$$M_w = M_s\left(\frac{\rho_w}{\rho_d} - \frac{1}{G_s}\right) \tag{2-4-25}$$

式中　$M_w$——加水量(g)；

$\rho_d$——由起初振密结果所估算的干密度($kg/m^3$)；

$M_s$——试样质量(g)；

$\rho_w$——水的密度(1 000 $kg/m^3$)；

$G_s$——土粒比重。

（七）试验步骤

1. 干土法

(1)用小铲或漏斗将任一份试样徐徐填入试筒，并注意使颗粒分离程度最小，装填量宜使振毕密实后的试样等于或略低于筒高1/3；抹平试样表面，然后可用橡皮锤敲击几次筒壁，使试料下沉。

(2)将试筒固定于地板上，装上套筒，并与试筒紧密固定。

(3)放下振动器，振动6 min后，吊起振动器。

(4)按(1)~(3)步进行第二层、第三层试样振动压实。

(5)卸去套筒，将直钢条放于试筒直径位置上，测定振毕试样高度。读数宜从四个均布于试样表面至少距筒壁15 mm的位置上测得并精确至0.5 mm，记录并计算试样高度。

(6)卸下试筒，测定并记录试筒与试样质量。计算最大干密度。

(7)重复上述(1)~(6)步，直至获得一致的最大干密度。

2. 湿土法

(1)将试筒固定于底板上，用小铲或漏斗将任一份湿料徐徐填入试筒，装入量宜使振毕试样等于或略低于筒高的1/3。

(2)放下振动器，振动6 min后，吊起振动器，吸去试样表面自由水。

(3)按(1)、(2)步进行第二层、第三层试样振动压实。

(4)卸下试筒，吸去底板上及边缘的自由水。将百分表架支杆插入每个试筒导向瓦套孔中；刷净试筒顶沿面上及底板上位于试筒导向瓦两侧测量位置所积落的细粒土，并尽量避免将这些细粒土刷进试筒内。然后分别测读并记录试筒导向瓦每侧顶沿面各三个百分表读数，取其平均值为百分表初始读数；再从底板上测读并记录相应读数，取其平均值为终了百分表读数。

(5)测试振毕试样含水率，计算最大干密度。

(6)重复上述(1)~(5)步，直至获得一致的最大干密度。

3. 最大干密度的校正

对于最大粒径超过适用范围的的巨粒土，应按相似级配法制备缩小粒径的系列模型试料。相似级配法粒径及级配按下式及图2-4-7计算。

$$d = D/M_r \tag{2-4-26}$$

式中　$D$——原型试料级配某粒径(mm)；

$d$——原型试料级配某粒径缩小后的粒径，即模型试料相应粒径(mm)；

$M_r$——粒径缩小倍数，通常称为相似级配模比，其值为

$$M_r = D_{max}/d_{max} \tag{2-4-27}$$

其中　$D_{max}$——原型试料级配最大粒径(mm)；

$d_{max}$——试样允许或设定的最大粒径，即60 mm、40 mm、20 mm、10 mm等。

相似级配模型试料级配组成与原型级配组成相同，即

$$P_{M_r} = P_P \tag{2-4-28}$$

式中 $P_{M_r}$——原型试料粒径缩小 $M_r$ 倍后相应的小于某粒径 $d$ 含量百分数(%)；

$P_P$——原型试料级配小于某粒径 $D$ 的含量百分数(%)。

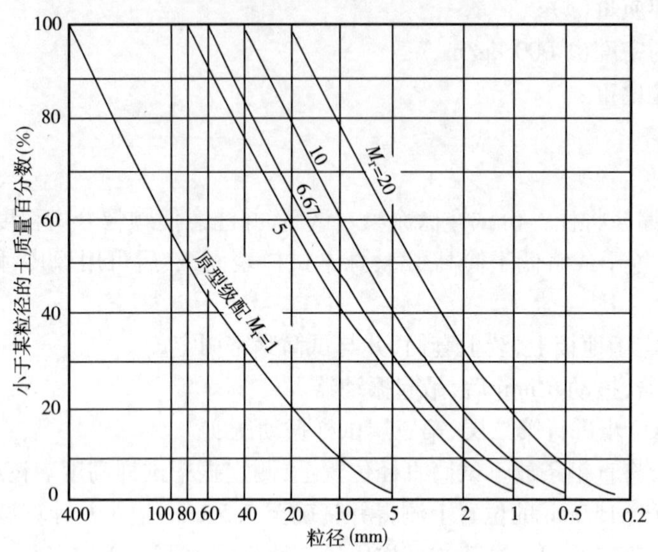


图 2-4-7　原型料与模型料级配关系

(八)数据处理

1. 对于干土法，最大干密度按下式计算

$$\rho_{dmax} = \frac{M_d}{V} \tag{2-4-29}$$

$$V = A_c H \tag{2-4-30}$$

式中 $\rho_{dmax}$——最大干密度(g/cm³)，计算至 0.001；

$M_d$——干试样质量(g)；

$V$——振毕密实试样体积(cm³)；

$A_c$——标定的试筒横断面积(cm²)；

$H$——振毕密实试样高度(cm)。

2. 对于湿土法，最大干密度按下式计算

$$\rho_{dmax} = \frac{M_m}{V(1 + 0.01w)} \tag{2-4-31}$$

式中 $\rho_{dmax}$——最大干密度(g/cm³)，计算至 0.001；

$V$——振毕密实试样体积(cm³)；

$M_m$——振毕密实湿试样质量(g)；

$w$——振毕密实湿试样含水率(%)。

3. 巨粒土原型料最大干密度计算法

对几组系列试验结果用曲线拟合法可整理出下式

$$\rho_{dmax} = a + b\ln M_r \tag{2-4-32}$$

式中 $a$、$b$——试验系数。

由于 $M_r=1$ 时，$\rho_{dmax}=\rho_{Dmax}$，所以 $a=\rho_{Dmax}$

即

$$\rho_{dmax}=\rho_{Dmax}+b\ln M_r \tag{2-4-33}$$

令 $M_r=1$ 时，即得原型试料 $\rho_{Dmax}$ 的值。

## 十一、标准贯入试验

（一）试验目的

标准贯入试验是利用规定的落锥能量将圆筒形的贯入器打入钻孔底土中，根据贯入的难易程度来判定土的物理力学性质。

（二）适用范围

标准贯入试验适用于砂土、粉土和一般黏性土。

（三）试验原理

利用一定种类的锤锤击对开管，通过记录锤击入一定深度的锤击数和取出土样的描述反映该层土质的物理状态、承载力等性质。

（四）执行标准

《岩土工程勘察规范》（GB 50021—2001）（2009 年版）。

《铁路工程地质原位测试规程》（TB 10018—2003）。

《公路工程地质勘察规范》（JTG C20—2011）。

（五）仪器设备

标准贯入试验设备的规格应符合表 2-4-8 的规定，贯入器结构如图 2-4-8 所示。

**表 2-4-8　标准贯入试验设备的规格**

| 落锤 | | 锤的质量(kg) | 63.5 |
|---|---|---|---|
| | | 落距(cm) | 76 |
| 贯入器 | 对开管 | 长度(mm) | >500 |
| | | 外径(mm) | 51 |
| | | 内径(mm) | 35 |
| | 管靴 | 长度(mm) | 50~76 |
| | | 刃口角度(°) | 18~20 |
| | | 刃口单刃厚度(mm) | 1.6 |
| 钻杆 | | 直径(mm) | 42 |
| | | 相对弯曲 | <1/1 000 |

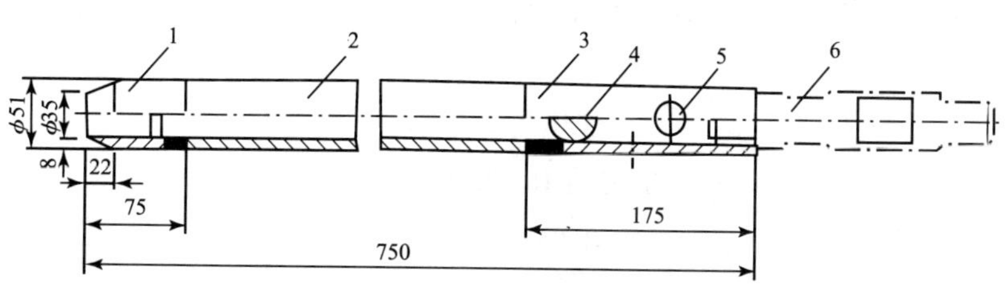


图 2-4-8　贯入器结构图（单位：mm）

1—贯入器靴；2—贯入器身；3—贯入器头；

4—钢球；5—排水孔；6—钻杆接头

(六)试验准备

用钻机先钻到需要进行标准贯入试验的土层,应采用回转钻进,并保持孔内水位略高于地下水位。当孔壁不稳定时,可用泥浆护壁;若采用套管护壁,套管底部应高出试验深度 75 cm。钻至试验标高以上 15 cm 处,清除孔底残土后再进行试验。

(七)试验步骤

1. 钻孔完成并清孔后,换用标准贯入器,并记录深度尺寸。

2. 将贯入器垂直打入试验土层中,先打入 15 cm,不计击数,然后开始记录每打入 10 cm 的锤击数,累计打入 30 cm 的锤击数为标准贯入试验锤击数 $N$。当锤击数已达 50 击,而贯入深度未达 30 cm 时,可记录 50 击的实际贯入深度,按下式换算成相当于 30 cm 的标准贯入试验锤击数 $N$,并终止试验。

$$N = 30 \times 50/\Delta S \tag{2-4-34}$$

式中　$\Delta S$——锤击数 50 击时的贯入度(cm)。

3. 提出贯入器,将贯入器中的土样取出,进行鉴别描述记录,必要时妥善保存土样以备试验之用。

4. 换钻探工具继续钻进,至下一需要进行试验的深度,再重复上述操作,一般可每隔 1.0~2.0 m 进行一次试验。

5. 对于同一土层应进行多次试验,一般不宜少于 3 孔,然后取锤击数的平均值。

(八)数据处理

1. 标准贯入试验成果 $N$ 可直接标在工程地质剖面图上,也可绘制单孔标准贯入击数 $N$ 与深度关系曲线或直方图。统计分层标贯击数平均值时,应剔除异常值。

2. 砂类土的密实程度和黏性土的塑性状态可按表 2-4-9 和表 2-4-10 划分。

**表 2-4-9　砂类土的相对密实度划分**

| $N$(击/30 cm) | $\leqslant 10$ | $10 < N \leqslant 15$ | $15 < N \leqslant 30$ | $>30$ |
|---|---|---|---|---|
| $D_r$ 值 | $<0.33$ | $0.33 < D_r \leqslant 0.40$ | $0.40 < D_r \leqslant 0.67$ | $\geqslant 0.67$ |
| 密实程度 | 松　散 | 稍　密 | 中　密 | 密　实 |

**表 2-4-10　黏性土的塑性状态划分**

| $N$(击/30 cm) | $\leqslant 2$ | $2 < N \leqslant 8$ | $8 < N \leqslant 32$ | $>32$ |
|---|---|---|---|---|
| 液性指数 $I_L$ | $>1$ | $1 \geqslant I_L > 0.5$ | $0.5 \geqslant I_L > 0$ | $\leqslant 0$ |
| 塑性状态 | 流　塑 | 软　塑 | 硬　塑 | 坚　塑 |

3. 当可液化土层实测贯入击数 $N$ 小于液化临界贯入击数 $N_{cr}$ 时,应判定为液化土。

$$\left.\begin{aligned} N_{cr} &= N_0 \cdot \alpha_1 \cdot \alpha_2 \cdot \alpha_3 \cdot \alpha_4 \\ \alpha_1 &= 1 - 0.065(d_w - 2) \\ \alpha_2 &= 0.52 + 0.175 d_s - 0.005 d_s^2 \\ \alpha_3 &= 1 - 0.05(d_u - 2) \\ \alpha_4 &= 1 - 0.17\sqrt{\rho_c} \end{aligned}\right\} \tag{2-4-35}$$

式中　$N_0$——标准贯入试验深度 $d_s=3$ m、地下水埋深 $d_w=2$ m、上覆非液化土层厚度 $d_u=2$ m、土中黏粒含量 $\rho_c$(%)$=0$ 时土层的液化临界贯入击数,按表 2-4-11 取值;

表 2-4-11　可液化土层临界贯入锤击数基本值($N_0$)

| 地震动峰值加速度 | 0.1$g$ | 0.2$g$ | 0.4$g$ |
|---|---|---|---|
| $N_0$(击/30 cm) | 8 | 12 | 16 |

$\alpha_1$——$d_w$ 的修正系数,当地面常年有水且与地下水有水力联系时,$\alpha_1$ 取 1.13;

$\alpha_2$——$d_s$ 的修正系数;

$\alpha_3$——$d_u$ 的修正系数, 对于深基础取 $\alpha_3$ 为 1;

$\alpha_4$——黏粒含量百分比 $\rho_c$ 的修正系数;当缺乏 $\rho_c$ 数据,可按表 2-4-12 取值。

表 2-4-12　$a_4$的取值

| 土　　类 | 砂　类　土 | 粉　　土 | |
|---|---|---|---|
| | | $I_p \leq 7$ | $7 < I_p \leq 10$ |
| $\alpha_4$ | 1 | 0.60 | 0.45 |

(九)试验注意事项

1. 重视钻进工艺及清孔质量,对贯入器开始贯入 15 cm 的击数也予记录,以判断孔底是否有残土或扰动程度。

2. 采用自动脱钩的自由落锤法进行锤击,并减小导向杆与锤间的摩阻力,避免锤击时的偏心和侧向晃动,保持贯入器、探杆、导向杆联接后的垂直度,锤击速率应小于 30 击/min 。

3. 应用 $N$ 值时是否修正和如何修正,应根据建立统计关系时的具体情况确定。

4. 标准贯入试验锤击数 $N$ 值,可对砂土、粉土、黏性土的物理状态、土的强度、变形参数、地基承载力、单桩承载力,砂土和粉土的液化、成桩的可能性等做出评价。

## 十二、动力触探试验

(一)试验目的

通过一定重量的锤在一定落距下的锤击能量,利用锤击数反映探头沉入土中的难易程度,来判定土的承载力、变形模量等。

(二)适用范围

动力触探适用于黏性土、砂类土和碎石类土。动力触探可分轻型、重型和特重型。轻型动力触探可确定一般黏性土地基承载力,重型和特重型动力触探可确定中砂以上的砂类土和碎石类土地基承载力,测定圆砾土、卵石土的变形模量。动力触探还可用于查明地层在垂直和水平方向的均匀程度和确定桩基持力层。

(三)试验原理

动力触探是利用一定的锤击能量,将一定规格的探头和探杆打(贯)入土中,根据贯入的难易程度即土的阻抗大小判别土层变化,进行力学分析,评价土的工程性质。通常以贯入土中的一定距离所需锤击数来表征土的阻抗,以此与土的物理力学性质建立经验关系。

(四)执行标准

《岩土工程勘察规范》(GB 50021—2001)(2009 年版)。

《铁路工程地质原位测试规程》(TB 10018—2003)。

《公路工程地质勘察规范》(JTG C20—2011)。

(五)仪器设备

1. 动力触探设备类型和规格应符合表 2-4-13 的规定。

表 2-4-13　动力触探设备类型和规格

| 类型及代号 | 重锤质量(kg) | 重锤落距(cm) | 探头截面积($cm^2$) | 探杆外径(mm) | 动力触探击数 | |
|---|---|---|---|---|---|---|
| | | | | | 符号 | 单位 |
| 轻型 DPL | 10 ±0.2 | 50 ±2 | 13 | 25 | N10 | 击/30 cm |
| 重型 DPH | 63.5 ±0.5 | 76 ±2 | 43 | 42、50 | N63.5 | 击/10 cm |
| 特重型 DPSH | 120 ±1.2 | 100 ±2 | 43 | 50 | N120 | 击/10 cm |

2. 动力触探设备主要参数应符合下列要求。

(1)轻型动力触探探头外型尺寸如图 2-4-9 所示。材料应采用 45 号碳素钢或采用优于 45 号碳素钢的钢材。表面淬火后硬度 HRC =45~50。

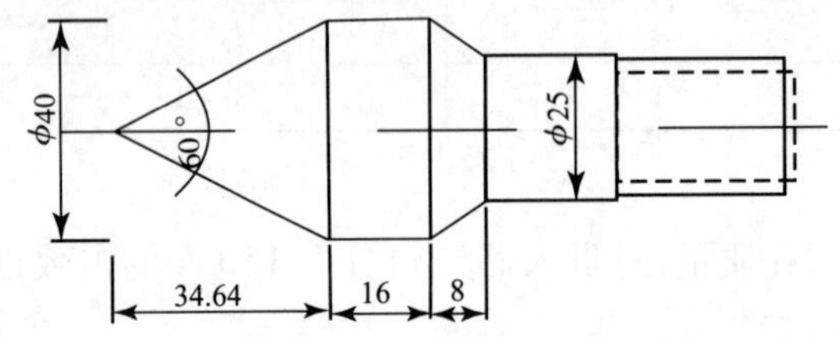


图 2-4-9　轻型动力触探探头外形尺寸(单位:mm)

(2)重型、特重型动力触探设备探头外型尺寸如图 2-4-10 所示,材质要求同轻型触探头。

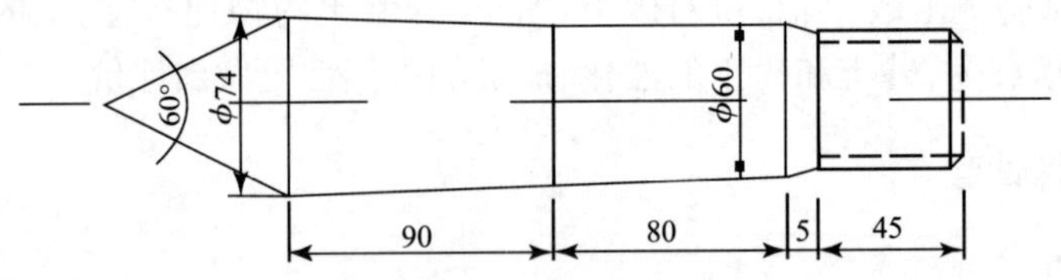


图 2-4-10　重型、特重型动力触探探头外形尺寸(单位:mm)

3. 探杆:每米质量不宜大于 7.5 kg。探杆接头外径应与探杆外径相同。探杆和接头材料应采用耐疲劳高强度的钢材。

4. 锤座直径应小于锤径 1/2,并大于 100 mm;导杆长度应满足重锤落距的要求,锤座和导杆总质量为 20~25 kg。

5. 重锤应采用圆柱形,高径比 1~2。重锤中心的通孔直径应比导杆外径大 3~4 mm。

(六)试验准备

1. 动力触探作业前必须对机具设备进行检查,确认正常后,方可启动。部件磨损及变形超过下列规定者,应予更换或修理。

(1)探头允许磨损量:直径磨损不得大于 2 mm,锥尖高度磨损不得大于 5 mm;

(2)每节探杆非直线偏差不得大于 0.6%;

(3)所有部件连接处丝扣应完好,连接紧固。

2. 动力触探机具安装必须稳固,在作业过程中支架不得偏移。

3. 动力触探时,应始终保持重锤沿导杆垂直下落,锤击频率应控制在 15~30 击/min;

4. 动力触探的锤座距孔口高度不宜超过 1.5 m,探杆应保持竖直。

(七)试验步骤

1. 轻型动力触探作业时,应先用轻便钻具钻至所需测试土层的顶面,然后对该土层连续贯入。当贯入 30 cm 的击数超过 90 击或贯入 15 cm 超过 45 击时,可停止作业。如需对下卧层进行测试,可用钻探方法穿透该层后继续触探。

2. 轻型动力触探应每贯入 30 cm 记录其相应击数。

3. 根据地层强度的变化,重型和特重型动力触探可互换使用。重型动力触探实测击数大于 50 击/10 cm 时,宜改用特重型;当重型动力触探实测击数小于 5 击/10 cm 时,不得采用特重型动力触探。

4. 在预钻孔内进行重型或特重型动力触探作业,钻探孔径大于 90 cm、孔深大于 3 m、实测击数大于 8 击/10 cm 时,可用小于或等于 90 cm 的孔壁管下放至孔底或用松土回填钻孔,以减小探杆径向晃动。

5. 重型、特重型动力触探应每贯入 10 cm 记录其相应击数。地层松软时,可采用测量每阵击(一般为 1 ~5 击)的贯入度,并按下式换算成相当于同类型动力触探贯入 10 cm 时的击数。

$$N_{63.5} = \frac{10n}{\Delta s} \quad 或 N_{120} = \frac{10n}{\Delta s} \qquad (2-4-36)$$

式中 $N_{63.5}$、$N_{120}$——重型、特重型动力触探实测击数,击/10 cm;

$n$——每阵击的击数;

$\Delta s$——每阵击的下贯入量,cm。

(八)数据处理

1. 动力触探记录应在现场时进行初步整理,并对记录的击数和贯入尺寸进行校核和换算。

2. 轻型动力触探应以每层实测击数的算术平均值作为该层的触探击数平均值 $N_{10}$。

3. 重型动力触探应以每层实测击数 $N_{63.5}$,应按下式进行杆长击数修正:

$$N'_{63.5} = aN_{63.5} \qquad (2-4-37)$$

式中 $a$——杆长击数修正系数,按表 2-4-14 确定;

$N'_{63.5}$——重型动力触探修正后击数,击/10 cm。

**表 2-4-14 杆长修正系数 $a$ 值**

| 杆长 \ 击数 | 5 | 10 | 15 | 20 | 25 | 30 | 35 | 40 | ≥50 |
|---|---|---|---|---|---|---|---|---|---|
| ≤2 | 1.0 | 1.0 | 1.0 | 1.0 | 1.0 | 1.0 | 1.0 | 1.0 | — |
| 4 | 0.96 | 0.95 | 0.93 | 0.92 | 0.90 | 0.89 | 0.87 | 0.86 | 0.84 |
| 6 | 0.93 | 0.90 | 0.88 | 0.85 | 0.83 | 0.81 | 0.79 | 0.78 | 0.75 |
| 8 | 0.90 | 0.86 | 0.83 | 0.80 | 0.77 | 0.75 | 0.73 | 0.71 | 0.67 |
| 10 | 0.88 | 0.83 | 0.79 | 0.75 | 0.72 | 0.69 | 0.67 | 0.64 | 0.61 |
| 12 | 0.85 | 0.79 | 0.75 | 0.70 | 0.67 | 0.64 | 0.61 | 0.59 | 0.55 |
| 14 | 0.82 | 0.76 | 0.71 | 0.66 | 0.62 | 0.58 | 0.56 | 0.53 | 0.50 |
| 16 | 0.79 | 0.73 | 0.67 | 0.62 | 0.57 | 0.54 | 0.51 | 0.48 | 0.45 |
| 18 | 0.77 | 0.70 | 0.63 | 0.57 | 0.53 | 0.49 | 0.46 | 0.43 | 0.40 |
| 20 | 0.75 | 0.67 | 0.59 | 0.53 | 0.48 | 0.44 | 0.41 | 0.39 | 0.36 |

注:可线性内插取值。

4. 特重型动力触探的实测击数,应先按下式换算成相当于重型动力触探的实测击数后,再按重型触探方法进行修正。

$$N_{63.5}=3N_{120}-0.5 \tag{2-4-38}$$

5. 根据修正后的动力触探击数,应绘制动力触探击数与贯入深度曲线图。

6. 地基土力学分析层应根据动力触探击数与贯入深度曲线图,结合场地地质资料进行。由软层(小击数)进入硬层(大击数)时,分层界限应在软层最后一个小值点以下 10~20 cm 处;由硬层进入软层时,分层界线应在软层第一个小值点以上 10~20 cm 处。

7. 分层后各层动力触探击数平均值的确定,应符合下列要求。

(1)在各层土的厚度范围内,划分出地层界面处上、下土层影响击数的范围,中间部分称为该层的有效厚度。

(2)在有效厚度范围内,剔除少量击数特殊大值(剔除点的数量不应超过有效厚度内测点数的 10%),余留部分为该层动力触探的有效击数。

(3)重型动力触探击数平均值取该层动力触探有效击数的算术平均值,即

$$\overline{N}_{63.5}=\sum_{1}^{n}N'_{63.5}/n \tag{2-4-39}$$

式中 $n$——参加统计的测点数。

8. 有效厚度小于 0.3 m 时,动力触探击数平均值可按下列原则确定。

(1)当上、下均为击数较小的土层时,$N_{63.5}$ 平均值可取该土层触探击数的最大值 $(N'_{63.5})\max$;

(2)当上、下均为击数较大的土层时,$N_{63.5}$ 平均值应取小于或等于该层土触探击数的最小值 $(N'_{63.5})\min$。

9. 黏性土地基的基本承载力 $\sigma_0$,当贯入深度小于 4 m 时,根据黏性土的 $N_{10}$ 平均值,按表 2-4-15 确定。

**表 2-4-15 黏性土 $\sigma_0$ 值** (单位:kPa)

| $N_{10}$(击/30 cm) | 15 | 20 | 25 | 30 |
|---|---|---|---|---|
| $\sigma_0$ | 100 | 140 | 180 | 220 |

10. 冲积、洪积成因的中砂-砾砂土地基和碎石类土地基的基本承载力 $\sigma_0$,当贯入深度小于 20 m 时,可根据场地土层的 $N_{63.5}$,按表 2-4-16 确定。

**表 2-4-16 中砂~砾砂土、碎石类土 $\sigma_0$ 值** (单位:kPa)

| $N_{63.5}$(击/10 cm) | 3 | 4 | 5 | 6 | 7 | 8 | 9 | 10 | 12 | 14 |
|---|---|---|---|---|---|---|---|---|---|---|
| 中砂~砾砂土 | 120 | 150 | 180 | 220 | 260 | 300 | 340 | 380 | — | — |
| 碎石类土 | 140 | 170 | 200 | 240 | 280 | 320 | 360 | 400 | 480 | 540 |
| $N_{63.5}$(击/10 cm) | 16 | 18 | 20 | 22 | 24 | 26 | 28 | 30 | 35 | 40 |
| 碎石类土 | 600 | 660 | 720 | 780 | 830 | 870 | 900 | 930 | 970 | 1 000 |

11. 基本承载力用于设计时,应进行基础宽度及埋深修正。修正公式应符合现行《铁路桥涵地基和基础设计规范》(TB 10002.5)中有关规定。

12. 可根据场地土层的 $N_{10}$ 平均值,按表 2-4-17 确定黏性土地基极限承载力 $P_u$。

表 2－4－17　一般黏性土 $P_u$ 值　（单位：kPa）

| $\overline{N}_{10}$（击/30 cm） | 15 | 20 | 25 | 30 |
|---|---|---|---|---|
| $P_\mu$ | 180 | 260 | 330 | 400 |

注：表内数值可以线性插入；$P_u$ 的变异系数 $\delta$ 为 0.291。

13. 可根据场地土层的 $N_{63.5}$ 平均值按表 2－4－18 确定冲积、洪积成因的中砂～砾砂土地基和碎石类土地基的极限承载力 $P_u$。

表 2－4－18　中砂～砾类土、碎石类土 $P_u$ 值　（单位：kPa）

| $\overline{N}_{63.5}$（击/10 cm） | 3 | 4 | 5 | 6 | 7 | 8 | 9 | 10 | 12 | 14 |
|---|---|---|---|---|---|---|---|---|---|---|
| 中砂～砾砂土 | 240 | 300 | 360 | 440 | 520 | 600 | 680 | 760 | — | — |
| 碎石类土 | 320 | 390 | 460 | 550 | 645 | 740 | 835 | 930 | 1 100 | 1 250 |
| $\overline{N}_{63.5}$（击/10 cm） | 16 | 18 | 20 | 22 | 24 | 26 | 28 | 30 | 35 | 40 |
| 碎石类土 | 1 390 | 1 530 | 1 670 | 1 810 | 1 930 | 2 020 | 2 090 | 2 160 | 2 260 | 2 330 |

注：中砂～砾砂土、碎石类土 $P_u$ 变异系数 $\delta$ 分别为 0.248 和 0.210。

14. 可根据场地土层的 $N_{63.5}$ 平均值按表 2－4－19 确定冲、洪积卵石土和圆砾土地基的变形模量 $E_0$。

表 2－4－19　卵石土、圆砾土 $E_0$ 值　（单位：MPa）

| $\overline{N}_{63.5}$（击/10 cm） | 3 | 4 | 5 | 6 | 8 | 10 | 12 | 14 | 16 |
|---|---|---|---|---|---|---|---|---|---|
| $E_0$ | 9.9 | 11.8 | 13.7 | 16.2 | 21.3 | 26.4 | 31.4 | 35.2 | 39.0 |
| $\overline{N}_{63.5}$（击/10 cm） | 18 | 20 | 22 | 24 | 26 | 28 | 30 | 35 | 40 |
| $E_0$ | 42.8 | 46.6 | 50.4 | 53.6 | 56.1 | 58.0 | 59.9 | 62.4 | 64.3 |

（九）试验注意事项

1. 动力触探划分土层并定名时，应与其他勘探测试手段相结合，确定地基承载力或变形模量时，动力触探孔数应根据场地大小、建筑物等级及土层均匀程度综合考虑，但同一场地应不少于 3 孔。

2. 每贯入 1 m，宜将探杆转动一圈半；当贯入深度超过 10 m，每贯入 20 cm 宜转动探杆一次。

3. 根据圆锥动力触探试验指标和地区经验，可进行力学分层，评定土的均匀性和物理性质（状态、密实度）、土的强度、变形参数、地基承载力、单桩承载力、查明土洞、滑动面、软硬土层界面、检测地基处理效果等。应用试验成果时是否修正或如何修正，应根据建立统计关系时的具体情况确定。

## 第五节　铁路路基现场试验

### 一、动态变形模量试验

（一）试验目的

动态变形模量试验主要用来测量铁路路基土压实后的动态变形模量，是一种快速检测路基压实后土体动态特性的承载力指标的试验方法。

（二）适用范围

适用于粒径不大于承载板直径 1/4 的各类土和土石混合填料，测试有效深度范围为承载板直径的 1.5 倍。

（三）试验原理

动态变形模量试验是采用圆形承载板测定土体在落锤冲击荷载作用下的沉陷值，以计算土体的动态变形模量。动态变形模量用 $E_{vd}$ 表示，计量单位为 MPa。

（四）执行标准

《铁路工程土工试验规程》（TB 10102—2010）。

（五）仪器设备

动态变形模量测试仪。动态变形模量测试仪由加载装置、荷载板和沉陷测定仪三部分组成，如图 2－5－1 所示。加载装置主要由挂（脱）钩装置、落锤、导向杆、阻尼装置等部分构成。荷载板主要由圆形钢板和传感器等部分构成。沉陷测定仪主要由信号处理、显示、打印机和电源等部分构成。

1. 落锤重：10 kg。

2. 最大冲击力：（7 070 ± 70.7）N。

3. 冲击持续时间：（18 ± 2）ms。

4. 导向杆必须保持垂直、光洁。

5. 承载板直径（300 ± 0.5）mm，厚度（20 ± 0.2）mm，承载板表面粗糙度不应大于 6.3 μm。

6. 沉陷测试范围：（0.1 ~ 2.0）mm ± 0.04 mm。

7. 动态变形模量测试范围：10 MPa ≤ $E_{vd}$ ≤ 225 MPa。

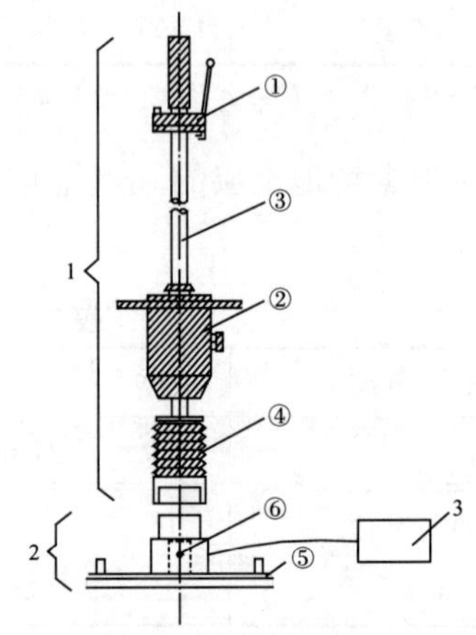


图 2－5－1 动态变形模量测试仪

1—加载装置（①挂（脱）钩装置；②落锤；③导向杆；④阻尼装置）；2—载荷板（⑤圆形钢板；⑥传感器）；3—沉陷测定仪

（六）试验准备

1. 试验场地及环境条件

（1）测试面宜水平，其倾斜度不大于 5°。

（2）测试面应平整无坑洞。对于粗粒土或混合料造成的表面凹凸不平，可用少量细中砂来补平。

（3）试验时测试面应远离震源。

2. 试验仪器准备

（1）试验仪器变形每年检定一次。

（2）仪器在每次使用前应检查仪器标明的落距。

（七）试验步骤

1. 场地测试面应平整，用毛刷扫去松土。测试面宜水平，其倾斜度不大于 5°。必要时可用少量的砂补平。

2. 将承载板放置在平整好的测试面上，安装上导向杆并保持垂直。

3. 将落锤提升至挂（脱）钩装置上挂住，然后使落锤脱钩并自由落下，当落锤弹回后将其抓住并挂在挂（脱）钩装置上。按此操作进行三次预冲击。

4. 正式测试时按上述第 3 步的操作方法进行三次冲击测试，作为正式测试记录。测试时应避免荷载板的移动和跳跃。

(八)数据处理

试验结果按下列平板压力公式计算。

$$E_{vd} = 1.5r\sigma/s \tag{2-5-1}$$

简化公式:$E_{vd} = 22.5/s$

式中 $E_{vd}$——动态变形模量(MPa),计算至0.1 MPa;

$r$——圆形刚性荷载板的半径(mm),$r = 150$ mm;

$\sigma$——荷载板下的最大动应力,它是通过在刚性基础上,由最大冲击力 $F_s = 7.07$ kN 且冲击时间 $t_s = 18$ ms 时标定得到的,$\sigma = 0.1$ MPa;

$s$——实测荷载板下沉幅值,mm;

1.5——荷载板综合影响系数。

(九)试验注意事项

1. 注意填料粒径范围,超过承载板直径1/4的填料上不适用于动态变形模量测试。

2. 导向杆与荷载板应保持垂直,承载板与测试面必须密贴。

3. 落锤反弹后应即时抓牢挂回挂钩,防止落锤反复弹击,并注意操作者安全,防止挤伤手指。

## 二、二次变形模量试验

(一)试验目的

检测二次加载情况下承载板下应力和相对应的沉降量,计算变形模量 $E_{v1}$、$E_{v2}$ 及 $E_{v2}/E_{v1}$ 值。

(二)适用范围

$E_{v2}$ 试验适用于粒径不大于承载板直径1/4的各类土和土石混合填料。测试有效深度约为承载板直径的1.5倍。

(三)试验原理

二次变形模量试验是采用圆形承载板和加载装置对地面进行第一次加载和卸载后,再进行第二次加载,用测得的承载板下应力和与之相对应的承载板中心沉降量,来计算变形模量 $E_{v1}$、$E_{v2}$ 及 $E_{v2}/E_{v1}$ 值。

(四)执行标准

《铁路工程土工试验规程》(TB 10102—2010)。

(五)仪器设备

二次变形模量测定仪。包括承载板、反力装置、加载装置、荷载量测装置及沉降量测装置。

1. 承载板:承载板为圆形钢板,承载板直径为300 mm±0.5 mm,厚度为25 mm±0.2 mm,承载板上应带有水准泡。承载板加工表面粗糙度应不大于6.3 μm。

2. 加载装置:加载装置的液压千斤顶应通过高压油软管与手动液压泵连接。液压系统不得渗漏油。千斤顶顶端应设置球铰,并配有可调节丝杆和加长杆件,高压油软管长度应不小于1.8 m,两端应装有自动开闭阀门的快速接头。手动液压泵上应装有可调节减压阀,可准确地对荷载板进行分级加、卸载。千斤顶两边应固定,确保不倾斜。千斤顶活塞的行程应不小于150 mm。在试验过程中,千斤顶高度不应超过600 mm。

3. 反力装置:反力装置的承载能力应大于最大试验荷载10 kN以上。

4. 荷载测量装置:荷载测量表量程应达到最大试验荷载的1.25倍,最大误差应不大于

1% 。显示值应能保证承载板上的荷载强度有效位至少达到 0. 001 MPa。

5. 沉降量测装置:沉降量测装置由测桥和测表组成。承载板沉降采用中心单点测量方式测量。测桥的测量臂可采用杠杆式或垂直抽拉式,测量臂应有足够的刚度。杠杆式测量臂如图 2 -5 -2 所示;垂直抽拉式测量臂如图 2 -5 -3 所示。

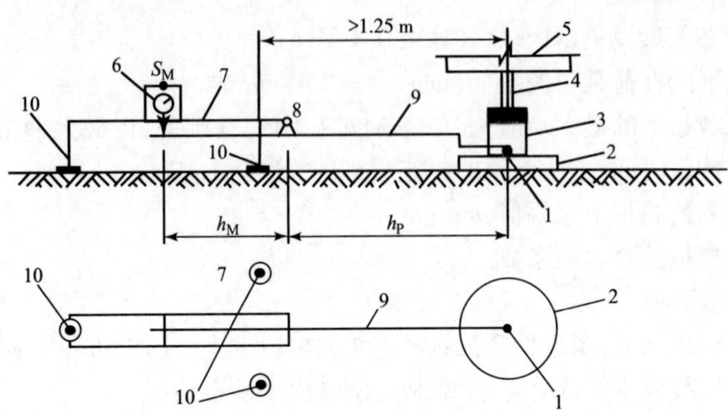


图 2 -5 -2　杠杆式测量臂

1—触点;2—承载板;3—千斤顶;4—加长杆件;5—反力装置;6—沉降量测表;

7—支撑架;8—杠杆支点;9—测量臂;10—支撑座

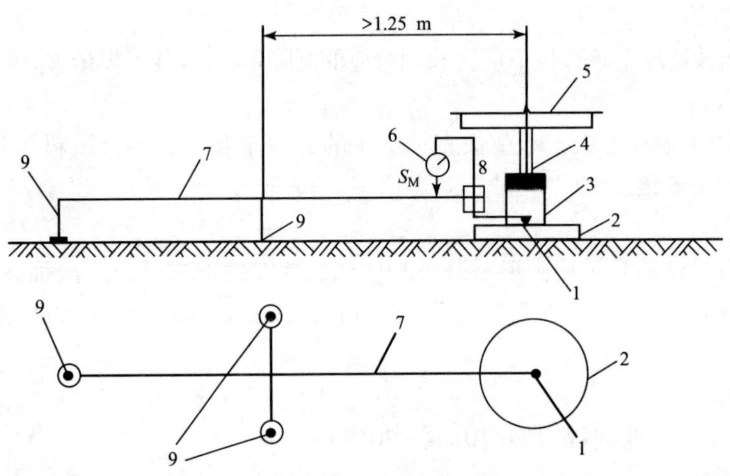


图 2 -5 -3　垂直抽拉式测量臂

1—触点;2—承载板;3—千斤顶;4—加长杆件;5—反力装置;

6—沉降量测表;7—支撑架;8—垂直支架;9—支撑座

承载板中心至测桥支撑座的距离应大于 1. 25 m。杠杆式测量臂杠杆比 $h_P$: $h_M$ 可在 1∶1 至 2∶1 范围内选择,选定后不得改变。沉降量测表最大误差应不大于 0. 04 mm,分辨率应达到 0. 01 mm,量程应不小于 10 mm。

6. 其他:铁锹、钢板尺、毛刷、刮铲、水准仪、铅锤、折尺、干燥中砂、石膏粉、油、遮阳挡风设施等。

(六)试验准备

1. 试验场地及环境条件

(1)水分挥发快的均粒砂,表面结硬壳、软化或其他原因表层扰动的土,试验应置于其影响以下进行。

(2)试验应避免在测试面过湿或干燥的情况下进行,宜在压实后 4 h 内检测。

(3)测试面应平整无坑洞。

(4)试验时测试面应远离震源。

(5)雨天或风力大于 6 级的天气不得进行试验。

2. 设备检定

(1)传感器、测表应按国家有关规定进行检定。

(2)二次变形模量测试仪必须每年检定一次。

(七)试验步骤

1. 场地测试面应平整,用毛刷扫去表面松土,并将测试面做成水平。

2. 安置测试仪器。

(1)将承载板放置于测试面上,承载板应与地面完全接触,必要时可铺设一层 2 ~ 3 mm 干燥砂或者石膏腻子。同时利用承载板上的水准泡或者水准仪来调整承载板水平。采用石膏腻子做垫层时,应在承载板底面上抹一层油膜,然后将承载板安装放在石膏层上,左右转动承载板并轻轻击打顶面,使其与地面完全接触,被挤出的石膏应在凝固前清除,直至石膏凝固以后方可进行测试。

(2)将反力装置承载部位安置于承载板上方,并加以制动。承载板外缘与反力装置支撑点之间的距离不得小于 0.75 m。

(3)将千斤顶放在反力装置下面的承载板上,用加长杆和调节丝杆使千斤顶顶端球铰座与反力装置承载部位紧贴。组装时应使千斤顶保持垂直。

(4)安装测桥。测桥支撑座与承载板外缘、反力装置支撑点的距离不应小于 1.25 m。采用 2 ~ 3 只下沉量测表测量时,测表应沿承载板周边等分布置,与承载板中心保持等距离,并与测试面垂直。

(5)试验过程中测桥和反力装置不得晃动。沉降量测装置应有遮阳挡风设施。

3. 预加载。

预先加 0.01 MPa 荷载约 30 s 后,卸除荷载,将沉降量测表读数调零。

4. 加、卸载应按照下面要求进行。

(1)第一次加载应至少分 6 级,并以大致相等的荷载增量(0.08 MPa)逐级加载,达到最大荷载为 0.5 MPa 或者沉降量达到 5 mm 后再进行卸载。当沉降量达到 5 mm 且该级荷载小于 0.5 MPa 时,该级荷载为最大荷载。

(2)卸载时应按最大荷载的 50%、25% 和 0 三级进行。

(3)卸载后按照第一次加载的操作步骤,并保持与第一次加载时各级相同的荷载进行第二次加载,直到第一次所加最大荷载的倒数第二级。

(4)每级加载和卸载过程在 1 min 内完成。

(5)加载或卸载时,每级荷载的保持时间为 2 min,荷载应保持恒定。

(6)试验中施加了比预定荷载大的荷载时,应保持该荷载,并将其记录在试验记录表中,加以注明。

(7)试验过程中出现承载板严重倾斜,以致承载板上水准器上的气泡不能与圆圈标志重合或承载板过度下沉及量测数据出现异常等情况时,应查明原因,另选点进行试验,并在记录表上说明。

（八）数据处理

1. 计算每级承载板中心沉降量 $S$。

$$S = S_M \times h_P / h_M \tag{2-5-2}$$

式中 $S_M$——沉降量测表读数，mm；

$h_P/h_M$——杠杆比。

2. 根据试验结果绘制应力－沉降曲线，应力－沉降曲线应采用二次方程曲线拟合，不得绘制成折线或其他形式曲线，曲线上应用箭头标明受力方向，如图 2－5－4 所示。

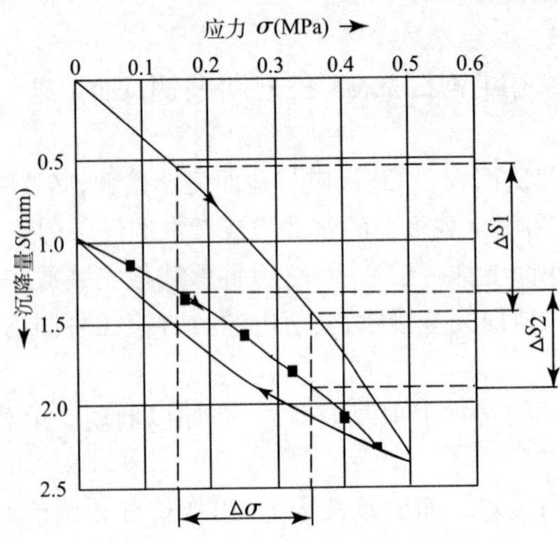


图 2－5－4　应力－沉降曲线

3. 应力－沉降曲线可用下式表达。

$$S = a_0 + a_1 \times \sigma + a_2 \times \sigma^2 \tag{2-5-3}$$

式中 $\sigma$——承载板下应力，MPa；

$S$——承载板中心沉降量，mm；

$a_0$——常数项，mm；

$a_1$——一次项系数，mm/MPa；

$a_2$——二次项系数，mm/MPa$^2$。

最小二乘法计算系数的方程见下式。

$$\left.\begin{aligned}
a_0 \times n + a_1 \sum_{i=1}^{n} \sigma_i + a_2 \sum_{i=1}^{n} \sigma_i &= \sum_{i=1}^{n} S_i \\
a_0 \times \sum_{i=1}^{n} \sigma_i + a_1 \sum_{i=1}^{n} \sigma_i^2 + a_2 \sum_{i=1}^{n} \sigma_i^3 &= \sum_{i=1}^{n} S_i \cdot \sigma_i \\
a_0 \times \sum_{i=1}^{n} \sigma_i^2 + a_1 \sum_{i=1}^{n} \sigma_i^3 + a_2 \sum_{i=1}^{n} \sigma_i^4 &= \sum_{i=1}^{n} S_i \cdot \sigma_i^2
\end{aligned}\right\} \tag{2-5-4}$$

式中 $\sigma_1, S_1, \sigma_2, S_2 \cdots \sigma_n, S_n$——分别表示每级荷载的应力和相应的承载板中心沉降量的测试值。

4. 计算变形模量 $E_{vi}$。

$$E_{vi} = 1.5r / (a_1 + a_2 \times \sigma_{1max}) \tag{2-5-5}$$

式中　$r$——承载板半径,mm;

$\sigma_{1max}$——第一次加载最大应力,MPa;

$a_1$——曲线方程一次项系数,mm/MPa;

$a_2$——曲线方程二次项系数,mm/$MPa^2$。

(九)试验注意事项

1. 荷载量测装置的量测量程应达到最大试验荷载的1.25倍,最大误差应不大于1%,荷载板上应力的有效值至少达到0.001 MPa,沉降量测表分辨力应达到0.01 mm,量程不小于10 mm。

2. 二次变形模量试验采用直径(300 ± 0.5)mm,厚度为(25 ± 0.2)mm的承载板。承载板上应有水准泡。二次变形模量的计量单位为MPa。

3. 对于水分挥发快的中粗砂,表面结硬壳、软化或因其他原因表层扰动的土,变形模量试验装置应置于其影响以下进行,下挖深度不大于承载板直径;对于粗、细粒匀质土,宜在压实后2~4 h内开始检测。测试面应水平无坑洞,对于粗粒土或者混合料填层造成的表面凹凸不平,承载板下应铺一层厚约2~3 mm的干燥砂或者石膏腻子。

4. 试验时测试点应远离震源;雨天或风力大于6级的天气不得进行试验。

## 三、地基系数试验

(一)试验目的

测定土体在荷载作用下,下沉量基准值1.25 mm所对应的荷载强度与下沉量基准值的比值。

(二)适用范围

适用于粒径不大于承载板直径1/4的各类土和土石混合填料。测试有效深度约为承载板直径的1.5倍。

(三)试验原理

地基系数试验是通过地基系数测试仪在分级荷载作用下测定承载板的下沉量,以基准下沉量1.25 mm时的荷载值与其下沉量的比值反映填料的压实质量。根据填料的最大粒径可以采用直径300 mm、400 mm或600 mm的承载板,采用直径300 mm、400 mm或600 mm的承载板试验时,地基系数分别以$K_{30}$、$K_{40}$、$K_{60}$表示,换算公式为$K_{30} = 1.3K_{40}$、$K_{30} = 1.8K_{60}$。

(四)执行标准

《铁路工程土工试验规程》(TB 10102—2010)。

(五)仪器设备

地基系数测试仪由承载板、加载装置、反力装置、下沉量测量装置等部分组成。

1. 承载板。承载板为圆形钢板,其直径分为300 mm、400 mm或600 mm。承载板直径偏差不应大于0.5 mm,厚度偏差不应大于0.2 mm;表面粗糙度不应大于6.3 μm。

(1)直径为300 mm的承载板,板厚为25 mm。承载板上应带有水准泡。

(2)直径为400 mm的承载板,可由以下装置组成:直径400 mm、厚度为15 mm的承载板,定位装置和直径300 mm的承载板,如图2-5-5所示。

（3）直径600 mm的承载板，由以下装置组成：直径600 mm、厚度20 mm的承载板，6块等间距排列宽20 mm、高60 mm的加固肋板，3个定位装置，直径300 mm的承载板，如图2-5-6所示。

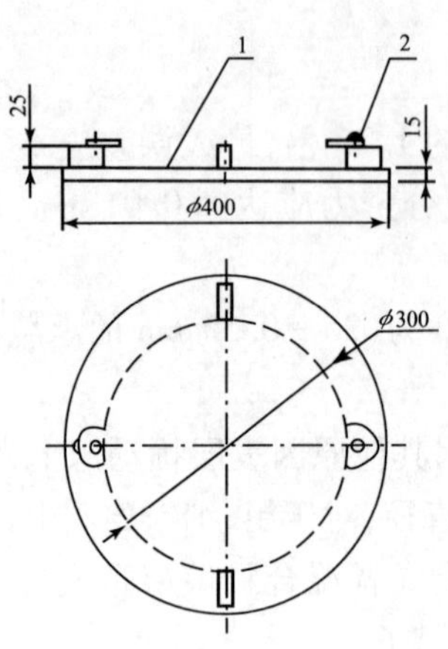


图2-5-5　直径400 mm承载板

1—直径400 mm钢板；2—定位装置

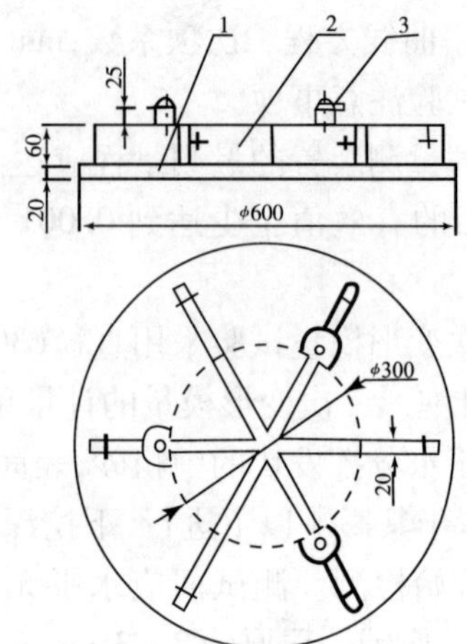


图2-5-6　直径600 mm承载板

1—直径600 mm钢板；2—肋板；3—定位装置

2. 加载装置。

（1）液压千斤顶与手动油泵，通过高压油软管连接，液压系统不得渗漏油。千斤顶顶端应设置球铰，并配有可调节丝杆和加长杆件。直径300 mm、400 mm或600 mm的承载板选用的千斤顶最大承载力应分别不小于50 kN、65 kN、100 kN。

（2）高压油软管长度至少为1.8 m，两端应装有自动开闭阀门的快速接头。

（3）手动液压泵上应装有一个可调节减压阀，可准确地分级对荷载板实施加、卸载。

（4）荷载测量装置采用误差不大于1%的测力计、力传感器或精度不低于0.4级的防震压力表。

3. 反力装置的承载能力应大于最大试验荷载10 kN以上。

4. 下沉量测量装置由测桥和测表组成。测表可采用百分表或位移传感器，并配有可调式固定支架；测表最大误差不应大于0.04 mm，分辨率不应低于0.01 mm，量程应不小于10 mm。

（1）采用2~3只下沉量测表测量承载板下沉量的地基系数测试仪，其测桥可由长度大于3 m的支撑梁和支撑座组成，用于安装测表固定支架或作为下沉量测表量测基准面，支撑梁应具有足够的刚度。下沉量测表沿承载板周边等分布置，并与承载板中心保持等距离，如图2-5-7所示。

（2）采用中心单点测量承载板下沉量的地基系数测试仪，测桥的测量臂可采用杠杆式，测量臂应有足够的刚度。测量臂杠杆比 $h_P$∶$h_M$ 可在1∶1至2∶1范围内选择，选定后不得改变。测桥支撑座与承载板外缘的距离应不小于1 m，如图2-5-8所示。

5. 其他：铁锹、钢板尺、毛刷、圬工泥刀、刮铲、水准仪、铅垂、褶尺、干燥中砂、石膏、油、遮阳挡风设施等。

（六）试验准备

1. 试验场地及环境条件

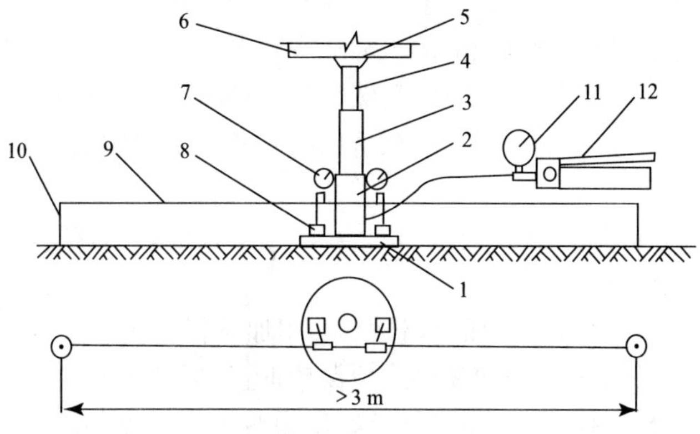


图 2－5－7　配两只测表的地基系数测试仪

1—承载板；2—千斤顶；3—加长杆件；4—调节丝杆；5—球胶座；
6—反力装置；7—下沉量测表；8—测表固定支架；9—支撑梁；
10—支撑座；11—压力表；12—手动液压泵

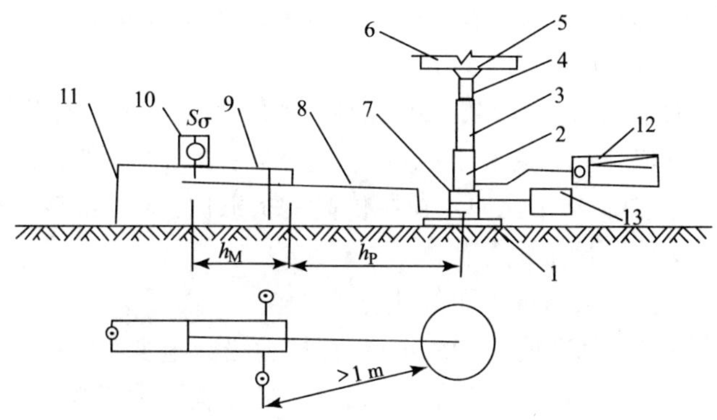


图 2－5－8　杠杆式单点测量下沉量的地基系数测试仪

1—承载板；2—千斤顶；3—加长杆件；4—调节丝杆；5—球胶座；
6—反力装置；7—力传感器；8—测量臂；9—支撑梁；
10—下沉量测表；11—支撑座；12—手动液压泵；
13—数据采集装置

(1)水分挥发快的均粒砂，表面结硬壳、软化或其他原因表层扰动的土，试验应置于其影响以下进行。

(2)试验应避免在测试面过湿或干燥的情况下进行，宜在压实后 4 h 内检测。

(3)测试面应平整无坑洞。

(4)试验时测试面应远离震源。

(5)雨天或风力大于 6 级的天气不得进行试验。

2. 设备检定

(1)传感器、测表应按国家有关规定进行检定。

(2)地基系数测试仪每次投入新工点或每年检定一次。

(七)试验步骤

1. 场地测试面应进行平整，并使用毛刷扫去松土。将测试面做成水平面。

2. 安置地基系数测试仪。

(1)将承载板放置于测试面上,承载板应与地面完全接触,必要时可铺设一层2 ~3 mm干燥砂或者石膏腻子。同时利用承载板上的水准泡或者水准仪来调整承载板水平。采用石膏腻子做垫层时,应在承载板底面上抹一层油膜,然后将承载板安装放在石膏层上,左右转动承载板并轻轻击打顶面,使其与地面完全接触,被挤出的石膏应在凝固前清除,直至石膏凝固以后方可进行测试。

(2)将反力装置承载部位安置于承载板上方,并加以制动。承载板外缘与反力装置支撑点之间的距离不得小于1 m。

(3)将千斤顶放在反力装置下面的承载板上,用加长杆和调节丝杆使千斤顶顶端球铰座与反力装置承载部位紧贴。组装时应使千斤顶保持垂直,不出现倾斜。

(4)安装测桥。测桥支撑座与承载板外缘、反力装置支撑点的距离不应小于1 m。采用2 ~3只下沉量测表测量时,测表应沿承载板周边等分布置,与承载板中心保持等距离,并与测试面垂直。

3. 加载试验。

(1)预加荷载, 30 s后卸除荷载,然后等待30 s后,将下沉量测表调至零位或读取测表读数作为下沉量的起始读数。直径300 mm、400 mm或600 mm的承载板预加荷载分别为0. 04 MPa、0. 03 MPa、0. 02 MPa。

(2)以0. 04 MPa的增量,逐级加载。每增加一级荷载,1 min的沉降量不大于该级荷载产生的下沉量的1%时,读取荷载强度和下沉量读数。然后增加下一级荷载,每级荷载的稳定时间不得少于3 min。试验中施加了比原定荷载值高的荷载时,应保持该荷载,并在试验记录单中记录该荷载和该荷载下的下沉量读数。

(3)达到下列条件之一时,试验即可终止:

①总下沉量超过规定的基准值(1. 25 mm),且加载级数至少5级;

②荷载强度大于设计标准对应荷载值的1. 3倍,且加载级数至少5级;

③荷载强度达到地基屈服点。

4. 试验过程出现荷载板严重倾斜、荷载板过度下沉及试验数据异常等情况时, 应查明原因,另选点进行试验,并在记录表中注明。

(八)数据处理

1. 根据试验结果绘出荷载强度与下沉量关系曲线。宜采用计算机或编制软件程序按二次方程拟合,采用手工描绘曲线时,应使曲线圆滑,尽量接近各点,如图2 -5 -9所示。

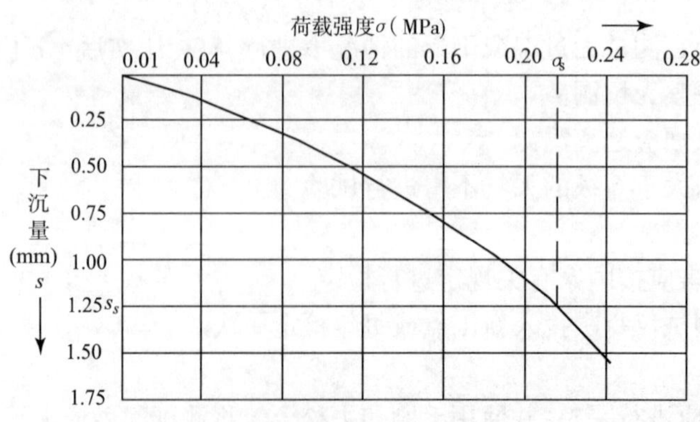


图2 -5 -9　荷载强度$\sigma$ -下沉量$s$关系曲线

2. 曲线的开始段呈凹形或不经过坐标原点时,按下列规定进行修正。

(1)采用计算机或编制软件程序绘制强度与下沉量关系曲线时,曲线与纵坐标交点为修正后的原点。

(2)手工描绘荷载强度与下沉量关系曲线时,采用作图法修正。试验结果曲线初始部分呈凹形时,应在曲线变曲率点引一切线与纵坐标相交于 $O_1$ 点,$O_1$ 点即为修正后的原点。曲线修正示意图如图 2-5-10 所示。

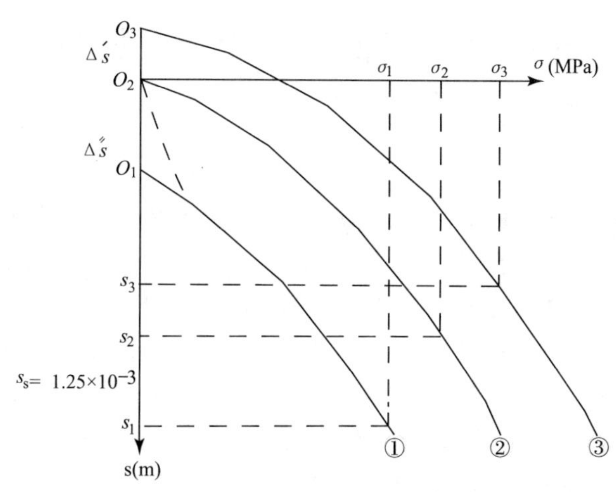


图 2-5-10　曲线修正示意图

3. 从荷载强度与下沉量关系曲线得出下沉量基准值时的荷载强度,并按下式计算出地基系数。

$$K_s = \sigma_s / s_s \qquad (2-5-6)$$

式中　$K_s$——由圆形荷载板测得的地基系数,MPa/m,计算至 1 MPa/m;直径 300 mm、400 mm、600 mm 的承载板测定的地基系数分别以 $K_{30}$、$K_{40}$、$K_{60}$ 表示;

$\sigma_s$——$\sigma-s$ 曲线中下沉量基准值对应的荷载强度,MPa;

$s_s$——下沉量基准值,$1.25\times10^{-3}$m。

(九)试验注意事项

1. 对于水分挥发快的中粗砂,表面结硬壳、软化或因其他原因表层扰动的土。变形模量试验装置应置于其影响以下进行,下挖深度不大于承载板直径;对于粗、细粒匀质土,宜在压实后 2~4 h 内开始检测。测试面应水平无坑洞,对于粗粒土或者混合料填层造成的表面凹凸不平,承载板下应铺一层厚约 2~3 mm 的干燥砂或者石膏腻子。

2. 试验时测试点应远离震源;雨天或风力大于 6 级的天气不得进行试验。

3. 每级加载必须达到沉降稳定和标准规定的时间间隔方可进行下一级荷载操作。

4. 使用中应对压力表、位移测量设备进行保护,轻拿轻放,防止损坏,并经常进行校核,保证测量精度。

# 第三章　桥涵工程材料及现场试验

## 第一节　桥涵工程用金属材料

### 一、预应力混凝土用钢丝

（一）概述

预应力混凝土用钢丝的横截面为圆形，表面为光面、刻痕、螺旋肋的冷拉或消除应力的高强度钢丝。

按加工状态分为冷拉及消除应力两类；消除应力钢丝按松弛性能又分为低松弛级钢丝和普通松弛级钢丝。其代号为：冷拉钢丝 WCD；低档松弛钢丝 WLR；普通松弛钢丝 WNR。冷拉钢丝是用盘条通过拔丝模或轧辊经冷却加工而成产品，以盘卷供货的钢丝。钢丝在塑性变形下（轴应变）进行的短时热处理，得到的是低松弛钢丝。钢丝通过矫直工序后在适当温度下进行短热处理，得到的是普通松弛钢丝。不推荐普通松弛级钢丝，如需按普通松弛级钢丝定货应在合同中注明或供需双方协商供货。

按外形分为光面、刻痕及螺旋肋三种。其代号为：光面钢丝 P；刻痕钢丝 I；螺旋肋钢丝 H。螺旋肋钢丝是钢丝表面沿着长度向上具有规则间隔的肋条的钢丝。刻痕钢丝是表面沿着长度方向上具有规则间隔的压痕的钢丝。

（二）执行标准

《预应力混凝土用钢丝》（GB/T 5223—2002）。

（三）相关标准

《金属材料　拉伸试验　第1部分：室温试验方法》（GB/T 228.1—2010）。

《金属材料　线材　反复弯曲试验方法》（GB/T 238—2002）。

《金属线材扭转试验方法》（GB/T 239—1999）。

《钢丝验收、包装、标志及质量证明书的一般规定》（GB/T 2103—2008）。

《金属应力松弛试验方法》（GB/T 10120—1996）。

《钢及钢产品交货一般技术要求》（GB/T 17505—1998）。

《预应力钢丝及钢绞线用热轧盘条》（YB/T 146—1998）。

《制丝用非合金钢盘条》（YB/T 170—2000）。

（四）性能指标

1. 尺寸、外形、质量及允许偏差

（1）光圈钢丝的尺寸及允许偏差应符合表3－1－1的规定。每米质量参见表3－1－1，计算钢丝每米参考质量时钢的密度为7.85 $g/cm^3$。

（2）螺旋肋钢丝的尺寸及允许偏差应符合表3－1－2的规定，钢丝的公称横截面积、每米参考质量与光圆钢丝相同。

（3）三面刻痕钢丝的尺寸及允许偏差应符合表3－1－3的规定。钢丝的横截面积、每米参考质量与光圆钢丝相同。三条痕中的其中一条倾斜方向与其他两条相反。

**表 3-1-1　光圆钢丝尺寸允许偏差、每米参考质量**

| 公称直径 $d_n$(mm) | 直径允许偏差(mm) | 公称横截面积 $S_a$($mm^2$) | 每米参考质量(g/m) |
|---|---|---|---|
| 3.00 | ±0.04 | 7.07 | 55.5 |
| 4.00 | | 12.57 | 98.6 |
| 5.00 | ±0.05 | 19.63 | 154 |
| 6.00 | | 28.27 | 222 |
| 6.25 | | 30.68 | 241 |
| 7.00 | | 38.48 | 302 |
| 8.00 | ±0.06 | 50.26 | 394 |
| 9.00 | | 63.62 | 499 |
| 10.00 | | 78.54 | 616 |
| 12.00 | | 113.1 | 888 |

**表 3-1-2　螺旋肋钢丝的尺寸允许偏差**

| 公称直径 $d_n$(mm) | 螺旋肋数量(条) | 基圆尺寸 | | 外轮廓尺寸 | | 单肋尺寸 | 螺旋肋导程 $C$(mm) |
|---|---|---|---|---|---|---|---|
| | | 基圆直径 $D_1$(mm) | 允许偏差(mm) | 外轮廓直径 $D$(mm) | 允许偏差(mm) | 宽度 $a$(mm) | |
| 4.00 | 4 | 3.85 | ±0.05 | 4.25 | ±0.05 | 0.90~1.30 | 24~30 |
| 4.80 | 4 | 4.60 | | 5.10 | | 1.30~1.70 | 28~36 |
| 5.00 | 4 | 4.80 | | 5.30 | | | |
| 6.00 | 4 | 5.80 | | 6.30 | | 1.60~2.00 | 30~38 |
| 6.25 | 4 | 6.00 | | 6.70 | | | 30~40 |
| 7.00 | 4 | 6.73 | | 7.46 | ±0.10 | 1.80~2.20 | 35~45 |
| 8.00 | 4 | 7.75 | | 8.45 | | 2.00~2.40 | 40~50 |
| 9.00 | 4 | 8.75 | | 9.45 | | 2.10~2.70 | 42~52 |
| 10.00 | 4 | 9.75 | | 10.45 | | 2.50~3.00 | 45~58 |

**表 3-1-3　三面刻痕钢丝尺寸及允许偏差**

| 公称直径 $d_n$(mm) | 刻痕深度 | | 刻痕长度 | | 节距 | |
|---|---|---|---|---|---|---|
| | 公称深度 $a$(mm) | 允许偏差(mm) | 公称长度 $b$(mm) | 允许偏差(mm) | 公称节距 $L$(mm) | 允许偏差(mm) |
| ≤5.00 | 0.12 | ±0.05 | 3.5 | ±0.05 | 5.5 | ±0.05 |
| >5.00 | 0.15 | | 5.0 | | 8.0 | |

注:公称直径指横截面积等同于光圆钢丝横截面积所对应的直径。

(4)根据需方要求可生产表 3-1-1、表 3-1-2、表 3-1-3 以外规格的钢丝。

(5)光圆及螺旋肋钢丝的不圆度不得超出其直径公差的 1/2。

(6)盘重每盘钢丝由一根组成,其盘重不小于 500 kg,允许有 10% 的盘数小于 500 kg 但不小于 100 kg。

(7)盘内径:冷拉钢丝的盘内径应不小于钢丝公称直径的 100 倍。消除应力钢丝的盘内径不小于 1 700 mm。

2. 牌号及化学成分

制造钢丝用钢的牌号和化学成分应符合 YB/T146 或 YB/T170 的规定。也可采用其他牌号制造,成分不作为交货条件。

3. 制造方法

钢丝应用索氏体化盘条制造,经冷拉或冷拉后消除应力处理制成。成品钢丝不得存在电焊接头,在生产时为了连续作业而焊接的电焊接头,应切除掉。

4. 力学性能

(1)冷拉钢丝的力学性能应符合表 3－1－4 的规定。规定非比例伸长应力 $\sigma_{p0.2}$ 值不小于公称抗拉强度的 75%。除抗拉强度、规定非比例伸长应力外,对压力管道用无涂(镀)层冷拉钢丝还需进行断面收缩率、扭转次数、松弛率和氢脆敏感性等检验;对其他用途钢丝还需进行断后伸长率、弯曲次数的检验。

**表 3－1－4　冷拉钢丝的力学性能**

| 公称直径 $d_n$(mm) | 抗拉强度 $\sigma_L$(MPa)不小于 | 规定非比例伸长应力 $\sigma_{p0.2}$(MPa)不小于 | 最大力下总伸长率($L_0$ = 200 mm) $\delta_{R1}$(%)不小于 | 弯曲次数(次/180°)不小于 | 弯曲半径 $R$(mm) | 断面收缩率 $\phi$(%)不小于 | 每 210 mm 扭矩的扭转次数 $n$ 不小于 | 初始应力相当于 70% 公称抗拉强度时,1 000 h 后应力松弛率 $r$(%)不大于 |
|---|---|---|---|---|---|---|---|---|
| 3.00 | 1 470<br>1 570<br>1 670<br>1 770 | 1 100<br>1 180<br>1 250<br>1330 | 1.5 | 4 | 7.5 | — | — | 8 |
| 4.00 | | | | 4 | 10 | 35 | 8 | |
| 5.00 | | | | 4 | 15 | | 8 | |
| 6.00 | 1 470<br>1 570<br>1 670<br>1 770 | 1 100<br>1 180<br>1 250<br>1 330 | | 5 | 15 | 30 | 7 | |
| 7.00 | | | | 5 | 20 | | 6 | |
| 8.00 | | | | 5 | 20 | | 5 | |

(2)消除应力的光圆及螺旋肋钢丝的力学性能应符合表 3－1－5 的规定。规定非比例伸长应力 $\sigma_{p0.2}$ 值对低松弛钢丝应不小于公称抗拉强度的 80%,对普通松弛钢丝应不小于公称抗拉强度的 85%。

**表 3－1－5　消除应力光圆及螺旋肋钢丝的力学性能**

| 公称直径 $d_n$(mm) | 抗拉强度 $\sigma_L$(MPa)不小于 | 规定非比例伸长应力 $\sigma_{p0.2}$(MPa)不小于 | | 最大力下总伸长率($L_0$ = 200 mm) $\delta_{R1}$(%)不小于 | 弯曲次数(次/180°)不小于 | 弯曲半径 $R$(mm) | 应力松弛性能 | | |
|---|---|---|---|---|---|---|---|---|---|
| | | | | | | | 初始应力相当于公称抗拉强度的百分数(%) | 1 000 h 后应力松弛率 $r$(%)不大于 | |
| | | WLR | WNR | | | | | WLR | WNR |
| | | | | | | | 对有所规格 | | |
| 4.00 | 1 470<br>1 570<br>1 670<br>1 770<br>1 860 | 1 290<br>1 380<br>1 470<br>1 560<br>1 640 | 1 250<br>1 330<br>1 410<br>1 500<br>1 580 | 3.5 | 3 | 10 | 60 | 1.0 | 4.5 |
| 4.80 | | | | | 4 | 15 | | | |
| 5.00 | | | | | | | | | |
| 6.00 | 1 470<br>1 570<br>1 670<br>1 770 | 1 290<br>1 380<br>1 470<br>1 560 | 1 250<br>1 330<br>1 410<br>1 500 | | 4 | 15 | | | |
| 6.25 | | | | | 4 | 20 | 70 | 2.5 | 8 |
| 7.00 | | | | | 4 | 20 | | | |
| 8.00 | 1 470<br>1 570 | 1 290<br>1 380 | 1 250<br>1 330 | | 4 | 20 | 80 | 4.5 | 12 |
| 9.00 | | | | | 4 | 25 | | | |
| 10.00 | 1 470 | 1 290 | 1 250 | | 4 | 25 | | | |
| 12.00 | | | | | 4 | 30 | | | |

(3)消除应力的刻痕钢丝的力学性能应符合表 3－1－6 的规定。规定非比例伸长应力 $\sigma_{p0.2}$ 值对低松弛钢丝应力不小于公称抗拉强度的 88%，对普通松弛钢丝应不小于公称抗拉强度的 85%。

**表 3－1－6　消除应力的刻痕钢丝的力学性能**

| 公称直径 $d_n$(mm) | 抗拉强度 $\sigma_L$(MPa) 不小于 | 规定非比例伸长应力 $\sigma_{p0.2}$(MPa) 不小于 | | 最大力下总伸长率 ($L_0$=200 mm) $\delta_{R1}$(%) 不小于 | 弯曲次数 (次/180°) 不小于 | 弯曲半径 $R$(mm) | 应力松弛性能 | | |
|---|---|---|---|---|---|---|---|---|---|
| | | | | | | | 初始应力相当于公称抗拉强度的百分数(%) | 1 000 h 后应力松弛率 $r$(%)不大于 | |
| | | WLR | WNR | | | | | WLR | WNR |
| | | | | | | | 对有所规格 | | |
| ≤5.0 | 1 470 | 1 290 | 1 250 | 3.5 | 3 | 15 | 60 | 1.0 | 4.5 |
| | 1 570 | 1 380 | 1 330 | | | | 70 | 2.5 | 8 |
| | 1 670 | 1 470 | 1 410 | | | | 80 | 4.5 | 12 |
| | 1 770 | 1 560 | 1 500 | | | | | | |
| | 1 860 | 1 640 | 1 580 | | | | | | |
| >5.0 | 1 470 | 1 290 | 1 250 | | | 20 | | | |
| | 1 570 | 1 380 | 1 330 | | | | | | |
| | 1 670 | 1 470 | 1 410 | | | | | | |
| | 1 770 | 1 560 | 1 500 | | | | | | |

(4)为了便于日常检验，表 3－1－4 中最大力下的总伸长率可采用 $L_0$＝200 mm 的断后伸长率代替，但其数值应不少于 1.5%；表 3－1－5 和表 3－1－6 中最大力小的总伸长率可采用 $L_0$＝200 mm 的断后伸长率代替，但其数值应不小于 3.0%。仲裁试验以最大力下总伸长率为准。

(5)每一交货批钢丝的实际强度不应高于其公称强度级 200 MPa。

(6)钢丝弹性模量为(205±10)GPa，但不作为交货条件。

(7)根据供货协议，可以供应表 3－1－4、表 3－1－5、表 3－1－6 以外其他强度级别的钢丝，其力学性能按协议执行。

(8)允许使用推算法确定 1 000 h 松弛值。

(9)供轨枕用钢丝，供方应进行镦头强度检验，镦头强度不低于母材公称抗拉强度的 95%，其他需镦头锚固使用的应在合同中注明，参照执行。

5. 表面质量

(1)钢丝表面不得有裂纹和油污，也不允许有影响使用的拉痕、机械损伤等。

(2)除非供需双方另有协议，否则钢丝表面只要没有目视可见的锈蚀麻点，表面浮锈不应作为拒收的理由。

(3)消除应力的钢丝表面允许存在回火颜色。

6. 消除应力钢丝的伸直性

取弦长为 1 m 的钢丝，放在一平面上，其弦与弧内侧最大自然矢高，刻痕钢丝不大于 25 mm，光圆及螺旋肋钢丝不大于 20 mm。

7. 疲劳试验

经供需双方协商，合同中注明，可对钢丝进行疲劳性能试验。

（五）验收批量

钢丝应成批检查和验收，每批钢丝由同一牌号、统一规格、同一加工状态的钢丝组成，每批质量不大于60 t。

（六）取样方法

钢丝的检验规则按 GB/T 2103—2008 及 GB/T 17505—1998 的规定。取样应在每（任一）盘中任意端截取。

（七）样品数量

常规检验项目及取样数量见表3－1－7。

**表3－1－7　常规检验项目及取样数量**

| 序号 | 检验项目 | 取样数量 | 序号 | 检验项目 | 取样数量 |
|---|---|---|---|---|---|
| 1 | 表面 | 逐盘 | 7 | 断后伸长率 | 1根/盘 |
| 2 | 外形尺寸 | 逐盘 | 8 | 弯曲 | 1根/盘 |
| 3 | 消除应力钢丝伸直性 | 1根/盘 | 9 | 扭转 | 1根/盘 |
| 4 | 抗拉强度 | 1根/盘 | 10 | 断面收缩率 | 1根/盘 |
| 5 | 规定非比例伸长应力 | 3根/每批 | 11 | 镦头强度 | 3根/每批 |
| 6 | 最大力下总伸长率 | 3根/每批 | 12 | 应力松弛性能 | 不少于1根/每合同批 |

（八）检测项目

不同品种钢丝的检验项目应按照表3－1－4、表3－1－5、表3－1－6相应的规定进行。

（九）质量评定

钢丝的复验与判定规则按 GB/T 2103—2008 的规定执行。检查结果如有某一项不符合要求，则该盘不得交货，并从同一批未经试验的盘中取双倍数量试样进行复验。复验结果即使有一个试样不合格，则整批不得交货，或逐盘检验交货。

（十）使用注意事项

1. 钢丝应在清洁、干燥并防雨防潮条件下分类储存。

2. 钢丝应平稳装卸、整齐堆垛，防止从高处跌落。

3. 钢丝在中途转运过程中应放在干燥场地，底层用干燥垫木，上面用雨布封严，防止受潮。

4. 钢丝在使用中应注意下列事项。

（1）作业场地两端外侧应设有防护栏杆和警告标志。台座两端应设有防护设施，并在张拉预应力筋时，沿台座长度方向每隔4～5 m设置一个防护架，两端严禁站人，更不准进入台座。

（2）作业前，应检查被拉钢丝两端的镦头，当有裂纹或损伤时，应及时更换。高压油泵启动前，应将各油路调节阀松开，然后开动油泵，待空载运转正常后，再紧闭回油阀，逐渐拧开进油阀，待压力表指示达到要求，油路无泄漏，确认正常后，方可作业。

（3）作业中，操作应平稳、均匀。张拉时，两端不得站人。拉伸机在有压力情况下，严禁拆卸液压系统的任何零件。高压油泵不得超载作业，安全阀应按设备额定油压调整，严禁任意调整。张拉时，不得用手摸或用脚踩钢丝。在测量钢丝的伸长时，应先停止拉伸，操作人员必须站在侧面操作。

(4)高压油泵停止作业时,应先断开电源,再将回油阀缓缓松开,待压力表退回至零位时,方可卸开通往千斤顶的油管接头,使千斤顶全部卸荷。

(5)钢筋张拉后要加以防护,禁止压重物或在上面行走。浇灌混凝土时,要防止振动器冲击预应力钢筋。

## 二、预应力混凝土用钢绞线

(一)概述

预应力混凝土用钢绞线,是用由冷拉光圆钢丝及刻痕钢丝捻制而成用于预应力混凝土结构的钢绞线。钢绞线按结构分为5类。用二根钢丝捻制而成的钢绞线,代号为1×2;用三根钢丝捻制而成的钢绞线,代号为1×3;用三根刻痕钢丝捻制的钢绞线,代号为1×3I;用七根钢丝捻制的标准型钢绞线,代号为1×7;用七根钢丝捻制又经模拔的钢绞线,代号为(1×7)C。

(二)执行标准

《预应力混凝土用钢绞线》(GB/T 5224—2003)。

(三)相关标准

《金属材料 拉伸试验 第1部分:室温试验方法》(GB/T 228.1—2010)。

《预应力混凝土用钢丝》(GB/T 5223—2002)。

《金属应力松弛试验方法》(GB/T 10120—1996)。

《钢及钢产品交货一般技术要求》(GB/T 17505—1998)。

《预应力钢丝及钢绞线用热轧盘条》(YB/T 146—1998)。

《制丝用非合金钢盘条》(YB/T 170—2000)。

(四)性能指标

1. 尺寸、外形、质量及允许偏差

(1)1×2结构钢绞线的尺寸及允许偏差、每米参考质量应符合表3-1-8的规定。

**表3-1-8 1×2结构钢绞线尺寸及允许偏差、每米参考质量**

| 钢绞线结构 | 公称直径 | | 钢绞线直径允许偏差(mm) | 钢绞线参考截面积 $S_n$(mm$^2$) | 每米钢绞线参考质量(g/m) |
|---|---|---|---|---|---|
| | 钢绞线直径 $D_n$(mm) | 钢丝直径 $d$(mm) | | | |
| 1×2 | 5.00 | 2.50 | +0.15<br>-0.05 | 9.82 | 77.1 |
| | 5.80 | 2.90 | | 13.2 | 104 |
| | 8.00 | 4.00 | +0.25<br>-0.10 | 25.1 | 197 |
| | 10.00 | 5.00 | | 39.3 | 309 |
| | 12.00 | 6.00 | | 56.5 | 444 |

(2)1×3结构钢绞线尺寸及允许偏差、每米参考质量应符合表3-1-9的规定。

(3)1×7结构钢绞线尺寸及允许偏差、每米参考质量应符合表3-1-10的规定。

(4)经供需双方协商,可提供表3-1-8~表3-1-10以外规格的钢绞线。

(5)盘重:每盘卷钢绞线质量不小于1 000 kg,允许有10%的盘卷质量小于1 000 kg,但不能小于300 kg。

**表 3-1-9　1×3 结构钢绞线尺寸及允许偏差、每米参考质量**

| 钢绞线结构 | 公称直径 | | 钢绞线测量尺寸 A(mm) | 测量尺寸允许偏差(mm) | 钢绞线参考截面积 $S_n$(mm²) | 每米钢绞线参考质量(g/m) |
|---|---|---|---|---|---|---|
| | 钢绞线直径 $D_n$(mm) | 钢丝直径 $d$(mm) | | | | |
| 1×3 | 6.20 | 2.90 | 5.41 | +0.15<br>-0.05 | 19.8 | 155 |
| | 6.50 | 3.00 | 5.60 | | 21.2 | 166 |
| | 8.60 | 4.00 | 7.46 | +0.20<br>-0.10 | 37.7 | 296 |
| | 8.74 | 4.05 | 7.56 | | 38.6 | 303 |
| | 10.80 | 5.00 | 9.33 | | 58.9 | 462 |
| | 12.90 | 6.00 | 11.2 | | 84.8 | 666 |
| 1×3I | 8.74 | 4.05 | 7.56 | | 38.6 | 303 |

**表 3-1-10　1×7 结构钢绞线的尺寸及允许偏差、每米参考质量**

| 钢绞线结构 | 公称直径 $D_n$(mm) | 直径允许偏差(mm) | 钢绞线参考截面积 $S_n$(mm²) | 每米钢绞线参考质量(g/m) | 中心钢丝直径 $d_o$加大范围(%)不小于 |
|---|---|---|---|---|---|
| 1×7 | 9.50 | +0.30<br>-0.15 | 54.8 | 430 | 2.5 |
| | 11.10 | | 74.2 | 582 | |
| | 12.70 | +0.40<br>-0.20 | 98.7 | 775 | |
| | 15.20 | | 140 | 1 101 | |
| | 15.70 | | 150 | 1 178 | |
| | 17.80 | | 191 | 1 500 | |
| | 21.60 | | 285 | 2 237 | |
| (1×7)C | 12.70 | +0.40<br>-0.0520 | 112 | 890 | |
| | 15.20 | | 165 | 1 295 | |
| | 18.00 | | 223 | 1 750 | |

(6)盘卷尺寸:21.60 mm 规格的钢绞线盘卷内径应不小于 1 100 mm,卷宽为 750 mm ± 50 mm;其他规格的钢绞线盘卷内径不小于 750 mm,卷宽为 750 mm ± 50 mm或 600 mm ± 50 mm。供方应在质量证明书中注明盘卷尺寸。

2. 牌号及化学成分

制造钢绞线用钢由供方根据产品规格和力学性能确定。牌号和化学成分应符合 YB/T 146—1998 或 YB/T 170—2000 的规定,也可采用其他的牌号制造,成分不作为交货条件。

3. 制造

(1)制造钢绞线用盘条应为索氏体化盘条,经冷拉后捻制成钢绞线。捻制刻痕钢绞线的钢丝应符合 GB/T 5223—2002 中相应条款的规定。

(2)钢绞线的捻距为钢绞线公称直径的 12 ~ 16 倍;模拔钢绞线其捻距应为钢绞线公称直径的 14 ~ 18 倍。钢绞线内不应有折断、横裂和相互交叉的钢丝。

(3)钢绞线的捻向一般为左(S)捻,右(Z)捻需在合同中注明。捻制后,钢绞线应进行连续的稳定化处理。成品钢绞线应用砂轮锯切割,切断后应不松散,如离开原来位置,可以用手复原到原位。

(4)成品钢绞线只允许保留拉拔前的焊接点。

4. 力学性能

(1)1×2 结构钢绞线的力学性能应符合表 3－1－11 规定。

**表 3－1－11　1×2 结构钢绞线力学性能**

| 钢绞线结构 | 公称直径 $D_n$(mm) | 抗拉强度 $R_m$(MPa) 不小于 | 整根钢绞线的最大力 $F_m$(kN) 不小于 | 规定非比例延伸力 $F_{p0.2}$(kN) 不小于 | 最大力总伸长率($L_0$≥400 mm,%)不小于 | 应力松弛性能 | |
|---|---|---|---|---|---|---|---|
| | | | | | | 初始负荷相当于公称最大力的百分数(%) | 1 000 h 后应力松弛率 r(%) 不大于 |
| 1×2 | 5.00 | 1 570 | 15.4 | 13.9 | 对所有规格 | 对所有规格 | 对所有规格 |
| | | 1 720 | 16.9 | 15.2 | | 60 | 1.0 |
| | | 1 860 | 18.3 | 16.5 | | | |
| | | 1 960 | 19.2 | 17.3 | 3.5 | 70 | 2.5 |
| | 5.80 | 1 570 | 20.7 | 18.6 | | 80 | 4.5 |
| | | 1 720 | 22.7 | 20.4 | | | |
| | | 1 860 | 24.6 | 22.1 | | | |
| | | 1 960 | 25.9 | 23.3 | | | |
| | 8.00 | 1 470 | 36.9 | 33.2 | | | |
| | | 1 570 | 39.4 | 35.5 | | | |
| | | 1 720 | 43.2 | 38.9 | | | |
| | | 1 860 | 46.7 | 42.0 | | | |
| | | 1 960 | 49.2 | 44.3 | | | |
| | 10.00 | 1 470 | 57.8 | 52.0 | | | |
| | | 1 570 | 61.7 | 55.5 | | | |
| | | 1 720 | 67.6 | 60.8 | | | |
| | | 1 860 | 73.1 | 65.8 | | | |
| | | 1 960 | 77.0 | 69.3 | | | |
| | 12.00 | 1 470 | 83.1 | 74.8 | | | |
| | | 1 570 | 88.7 | 79.8 | | | |
| | | 1 720 | 97.2 | 87.5 | | | |
| | | 1 860 | 105 | 94.5 | | | |

注:规定非比例延伸力 $F_{p0.2}$值不小于整根钢绞线公称最大力 $F_m$的 90%。

(2)1×3 结构钢绞线的力学性能应符合表 3－1－12 规定。

(3)1×7 结构钢绞线的力学性能应符合表 3－1－13 规定。

(4)供方每一交货批钢绞线的实际强度不能高于其抗拉强度级别 200 MPa。

(5)钢绞线弹性模量为(195±10) GPa,但不作为交货条件。

(6)根据供货协议,可以提供表 3－1－11、表 3－1－12、表 3－1－13 以外的强度级别的钢绞线。

(7)允许使用推算法确定 1 000 h 松弛率。

表 3-1-12　1×3 结构钢绞线力学性能

| 钢绞线结构 | 公称直径 $D_n$(mm) | 抗拉强度 $R_m$(MPa) 不小于 | 整根钢绞线的最大力 $F_m$(kN) 不小于 | 规定非比例延伸力 $F_{p0.2}$(kN) 不小于 | 最大力总伸长率 ($L_0 \geqslant 400$ mm,%) 不小于 | 应力松弛性能 | |
|---|---|---|---|---|---|---|---|
| | | | | | | 初始负荷相当于公称最大力的百分数(%) | 1 000 h 后应力松弛率 $r$(%) 不大于 |
| 1×3 | 6.20 | 1 570 | 31.1 | 28.0 | 对所有规格 | 对所有规格 | 对所有规格 |
| | | 1 720 | 34.1 | 30.7 | 3.5 | 60 | 1.0 |
| | | 1 860 | 36.8 | 33.1 | | | |
| | | 1 960 | 38.8 | 34.9 | | 70 | 2.5 |
| | 6.5 | 1 570 | 33.3 | 30.0 | | | |
| | | 1 720 | 36.5 | 32.9 | | 80 | 4.5 |
| | | 1 860 | 39.4 | 35.5 | | | |
| | | 1 960 | 41.6 | 37.4 | | | |
| | 8.60 | 1 470 | 55.4 | 49.9 | | | |
| | | 1 570 | 59.2 | 53.3 | | | |
| | | 1 720 | 64.8 | 58.3 | | | |
| | | 1 860 | 70.1 | 63.1 | | | |
| | | 1 960 | 73.9 | 66.5 | | | |
| | 8.74 | 1 570 | 60.6 | 54.5 | | | |
| | | 1 670 | 64.5 | 58.1 | | | |
| | | 1 860 | 71.8 | 64.6 | | | |
| | 10.80 | 1 470 | 86.6 | 77.9 | | | |
| | | 1 570 | 92.5 | 83.3 | | | |
| | | 1 720 | 101 | 90.9 | | | |
| | | 1 860 | 110 | 99.0 | | | |
| | | 1 960 | 115 | 104 | | | |
| | 12.90 | 1 470 | 125 | 113 | | | |
| | | 1 570 | 133 | 120 | | | |
| | | 1 720 | 146 | 131 | | | |
| | | 1 860 | 158 | 142 | | | |
| | | 1 960 | 166 | 149 | | | |
| 1×3 I | 8.74 | 1 570 | 60.6 | 54.5 | | | |
| | | 1 670 | 64.5 | 58.1 | | | |
| | | 1 860 | 71.8 | 64.6 | | | |

注:规定非比例延伸力 $F_{p0.2}$ 值不小于整根钢绞线公称最大力 $F_m$ 的 90%。

5. 表面质量

(1)除非需方有特殊要求,钢绞线表面不得有油、润滑脂等物质。钢绞线允许有轻微的浮锈,但不得有目视可见的锈蚀麻坑。

(2)钢绞线表面允许存在回火颜色。

表 3-1-13　1×7 结构钢绞线力学性能

| 钢绞线结构 | 公称直径 $D_n$(mm) | 抗拉强度 $R_m$(MPa) 不小于 | 整根钢绞线的最大力 $F_m$(kN) 不小于 | 规定非比例延伸力 $F_{p0.2}$(kN) 不小于 | 最大力总伸长率 ($L_0 \geqslant 500$ mm, %)不小于 | 应力松弛性能 | |
|---|---|---|---|---|---|---|---|
| | | | | | | 初始负荷相当于公称最大力的百分数(%) | 1 000 h 后应力松弛率 r(%) 不大于 |
| 1×7 | 9.5 | 1 720 | 94.3 | 84.9 | 对所有规格 | 对所有规格 | 对所有规格 |
| | | 1 860 | 102 | 91.8 | | 60 | 1.0 |
| | | 1 960 | 107 | 96.3 | 3.5 | | |
| | 11.10 | 1 720 | 128 | 115 | | | |
| | | 1 860 | 138 | 124 | | 70 | 2.5 |
| | | 1 960 | 145 | 131 | | 80 | 4.5 |
| | 12.70 | 1 720 | 170 | 153 | | | |
| | | 1 860 | 184 | 166 | | | |
| | | 1 960 | 193 | 174 | | | |
| | 15.20 | 1 470 | 206 | 185 | | | |
| | | 1 570 | 220 | 198 | | | |
| | | 1 670 | 234 | 211 | | | |
| | | 1 720 | 241 | 217 | | | |
| | | 1 860 | 260 | 234 | | | |
| | | 1 960 | 274 | 247 | | | |
| | 15.70 | 1 770 | 266 | 239 | | | |
| | | 1 860 | 279 | 251 | | | |
| | 17.80 | 1 720 | 327 | 294 | | | |
| | | 1 860 | 353 | 318 | | | |
| | 21.60 | 1 770 | 504 | 454 | | | |
| | | 1 860 | 530 | 477 | | | |
| (1×7)C | 12.70 | 1 860 | 208 | 187 | | | |
| | 15.20 | 1 820 | 300 | 270 | | | |
| | 18.00 | 1 720 | 384 | 346 | | | |

注:规定非比例延伸力 $F_{p0.2}$ 值不小于整根钢绞线公称最大力 $F_m$ 的 90%。

6. 钢绞线的伸直性

取弦长为 1 m 的钢绞线,放在一平面上,其弦与弧内侧最大自然矢高不大于 25 mm。

7. 疲劳性能和偏斜拉伸性能

经供需双方协商,并在合同中注明,可对产品进行疲劳性能试验和偏斜拉伸试验。

(五)验收批量

钢绞线应成批验收,每批钢绞线由同一牌号、同一规格、同一生产工艺捻制的钢绞线组成。每批质量不大于 60 t。

(六)取样方法

在每(任一)盘卷中任意一端截取。

（七）样品数量

钢绞线常规检测项目及取样数量见表 3－1－14。

**表 3－1－14　常规检测项目及取样数量**

| 序号 | 检验项目 | 取样数量 | 序号 | 检验项目 | 取样数量 |
|---|---|---|---|---|---|
| 1 | 表面 | 逐盘卷 | 5 | 规定非比例延伸力 | 3 根/每批 |
| 2 | 外形尺寸 | 逐盘卷 | 6 | 最大力总伸长率 | 3 根/每批 |
| 3 | 钢绞线伸直性 | 3 根/每批 | 7 | 应力松弛性能 | 不小于 1 根 |
| 4 | 整根钢绞线最大力 | 3 根/每批 | — | — | — |

（八）检测项目

常规检测项目见表 3－1－14。

（九）质量评定

当某一项检验结果不符合本标准规定时，则该盘卷不得交货，并从同一批未经试验的钢绞线盘卷中取双倍数量的试样进行该不合格项目的复验，复验结果即使有一个试样不合格，则整批钢绞线不得交货，或进行逐盘检验合格后交货。供方有权对复验不合格产品进行重新组批提交验收。

（十）使用注意事项

1. 应存放于干燥的仓库中。露天及现场存放应在地面上架设枕木，严禁与潮湿地面直接接触，并加盖篷布或搭盖防雨棚，尽量缩短存放期限，特殊环境应在订货中采用防锈包装。预应力钢材表面浮锈不影响使用，但锈蚀成目视可见的“麻坑”将影响其力学性能。

2. 预应力钢材使用中严禁采用任何形式的加热变形措施，以免降低预应力钢材的力学性能。

3. 使用中严禁焊接，预应力钢材的切割应使用无齿锯。

4. 无轴成卷包装的钢绞线应在立放状态下从内圈抽头放线，抽出后的钢绞线弹簧形，并自动伸直。抽头后弹簧形的螺旋方向与绞线的捻向一致。

## 三、预应力混凝土用钢棒

（一）概述

预应力混凝土用钢棒具有强度高、延伸率高、松弛率低、工艺性能良好等特点，主要用于制作高强度预应力混凝土管桩。

预应力混凝土用钢棒按钢棒表面形状分为光圆钢棒、螺旋槽钢棒、螺旋肋钢棒、带肋钢棒四种。光圆钢棒是横截面积为圆形的钢棒。螺旋槽钢棒是沿着表面纵向，具有规则间隔的连续螺旋凹肋的钢棒。螺旋肋钢棒是沿着表面纵向，具有规则间隔的连续螺旋凸肋的钢棒。带肋钢棒是沿着表面纵向，具有规则间隔的横肋的钢棒。按延性级别分为延性 35 和延性 25 两级。按松弛级别分为普通松弛 N 和低松弛 L 两级。

（二）执行标准

《预应力混凝土用钢棒》（GB/T 5223.3—2005）。

（三）相关标准

《金属材料　拉伸试验　第 1 部分：室温试验方法》（GB/T 228.1—2010）。

《金属材料　弯曲试验方法》（GB/T 232—2010）。

《金属材料　线材　反复弯曲试验方法》(GB/T 238—2002)。

《钢筋混凝土用钢　第2部分　热轧带肋钢筋》(GB 1499.2—2007)。

《型钢验收、包装、标志及质量证明书的一般规定》(GB/T 2101—2008)。

《钢丝验收、包装、标志及质量证明书的一般规定》(GB/T 2103—2008)。

《优质碳素钢热轧盘条》(GB/T 4354—2008)。

《金属应力松弛试验方法》(GB/T 10120—1996)。

《热轧盘条尺寸、外形、重量及允许偏差》(GB/T 14981—2009)。

《钢及钢产品交货一般技术要求》(GB/T 17505—1998)。

(四)性能指标

1. 原材料

制造钢棒用原材料为低合金钢热轧圆盘条，其尺寸、外形及允许偏差应符合 GB/T 14981—2009 及 GB/T 1499—2007 标准相应规定，表面质量应符合 GB/T 4354—2008 标准相应规定。各牌号化学成分熔炼分析中的杂质含量应符合表3－1－15的规定。

**表3－1－15　原材料成分有害杂质含量**(质量分数%)

| P<br>不大于 | S<br>不大于 | Cu<br>不大于 |
|---|---|---|
| 0.025 | 0.025 | 0.25 |

2. 制造方法

(1)热轧盘条经冷却加工后(或不经冷加工)淬火和回火所得。

(2)成品钢棒不得存在电接头，在生产时为了连续作业而焊接的电接头应切除掉。

3. 尺寸、重量和性能

(1)钢棒的公称直径、横截面积、重量应符合表3－1－16的规定。

(2)钢棒应进行拉伸试验，其抗拉强度、延伸强度应符合表3－1－16的规定；伸长特性要求(包括延性级别和相应伸长率)应符合表3－1－17的规定。经拉伸试验后，目视观察，钢棒应显出缩颈韧性断口。

(3)钢棒应进行弯曲试验(螺旋槽钢棒、带肋钢棒除外)，其性能符合表3－1－16的规定。

(4)钢棒应进行初始应力为70%公称抗拉强度时1 000 h的松弛试验。假如需方有要求，也应测定初始应力为60%和80%公称抗拉强度时1 000 h的松弛值，其松弛值符合表3－1－18的规定。

(5)经供需双方协商，合同中注明，可对钢棒进行疲劳试验。

(6)除非生产厂家另有规定，弹性模量为(200±10)GPa，但不作为交货条件。

(7)如用户需要也可提供其他规格的产品，其性能应符合本标准的规定。

4. 外形

(1)盘径：内圈盘径应不小于2 000 mm。直条长度及允许偏差按供需双方协议要求。

(2)盘重：每盘钢棒由一根组成，盘重一般应不小于500 kg，每批允许有10%的盘数小于500 kg，但不小于200 kg。

(3)产品可以盘卷或直条交货。

5. 表面质量

钢棒表面不得有影响使用的有害损伤和缺陷，允许有浮锈。

**表 3-1-16　钢棒的公称直径、横截面积、重量及性能**

| 表面形状类型 | 公称直径 $D_n$(mm) | 公称横截面积 $S_n$($mm^2$) | 横截面积 $S$($mm^2$) | | 每米参考重量(g/m) | 抗拉强度 $R_m$(MPa)不小于 | 规定非比例延伸强度 $R_{p0.2}$(MPa)不小于 | 弯曲性能 | |
|---|---|---|---|---|---|---|---|---|---|
| | | | 最大 | 最小 | | | | 性能要求 | 弯曲半径(mm) |
| 光圆 | 6 | 28.3 | 26.8 | 29.0 | 222 | 对所有规格钢棒 1 080 1 230 1 420 1 570 | 对所有规格钢棒 930 1 080 1 280 1 420 | 反复弯曲不小于4次/180° | 15 |
| | 7 | 38.5 | 36.3 | 39.5 | 302 | | | | 20 |
| | 8 | 50.3 | 47.5 | 51.5 | 394 | | | | 20 |
| | 10 | 78.5 | 74.1 | 80.4 | 616 | | | | 25 |
| | 11 | 95.0 | 93.1 | 97.4 | 746 | | | 弯曲160°~180°后弯曲处无裂纹 | 弯芯直径为钢棒公称直径的10倍 |
| | 12 | 113 | 106.8 | 115.8 | 887 | | | | |
| | 13 | 133 | 130.3 | 136.3 | 1 044 | | | | |
| | 14 | 154 | 145.6 | 157.8 | 1 209 | | | | |
| | 16 | 201 | 190.2 | 206.0 | 1 578 | | | | |
| 螺旋槽 | 7.1 | 40 | 39.0 | 41.7 | 314 | | | — | |
| | 9 | 64 | 62.4 | 66.5 | 502 | | | | |
| | 10.7 | 90 | 87.5 | 93.6 | 707 | | | | |
| | 12.6 | 125 | 121.5 | 129.9 | 981 | | | | |
| 螺旋肋 | 6 | 28.3 | 26.8 | 29.0 | 222 | | | 反复弯曲不小于4次/180° | 15 |
| | 7 | 38.5 | 36.3 | 39.5 | 302 | | | | 20 |
| | 8 | 50.3 | 47.5 | 51.5 | 394 | | | | 20 |
| | 10 | 78.5 | 74.1 | 80.4 | 616 | | | | 25 |
| | 12 | 113 | 106.8 | 115.8 | 888 | | | 弯160°~180°后弯处无裂纹 | 弯芯直径为公称直径的10倍 |
| | 14 | 154 | 145.6 | 157.8 | 1 209 | | | | |
| 带肋 | 6 | 28.3 | 26.8 | 29.0 | 222 | | | — | |
| | 8 | 50.3 | 47.5 | 51.5 | 394 | | | | |
| | 10 | 78.5 | 74.1 | 80.4 | 616 | | | | |
| | 12 | 113 | 106.8 | 115.8 | 887 | | | | |
| | 14 | 154 | 145.6 | 157.8 | 1 209 | | | | |
| | 16 | 201 | 190.2 | 206.0 | 1 578 | | | | |

**表 3-1-17　伸长特性要求**

| 延性级别 | 最大力总伸长率 $A_{gt}$(%) | 断后伸长率($L_0=8d_n$)$A$(%)不小于 |
|---|---|---|
| 延性 35 | 3.5 | 7.0 |
| 延性 25 | 2.5 | 5.0 |

注:1. 日常检验可用断后伸长率,仲裁试验以最大力总伸长率为准;

2. 最大力伸长率标距 $L_0=200$ mm;

3. 断后伸长率标距 $L_0$ 为钢棒公称直径的 8 倍,$L_0=8d_n$。

**表 3-1-18　最大松弛值**

| 初始应力为公称抗拉强度的百分数(%) | 1 000 h 松弛值(%) | |
|---|---|---|
| | 普通松弛 N | 低松弛 L |
| 70 | 4.0 | 2.0 |
| 60 | 2.0 | 1.0 |
| 80 | 9.0 | 4.5 |

6. 伸直性

取弦长为 1 m 的钢棒,放在一平面上,其弦与弧内侧最大自然矢高应不大于 5 mm。伸裁时以每盘去掉一圈时的试样为准。

(五)验收批量

钢棒应成批检查和验收,每批钢棒由同一牌号、统一规格、同一加工状态的钢丝钢棒组成,每批质量不大于 60 t。

(六)取样方法

在每(任一)盘中任意端截取。

(七)样品数量

每批钢棒检验项目和取样数量见表 3-1-19。

(八)检测项目

常规检测项目见表 3-1-19。

**表 3-1-19　检验项目及取样数量**

| 序号 | 检验项目 | 取样数量 | 序号 | 检验项目 | 取样数量 |
|---|---|---|---|---|---|
| 1 | 表面 | 逐盘 | 6 | 最大力下总伸长率 | 3 根/每批 |
| 2 | 横截面积 | 1 根/5 盘 | 7 | 断后伸长率 | 1 根/盘 |
| 3 | 伸直性 | 1 根/5 盘 | 8 | 弯曲性能 | 3 根/每批 |
| 4 | 抗拉强度 | 1 根/盘 | 9 | 应力松弛性能 | 不少于 1 根/每合同批条生产线每个月 |
| 5 | 规定非比例延伸强度 | 3 根/每批 | | | |

注:1. 当更换原料牌号、规格及不同厂家的原料时,均要做松弛试验;
　　2. 对于直条钢棒,以切断盘条的盘数为依据,并应按盘条的取样规则。

(九)质量评定

钢棒的复验与判定按 GB/T 2101—2008 及 GB/T 2103—2008 的规定执行。每盘试验中,如有一项不合格时,该盘应报废,再从未试验过的钢筋中取双倍数量试样复验。如仍有一项不合格,则该批判为不合格品,但供方可以重新分类,作为新的一批提交验收。表面质量、尺寸偏差检查如有不合格,应从该批钢筋中逐盘检查。

## 四、无黏结预应力钢绞线

(一)概述

无黏结预应力筋是采用无黏结预应力钢绞线的预应力筋。这种预应力筋与其周围混凝土之间可永久地相对滑动。无黏结预应力钢绞线是用防腐润滑脂和护套涂包的钢绞线。其防腐润滑脂是用脂肪酸混合金属皂将深度精制的矿物润滑油稠化而成,并加入了多种添加剂,具有防锈防蚀性能。护套用以保护预应力钢绞线不受腐蚀,并防止与周围混凝土之间发生黏结。

(二)执行标准

《无黏结预应力钢绞线》(JG 161—2004)。

(三)相关标准

《预应力混凝土用钢绞线》(GB/T 5224—2003)。

《聚乙烯(PE)树脂》(GB 11115—2009)。

《塑料　拉伸性能的测定》(GB/T 1040—2006)。

《塑料　弯曲性能的测定》(GB/T 9341—2008)。

《无黏结预应力筋专用防腐润滑脂》(JG 3007—1993)。

(四)性能指标

1. 材料

(1)钢绞线

①制作无黏结预应力筋用的钢绞线,其质量应符合 GB/T 5224—2003 的规定,并应附有钢绞线生产厂提供的产品质量证明文件以及检测报告。

②用于制作无黏结预应力筋的钢绞线在运输和储存期间应进行妥善防腐保护。涂油包塑前,其表面不得生锈及沾染具有腐蚀作用的物质或其他杂物。

(2)防腐润滑脂

①用于生产无黏结预应力钢绞线的防腐润滑脂应具有良好的化学稳定性,对周围材料无侵蚀作用;能阻水防潮抗腐蚀,润滑性能好,减小摩擦阻力,在规定温度范围内高温不流淌低温不变脆。油脂生产厂应提供质量证明文件并出具产品检测报告。

②防腐润滑脂的性能应符合标准 JG 3007—1993 的规定。

(3) 护套

①制作无黏结预应力钢绞线用的护套原料应采用挤塑型高密度聚乙烯树脂,其质量应符合 GB 11115—2009 的规定。原料供应商应提供质量证明文件及该批产品性能检测报告。

②挤塑成型时不得掺加其他影响护套性能的填充料。

③护套颜色宜采用黑色,当需方有要求时,也可采用其他颜色,但此时添加的色母材料不能降低护套的性能。

2. 无黏结预应力钢绞线的规格和性能

无黏结预应力钢绞线的主要规格和性能要求见表 3－1－20。

**表 3－1－20　无黏结预应力钢绞线规格及性能**

| 钢绞线 | | | 防腐润滑脂质量(g/m)不小于 | 护套厚度(mm)不小于 | $\mu$ | $k$ |
|---|---|---|---|---|---|---|
| 公称直径(mm) | 公称截面积($mm^2$) | 公称强度(MPa) | | | | |
| 9.50 | 54.8 | 1 720 | 32 | 0.8 | 0.04～0.10 | 0.003～0.004 |
| | | 1 860 | | | | |
| | | 1 960 | | | | |
| 12.70 | 98.7 | 1 720 | 43 | 1.0 | 0.04～0.10 | 0.003～0.004 |
| | | 1 860 | | | | |
| | | 1 960 | | | | |

续上表

| 钢 绞 线 | | | 防腐润滑脂质量(g/m)不小于 | 护套厚度(mm)不小于 | $\mu$ | $k$ |
|---|---|---|---|---|---|---|
| 公称直径(mm) | 公称截面积($mm^2$) | 公称强度(MPa) | | | | |
| 15.20 | 140.0 | 1 570 | 50 | 1.0 | 0.04～0.10 | 0.003～0.004 |
| | | 1 670 | | | | |
| | | 1 720 | | | | |
| | | 1 860 | | | | |
| | | 1 960 | | | | |
| 15.70 | 150.0 | 1 770 | 53 | 1.0 | 0.04～0.10 | 0.003～0.004 |
| | | 1 860 | | | | |

注:经供需双方协商,也生产供应其他强度和直径的无黏结预应力钢绞线。

3. 无黏结预应力钢绞线的制作要求

(1)钢绞线、防腐润滑脂和高密度聚乙烯材料应经检验合格后方可用来制作无黏结预应力筋。

(2)防腐润滑脂的涂敷及护套的制作应连续一次完成,护套制作应采用挤塑机挤出成型。

(3)防腐润滑脂应沿钢绞线全长连续涂敷并充足饱满,每米油脂质量应符合表3－1－20中的规定。

(4)护套厚度应均匀,并符合表3－1－20中的规定。护套拉伸强度、弯曲屈服强度和断裂伸长率应符合表3－1－21中的规定。

**表3－1－21 护套性能**

| 拉伸强度(MPa) | 弯曲屈服强度(MPa) | 断裂伸长率(%) |
|---|---|---|
| 不小于30 | 不小于10 | 不小于600 |

(5)每盘无黏结预应力钢绞线应由同一根连续的钢绞线组成。

(6)无黏结预应力钢绞线应具有良好的伸直性,其值应符合GB/T 5224—2003的规定。

4. 外观要求

(1)无黏结预应力钢绞线的护套表面应光滑、无凹陷、无可见钢绞线轮廓、无裂缝、无气孔、无明显折皱和机械损伤。

(2)无黏结预应力钢绞线护套轻微损伤处可采用外包防水聚乙烯胶带进行修补。

(五)验收批量

无黏结预应力钢绞线产品检验分为原材料检验、生产单位型式检验、生产单位出厂检验三类。原材料检验为生产单位对其所购入的制作无黏结预应力筋所用材料的质量检验。型式检验为生产单位对其产品性能进行全面控制考核的检验。出厂检验为生产单位在每批产品交货前由厂内质检部门进行的质量控制性检验。

此外,使用单位在材料进场时也应分批进行进场检验。

1. 原材料

(1)钢绞线由同一牌号、同一规格、同一生产工艺捻制的钢绞线组成。每批质量不大于60 t。

(2)防腐润滑脂按批进行验收,每批由同一牌号、同一生产工艺生产的油脂组成,每批质量不大于50 t。

(3)护套原料按批进行验收，每批由同一牌号、同一生产工艺生产的高密度聚乙烯树脂组成。每批质量不大于50 t。

2. 无黏结预应力钢绞线产品

(1)无黏结预应力筋中钢绞线应按批验收，每批由同一钢号、同一规格、同一生产工艺生产的钢绞线组成。每批质量不大于60 t。

(2)防腐润滑脂滴点和腐蚀试验组批同原材料检验中防腐润滑脂的组批。防腐润滑脂质量按无黏结预应力钢绞线供货批验收。

(3)护套厚度、拉伸及弯曲试验按无黏结预应力钢绞线供货批验收。

(六)取样方法

1. 原材料

(1)钢绞线取样在每(任一)盘卷中任意一端截取。

(2)防腐润滑脂应随机抽取样品2.0 kg进行规定项目检验。

(3)护套应随机抽取样品2.0 kg进行规定项目检验。

2. 无黏结预应力钢绞线产品

(1)无黏结预应力钢绞线每批随机抽取3根钢绞线进行规定项目检验。出厂外观按供货数量100%检验。进场外观按供货数量10%检验。

(2)防腐润滑脂滴点和腐蚀试验抽样与原材料防腐润滑脂取样相同。防腐润滑脂质量按无黏结预应力钢绞线每不大于30 t抽取3件试样进行检验。

(3)护套拉伸及弯曲试验按无黏结预应力钢绞线每不大于60 t抽取3件试样进行检验。护套厚度按无黏结预应力钢绞线每不大于30 t抽取3件试样进行检验。

(七)样品数量

1. 原材料

(1)钢绞线:3根。

(2)防腐润滑脂:2 kg。

(3)护套:2 kg。

2. 无黏结预应力钢绞线产品

(1)无黏结预应力钢绞线:3根。出厂外观按供货数量100%检验。进场外观按供货数量10%检验。

(2)防腐润滑脂质量按无黏结预应力钢绞线每不大于30 t抽取3件试样。

(3)护套拉伸及弯曲试验按无黏结预应力钢绞线每不大于60 t抽取3件试样。护套厚度按无黏结预应力钢绞线每不大于30 t抽取3件试样。

(八)检测项目

原材料检验项目见表3－1－22。无黏结预应力钢绞线的型式检验、出厂检验项目见表3－1－23。

使用单位进场检验项目可按表3－1－24进行。

(九)质量评定

当全部检验项目均符合本标准的技术要求时，该批产品为合格品；当检验结果有不合格项目时，对不合格项目应重新加倍取样进行复验，若复检结果仍不合格，应对全部供货产品逐盘进行检验，不合格者不可出厂。

表 3-1-22　原材料检验项目

| 钢绞线 | 防腐润滑脂 | 高密度聚乙烯树脂 |
|---|---|---|
| 直径<br>整根钢绞线的最大力<br>固定非比例延伸力<br>最大力总伸长率<br>伸直性<br>外观 | 滴点<br>腐蚀试验 | 熔体流动速率<br>密度<br>拉伸屈服强度<br>断裂伸长率 |

表 3-1-23　型式检验和出厂检验项目

| 检验项目 | 序号 | 型式检验 | 出厂检验 |
|---|---|---|---|
| 钢绞线 | 1 | 直径 | 直径 |
| | 2 | 整根钢绞线的最大力 | 整根钢绞线的最大力 |
| | 3 | 固定非比例延伸力 | 固定非比例延伸力 |
| | 4 | 最大力总伸长率 | 最大力总伸长率 |
| | 5 | 伸直性 | 伸直性 |
| 防腐润滑脂 | 6 | 工作锥入度 | — |
| | 7 | 滴点 | 滴点 |
| | 8 | 腐蚀试验 | 腐蚀试验 |
| | 9 | 盐雾试验 | — |
| | 10 | 对套管的兼容性 | — |
| | 11 | 防腐润滑脂质量 | 防腐润滑脂质量 |
| 护套 | 12 | 拉伸强度 | 拉伸强度 |
| | 13 | 弯曲屈服强度 | 弯曲屈服强度 |
| | 14 | 断裂伸长率 | 断裂伸长率 |
| | 15 | 护套厚度 | 护套厚度 |
| 摩擦试验 | 16 | $\mu$ | — |
| | 17 | $k$ | — |
| | 18 | 外观 | 外观 |

表 3-1-24　进场检验项目

| 钢绞线 | 防腐润滑脂 | 护套 | 外观 |
|---|---|---|---|
| 直径<br>整根钢绞线的最大力<br>规定非比例延伸力<br>最大力总伸长率 | 防腐润滑脂质量 | 护套厚度 | 外观 |

（十）使用注意事项

1. 无黏结预应力钢绞线宜成盘运输，在运输、装卸过程中，吊索宜采用尼龙带等材料，并应轻装轻卸，严禁投掷或在地上拖拉，严禁锋利物品损坏无黏结预应力钢绞线。

2. 无黏结预应力钢绞线在成品堆放期间，应按不同规格分类，成捆、成盘挂牌整齐堆放在通风良好的仓库中。露天堆放时,严禁放置在受热影响的场所,不宜直接与地面接触,并覆盖雨布。当每盘质量约为 2 000 kg 时,成盘叠加堆放时不应超过 10 000 kg。

3. 无黏结预应力钢绞线下料宜采用砂轮切割机切断。在下料、运送和安装施工过程中采取必要措施保护护套,对局部轻微破损可进行修补,对破损严重者不能使用。

4. 腐蚀及暴露环境中使用的无黏结预应力钢绞线,需保证无黏结预应力筋与锚具结合部位的有效密封,可通过密封装置或在钢绞线上螺旋形缠绕两层防水聚乙烯胶带使钢绞线及锚具处于油脂全封闭保护状态。

5. 无黏结预应力钢绞线不能处于过高的温度中,不能遭受焊接火花和接地电流的影响。

6. 与无黏结预应力钢绞线配套使用的锚具、连接器,其性能需符合《预应力锚具、夹具和连接器应用技术规程》(JGJ 85—2002)的规定。

7. 无黏结预应力钢绞线的使用需遵守《无黏结预应力混凝土结构技术规程》(JGJ/T 92—1993)的规定。

## 五、预应力混凝土用螺纹钢筋

(一)概述

预应力混凝土用螺纹钢筋也称精轧螺纹钢筋,是一种热轧成带有不连续的外螺纹的直条钢筋,该钢筋在任意截面处,均可用带有匹配形状的内螺纹的连接器或锚具进行连接或锚固。一般采用热轧、轧后余热处理或热处理等工艺生产。

预应力混凝土用螺纹钢筋以屈服强度划分级别,其代号为“PSB”加上规定屈服强度最小值表示。钢筋的公称直径范围为 18 ~ 50 mm,推荐的钢筋公称直径为 25 mm、32 mm。可根据用户要求提供其他规格的钢筋。钢筋的公称截面面积与理论重量见表 3 - 1 - 25。

**表 3 - 1 - 25　公称截面面积与理论重量**

| 公称直径(mm) | 公称截面面积($mm^2$) | 有效截面系数 | 理论截面面积($mm^2$) | 理论重量(kg/m) |
|---|---|---|---|---|
| 18 | 254. 5 | 0. 95 | 267. 9 | 2. 11 |
| 25 | 490. 9 | 0. 94 | 522. 2 | 4. 1 |
| 32 | 804. 2 | 0. 95 | 846. 5 | 6. 65 |
| 40 | 1 256. 6 | 0. 95 | 1 322. 7 | 10. 34 |
| 50 | 1 963. 5 | 0. 95 | 2 066. 8 | 16. 28 |

(二)执行标准

《预应力混凝土用螺纹钢筋》(GB/T 20065—2006)。

(三)相关标准

《金属材料　拉伸试验　第 1 部分:室温试验方法》(GB/T 228. 1—2010)

《金属材料　弯曲试验方法》(GB/T 232—2010)。

《金属材料　疲劳试验　轴向力控制方法》(GB/T 3075—2008)。

《金属应力松弛试验方法》(GB/T 10120—1996)。

《型钢验收、包装、标志及质量证明书的一般规定》(GB/T 2101—2008)。

《钢及钢产品交货一般技术要求》(GB/T 17505—1998)。

《预应力筋用锚具、夹具和连接器》(GB/T 14370—2007)。

《钢和铁　化学成分测定用试样的取样和制样方法》(GB/T 20066—2006)。

(四)性能指标

1. 尺寸、外形、重量及允许偏差

(1)钢筋外形尺寸及允许偏差

钢筋外形尺寸及允许偏差应符合表3－1－26的规定。

**表3－1－26　外形尺寸及允许偏差**

<table>
<tr><th rowspan="3">公称直径(mm)</th><th colspan="4">基圆直径(mm)</th><th colspan="2">螺纹高(mm)</th><th colspan="2">螺纹底宽(mm)</th><th colspan="2">螺距(mm)</th><th rowspan="3">螺纹根弧$r$(mm)</th><th rowspan="3">导角$a$</th></tr>
<tr><th colspan="2">d$h$</th><th colspan="2">d$v$</th><th colspan="2">$h$</th><th colspan="2">$b$</th><th colspan="2">$l$</th></tr>
<tr><th>公称尺寸</th><th>允许偏差</th><th>公称尺寸</th><th>允许偏差</th><th>公称尺寸</th><th>允许偏差</th><th>公称尺寸</th><th>允许偏差</th><th>公称尺寸</th><th>允许偏差</th></tr>
<tr><td>18</td><td>18.0</td><td rowspan="2">±0.4</td><td>18.0</td><td>+0.4<br>－0.8</td><td>1.2</td><td rowspan="2">±0.3</td><td>4.0</td><td rowspan="5">±0.5</td><td>9.0</td><td>±0.2</td><td>1.0</td><td>80°42′</td></tr>
<tr><td>25</td><td>25.0</td><td>25.0</td><td>+0.4<br>－0.8</td><td>1.6</td><td>6.0</td><td>12.0</td><td rowspan="2">±0.3</td><td>1.5</td><td>81°19′</td></tr>
<tr><td>32</td><td>32.0</td><td>±0.5</td><td>32.0</td><td>+0.4<br>－1.2</td><td>2.0</td><td>±0.4</td><td>7.0</td><td>16.0</td><td>2.0</td><td>80°40′</td></tr>
<tr><td>40</td><td>40.0</td><td rowspan="2">±0.6</td><td>40.0</td><td>+0.5<br>－1.2</td><td>2.5</td><td>±0.5</td><td>8.0</td><td>20.0</td><td rowspan="2">±0.4</td><td>2.5</td><td>80°29′</td></tr>
<tr><td>50</td><td>50.0</td><td>50.0</td><td>+0.5<br>－1.2</td><td>3.0</td><td>+0.5<br>－1.0</td><td>9.0</td><td>24.0</td><td>2.5</td><td>81°19′</td></tr>
</table>

注:螺纹底宽允许偏差属于轧辊设计参数。

(2)长度及允许偏差

钢筋通常按定尺长度交货,具体交货长度应在合同中注明。可按需方要求长度进行锯切再加工。钢筋按定尺或倍尺长度交货时,长度允许偏差为0～＋20 mm。

(3)弯曲度和端部

钢筋的弯曲度不得影响正常使用,钢筋每米弯曲度不应大于4 mm,总弯曲度不大于钢筋总长度的0.4%。钢筋的端部应平齐,不影响连接器通过。

(4)重量及允许偏差

钢筋按实际重量或理论重量交货。钢筋实际重量与理论重量的允许偏差应不大于表3－1－25规定的理论重量的±4%。

2. 力学性能

钢筋的力学性能应符合表3－1－27的规定。

**表3－1－27　钢筋的力学性能**

<table>
<tr><th rowspan="2">级别</th><th rowspan="2">屈服强度<br>$R_{el}$(MPa)<br>不小于</th><th rowspan="2">抗拉强度<br>$R_m$(MPa)<br>不小于</th><th rowspan="2">断后伸长率$A$(%)<br>不小于</th><th rowspan="2">最大力下<br>总伸长率$A_{gt}$(%)<br>不小于</th><th colspan="2">应力松弛性能</th></tr>
<tr><th>初始应力</th><th>1 000 h后应力松弛率$V_r$(%)</th></tr>
<tr><td>PSB785</td><td>785</td><td>980</td><td>7</td><td rowspan="4">3.5</td><td rowspan="4">0.8$R_{el}$</td><td rowspan="4">≤3</td></tr>
<tr><td>PSB830</td><td>830</td><td>1 030</td><td>6</td></tr>
<tr><td>PSB930</td><td>930</td><td>1 080</td><td>6</td></tr>
<tr><td>PSB1080</td><td>1 080</td><td>1 230</td><td>6</td></tr>
</table>

注:1. 无明显屈服时,用规定非比例延伸强度($R_{p0.2}$)代替。

2. 供方在保证钢筋1 000 h松弛性能合格的基础上,可进行10 h松弛试验,初始应力为公称屈服强度的80%,松弛率不大于1.5%。

3. 伸长率类型通常选用断后伸长率$A$,经供需双方协商,也可选用最大力下总伸长率$A_{gt}$。

4. 经供需双方协商,可进行疲劳试验。

3. 表面质量

钢筋表面不得有横向裂纹、结疤和折叠。允许有不影响钢筋力学性能和连接的其他缺陷。

（五）验收批量

钢筋应按批进行检查和验收，每批应由同一炉罐号、同一规格、同一交货状态的钢筋组成。对每批重量大于60 t的钢筋，超过60 t的部分，每增加40 t，增加一个拉伸试样。

（六）取样方法

钢筋的取样方法见表3－1－28。

**表3－1－28　钢筋的取样方法和取样数量**

| 序号 | 检验项目 | 取样方法 | 取样数量 |
|---|---|---|---|
| 1 | 化学成分 | GB/T 20066—2006 | 1 |
| 2 | 拉伸 | 任选两根钢筋 | 2 |
| 3 | 松弛 | 任选一根钢筋 | 1/每1 000 t |
| 4 | 疲劳 | 任选一根钢筋 | 1 |
| 5 | 表面 | — | 逐支 |
| 6 | 重量偏差 | 按实际重量和理论重量计算 | |

（七）样品数量

钢筋的取样数量见表3－1－28。

（八）检测项目

化学成分、拉伸、松弛、疲劳、表面质量、重量偏差。

（九）质量评定

所检项目符合标准规定要求时，判定该批成批合格。当拉伸和弯曲等仅规定单个值的项目试验结果不符合标准规定，按下列规定进行复检。

（1）试验单元是单件产品时，应对不合格项目做相同类型的双倍试验，双倍试验应全部合格，否则产品应拒收。

（2）试验单元不是单件产品时，除非另有协议，供方可以将抽样产品从试验单元中挑出，也可不挑出。如果抽样产品不从试验单元中挑出，应从同一批中再任取双倍数量的试样进行该不合格项目的复检，复检结果应全部合格。如果抽样产品从试验单元中挑出，应随机从同一试验单元中选出另外两个抽样产品。然后从两个抽样产品中分别制取的试样，在与第一次试验相同的条件下再做一次同类型的试验，其试验结果应全部合格。

## 六、混凝土制品用冷拔低碳钢丝

（一）概述

混凝土制品用冷拔低碳钢丝是低碳钢热轧圆盘条经一次或多次冷拔制成的以盘卷供货的用于混凝土制品的光面钢丝。冷拔低碳钢丝分为甲、乙两级，甲级钢丝强度和伸长率较高，主要用于中、小预应力混凝土构件及电线杆的主预应力筋；乙级钢丝强度和伸长率较低，主要用于焊接钢丝网、焊接骨架、箍筋和构造筋。

（二）执行标准

《混凝土制品用冷拔低碳钢丝》（JC/T 540—2006）。

（三）相关标准

《金属材料　拉伸试验　第1部分　室温试验方法》（GB/T 228.1—2010）。

《金属材料　线材　反复弯曲试验方法》（GB/T 238—2202）。

《低碳钢热轧圆盘条》（GB/T 701—2008）。

《钢丝验收、包装、标志质量证明书的一般规定》（GB/T 2103—2008）。

（四）性能指标

1. 直径及横截面面积

冷拔低碳钢丝的公称直径、允许偏差及公称横面面积应符合表3－1－29的规定。

**表3－1－29　冷拔低碳钢丝的公称直径、允许偏差及公称横截面面积**

| 公称直径 $d$（mm） | 直径允许偏差（mm） | 公称横截面积 $s$（$mm^2$） |
|---|---|---|
| 3.0 | ±0.06 | 7.07 |
| 4.0 | ±0.08 | 12.57 |
| 5.0 | ±0.10 | 19.63 |
| 6.0 | ±0.12 | 28.27 |

注：经供需双方协商，也可生产其他直径的冷拔低碳钢丝。

2. 原材料

拔丝用热轧圆盘条应符合GB/T 701—2008的规定。甲级冷拔低碳钢丝应采用GB/T 701—2008规定的供拉丝用盘条进行拔制。

3. 制造

热轧圆盘条经机械剥壳或酸洗除去表面氧化物和浮锈后，方可进行拔丝操作。每次拉拔操作引起的钢丝直径减缩率不应超过15%。允许热轧圆条对焊后进行冷拔，但必须是同一钢号的圆盘条，甲级冷拔低碳钢丝成品中不允许有焊接接头。在冷拔过程中，不得酸洗和退火，冷拔低碳钢丝成品不允许对焊。

4. 表面质量

冷拔低碳钢丝表面不应有裂纹、小刺、油污及其他机械损伤。冷拔低碳钢丝表面允许有浮锈，但不得出现锈皮及肉眼可见的锈蚀麻坑。

5. 力学性能

冷拔低碳钢丝的力学性能应符合表3－1－30的规定。

**表3－1－30　冷拔低碳钢丝力的学性能**

| 级　　别 | 公称直径 $d$（mm） | 抗拉强度 $R_a$（MPa）不小于 | 断后伸长率 $A_{ioq}$（%）不小于 | 反复弯曲次数（次/180°）不小于 |
|---|---|---|---|---|
| 甲级 | 5.0 | 650 | 3.0 | 4 |
| | | 600 | | |
| | 4.0 | 700 | 2.5 | |
| | | 650 | | |
| 乙级 | 3.0,4.0,5.0,6.0 | 550 | 2.0 | |

注：甲级冷拔低碳钢丝作预应力筋时，如经机械调直则抗拉强度标准值应降低50 MPa。

（五）验收批量

每批冷拔低碳钢丝由同一钢厂、同一钢号、同一总压缩率、同一直径组成，甲级冷拔低碳钢丝每批质量不大于30 t,乙级冷拔低碳钢丝每批质量不大于50 t。

(六)取样方法

1. 每盘钢丝先去掉端部500 mm后,再截取试样。

2. 拉伸试样长度为350~400 mm。

3. 弯曲试样长度约250 mm。

(七)样品数量

1. 冷拔低碳钢丝的表面质量应逐盘进行检查。

2. 冷拔低碳钢丝的直径每批抽查数量不少于5盘。

3. 甲级冷拔低碳钢丝抗拉强度、断后伸长率及反复弯曲次数应逐盘进行检验;乙级冷拔低碳钢丝抗拉强度、断后伸长率及反复弯曲次数每批抽查数量不少于3盘。

(八)检测项目

冷拔低碳钢丝的检查项目为表面质量、直径、抗拉强度、断后伸长率及反复弯曲次数。

(九)质量评定

1. 复检规则

(1)冷拔低碳钢丝的表面质量检查时,如有不合格者应予剔除。

(2)甲级冷拔低碳钢丝的直径、抗拉强度、断后伸长率及反复弯曲次数如有某检验项目不合格时,不得进行复检。

(3)乙级冷拔低碳钢丝的直径、抗拉强度、断后伸长率及反复弯曲次数检验如有某检验项目不符合本标准规定要求时,可从该批冷拔低钢丝中抽取双倍数量的试样进行复检。

2. 判定规则

(1)甲级冷拔低碳钢丝如有某检验项目不合格时,该批冷拔低碳钢丝判定为不合格。

(2)乙级冷拔低碳钢丝所检项目合格或复检合格时,则该批冷拔低碳钢丝判定为合格。如复检中仍有某检验项目不合格,则该批冷拔低碳钢丝判定为不合格。

## 第二节　预应力工程材料

### 一、预应力筋用锚固、夹具和连接器

(一)概述

在后张法结构或构件中,锚具是用于保持预应力筋的拉力并将其传递到混凝土(或钢结构)上所用的永久性锚固装置。锚具可分为两类,安装在预应力筋端部且可用以张拉的锚具称为张拉端锚具;安装在预应力筋固定端端部,通常不用以张拉的锚具称为固定端锚具。

在先张法构件施工时,夹具是用于保持预应力筋的拉力并将其固定在生产台座(或设备)上的临时性锚固装置;在后张法结构或构件施工时,夹具是在张拉千斤顶或设备上夹持预应力筋的临时性锚固装置(又称工具锚)。

连接器是用于连接预应力筋的装置。

锚具、夹具和连接器按锚固方式不同,可分为夹片式(单孔和多孔夹片锚具)、支承式(墩头锚具、螺母锚具等)、锥塞式(钢质锥形锚具等)和握裹式(挤压锚具、压花锚具等)四种基本类型。锚具、夹具或连接器的总代号可以分别用汉语拼音字母M、J、L表示;各类锚固方式的分类代号见表3-2-1。

**表 3-2-1　锚具、夹具和连接器的代号**

| 分类代号 | | 锚具 | 夹具 | 连接器 |
|---|---|---|---|---|
| 夹片式 | 圆形 | YJM | YJJ | YJL |
| | 扁形 | BJM | | |
| 支承式 | 墩头 | DTM | DTJ | DTL |
| | 螺母 | LMM | LMJ | LML |
| 锥塞式 | 钢质 | GZM | — | — |
| | 冷铸 | LZM | — | — |
| | 热铸 | RZM | — | — |
| 握裹式 | 挤压 | JYM | JYJ | JYJ |
| | 压花 | YHM | — | — |

注:连接器的代号以续接段端部锚具方式命名。

(二)执行标准

《预应力筋用锚具、夹具和连接器》(GB/T 14370—2007)。

(三)相关标准

《普通螺纹　公差》(GB/T 197—2003)。

《一般公差　未注公差的线性和角度尺寸的公差》(GB/T 1804—2000)。

《预应力筋用锚具、夹具和连接器应用技术规程》(JGJ 85—2010)。

(四)性能指标

1. 外观、尺寸及硬度要求

(1)外观、尺寸应符合设计图样规定。全部产品均不得有裂纹出现。

(2)产品零件的表面及芯部硬度、硬度允许偏差应符合设计图样规定。

2. 锚具的基本性能要求

(1)静载锚固性能

用预应力筋-锚具组装件静载试验测定的锚具效率系数 $\eta_a$ 和达到实测极限拉力时组装件受力长度的总应变 $\varepsilon_{apu}$,来判定锚具的静载锚固性能是否合格。

锚具效率系数 $\eta_a$ 按下式计算

$$\eta_a = F_{apu} / \eta_p \cdot F_{pm} \quad (3-2-1)$$

式中　$\eta_p$——预应力筋的效率系数,预应力筋-锚具组装件中预应力钢材为 1 至 5 根时,$\eta_p$ = 1;6 至 12 根时,$\eta_p$ = 0.99;13 至 19 根时,$\eta_p$ = 0.98;20 根及以上时,$\eta_p$ = 0.97;

$F_{apu}$——预应力筋-锚具组装件的实测极限拉力;

$F_{pm}$——预应力筋的实际平均极限抗拉力。由预应力钢材试件实测破断荷载平均值计算得出。

锚具的静载锚固性能应同时满足下列两项要求。

$$\eta_a \geqslant 0.95; \varepsilon_{apu} \geqslant 2.0\%$$

预应力筋-锚具组装件的破坏形式应是预应力钢材的断裂(逐根或多根同时断裂),锚具零件的变形不应过大或碎裂,且应确认锚固的可靠性。在预应力筋应力达到 0.8 $f_{pck}$ 时,在持荷 1 h 期间,预应力筋与锚具(夹具、连接器)之间的相对位移 $\Delta a$、$\Delta b$ 应保持稳定。如继续增加,不能稳定,表明已失去可靠锚固能力。

(2)疲劳载荷性能

预应力筋－锚具组装件，除应满足静载锚固性能外，尚应满足循环次数为200万次的疲劳性能试验。

当锚固的预应力筋为钢丝、钢绞线或热处理钢筋时，试验应力上限应为预应力钢材抗拉强度标准值$f_{pck}$的65%，疲劳应力幅度不应小于80 MPa。工程有特殊需要时，试验应力上限及疲劳应力幅度取值可另定。

当锚固的预应力筋为有明显屈服台阶的预应力钢材时，试验应力上限应为预应力钢材抗拉强度标准值的80%，疲劳应力幅度宜取80 MPa。

试件经受200万次循环荷载后，锚具零件不应疲劳破坏。预应力筋因锚具夹持作用发生疲劳破坏的截面面积不应大于试件总截面面积的5%。

(3)周期载荷性能

在有抗震要求的结构中使用的锚具，预应力筋－锚具组装件还应满足循环次数为50次的周期荷载试验。

当锚固的预应力筋为钢丝，钢绞线或热处理钢筋时，试验应力上限应为预应力筋抗拉强度标准值$f_{pck}$的80%，下限应为预应力钢材抗拉强度标准值$f_{pck}$的40%。

当锚固的预应力筋为有明显屈服台阶的预应力钢材时，试验应力上限应为预应力钢材抗拉强度标准值的90%，下限应为预应力钢材抗拉强度标准值的40%。

试件经50次循环荷载后预应力筋在锚具夹持区域不应发生破断。

3. 锚具的辅助性能要求

新研制的锚具应进行本项试验。进行型式试验的产品，可选择部分或全部项目试验，并根据试验所测定的平均内缩量和锚固端预应力摩阻损失与设计规范的对比结果，对施工张拉力进行适当修正。

(1)锚具内缩量测定

预应力筋张拉应力达到$0.8f_{pck}$后放张，测定锚固过程中预应力筋的内缩量（以mm计），取平均值。

(2)锚固端摩阻损失测定

从张拉千斤顶工具锚至喇叭形垫板收口处，预应力筋有一次或二次弯折。张拉时会产生预应力摩阻损失，并能降低自锚功能，测定张拉力达到$0.8f_{pck} \cdot A_P$时的预应力损失（以张拉应力的百分率计），取平均值。

(3)张拉锚固工艺要求

为了证实锚具在预应力工程中的可操作性和适用性，应按研制要求，使用预应力张拉锚固体系的全套机具进行张拉锚固工艺试验。

4. 锚具的其他性能要求

(1)锚具应满足分级张拉及补张拉预应力筋的要求。

(2)需要孔道灌注的锚具或其附件上宜设置灌浆孔或排气孔，灌浆孔的孔位及孔径应符合灌浆工艺要求，且应有与灌浆管连接的构造。

(3)用于低应力可更换型拉索的锚具，应有防松、可更换的构造措施。

(4)锚具应有防腐蚀措施，且能满足工程建设的耐久性要求。

5. 夹具的基本性能要求

(1)夹具的静载锚固性能，应由预应力筋－夹具组装件静载锚固试验测定的夹具效率系数$\eta_g$按下式确定

$$\eta_g = F_{gpu}/F_{pm} \tag{3-2-2}$$

式中 $F_{gpu}$——预应力筋－夹具组装件的实测极限拉力；

$F_{pm}$——预应力筋的实际平均极限抗拉力。

夹具的静载锚固性能应符合 $\eta_g \geqslant 0.92$。

(2)在预应力筋－夹具组装件达到实测极限拉力时，应当是由预应力筋的断裂，而不应由夹具的破坏所导致；夹具的全部零件均应有重复使用的品质。夹具应有可靠的自锚性能，良好的松锚性能和重复使用性能。使用过程中应保证操作人员的安全。

6. 连接器的基本性能要求

在先张法或后张法施工中，在张拉预应力后永久留在混凝土结构或构件中的连接器，都应符合锚具的性能要求；如在张拉后还须放张和拆卸的连接器，则应符合夹具的性能要求。

7. 质量文件要求

锚具、夹具、连接器和锚固区的承压件应有完整的设计文件、原材料的质量证明文件、制造批次记录、性能检验记录，该类文件应具有可追溯性。

(五)验收批量

出厂检验时，每批零件产品的数量是指同一种产品，同一批原材料，用同一种工艺一次投料生产的数量。每个抽检组批不得超过 2 000 件(套)。

使用单位进场检验时，每个检验批的锚具不宜超过 2 000 套，每个检验批的连接器不宜超过 500 套，每个检验批的夹具不宜超过 500 套。获得第三方独立认证的产品，其检验批的批量可扩大一倍。

(六)取样方法

(1)外观检验抽取 5% ~10% 。对有硬度要求的零件应做硬度检验，按热处理每炉装炉量的 3% ~5% 抽样。静载试验用的锚具、夹具或连接器接成套产品抽样，应在外观及硬度检验合格后的产品中抽取，每生产组批抽取 3 个组装件的用量。

(2)大批量连续生产时，出厂检验可按月取样进行。外观检验抽样数量不得少于月生产量的 5% ；对有硬度要求的零件，硬度检验量不得少于月生产量的 3% ；静载试验数量，按同一规格每两月不得少于 3 个组装件，上述检验结果如质量不稳定，应增加取样。

(七)样品数量

锚具、夹具和连接器的出厂检验取样数量参见上述取样方法部分。施工单位的进场检验取样数量可按下列规定执行。

(1)外观检查：从每批产品中抽取 2% 且不少于 10 套样品。

(2)硬度检验：对有硬度要求的锚具零件，从每批产品中抽取 3% 且不少于 5 套样品(多孔夹片式锚具的夹片，每套抽取 6 片)进行检验。

(3)静载锚固性能试验：应在外观检查和硬度检验均合格的锚具中抽取样品，与相应规格和强度等级的预应力筋组装成 3 个预应力筋－锚具组装件。

(八)检测项目

锚具、夹具和连接器的检验分出厂检验和型式检验两类。出厂检验为生产厂在每批产品出厂前进行的厂内产品质量控制性检验。型式检验为对产品全面性能控制的检验。出厂检验和型式检验的检验项目应符合表 3－2－2 的规定。

(九)质量评定

外观检验：受检零件的外形尺寸和外观质量应符合图样规定，全部样品均不得有裂纹出现,如发现一件有裂纹,即应对本批全部产品进行逐件检验,合格者方可使用。

**表3-2-2　产品检验项目**

| 夹具、锚具、连接器类别 | 出厂检验项目 | 型式检验项目 |
| --- | --- | --- |
| 锚具及永久留在混凝土结构或构件中的连接器 | 外观<br>硬度<br>静载性能检验 | 外观<br>硬度<br>疲劳性能检验<br>周期荷载性能检验<br>辅助性试验(选项) |
| 夹具及张拉后将要放张和拆卸的连接器 | 外观<br>硬度<br>静载性能检验 | 外观<br>硬度<br>静载性能检验 |

硬度检验:按设计图样规定的表面位置和硬度范围检验和判定,如有1个零件不合格,则应另取双倍数量的零件重做检验;如仍有1个零件不合格,则应对本批零件逐个检验,合格者方可使用。

静载试验、疲劳荷载试验及周期荷载试验:如符合技术要求的规定,应判为合格;如有1个试件不符合要求,即判定为不合格。但允许另取双倍数量的试件重做试验,若全部试件合格,即可判定本批产品合格;如仍有1个试件不合格,则该批产品为不合格品。

辅助性试验为测定参数及检验工艺设备的项目,不做合格与否的判定。

(十)使用注意事项

1. 锚具、夹具和连接器均应妥善保管。在储存、运输过程中,应避免锈蚀、沾污、遭受机械损伤或散失。临时性的防护措施应不影响安装操作的效果和永久性防锈措施的实施。

2. 预应力筋用锚具产品应配套使用,同一构件中应使用同一厂家产品。工作锚不应作为工具锚使用。夹片式锚具的限位板和工具锚宜采用与工作锚同一生产厂的配套产品。

3. 在后张预应力混凝土工程施工中,应防止水泥浆进入喇叭管;预应力筋穿入孔道后,应将外露预应力筋擦拭干净并做适当保护。

4. 预应力筋应整束张拉锚固。对平行排放的预应力钢绞线束,在确保各根预应力钢绞线不会叠压时,可采用小型千斤顶逐根张拉,并应考虑分批张拉预应力损失对总预加力的影响。

5. 锚具和连接器安装时应与孔道对中。锚垫板上设置对中止口时,应防止锚具偏出止口。夹片式锚具安装时,夹片的外露长度应一致。锚具安装后宜及时张拉。

6. 预应力筋张拉或放张时,应采取有效安全防护措施。在张拉过程中,预应力筋两端的正面不得站人和穿越。

## 二、公路桥梁预应力钢绞线用锚具、夹具和连接器

(一)概述

公路桥梁预应力钢绞线用锚具、夹具和连接器适用于公路桥梁后张预应力混凝土结构和构件用钢绞线锚具、夹具和连接器,不适用于托拉索、斜拉索和吊索。

锚具是在后张法结构或构件中为保持钢绞线的拉力并将其传递到混凝土结构或构件上所用的永久性锚固装置。锚具可分为张拉端锚具和固定端锚具两类,张拉端锚具是安装在钢绞线端部,可用以对钢绞线张拉后再夹持锚固的锚具;固定端锚具是安装在钢绞线端部,通常埋入混凝土中且不需张拉的锚具。夹具是在张拉千斤顶或设备上夹持钢绞线的临

时性锚固装置,也称“工具锚”。连接器是用于张拉连接钢绞线的装置。锚具、连接器名称及代号见表 3－2－3。

**表 3－2－3　锚具、连接器名称及代号**

<table>
<tr><td colspan="4">分　类　名　称</td><td>分类代号</td></tr>
<tr><td rowspan="6">锚　　具</td><td rowspan="2">张拉端锚具</td><td colspan="2">圆锚张拉端锚具</td><td>YN</td></tr>
<tr><td colspan="2">扁锚张拉端锚具</td><td>YMB</td></tr>
<tr><td rowspan="4">固定端锚具</td><td rowspan="2">固定端压花锚具</td><td>圆锚固定端压花锚具</td><td>YMH</td></tr>
<tr><td>扁锚固定端压花锚具</td><td>YMHB</td></tr>
<tr><td rowspan="2">固定端挤压式锚具</td><td>圆锚固定端挤压式锚具</td><td>YMP</td></tr>
<tr><td>扁锚固定端挤压式锚具</td><td>YMPB</td></tr>
<tr><td colspan="4">夹具</td><td>YJ</td></tr>
<tr><td colspan="4">连接器</td><td>YMJ</td></tr>
</table>

（二）执行标准

《公路桥梁预应力钢绞线用锚具、夹具和连接器》（JT/T 329—2010）。

（三）相关标准

《金属材料　洛氏硬度试验　第 1 部分:试验方法（A、B、C,D、E、F、G、H、K、N、T 标尺）》（GB/T 230.1—2009）。

《金属材料　布氏硬度试验　第 1 部分:试验方法》（GB/T 231.1—2009）。

《碳素结构钢》（GB/T 700—2006）。

《球墨铸铁件》（GB/T 1348—2009）。

《碳素结构钢和低合金结构钢热轧厚铺板和钢带》（GB/T 3274—2007）。

《预应力混凝土用钢绞线》（GB/T 5224—2003）。

《灰铸铁件》（GB/T 9439—2010）。

《钢质模锻件通用技术条件》（GB/T 12361—2003）。

《预应力混凝土用金属波纹管》（JG 225—2007）。

《预应力混凝土桥梁用塑料波纹管》（JT/T 529—2004）。

（四）性能指标

1. 材料

（1）产品所用的材料应符合设计要求,并有机械性能和化学成分合格证明书、质量保证书。材料进场后应进行力学性能试验和化学成分分析,检验合格后方可使用。

（2）零件毛坯为锻造件时应符合 GB/T 12361—2003 的有关规定。

（3）锚下垫板的材料性能:采用灰口铸铁时应不低于 HT200,采用球墨铸铁时应不低于 QT450－10,采用碳素结构钢时应不低于 Q235 的要求,并符合 GB/T 9439—2010、GB/T 1348—2009 或 GB/T 3274—2007 的有关规定。

（4）锚下螺旋钢筋的材料性能应不低于 Q235 钢的要求,并符合 GB/T 700—2006 的有关规定。

2. 机械加工

（1）零件机械加工应符合 JB/T 5936 的有关规定。

（2）螺纹副的未注精度等级,应不低于 GB/T 197 中的 7H/8g。

(3)未注公差尺寸的公差等级,应不低于 GB/T 1804 中的 c 级。

3. 热处理

(1)夹片应进行热处理,表面硬度不小于 57 HRC(或 79.5 HRA)。夹片热处理后,应无氧化脱碳现象,同批次夹片硬度差不大于 5 HRC,同件夹片硬度差不大于 3 HRC。其他要求应符合 JB/T 5944 和 JB/T 3999 的有关规定。

(2)锚板、连接器的连接体宜经调质处理或锥孔强化处理,若采用调质处理,则表面硬度不小于 225 HB(或 20 HRC),其他要求应符合 JB/T 5944 的有关规定。

4. 外观

外观应符合设计图样要求,所有零件均不得有裂纹出现。

5. 防腐

夹片、锚板、连接体表面应作防锈、防腐处理,符合设计图样要求。锚下垫板和局部承压配筋表面不得有油漆和油脂,并在储存和运输过程中采取必要的防护措施。

6. 锚具的基本性能

(1)静载锚固性能

锚具的静载锚固性能,应由钢绞线－锚具组装件静载试验测定的锚具效率系数 $\eta_a$ 和达到实测极限拉力时组装件受力长度的总应变 $\varepsilon_{apu}$ 确定。

锚具的静载锚固性能应同时满足下列两项要求

$$\eta_a \geqslant 0.95;\varepsilon_{apu} \geqslant 2.0\%$$

在钢绞线－锚具组装件达到实测极限拉力 $F_{apu}$ 时,应是钢绞线的断裂,而不应是由锚具的失效而导致试验中止,并确认锚固的可靠性。应力达到 $0.8f_{ptk}$ 后,在持荷的 1 h 期间,每 20 min 测量一次相对位移($\Delta a$ 和 $\Delta b$)。持荷期间 $\Delta a$ 和 $\Delta b$ 均应无明显变化,保持稳定。如持续增加不能保持稳定,则表明已经失去可靠的锚固能力。

(2)疲劳荷载性能

钢绞线－锚具组装件应满足循环次数为 200 万次的疲劳性能试验。试验应力上限取钢绞线抗拉强度标准值 $f_{ptk}$ 的 65%,应力幅度取 80 MPa。

试件经受 200 万次循环荷载后,锚具零件不应发生疲劳破坏,钢绞线因锚具夹持作用发生疲劳破坏的面积不应大于原试件总面积的 5%。

(3)周期荷载性能

用于抗震结构中的锚具,还应满足循环次数为 50 次的周期荷载试验,试验应力上限取钢绞线抗拉强度标准值 $f_{ptk}$ 的 80%,下限取钢绞线抗拉强度标准值 $f_{ptk}$ 的 40%。

试件经 50 次周期荷载试验后,钢绞线在锚具夹持区域不应发生破断、滑移和夹片松脱现象。

(4)钢绞线内缩量

张拉端钢绞线内缩量应不大于 5 mm。

(5)锚口(含锚下垫板)摩阻损失率

锚口(含锚下垫板)摩阻损失率合计不大于 6%。

(6)锚下垫板的要求

锚下垫板的长度应保证钢绞线在锚具底口处的最大折角不大于 4°。

锚下垫板的构造尺寸应能满足预应力能可靠地从锚具传递到混凝土构件中。

(7)挤压锚的性能要求

挤压锚应有与锚具相同的静载锚固性能和疲劳荷载性能。

(8)锚具的其他要求

锚具应满足分级张拉、补张拉及放松钢绞线的要求。

当钢绞线－锚具组装件的轴线与设计轴线存在5°以内角度偏差时,应有相同的静载锚固性能。

锚具或其附件上宜设置灌浆孔或排气孔,灌浆孔的孔位及孔径应符合灌浆工艺要求,且应有与灌浆管连接的构造。

真空灌浆用锚下垫板安装密封罩的表面应进行机械加工,其表面粗糙度 $R_a \leqslant 12.5\ \mu m$,且设置安装密封罩的螺纹孔。

锚具配套波纹管应符合 JT/T 529—2004 和 JG 225—2007 的有关规定。

7. 夹具的基本性能

(1)夹具的静载锚固性能,应由钢绞线－夹具组装件静载试验测定的夹具效率系数 $\eta_g$ 确定。夹具的静载锚固性能应符合 $\eta_g \geqslant 0.92$。

(2)在钢绞线－夹具组装件达到实测极限拉力 $F_{gpu}$ 时,应是钢绞线的断裂,而不应是由夹具的失效而导致试验中止。夹具应有可靠的自锚性能、良好的松锚性能和不少于300次的重复使用性能。在使用过程中应能保证操作人员的安全。

8. 连接器的基本性能

连接器应具有与锚具相同的性能要求。

(五)验收批量

1. 出厂检验时,每批产品的数量是指同一规格产品、同一批原材料、用同一种工艺一次投料生产的数量。每个抽检组批不得超过2 000套。

2. 同一规格、型号的产品连续生产、每批产量超过4 000套时,出厂检验可按30天取样进行。

(六)取样方法

1. 外观检查抽取5%,且不少于10套。对有硬度要求的零件应做硬度检验,按热处理每炉装炉量的3%抽样。静载试验应在外形外观及硬度检验合格后,按锚具、连接器的成套产品抽样,每批取三个组装件进行试验。锚具、连接器的型式检验,还应为疲劳试验、周期荷载试验及辅助性试验抽取各三个组装件用的样品。

2. 出厂检验按30天取样进行时。外观检验抽样数量不得少于30天生产量的5%;对有硬度要求的零件,硬度检验量不得少于30天生产量的3%;静载试验数量,按同一规格每60天不得少于三个组装件。上述检验结果如质量不稳定,应增加取样。

(七)样品数量

参见(六)取样方法部分。

(八)检测项目

锚具、连接器的检验分出厂检验和型式检验两类。出厂检验为生产厂家在每批产品交货前应进行的检验。技术或质量鉴定时的型式检验应由国家指定的质量检测机构主持进行,为新产品研制和生产厂产品质量控制用的型式检验可在本单位进行。

出厂检验的项目为:外观、硬度、静载性能、疲劳性能。

型式检验的项目为:外观、硬度、静载性能、疲劳性能、周期荷载性能、钢绞线内缩量、锚口和锚下垫板摩阻损失、张拉锚固工艺性能。可选做锚具传力性能、锚具偏转角度性能。

(九)质量评定

1. 外观

外观检验的尺寸按厂家提供的尺寸公差进行检验,如有一件尺寸超过允许偏差,应取双倍数量的零件重做检验,如仍有一件不符合要求,则应逐件检验,合格者方可用。如发现一件有裂纹,即应对全部产品进行逐件检验,合格者方可使用。

2. 硬度

如有一个零件不合格,则应另取双倍数量的零件重做检验。如仍有一个零件不合格,则应逐个检验,合格者方可使用。

3. 静载锚固能力、疲劳荷载和周期荷载

在三个组装件试件中,如有一个试件不符合要求,则可另取双倍数量的试件重做试验;如仍有一个试件不合格,则该批产品判为不合格品;在三个组装件试件中,如有两个试件不符合要求,则应判该批产品判为不合格品。

若在钢绞线自由伸长段(非夹片夹持区)内出现断丝,应判定为钢绞线不合格导致试验结果不合格。

若屈强比过高(大于 0.92)的钢绞线与锚具组成的组装件,在静载试验中出现锚固效率系数达到 95% 而伸长率不足 2% 的情况,不宜判定为锚具不合格,应更换钢绞线重新试验。

在疲劳试验后钢绞线出现颈缩断口时,应判为非疲劳破坏,应重新取样重做试验。

(十)使用注意事项

锚具、连接器产品储存、运输过程中均需妥善保护,避免雨淋、锈蚀、沾污、遭受机械损伤或散失,临时性的防护措施不得影响安装操作效果和永久性防锈措施的实施。

其他使用注意事项参见本节第一部分第十项。

## 三、预应力混凝土用金属波纹管

(一)概述

预应力混凝土用金属波纹管指以镀锌或小镀锌低碳钢带螺旋折叠咬口制成并用于后张法预应力混凝土结构构件中预留孔的金属管。

预应力混凝土用金属波纹管按径向刚度分为标准型和增强型;按截面形状分为圆形与扁形;也可按每两个相邻折叠咬口之间凸起波纹的数量分双波、多波。

(二)执行标准

《预应力混凝土用金属波纹管》(JG 225—2007)。

(三)相关标准

《碳素结构钢冷轧钢带》(GB/T 716—1991)。

《连续热镀锌钢板及钢带》(GB/T 2518—2008)。

(四)性能指标

1. 材料

用于制作预应力混凝土用金属波纹管的钢带应为软钢带,性能应符合 GB 716—1991 的规定;当采用镀锌钢带时,其双面镀锌层重量不应小于 60 $g/m^2$,性能应符合 GB/T 2518—2008 的规定。钢带应附有产品合格证或质量保证书。钢带厚度宜根据金属波纹管的直径及刚度指标要求确定,不同直径的标准型及增强型金属波纹管的钢带厚度应小于表 3－2－4 和表 3－2－5 的规定。

**表 3－2－4　圆管内径与钢带厚度对应关系表**　　（单位：mm）

| 圆管内径 | | 40 | 45 | 50 | 55 | 60 | 65 | 70 | 75 | 80 | 85 | 90 | 95 | 96 | 102 | 108 | 114 | 120 | 126 | 132 |
|---|---|---|---|---|---|---|---|---|---|---|---|---|---|---|---|---|---|---|---|---|
| 最小钢带厚度 | 标准型 | 0. 28 | 0. 28 | 0. 30 | 0. 30 | 0. 30 | 0. 30 | 0. 30 | 0. 30 | 0. 35 | 0. 35 | 0. 35 | 0. 35 | 0. 40 | 0. 40 | 0. 40 | 0. 40 | 0. 40 | 0. 40 | 0. 40 |
| | 增强型 | 0. 30 | 0. 30 | 0. 35 | 0. 35 | 0. 35 | 0. 35 | 0. 40 | 0. 40 | 0. 40 | 0. 45 | 0. 45 | — | 0. 50 | 0. 50 | 0. 50 | 0. 50 | 0. 50 | 0. 50 | 0. 60 |
| 直径 95 mm 的波纹管仅用作连接管 | | | | | | | | | | | | | | | | | | | | |

注：当有可靠的工程经验时，金属波纹管的钢带厚度可以进行适当调整。

**表 3－2－5　扁管规格与钢带厚度对应关系表**　　（单位：mm）

| 扁　管　规　格 | | 52 × 20 | 65 × 20 | 78 × 20 | 60 × 22 | 76 × 22 | 90 × 22 |
|---|---|---|---|---|---|---|---|
| 最小钢带厚度 | 标准型 | 0. 3 | 0. 35 | 0. 40 | 0. 35 | 0. 40 | 0. 45 |
| | 增强型 | 0. 35 | 0. 40 | 0. 45 | 0. 40 | 0. 45 | 0. 50 |

2. 外观

预应力混凝土用金属波纹管外观应清洁，内外表面应无锈蚀、油污、附着物、孔洞和不规则的褶皱，咬口无开裂、脱扣。

3. 构造

（1）预应力混凝土用金属波纹管螺旋向宜为右旋。

（2）预应力混凝土用金属波纹管折叠咬口的重叠部分宽度不应小于钢带厚度的 8 倍，且不应小于 2. 5 mm。

（3）预应力混凝土用金属波纹管折叠咬几部分之间的凸起波纹顶部和根部均应为圆弧过渡，不应有折角。

4. 尺寸

（1）预应力混凝土用金属波纹圆管的内径尺寸及其允许偏差应符合表 3－2－6 的规定。

**表 3－2－6　圆管的内径尺寸及其允许偏差**　　（单位：mm）

| 内径 | 40 | 45 | 50 | 55 | 60 | 65 | 70 | 75 | 80 | 85 | 90 | 95 | 96 | 102 | 108 | 114 | 120 | 126 | 132 |
|---|---|---|---|---|---|---|---|---|---|---|---|---|---|---|---|---|---|---|---|
| 允许偏差 | ±0. 5 | | | | | | | | | | | | | | | | | | |

注：表中未列尺寸的规格由供需双方协议确定。

（2）预应力混凝土用金属波纹扁管的内径尺寸及其允许偏差应符合表 3－2－7 的规定。

**表 3－2－7　扁管内径尺寸及其允许偏差**　　（单位：mm）

| | | 适用于 $\phi$12. 7 预应力钢绞线 | | | 适用于 $\phi$15. 2 预应力钢绞线 | | |
|---|---|---|---|---|---|---|---|
| 短轴方向 | 长度 $h$ | 20 | 20 | 20 | 22 | 22 | 22 |
| | 允许偏差 | 0<br>+1. 0 | | | 0<br>+1. 5 | | |
| 长轴方向 | 长度 $b$ | 52 | 65 | 78 | 60 | 76 | 90 |
| | 允许偏差 | ±1. 0 | | | ±1. 5 | | |

注：表中未列尺寸的规格由供需双方协议确定。

（3）预应力混凝土用金属波纹管的波纹高度 $h$，应根据管径及径向刚度要求确定，其波纹高度不应小于表 3－2－8 的规定。

表 3-2-8　金属波纹管的波纹高度　（单位:mm）

| 圆管内径 | 40 | 45 | 50 | 55 | 60 | 65 | 70 | 75 | 80 | 85 | 90 | 95 | 96 | ≥102 |
|---|---|---|---|---|---|---|---|---|---|---|---|---|---|---|
| 最小波纹高度 $h$ | 2.5 | 2.5 | 2.5 | 2.5 | 2.5 | 2.5 | 2.5 | 2.5 | 2.5 | 2.5 | 2.5 | 2.5 | 3.0 | 3.0 |

(4)预应力混凝土用金属波纹管外经尺寸、长度以及其允许偏差由供需双方协议确定。

5. 径向刚度

预应力混凝土用金属波纹管径向刚度应符合表 3-2-9 规定。

表 3-2-9　金属波纹管径向刚度要求

<table>
<tr><th colspan="3">截面形状</th><th>圆形</th><th>扁形</th></tr>
<tr><td rowspan="2">集中荷载(N)</td><td colspan="2">标准型</td><td rowspan="2">800</td><td rowspan="2">500</td></tr>
<tr><td colspan="2">增强型</td></tr>
<tr><td rowspan="2">均布荷载(N)</td><td colspan="2">标准型</td><td rowspan="2">$F=0.31d^2$</td><td rowspan="2">$F=0.15d_e^2$</td></tr>
<tr><td colspan="2">增强型</td></tr>
<tr><td rowspan="4">$\delta$</td><td rowspan="2">标准型</td><td>$d \leq 75$ mm</td><td>≤0.20</td><td rowspan="2">≤0.20</td></tr>
<tr><td>$d > 75$ mm</td><td>≤0.15</td></tr>
<tr><td rowspan="2">增强型</td><td>$d \leq 75$ mm</td><td>≤0.10</td><td rowspan="2">≤0.15</td></tr>
<tr><td>$d > 75$ mm</td><td>≤0.08</td></tr>
</table>

注:圆管内径及扁管短轴长度均为公称尺寸;

$F$——均布荷载值,N;

$d$——圆管内径,mm;

$d_e$——扁管等效内径,mm,$d_e=2(b+h)/\pi$;

$\delta$——内径变形比,$\delta=\Delta d/d$ 或 $\delta=\Delta d/h$,式中 $\Delta d$ 为外径变形值。

6. 抗渗漏性能

在规定的集中荷载作用后或在规定的弯曲情况下,预应力混凝土用金属波纹管允许水泥浆泌水渗出,但不得渗出水泥浆。

(五)验收批量

预应力混凝土用金属波纹管按批进行检验,每批应由同一个钢带生产厂生产的同一批钢带所制造的预应力混凝土用金属波纹管组成。每半年或累计 50 000 m 生产量为一批,取产量最多的规格。

(六)取样方法

在每批产品中随机抽取试样。

(七)样品数量

取样数量、检验内容见表 3-2-10。

表 3-2-10　出厂检验内容

| 序号 | 项目名称 | 取样数量 |
|---|---|---|
| 1 | 外观 | 全部 |
| 2 | 尺寸 | 3 |
| 3 | 集中荷载下径刚度 | 3 |
| 4 | 集中荷载作用后抗渗漏 | 3 |
| 5 | 弯曲后抗渗漏 | 3 |

(八)检测项目

外观、尺寸、集中荷载作用下径刚度、集中荷载作用后抗渗漏、弯曲后抗渗漏。

(九)质量评定

当检验结果有不合格项目时,应取双倍数量的试件对该不合格项进行复验,复验仍不合格时,该批产品为不合格品。

(十)使用注意事项

1. 金属波纹管端部毛刺极易伤手,搬运时宜戴手套防护。金属波纹管搬运时应轻拿轻放,不得投掷、抛甩或在地上拖拉。吊装工艺应确保金属波纹管不受损伤。

2. 金属波纹管装车时,车底应平整,上部不得堆放重物,端部不宜伸出车外,装车完毕后应用绳索缚牢,并用苫布遮严。

3. 金属波纹管在仓库内长期保管时,仓库应保持干燥,且应有防潮、通风措施。金属波纹管在室外的保管时间不宜过长,不得直接堆放在地面上,应堆放在枕木上并用苫布等覆盖,防止雨露的影响。金属波纹管的堆放高度不宜超过 3 m。

4. 现浇预应力工程中,宜选用镀锌金属波纹管;预制构件生产中,在确保金属波纹管不发生锈蚀的情况下,可采用非镀锌金属波纹管。

5. 在预应力混凝土工程中,当采用先穿束工艺时,可选用标准型金属波纹管,当采用后穿束工艺时,宜选用增强型金属波纹管。增强型金属波纹管也适用于建筑工程的竖向及特殊位置的成孔。

6. 金属波纹圆管连接管的直径应大于被连接管一个直径级别,其长度为 4 ~5 倍被连接管内径,且不应小于 300 mm。

7. 金属波纹管应采用无齿锯切割,使用过程中严禁踩踏。

## 四、预应力混凝土桥梁用塑料波纹管

(一)概述

预应力混凝土桥梁用塑料波纹管是指以高密度聚乙烯树脂(HDPE)或聚丙烯(PP)为主要原料,经热熔挤出成型的预应力混凝土桥梁用塑料波纹管。塑料波纹管按截面形状可分为圆形和扁形两大类。

(二)执行标准

《预应力混凝土桥梁用塑料波纹管》(JT/T 529—2004)。

(三)相关标准

《塑料试样状态调节和试验的标准环境》(GB/T 2918—1998)。

《塑料管道系统　塑料部件　尺寸的测定》(GB/T 8806—2008)。

《热塑性塑料管材环刚度的测定》(GB/T 9647—2003)。

《热塑性塑料管材耐外冲击性能试验方法　时针旋转法》(GB/T 14152—2001)。

《聚乙烯(PE)树脂》(GB/T 11115—2009)。

《塑料打包带》(QB/T 3811—1999)。

(四)性能指标

1. 尺寸偏差

圆形塑料波纹管的长度规格一般为 6 m、8 m、10 m,偏差 0 ~ +10 mm。圆形塑料波纹管尺寸偏差见表 3 -2 -11。

**表 3-2-11　圆形塑料波纹管尺寸偏差**

| 型　号 | 内径 $d$(mm) | | 外径 $D$(mm) | | 壁厚 $S$(mm) | | 不圆度 |
|---|---|---|---|---|---|---|---|
| | 标称值 | 偏差 | 标称值 | 偏差 | 标称值 | 偏差 | |
| SBG-50Y | 50 | ±1.0 | 63 | ±1.0 | 2.5 | +0.5 | 6% |
| SBG-60Y | 60 | | 73 | | 2.5 | | |
| SBG-75Y | 75 | | 88 | | 2.5 | | |
| SBG-90Y | 90 | | 103 | | 2.5 | | |
| SBG-100Y | 100 | ±2.0 | 116 | ±2.0 | 3.0 | | |
| SBG-115Y | 115 | | 131 | | 3.0 | | |
| SBG-130Y | 130 | | 146 | | 3.0 | | |

扁形塑料波纹管尺寸偏差见表 3-2-12。

**表 3-2-12　扁形塑料波纹管规格**　　(单位:mm)

| 型　号 | 长轴 U1 | | 短轴 U2 | | 壁厚 S | |
|---|---|---|---|---|---|---|
| | 标称值 | 偏差 | 标称值 | 偏差 | 标称值 | 偏差 |
| SBG-41B | 41 | ±1.0 | 22 | +0.5 | 2.5 | +0.5 |
| SBG-55B | 55 | | 22 | | 2.5 | |
| SBG-72B | 72 | | 22 | | 3.0 | |
| SBG-90B | 90 | | 22 | | 3.0 | |

2. 原材料

塑料波纹管原材料应使用原始粒状原料,严禁使用粉状和再造粒状颗粒原料,并且高密度聚乙烯应满足 GB/T 11115—2009 的要求,聚丙烯应满足 GB/T 12023—1989 的要求。

3. 外观

塑料波纹管的外观应光滑,色泽均匀,内外壁不允许有隔体破裂、气泡、裂口、硬块及影响使用的划伤。

4. 环刚度

塑料波纹管环刚度应不小于 6 $kN/m^2$。

5. 局部横向荷载

塑料波纹管承受横向局部荷载时,管材表面不应破裂;卸荷 5 min 后管材变形量不得超过管材外径的 10%。

6. 柔韧性

塑料波纹管按规定的弯曲方法反复弯曲 5 次后,专用塞规能顺利地从塑料波纹管中通过,则塑料波纹管的柔韧性合格。

7. 抗冲击性

塑料波纹管低温落锤冲击试验的真实冲击率 TIR 最大允许值为 10%。

(五)验收批量

产品以批为单位进行验收,同一配方、同一生产工艺、同设备稳定连续生产的一定数量的产品为一批,每批数量不超过 10 000 m。

(六)取样方法

产品检验以批为单位，外观质量、尺寸偏差检测时每次抽取 5 根（段）进行检测。环刚度试验从五根管材上各取（300 ±10）mm 长试样一段，两端应与轴线垂直切平。

（七）样品数量

外观质量、尺寸偏差：5 根。

环刚度：（300 ±10）mm 长试样 5 段。

（八）检测项目

尺寸偏差、外观、环刚度。

（九）质量评定

1. 外观质量的判定

在外观质量检测中抽取 5 根（段）产品中，当有 3 根（段）不符合规定时，则该 5 根（段）所代表的产品不合格；若有 2 根（段）不符合规定时，可再抽取 5 根（段）进行检测，若仍有 2 根（段）不符合规定，则该批塑料波纹管为不合格。

2. 复验判定

在外观质量检验后，检验其他指标均合格时则判该批产品为合格批。

若其他指标中有一项不合格，则应在该产品中重新抽取双倍样品制作试样，对指标中的不合格项目进行复检，复检全部合格，判该批为合格批；检测结果若仍有一项不合格，则判该批产品为不合格。复检结果作为最终判定的依据。

（十）使用注意事项

1. 塑料波纹管搬运时，不得抛摔或在地面拖拉，运输时防止剧烈的撞击，以及油污和化学品污染。

2. 塑料波纹管应储存在远离热源及油污和化学品污染源的地方。室外堆放不可直接堆放在地面上，并应有遮盖物，避免曝晒。

3. 塑料波纹管存放地点应平整，堆放高度不超过 2 m。

4. 塑料波纹管储存期自生产之日起，一般不超过一年。

## 第三节 桥梁支座

### 一、公路桥梁盆式支座

（一）概述

公路桥梁盆式支座是指支座承载力为 0.4 ~60 MN 的盆式支座。公路桥梁盆式支座按使用性能分为以下几项。

（1）双向活动支座。具有竖向承载、竖向转动和双向滑移性能，代号为 SX。

（2）单向活动支座。具有竖向承载、竖向转动和单一方向滑移性能，代号为 DX。

（3）固定支座。具有竖向承载和竖向转动性能，代号为 GD。

（4）减震型固定支座。具有竖向承载、竖向转动和减震性能，代号为 JZGD。

（5）减震型单向活动支座。具有竖向承载、竖向转动、单一方向滑移和减震性能，代号为 JZDX。

按适用温度范围分为以下两项。

（1）常温型支座。适用于 −25 ℃ ~ +60 ℃。

（2）耐寒型支座。适用于 −40 ℃ ~ +60 ℃。

双向活动支座和单向活动支座由顶板、不锈钢冷轧钢板、聚四氟乙烯板、中间钢板、黄铜密封圈、橡胶板、钢盆、锚固螺栓、防尘圈和防尘围板等组成。

固定支座由顶板、黄铜密封圈、橡胶板、钢盆、锚固螺栓、防尘圈和防尘围板等组成。

（二）执行标准

《公路桥梁盆式支座》（JT/T 391—2009）。

（三）相关标准

《优质碳素结构钢》（GB/T 699—1999）。

《碳素结构钢》（GB/T 700—2006）。

《铜及铜合金板材》（GB/T 2040—2008）。

《不锈钢冷轧钢板和钢带》（GB/T 3280—2007）。

《一般工程用铸造碳钢件》（GB/T 11352—2009）。

《聚四氟乙烯大型板材规范》（GJB 3026—1997）。

《5201 硅脂》（HG/T 2502—1993）。

《工程机械　焊接件通用技术条件》（JB/T 5943—1991）。

《公路桥梁钢结构防腐涂装技术条件》（JT/T 722—2008）。

《公路钢筋混凝土及预应力混凝土桥涵设计规范》（JTG D62—2004）。

（四）性能指标

1. 支座性能

（1）竖向承载力

支座竖向承载力分为 33 级，即 0.4 MN，0.5 MN，0.6 MN，0.8 MN，1 MN，1.5 MN，2 MN，2.5 MN，3 MN，3.5 MN ，4 MN，5 MN， 6 MN， 7 MN， 8 MN，9 MN，10 MN，12.5 MN，15 MN，17.5 MN，20 MN，22.5 MN，25 MN，27.5 MN，30 MN ，32.5 MN，35 MN，37.5 MN，40 MN，45 MN，50 MN，55 MN，60 MN。

在竖向设计承载力作用下，支座压缩变形不大于支座总高度的 2%，钢盆盆环上口径向变形不大于盆环外径的 0.05%。

（2）水平承载力

固定支座和单向活动支座非滑移方向的水平承载力均不小于支座竖向承载力的 10%。

减震型固定支座和减震型单向活动支座非滑移方向的水平承载力均不小于支座竖向承载力的 20%。

（3）转角

支座竖向转动角度不小于 0.02 rad。支座正常工作时，支座竖向转动角度不大于 0.02 rad。

（4）摩擦系数

加 5201 硅脂润滑后，常温型活动支座摩擦系数不大于 0.030。

加 5201 硅脂润滑后，耐寒型活动支座摩擦系数不大于 0.060。

（5）位移

双向活动支座和单向活动支座顺桥向位移量分为五级：±50 mm，±100 mm，±150 mm，±200 mm，±250 mm；双向活动支座横桥向位移量为 ±50 mm。当有特殊需要时，可按实际需要调整位移量，调整位移级差为 ±50 mm。

2. 支座用材的物理机械性能

(1)橡胶

盆式支座的橡胶板应采用氯丁橡胶、天然橡胶或三元乙丙橡胶,防尘圈使用氯丁橡胶或三元乙丙橡胶,不应使用再生橡胶和硫化废弃物,其最小含胶量不得低于重量的55% 。

常温型支座橡胶板采用氯丁橡胶。耐寒型支座橡胶板采用天然橡胶或三元乙丙橡胶。

常温型支座防尘圈采用氯丁橡胶。耐寒型支座防尘圈采用三元乙丙橡胶。

盆式支座用胶料的物理机械性能见表 3－3－1。

**表 3－3－1　盆式支座用胶料的物理机械性能**

| 项　目 | | 单位 | 橡　胶　板 | | | 防　尘　圈 | |
|---|---|---|---|---|---|---|---|
| | | | 氯丁橡胶 | 天然橡胶 | 三元乙丙橡胶 | 氯丁橡胶 | 三元乙丙橡胶 |
| 硬度 | | IRHD | 60 ±5 | 60 ±5 | 60 ±5 | 50 ±5 | 50 ±5 |
| 拉伸强度 | | MPa | ≥17.5 | ≥17.5 | ≥15.2 | ≥14.5 | ≥12.0 |
| 拉断伸长率 | | % | ≥400 | ≥450 | ≥350 | ≥400 | ≥350 |
| 脆性温度 | | ℃ | ≤ －40 | ≤ －55 | ≤ －60 | ≤ －40 | ≤ －60 |
| 恒定压缩永久变形(70 ℃,24 h) | | % | ≤25 | ≤30 | ≤25 | ≤25 | ≤25 |
| 耐臭氧老化(30% 伸长,40 ℃,96 h) | | | $(100 \pm 10) \times 10^{-8}$ | $(25 \pm 5) \times 10^{-8}$ | $(100 \pm 10) \times 10^{-8}$ | $(100 \pm 10) \times 10^{-8}$ | $(100 \pm 10) \times 10^{-8}$ |
| | | | 无龟裂 | 无龟裂 | 无龟裂 | 无龟裂 | 无龟裂 |
| 热空气老化试验 | 试验条件 | ℃,h | 100,70 | 70,168 | 100,70 | 100,70 | 100,70 |
| | 硬度变化 | IRHD | < +10 | ±10 | < +10 | < +10 | < +10 |
| | 拉伸强度降低率 | % | <15 | <15 | <15 | <15 | <15 |
| | 扯断伸长率降低率 | % | <40 | <40 | <40 | <40 | <40 |

(2)聚四氟乙烯板

盆式支座用聚四氟乙烯板应由新鲜纯料模压而成,而非车削板材。加工原料不应使用回头料或掺加任何填料。聚四氟乙烯板所用原料的平均粒径不大于 50 μm。模压成型压力一般情况下不宜小于 30 MPa。聚四氟乙烯板的物理机械性能应符合表 3－3－2 的要求。

**表 3－3－2　聚四氟乙烯板的物理机械性能**

| 项　　目 | 单　　位 | 指　　标 |
|---|---|---|
| 密度 | $g/cm^3$ | 2.14 ~ 2.20 |
| 拉伸强度 | MPa | ≥30 |
| 断裂伸长率 | % | ≥300 |
| 球压痕硬度(H132/60) | MPa | 23 ~ 33 |

支座用聚四氟乙烯板,在平均压应力为 30 MPa 及用 5201 硅脂润滑的条件下,聚四氟乙烯板和不锈钢冷轧钢板对磨时,在常温条件下(23 ℃ ±5 ℃)应满足初始摩擦系数不大于 0.01,线磨耗率不大于 15 μm/km 的要求。

(3)不锈钢冷轧钢板

双向活动支座和单向活动支座的不锈钢冷轧钢板及单向活动支座导向挡块上的侧向不锈

钢条采用03Cr251Ni6Mo3Cu2N、022Cr25Ni17Mo4N牌号不锈钢冷轧钢板，其化学成分及力学性能应符合GB/T 3280—2007的有关规定，钢板表面应符合8″表面的加工要求。

(4)5201硅脂

聚四氟乙烯板应用5201－2硅脂润滑。5201－2硅脂应经过检验，应保证支座在使用温度范围内不会干涸，对滑移面材料不得有害，并具有良好的抗臭氧、耐腐蚀及防水性能。5201－2硅脂的理化性能指标应符合HG/T 2502—1993的有关规定。

(5)黄铜

盆式支座密封圈应用H62牌号黄铜，其板材的化学成分、力学性能应符合GB/T 2040—2008的有关规定。

(6)钢件

支座顶板、中间钢板等如采用钢板时，钢板技术要求应符合GB/T 699—1999中牌号25或GB/T 700—2006中牌号Q275的有关规定。

盆式支座用铸钢件，牌号为ZC270－500或ZG230－450，其化学成分、热处理后的机械性能和冲击韧性等应符合GB/T 11352—2009的有关规定。

(7)导向滑条

单向活动支座中间钢板两侧的导向滑条应采用SF－1三层复合板。

3. 支座用材规格

(1)橡胶板

盆式支座用橡胶板的设计容许压应力为25 MPa。橡胶板的尺寸偏差应符合表3－3－3的规定。支座装配时，橡胶板直径不大于1 000 mm时，橡胶板与盆环的直径间隙不得大于1 mm；橡胶板直径大于1 000 mm时，橡胶板和盆环的直径间隙不得大于2 mm。

**表3－3－3　橡胶板的尺寸偏差**

| 橡胶板直径$D$(mm) | 直径容许偏差(mm) | 厚度容许偏差(mm) |
|---|---|---|
| $D\leqslant500$ | $^{+0.5}_{0}$ | $^{+2.0}_{0}$ |
| $500<D\leqslant1\,000$ | $^{+1.0}_{0}$ | $^{+2.5}_{0}$ |
| $1\,000<D\leqslant1\,500$ | $^{+1.5}_{0}$ | $^{+3.0}_{0}$ |
| $D>1\,500$ | $^{+2.0}_{0}$ | $^{+3.5}_{0}$ |

(2)盆式支座用聚四氟乙烯板的设计容许压应力为30 MPa。聚四氟乙烯板的最小厚度为7 mm，最大厚度不超过8 mm，其中嵌放在中间钢板凹槽内的厚度不小于4 mm，凸出中间钢板的高度不小于3 mm。聚四氟乙烯板的尺寸偏差应符合表3－3－4的规定。支座装配时，聚四氟乙烯板和中间钢板凹槽之间的间隙应符合表3－3－5的规定。

聚四氟乙烯板的滑动面上应设有存放5201－2硅脂的储脂坑，储脂坑应采用热压成型，不能用机械方法成型。

**表3－3－4　聚四氟乙烯板的尺寸偏差**

| 直径$D$(mm) | 直径容许偏差(mm) | 厚度容许偏差(mm) |
|---|---|---|
| $D\leqslant500$ | $^{+1.5}_{0}$ | $^{+0.5}_{0}$ |
| $500<D\leqslant1\,000$ | $^{+2.0}_{0}$ | $^{+0.6}_{0}$ |
| $D>1\,000$ | $^{+3.0}_{0}$ | $^{+0.7}_{0}$ |

**表 3－3－5　聚四氟乙烯板和中间钢板凹槽之间的间隙**

| 聚四氟乙烯板直径 $D$(mm) | 装配间隙(mm) |
| --- | --- |
| $D$≤1 000 | ≤0.5 |
| $D$>1 000 | ≤1.0 |

(3)不锈钢冷轧钢板

不锈钢冷轧钢板厚度为 2～3 mm，钢板对角线长度小于 1 500 mm 时，厚度为 2 mm；钢板对角线长度不小于 1 500 mm 时，厚度为 3 mm。单向活动支座的侧向不锈钢条厚度为 2 mm。

(4)黄铜密封圈

黄铜密封圈应由 2～3 层开口圆环组成。铜环开口间隙不大于 0.5 mm。各层铜环密封圈的截面尺寸和数量应符合表 3－3－6 的规定。

**表 3－3－6　黄铜密封圈的截面尺寸和数量**

| 橡胶板直径 $D$(mm) | 黄铜密封圈最小截面尺寸(mm) | 黄铜密封圈层数 |
| --- | --- | --- |
| $D$≤330 | 6×1.5 | 2 |
| 330<$D$≤715 | 10×1.5 | 2 |
| 715<$D$≤1 500 | 10×1.5 | 3 |
| $D$>1 500 | 10×2.0 | 3 |

(5)SF－1 三层复合板

SF－1 三层复合板的基体高密度铜合金板厚度为(2.15±0.15)mm，中间烧结多孔青铜层厚度为 0.25 mm(＋0.15 mm，0)，表面由 80% 聚四氟乙烯和 20% 铅(体积比)组成的改性聚四氟乙烯烧结而成，厚度为 0.10 mm(＋0.02 mm，0)。SF－1 三层复合板的总厚度为 2.5 mm(0，－0.03 mm)。

4. 支座用材的外观质量

(1)橡胶板

橡胶板外观不得有裂纹、掉块、损伤及鼓泡，外观质量应符合表 3－3－7 的要求，不允许有表中规定的三项以上的缺陷同时存在。

**表 3－3－7　橡胶板外观质量要求**

| 缺陷名称 | 要　求 |
| --- | --- |
| 气泡 | ①橡胶板直径：$D$≤500 mm，允许有深度小于 2 mm、面积小于 100 $mm^2$ 的气泡，但不得多于两处 |
| | ②橡胶板直径：500 mm<$D$≤1 000 mm，允许有深度小于 2 mm、面积小于 200 $mm^2$ 的气泡，但不得多于三处 |
| | ③橡胶板直径：$D$>1 000 mm，允许有深度小于 2 mm、面积小于 300 $mm^2$ 的气泡，但不得多于三处 |
| 杂质 | ①橡胶板直径：$D$≤500 mm，允许有深度小于 2 mm、面积小于 200 $mm^2$ 的杂质，但不得多于两处 |
| | ②橡胶板直径：500 mm <$D$≤1 000 mm，允许有深度小于 2 mm、面积小于 200 $mm^2$ 的杂质，但不得多于三处 |
| | ③橡胶板直径：$D$>1 000 mm，允许有深度小于 2 mm、面积小于 300 $mm^2$ 的杂质，但不得多于三处 |

续上表

| 缺陷名称 | 要　求 |
|---|---|
| 凹凸不平 | 所有规格支座橡胶板不允许凹形或凸形，除下述局部凹凸不平外，整个橡胶板应是平的 |
| | ①橡胶板直径：$D \leqslant 500$ mm，允许有深度小于 2 mm、面积小于 100 mm² 的下凹或凸起，但不得多于两处 |
| | ②橡胶板直径：500 mm $< D \leqslant 1\ 000$ mm，允许有深度小于 2 mm、面积小于 200 mm² 的下凹或凸起，但不得多于三处 |
| | ③橡胶板直径：$D > 1\ 000$ mm，允许有深度小于 2 mm、面积小于 300 mm² 的下凹或凸起，但不得多于三处 |
| 明疤 | ①橡胶板直径：$D \leqslant 500$ mm，允许有深度小于 2 mm、面积小于 100 mm² 的明疤，但不得多于两处 |
| | ②橡胶板直径：500 mm $< D \leqslant 1\ 000$ mm，允许有深度小于 2 mm、面积小于 200 mm² 的明疤，但不得多于三处 |
| | ③橡胶板直径：$D > 1\ 000$ mm，允许有深度小于 2 mm、面积小于 300 mm² 的明疤，但不得多于三处 |
| 压偏 | 不得超过橡胶板直径的 0.2% |

注：制品允许修补，但修补处应平整。

(2)聚四氟乙烯板

聚四氟乙烯板的外观应符合 GJB 3026—1997 的有关规定。

(3)不锈钢冷轧钢板

不锈钢冷轧钢板不能有分层，表面不能有裂纹、气泡、杂质、结疤等影响使用的缺陷。不锈钢冷轧钢板不能有拼接。

(4)硅脂

5201－2 硅脂为乳白色或淡灰色半透明脂状物，不允许有机械杂质。

(5)黄铜

各类支座密封圈用黄铜的表面质量应符合 GB/T 2040—2008 的有关规定。

(6)SF－1 三层复合板

SF－1 三层复合板表面应无明显脱层、起泡、剥落、机械夹杂等缺陷。

5. 铸钢件

(1)内在质量

铸钢件外观检验合格后，应逐件进行超声探伤，探伤灵敏度以 $\phi4$ 当量平底孔为准，要求铸钢件达到 1 级质量要求。探伤方法及质量评级方法应按 GB/T 7233 的规定进行。

对超声探伤不易判断的缺陷，可采用渗透或磁粉探伤做辅助检查。

(2)缺陷

铸钢件经机械加工后，表面存在的铸造缺陷应符合表 3－3－8 的规定。若铸造缺陷超过表中的规定但不超过表 3－3－9 的规定，且经修补后不影响铸钢件的使用寿命和使用性能时，允许修补。对超出表 3－3－9 规定的铸钢件，则不得修补。

**表 3－3－8　铸钢件加工后的表面缺陷**

| 部　位 | 气孔、缩孔、砂眼、渣孔 | | | |
|---|---|---|---|---|
| | 缺陷大小(mm) | 缺陷深度 | 缺陷个数 | 缺陷间距(mm) |
| 盆环、盆环外径以内的底板、中间钢板 | ≤2 | 不大于所在部位厚度的 1/10 | 在 100 mm × 100 mm 范围内，不得多于两个 | ≥80 |
| 盆环外径以外的底板、顶板 | ≤3 | | | |

**表3-3-9　铸钢件缺陷修补**

| 部　　位 | 气孔、缩孔、砂眼、渣孔 | | | 裂纹、蜂窝状孔眼 |
|---|---|---|---|---|
| | 缺陷在317 mm×317 mm评定框内总面积(%) | 缺陷深度 | 整件上缺陷数 | |
| 盆环 | <5 | 不大于盆环厚度的1/10 | 1 | 不允许存在 |
| 顶板、盆环外径以内的底板、中间钢板 | <10 | 不大于所在部位厚度的1/3 | ≤2 | 不允许存在 |
| 盆环外径以外的底板 | <20 | 不大于底板厚度的1/3 | ≤3 | 不允许存在 |

注:如检测部位面积小于评定框面积,则按检测部位实际面积计算。

(3)缺陷焊补

铸钢件焊补前,应将缺陷处清铲至呈现良好金属为止,并将距坡口边沿30 mm范围内及坡口表面清理干净。焊后应修磨至符合铸件表面质量要求,且不能有未焊透、裂纹、夹渣、气孔等缺陷。盆环、底板焊补后不能影响机械性能。焊补处表面颜色允许与母体稍有差异。

6. 机加工件

(1)支座各件加工应按图样要求进行。

(2)加工后的配合面及摩擦表面不允许有降低表面质量的印记。

(3)零件加工后在搬运、存放时,应防止其表面受到损伤、腐蚀及变形。

(4)图样中线性尺寸未注明公差尺寸的极限偏差应符合GB/T 1804中的C级要求。

(5)图样中直线度和平面度的未注公差值应符合GB/T 1184中的K级要求,平行度应符合GB/T 1184—1996中的10级要求。

7. 不锈钢冷轧钢板焊接

(1)双向活动支座和单向活动支座的不锈钢冷轧钢板采用氩弧周边连续焊接法固定在支座顶板上,焊接后不锈钢冷轧钢板表面平面度的公差值为聚四氟乙烯板直径的0.3%。焊缝应光滑、平整、连续,焊接技术应符合JB/T 5943的有关规定。

(2)单向活动支座的侧向不锈钢条采用点焊法固定在导向挡块上,焊点间距不大于50 mm。

8. 支座防腐与防尘

(1)盆式支座使用在JT/T 722中的Cl~C3腐蚀环境,支座外露钢件表面采用JT/T 722中配套编号为S04的涂装配套体系;若使用在C4~C5-M的腐蚀环境,则采用配套编号为S07、S09盛S11的涂装配套体系。所用涂装配套体系的面漆均采用橘黄色。

(2)涂装的表面处理、涂装要求及涂层质量均应符合JT/T 722的有关要求。

(3)按图样要求采用热浸锌处理时,锌膜最小厚度为50 μm。

(4)支座四周应设置耐久且可拆装的防尘围板。

9. 装配要求

(1)凡待装的零、部件,应有质量检验部门的合格标记。外购件和协作件应有证明其合格的证件,方可进行装配。

(2)凡已喷涂的零、部件,在油漆未干透前,不应进行装配。

(3)零、部件装配前,应将铁屑、毛刺、油污、泥沙等杂物清除干净。其配合面及摩擦表面不允许有锈蚀、碰伤和影响使用性能的划痕。相互配合的表面均应干净。

(4)装配橡胶板和聚四氟乙烯板时,不允许用锤直接敲击。若需敲击时,中间应垫以软垫或不易损伤橡胶板和聚四氟乙烯板表面的垫块。橡胶板下不应有空气垫层。

(5)装配橡胶板时,盆腔内清除干净后均匀涂抹一层 5201 - 2 硅脂进行润滑。橡胶板安装后,橡胶板与中间钢板接触的表面也应涂抹一层 5201 - 2 硅脂。橡胶板放入钢盆后,橡胶板与钢盆的间隙处再用 5201 - 2 硅脂填满。

(6)装配黄铜密封圈时,各层铜环开口应沿钢盆周边均匀布置。

(7)在中间钢板嵌放聚四氟乙烯板前,聚四氟乙烯板背面应经表面活化处理,中间钢板凹槽擦净后均匀涂抹一薄层环氧树脂,以对聚四氟乙烯板进行黏贴。黏贴时应注意储脂坑的排列方向。单向活动支座聚四氟乙烯板的主要滑移方向应与导向块平行。双向活动支座的主要滑移方向为顺桥向,聚四氟乙烯板的主要滑移方向应与支座顺桥向底边相平行。

(8)活动支座顶板和钢盆组装前,应用丙酮或酒精将不锈钢冷轧钢板表面和聚四氟乙烯板表面擦洗干净,并在聚四氟乙烯板的储脂坑内注满 5201 - 2 硅脂。

(9)支座外露表面应平整、美观、焊缝均匀。漆膜表面应光滑,不应有露漆、流痕、皱褶等现象。

(10)支座组装时,应调平且上下对中,确认没有空气垫层后,用连接件将支座连成整体。

(11)支座组装后,支座高度偏差要求:竖向承载力为 0.4 ~ 20 MN 的支座,支座高度偏差不大于 3 mm;竖向承载力大于 20 MN 的支座,支座高度偏差不大于 4 mm。

(五)验收批量

盆式支座的检验分为原材料检验、出厂检验和型式检验。原材料检验为对支座加工用的原材料及外购件进厂时应进行的验收检验。出厂检验为生产厂对每批产品交货前应进行的检验。型式检验应由有相应资质的质量检验机构进行。

1. 原材料检验

橡胶,每批原料一次。其中脆性温度、热空气老化性能每季度不少于一次,耐臭氧老化每年一次。

聚四氟乙烯板,每批原料(不大于 200 kg)一次。其中线磨耗率每两年一次。

SF - 1 三层复合板,每批复合板(不大于 30 kg)一次。

不锈钢冷轧钢板,每批钢板一次。

硅脂,每批硅脂(不大于 50 kg)一次。

黄铜,每批黄铜一次。

钢板,每批钢板一次。

钢铸件,每件铸件一次。

2. 支座出厂检验

每个支座。

3. 型式检验

(1)新产品投产时的试制定型检验。

(2)正式生产后,如结构、材料、工艺有较大改变,可能影响产品性能时。

(3)正常生产时,每两年进行一次检验。

(4)产品停产两年后,恢复生产时。

(5)出厂检验结果与上次型式检验有较大差异时。

(6)国家质量监督机构提出进行型式检验的要求时。

(六)取样方法

1. 橡胶:硬度测定应按 GB/T 6031 的规定进行。拉伸强度、扯断伸长率测定应按 HG/T 2198、GB/T 528 的规定进行。脆性温度试验应按 GB/T 1682—1996 的规定进行。恒定形变压缩永久变形测定应按 GB/T 7759—1996 的规定进行(试样采用 A 型)。耐臭氧老化试验应按 GB/T 7762 的规定进行。热空气老化试验应按 GB/T 3512 的规定进行。

2. 聚四氟乙烯板:相对密度测定应按 GB/T 1033 的规定进行。拉伸强度和断裂伸长测定应按 GB/T 1040.2 的规定进行。球压痕硬度应按 GB/T 3398.1 的规定进行。聚四氟乙烯板摩擦系数按 JT/T 391—2009 附录 A 测定。聚四氟乙烯板和不锈钢冷轧钢板的线磨耗率按 JT/T391—2009 附录 A 的方法进行,由试验后试件重量的损失计算线磨耗率。试验条件为:压应力 30 MPa;相对摩擦速度 4 mm/s;往返滑动距离 10 mm;累计滑动距离 1 000 m;试验温度 23 ℃ ±5 ℃;试件尺寸引 $\phi$100 mm ×7 mm。

3. 硅脂:5201 -2 硅脂理化性能的各项技术指标按 HG/T 2502 的规定进行。

4. SF -1 三层复合板:SF -1 三层复合板层间结合牢度和压缩变形按附录 B 测定。

(七)样品数量

参见取样方法。

(八)检测项目

1. 原材料检验项目

橡胶:物理机械性能(表 3 -3 -1)。

聚四氟乙烯板:物理机械性能(表 3 -3 -2)、摩擦系数、线磨耗率。

SF -1 三层复合板:层间结合牢度,压缩变形。

不锈钢冷轧钢板:机械性能、外观质量;硅脂:理化性能。

黄铜:力学性能、化学成分。

钢板:机械性能。

钢铸件:机械性能、化学成分、内在质量、缺陷。

2. 盆式支座检验项目

盆式支座出厂检验项目见表 3 -3 -10。

**表 3 -3 -10　盆式支座出厂检验**

| 检验项目 | 检验内容 | 检验频次 |
|---|---|---|
| 支座各部件 | 尺寸、公差、外观 | 每个支座 |
| 活动支座不锈钢冷轧钢板 | 平面度、焊接质量、外观质量 | 每个支座 |
| 橡胶板 | 直径、厚度、缺陷 | 每个支座 |
| 聚四氟乙烯板 | 直径、厚度、储脂坑尺寸是否储存有硅脂,聚四氟乙烯板的主要滑移方向 | 每个支座 |
| 黄铜密封圈 | 尺寸、外观 | 每个支座 |
| 防腐涂层 | 涂层质量 | 每个支座 |
| 组装后支座 | 支座外观、高度偏差 | 每个支座 |

3. 盆式支座型式检验项目、检验数量。

盆式支座型式检验项目见表 3 -3 -11。

表 3－3－11　盆式支座型式检验

<table>
<tr><th colspan="2">检 验 项 目</th><th>检 验 数 量</th></tr>
<tr><td colspan="2">支座原材料及外购件</td><td>每一批原材料及外购件</td></tr>
<tr><td rowspan="2">解剖试验</td><td>橡胶板</td><td>随机抽取一块成品支座的橡胶板</td></tr>
<tr><td>聚四氟乙烯板</td><td>随机抽取一块成品支座的聚四氟乙烯板</td></tr>
<tr><td rowspan="3">成品支座力学性能</td><td>支座竖向承载力</td><td>随机抽取两个支座,其中一个支座竖向承载力不小于 10 MN,另外一支座视具体情况确定</td></tr>
<tr><td>活动支座摩擦系数</td><td>随机抽取两个同规格的成品支座,支座竖向承载力以 2 MN 为宜,或根据具体情况确定</td></tr>
<tr><td>支座转动性能</td><td>随机抽取两个同规格的支座,支座竖向承载力视试验机具体情况确定</td></tr>
<tr><td colspan="2">出厂检验项目</td><td>按出厂检验要求检验每个支座</td></tr>
</table>

注:1. 橡胶板的解剖试验,试件应取自成品橡胶板芯部。试验时在一批成品支座中任取两块橡胶板,将解剖胶料磨成标准试片,测定其硬度、拉伸强度和扯断伸长率。橡胶板成品芯部胶料的物理机械性能允许比标准规定的指标有所变化,其中硬度变化不大于10%,拉伸强度下降不大于15%,扯断伸长率下降不大于30%。

2. 聚四氟乙烯板的解剖试验,试验时在一批成品支座中任取一块聚四氟乙烯板的芯部,进行密度、球压痕硬度的测定,检验结果应满足标准的要求。

(九)质量评定

1. 原材料

检验中不符合标准要求的原材料及外购件不应使用。

2. 出厂检验

成品在出厂检验中不符合标准要求的支座,可对不合格部件进行更换或修补,直至全部检验项目均为合格,方可出厂。

3. 型式检验

型式检验采用随机抽样的方式,抽样对象为经生产厂检验部门检验合格且为本评定周期内的产品。抽样检验结果不合格的,判定本次型式检验不合格。

4. 成品支座试验

支座竖向承载力、转动角度、摩擦系数等各项试验均为合格,判定该支座为合格支座。试验合格的支座,试验后可以继续使用。试验支座在加载中出现损坏,则该支座为不合格。

(十)使用注意事项

1. 支座在运输,储存中,应避免阳光直接照晒及雨雪浸淋,并保持清洁。严禁与酸、碱、油类及有机溶剂等可影响支座质量的物质相接触,距热源应在 5 m 以外。

2. 支座运达施工现场后,应开箱检查支座各部件及装箱单,检查合格后再装入包装箱内,支座安装时方可再开箱。

3. 活动支座开箱后,要注意对聚四氟乙烯板和不锈钢冷轧钢板的保护,防止划伤和脏物黏附于不锈钢冷轧钢板与聚四氟乙烯板表面,并注意检查 5201－2 硅脂是否注满。

4. 支座安装时,支承垫石顶面应凿毛,并用清水冲去垫石表面的碎石和细砂,同时清除锚孔内的杂物。待垫石表面干燥后,在锚固螺栓孔位置以外的支承垫石顶面涂满环氧砂浆调平层,调平层高程略高于支座设计高程,然后将支座就位、对中并调整水平后,当支座调至设计高程时,用垫块将支座垫起,再用环氧砂浆或强度等级高的砂浆灌注套筒周围空隙及支座底板四周未填满环氧砂浆的部位,并注意将环氧砂浆填捣密实。支座底板以外溢出的砂浆应清理干净。待砂浆硬化后,再拆去支座的垫块,并用环氧砂浆将垫块部位填满。

5. 有纵坡的桥梁，在支座顶板长度范围内的桥梁梁底，设计时应将该部位梁底用预埋钢板调成水平。支座顶板范围内的梁体混凝土也应按 JTG D62—2004 进行局部承压计算并配置相应的钢筋网。活动支座顶板安装时，应考虑安装温度对位移的影响。

6. 双向活动支座和单向活动支座安装时，要特别注意检查聚四氟乙烯板，聚四氟乙烯板的主要滑移方向应与桥梁顺桥向相一致。

7. 支座中心线与主梁中心线应重合或平行，单向活动支座安装时，顶板导向块和中间钢板的导向滑条应保持平行，交叉角不得大于 5′。

8. 在桥梁实行体系转换要切割临时锚固装置时，应采取隔热措施，以免损坏橡胶板和聚四氟乙烯板。

9. 支座安装完毕检查合格后，要拆除支座出厂时顶、底板间的连接构件，并安装支座防尘围板。

## 二、铁路桥梁盆式橡胶支座

（一）概述

铁路桥梁盆式橡胶支座是指支座承载力为 1 500 kN ~ 50 000 kN 的盆式橡胶支座。支座按其使用性能分为以下几类。

（1）多向活动支座：具有竖向转动和多向位移性能，代号 DX。

（2）单向活动支座：具有竖向转动及沿桥梁纵向或横向位移性能，代号 ZX 或 HX。

（3）固定支座：具有竖向转动性能，代号 GD。

（4）抗震型固定支座：具有竖向转动性能，能承受较大水平力，代号 GDZ。

此外，根据支座使用环境，分为常温型和耐寒型两种，常温型支座适用于 -25 ℃ ~ 60 ℃；耐寒型支座：适用于 -40 ℃ ~ 60 ℃。

铁路桥梁盆式橡胶支座规格如下所述。

（1）支座竖向承载力系列分为 25 级（单位为 kN）：1 500、2 000、2 500、3 000、4 000、5 000、6 000、7 000、8 000、9 000、10 000、12 500、15 000、17 500、20 000、22 500、25 000、27 500、30 000、32 500、35 000、37 500、40 000、45 000 和 50 000。

（2）多向和纵向活动支座顺桥向位移分为 5 级（单位为 mm）：±50、±100、+150、+200 和 ±250。

（3）多向和横向活动支座横桥向位移分为 4 级（单位为 mm）：±10、±20、±30 和 ±40。

当有特殊要求时，设计位移可根据需要调整。

多向及单向活动支座由上支座板（含不锈钢板）、聚四氟乙烯板、黄铜紧箍圈、中间钢衬板、橡胶承压板、橡胶密封圈、下支座板、防尘罩和锚栓组成。固定支座由上支座板、黄铜紧箍圈、橡胶承压板、橡胶密封圈、下支座板和锚栓组成。

（二）执行标准

《铁路桥梁盆式橡胶支座》（TB/T 2331—2004）。

（三）相关标准

《优质碳素结构钢》（GB/T 699—1999）。

《碳素结构钢》（GB/T 700—2006）。

《铜及铜合金板材》（GB/T 2040—2008）。

《不锈钢冷轧钢板》（GB/T 3280—2007）。

《一般工程用铸造碳钢件》（GB/T 11352—2009）。

《聚四氟乙烯大型板材规范》(GJB 3026—1997)。

《5201 硅脂》(HG/T 2502—1993)。

《工程机械焊接件通用技术条件》(JB/T 5943—1991)。

《铁路钢桥保护涂装》(TB/T 1527—2011)。

(四)性能指标

1. 支座性能

(1)固定支座、横向活动支座顺桥向及纵向活动支座横桥向所承受的水平力不小于支座竖向承载力的10%;抗震型固定支座所承受的水平力不小于支座竖向承载力的20%。

(2)支座设计竖向转动角度不小于0.02 rad。

(3)活动支座摩擦系数$\mu$:常温型$\mu \leqslant 0.030$;耐寒型$\mu \leqslant 0.050$。

2. 支座用料的物理机械性能

(1)胶料

常温型支座橡胶承压板和橡胶密封圈采用氯丁橡胶;耐寒型支座橡胶承压板采用天然橡胶或三元乙丙橡胶,橡胶密封圈采用三元乙丙橡胶。不应使用再生胶。胶料的物理机械性能见表3-3-12。

**表3-3-12　胶料的物理机械性能**

| 项　　目 | | 试验标准 | 橡胶承压板 | | | 橡胶密封圈 | |
|---|---|---|---|---|---|---|---|
| | | | 氯丁橡胶 | 天然橡胶 | 三元乙丙橡胶 | 氯丁橡胶 | 三元乙丙橡胶 |
| 硬度 IRHD | | GB/T 6031 | 60±5 | 60±5 | 60±5 | 50±5 | 50±5 |
| 拉伸强度(MPa) | | GB/T 528 | ≥17.5 | ≥17.5 | ≥15.2 | ≥14.5 | ≥12.0 |
| 扯断伸长率(%) | | GB/T 528 | ≥400 | ≥400 | ≥350 | ≥400 | ≥400 |
| 脆性温度(℃) | | GB/T 1682 | ≤-40 | ≤-55 | ≤-60 | ≤-40 | ≤-60 |
| 恒定压缩永久变形(70 ℃×24 h) | | GB/T 7759 | ≤25 | ≤30 | ≤25 | ≤25 | ≤25 |
| 耐臭氧老化(30%伸长,40 ℃×96 h) | | GB/T 7762 | $1\times10^{-4}$% | $0.25\times10^{-4}$% | $1\times10^{-4}$% | $1\times10^{-4}$% | $1\times10^{-4}$% |
| | | | 无龟裂 | 无龟裂 | 无龟裂 | 无龟裂 | 无龟裂 |
| 热空气老化 | 实验条件(℃×h) | GB/T 3512 | 100×70 | 70×168 | 100×70 | 100×70 | 100×70 |
| | 拉伸强度降低率(%) | | ≤15 | ≤15 | ≤15 | ≤15 | ≤15 |
| | 拉断伸长率降低率(%) | | ≤40 | ≤20 | ≤40 | ≤40 | ≤40 |
| | 硬度变化 IRHD | | ≤+10 | ±10 | ≤+10 | ≤+10 | ≤+10 |

(2)聚四氟乙烯板

盆式橡胶支座用聚四氟乙烯板材应用新鲜纯料模压而成,不应使用车削板,不应使用再生料、回头料模压加工的板材。聚四氟乙烯原料的平均粒径不应大于50 μm,模压成型压力应根据聚四氟乙烯原材料的种类确定,一般情况下不宜小于25 MPa。

聚四氟乙烯模压板的物理机械性能见表3-3-13。

**表 3－3－13　聚四氟乙烯板的物理机械性能**

| 项　　目 | 试 验 标 准 | 性 能 要 求 |
|---|---|---|
| 密度 $\rho_p$ | GB/T 1033.1—2008 | 2.14 ~ 2.20 g/cm$^3$ |
| 拉伸强度 | GB/T 1040—2006 | ≥30 MPa |
| 扯断伸长率 $\delta_p$ | GB/T 1040—2006 | ≥300% |
| 球压痕硬度 H132/60 | GB/T 3398—2008 | 23 ~ 33 MPa |

注：球压痕硬度中 H132/60 为载荷 132 N、持荷 60 s。

聚四氟乙烯板在 5201 硅脂润滑条件下与不锈钢板摩擦时，在平均应力为 30 MPa 时的初始静摩擦系数不应大于 0.012，试验温度为 23 ℃ ±5 ℃。

(3) 硅脂

聚四氟乙烯板应采用 5201 －2 硅脂润滑，其理化性能指标应符合 HG/T 2502 的有关规定。

(4) 钢件

①上支座板、下支座板、中间钢衬板等若采用钢板时，钢板技术要求应符合 GB/T 699 或 GB/T700 的有关规定。

②上支座板、下支座板、中间钢板若采用铸钢件时，其化学成分、热处理后的机械性能和冲击韧性等均应符合 GB/T 11352—2009 有关规定。

③多向和单向活动支座不锈钢板及单向活动支座的侧向滑条采用 1Cr18Ni9Ti 或 OCr19Ni13M03、OCr17Ni12Mo2 牌号精轧不锈钢板，其化学成分及力学性能应符合 GB/T 3280 的有关规定。钢板表面应符合№. 4 级的加工要求，表面硬度应为 HV150 ~ HV200。

沿海桥和跨海桥支座用不锈钢板优选 0Cr19Ni13Mo3 或 0Cr17N1i12Mo2 牌号钢板。

不锈钢板长度不大于 1 500 mm 时，板厚采用 2 mm；不锈钢板长度大于 1 500 mm 时，板厚采用 3 mm。

(5) 黄铜

支座用黄铜紧箍圈应采用 H62 牌号黄铜，其机械性能及化学成分指标应满足 GB/T 2040 的要求。

黄铜紧箍圈的截面尺寸及数量应符合表 3－3－14 规定。

**表 3－3－14　黄铜紧箍圈的截面尺寸及数量表**

| 承压橡胶直径 $D$(mm) | 黄铜紧箍圈最小截面尺寸(mm) | 黄铜紧箍圈数量 | |
|---|---|---|---|
| | | 转角 $\theta \leqslant 0.025$ rad | 转角 $\theta > 0.025$ rad |
| $D \leqslant 330$ | 6 × 1.5 | 2 | 3 |
| $330 < D \leqslant 715$ | 10 × 1.5 | 2 | 3 |
| $D > 715$ | 10 × 1.5 | 3 | 3 |

黄铜紧箍圈应由多个开口圆环组成，并按钢盆的内径成型，铜环按 45°角切口，切口两端之间的最大间隙不应大于 0.5 mm，各铜环的切口部位在组装时应沿钢盆周边均匀布置。

(6) 侧向导槽的滑板

单向活动支座用侧向导槽的滑板应采用 SF－1 三层复合板或聚四氟乙烯板。

SF－1 三层复合板的构造、物理机械性能应符合下列规定。

①外观质量：SF－1 三层复合板表面应无明显脱层、起泡、剥落、机械夹杂等缺陷。

②材料公称尺寸及偏差：基层基铜板厚度为(2.1 ±0.15) mm，中间层烧结青铜粉厚度为 $0.25^{+0.15}_{0}$ mm，面层由 20% 铅和 80% 聚四氟乙烯（体积比）组成的改性聚四氟乙烯烧结而成，厚度为 $0.01^{+0.02}_{0}$ mm。SF－1 复合板总厚度为 $2.4^{+0.1}_{0}$ mm。

③压缩变形：在 280 MPa 压力之下的压缩永久变形量小于等于 0.03 mm。

④层间结合：按规定方法反复弯曲 5 次，不允许有脱层、剥离，表层的改性聚四氟乙烯不断裂。

3. 尺寸与偏差

(1)橡胶承压板的直径与厚度偏差应符合表 3－3－15 的规定。

**表 3－3－15　橡胶承压板直径与厚度偏差**　（单位：mm）

| 橡胶板和密封圈直径 φ | 直径的容许偏差 | 厚度的容许偏差 |
|---|---|---|
| φ≤500 | $^{+0.5}_{0}$ | ±1.0 |
| 500 < φ≤1 000 | $^{+1.0}_{0}$ | ±1.05 |
| φ > 1 000 | $^{+1.5}_{0}$ | ±2.0 |

(2)聚四氟乙烯板的最小厚度为 7 mm。其背面需经表面活化处理后，镶嵌并黏结在基层钢板中，嵌入基层钢板中的厚度不应小于板厚的 1/2，外露厚度尺寸偏差应满足表 3－3－16 规定。

**表 3－3－16　聚四氟乙烯板外露厚度尺寸偏差**　（单位：mm）

| 直径或对角线 φ | 外露厚度 H 的容许偏差 |
|---|---|
| φ≤600 | $^{+0.5}_{0}$ |
| 600 < φ≤1 200 | $^{+0.6}_{0}$ |
| φ > 1 200 | $^{+0.7}_{0}$ |

聚四氟乙烯板的滑动面上应设有存放 5201－2 硅脂的储硅脂槽。储硅脂槽应采用热压成型，不应用机械加工方法制成。

(3)不锈钢板与基层钢板采用氩弧焊周边连续焊接，焊接后滑动表面的平面度最大偏差不得超过聚四氟乙烯板最大尺寸的 0.03%。

(4)支座钢件机加工的公差配合应符合设计规定。未标注公差的部件，其公差按 GB/T 1804 的 m 级取值。

4. 支座用料的外观质量

(1)橡胶承压板和橡胶密封圈的外观应符合表 3－3－17 的要求，且不允许有三项以上表中规定的缺陷同时存在。

**表 3－3－17　橡胶承压板和橡胶密封圈的外观质量**

| 缺 陷 名 称 | 质 量 标 准 |
|---|---|
| 气泡 | 面积小于 100 mm²，深度小于 2 mm，不多于 3 处 |
| 凹凸不平 | 面积小于 100 mm²，深度小于 2 mm，不多于 3 处 |
| 明疤 | 面积小于 100 mm²，深度小于 2 mm，不多于 3 处 |
| 压偏 | ≤橡胶承压板直径或橡胶密封圈外径的 0.2% |
| 裂纹 | 不允许 |

(2)聚四氟乙烯板的外观质量应符合 GJB 3026 的有关规定。

(3)支座钢件

各焊接件应牢固,焊接技术要求应符合 JB/T 5943 的要求。铸钢件应符合下列要求:

①铸钢件加工后的表面缺陷应符合表 3 –3 –18 的规定。铸钢件经机械加工后的表面缺陷若超过表 3 –3 –18 规定但不超过表 3 –3 –19 规定,且不影响铸钢件使用寿命和使用性能时,允许修补。

**表 3 –3 –18 铸钢件加工的表面缺陷**

| 缺陷状况 / 铸钢件部位 | 气孔、缩孔、砂眼、渣孔 | | | |
|---|---|---|---|---|
| | 缺陷大小(mm) | 缺陷深度 | 缺陷个数 | 缺陷间距(mm) |
| 下支座板盆环和盆环外径以内底板、中间钢衬板 | ≤$\phi2$ | 不大于所在部位厚度的 1/10 | 在 $\phi50$ mm 圆内不多于 1 个 | ≥50 |
| 下支座板盆环外径以内底板、上支座板 | ≤$\phi3$ | | | |

**表 3 –3 –19 铸钢件缺陷修补**

| 缺陷状况 / 铸钢件部位 | 气孔、缩孔、砂眼、渣孔 | | | 裂 纹 | | |
|---|---|---|---|---|---|---|
| | 缺陷总表面积占所在表面总面积(%) | 深度 | 整件上缺陷处数 | 裂纹长度与所在面沿裂纹方向长度之比 | 深度 | 整件上裂缝个数 |
| 上支座板、下支座板、盆环外径以外底板 | ≤2 | 不大于所在板厚 1/3 | ≤3 | ≤1/3 | 不大于所在板厚 1/2 | ≤1 |
| 下支座板盆环 | ≤1 | 不大于盆环厚的 1/15 | ≤1 | 不允许 | — | |
| 下支座板盆环外径以内底板 | ≤2 | 不大于底板厚 1/3 | ≤1 | 不允许 | — | |

②铸钢件焊补前,应将缺陷处清铲至呈现良好金属为止,并将距坡口边沿 30 mm 范围内及坡口表面清理干净。焊后应修磨至符合铸件表面质量要求,且不应有未焊透、裂纹、夹渣、气孔等缺陷。下支座板盆环和底板焊补后,焊补区应进行退火或回火处理。

③铸钢件需逐件按 GB/T 7233 进行超声波探伤,要求达到 1 级铸钢要求,内部不允许有裂纹。

5. 支座的防锈与防尘

(1)支座的钢件部分表面(除不锈钢板表面外)应按 TB/T 1527—2004 第六套涂装防护体系进行防护。

(2)支座用螺栓应采用发蓝或镀锌等方法进行防护。

(3)支座应设置可靠的便于拆装的防尘构造。

6. 支座组装

(1)凡待装的零件,应有质量检验部门的合格标记,外协件应有合格证书。

(2)钢盆中的承压橡胶板应用木槌轻轻敲入,应使承压橡胶板与下支座钢盆盆底密贴,并用锤击法检查,不应在钢盆内夹有空气间层。安装承压橡胶板之前,盆腔内清除干净后均匀涂抹一层 5201 –2 硅脂进行润滑。

(3)支座相对滑动面(不锈钢表面与聚四氟乙烯表面)应用丙酮或酒精仔细擦净,不应夹有灰尘和杂质。然后检查聚四氟乙烯板储硅脂槽的排列方向,并在其内涂满 5201 –2 硅脂,中间不应夹有气泡。

(4)支座组装后的整体高度偏差:支座竖向承载力小于20 000 kN时,偏差不应大于±2 mm;支座竖向承载力大于等于20 000 kN时,偏差不应大于±3 mm。

(五)验收批量

盆式橡胶支座的检验分原材料检验、出厂检验和型式检验三类。原材料检验为支座加工用原材料及外协加工件进厂时所进行的验收检验。出厂检验为生产厂在每批产品交货前必须进行的检验。型式检验应由有相应资质的质量检测机构进行。

原材料的验收批量见表3-3-20。支座出厂检验批量见表3-3-21。型式检验情况见表3-3-22。

(六)取样方法

1. 支座用橡胶的取样与测定按GB/T 6031、GB/T 528、GB/T 1682、GB/T 7759、GB/T 7762、GB/T 3512规定进行。

2. 聚四氟乙烯板的取样与测定应按GB/T 1033 、GB/T 1040、GB/T 3398规定的试验标准进行。

3. 润滑用5201-2硅脂的取样与试验按HG/T 2502进行。

4. 出厂检验时每一个支座均需检验。

5. 型式检验采用随机抽样检验方式进行,抽样对象为经生产厂家质检部门经过原材料检验和出厂检验合格者,且在本评定周期内生产的产品。抽样数量为两件。

(七)样品数量

1. 原材料取样数量参见取样方法相关标准。

2. 支座出厂检验样品为每件支座。

3. 型式检验样品为随机抽取两件支座。

(八)检测项目

1. 原材料检验项目

原材料检验项目见表3-3-20。

**表3-3-20　原材料检验项目**

| 检验项目 | 检验内容 | 检　验　频　次 |
|---|---|---|
| 橡胶 | 物理机械性能 | 每批原料一次 |
| 聚四氟乙烯版 | 物理机械性能<br>摩擦性能 | 每批原料(不大于200 kg)一次<br>每批原料(不大于200 kg)一次 |
| 不锈钢板 | 机械性能<br>表面粗糙度 | 每批钢板 |
| 黄铜 | 机械性能<br>化学成分 | 每批黄铜 |
| 钢板 | 机械性能 | 每批钢板 |
| 硅脂 | 物理机械性能 | 每批(≤50 kg) |
| 钢铸件 | 裂纹及缺陷 | 每件 |
| | 机械性能 | 每炉 |

注:支座用橡胶的物理机械性能应每批胶料进行标准试片性能检验,其中热空气老化性能每月不少于一次,脆性温度试验每季不少于一次,耐臭氧老化试验每年一次。

2. 盆式支座检验项目

盆式支座出厂检验项目见表3－3－21。

**表3－3－21　盆式支座出厂检验**

| 序号 | 检　验　项　目 | 检验频次 |
| --- | --- | --- |
| 1 | 各部件尺寸 | 每个支座 |
| 2 | 上支座板不锈钢板的平面度 | 每个支座 |
| 3 | 橡胶承压板的直径和厚度公差 | 每个支座 |
| 4 | 聚四氟乙烯板储脂槽尺寸及排列方向 | 每个支座 |
| 5 | 聚四氟乙烯板凸出衬板的外漏厚度尺寸偏差 | 每个支座 |
| 6 | 不锈钢板与基层钢板的焊接与密贴程度 | 每个支座 |
| 7 | 组装后支座的高度偏差 | 每个支座 |
| 8 | 腐蚀防护 | 每个支座 |

3. 盆式支座型式检验项目、检验数量。

盆式支座型式检验项目见表3－3－22。

**表3－3－22　盆式支座型式检验**

<table>
<tr><th>序号</th><th>检　验　项　目</th><th>检　验　频　次</th></tr>
<tr><td>1</td><td>支座原材料及部件所有进厂检验项目</td><td rowspan="7">1. 新产品或老产品转厂生产的试制定型鉴定；<br>2. 正式生产后，如结构、材料工艺有重大改进，可能影响产品性能时；<br>3. 正常生产时，定期每两年进行一次检验；<br>4. 产品停产两年后，恢复生产时；<br>5. 出厂检验结果与上次型式检验有较大差异时；<br>6. 国家质量监督机构提出进行型式检验的要求时</td></tr>
<tr><td>2</td><td>成品支座承压橡胶板性能解剖试验</td></tr>
<tr><td>3</td><td>成品支座聚四氟乙烯板性能解剖试验</td></tr>
<tr><td>4</td><td>成品支座竖向承载力试验</td></tr>
<tr><td>5</td><td>成品支座摩擦系数试验</td></tr>
<tr><td>6</td><td>成品支座压转试验</td></tr>
<tr><td>7</td><td>所有出厂检验的项目</td></tr>
</table>

注：1. 橡胶板的解剖试验，成品支座承压橡胶板的解剖试验应在型式检验时或用户提出要求时进行。试验时在一批支座中任取一块橡胶板，解剖胶料磨成标准试片，测定其拉伸强度和扯断伸长率。与标准规定相比，其拉伸强度下降不应大于20%，扯断伸长率下降不应大于35%。

2. 聚四氟乙烯板的解剖试验在型式检验时或用户提出要求时进行，试验时在一批成品支座中任取一块聚四氟乙烯板，进行密度、球压痕硬度及摩擦系数测定，检验结果应满足标准的要求。

（九）质量评定

1. 在进厂检验中发现的不合格原材料及部件不应使用。

2. 对成品支座检验项目不合格者，应进行修补或更换部件，直至全部检验项目均符合要求时，方可出厂。

3. 型式检验抽样检验结果不合格者，判定本次型式检验不合格。

（十）使用注意事项

1. 支座在储存、运输中，应避免阳光直接照晒、雨雪浸淋，并保持清洁。不应与酸、碱、油类及有机溶剂等影响支座质量的物质相接触，并距离热源1 m以上。

2. 支座在运输、储存和安装过程中，不应任意拆卸。

## 三、公路桥梁板式橡胶支座

（一）概述

公路桥梁板式橡胶支座是指公路桥梁所用矩形、圆形板式橡胶支座。

按结构型式分为：

(1)普通板式橡胶支座。普通板式橡胶支座应至少由两层以上加劲钢板，且钢板全部包在橡胶弹性材料内形成的支座。区分为矩形板式橡胶支座（代号 GJZ）、圆形板式橡胶支座（代号 GYZ）。

(2)四氟滑板式橡胶支座。四氟滑板橡胶支座是在普通板式橡胶支座顶面黏结一块一定厚度的聚四氟乙烯板材形成的支座。区分为矩形四氟滑板橡胶支座（代号 GJZF4）、圆形四氟滑板橡胶支座（代号 GYZF4）。

按支座材料和适用温度分为：

(1)常温型橡胶支座。应采用氯丁橡胶（CR）生产，适用温度为 -25 ℃ ~60 ℃。不得使用天然橡胶代替氯丁橡胶，也不允许在氯丁橡胶中掺入天然橡胶。

(2)耐寒型橡胶支座。应采用天然橡胶（NR）生产，适用温度为 -40 ℃ ~60 ℃。

（二）执行标准

《公路桥梁板式橡胶支座》（JT/T 4—2004）。

（三）相关标准

《碳素结构钢和低合金结构钢热轧薄钢板及钢带》（GB 912—2008）。

《不锈钢冷轧钢板和钢带》（GB/T 3280—2007）。

《聚四氟乙烯大型板材规范》（GJB 3026—1997）。

《5201 硅脂》（HG/T 2502—1993）。

《公路桥梁盆式支座》（JT/T 391—2009）。

《公路钢筋混凝土及预应力混凝土桥涵设计规范》（JTG D62—2004）。

（四）性能指标

1. 力学性能要求（表 3-3-23）

**表 3-3-23　支座力学性能**

| 项　目 | | 指　标 |
|---|---|---|
| 极限抗压强度 $R_u$（MPa） | | ≥70 |
| 实测抗压弹性模量 $E_1$（MPa） | | $E \pm E \times 20\%$ |
| 实测抗剪弹性模量 $G_1$（MPa） | | $G \pm G \times 15\%$ |
| 实测老化后抗剪弹性模量 $G_2$（MPa） | | $G + G \times 15\%$ |
| 实测转角正切值 $\tan\theta$ | 混凝土桥 | ≥1/300 |
| | 钢 桥 | ≥1/500 |
| 实测四氟板与不锈钢板表面摩擦系数 $\mu_f$（加硅脂时） | | ≤0.03 |

2. 材料要求

(1)橡胶（表 3-3-24）

**表 3-3-24　橡胶的物理机械性能**

| 技术指标 | 氯丁橡胶（适用于 -25 ℃ ~60 ℃） | 天然橡胶（适用于 -40 ℃ ~60 ℃） |
|---|---|---|
| 硬度（IRHD） | 60 ±5 | 60 ±5 |
| 拉伸强度（MPa） | ≥17 | ≥18 |

续上表

| 技术指标 | | 氯丁橡胶<br>（适用于 −25 ℃ ~60 ℃） | 天然橡胶<br>（适用于 −40 ℃ ~60 ℃） |
|---|---|---|---|
| 扯断伸长率（%） | | ≥400 | ≥450 |
| 脆性温度（℃） | | ≤ −40 | ≤ −50 |
| 恒定压缩永久变形（70 ℃ ×24 h）（%） | | ≤15 | ≤30 |
| 耐臭氧老化（试验条件，<br>20% 伸长，40 ℃ ×96 h） | | 无龟裂 | 无龟裂 |
| 热空气老化试验<br>（与未老化前数值<br>相比发生的<br>最大变化） | 试验条件（℃ ×h） | 100 ×70 | 70 ×168 |
| | 拉伸强度（%） | −15 | −15 |
| | 扯断伸长（%） | −40 | −20 |
| | 硬度变化（IRHD） | 0<br>+10 | −5<br>+10 |
| 橡胶与钢板黏结剥离强度（kN/m） | | >10 | >10 |
| 四氟板与橡胶剥离强度（kN/m） | | >7 | >7 |

注：不得使用任何再生胶或粉碎的硫化橡胶，其最小含胶量不得低于重量的 55%。

（2）加劲钢板

①加劲钢板的强度不应低于 Q235C 钢板强度，其质量应满足 GB/T 912 的有关要求。加劲钢板的厚度不应小于 2 mm，与支座边缘的最小间距不应小于 5 mm，上下保护胶层的厚度不应小于 2.5 mm。不应使用拼接钢板。不允许在同一支座中使用不同厚度的钢板。

②钢板加工时，应除锈、去油污，钢板周边应仔细加工，去除毛刺。

（3）聚四氟乙烯板材

①支座使用的聚四氟乙烯板材应是采用平均粒径不大于 50 μm 的新鲜纯料模压板材，模压成型压力不应小于 30 MPa。不应使用车削板材，也不应使用回头料或掺加任何填料的板材。

②四氟滑板支座中使用的聚四氟乙烯板材的表面应光滑、平整，不应有裂纹、气泡、分层和机械损伤，其物理机械性能满足表 3－3－25 的要求。

**表 3－3－25　聚四氟乙烯板材物理机械性能**

| 项　目 | 指　标 |
|---|---|
| 相对密度（比重）（$kg/m^3$） | 2 130 ~2 200 |
| 拉伸强度（MPa） | ≥30 |
| 断裂伸长率（%） | ≥300 |

③四氟滑板支座上黏贴的聚四氟乙烯板材表面应压制润滑油储油槽，储油槽直径为（8 ±0.5）mm，深度为 $t_f/2 \pm 0.1$ mm。储油槽的总平面面积应为支座总平面面积的 20% ~30%。储油槽应采用热压成型，不能用机械方法成型。四氟滑板支座黏贴的聚四氟乙烯板材最小厚度应符合表 3－3－26 的规定。

**表 3－3－26　最 小 厚 度**

| 矩 形 支 座 | | 圆 形 支 座 | |
|---|---|---|---|
| 长边范围 $l_b$ | 厚度 $t_f$ | 直径范围 $d$ | 厚度 $t_f$ |
| ≤500 | 2 | ≤500 | 2 |
| >500 | 3 | >500 | 3 |

(4)不锈钢板

四氟滑板支座中使用的不锈钢板,应采用0Cr17Ni12Mo2、0Cr19Ni13Mo3 或1Cr18Ni9Ti 不锈钢,其技术条件应符合 GB/T 3280 的规定。表面粗糙度 $R_a$ 的值应小于0.8 μm,表面硬度应为 HV150 ~ HV200,表面平面度最大偏差不应大于0.000 $3l_b$ 或 $d$。沿海桥和跨海桥支座应采用0Cr17Ni12Mo2 或0Cr19Ni13 Mo3 不锈钢板。四氟滑板支座中使用的不锈钢板厚度应符合表3-3-27 的规定。

**表3-3-27　不锈钢板厚度**

| 矩 形 支 座 | | 圆 形 支 座 | |
|---|---|---|---|
| 长边范围 $l_b$ | 厚度 $t_b$ | 直径范围 $d$ | 厚度 $t_b$ |
| ≤500 | 2 | ≤500 | 2 |
| >500 | 2.5 | >500 | 2.5 |

(5)硅脂油

硅脂油宜采用5201-2 硅脂润滑油。硅脂油应经过检验,在-40 ℃时不应干涸,不应有害于滑移面材料,并应具有良好的抗臭氧、防腐蚀和防水性能,不应含有机械杂质。硅脂油的技术条件应符合 HG/T 2502—1993 的有关规定。

(6)黏结剂

黏结剂应是不可溶的和热固性的,其质量应稳定,黏结橡胶与钢板、四氟板与橡胶的剥离强度应足表3-3-24 的要求。

3. 尺寸偏差

平面尺寸偏差与厚度尺寸偏差见表3-3-28、表3-3-29。

**表3-3-28　平面尺寸偏差**

| 矩 形 支 座 | | 圆 形 支 座 | |
|---|---|---|---|
| 长边范围 $l_b$ | 偏差 | 直径范围 $d$ | 偏差 |
| $l_b \leqslant 300$ | $^{+2}_{0}$ | $d \leqslant 300$ | $^{+2}_{0}$ |
| $300 < l_b \leqslant 500$ | $^{+4}_{0}$ | $300 < d \leqslant 500$ | $^{+4}_{0}$ |
| $l_b > 500$ | $^{+5}_{0}$ | $d > 500$ | $^{+5}_{0}$ |

**表3-3-29　厚度尺寸偏差**

| 矩 形 支 座 | | 圆 形 支 座 | |
|---|---|---|---|
| 厚度范围 $t$ | 偏差 | 厚度范围 $t$ | 偏差 |
| $t \leqslant 49$ | $^{+1}_{0}$ | $t \leqslant 49$ | $^{+1}_{0}$ |
| $49 < t \leqslant 100$ | $^{+2}_{0}$ | $49 < t \leqslant 100$ | $^{+2}_{0}$ |
| $100 < t \leqslant 150$ | $^{+3}_{0}$ | $100 < t \leqslant 150$ | $^{+3}_{0}$ |
| $t > 150$ | $^{+4}_{0}$ | $t > 150$ | $^{+4}_{0}$ |

4. 外观质量

每块支座外观质量不允许有表3-3-30 规定的两项以上缺陷同时存在。

5. 内在质量

支座解剖后应满足表3-3-31 的要求。

**表 3-3-30 外观缺陷**

| 名 称 | 成品质量标准 |
| --- | --- |
| 气泡、杂质 | 气泡、杂质总面积不得超过支座平面面积的 0.1%，且每一处气泡、杂质面积不能大于 50 $mm^2$，最大深度不超过 2 mm |
| 凸凹不平 | 当支座平面面积小于 0.15 $m^2$ 时，不多于两处；大于 0.15 $m^2$ 时，不多于四处，且每处凸凹高度不超过 0.5 mm，面积不超过 6 $mm^2$ |
| 四侧面裂纹、钢板外露 | 不允许 |
| 掉块、崩裂、机械损伤 | 不允许 |
| 钢板与橡胶黏结处开裂或剥离 | 不允许 |
| 支座表面平整度 | 橡胶支座：表面不平整度不大于平面最大长度的 0.4%；<br>四氟滑板支座：表面不平整度不大于四氟滑板平面最大长度的 0.2% |
| 四氟滑板表面划痕、碰伤、敲击 | 不允许 |
| 四氟滑板与橡胶支座黏贴错位 | 不得超过橡胶支座短边或直径尺寸的 0.5‰ |

**表 3-3-31 内在质量**

| 名 称 | 解剖检验标准 |
| --- | --- |
| 锯开后胶层厚度 | 胶层厚度应均匀，$t_1$ 为 5 mm 或 8 mm 时，其偏差为 ±0.4 mm；$t_1$ 为 11 mm 时，其偏差不得大于 ±0.7 mm；$t_1$ 为 15 mm 时，其偏差不得大于 ±1.0 mm |
| 钢板与橡胶黏结 | 钢板与橡胶黏结应牢固，且无离层现象，其平面尺寸偏差为 ±1.0 mm；上下保护层偏差为(+0.5,0)mm |
| 剥离胶层<br>（应按 HG/T 2198 规定制成试样） | 剥离胶层后，测定的橡胶性能与规定相比，拉伸强度的下降不应大于 15%，扯断伸长率的下降不应大于 20% |

6. 四氟滑板支座组装

(1)凡工厂配套提供的四氟滑板支座，应进行整体组装。

(2)凡待组装的零部件，应有工厂质检部门的合格标记。

(3)组装时，四氟滑板支座表面和不锈钢板表面应用丙酮或酒精擦洗干净后，注满 5201-2 硅脂润滑油。

(4)支座外露表面应平整、美观，组装的四氟滑板支座的公差应满足设计图纸要求，并用螺栓或短钢筋临时固定。钢件表面部分应进行有效防护，同时应标明支座中心位置。

(5)四氟滑板支座应设置防尘罩，构造要便于装拆。

(五)验收批量

板式橡胶支座检验分为进厂原材料检验、出厂检验和型式检验。

1. 原材料检验

橡胶：脆性温度、热空气老化每季度一次；耐臭氧老化每年一次；其余每批胶料。钢板、不锈钢板：每批钢板。聚四氟乙烯板：每批原料(不大于 200 kg)一次。硅脂油：每批原料(不大于 50 kg)一次。黏结剂：每批。

2. 出厂检验

外观质量：每块支座。外形尺寸：抽检 25%。内在质量：每 200 块取一块。力学性能：每批产品一种。

3. 型式检验

有下列情况之一时，应进行型式检验。

(1)新产品或老产品转厂生产的试制定型鉴定。

(2)正常生产后，胶料配方、工艺、材料有较大改变，可能影响产品性能时。

(3)产品停产一年以上，恢复生产时。

(4)重要桥梁工程或用量较大的桥梁工程，用户提出要求时。

(5)国家质量监督机构要求或颁发产品生产许可证时。

(六)取样方法

1. 原材料检验：按相关原材料试验标准随机取样。橡胶：按 GB /T 6031、HG/T 2198、GB/T 528、GB/T 82、GB/T 7759、GB/T 3512、GB/T 7762 、GB/T 7760 标准规定进行取样及试验。硅脂油的取样与试验按 HG/T 2502 的规定进行。聚四氟乙烯板材的相对密度、拉伸强度和断裂伸长率测定应按 GJB 3026 的规定进行。

2. 出厂检验

外观质量全部检验；尺寸偏差抽检 25%；内在质量每 200 块随机抽取一块；支座力学性能试验时，随机抽取三块(或三对)支座。

3. 型式检验

至少抽取三种规定规格，每种规格随机支座抽检三块或三对。

(七)样品数量

参见取样部分。

(八)检测项目

1. 原材料检验

橡胶：物理机械性能。钢板：机械性能、外观。聚四氟乙烯板：物理机械性能、储油槽尺寸和厚度。不锈钢板：机械性能、厚度、光洁度。硅脂油：物理性能。黏结剂：与钢板、橡胶、四氟板黏结剥离强度。

2. 出厂检验

外形尺寸：平面尺寸、厚度偏差。外观质量：外观缺陷。内在质量：内部缺陷、偏差。力学性能：抗压、抗剪弹性模量，极限抗压强度，抗剪黏结性与抗剪老化交叉检验。

3. 型式检验

型式检验包括原材料除所有检验项目和出厂检验项目外，还有抗压弹性模量、抗剪弹性模量、抗剪黏结性、抗剪老化、四氟板与不锈钢板摩擦系数、容许转角、极限抗压强度。

(九)质量评定

1. 进厂原材料检验应全部项目合格后方可使用，不合格材料不允许用于支座生产。

2. 支座出厂检验时，若有一项不合格则应从该批产品中随机再取双倍支座，对不合格项目进行复检，若仍有一项不合格，则判定该批产品不合格。

3. 支座力学性能试验时，随机抽取三块(或三对)支座。若有两块(或两对)不能满足要求，则认为该批产品不合格。若有一块(或一对)支座不能满足要求时，则从该批产品中随机再抽取双倍支座对不合格项目进行复检，若仍有一项不合格，则判定该批产品不合格。

4. 型式检验时，应全部项目满足要求为合格。若使用单位抽检支座成品力学性能有两项各有一块(一对)支座不合格，或颁发产品许可证时，抽检支座有三项各有一块(一对)支座不合格，则可按上条规定进行复检，若仍有一项不合格，则判定该批产品为不合格。

（十）使用注意事项

1. 储存支座的库房应干燥通风，支座应堆放整齐，保持清洁，严禁与酸、碱、油类、有机溶剂等相接触，并应距热源 1 m 以上且不能与地面直接接触。

2. 支座储存期不宜超过一年。如储存期较长，则在使用时应进行有关检验，其力学性能应符合本标准的有关规定和要求。

3. 支座在运输中，应避免阳光直接曝晒、雨淋、雪浸，并应保持清洁，不应与影响橡胶质量的物质相接触。

4. 选用板式橡胶支座时，支座的最大承载力应与桥梁支点反力相吻合，其容许偏差范围宜为 ±10% 。

5. 对于弯、坡、斜、宽桥梁，宜选用圆形板式橡胶支座。公路桥梁工程不宜使用带球冠的橡胶支座或坡形的橡胶支座。

6. 当桥梁纵坡坡度不大于 1% 时，板式橡胶支座可直接设置于墩台上，但应考虑纵坡影响所需要的厚度。当纵坡坡度大于 1% 时，应采用预埋钢板、混凝土垫块或其他措施将梁底调平，保证支座平置。板式橡胶支座应按 JTG D62 的有关规定验算并在验算满足规定要求后方可使用。

7. 四氟滑板橡胶支座应水平安装。支座的四氟滑板不得设置在支座底面，与四氟滑板接触的不锈钢板也不能设置在桥梁墩、台垫石上。

8. 板式橡胶支座安装处宜设置支承垫石，支承垫石平面尺寸大小应按局部承压计算确定，垫石长度、宽度应比支座相应的尺寸增加 50 mm 左右，其高度应为 100 mm 以上，且应考虑便于支座的更换。

9. 支座垫石内应布置钢筋网，钢筋直径为 8 mm 时，间距宜为 50 mm × 50 mm。桥梁墩、台内应有竖向钢筋延伸至支座垫石内，支座垫石的混凝土强度等级不应低于 C30。

10. 支座垫石表面应平整、清洁、干爽、无浮沙。支座垫石顶面标高要求准确无误。在平坡情况下，同一片梁两端支承垫石及同一桥墩、台上支承垫石应处于同一设计标高平面内，其相对高差不应超过 ±1.5 mm，同一支承垫石高差应小于 0.5 mm。

11. 支座安装时，应防止支座出现偏压或产生过大的初始剪切变形。安装完成后，必须保证支座与上、下部结构紧密接触，不得出现脱空现象。对未形成整体的梁板结构，应避免重型车辆通过。桥梁墩台的设计应考虑支座养护、更换的需要。任何情况下，不允许两个或两个以上的支座沿梁纵向中心线在同一支承点并排安装；在同一根梁（板）上，横向不宜设置多于两个支座；不同规格的支座不应并排安装。

12. 支座安装后，应全面检查是否有支座漏放，支座安装方向、支座型式是否有错，临时固定设施是否拆除，四氟滑板支座是否注入硅脂油（严禁使用润滑油代替硅脂油）等现象。一经发现，应及时调整和处理，确保支座安装后的正常工作，并记录支座安装后出现的各项偏差及异常情况。

13. 板式橡胶支座应定期进行养护和维修检查，一旦发现问题，应及时进行修补或更换。

## 四、铁路桥梁板式橡胶支座

（一）概述

铁路桥梁板式橡胶支座指跨度为 20 m 及以下的铁路桥梁板式橡胶支座。由上支座板、承压橡胶板、下支座板和支座锚栓等组成。板式橡胶支座按其性能分为固定支座、纵向活动支座、横向活动支座和多向活动支座。

(1)固定支座具有承受竖向、水平荷载和各向转动的性能,水平向无位移,代号 GD。

(2)纵向活动支座具有承受竖向、横向水平荷载和各向转动的性能,可产生顺桥向水平位移,代号 ZX。

(3)横向活动支座具有承受竖向、纵向水平荷载和各向转动的性能,可产生横桥向水平位移,代号 HX。

(4)多向活动支座具有承受竖向荷载和各向转动的性能,可产生各向水平位移,代号 DX。

支座按其适用的温度范围分为常温型和耐寒型两类。常温型支座的适用温度范围为 -25 ℃ ~ +60 ℃,宜采用氯丁橡胶(CR);耐寒型支座的适用温度范围为 -40 ℃ ~ +60 ℃,应采用天然橡胶(NR)。

支座竖向承载力系列分 15 级(单位为 kN),即 300、400、500、600、750、875、1 000、1 250、1 500、1 750、2 000、2 250、2 500、2 750 和 3 000。

活动支座主位移方向的位移分 3 级:±20 mm、±30 mm 和 ±40 mm。固定支座和单向活动(纵向活动和横向活动)支座在限位方向的最大允许位移不大于 ±1 mm。

固定支座顺、横桥向和纵向活动支座横桥向、横向活动支座顺桥向所承受的水平力宜为支座竖向设计承载力的 15% 或 30%,在特殊情况下,支座的水平力可根据需要确定。

(二)执行标准

《铁路桥梁板式橡胶支座》(TB/T 1893—2006)。

(三)相关标准

《碳素结构钢》(GB/T 700—2006)。

《碳素结构钢和低合金结构铜热轧薄钢板及钢带》(GB 912—2008)。

《一般工程用铸造碳钢件》(GB/T 11352—2009)。

《工程机械焊接件通用技术条件》(JB/T 5943—1991)。

《铁路钢桥保护涂装》(TB/T 1527—2011)。

《铁路桥梁盆式橡胶支座》(TB/T 2331—2004)。

《铁路钢桥用防锈底漆供货技术条件》(TB/T 2772—1997)。

《铁路钢桥用面漆中间漆供货技术条件》(TB/T 2773—1997)。

(四)性能指标

1. 支座的力学性能

支座力学性能见表 3-3-32。

**表 3-3-32 支座力学性能**

| 项 目 | 指 标 |
|---|---|
| 极限抗压强度 $R_u$(MPa) | ≥60 |
| 抗压弹性模量 $E_1$(MPa) | $E \pm E \times 20\%$ |
| 抗剪弹性模量 $G_1$(MPa) | $G \pm G \times 15\%$ |
| 疲劳试验后的抗压弹性模量 $E_2$(MPa) | $\leqslant (E_1 + E_1 \times 5\%)$ |
| 老化后抗剪弹性模量 $G_2$(MPa) | $\leqslant (G_1 \pm 0.15$ MPa) |
| 抗剪黏结性能($\tau = 2$ MPa 时) | 无橡胶开裂和脱胶现象 |

2. 材料要求

(1)橡胶

橡胶的物理机械性能应满足表 3－3－33 的要求。

**表 3－3－33　橡胶的物理机械性能**

| 技术指标 | | 氯丁橡胶（适用于－25 ℃～60 ℃） | 天然橡胶（适用于－40 ℃～60 ℃） |
|---|---|---|---|
| 硬度(IRHD) | | 60±5 | 60±5 |
| 拉伸强度(MPa) | | ≥17 | ≥18 |
| 扯断伸长率(%) | | ≥400 | ≥450 |
| 脆性温度(℃) | | ≤－40 | ≤－50 |
| 恒定压缩永久变形(70 ℃×24 h)(%) | | ≤15 | ≤30 |
| 耐臭氧老化(试验条件，20% 伸长,40 ℃×96 h) | | $1\times10^{-4}$% | $0.25\times10^{-4}$% |
| | | 无龟裂 | 无龟裂 |
| 热空气老化试验（与未老化前数值相比发生的最大变化） | 试验条件(℃×h) | 100×70 | 70×168 |
| | 拉伸强度(%) | －15 | －15 |
| | 扯断伸长(%) | －40 | －20 |
| | 硬度变化(IRHD) | $^{+10}_{0}$ | $^{+10}_{-5}$ |
| 橡胶与钢板黏结剥离强度(kN/m) | | >10 | >10 |

注:不得使用任何再生胶或粉碎的硫化橡胶,其最小含胶量不得低于重量的 55%。

(2)加劲钢板

①加劲钢板的强度不应低于 Q235 钢板强度,其质量应满足 GB 912—2008 的有关要求。加劲钢板不允许使用拼接钢板。

②钢板加工时,应除锈、去油污,钢板应平整,无翘曲,周边应去除毛刺。

(3)上、下支座板

上、下支座板宜采用 ZG270－500 铸钢件,材质应符合 GB/T 11352—2009 的要求,铸件加工后须经超声波探伤检验,达到Ⅰ级铸件要求;上、下支座板采用钢板焊接时,钢板强度不宜低于 Q325 ,材质应满足 GB/T 700—2006 的有关要求,焊接质量应符合 JB/T 5943—1991 的要求,上、下支座板上的限位挡块与钢板的焊接可靠,并经超声波探伤无缺陷。

(4)黏结剂

黏结剂质量应稳定,橡胶与钢板黏结后的剥离强度应满足表 3－3－33 的要求。

3. 尺寸偏差

上、下支座板机加工尺寸应符合设计要求,设计图中未标注公差的部件,其公差按 GB/T 1804 的 m 级取值。承压橡胶板平面尺寸偏差应符合表 3－3－34 的规定。承压橡胶板厚度尺寸偏差应符合表 3－3－35 的规定。

**表 3－3－34　平面尺寸偏差**

| 承压橡胶板 | |
|---|---|
| 长边范围 $l_b$ | 偏差 |
| $l_b\leq300$ | $^{+2}_{0}$ |
| $300<l_b\leq500$ | $^{+4}_{0}$ |
| $l_b>500$ | $^{+5}_{0}$ |

表 3-3-35 厚度尺寸偏差

| 矩形支座 | |
|---|---|
| 厚度范围 $t$ | 偏差 |
| $t \leqslant 49$ | $^{+1}_{0}$ |
| $49 < t \leqslant 100$ | $^{+2}_{0}$ |
| $100 < t \leqslant 150$ | $^{+3}_{0}$ |

4. 外观质量

每块支座外观质量应符合表 3-3-36 的规定。

表 3-3-36 外观质量

| 名称 | 成品质量标准 |
|---|---|
| 气泡、杂质 | 气泡、杂质总面积不得超过支座平面面积的 0.1%，且每一处气泡、杂质面积不能大于 50 mm$^2$，最大深度不超过 2 mm |
| 凸凹不平 | 当支座平面面积小于 0.15 m$^2$时，不多于两处，大于 0.15 m$^2$时，不多于四处，且每处凸凹高度不超过 0.5 mm，面积不超过 6 mm$^2$ |
| 四侧面裂纹、钢板外露 | 不允许 |
| 掉块、崩裂、机械损伤 | 不允许 |
| 钢板与橡胶黏结处开裂或剥离 | 不允许 |
| 表面平整度 | 承压橡胶板表面不平整度不大于平面最大长度的 0.4% |

5. 内在质量

承压橡胶板解剖后应满足表 3-3-37 的要求。

表 3-3-37 内在质量

| 名称 | 解剖检验标准 |
|---|---|
| 锯开后胶层厚度 | 胶层厚度应均匀，$t_1$ 为 5 mm 或 8 mm 时，其偏差为 ±0.4 mm；$t_1$ 为 11 mm 时，其偏差不得大于 ±0.7 mm |
| 钢板与橡胶黏结 | 钢板与橡胶黏结应牢固，且无离层现象，其平面尺寸偏差为 ±1.0 mm；上下保护层偏差为 +0.5 mm |
| 剥离胶层（应按 HG/T 2198—1991 规定制成试样） | 剥离胶层后，测定的橡胶性能与规定相比，拉伸强度的下降不应大于 15%，扯断伸长率的下降不应大于 20% |

6. 承压橡胶板定位

承压橡胶板与上、下支座板之间可采用定位钢板定位或黏结定位。橡胶板与钢板采用黏结定位时，黏结剥离强度不小于 4 kN/m。

7. 外露部分油漆防护

支座钢件外露部分应按 TB/T 1527—2004 第六套涂装体系的规定进行表面油漆防护。采用的涂料应符合 TB/T 1527—2004、TB/T 2772—1997、TB/T 2773—1997 的要求。

（五）验收批量

板式橡胶支座检验分为进厂原材料检验、出厂检验和型式检验。

1. 原材料检验

胶料：脆性温度、热空气老化、恒定压缩永久变形每季度一次；耐臭氧老化每年一次；其余每批胶料。钢材：每批钢材。黏结剂：每批。

2. 出厂检验

外观质量、外形尺寸：每块支座。内在质量：每 200 块取一块。力学性能：每 500 块产品抽取一种。

3. 型式检验

有下列情况之一时，应进行型式检验：

(1) 新产品试制或老产品转厂生产的定型鉴定；

(2) 正常生产后，胶料配方、工艺、材料有较大改变，可能影响产品性能时；

(3) 产品停产 1 年以上，恢复生产时。

(六) 取样方法

1. 原材料检验

按相关原材料试验标准随机取样。橡胶：按 GB /T 6031、HG/T 2198、GB/T 528、GB/T 82、GB/T 7759、GB/T 3512、GB/T 7762 、GB/T 7760 标准规定进行取样及试验。硅脂油的取样与试验按 HG/T 2502 的规定进行。聚四氟乙烯板材的相对密度、拉伸强度和断裂伸长率测定应按 GJB 3026 的规定进行。

2. 出厂检验

外观质量、尺寸偏差全部检验；内在质量每 200 块随机抽取一块；支座力学性能试验时，每 500 块至少取一种，随机抽取三块(或三对)支座。

3. 型式检验

至少抽取三种规定规格，每种规格随机支座抽检三块或三对。

(七) 样品数量

参见取样部分。

(八) 检测项目

1. 原材料检验

橡胶：物理机械性能。钢材：机械性能、外观。黏结剂：与钢板、橡胶黏结剥离强度。

2. 出厂检验

外形尺寸：平面尺寸、厚度偏差。外观质量：外观缺陷。内在质量：内部缺陷、偏差。力学性能：抗压、抗剪弹性模量，极限抗压强度，抗剪黏结性检验。

3. 型式检验

型式检验包括原材料除所有检验项目和出厂检验项目外，还有抗压弹性模量、抗剪弹性模量、抗剪黏结性、抗剪老化、疲劳后抗压弹性模量、极限抗压强度。

(九) 质量评定

1. 进厂原材料检验，有一项不合格者，则该批原材料为不合格。

2. 外形尺寸、外观质量中有一项不合格者，则该批支座为不合格。内在质量不合格者，可从该批产品中随机双倍取样，对不合格项进行复检。若该项仍不合格，则该批产品不合格。

3. 支座力学性能试验时，对于任一项力学性能，随机抽取三块(或三对)支座进行试验。若三块(或三对)的该项力学性能均满足要求，则该组支座的该项力学性能满足要求；若有两块(或两对)不能满足要求，则该组试样不合格。若有一块(或一对)支座不能满足要求时，从该批产品中随机再抽取双倍支座进行复检，若仍有一块（或一对）不合格，则判定该批产品不合格。

4. 型式检验时，应全部项目满足要求时试件为合格。

（十）使用注意事项

1. 每个支座应有永久性标志，其内容应包括产品名称、规格型号、主要技术指标（竖向承载力、位移量、转角）、生产厂名、出厂标号和生产日期。

2. 支座应根据分类、规格分别包装。包装应牢固可靠，包装外面应注明产品名称、规格、出厂日期。包装内应附有产品合格证、材质、单层橡胶和钢板厚度、钢板平面尺寸、钢板层数、橡胶总厚度。

3. 储存支座的库房应干燥通风，支座应堆放整齐，保持清洁，严禁与酸、碱、油类及有机溶剂等相接触，并应距热源 1 m 以上，且不应与地面直接接触。

4. 支座在运输中，应避免阳光直接曝晒、雨淋、雪浸，并应保持清洁，不应与影响橡胶质量的物质相接触。

## 第四节　桥涵工程现场试验

### 一、泥浆相对密度试验

（一）试验目的

测定钻孔灌注桩、地下连续墙等结构成孔、开挖中泥浆的相对密度。

（二）适用范围

适用于用黏土、膨润土及外加剂配制的用于钻孔灌注桩、地下连续墙等结构成孔、开挖中泥浆性能的测定。

（三）试验原理

泥浆相对密度试验的原理采用材料密度等于材料质量除以其体积的定理测定。在不等臂天平一端设置固定体积的泥浆杯，从另一端测定其质量，然后换算为泥浆相对密度。

（四）执行标准

《公路桥涵施工技术规范》（JTG/T F50—2011）。

（五）仪器设备

泥浆相对密度仪（图 3－4－1）用于测量泥浆的相对密度，单位为 $g/mm^3$。它是一个不等臂的天平，它的杠杆刀口搁在可固定安装在工作台的座子上，杠杆左侧为有刻度的游码装置，移动游码可在标尺上直接读出泥浆质量或相对密度。杠杆的平衡可由杠杆顶部的水平泡指标确定。泥浆杯容量为 140 $cm^3$。

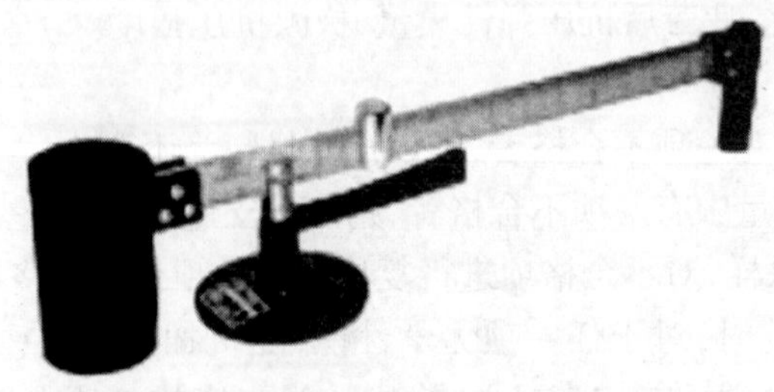

图 3－4－1　泥浆相对密度仪

（六）试验准备

试验前应先对泥浆相对密度仪进行校准，校准方法如下：

先在泥浆杯里装满清水，再盖上杯盖，用抹布擦拭干净，将杠杆刀口搁在平稳的座子上，移动游码至1.00，调整小桶配重，使杠杆顶部的水平泡居中。

（七）试验步骤

用校准好的泥浆比重计，在泥浆杯里装满泥浆，再盖上杯盖，用抹布擦拭干净，将杠杆刀口搁在平稳的座子上，移动游码，使杠杆顶部的水平泡居中，此时游码指示读数，就是检测泥浆的相对密度。

（八）试验注意事项

1. 在装水时和装泥浆时要注意必须将泥浆杯装满，再盖上杯盖。看到水（或泥浆）从盖上小孔中溢出，然后用湿毛巾将筒身上的水（或泥浆）擦干净，再进行比重的测量。

2. 若工地无以上仪器时，可用一口杯，先称其质量设为 $m_1$，再装清水称其质量为 $m_2$，再倒去清水，装满泥浆并擦去杯周溢出的泥浆，称其质量为 $m_3$，则泥浆相对密度等于 $(m_3 - m_1)/(m_2 - m_1)$。

3. 对一般地层正循环钻孔泥浆相对密度应为1.05～1.20；对易塌地层正循环钻孔泥浆相对密度应为1.20～1.45；对一般地层反循环钻孔泥浆相对密度应为1.02～1.06；对易塌地层反循环钻孔泥浆相对密度应为1.06～1.10；对卵石土反循环钻孔泥浆相对密度应为1.10～1.15；对一般地层推钻冲抓钻孔泥浆相对密度应为1.10～1.20；对易塌地层冲击成孔泥浆相对密度应为1.20～1.40。

## 二、泥浆含砂率试验

（一）试验目的

测定钻孔灌注桩、地下连续墙等结构成孔、开挖中泥浆的含砂率。

（二）适用范围

适用于用黏土、膨润土及外加剂配制的用于钻孔灌注桩、地下连续墙等结构成孔、开挖中泥浆性能的测定。

（三）试验原理

在一定体积的泥浆中加入固定量的水，稀释摇匀后静置一定时间，通过容器中沉淀物的体积测定泥浆的含砂率。

（四）执行标准

《公路桥涵施工技术规范》（JTG/T F50—2011）。

（五）仪器设备

1. 量杯或量筒：50 mL、500 mL。

2. 含砂率计，如图3－4－2所示。

（六）试验准备

1. 试验前应检查含砂率计是否洁净，有无破损或裂纹。

2. 泥浆取样应具有代表性。

（七）试验步骤

把调制好的泥浆50 mL倒进含砂率计，然后再倒450 mL清水，将仪器口塞紧，摇动1 min，使泥浆与水混合均匀，再将仪器竖直静放3 min，仪器下端沉淀物的体积（由仪器上刻度读出）乘2就是含砂率（%）。

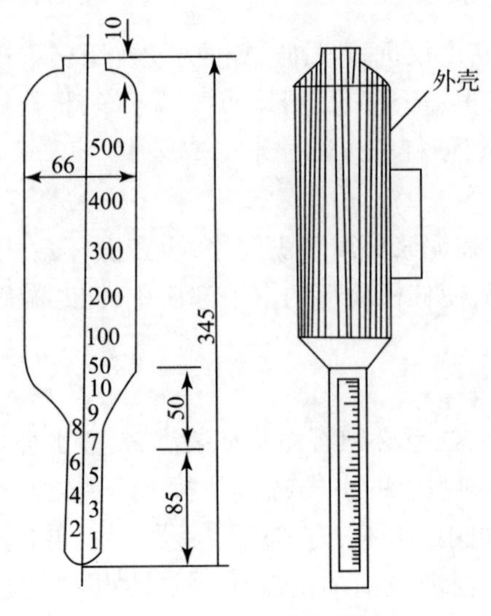


图 3－4－2　含砂率计

（八）试验注意事项

1. 对大型的含砂率计，其容积 1 000 mL，从刻度读出的数不乘 2 即为含砂率。

2. 对正循环钻孔方法，泥浆的含砂率应在 8% ～4% 之间；对反循环、推钻冲抓、冲击成孔方法，泥浆的含砂率应不大于 4% 。

## 三、泥浆黏度试验

（一）试验目的

测定钻孔灌注桩、地下连续墙等结构成孔、开挖中泥浆的黏度。

（二）适用范围

适用于黏土、膨润土及外加剂配制的用于钻孔灌注桩、地下连续墙等结构成孔、开挖中泥浆性能的测定。

（三）试验原理

用 500 mL 泥浆流经固定形状和口径容器的时间表示泥浆的黏度。

（四）执行标准

《公路桥涵施工技术规范》（JTG/T F50—2011）。

（五）仪器设备

泥浆黏度计由漏斗、管子、量杯和筛网等构成，如图 3－4－3 所示。

（六）试验准备

黏度计使用前应进行校正，校正方法如下：

漏斗中注入 700 mL 清水，流出 500 mL，所需时间应是 15 s，如偏差超过 ±1 s，则量测泥浆黏度时应校正。

（七）试验步骤

用两端开口量杯分别量取 200 mL 和 500 mL 泥浆，通过滤网滤去大砂粒后，将泥浆700 mL 均注入漏斗，然后使泥浆从漏斗流出，流满 500 mL 量杯所需时间（s），即为所测泥浆的黏度。

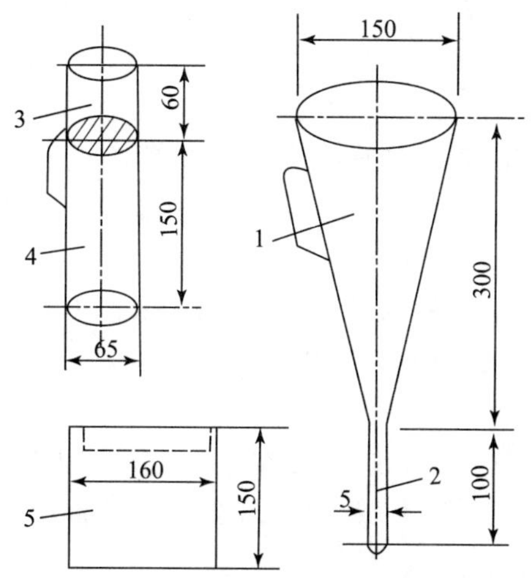


图 3-4-3　黏度计(单位:mm)

1—漏斗;2—管子;3—量杯 200 mL;4—量杯 500 mL;5—筛网及杯

(八)试验注意事项

对一般地层正循环钻孔泥浆黏度应为 16～22;对易塌地层正循环钻孔泥浆黏度应为 19～28;对一般地层反循环钻孔泥浆黏度应为 16～20;对易塌地层反循环钻孔泥浆黏度应为 18～28;对卵石土反循环钻孔泥浆黏度应为 20～35;对一般地层推钻冲抓钻孔泥浆黏度应为 18～24;对易塌地层冲击成孔泥浆黏度应为 22～30。

## 四、液压千斤顶校正

(一)概述

千斤顶工作系统主要由千斤顶及相应的油路和千斤顶指示器(压力表或数据采集系统)组成。千斤顶的工作原理是油泵对千斤顶供油,千斤顶对施力体施加作用力,通过与千斤顶连通的模拟式指示器(压力表)或数字式指示器(数据采集系统)直接或间接指示所施加的力值。千斤顶主要用于桩基工程和结构工程的力值控制。

液压千斤顶按其构造可分为台式(普通油压千斤顶)、穿心式、锥锚式和拉杆式。

(二)执行标准

《液压千斤顶检定规程》(JJG 621—2005)。

(三)通用技术要求

1. 外观与附件

(1)千斤顶主体及各主要部件上应有铭牌。铭牌上应有产品名称、型号规格、出厂编号、制造厂名称等。

(2)千斤顶设备应配套检定、配套使用,主要部件(除油管、接头等)更换后需重新检定。

2. 千斤顶指示器

(1)模拟式指示器

模拟式指示器的表盘刻度及其标记清晰,指针无松动和弯曲。加力时指针走动均匀,无停滞和跳动现象;未加力时,指针应位于零位或"缩格" 内。

模拟式指示器准确度等级宜不低于 0.4 级,测量上限为额定油压的 130%～200%。

模拟式指示器的分辨力定义为一个标识分格所能估读的最小部分,可由两相邻标识的分格间距与指针的宽度之比得出，推荐比值为1/2，1/5，或1/10，当间距不小于1.25 mm时，可估读1/10的分度值。

(2)数字式指示器

数字式指示器应正常稳定，显示清晰准确，能及时跟踪显示所施加的力值。

数字式指示器相对分辨力应在2%（对结构工程）或3%（对桩基工程）以内，测量上限应不低于额定油压的110%　。

数字式指示器的分辨力，若无载荷时，指示器的最末位不跳动，则为显示的最末位有效数字的一个增量，否则应为数字波动值的1/20。

3. 操作适应性

(1)千斤顶油泵加卸力应平稳，无妨碍读数的压力波动，无冲击和颤动现象。

(2)液压系统应工作正常，反应灵敏，油路无渗漏，液压油应清洁纯净。

(3)电气部分应灵敏可靠，绝缘良好。

(四)相关规范对校正的规定

1.《预制后张法预应力混凝土铁路桥简支T梁技术条件》(TB/T 3043—2005)相关规定

张拉千斤顶的校正系数不应大于1.05(采用压力环、传感器和试验机校正)，千斤顶校正有效期限不应超过一个月；油压表应采用防震型，其精度等级不应低于1.0级。最小分度值不应大于0.5 MPa，表盘量程在工作最大油压的1.25～2.0倍之间。油压表检定有效期不应超过7 d。当采用0.4级精度的精密油压表并有计量管理部门按0.4级精度进行检定时，其有效期不应超过一个月。

2.《预应力混凝土铁路桥简支梁静载弯曲试验方法及评定标准》(TB/T 2092—2003)相关规定

(1)加载用千斤顶校正系数不应大于1.05。

(2)压力表采用防震型，精度等级不低于0.4级，最小刻度不应大于0.2 MPa。表盘量程在工作最大油压的1.25～2.0倍之间。

(3)采用压力表控制试验荷载时，试验前应将千斤顶在精度不低于三级的试验机进行标定。当采用压力传感器控制试验荷载时，试验前应将压力传感器与度数仪配套后在精度不低于三级的试验机上进行校正。

(4)压力表分级标定，每级应不大于加载最大值的10%，加载速度不应大于3 kN/s，标定的最大荷载宜不小于加载最大值的1.1倍，且持荷10 min。

(5)千斤顶与压力表配套标定时，应采用千斤顶预压试验机或压力传感器的标定方式，其活塞的外露量应约等于试验最大荷载时的外露量，各级荷载下的压力表的表盘读数对应压力机的表盘度数。

(6)配套标定数据应进行线性回归，并确定校正方程，且相关系数不小于0.999。

3.《铁路桥涵施工规范》(TB 10203—2002)相关规定

(1)张拉千斤顶宜采用穿心式千斤顶。整体张拉和整体放张宜采用自锁式双作用千斤顶，张拉吨位宜为张拉力的1.5倍，且不得小于1.2倍。张拉千斤顶在张拉前必须经过校正，校正系数不得大于1.05倍。校正有效期为一个月且不超过200次张拉作业，拆修更换配件的张拉千斤顶必须重新校正。

(2)压力表应选择防震型，表面最大读数应为张拉力的1.5～2.0倍，精度不应低于1.0级，校正有效期为一周。当用0.4级时，校正有效期可为一个月。压力表发生故障后必须重新校正。

(3)油泵、压力表应与张拉千斤顶配套校正使用。

4.《公路桥梁施工技术规范》(JTG/T F50—2011)相关规定

预应力机具设备及仪表(压力表的精度应 >1.5 级),应由专人使用和管理,应定期维护和检验。张拉设备(包括活塞的运行方向与实际一致)应配套标定,并配套使用。长期不使用或标定时间超过半年或张拉超过 200 次或在使用中预应力机具设备或仪表出现反常现象或千斤顶检修后应重新标定。弹簧测力计的校验期限不宜超过 2 个月。

(五)校验

1. 用长柱压力试验机校验

压力试验机的精度不得低于 ±2% 。事先用具有足够吨位的标准测力计对试验机进行被动标定,以确定试验机的表盘读数值。

校验时,应采取被动校验法,即在校验时用千斤顶顶试验机。校验的步骤如下:

(1)千斤顶就位

当校验千斤顶时,将千斤顶放在试验机台面上,千斤顶活塞面或撑套与试验机压板紧密接触,并使千斤顶与试验机的受力中心线重合。

(2)校验千斤顶

开动油泵,千斤顶进油,使活塞上升,顶试验机压板。在千斤顶顶试验机且使荷载平缓增加的过程中,自零位到最大吨位,将试验机被动标定的结果逐点标记到千斤顶的油压表上,标定点应均匀分布在整个测量范围内,且不少于 5 点。当采用最小二乘法回归分析千斤顶的标定试验时需要 10 ~ 20 点。各标定点重复标定 3 次,取平均值,并且只测读进程,不测读回程。

2. 用标准测力计校验

立式稳固的门式框架或张力杆在最大负荷下应无明显的变形。应变式标准测力仪准确度应不低于 0.5 级。也可用水银压力计、测力环、弹簧拉力计等标准测力计校验千斤顶。测力仪的安装应保证其受力轴线和千斤顶的加力轴线相重合。千斤顶带有上承压垫。测力仪与千斤顶的接触面平滑,无锈蚀和杂物。校验的步骤如下。

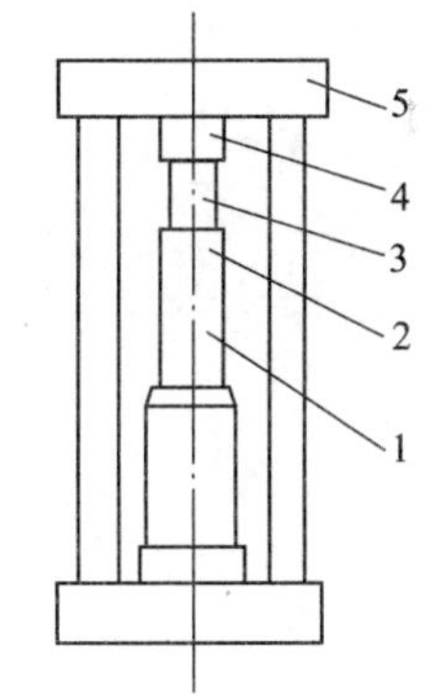

图 3 -4 -4　框架式检定示意图

1—千斤顶;2—垫块;3—应变式标准测力计;4—垫块;5—框架

(1)千斤顶就位

框架式检定(图 3 -4 -4)。千斤顶安装调整成工作状态,将千斤顶安放在检定框架底座中间,与应变式标准测力仪串接。使千斤顶、应变式标准测力仪与检定框架对中,且符合加力条件的要求。千斤顶与应变式标准测力仪之间,可根据需要放置垫块,调整空间高度,使千斤顶活塞伸出量接近工作状态。

串接式检定(图 3 -4 -5)。千斤顶与应变式标准测力仪串接在张拉杆上,调整三者在同一轴线后进行检定。

(2)校验千斤顶

启动油泵将千斤顶加荷到最大力值,预压两次。

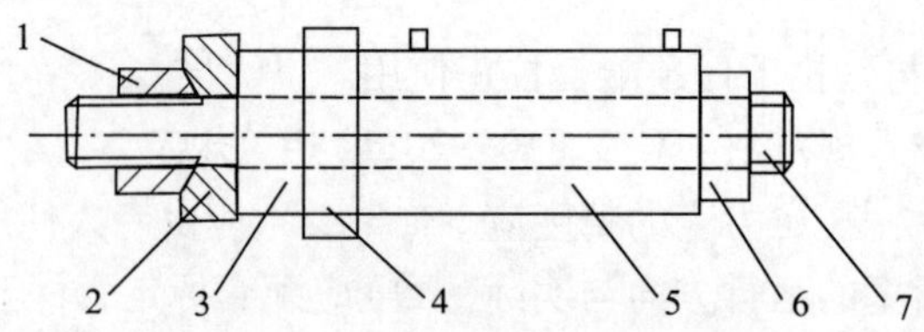


图 3-4-5　串接式检定示意图

1—平衡螺母;2—垫板;3—应变式标准测力计;4—支撑横梁;5—千斤顶;6—螺母;7—张力杆

开动油泵,千斤顶进油,活塞杆推出,顶测力计,加载速度小于 3 kN/s。当千斤顶压力表达到一定读数 $P_1$ 时,立即读出测力计相应的读数 $T_1$,同样可得 $P_2$、$T_2$、;$P_3$、$T_3$;…,此时 $T_1$、$T_2$、$T_3$、…,即为相应于压力表读数为 $P_1$、$P_2$、$P_3$…时的实际作用力。将测得的各值绘成曲线。实际使用时,即可由此曲线找出要求的 $T$ 值和相应的 $P$ 值。

从初始点开始,驱动千斤顶主动加压,按递增顺序施加力,直到额定力值后退回到初始点。示值检定时施加试验力应平稳,加到检定点前应缓慢施加,便于准确读数。重复测量 3 次。

(六)校正方程、校正系数

校正方程是根据数理统计理论计算,以力值为自变量,千斤顶指示器示值为函数的拟合方程,并不得外推使用。一般设拟合方程为 $P=A+B\cdot T$(其中,$T$ 为荷载(kN);$P$ 为油压表读数(MPa)),采用最小二乘法求得拟合系数 $A$、$B$ 及相关系数 $R$。

校正系数是指千斤顶理论力值与输出力值之比。校正系数 = 油压表读数 × 油缸面积 ÷ 传感器读数平均值。

# 第四章　隧道工程材料及现场试验

## 第一节　隧道工程用材料

### 一、铁路隧道用防水板

（一）概述

铁路隧道（不含明洞）防排水工程用防水板，包括 EVA（乙烯、醋酸乙烯共聚物）、ECB（乙烯、醋酸乙烯与沥青共聚物）、PE（聚乙烯）防水板。

（二）执行标准

《铁路隧道防水材料暂行技术条件（第 1 部分防水板）》（科技基〔2008〕21 号）。

（三）相关标准

《硫化橡胶或热塑性橡胶　拉伸应力应变性能的测定》（GB/T 528—2009）。

《硫化橡胶或热塑性橡胶　撕裂强度的测定（裤形、直角形和新月形试样）》（GB/T 529—2008）。

《硫化橡胶或热塑性橡胶　耐液体试验方法》（GB/T 1690—2010）。

《硫化橡胶或热塑性橡胶　热空气加速老化和耐热试验》（GB/T 3512—2001）。

《硫化橡胶或热塑性橡胶　耐候性》（GB/T 3511—2008）。

（四）性能指标

1. 规格尺寸及偏差

防水板的规格尺寸及允许偏差见表 4－1－1，特殊规格由供需双方商定。

**表 4－1－1　防水板的规格尺寸及允许偏差**

| 项目 | 厚度（mm） | 宽度（m） | 长度（m） |
| --- | --- | --- | --- |
| 规格 | 1.5，2.0，2.5，3.0 | 2.0，3.0，4.0 | 20 以上 |
| 平均偏差 | 不允许出现负值 | 不允许出现负值 | 不允许出现负值 |
| 极限偏差（%） | －5 | －1 | — |

2. 外观质量

（1）防水板在规格确定的长度内不允许有接头。

（2）防水板表面应平整、边缘整齐，无裂纹、机械损伤、折痕、孔洞、气泡及异常黏着部分等影响使用的缺陷。

（3）防水板外观颜色应为材料本色，不得添加颜料和填料，特殊要求除外。

（4）在不影响使用的条件下，防水板表面凹痕，深度不得超过厚度的 5%。

3. 物理力学性能

防水板物理力学性能应符合表 4－1－2 规定。

表 4-1-2　防水板的物理力学性能

| 序号 | 项　目 | | 指　标 | | |
|---|---|---|---|---|---|
| | | | EVA | ECB | PE |
| 1 | 断裂拉伸强度(MPa),≥ | | 18 | 17 | 18 |
| 2 | 扯断伸长率(%),≥ | | 650 | 600 | 600 |
| 3 | 撕裂强度(kN/m),≥ | | 100 | 95 | 95 |
| 4 | 不透水性,0.3 MPa/24 h | | 无渗漏 | 无渗漏 | 无渗漏 |
| 5 | 低温弯折性(℃),≤ | | -35 | -35 | -35 |
| 6 | 加热伸缩量(mm) | 延伸,≤ | 2 | 2 | 2 |
| | | 收缩,≤ | 6 | 6 | 6 |
| 7 | 热空气老化(80 ℃×168 h) | 断裂拉伸强度(MPa),≥ | 16 | 14 | 15 |
| | | 扯断伸长率(%),≥ | 600 | 550 | 550 |
| 8 | 耐碱性(饱和氢氧化钙溶液×168 h) | 断裂拉伸强度(MPa),≥ | 17 | 16 | 16 |
| | | 扯断伸长率(%),≥ | 600 | 600 | 550 |
| 9 | 人工候化 | 断裂拉伸强度保持率(%),≥ | 80 | 80 | 80 |
| | | 扯断伸长率保持率(%),≥ | 70 | 70 | 70 |
| 10 | 刺破强度(N) | 1.5 mm | 300 | 300 | 300 |
| | | 2.0 mm | 400 | 400 | 400 |
| | | 2.5 mm | 500 | 500 | 500 |
| | | 3.0 mm | 600 | 600 | 600 |

(五)验收批量

1. 出厂检验、进场检验

以同品种、同规格的5 000 $m^2$防水板为一批,不满5 000 $m^2$也可作为一批。

2. 型式检验

通常在下列情况之一时进行型式检验。

(1)新产品的试制定型鉴定;

(2)产品的结构、设计、工艺、材料、生产设备、管理等方面有重大改变;

(3)转产、转厂、停产后复产;

(4)合同规定或用户提出要求;

(5)出厂检验结架与上次型式检验有较大差异;

(6)国家质量监督检验机构提出执行该项试验的要求。

在正常情况下,人工候化每年进行一次,其余各项为每半年进行一次检验。

(六)取样方法

在该批产品中随机抽取3卷进行尺寸偏差和外观检查。在上述检查合格的样品中再随机抽取足够的试样(试样距离纵横向边缘均需大于200 mm),进行物理力学性能检验。

(七)样品数量

尺寸偏差和外观检查:3卷。物理力学性能的样品在23 ℃±2 ℃标准状态下静置24 h后按表4-1-3的要求采取。

表 4-1-3　试片形状与数量

| 序号 | 项　　目 | | 试　片　形　状 | 数　　量 | |
|---|---|---|---|---|---|
| | | | | 纵向 | 横向 |
| 1 | 拉伸性能 | | GB 528 中的哑铃 I 型 | 5 | 5 |
| 2 | 撕裂强度 | | GB 529 中直角型试片 | 5 | 5 |
| 3 | 不透水性 | | 140 mm×140 mm | 3 | |
| 4 | 低温弯折性 | | 120 mm×50 mm | 2 | 2 |
| 5 | 加热伸缩量 | | 300 mm×30 mm | 3 | 3 |
| 6 | 热空气老化 | 拉伸性能 | GB 528 中的哑铃 I 型 | 3 | 3 |
| 7 | 耐碱性 | 拉伸性能 | GB 528 中的哑铃 I 型 | 3 | 3 |
| 8 | 人工候化 | 拉伸性能 | GB 528 中的哑铃 I 型 | 3 | 3 |
| 9 | 刺破强度 | | 70 mm×70 mm | 5 | |

（八）检测项目

1. 出厂检验、进场检验

应逐批对防水的规格尺寸、外观质量、断裂拉伸强度、扯断伸长率、撕裂强度、低温弯折、不透水性能进行检验。

2. 型式检验

规格尺寸、外观质量、断裂拉伸强度、扯断伸长率、撕裂强度、低温弯折、不透水性能、加热伸缩量、热空气老化性能、耐碱性能、人工候化性能、刺破强度。

（九）质量评定

规格尺寸、外观质量及物理力学性能各项检验指标全部符合技术要求，则为合格品。若物理力学性能有一项指标不符合技术要求，应另取双倍试样进行该项复试。复试结果仍不合格，则该批产品为不合格。

（十）使用注意事项

1. 防水板每一独立包装上应有合格证，并注明产品名称、产品标记、商标、制造厂名厂址、生产日期等。防水板用硬质芯卷取包装，外用具有一定阻燃性能的塑料袋或编织袋包装。

2. 自生产日期起在不超过 1 年的保存期内产品性能应符合标准的规定。

3. 储存与运输时，应注意勿使包装损坏。堆板时，应衬垫平坦的木板，离地至少 20 cm。不同类型、规格的产品应分别堆放，不应混杂。避免日晒雨淋，注意通风。平放储存堆放高度不超过 5 层，立放单层堆放。禁止与酸、碱、油类及有机溶剂等接触，且隔离热源。

4. 防水板铺设应超前二次衬砌施工 1～2 个衬砌段长度，并与开挖工作面保持一定的安全距离，铺设完防水板的地段应采用可靠的保护措施防止损伤防水板。

5. 防水板铺设应采用专用台车（架）铺设。台车（架）宜采用轮轨式，前端设有检查初期支护表面及二次衬砌内轮廓的钢架，并有整体移动的微调机构；台车（架）上应配备达到隧道周边任意部位的作业平台和防水板支撑系统。

5. 在铺设防水层之前应对基面的渗漏水、外露的突出物及表面凹凸不平处进行检查处理。初期支护为钢纤维混凝土时，应补喷一层水泥砂浆保护层，以保护防水板不受损伤。

6. 防水板的铺设应从拱部向两侧边墙悬挂进行。下部防水板必须压住上部防水板，铺设松紧应适度并留有余量。

7. 防水板的固定采用电热压焊器热熔缓冲层热塑性垫圈,使防水板与热塑性垫圈融化黏结为一体。

8. 两幅防水板的搭接宽度不应小于 15 cm,分段铺设的防水板的边缘部位应预留至少 60 cm的搭接余量,并对预留边缘部位进行有效的保护。防水板的接缝应与衬砌施工缝错开 1 ~2 m。

9. 防水板焊接应做到:接缝必须擦洗干净,焊缝接头平整,不得有气泡褶皱及空隙;采用双焊缝,以调温、调速热楔式自动爬行式热合机热熔焊接,细部处理或修补可采用手持焊枪焊接;单条焊缝的有效焊接宽度不应小于 15 mm。

10. 防水板的存放、施工等过程应严格注意防火。

## 二、铁路隧道用止水带

(一)概述

铁路隧道用止水带是指用于铁路隧道混凝土衬砌施工缝、变形缝的橡胶止水带、塑料止水带和钢边止水带。

止水带按用途分为两类:适用于变形缝用止水带,用 B 表示;适用于施工缝用止水带,用 S 表示。

按材料分为三类:塑料止水带,用 P 表示;橡胶止水带,用 R 表示;钢边止水带,用 G 表示。

按设置位置分为两类:中埋式止水带,用 Z 表示;背贴式止水带,用 T 表示。

(二)执行标准

《铁路隧道防水材料暂行技术条件(第 2 部分止水带)》(科技基〔2008〕21 号)。

(三)相关标准

《硫化橡胶或热塑性橡胶　拉伸应力应变性能的测定》(GB/T 528—2009)。

《硫化橡胶或热塑性橡胶　撕裂强度的测定(裤形、直角形和新月形试样)》(GB/T 529—2008)。

《硫化橡胶或热塑性橡胶压入硬度试验方法　第 2 部分:便携式橡胶国际硬度计法》(GB/T 531.2—2009)。

《硫化橡胶或热塑性橡胶　耐液体试验方法》(GB/T 1690—2010)。

《连续热镀锌钢板及钢带》(GB/T 2518—2008)。

《橡胶物理试验方法试样制备和调节通用程序》(GB/T 2941—2006)。

《硫化橡胶或热塑性橡胶　热空气加速老化和耐热试验》(GB/T 3512—2001)。

《硫化橡胶、热塑性橡胶　常温、高温和低温下压缩永久变形的测定》(GB/T 7759—1996)。

《硫化橡胶或热塑性橡胶耐臭氧老化试验　静态拉伸试验法》(GB/T 7762—2003)。

《硫化橡胶或热塑性橡胶　与刚性板剪切模量和黏合强度的测定　四板剪切法》(GB/T 12830—2008)。

《硫化橡胶低温脆性的测定(多试样法)》(GB/T 15256—1994)。

(四)性能指标

1. 尺寸偏差

止水带尺寸偏差要求应符合表 4 -1 -4 规定。

**表 4－1－4　止水带的尺寸偏差**

| 项目 | 厚度 $B$(mm) | | | 宽度 $L$(%) | 背贴式止水带凸高 $H$(mm) | | 中心孔偏心 |
|---|---|---|---|---|---|---|---|
| | $4 \leqslant B \leqslant 6$ | $6 < B \leqslant 10$ | $10 < B \leqslant 20$ | | $20 < B \leqslant 35$ | $35 < B \leqslant 50$ | |
| 极限偏差 | 0 ~ +1 | 0 ~ +1.3 | 0 ~ +2 | ±3 | 0 ~ +2.5 | 0 ~ +3 | 不超过孔厚度 1/3 |

2. 外观质量

(1)止水带表面不允许有开裂、缺胶、海绵状等影响使用的缺陷。塑料止水带外观颜色应为材料本色,不得添加颜料和填料,特殊要求除外。

(2)具体的外观质量要求应符合表 4－1－5 规定。

**表 4－1－5　止水带产品外观质量要求**

| 编号 | 缺陷类型 | 工　作　面 |
|---|---|---|
| 1 | 气泡 | 直径不大于 1 mm 的气泡,每米不允许超过 3 处 |
| 2 | 杂质 | 面积不大于 4 $mm^2$ 的杂质,每米不允许超过 3 处 |
| 3 | 凹痕 | 不允许有 |
| 4 | 接缝缺陷 | 高度不大于 1.5 mm 的凸起或不平,每米不允许超过 2 处 |

3. 物理力学性能

(1)橡胶止水带的物理力学性能应符合表 4－1－6 的规定。

**表 4－1－6　橡胶止水带的物理力学性能**

| 序号 | 项　　目 | | B 型 | S 型 |
|---|---|---|---|---|
| 1 | 硬度(绍尔 A)度 | | 60 ±5 | 60 ±5 |
| 2 | 拉伸强度(MPa),≥ | | 15 | 12 |
| 3 | 扯断伸长率(%),≥ | | 450 | 450 |
| 4 | 压缩永久变形(%) | 70 ℃ ×24 h,≤ | 30 | 30 |
| | | 23 ℃ ×168 h,≤ | 20 | 20 |
| 5 | 撕裂强度(kN/m),≥ | | 30 | 25 |
| 6 | 脆性温度(℃),≤ | | −45 | −45 |
| 7 | 热空气老化 70 ℃ ×168 h | 硬度变化(绍尔 A)度,≤ | +6 | +6 |
| | | 拉伸强度(MPa),≥ | 12 | 10 |
| | | 扯断伸长率(%),≥ | 400 | 400 |
| 8 | 耐碱性(氢氧化钙饱和溶液 23 ℃ ×168 h) | 硬度变化(绍尔 A)度,≤ | +6 | +6 |
| | | 拉伸强度(MPa),≥ | 12 | 10 |
| | | 扯断伸长率(%),≥ | 400 | 400 |
| 9 | 臭氧老化 50 pphm:20%,40 ℃,48 h | | 无龟裂 | 无龟裂 |
| 10 | 橡胶与金属黏合(仅钢边止水带检测) | | R 型破坏 | |

(2)塑料止水带的物理力学性能应符合表 4－1－7 的规定。

表 4-1-7　塑料止水带的物理力学性能

| 序号 | 项　　目 | | 技术指标 | |
|---|---|---|---|---|
| | | | EVA | ECB |
| 1 | 拉伸强度(MPa),≥ | | 16 | 16 |
| 2 | 扯断伸长率(%),≥ | | 600 | 600 |
| 3 | 撕裂强度(kN/m),≥ | | 60 | 60 |
| 4 | 低温弯折性(℃),≤ | | -40 | -40 |
| 5 | 热空气老化 80 ℃×168 h | 100%伸长率,外观 | 无裂纹 | 无裂纹 |
| | | 拉伸强度保持率(%),≥ | 80 | 80 |
| | | 扯断伸长率保持率(%),≥ | 70 | 70 |
| 6 | 耐碱性(氢氧化钙饱和溶液×168 h) | 拉伸强度保持率(%),≥ | 80 | 80 |
| | | 扯断伸长率保持率(%),≥ | 90 | 90 |

(3)钢边止水带橡胶的物理力学性能应符合表 4-1-6 的规定。钢边材料应采用热镀锌钢板,材料性能应符合 GB/T 2518—2008 的规定。

4. 止水带接头部位的拉伸强度指标

不得低于表 4-1-6、表 4-1-7 本体材料的性能。

(五)验收批量

1. 出厂检验、进场检验

检验批每批为 5 000 m,不足 5 000 m 的按 5 000 m 检验。

2. 型式检验

通常在下列情况之一时进行型式检验:

(1)新产品的试制定型鉴定;

(2)产品的结构、设计、工艺、材料、生产设备、管理等方面有重大改变;

(3)转产、转厂、停产后复产;

(4)合同规定或用户提出要求;

(5)出厂检验结架与上次型式检验有较大差异;

(6)国家质量监督检验机构提出执行该项试验的要求。

在正常情况下,臭氧老化每年进行至少一次,其余各项为每半年进行一次检验。

(六)取样方法

每批逐一进行尺寸偏差和外观检查。在上述检查合格的样品中再随机抽取足够的试样,进行物理力学性能检验。

(七)样品数量

物理力学性能的样品在(23±2)℃标准状态下静置 24 h 后按表 4-1-8 的要求裁取。

表 4-1-8　试片形状与数量

| 序号 | 项　　目 | | 试片形状 | 数量 | |
|---|---|---|---|---|---|
| | | | | 纵向 | 横向 |
| 1 | 拉伸性能 | | GB 528 中的哑铃Ⅰ型 | 5 | 5 |
| 2 | 撕裂强度 | | GB 529 中直角型试片 | 5 | 5 |
| 3 | 热空气老化 | 拉伸性能 | GB 528 中的哑铃Ⅰ型 | 3 | 3 |

续上表

| 序号 | 项　　目 | | 试 片 形 状 | 数　　量 | |
|---|---|---|---|---|---|
| | | | | 纵向 | 横向 |
| 4 | 耐碱性 | 拉伸性能 | GB 528 中的哑铃 I 型 | 3 | 3 |
| 5 | 臭氧老化 | 拉伸性能 | GB 528 中的哑铃 I 型 | 3 | 3 |

(八)检测项目

1. 出厂检验、进场检验

应逐批对止水带的尺寸公差、外观质量、硬度、拉伸强度、扯断伸长率、撕裂强度、压缩永久变形、热空气老化、金属黏结强度进行检验。

2. 型式检验

标准规定的所有性能指标。

(九)质量评定

规格尺寸、外观质量及物理力学性能各项检验指标全部符合技术要求,则为合格品。若物理力学性能有一项指标不符合技术要求,应另取双倍试样进行该项复试,复试结果仍不合格,则该批产品为不合格。

(十)使用注意事项

1. 止水带应用不得影响其质量的适宜物品进行包装。每一包装应有合格证,并注明产品名称、产品标记、商标、制造厂名、厂址、生产日期、产品标准编号。

2. 止水带在运输和储存时,应注意勿使包装损坏,放置于通风、干燥处,并应避免阳光直射,禁止与酸、碱、油类及有机溶剂等接触,且隔离热源,并保存于室内,并不得重压。

3. 自生产日期起一年内产品性能应符合技术条件的规定。

4. 止水带埋设的位置宜按衬砌厚度的一半确定,其安装的径向位置,较设计允许偏差为 ±5 cm,安装的纵向位置允许偏离中心为 ±3 cm。

5. 止水带应与衬砌端头模板正交,确保止水带安装方向和质量。

6. 止水带的长度应根据施工要求事先向生产厂家定制(一环长),尽量避免接头,当确需接头时,应采取搭接、复合连接、对接等形式。

7. 止水带连接前应做好接头表面的清刷与打毛,搭接长度不得小于 10 cm,宜采用小型热焊机进行焊接,焊缝宽度不小于 50 mm。

8. 采用中埋式止水带时,应确保位置准确、固定牢靠,其中间空心圆环应与变形缝的中心线重合。固定宜采用专用钢筋套或扁钢固定,采用扁钢固定时,止水带端部应先用扁钢夹紧,并将扁钢与结构内钢筋焊牢。

## 三、高分子防水材料止水带

(一)概述

高分子防水材料止水带是指全部或部分浇捣于混凝土中的橡胶密封止水带和具有钢边的橡胶密封止水带。止水带按其用途分为以下三类:

(1)适用于变形缝用止水带,用 B 表示;

(2)适用于施工缝用止水带,用 S 表示;

(3)适用于有特殊耐老化要求的接缝用止水带,用 J 表示。

具有钢边的止水带,用 G 表示。

(二)执行标准

《高分子防水材料　第二部分　止水带》(GB 18173.2—2000)。

(三)相关标准

《硫化橡胶或热塑性橡胶　拉伸应力应变性能的测定》(GB/T 528—2009)。

《硫化橡胶或热塑性橡胶　撕裂强度的测定(裤形、直角形和新月形试样)》(GB/T 529—2008)。

《硫化橡胶或热塑性橡胶压入硬度试验方法　第 2 部分:便携式橡胶国际硬度计法》(GB/T 531.2—2009)。

《橡胶物理试验方法试样制备和调节通用程序》(GB/T 2941—2006)。

《硫化橡胶或热塑性橡胶　热空气加速老化和耐热试验》(GB/T 3512—2001)。

《硫化橡胶、热塑性橡胶　常温、高温和低温下压缩永久变形的测定》(GB/T 7759—1996)。

《硫化橡胶或热塑性橡胶耐臭氧老化试验　静态拉伸试验法》(GB/T 7762—2003)。

《硫化橡胶低温脆性的测定(多试样法)》(GB/T 15256—1994)。

(四)性能指标

1. 尺寸公差

止水带的尺寸公差应符合表 4-1-9 的规定。

**表 4-1-9　尺寸公差**

| 项　目 | 公称厚度 $\delta$(mm) | | | 宽度 $L$(%) |
|---|---|---|---|---|
| | 4~6 | >6~10 | >10~20 | |
| 极限偏差 | $^{+1}_{0}$ | $^{+1.3}_{0}$ | $^{+2}_{0}$ | ±3 |

2. 外观质量

(1)止水带表面不允许有开裂、缺胶、海绵状等影响使用的缺陷,中心孔偏心不允许超过管状断面厚度的 1/3。

(2)止水带表面允许有深度不大于 2 mm、面积不大于 16 $mm^2$ 的凹痕、气泡、杂质、明疤等缺陷不超过 4 处;但设计工作面仅允许有深度不大于 1 mm、面积不大于 10 $mm^2$ 的缺陷不超过 3 处。

3. 物理性能

止水带的物理性能应符合表 4-1-10 的规定。

**表 4-1-10　止水带的物理性能**

| 序号 | 项　目 | | 指标 B | 指标 S | 指标 J |
|---|---|---|---|---|---|
| 1 | 硬度,(邵尔 A)度 | | 60±5 | 60±5 | 60±5 |
| 2 | 拉伸强度(MPa),≥ | | 15 | 12 | 10 |
| 3 | 扯断伸长率(%),≥ | | 380 | 380 | 300 |
| 4 | 压缩永久变形(%) | 70 ℃×24 h,≤ | 35 | 35 | 35 |
| | | 23 ℃×168 h,≤ | 20 | 20 | 20 |

续上表

<table>
<tr><th rowspan="2">序号</th><th rowspan="2" colspan="3">项　目</th><th colspan="3">指　　标</th></tr>
<tr><th>B</th><th>S</th><th>J</th></tr>
<tr><td>5</td><td colspan="3">撕裂强度(kN/m),≥</td><td>30</td><td>25</td><td>25</td></tr>
<tr><td>6</td><td colspan="3">脆性温度(℃),≤</td><td>-45</td><td>-40</td><td>-40</td></tr>
<tr><td rowspan="6">7</td><td rowspan="6">热空气老化</td><td rowspan="3">70 ℃ ×168 h</td><td>硬度变化(邵尔 A)度,≤</td><td>+8</td><td>+8</td><td rowspan="3">—</td></tr>
<tr><td>拉伸强度(MPa),≥</td><td>12</td><td>10</td></tr>
<tr><td>扯断伸长率(%),≥</td><td>300</td><td>300</td></tr>
<tr><td rowspan="3">100 ℃ ×168 h</td><td>硬度变化(邵尔 A)度</td><td rowspan="3">—</td><td rowspan="3">—</td><td>+8</td></tr>
<tr><td>拉伸强度(MPa),≥</td><td>9</td></tr>
<tr><td>扯断伸长率(%),≥</td><td>250</td></tr>
<tr><td>8</td><td colspan="3">臭氧老化 50 pphm:20%,48 h</td><td>2 级</td><td>2 级</td><td>2 级</td></tr>
<tr><td>9</td><td colspan="3">橡胶与金属黏合</td><td colspan="3">断面在弹性体内</td></tr>
</table>

注:1. 橡胶与金属黏合项仅适用于具有钢边的止水带。
2. 若有其他特殊需要时,可由供需双方协议适当增加检验项目,如根据用户需要酌情考核霉菌试验,但其防霉性应等于或高于 2 级。

4. 接头部位性能

止水带接头部位的拉伸强度指标不得低于表 4-1-10 中标准性能的 80%(现场施工接头除外)。

(五)验收批量

1. 出厂检验

以每月同标记的止水带产量为一批。

2. 型式检验

通常在下列情况之一时应进行型式检验:

(1)新产品的试制定型鉴定;

(2)产品的结构、设计、工艺、材料、生产设备、管理等方面有重大改变;

(3)转产、转厂、停产后复产;

(4)合同规定;

(5)出厂检验结果与上次型式检验有较大差异;

(6)国家质量监督检验机构提出进行该项试验的要求。

在正常情况下,臭氧老化应为每年至少进行一次检验,其余各项为每半年进行一次检验。

(六)取样方法

逐一进行规格尺寸和外观质量检验;并在上述检验合格的样品中随机抽取足够的试样,进行物理性能检验。

(七)样品数量

物理力学性能的样品在 23 ℃ ±2 ℃标准状态下静置 24 h 后按表 4-1-11 的要求裁取。

(八)检测项目

1. 出厂检验

应逐批对止水带的尺寸公差、外观质量、拉伸强度、扯断伸长率、撕裂强度进行出厂检验。

2. 型式检验

**表 4-1-11　试片形状与数量**

<table>
<tr><th rowspan="2">序号</th><th colspan="2" rowspan="2">项　目</th><th rowspan="2">试片形状</th><th colspan="2">数　量</th></tr>
<tr><th>纵向</th><th>横向</th></tr>
<tr><td>1</td><td colspan="2">拉伸性能</td><td>GB 528 中的哑铃Ⅰ型</td><td>5</td><td>5</td></tr>
<tr><td>2</td><td colspan="2">撕裂强度</td><td>GB 529 中直角型试片</td><td>5</td><td>5</td></tr>
<tr><td>3</td><td>热空气老化</td><td>拉伸性能</td><td>GB 528 中的哑铃Ⅰ型</td><td>3</td><td>3</td></tr>
<tr><td>4</td><td>耐碱性</td><td>拉伸性能</td><td>GB 528 中的哑铃Ⅰ型</td><td>3</td><td>3</td></tr>
<tr><td>5</td><td>臭氧老化</td><td>拉伸性能</td><td>GB 528 中的哑铃Ⅰ型</td><td>3</td><td>3</td></tr>
</table>

所列的全部技术指标项目为型式检验项目。

(九)质量评定

尺寸公差、外观质量及物理性能各项指标全部符合技术要求,则为合格品,若物理性能有一项指标不符合技术要求,应另取双倍试样进行该项复试,复试结果如仍不合格,则该批产品为不合格。

(十)使用注意事项

1. 止水带应用不得影响其质量的适宜物品进行包装。

2. 每一包装应有合格证,并注明产品名称、产品标记、商标、制造厂名、厂址、生产日期、产品标准编号。

3. 止水带在运输与储存时,应注意勿使包装损坏,放置于通风、干燥处,并应避免阳光直射,禁止与酸、碱、油类及有机溶剂等接触,且隔离热源;应保存于室内,并不得重压。

4. 自生产日期起一年内产品性能应符合本标准的规定。

5. 其他注意事项参见铁路隧道用止水带部分。

## 四、中空锚杆

(一)概述

锚杆是深入岩土内部并控制岩土变形的细长杆体,可包括垫板、螺母等部件。普通中空锚杆是由中空锚杆体、垫板、螺母、止浆塞、锚头等组成的锚杆,如图 4-1-1 所示。组合中空锚杆是由中空锚杆体、钢筋、连接套、垫板、螺母、止浆塞、锚头、排气管等组成的锚杆,如图 4-1-2 所示。

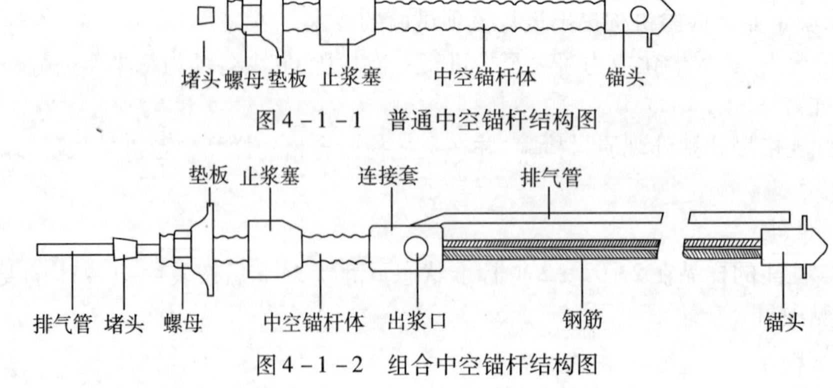


图 4-1-1　普通中空锚杆结构图



图 4-1-2　组合中空锚杆结构图

普通中空锚杆的产品规格见表 4-1-12。

**表 4-1-12　普通中空锚杆产品规格**

| 产品类别 | 产　品　规　格 | 中空锚杆体材料牌号 |
| --- | --- | --- |
| 普通中空锚杆 | $\phi 25\times 5$ | Q345 或符合规定的其他材料 |
| | $\phi 25\times 7$ | |
| | $\phi 28\times 5.5$ | |
| | $\phi 32\times 6$ | |

组合中空锚杆的产品规格见表 4-1-13。

**表 4-1-13　组合中空锚杆产品规格**

| 产品类别 | 产　品　规　格 | 钢　筋　牌　号 | 中空锚杆体材料牌号 |
| --- | --- | --- | --- |
| 组合中空锚杆 | $\phi 20$ | HRB335 或 HRB400 | Q345 或符合规定的其他材料 |
| | $\phi 22$ | | |
| | $\phi 25$ | | |

(二)执行标准

《中空锚杆技术条件》(TB/T 3209—2008)。

(三)相关标准

《六角厚螺母》(GB/T 56—1988)。

《金属材料　拉伸试验　第 1 部分:室温试验方法》(GB/T 228.1—2010)。

《优质碳素结构钢》(GB/T 699—1999)。

《碳素结构钢》(GB/T 700—2006)。

《热轧钢板和钢带的尺寸、外形、重量及允许偏差》(GB/T 709—2006)。

《钢筋混凝土用钢　第 2 部分:热轧带肋钢筋》(GB 1499.2—2007)。

《低合金高强度结构钢》(GB/T 1591—2008)。

《合金结构钢》(GB/T 3077—1999)。

《结构用无缝钢管》(GB/T 8162—2008)。

《钢筋机械连接技术规程》(JGJ 107—2010)。

《滚轧直螺纹钢筋连接接头》(JG 163—2004)。

《公路波形梁钢护栏》(JT/T 281—2007)。

《环氧树脂涂层钢筋》(JG 3042—1997)。

(四)性能指标

1. 普通中空锚杆

(1)产品使用

①普通中空锚杆用于边墙或锚孔向下倾斜的部位时,应采用锚孔底出浆、锚孔口排气的排气注浆工艺,锚孔内的砂浆由里向外充盈,中空锚杆体兼进浆管用。

②普通中空锚杆用于拱部或锚孔向上倾斜、且仰角大于 30°的部位时,应采用锚孔口进浆、锚孔底排气的排气注浆工艺,锚孔内的砂浆由外向内充盈,砂浆由进浆管注入锚孔,中空锚杆体的中空内孔作排气回浆管用,锚孔内的空气从中空锚杆体的中空内孔排出,注浆完成后,应立即安装堵头。

③进浆管及兼进浆管用中空锚杆体的内径不应小于 16 mm。

④进浆管露头端应有螺纹或其他注浆连接装置。

⑤中空锚杆体应有居中措施。

(2)中空锚杆体结构

①中空锚杆体的外表面应有与螺母相配的连续螺纹,螺距8~13 mm,螺纹高度1~2 mm。

②当采用带排气装置的中空锚杆体时,兼进浆管用的中空锚杆可经连接套与中空锚杆体连接。连接套上应设出浆口,出浆口不应少于2个,直径不应小于16 mm,并应按径向均匀布置。与中空锚杆体中空内孔相通的排气管,其内径不应小于6 mm。

③中空锚杆体可采用连接套接长,连接套与中空锚杆体之间不应采用焊接。

(3)中空锚杆体材料

①中空锚杆体应优先采用符合GB/T 8162—2008、牌号为Q345的结构用无缝钢管。

②在满足碳当量$C_{eq}$不大于0.55%,断后伸长率$A$不小于16%的前提下,中空锚杆体可采用符合国家或行业标准规定的其他牌号无缝钢管。

③碳当量$C_{eq}$值的计算应符合GB/T 1499.2—2007规定。

(4)交货状态

中空锚杆体应以热轧、正火热处理或正火加回火热处理状态交货。

(5)中空锚杆体的公称直径、公称壁厚、公称截面积、公称质量及允许偏差

①中空锚杆体的公称直径、公称壁厚、公称截面积、公称质量及允许偏差应符合表4-1-14的规定。

**表4-1-14　中空锚杆体的公称直径、公称壁厚、公称截面积、公称质量及允许偏差**

| 普通中空锚杆产品规格 | 牌　号 | 公称直径(mm) | 公称壁厚(mm) | 公称截面积($mm^2$) | 质　量 | |
|---|---|---|---|---|---|---|
| | | | | | 公称质量(kg/m) | 允许偏差(%) |
| $\phi25\times5$ | Q345 | 25 | 5 | 314.2 | 2.47 | ±4 |
| $\phi25\times7$ | | 25 | 7 | 395.8 | 3.11 | |
| $\phi28\times5.5$ | | 28 | 5.5 | 388.8 | 3.05 | |
| $\phi32\times6$ | | 32 | 6 | 490.1 | 3.85 | |

②当采用符合标准规定的其他材料作中空锚杆体时,其公称直径应符合表4-1-14的规定。公称质量、公称截面积、公称壁厚可根据屈服力和最大力的设计值推算。

(6)中空锚杆体力学性能

①中空锚杆体的屈服力、最大力和断后伸长率应符合表4-1-15的规定。

**表4-1-15　中空锚杆体的屈服力、最大力和断后伸长率$A$**

| 普通中空锚杆产品规格 | 牌　号 | 屈服强度$R_{el}$(MPa) | 抗拉强度$R_m$(MPa) | 屈服力(kN) | 最大力(kN) | 断后伸长率$A$(%) |
|---|---|---|---|---|---|---|
| | | | | 不小于 | | |
| $\phi25\times5$ | Q345 | 325 | 490 | 102 | 153 | 21 |
| $\phi25\times7$ | | | | 128 | 193 | |
| $\phi28\times5.5$ | | | | 126 | 190 | |
| $\phi32\times6$ | | | | 159 | 240 | |

注:1. 屈服力是指纵向拉伸的中空锚杆体在屈服期间,不计初始瞬时效应时所测得的最小拉力。

2. 最大力是指拉断中空锚杆体时所测得的最大拉力。

②当采用满足标准规定的其他材料作中空锚杆体时,应满足屈服力、最大力的设计值,屈服强度 $R_{el}$、极限强度 $R_{m}$ 和断后伸长率 $A$ 的最小值应符合相应国家或行业标准规定。

③中空锚杆体纵向拉伸试样应有明显的屈服(颈缩)台阶。

④中空锚杆体实测最大力与实测屈服力之比不应小于 1.25。

⑤中空锚杆体实测屈服力与标准规定的屈服力最小值之比不应大于 1.30。

⑥中空锚杆体最薄弱处最大承载能力的实测值不应小于表 4-1-15 规定的中空锚杆体最大力最小值。

(7)中空锚杆体连接套材料

中空锚杆体连接套应选用符合 GB/T 699—1999 规定的45 钢或符合型式检验要求的其他材料。

(8)中空锚杆体端头

中空锚杆体端头应设置锚头,并优先采用锚固力不小于 1 kN 的涨壳式锚头。

(9)中空锚杆体表面质量

①中空锚杆体的内外表面不允许有裂缝、折叠、轧折、离层、结疤和锈斑等缺陷。

②中空锚杆体内外表面油污应清除。

③中空锚杆体露头端的外表面应热镀锌或覆环氧树脂涂层,其范围不应小于 500 mm;热镀锌应符合 JT/T 281—2007 规定,镀锌层平均厚度不应小于 0.061 mm;环氧树脂涂层应符合 JG 3042—1997 规定。

2. 组合中空锚杆

(1)产品使用

①组合中空锚杆适用于拱部或锚孔向上倾斜的部位。

②组合中空锚杆用于锚孔向下倾斜的部位时,锚孔俯角不应大于 30°。

③组合中空锚杆注浆时,砂浆经中空锚杆体的中空内孔从连接套上的出浆口进入锚孔,锚孔内的砂浆由外向里充盈,锚孔内的空气从排气管排出,注浆完成后,应立即安装堵头。

④组合锚杆体应有居中措施。

(2)组合锚杆体结构

①组合锚杆体由中空锚杆体经连接套与钢筋连接组合而成,连接套上应设出浆口,出浆口不应少于两个,直径不应小于 16 mm,并应按径向均匀布置。

②连接套与中空锚杆体、钢筋间的连接应采用直螺纹机械连接,不应采用焊接。

(3)组合锚杆体材料

①钢筋应优先采用符合 GB/T 1499.2—2007 规定,牌号为 HRB335 或 HRB400 的钢筋混凝土用热轧带肋钢筋。在满足碳当量 $C_{eq}$ 不大于 0.55%,断后伸长率 $A$ 不小于 16% 的前提下,可采用符合国家或行业标准规定的其他钢筋。

②中空锚杆体的结构、材料和交货状态与普通中空锚杆的要求相同。

③组合锚杆体的公称直径、公称壁厚、公称截面积、公称质量及允许偏差应符合表 4-1-16 的规定。

(4)组合锚杆体力学性能

①组合锚杆体的屈服力、最大力和断后伸长率应符合表 4-1-17 的规定。

②中空锚杆体纵向拉伸试样的屈服(颈缩)台阶、实测最大力与实测屈服力之比、实测屈服力与标准规定的屈服力最小值之比与普通中空锚杆的要求相同。

**表 4-1-16　组合锚杆体的公称直径、公称壁厚、公称截面积、公称质量及允许偏差**

| 组合中空锚杆产品规格 | 钢筋 | | | | | 中空锚杆体(牌号为 Q345) | | | | |
|---|---|---|---|---|---|---|---|---|---|---|
| | 公称直径(mm) | 牌号 | 公称截面积(mm) | 质量 | | 公称直径(mm) | 公称壁厚(mm) | 公称截面积($mm^2$) | 质量 | |
| | | | | 公称质量(kg/m) | 允许偏差(%) | | | | 公称质量(kg/m) | 允许偏差(%) |
| $\phi$20 | 20 | HRB335 | 314.2 | 2.47 | ±5 | 30 | 4 | 326.7 | 2.56 | ±4 |
| $\phi$22 | 20 | HRB400 | 314.2 | 2.47 | | 30 | 5 | 392.7 | 3.08 | |
| | 22 | HRB335 | 380.1 | 2.98 | ±4 | | | | | |
| $\phi$25 | 25 | HRB335 | 490.9 | 3.85 | | 32 | 6 | 490.1 | 3.85 | |

**表 4-1-17　组合锚杆体的屈服力、最大力和断后伸长率**

| 组合中空锚杆产品规格 | 钢筋 | | | | | | 中空锚杆体(牌号为 Q345) | | | | |
|---|---|---|---|---|---|---|---|---|---|---|---|
| | 牌号 | 屈服强度 $R_{el}$(MPa) | 极限强度 $R_m$(MPa) | 屈服力(kN) | 最大力(kN) | 断后伸长率 $A$(%) | 屈服强度 $R_{et}$(MPa) | 极限强度 $R_m$(MPa) | 屈服力(kN) | 最大力(kN) | 断后伸长率 $A$(%) |
| | | | | 不小于 | | | | | 不小于 | | |
| $\phi$20 | HRB335 | 335 | 455 | 105 | 142 | 17 | 325 | 490 | 106 | 160 | 21 |
| $\phi$22 | HRB400 | 400 | 540 | 126 | 170 | 16 | | | 127 | 192 | |
| | HRB335 | 335 | 455 | 127 | 172 | 17 | | | | | |
| $\phi$25 | HRB335 | 335 | 455 | 164 | 223 | 17 | | | 159 | 240 | |

③组合锚杆体承载能力：组合锚杆体最薄弱处最大力的实测值不应小于表 4-1-17 规定的钢筋最大力最小值。

(5)丝头

与连接套连接的钢筋及中空锚杆体的丝头应符合 JG 163—2004 规定。

(6)组合锚杆体连接套

连接套的材料要求与普通中空锚杆相同。连接套的内螺纹应符合 JG 163—2004 规定。

(7)组合锚杆体表面质量

①组合锚杆体的内外表面不应有裂缝、折叠、轧折、离层、结疤和锈斑等缺陷。

②组合锚杆体内外表面的油污应清除。

③中空锚杆体和连接套的外表面应热镀锌或覆环氧树脂涂层；热镀锌应符合 JT/T 281—2007 规定，镀锌层平均厚度不应小于 0.061 mm；环氧树脂涂层应符合 JG 3042—1997 规定。

(8)排气管

①排气管应沿钢筋全长设置，并与钢筋固定，端头应有防堵措施。

②排气管应采用无污染、耐腐蚀的热塑性塑料管材。

③排气管的内径不应小于 6 mm。

3. 锚杆体标准长度及允许偏差

锚杆体的标准长度及允许偏差应符合表 4-1-18 的规定。

表 4－1－18　锚杆体的标准长度及允许偏差

| 标准长度 $L$ | 允许偏差(mm) |
|---|---|
| 2.5,3.0,3.5,4.0,4.5 | +5<br>－5 |

注:根据用户要求,可提供其他长度的锚杆体。

4. 锚杆体弯曲度和端头

(1)锚杆体的弯曲度不应影响正常使用,必要时需进行校直处理,每米弯曲度不应大于 4 mm,总弯曲度不应大于锚杆体总长度的 0.3%。

(2)锚杆体的端部应剪切正直,端部螺纹长度不小于 200 mm。

5. 垫板

(1)垫板应选用符合 GB/T 709—2006 牌号 Q235 的热轧钢板。

(2)垫板尺寸及允许偏差应符合表 4－1－19 的规定。

(3)垫板应冲压成碟形。

表 4－1－19　垫板尺寸及允许偏差

| 规　格 | 边长(mm) | 边长(mm) | 厚度(mm) |
|---|---|---|---|
| 150×150×6 | $150_{-5}$ | $150_{-5}$ | $6_{-0.55}$ |
| 150×150×8 | $150_{-5}$ | $150_{-5}$ | $8_{-0.60}$ |
| 200×200×10 | $200_{-5}$ | $200_{-5}$ | $10_{-0.60}$ |
| 200×200×12 | $200_{-5}$ | $200_{-5}$ | $12_{-0.60}$ |

注:垫板按设计要求选用。

6. 螺母

螺母应采用一端球形的六角螺母,并应符合 GB/T 56—1988 的规定。

7. 止浆塞和锚头

(1)止浆塞和锚头应采用无污染、耐腐蚀的橡胶、塑料、金属或木材加工。

(2)止浆塞应满足不小于 1 MPa 注浆压力的使用要求。

(3)锚头出浆口的内径不应小于 16 mm。

(五)验收批量

产品交货时,应按批检验,每批由同一批号、同一规格的成品组成,每批的数量不应超过 1 000 套。

(六)取样方法

取样方法及试验方法按表 4－1－20 所列标准规定进行。

表 4－1－20　取样方法及试验方法

| 序　号 | 检验项目 | 取样及试验方法 |
|---|---|---|
| 1 | 外形尺寸 | 精度 0.1 mm 量具 |
| 2 | 锚杆体长度 | 精度 1 mm 卷尺 |
| 3 | 钢筋力学性能 | GB/T 228.1—2010 |
| 4 | 中空锚杆体力学性能 | GB/T 228.1—2010 |
| 5 | 中空锚杆体承载能力 | GB/T 228.1—2010 |
| 6 | 组合锚杆体承载能力 | GB/T 228.1—2010 |
| 7 | 表面质量 | 肉眼、锉刀、测厚仪或 JT/T 281—2007、JG 3042—1997 等 |
| 8 | 质量 | 磅秤,精确到 0.5 kg |

（七）样品数量

1. 中空锚杆体力学性能、钢筋力学性能、中空锚杆承载能力和组合锚杆承载能力每批各抽检2套；对质量有怀疑时，可增加抽检数量。

2. 外形尺寸、锚杆体长度、表面质量、质量按2%比例抽查。

（八）检测项目

普通中空锚杆应检验产品规格，中空锚杆体的牌号、屈服力、最大力、断后伸长率、质量和表面质量、垫板尺寸，有连接套时，应检验中空锚杆体的承载能力；组合中空锚杆应检验产品规格，钢筋和中空锚杆体的牌号、屈服力、最大力、断后伸长率、组合锚杆体的承载能力、质量和表面质量，出浆孔、排气管和垫板尺寸。

（九）质量评定

当有一个试样的检验结果不符合规定时，应从同一批中重新随机抽取两倍数量进行复验，如复验结果仍不合格，该批产品判定为不合格。

（十）使用注意事项

1. 锚杆体应捆扎交货，每捆规格、批号相同。

2. 每捆锚杆体数量应便于运输和装卸。

3. 成捆交货的锚杆体，每捆应挂两个合格证标牌，合格证上应有生产企业（或商标）、批号、规格、数量、制造日期。

4. 交货的每批普通中空锚杆产品质量证明书应填写：制造单位、产品标准、规格、数量、批号、日期、中空锚杆体的牌号、公称截面积、交货状态、屈服力、最大力、断后伸长率、质量，垫板的牌号和尺寸。有连接套时，应填写中空锚杆体最薄弱处的最大力。

5. 交货的每批组合中空锚杆产品质量证明书应填写：制造单位、产品标准、规格、数量、批号、日期、钢筋和中空锚杆体的牌号、公称截面积、交货状态、屈服力、最大力、断后伸长率、组合锚杆体最薄弱处的最大力、质量、垫板的牌号和尺寸。

6. 钻锚杆孔前，应根据设计要求和围岩情况，定出孔位，做出标记。锚杆孔距的允许偏差为150 mm。水泥砂浆锚杆孔深允许偏差为50 mm，树脂锚杆和快硬水泥卷锚杆的孔深应不小于锚杆体有效长度，且不应大于锚杆体有效长度30 mm。水泥砂浆锚杆孔径应大于锚杆体直径15 mm，树脂锚杆和快硬水泥卷锚杆孔径宜为42～50 mm，小直径锚杆孔径宜为28～32 mm。

7. 锚杆安装前应做好以下检查工作。

（1）锚杆原材料型号、规格、品种，以及锚杆各部件质量和技术性能符合设计要求。

（2）锚杆孔位、孔径、孔深及布置形式符合设计要求。

（3）孔内积水和岩粉应吹洗干净。

## 五、水泥锚杆卷式锚固剂

（一）概述

水泥锚杆卷式锚固剂是以普通硅酸盐水泥等为基材掺以外加剂的混合物，或单一特种水泥，按一定规格包上特种透水纸而呈卷状，浸水后经水化作用能迅速产生强力锚固作用的水硬性胶凝材料。卷式锚固剂产品分类及代号见表4－1－21。

卷式锚固剂产品规格见表4－1－22。

（二）执行标准

《水泥锚杆　卷式锚固剂》（MT 219—2002）。

**表 4－1－21　产品分类及代号**

<table>
<tr><th>锚固剂类型</th><th>锚固卷结构形式</th><th>代号</th><th>使用时吸水方式</th></tr>
<tr><td rowspan="2">混合型</td><td>实心</td><td>HS</td><td rowspan="4">浸水式</td></tr>
<tr><td>空心</td><td>HK</td></tr>
<tr><td rowspan="2">单一型</td><td>实心</td><td>DS</td></tr>
<tr><td>空心</td><td>DK</td></tr>
</table>

**表 4－1－22　卷式锚固剂产品规格**

<table>
<tr><th>锚固卷结构形式</th><th colspan="2">直径(mm)</th><th>长度(mm)</th><th>锚固剂表观密度(kg/m³)</th><th>适于钻孔直径(mm)</th></tr>
<tr><td rowspan="4">实心式</td><td colspan="2">37</td><td rowspan="4">225</td><td rowspan="4">1 470</td><td>42</td></tr>
<tr><td colspan="2">33</td><td>38</td></tr>
<tr><td colspan="2">27</td><td>32</td></tr>
<tr><td colspan="2">22</td><td>27</td></tr>
<tr><td rowspan="2">空心式</td><td>外径</td><td>内径</td><td>225</td><td rowspan="2">1 800(含骨料)</td><td rowspan="2">42</td></tr>
<tr><td>37</td><td>配套杆体直径＋2</td><td>280</td></tr>
</table>

(三)相关标准

《水泥标准稠度用水量、凝结时间、安定性试验方检验方法》(GB/T 1346—2011)。

《周期检验计数抽样程序及表(适用于对过程稳定性的检验)》(GB/T 2829—2002)。

《随机数的产生及其在产品质量抽样检验中的应用程序》(GB/T 10111—2008)。

《计数抽样检验程序　第 2 部分:按极限质量(LQ)检索的孤立批检验抽样方案》(GB/T 2828.2—2008)。

《水泥锚杆　杆体》(MT 218—2002)。

(四)性能指标

1. 锚固剂所用原材料均应符合相应国家标准和行业标准的要求。

2. 外观质量、尺寸及表观密度偏差应符合表 4－1－23 的规定。

**表 4－1－23　外观质量、尺寸偏差**

<table>
<tr><td>外　观　质　量</td><td colspan="3">锚固卷扎口必须严实,不得有破损</td></tr>
<tr><td rowspan="3">尺寸及表观密度偏差允许值</td><td>直径(mm)</td><td>长度(mm)</td><td>表观密度(kg/m³)</td></tr>
<tr><td rowspan="2">±1</td><td rowspan="2">±5</td><td>实心式 $^{+30}_{-20}$</td></tr>
<tr><td>空心式 $^{+50}_{-30}$</td></tr>
</table>

3. 锚固剂的凝结时间应符合表 4－1－24 的规定。

**表 4－1－24　锚固剂凝结时间**

<table>
<tr><th rowspan="2">锚　杆　方　式</th><th colspan="2">凝结时间(min)</th><th rowspan="2">试验环境、相关条件</th></tr>
<tr><th>初凝</th><th>终凝</th></tr>
<tr><td>端锚</td><td>1～4</td><td><7</td><td rowspan="2">温度:20 ℃ ±2 ℃;相对湿度:60% ～70%;水灰比:0.3;拌和水温:20 ℃ ±1 ℃</td></tr>
<tr><td>全锚</td><td>4～7</td><td><10</td></tr>
</table>

4. 锚固剂的抗压强度应不小于表 4－1－25 的规定值。

**表 4-1-25　锚固剂抗压强度**

| 锚杆方式 | 抗压强度(MPa) | | | 试验环境、相关条件 |
|---|---|---|---|---|
| | 0.5 h | 1 h | 24 h | |
| 端锚 | 12 | 18 | 25 | 温度:20 ℃ ±2 ℃;相对湿度:80% ~90%;水灰比:0.3;拌和水温:20 ℃ ±1 ℃ |
| 全锚 | 9 | 15 | 25 | |

5. 卷式锚固剂安装后锚固力应符合以下规定。

与杆体配套安装后 0.5 h 所测定的锚固力应不小于 50 kN,24 h 的锚固力应不小于 70 kN。

6. 锚固剂的膨胀性应符合以下规定。

锚固剂试件 0.5 h 内最大膨胀率应不小于 0.1% ,28 d 膨胀率测定应大于 0。

7. 锚固卷用锚杆纸技术性能应符合下列要求:

(1)定量规定:28 $g/m^2$,偏差 ±3 $g/m^2$;

(2)纵向抗张强度不小于 1.8 kN/m;

(3)纵向湿抗张强度不小于 0.6 kN/m;

(4)过滤速度不大于 30 s。

(五)验收批量

1. 出厂检验与进场检验

出厂检验批量为 2 000 卷。每批次进场检验一次,每检验批代表数量不超过 500 卷。

2. 型式检验

通常在下列情况之一时应进行型式检验:

(1)试制的新产品进行投产鉴定时;

(2)正式生产时,年产或累计产量达 20 万件时;

(3)产品的材料或工艺有重大改变,可能影响产品性能时;

(4)出厂检验结果与上次型式检验有较大差异时;

(5)产品停产半年以上再恢复生产时;

(6)国家质量监督检验机构提出进行该项试验要求时。

(六)取样方法

1. 出厂检验样品按 GB/T 10111—2008 的规定,从提交的检验批中随机抽取。抽样检验采用 GB/T 2828.2—2008 规定的抽样方案;类型选用一次抽样,批量 $N$ 为 2 000,极限质量 LQ 选用 32.0,采用模式 B,检验水平为 S-3。样本大小 $n=13$,合格判定数 $A_c=1$,不合格判定数 $R_e=2$。

2. 型式检验的样品应从经出厂检验合格的产品中,按 GB/T 10111—2008 的规定随机抽取,抽样标准符合 GB/T 2829—2002 的规定。

(七)样品数量

1. 出厂检验样本大小为 13。进场检验每批随机抽检 10 卷进行外观检验,每次抽样 900g 进行指标检测。

2. 型式检验样本量为 4。

(八)检测项目

1. 出厂检验项目为外观、尺寸、表观密度、凝结时间、锚固力、膨胀率。进场检验凝结时间和抗压强度。

2. 型式检验项目:外观、尺寸、表观密度、凝结时间、抗压强度、锚固力、膨胀率。

(九)质量评定

1. 出厂检验批合格或不合格的判定规则按 GB/T 2828.2—2008 的规定执行。进场检验时所检指标合格方可使用。

2. 形式检验判定规则对照检验项目要求检验,并累计合格数或不合格数,按抽样方案判定检验合格或不合格。

(十)使用注意事项

1. 锚固卷应用厚度大于0.03 mm 的塑料薄膜包装并封口,一般每4~10个为一袋,每4~6袋装入一纸箱,每箱总重不超过15 kg为宜,箱体尺寸应能包装箱内锚固卷整齐挨紧排放。

2. 装卸运输时不得抛掷,产品应存放于干燥、通风、不漏雨的仓库内,堆放于货架上,防止受潮。

3. 产品应按出厂日期先后,分批存放,依次发放使用,库内储存期不得超过1个月,使用前储存期不得超过2个月,雨季储存期应相应缩短。

## 六、预应力混凝土管

(一)概述

预应力混凝土管是指在混凝土管壁内建立有双向预应力的预制混凝土管。按管子的成型工艺可分为一阶段管和三阶段管。按管子的接头密封形式又可为滚动密封胶圈柔性接头和滑动密封胶圈柔性接头。预应力混凝土管公称内径400~3 000 mm,管线运行工作压力或静水头不大于1.2 MPa,管顶覆土深度不超过10 m。

一阶段管是指采用振动挤压工艺生产的预应力混凝土管,包括传统的一阶段管(管子代号:YYG)和一阶段逊他布管(管子代号:YYGS)。管子的外保护层为混凝土,管子的结构形式为整体式。三阶段管是指采用管芯缠丝工艺生产的预应力混凝土管,包括传统的三阶段管(管子代号:SYG)和三阶段罗克拉管(管子代号:SYGL)。管子的外保护层为水泥砂浆,管子的结构形式为复合式。

振动挤压工艺指首先向安放有钢筋骨架(已实施纵向张拉)的管模内灌注新拌混凝土,然后在养护台位上向内模的橡胶套内注入符合设计要求的压力水,对新成型的混凝土管壁实施挤压排水使混凝土密实,同时实施环向预应力钢丝张拉,再经养护、卸压、脱模而制作管子的一种制管方法。管芯缠丝工艺指首先采用离心成型工艺或悬辊成型工艺或立式振动成型工艺制作带有纵向预应力的混凝土管芯,经养护、脱模后再以螺旋方式在管芯外表面缠绕环向预应力钢丝,在管壁混凝土内建立环向预应力,最后在缠丝管芯外表面制作水泥砂浆保护层而制作管子的一种制管方法。

滚动胶圈柔性接头指在管道安装就位时,位于管子接头内的圆形橡胶密封圈以滚动方式进入安装位置的一种管子接头形式,橡胶密封圈的最终安装位置在管子插口工作面靠近止胶台附近。滑动胶圈柔性接头指在管道安装就位时,位于管子接头内的圆形橡胶密封圈的位置保持不变,管子的承口工作面与橡胶密封圈之间以滑动方式进入安装位置的一种管子接头形式。管端处管子插口工作面上带有胶圈凹槽,橡胶密封圈的最终安装位置在管子插口工作面的胶圈凹槽内。

(二)执行标准

《预应力混凝土管》(GB 5696—2005)。

(三)相关标准

《通用硅酸盐水泥》(GB 175—2007)。

《抗硫酸盐硅酸盐水泥》(GB 748—2005)。

《钢筋混凝土用钢　第2部分:热轧带肋钢筋》(GB 1499.2—2007)。

《用于水泥和混凝土中的粉煤灰》(GB 1596—2005)。

《预应力混凝土用钢丝》(GB/T 5223—2002)。

《预应力混凝土用钢绞线》(GB/T 5224—2003)。

《混凝土外加剂》(GB 8076－2008)。

《冷轧带肋钢筋》(GB 13788－2008)。

《建筑用砂》(GB/T 14684－2011)。

《建筑用卵石、碎石》(GB/T 14685－2011)。

《混凝土输水管试验方法》(GB/T 15345—2003)。

《高强高性能混凝土用矿物外加剂》(GB/T 18736—2002)。

《工业建筑防腐蚀设计规范》(GB 50046—2008)。

《普通混凝土力学性能试验方法标准》(GB/T 50081—2002)。

《混凝土外加剂应用技术规范》(GB 50119—2003)。

《混凝土结构工程施工质量验收规范》(GB 50204—2002)(2011版)。

《建筑防腐蚀工程施工及验收规范》(GB 50212—2002)。

《建筑防腐蚀工程质量检验评定标准》(GB 50224—2010)。

《给水排水管道工程施工及验收规范》(GB 50268—2008)。

《给水排水工程管道结构设计规范》(GB 50332—2002)。

《混凝土强度检验评定标准》(GB 50107—2010)。

《普通混凝土配合比设计规程》(JGJ 55—2011)。

《混凝土用水标准》(JGJ 63—2006)。

(四)性能指标

1. 纵向预应力

管体混凝土内必须设置纵向预应力钢筋,钢筋的张拉和锚固应符合管子结构设计要求。管体混凝土内由纵向预应力钢筋建立的纵向预应力值不得低于2.0 MPa。采用自锚锚固方式时,宜采用螺纹钢筋。

2. 混凝土强度

(1)一阶段管管体混凝土的强度等级不得低于C50;三阶段管管芯混凝土的强度等级不得低于C40。混凝土配合比设计应遵循JGJ 55的规定,混凝土的操作施工应遵循GB 50204的规定,混凝土中采用外加剂时应遵循GB 50119的规定。

(2)每班或每拌制100盘(不大于100 $mm^3$)相同配合比的混凝土时,一阶段管应取样制作2组立方体试件,分别用于测定脱模强度和28 d强度;三阶段管应取样制作3组立方体试件,分别用于测定脱模强度、缠丝强度和28 d强度。测定管体混凝土脱模强度和缠丝强度用的立方体试件的养护条件应与管子相同。

(3)脱模强度、缠丝强度及28 d强度由标准立方体强度乘以强度系数进行确定。强度系数由各厂经试验确定,在没有取得足够试验依据时可分别采用:振动挤压成型工艺的强度系数为1.5；离心成型工艺的强度系数为1.25；悬辊成型工艺或立式振动成型工艺的强度系数为1.0。

(4)制管用混凝土标准立方体试件28 d抗压强度的检验与评定应符合GB 50107的规定。

3. 管体抗渗性

(1)制造中的每一根管子或缠丝管芯都应进行管体抗渗性检验，抗渗检验压力值应为管道工作压力的1.5倍，最低的抗渗检验压力值应为0.2 MPa。

(2)在抗渗检验压力下，合格管体不应出现冒汗、淌水、喷水以及合缝漏水和纵筋串水现象；管体的外表面出现的任何单个潮片面积不应超过20 $cm^2$。

(3)管体如出现超出规定的管体渗漏时应作好标记，待卸压后对管子或管芯的渗漏部位进行修补或采取附加的养护措施。经修补的管子或缠丝管芯应重新进行管体抗渗检验，只有检验符合要求的管子或管芯才能运出车间或制作水泥砂浆保护层。

4. 成品质量

(1)外观质量

管子承口工作面不应有蜂窝、脱皮现象，缺陷凹凸度不大于2 mm，面积不大于30 $mm^2$。管子插口工作面不应有蜂窝、刻痕、脱皮、缺边等。管体内壁应平整，不应露石，不宜有浮渣；局部凹坑深度不应大于壁厚的1/5或10 mm。管体外壁保护层不应有脱落和不密实现象。一阶段管保护层空鼓面积累计不得超过40 $cm^2$。管子内外表面不得出现结构性裂缝，插口端安装线内的保护层厚度不得超过止胶台高度。

管子承插口工作面的环向连续碰伤长度不超过250 mm，且不降低接头密封性能和结构性能时，应予修补。一阶段管承插口端面外露的纵向钢筋头应清除掉并至少深入5 mm，其残留凹坑应采用砂浆或无毒防腐材料填补。管体所有标准允许修补的缺陷应修补完整、结合牢固，不应漏修。

(2)允许偏差

管体尺寸允许偏差不得超过表4-1-26、表4-1-27的规定。

**表4-1-26　一阶段(YYG、YYGS)成品管子允许偏差**　(单位：mm)

<table>
<tr><th rowspan="2">公称内径</th><th rowspan="2">内径 $D_0$</th><th rowspan="2">保护层厚度 $h$</th><th colspan="2">承　口</th><th colspan="2">插　口</th></tr>
<tr><th>工作面直径 $D_3$</th><th>工作面长度 $l_2$</th><th>工作面直径 $D_6$</th><th>止胶台外径 $D_5$</th></tr>
<tr><td>400～900</td><td>+6<br>-4</td><td rowspan="2">-2</td><td>±2</td><td>-2</td><td>±1</td><td rowspan="3">±2</td></tr>
<tr><td>1 000～1 400</td><td>+12<br>-4</td><td rowspan="2">+3<br>-2</td><td>-3</td><td rowspan="2">±2</td></tr>
<tr><td>1 600～2 000</td><td>+14<br>-4</td><td>-3</td><td>-4</td></tr>
</table>

**表4-1-27　三阶段(SYG、SYGL)成品管子允许偏差**　(单位：mm)

<table>
<tr><th rowspan="2">公称内径</th><th rowspan="2">内径 $D_0$</th><th rowspan="2">保护层厚度 $h$</th><th colspan="2">承　口</th><th colspan="2">插　口</th></tr>
<tr><th>工作面直径 $D_3$</th><th>工作面长度 $l_2$</th><th>工作面直径 $D_6$</th><th>止胶台外径 $D_5$</th></tr>
<tr><td>400～1 000</td><td>+4<br>-6</td><td rowspan="2">-2</td><td>+2<br>-1</td><td>-2</td><td>±1</td><td rowspan="2">±2</td></tr>
<tr><td>1 200～3 000</td><td>±8</td><td>±2</td><td>-3</td><td>±2</td></tr>
</table>

(3)抗渗性

成品管子的抗渗检验压力值应为管道工作压力的1.5倍，最低的抗渗检验压力值应为0.2 MPa。抗渗检验压力下管体不应出现冒汗、淌水、喷水；管体出现的任何单个潮片面积不应超过20 $cm^2$，管体任意外表面每平方米面积出现的潮片数量不得超过5处。抗渗检验过程中，管子的接头处不应滴水。

(4)抗裂性能

成品管在控制开裂标准组合条件下的抗裂检验内压应由下式求得。卧式水压试验时，采用公式计算所得的$p_t$值应扣除管重和水重的影响；立式水压试验时，采用公式计算所得的$p_t$值(管子顶部的压力值)应扣除管子垂直高度水柱的影响。管子在抗裂检验内压下恒压3 min，管体不得出现开裂。

$$p_t = (A_p \sigma_{pe} + f_{tk} A_{cm}) / a_{cp} b r_0 \quad (4-1-1)$$

式中 $p_t$——管子的抗裂检验内压，MPa；

$A_p$——每米管子长度环向预应力钢丝面积，$mm^2$；

$A_{cm}$——每米管子长度管壁截面内混凝土、钢丝及混凝土或砂浆保护层折算面积，$mm^2$；

$\sigma_{pe}$——环向钢丝最终有效预加应力，$N/mm^2$；

$f_{tk}$——制管用混凝土抗拉强度标准值，$N/mm^2$；

$a_{cp}$——预压效应系数，取1.25；

$b$——管子轴向计算长度，m；

$r_0$——管子内半径，mm。

(5)管子接头允许相对转角

管子接头允许相对转角应符合表4-1-28的规定。管子接头转角试验在抗渗检验压力下恒压5 min，达到标准规定的允许相对转角时管子接头不应出现渗漏水。

**表4-1-28 管子接头允许相对转角**

| 公称内径(mm) | 管子接头允许相对转角(°) |
|---|---|
| 400~700 | 1.5 |
| 800~1 400 | 1.0 |
| 1 600~3 000 | 0.5 |

注：依管线工程实际情况，在进行管子结构设计时可以适当增加接头允许相对转角。

(6)管子的防护

当管子用于输送具有腐蚀性的污水或海水，或用于含有腐蚀性介质的土壤环境中以及架空铺设时，应按GB 50046的规定对管体混凝土或水泥砂浆保护层进行防腐处理。涂覆防腐材料时应遵循GB 50212的规定，防腐施工的质量应按GB 50224的规定进行评定。

(7)管子的修补

管壁混凝土或水泥砂浆保护层在制造、搬运过程中造成的瑕疵，经修补合格后方能出厂。实施修补前应清除有缺陷的混凝土或水泥砂浆，修补用的混凝土、水泥砂浆或无毒树脂水泥砂浆所用的水泥应与管壁混凝土或水泥砂浆保护层相同。如果管壁混凝土出现塌落的表面积超过管体内表面积的10%，则该根管子应予报废；三阶段管水泥砂浆保护层出现损坏的表面面积如超出了管子外保护层表面积的5%，则应将其全部清除后重新制作保护层。

管壁混凝土内外表面出现的凹坑或气泡，当任一方向的长度或深度大于10 mm时应采用水泥砂浆或环氧水泥砂浆予以填补并用镘刀刮平。

(8)修补部位的养护

所有修补部位应根据修补材料的性质采取相应的保护或养护措施,确保修补质量。

(五)验收批量

1. 出厂检验

同材料、同规格、同工艺生产的成品管子每200根为一批。管子数量不足200根时也可作为一批,但至少应为30根。

2. 型式检验

遇有下列情况之一时,应进行型式检验:

(1)新产品或老产品转产的试制定型鉴定;

(2)正式投产后,如结构、材料、工艺有较大改变可能影响产品性能时;

(3)产品停产半年以上恢复生产时;

(4)出厂检验结果与最近一次型式检验结果有较大差异时;

(5)合同规定时;

(6)国家质量监督机构提出进行型式检验的要求时。

型式检验的管子批量应由同类别、同规格、同工艺生产的成品管子组成。组批的管子数量:管子直径 $<$2 600 mm时至少应为30根;管子直径为2 600~3 000 mm时至少应为20根。

(六)取样方法

按批量采用随机方法抽样。

(七)样品数量

1. 出厂检验的项目及抽样数量见表4-1-29。

**表4-1-29 出厂检验的项目及抽样数量**

| 序号 | 质量指标 | 类 别 | 检验项目 | 数量(根) |
|---|---|---|---|---|
| 1 | 外观质量 | A | 承口工作面 | 逐根 |
| 2 | | | 插口工作面 | 逐根 |
| 3 | | B | 管体外壁 | 逐根 |
| 4 | | | 管体内壁 | 逐根 |
| 5 | | | 纵筋头处理 | 逐根 |
| 6 | 尺寸偏差 | A | 承口工作面直径 $D_3$ | 10 |
| 7 | | | 插口工作面直径 $D_6$ | 10 |
| 8 | | | 保护层厚度 $h$ | 1 |
| 9 | | B | 管子内径 $D_0$ | 10 |
| 10 | | | 止胶台外径 $D_5$ | 10 |
| 11 | | | 承口工作面长度 $l_2$ | 10 |
| 12 | 物理力学性能 | A | 抗渗性 | 10 |
| 13 | | | 抗裂内压 | 2 |
| 14 | | | 混凝土抗压强度 | 检查生产记录 |
| 15 | | | 保护层水泥砂浆抗压强度 | |
| 16 | | | 保护层水泥砂浆吸水率 | |

2. 型式检验的项目及抽样数量见表4-1-30。

**表4-1-30　型式检验的项目及抽检数量**

| 序号 | 质量指标 | 类　别 | 检验项目 | 数量(根) |
|---|---|---|---|---|
| 1 | 外观质量 | A | 承口工作面 | 10 |
| 2 | | | 插口工作面 | 10 |
| 3 | | B | 管体外壁 | 10 |
| 4 | | | 管体内壁 | 10 |
| 5 | | | 纵筋头处理 | 10 |
| 6 | 尺寸偏差 | A | 承口工作面直径 $D_3$ | 10 |
| 7 | | | 插口工作面直径 $D_6$ | 10 |
| 8 | | | 保护层厚度 $h$ | 1 |
| 9 | | B | 管子内径 $D_0$ | 10 |
| 10 | | | 止胶台外径 $D_5$ | 10 |
| 11 | | | 承口工作面长度 $l_2$ | 10 |
| 12 | 物理力学性能 | A | 抗渗性 | 6 |
| 13 | | | 抗裂内压 | 2 |
| 14 | | | 管子接头允许相对转角 | 2 |
| 15 | | | 混凝土抗压强度 | ≥3 组 |
| 16 | | | 保护层水泥砂浆抗压强度 | |
| 17 | | | 保护层水泥砂浆吸水率 | |

(八)检测项目

1. 出厂检验:检验项目包括外观质量、尺寸偏差、抗渗性、抗裂内压及混凝土强度;三阶段管还应包括水泥砂浆强度及水泥砂浆吸水率。

2. 型式检验:检验项目包括外观质量、尺寸偏差、抗渗性、抗裂内压、混凝土抗压强度及管子接头允许相对转角;三阶段管还应包括保护层水泥砂浆抗压强度、保护层水泥砂浆吸水率。

(九)质量评定

1. 出厂检验:除B类检验项目最多允许两项超差以外,A类检验项目均符合标准规定的管子判为合格。出厂检验时,遇有下列情况在采取相应措施后允许复检。

(1)对碰伤、有缺陷或外观检验不符合标准要求的管子经修补后允许复检。

(2)对抗渗性检验或管子接头密封性检验不符合标准要求的管子经修补或潮湿养护或重新安装后允许复检。

(3)抗裂检验时如有1根管子不符合标准要求,则应取加倍数量复检。如仍有1根不合格时,则该批管子应降级验收使用。

(4)使用单位对产品质量有怀疑时有权按照标准提出的抗渗、抗裂要求,对交付使用的管子与厂方配合进行复检。产品质量复检不合格时,试验发生的费用由厂方承担;产品质量复检合格时,试验发生的费用由业主方承担。

2. 型式检验:除B类检验项目最多允许两项超差以外,A类检验项目均符合标准规定的管子判为合格。在物理力学性能检验项目中,管子接头允许转角试验如不符合标准要求,允许复检一次。

（十）使用注意事项

1. 成品管子出厂前，制造厂应对合格的管子进行标志，具体内容包括：企业名称、产品商标、生产许可证编号、产品标记、生产日期和“严禁碰撞”等字样。

2. 管子吊运和堆放时，应采取必要的措施防止管子碰伤。

3. 成品管子应按不同管子品种、公称内径、工作压力、覆土深度分别堆放，不得混放。

4. 成品管子允许的堆放层数见表 4 – 1 – 31，对于公称直径小于 1 000 mm 的管子如采取措施可适当增加堆放层数。在干燥气候条件下，应加强成品管子的后期洒水保养工作。

**表 4 – 1 – 31　管子允许的堆放层数**

| 公称内径（mm） | 堆放层数 | 公称内径（mm） | 堆放层数 |
|---|---|---|---|
| 400 ~ 500 | 5 | 1 400 ~ 1 600 | 2 |
| 600 ~ 800 | 4 | ≥1 800 | 1 或立放 |
| 900 ~ 1 200 | 3 | — | — |

## 第二节　隧道工程现场试验及质量检测

### 一、喷射混凝土质量检测

（一）概述

喷射混凝土是利用压缩空气把按一定配比的混凝土由喷射机的喷口以高速高压喷出从而在被喷面形成混凝土结构层。喷射混凝土的方式可分为干喷、潮喷和湿喷。干喷法施工是水泥和骨料干拌均匀后加入干喷机料口，混合料从一个喷嘴喷出，同时从另一个喷嘴喷射水，在喷嘴口与干料混合形成混凝土喷射到目标物的施工方式；潮喷是在拌和水泥和骨料混合物时加入部分水，形成潮湿的混合料加入喷射机由一个喷嘴喷出，同时另一个喷嘴喷射水在喷嘴处混合形成喷射混凝土，其优点是可以大大降低施工环境中粉尘含量，改善施工环境。湿喷施工是先将水泥、骨料和水搅拌成混凝土拌和物再通过湿喷机喷嘴喷射到目的物。因湿喷混凝土所用水、水泥、粗细骨料、外加剂等材料喷射前经过正确的计量和充分拌和，水灰比能准确控制，有利于水泥的水化，因而施工中其喷射质量容易控制且回弹率低，混凝土均质性好，强度也较高，是喷射混凝土较好的施工方式。

喷射混凝土施工应分段分层作业。分层喷射混凝土时，后一层喷射应在前一层混凝土终凝后进行，一次喷射的最大厚度，拱部不超过 10 cm，边墙不超过 15 cm。喷射混凝土终凝到下一循环爆破作业间隔不得小于 3 h。

（二）执行标准

《公路隧道施工技术规范》（JTG F60—2009）。

《高速铁路隧道工程施工质量验收标准》（TB 10753—2010）。

《铁路隧道工程施工质量验收标准》（TB 10417—2003）。

《铁路隧道工程施工技术指南》（TZ 204—2008）。

《高速铁路隧道工程施工技术指南》（铁建设〔2010〕241 号）。

《锚杆喷射混凝土支护技术规范》（GB 50086—2001）。

（三）实际配合比、水灰比检测

1. 测定步骤

（1）从受喷面上采取一块刚喷好的混凝土，迅速称出质量各为 3 000 g 的两部分。

（2）将第一份混凝土放在瓷盘里，在烘箱中以 105 ℃ ~110 ℃烘至恒量。由烘干前后的质量，算出喷射混凝土中可烘干水的质量。

（3）在取样的同时，用 400 g 水泥及施工相同掺量的速凝剂，加 160 g 水（水灰比为 0.4），迅速拌制一份净浆，与第一份混凝土在相同条件下烘至恒量。由烘干前后的质量，算出不可烘干水的质量与水泥质量的比率（即不可烘干水率）。

（4）将第二份混凝土放入盛有 6 ~8 kg 水的桶中，立即搅散开，使水泥、速凝剂、砂石分离，仔细淘洗清除水泥、速凝剂和粒径小于 0.15 mm 的细粉。将砂、石在烘箱中以 105 ℃ ~110 ℃烘至恒量，筛分并称出质量。

（5）根据下式算出的水泥质量，即可求出喷射混凝土的实际配合比和水灰比。

$$水泥质量 = 3\,000 - (砂质量 + 石质量 + 可烘干水质量) / (1 + 速凝剂掺量 + 不可烘干水率) \tag{4-2-1}$$

注：式中各项材料质量以克计，要求精确到 0.1g；速凝剂掺量和不可烘干水率均以水泥质量的百分比表示；水质量为可烘干水质量与不可烘干水质量之和。

2. 测定注意事项

（1）采取试样、称质量、拌制净浆以及第二份试样在水中搅散开，均应在尽可能短的时间内完成，最长不得超过 5 min。

（2）第二份试样在淘洗时，每次倒污水都要经过 0.15 mm 孔径的筛。

（3）计算时，砂、石中小于 0.15 mm 的细粉，应按原材料中的比例计入砂、石质量中；水泥、速凝剂中大于 0.15 mm 的颗粒，也应按原材料的比例计入水泥、速凝剂质量中。

（四）抗压强度检测

1. 检查试块的制作方法

（1）喷射大板切割法

标准试块应采用从现场施工的喷射混凝土板件上切割成要求尺寸的方法制作。模具尺寸为 45 cm×35 cm×12 cm（可制成 6 块）或 45 cm×20 cm×12 cm（可制成 3 块），其尺寸较小的一个边为敞开状。

①在喷射作业面附近，将模具敞开一侧朝下，以 80°（与水平面的夹角）左右置于墙角。

②先在模具外的边墙上喷射，待操作正常后，将喷头移至模具位置，由下而上，逐层向模具内喷满混凝土。

③将喷满混凝土的模具移至安全地方，用三角抹刀刮平混凝土表面。

④在隧道内潮湿环境中养护 1 d 后脱模。将混凝土大板移至试验室，在标准养护条件下养护 7 d，用切割机将大板加工成边长 100 mm 的立方体试块。立方体试块的允许偏差为边长 ±1 mm；直角偏差不大于 2°。

⑤加工后的立方体试件继续在标准条件下养护至 28 d 龄期，进行抗压强度试验。

（2）凿方切割法

采用喷大板切割法，当对强度有怀疑时，可用凿方切割法。在具有一定强度的支护上，用凿岩机打密排钻孔，取出长约 35 cm、宽约 15 cm 的混凝土块，加工成 10 cm×10 cm×10 cm 的立方体试块，在标准条件下养护至 28 d，进行试验。

(3)钻孔取芯法

采用喷大板切割法，当对强度有怀疑时，可用钻孔取芯法。钻孔取芯法应在具有 28 d 强度的支护上，用钻孔取芯机钻取并加工成长 10 cm、直径 10 cm 的圆柱体试件进行试验。

2. 检查试块的数量

JTG F60—2009 标准规定：两车道隧道每 10 延米，至少在拱部和边墙各取 1 组试件。其他工程，每喷射 50～100 $m^3$混合料或小于 50 $m^3$混合料的独立工程，不得少于 1 组。材料或配合比变更时应重新制取试件。

TB 10753—2010、TB 10417—2003 标准规定：每一作业循环至少在拱部和边墙各留置一组检验试件。每级连续围岩增加一次早期强度的工艺性试验。

(五)厚度检测

喷射混凝土厚度可用埋钉法、凿孔法或激光断面仪、光带摄影等方法检查。

TB 10753—2010 标准规定：喷射混凝土厚度的检查点数 90% 及以上应大于设计厚度。全断面开挖时，每一作业循环检查一次，分部开挖时，施工单位没 3～5 m 检查一次。每个断面应从拱顶起，每间隔 2 m 布设一个检查点检查喷射混凝土的厚度。

TB 10417—2003 标准规定：喷射混凝土的平均厚度大于设计厚度，检查点数的 60% 及以上大于设计厚度，最小厚度不得小于设计厚度的 1/2，且不小于 3 cm。每一作业循环检查一个断面，每个断面应从拱顶起，每间隔 2 m 布设一个检查点检查喷射混凝土的厚度。

JTG F60—2009 标准规定：喷射混凝土的平均厚度不小于设计厚度，检查点数的 90% 及以上大于设计厚度，最小厚度不得小于设计厚度的 1/2，且不小于 5 cm。每 10 m 检查一个断面，每个断面应从拱顶中线起，每间隔 3 m 布设一个检查点检查喷射混凝土的厚度。

(六)黏结强度检测

喷射混凝土与围岩的黏结强度试验应在现场进行，可采用预留试件拉拔法或钻芯拉拔法。当条件不具备时，亦可在试验室用岩块近似地测定其黏结强度。

1. 预留试件拉拔法

采用预留试件拉拔法时，试验应在隧道的边墙或拱部进行。试件应为圆柱体，直径宜为 200～500 mm，高可为 100 mm。试验按下列步骤进行。

(1)在预定试验部位，施工的喷层厚度应在 100 mm 以上，其表面宜平整。

(2)试件部位的混凝土喷射后，应立即用铲刀沿试件轮廓挖出 50 mm 的槽，试件于周边喷射混凝土应完全脱离，仅底面与围岩黏结。

(3)试验前，应将钢拉杆埋入试件中心并用环氧树脂砂胶黏结，设计的钢拉杆，应使其抗拔力大于喷射混凝土与岩石的黏结力。

(4)用适宜的拉拔设备将试件拉拔至破坏，根据拉拔力和黏结面积，进行黏结强度的计算。

2. 钻芯拉拔法

使用的主要设备为混凝土钻芯机、拉拔器和测力计。试验按下列步骤进行。

(1)用金刚石钻机在工程欲测部位垂直钻进喷层并深入围岩数厘米，形成芯样。

(2)将卡套插入芯样与围岩的空隙中，推压弹簧内套，使卡套卡紧芯样。

(3)安装拉拔器与测力计。

(4)以每秒 20～40 N 的速度缓慢加力，直至芯样断裂。

(5)按下式计算喷射混凝土与围岩的黏结强度

$$f_{cr} = (P_c/A_c)\cos a \quad (4-2-2)$$

式中 $f_{cr}$——喷射混凝土与岩石的黏结强度,MPa;

$P_c$——芯样拉断时的荷载,N;

$A_c$——芯样断裂面积,$mm^2$;

$a$——断裂面与芯样横截面交角。

3. 成型试块法

模具尺寸为 45 cm × 35 cm × 12 cm,其尺寸较小的一个边为敞开状。试验按下列要求进行。

(1)在模具内放置面积为 10 cm × 10 cm 以上厚约 5 cm 且表面粗糙度近似于实际情况的岩块。

(2)在与实际结构相同的条件下按强度试件的成型方法喷射混凝土。

(3)在混凝土达到一定强度后,加工成 10 cm × 10 cm × 10 cm 的立方体试块(其中岩石和混凝土的厚度各为 50 mm),在标准条件下养护至 28 d,在岩块与混凝土结合面处用劈裂法试验求得混凝土与岩块的黏结强度。

## 二、锚杆拉拔力试验

(一)试验目的

锚杆拉拔力试验的目的是判定巷道、隧道围岩的可锚性,评价锚杆锚固系统的性能和锚杆的锚固力。

(二)适用范围

试验在现场进行,使用的材料和设备与正常支护相同。

(三)试验原理

通过带有测力装置的千斤顶拔出安装在围岩中的锚杆,测得锚杆与围岩脱离时的最大力,反映锚杆锚固系统的锚杆能力。

(四)执行标准

《水利水电工程锚喷支护技术规范》(SL 377—2007)。

《水电水利工程锚喷支护施工规范》(DLT 5181—2003)。

《煤巷锚杆支护技术规范》(MTT 1104—2009)。

(五)仪器设备

1. 锚杆拉力计(量程 >200 kN、分辨率≤1.0 kN)。

2. 钻孔机具。

(六)试验准备

1. 试验地点应尽量靠近掘进工作面,围岩较平整,未发生脱落、片帮等现象。试验锚杆应避开钢筋、拱架等安装,距邻近锚杆不小于 300 mm。

2. 锚杆材料的选用与安装应按规范要求进行。

3. 在拉拔力检测锚杆的外露端接一加长杆,加长杆的接口(螺栓或焊口)和加长杆的强度应大于杆体的抗拉强度,其长度应满足检测要求。

4. 平整锚杆外露端的孔口岩面,安装传力板,保证检测锚杆承受轴向拉力。

5. 检测设备应定期标定,并应符合计量要求。

(七)试验步骤

1. 按图4－2－1所示安设仪器,确保锚杆拉力计油缸的中心线与锚杆轴线重合。当岩体软弱或比较破碎有可能在岩体内部发生破坏时,拉拔器底座的承力点应置于可能破坏的范围之外。

2. 试验前,检查手动泵的油量和各连接部位是否牢固,确认无误后再进行试验。

3. 试验由两人完成,一人加载,一人记录。试验时应缓慢均匀地操作手动泵压杆。加荷速率不宜大于1 kN/s。

4. 当锚杆出现明显位移时,停止加压,记录锚杆拉力计此时的读数,即为拉拔试验值。

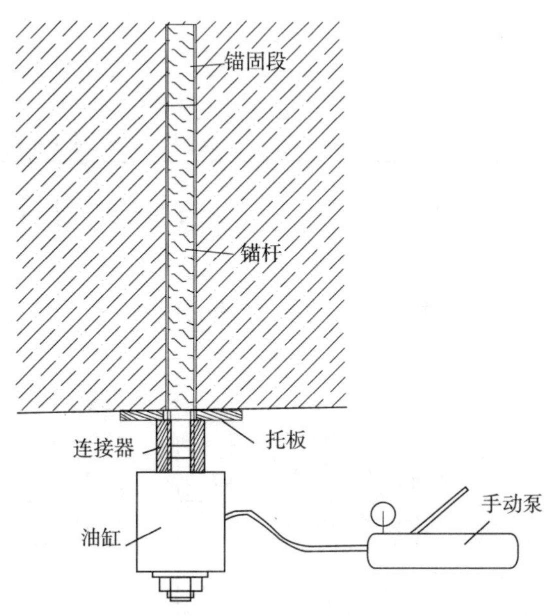


图4－2－1　锚杆拉拔力试验示意图

(八)数据处理

拉拔力的记录应精确至0.1 kN。

(九)试验注意事项

1. 应保证拉力计(或千斤顶)与锚杆外露部分平行。

2. 加力时,应匀速缓慢。

3. 拉力计(或千斤顶)应固定牢固,并有安全保护设施。

4. 拉拔锚杆时,拉拔装置下方和两侧不得站人。设专人监视顶板,以保证操作人员安全。

## 三、监控量测

(一)目的

1. 确保施工安全及结构的长期稳定性。

2. 验证支护结构效果,确认支护参数和施工方法的准确性或为调整支护参数和施工方法提供依据。

3. 确定二次衬砌施做时间。

4. 监控工程对周围环境影响。

5. 积累量测数据，为信息化设计与施工提供依据。

（二）执行标准

《铁路隧道监控量测技术规程》（TB 10121—2007）。

（三）项目

监控量测项目分为必测项目和选测项目。

1. 必测项目是隧道工程应进行的日常监控量测项目。具体监控量测项目见表4－2－1。

**表4－2－1 监控量测必测项目**

| 序号 | 监控量测项目 | 常用量测仪器 | 备注 |
| --- | --- | --- | --- |
| 1 | 洞内、外观察 | 现场观察、数码相机、罗盘仪 | — |
| 2 | 拱顶下沉 | 水准仪、钢挂尺或全站仪 | — |
| 3 | 净空变化 | 收敛计、全站仪 | — |
| 4 | 地表沉降 | 水准仪、铟钢尺或全站仪 | 隧道浅埋段 |

2. 选测项目是为满足隧道设计与施工的特殊要求进行的监控量测项目。具体监控量测项目按表4－2－2选择。

**表4－2－2 监控量测选测项目**

| 序号 | 监控量测项目 | 常用量测仪器 | 序号 | 监控量测项目 | 常用量测仪器 |
| --- | --- | --- | --- | --- | --- |
| 1 | 围岩压力 | 压力盒 | 7 | 围岩内部位移 | 多点位移计 |
| 2 | 钢架内力 | 钢筋计、应变计 | 8 | 隧底隆起 | 水准仪、铟钢尺或全站仪 |
| 3 | 喷混凝土内力 | 混凝土应变计 | 9 | 爆破振动 | 振动传感器、记录仪 |
| 4 | 二次衬砌内力 | 混凝土应变计、钢筋计 | 10 | 孔隙水压力 | 水压计 |
| 5 | 初期支护与二次衬砌间接触压力 | 压力盒 | 11 | 水量 | 三角堰、流量计 |
| 6 | 锚杆轴力 | 钢筋计 | 12 | 纵向位移 | 多点位移计、全站仪 |

（四）测点布置

1. 浅埋隧道地表沉降测点应在隧道开挖前布设。地表沉降测点和隧道内测点应布置在同一断面里程。一般条件下，地表沉降测点纵向间距应按表4－2－3的要求布置。

**表4－2－3 地表沉降测点纵向间距**

| 隧道埋深与开挖宽度 | 纵向测点间距（m） | 隧道埋深与开挖宽度 | 纵向测点间距（m） |
| --- | --- | --- | --- |
| $2B<H_o<2.5B$ | 20～50 | $H_o\leqslant B$ | 5～10 |
| $B<H_o\leqslant 2B$ | 10～20 | — | — |

注：$H$为隧道埋深，$B$为隧道开挖宽度。

地表沉降测点横向间距为2～5 m。在隧道中线附近测点应适当加密，隧道中线两侧量测范围不应小于$H_o+B$，地表有控制性建（构）筑物时，量测范围应适当加宽。其测点布置如图4－2－2所示。

2. 拱顶下沉测点和净空变化测点应布置在同一断面上。监控量测断面按表4－2－4的要求布置。拱顶下沉测点原则上设在拱顶轴线附近。当隧道跨度较大时，结合施工方法在拱部增设测点，参照图4－2－3布置。

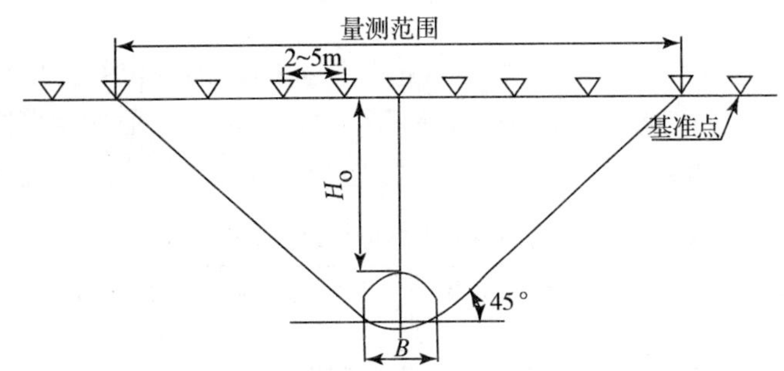


图 4－2－2　地表沉降横向测点布置示意图

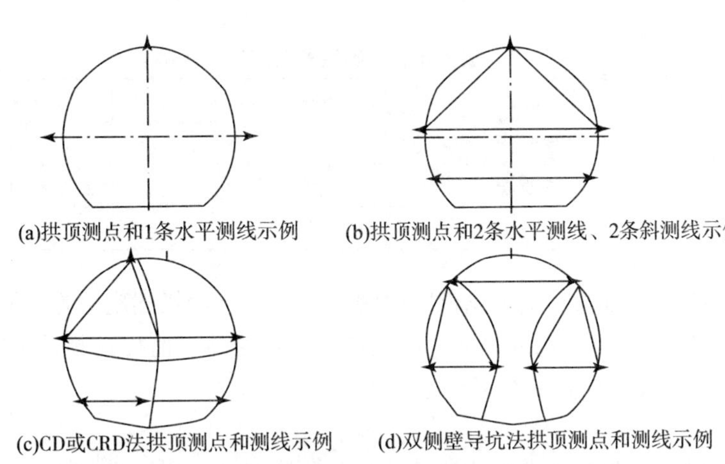


图 4－2－3　拱顶下沉量测和净空变化量测的测线布置示例

**表 4－2－4　必测项目监控量测断面间距**

| 围岩级别 | 断面间距(m) | 围岩级别 | 断面间距(m) |
|---|---|---|---|
| Ⅴ～Ⅵ | 5～10 | Ⅲ | 30～50 |
| Ⅳ | 10～30 | — | — |

注：Ⅱ级围岩视具体情况确定间距。

3. 净空变化量测测线数，可参照表 4－2－5、图 4－2－3 布置。

**表 4－2－5　净空变化量测测线数**

| 地段<br>开挖方法 | 一　般　地　段 | 特　殊　地　段 |
|---|---|---|
| 全断面法 | 一条水平测线 | — |
| 台阶法 | 每台阶一条水平测线 | 每台阶一条水平测线，两条斜测线 |
| 分部开挖法 | 每分部一条水平测线 | CD 或 CRD 法上部、双侧壁导坑法左右侧部，每分部一条水平测线、两条斜测线，其余分部一条水平测线 |

4. 选测项目量测断面及测点布置应考虑围岩代表性、围岩变化、施工方法及支护参数的变化。监控量测断面应在相应段落施工初期优先设置，并及时开展量测工作。

5. 不同断面的测点应布置在相同部位，测点应尽量对称布置，以便数据的相互验证。

(五)频率

1. 必测项目的监控量测频率应根据测点距开挖面的距离及位移速度分别按表4-2-6和表4-2-7确定。由位移速度决定的监控量测频率和由距开挖面的距离决定的监控量测频率之中,原则上采用较高的频率值。出现异常情况或不良地质时,应增大监控量测频率。

**表4-2-6 按距开挖面距离确定的监控量测频率**

| 监控量测断面距开挖面距离(m) | 监控量测频率 | 监控量测断面距开挖面距离(m) | 监控量测频率 |
|---|---|---|---|
| (0~1)*B* | 2次/d | (2~5)*B* | 1次/(2~3)d |
| (1~2)*B* | 1次/d | >5*B* | 1次/7 d |

注:*B*为隧道开挖宽度。

**表4-2-7 按位移速度确定的监控量测频率**

| 位移速度(mm/d) | 监控量测频率 | 位移速度(mm/d) | 监控量测频率 |
|---|---|---|---|
| ≥5 | 2次/d | 0.2~0.5 | 1次/3 d |
| 1~5 | 1次/d | <0.2 | 1次/7 d |
| 0.5~1 | 1次/(2~3)d | — | — |

2. 开挖面地质素描、支护状态、影响范围内的建(构)筑物的描述应每施工循环记录一次。必要时,影响范围内的建(构)筑物的描述频率应加大。选测项目监控量测频率应根据设计和施工要求以及必测项目反馈信息的结果确定。

(六)控制基准

1. 监控量测控制基准包括隧道内位移、地表沉降、爆破振动等,应根据地质条件、隧道施工安全性、隧道结构的长期稳定性,以及周围建(构)筑物特点和重要性等因素制定。

2. 隧道初期支护极限相对位移可参照表4-2-8和表4-2-9选用。

**表4-2-8 跨度*B*≤7 m隧道初期支护极限相对位移**

| 围岩级别 | 隧道埋深*h*(m) | | |
|---|---|---|---|
| | *h*≤50 | 50<*h*≤30 | 300<*h*≤500 |
| 拱脚水平相对净空变化(%) | | | |
| Ⅱ | — | — | 0.20~0.60 |
| Ⅲ | 0.10~0.50 | 0.40~0.70 | 0.60~1.50 |
| Ⅳ | 0.20~0.70 | 0.50~2.60 | 2.40~3.50 |
| Ⅴ | 0.30~1.00 | 0.80~3.50 | 3.00~5.00 |
| 拱顶相对下沉(%) | | | |
| Ⅱ | — | 0.01~0.05 | 0.04~0.08 |
| Ⅲ | 0.0 1~0.04 | 0.03~0.11 | 0.10~0.25 |
| Ⅳ | 0.03~0.07 | 0.06~0.15 | 0.10~0.60 |
| Ⅴ | 0.06~0.12 | 0.10~0.60 | 0.50~1.20 |

注:1. 本表适用于复合式衬砌的初期支护,硬质围岩隧道取表中较小值,软质围岩隧道取表中较大值。表列数值可在施工中通过实测资料积累作适当修正。

2. 拱脚水平相对净空变化指两拱脚测点间净空水平变化值与其距离之比,拱顶相对下沉指拱顶下沉值减去隧道下沉值后与原拱顶至隧底高度之比。

3. 墙腰水平相对净空变化极限值可按拱脚水平相对净空变化极限值乘以1.2~1.3后采用。

**表 4－2－9　跨度 7 m＜B≤12 m 隧道初期支护极限相对位移**

| 围　岩　级　别 | 隧道埋深 $h$(m) | | |
|---|---|---|---|
| | $h \leq 50$ | $50 < h \leq 30$ | $300 < h \leq 500$ |
| 拱脚水平相对净空变化(%) | | | |
| Ⅱ | — | 0.01～0.03 | 0.0 1～0.08 |
| Ⅲ | 0.03～0.10 | 0.08～0.40 | 0.30～0.60 |
| Ⅳ | 0.10～0.30 | 0.20～0.80 | 0.70～1.20 |
| Ⅴ | 0.20～0.50 | 0.40～2.00 | 1.80～3.00 |
| 拱顶相对下沉(%) | | | |
| Ⅱ | — | 0.03～0.06 | 0.05～0.12 |
| Ⅲ | 0.03～0.06 | 0.04～0.15 | 0.12～0.30 |
| Ⅳ | 0.06～0.10 | 0.08～0.40 | 0.30～0.80 |
| Ⅴ | 0.08～0.16 | 0.14～1.10 | 0.80～1.40 |

注:1. 本表适用于复合式衬砌的初期支护,硬质围岩隧道取表中较小值,软质围岩隧道取表中较大值。表列数值可以在施工中通过实测资料积累作适当的修正。

2. 拱脚水平相对净空变化指拱脚测点间净空水平变化值与其距离之比,拱顶相对下沉指拱顶下沉值减去隧道下沉值后与原拱顶至隧底高度之比。

3. 初期支护墙腰水平相对净空变化极限值可按拱脚水平相对净空变化极限值乘以 1.1～1.2 后采用。

3. 位移控制基准应根据测点距开挖面的距离,由初期支护极限相对位移按表 4－2－10 要求确定。

**表 4－2－10　位移控制基准**

| 类　　别 | 距开挖面 1$B$($U_B$) | 距开挖面 2$B$($U_{2B}$) | 距开挖面较远 |
|---|---|---|---|
| 允许值 | 65% $U_0$ | 90% $U_0$ | 100% $U_0$ |

注:$B$ 为隧道开挖宽度;$U_0$ 为极限相对位移值。

4. 根据位移控制基准,可按表 4－2－11 分为三个管理等级。

**表 4－2－11　位移管理等级**

| 管理等级 | 距开挖面 1$B$ | 距开挖面 2$B$ |
|---|---|---|
| Ⅲ | $U < U_{1B}/3$ | $U < U_{2B}/3$ |
| Ⅱ | $U_{1B}/3 \leq U \leq 2U_{1B}/3$ | $U_{2B}/3 \leq U \leq 2U_{2B}/3$ |
| Ⅰ | $U > 2U_{1B}/3$ | $U > 2U_{2B}/3$ |

注:$U$ 为实测位移值。

5. 地表沉降控制基准应根据地层稳定性、周围建(构)筑物的安全要求分别确定,取最小值。

6. 钢架内力、喷混凝土内力、二次衬砌内力、围岩压力(换算成内力)、初期支护与二次衬砌间接触压力(换算成内力)、锚杆轴力控制基准应满足《铁路隧道设计规范》(TB 10003—2005)的相关规定。

7. 爆破振动控制基准应按表 4－2－12 的要求确定。

8. 采用分部开挖法施工的隧道应每分部分别建立位移控制基准,同时应考虑各分部的相互影响。

表 4-2-12 爆破振动安全允许振速

| 序号 | 保护对象类别 | 安全允许振速(cm/s) | | |
|---|---|---|---|---|
| | | <10 Hz | (10~50)Hz | (50~100)Hz |
| 1 | 土窑洞、土坯房、毛石房屋 | 0.5~1.0 | 0.7~1.2 | 1.1~1.5 |
| 2 | 一般砖房、非抗震的大型砌块建筑物 | 2.0~2.5 | 2.3~2.8 | 2.7~3.0 |
| 3 | 钢筋混凝土结构房屋 | 0.0~4.0 | 3.5~4.5 | 4.2~5.0 |
| 4 | 一般古建筑与古迹 | 0.1~0.3 | 0.2~0.4 | 0.3~0.5 |
| 5 | 水工隧道 | 7~15 | | |
| 6 | 交通隧道 | 10~20 | | |
| 7 | 矿山巷道 | 15~30 | | |
| 8 | 水电站及发电厂中心控制室设备 | 0.5 | | |
| 9 | 新浇大体积混凝土<br>龄期:初凝0~3 d<br>龄期:3~7 d<br>龄期:7~28 d | <br>2.0~3.0<br>3.0~7.0<br>7.0~12 | | |

注:1. 表列频率为主振频率,系指最大振幅所对应波的频率。
2. 频率范围可根据类似工程或现场实测波形选取。选取频率时亦可参考下列数据:深孔爆破(10~60)Hz;浅孔爆破(40~100)Hz.
3. 有特殊要求的根据现场具体情况确定。

9. 围岩与支护结构的稳定性应根据控制基准,结合时态曲线形态判别。

10. 一般情况下,二次衬砌的施做应在满足下列要求时进行:

(1)隧道水平净空变化速度及拱顶或底板垂直位移速度明显下降;

(2)隧道位移相对值已达到总相对位移量的90%以上。

对浅埋、软弱围岩等特殊地段,应视现场具体情况确定二次衬砌施做时间。

(七)方法

1. 洞内、外观察

(1)施工过程中应进行洞内、外观察。洞内观察可分开挖工作面观察和已施工地段观察两部分。

(2)开挖工作面观察应在每次开挖后进行,及时绘制开挖工作面地质素描图、数码成像,填写开挖工作面地质状况记录表,并与勘查资料进行对比。已施工地段观察,应记录喷射混凝土、锚杆、钢架变形和二次衬砌等的工作状态。

(3)洞外观察重点应在洞口段和洞身浅埋段,记录地表开裂、地表变形、边坡及仰坡稳定状态、地表水渗漏情况等,同时还应对地面建(构)筑物进行观察。

2. 变形监控量测

(1)变形监控量测可采用接触量测或非接触量测方法。

(2)隧道净空变化量测可采用收敛计或全站仪进行。测点应埋设在标准规定的测线两端。

采用收敛计量测时,测点采用焊接或钻孔预埋。

采用全站仪量测时,测点应采用膜片式回复反射器作为测点靶标,靶标黏附在预埋件上。量测方法包括自由设站和固定设站两种。

(3)拱顶下沉量测可采用精密水准仪和铟钢挂尺或全站仪进行。在隧道拱顶轴线附近通过焊接或钻孔预埋测点。测点应与隧道外监控量测基准点进行联测。采用全站仪量测时,测点及量测方法同上条。

(4)地表沉降监控量测可采用精密水准仪、铟钢尺进行,基准点应设置在地表沉降影响范围之外。测点采用地表钻孔埋设,测点四周用水泥砂浆固定。

当采用常规水准测量手段出现困难时,可采用全站仪量测。

(5)围岩内变形量测可采用多点位移计。多点位移计应钻孔埋设,通过专用设备读数。

3. 应力、应变监控量测

(1)应力、应变监控量测宜采用振弦式传感器、光纤光栅传感器。

(2)振弦式传感器通过频率接收仪获得频率读数,依据频率－量测参数率定曲线换算出相应量测参量值。

(3)光纤光栅传感器通过光纤光栅解调仪获得读数,换算出相应量测参量值。

(4)钢架应力量测可采用振弦式传感器、光纤光栅传感器。传感器应成对埋设在钢架的内、外侧。

采用振弦式钢筋计或应变计进行型钢应力或应变量测时,应把传感器焊接在钢架翼缘内测点位置。

采用振弦式钢筋计进行格栅钢架应力量测时,应将格栅主筋截断并把钢筋计对焊在截断部位。

采用光纤光栅传感器进行型钢或格栅钢架应力量测时,应把光纤光栅传感器焊接(氩弧焊)或黏贴在相应测点位置。

(5)混凝土、喷混凝土应变量测可采用振弦式传感器、光纤光栅传感器,传感器应固定于混凝土结构内的相应测点位置。

4. 接触压力量测

(1)接触压力量测包括围岩与初期支护之间接触压力、初期支护与二次衬砌之间接触压力的量测。

(2)接触压力量测可采用振弦式传感器。传感器与接触面要求紧密接触,传感器类型的选择应与围岩和支护相适应。

5. 爆破振动监控量测

爆破振动速度和加速度监控量测可采用振动速度和加速度传感器,以及相应的数据采集设备。

传感器应固定在预埋件上,通过爆破振动记录仪自动记录爆破振动速度和加速度,分析振动波形和振动衰减规律。

6. 孔隙水压与水量监控量测

(1)孔隙水压监控量测可采用孔隙水压计进行。

水压计应埋入带刻槽的测点位置,采取措施确保水压计直接与水接触。通过数据采集设备获得各测点读数,并换算出相应孔隙水压力值。

(2)水量监控量测可采用三角堰、流量计进行。

# 第五章　路面工程材料及现场试验

## 第一节　路面基层材料

路面基层是直接位于沥青面层下、用高质量材料铺筑的主要承重层或直接位于水泥混凝土面板下、用高质量材料铺筑的一层。基层可以是一层或两层，可以是一种或两种材料。在沥青路面基层下用质量较差的材料铺筑的次要承重层或在水泥混凝土路面基层下用质量较差的材料铺筑的辅助层称做底基层。底基层可以是一层或两层以上，可以是一种或两种材料。

路面基层和底基层的材料主要有有机结合料稳定类、无机结合料稳定类和粒料类。有机结合料稳定类主要有沥青贯入式碎石、沥青碎石混合料等；无机结合料稳定类（俗称半刚性基层）还可分为水泥稳定类、石灰稳定类、综合稳定类和工业废渣稳定类，包括水泥稳定土、石灰稳定土、水泥石灰综合稳定土、石灰粉煤灰稳定土、水泥粉煤灰稳定土及水泥石灰粉煤灰稳定土等；粒料类包括级配碎石、级配砂砾石、填隙碎石等。此外还有贫混凝土基层和碾压式混凝土基层。

在无机稳定结合料中，土作为基层材料的骨架，水泥和石灰则属于基层材料的胶凝物质。用于路面基层材料的土一般按粒径等指标分为细粒土、中粒土和粗粒土。细粒土是指颗粒的最大粒径小于9.5 mm，且其中小于2.36 mm的颗粒含量不少于90%（如塑性指数不同的各种黏性土、粉性土、砂性土、砂和石屑等）。中粒土是指颗粒的最大粒径小于26.5 mm，且其中小于19 mm的颗粒含量不少于90%（如塑性指数不同的各种黏性土、粉性土、砂性土、砂和石屑等）。粗粒土是指颗粒的最大粒径小于37.5 mm，且其中小于31.5 mm的颗粒含量不少于90%（如砂砾土、碎石土、级配砂砾、级配碎石等）。

### 一、水泥稳定土

（一）概述

用水泥做结合料所得混合料的一个广义的名称，它既包括用水泥稳定各种细粒土，也包括用水泥稳定各种中粒土和粗粒土。在经过粉碎的或原来松散的土中，掺入足量的水泥和水，经拌和得到的混合料在压实和养生后，当其抗压强度符合规定的要求时，称为水泥稳定土。

用水泥稳定细粒土得到的强度符合要求的混合料，视所用的土类而定，可简称为水泥土、水泥砂或水泥石屑等。用水泥稳定中粒土和粗粒土得到的强度符合要求的混合料，视所用原材料而定，可简称为水泥碎石、水泥砂砾等。

当仅使用少量水泥改善级配砾石的塑性指数或提高级配砾石的强度，使其能适合做轻交通道路上沥青面层的基层，而达不到标准规定的无侧限抗压强度要求时，这种材料称做水泥改善土。

水泥稳定土可适用于各级公路的基层和底基层，但水泥土不得用做二级和二级以上公路高级路面的基层。

（二）执行标准

《公路路面基层施工技术规范》(JTJ 034—2000)。

《公路工程质量检验评定标准(土建部分)》(JTG F80/1—2004)。

（三）相关标准

《公路沥青路面施工技术规范》(JTG F40—2004)。

《水泥混凝土路面施工技术规范》(JTG F30—2003)。

《公路水泥混凝土路面设计规范》(JTG D40—2011)。

《公路沥青路面设计规范》(JTG D50—2006)。

（四）性能指标

1. 对于二级和二级以下的公路，水泥稳定土所用的粗粒土、中粒土、细粒土应满足如下要求。

(1)水泥稳定土用做底基层时，单个颗粒的最大粒径不应超过 53 mm，水泥稳定土的颗粒组成范围见表 5-1-1。土的均匀系数应大于 5，细粒土的液限不应超过 40%，塑性指数不应超过 17。对于中粒土和粗粒土，如土中小于 0.6 mm 的颗粒含量在 30% 以下，塑性指数可稍大。实际工作中，宜选用均匀系数大于 10、塑性指数小于 12 的土。塑性指数大于 17 的土，宜采用石灰稳定，或用水泥和石灰综合稳定。

**表 5-1-1　用做底基层时水泥稳定土的颗粒组成范围**

| 筛孔尺寸(mm) | 53 | 4.75 | 0.6 | 0.075 | 0.002 |
|---|---|---|---|---|---|
| 通过质量百分率(%) | 100 | 50~100 | 17~100 | 0~50 | 0~30 |

(2)水泥稳定土用做基层时，单个颗粒的最大粒径不应超过 37.5 mm。水泥稳定土的颗粒组成在表 5-1-2 范围内。集料中不宜含有塑性指数的土。对于二级公路宜按接近级配范围的下限组配混合料或采用表 5-1-3 中的 2 号级配。

(3)级配碎石、未筛分碎石、砂砾、碎石土、砂砾土、煤矸石和各种粒状矿渣均适宜用水泥稳定。碎石包括岩石碎石、矿渣碎石、破碎砾石等。

**表 5-1-2　用做基层时水泥稳定土的颗粒组成范围**

| 筛孔尺寸(mm) | 通过质量百分率(%) | 筛孔尺寸(mm) | 通过质量百分率(%) |
|---|---|---|---|
| 37.5 | 90~100 | 2.36 | 20~70 |
| 26.5 | 66~100 | 1.18 | 14~57 |
| 19 | 54~100 | 0.6 | 8~47 |
| 9.5 | 39~100 | 0.075 | 0~30 |
| 4.75 | 28~84 | — | — |

2. 对于高速公路和一级公路，水泥稳定土所用的粗粒土和中粒土应满足如下要求：

(1)水泥稳定土用做底基层时，单个颗粒的最大粒径不应超过 37.5 mm。水泥稳定土的颗粒组成应在表 5-1-3 所列 1 号级配范围内，土的均匀系数应大于 5。细粒土的液限不应超过 40%，塑性指数不应超过 17。对于中粒土和粗粒土，如土中小于 0.6 mm 的颗粒含量在 30% 以下，塑性指数可稍大。实际工作中，宜选用均匀系数大于 10、塑性指数小于 12 的土。

塑性指数大于17的土,宜采用石灰稳定,或用水泥和石灰综合稳定。对于中粒土和粗粒土,宜采用表5－1－3中2号级配,但小于0.075 mm的颗粒含量和塑性指数可不受限制。

(2)水泥稳定土用做基层时,单个颗粒的最大粒径不应超过31.5 mm。水泥稳定土的颗粒组成应在表5－1－3所列3号级配范围内。

**表5－1－3　水泥稳定土的颗粒组成范围**

| 项　目 \ 通过率(%) \ 编　号 | | 1 | 2 | 3 |
|---|---|---|---|---|
| 筛孔尺寸(mm) | 37.5 | 100 | 100 | — |
| | 31.5 | — | 90～100 | 100 |
| | 26.5 | — | — | 90～100 |
| | 19 | — | 67～90 | 72～89 |
| | 9.5 | — | 45～68 | 47～67 |
| | 4.75 | 50～100 | 29～50 | 29～49 |
| | 2.36 | — | 18～38 | 17～35 |
| | 0.6 | 17～100 | 8～22 | 8～22 |
| | 0.075 | 0～30 | 0～7 | 0～7 |
| 液限(%) | | — | — | <28 |
| 塑性指数 | | — | — | <9 |

(3)水泥稳定土用做基层时,对所用的碎石或砾石,应预先筛分成3～4个不同粒级,然后配合,使颗粒组成符合表5－1－3所列级配范围。

3. 用水泥稳定粒径较均匀的砂时,宜在砂中添加少部分塑性指数小于10的黏性土或石灰土,也可添加部分粉煤灰,加入比例可按使混合料的标准干密度接近最大值确定,一般约为20%～40%。

4. 水泥稳定土中碎石或砾石的压碎值要求见表5－1－4。

**表5－1－4　压碎值要求**

| 部　　位 | 高速公路和一级公路 | 二级和二级以下公路 |
|---|---|---|
| 基层 | ≤30% | ≤35% |
| 底基层 | ≤30% | ≤40% |

5. 有机质含量超过2%的土,必须先用石灰进行处理,闷料一夜后再用水泥稳定。硫酸盐含量超过0.25%的土,不应用水泥稳定。

6. 普通硅酸盐水泥、矿渣硅酸盐水泥和火山灰质硅酸盐水泥都可用于稳定土,但应选用初凝时间3 h以上和终凝时间较长(宜在6 h以上)的水泥。不应使用快硬水泥、早强水泥以及已受潮变质的水泥。

7. 水泥稳定中粒土和粗粒土用做基层时,水泥剂量不宜超过6%。必要时,应首先改善集料的级配,然后用水泥稳定。在只能使用水泥稳定细粒土做基层时或水泥稳定集料的强度要求明显大于规定时,水泥剂量不受此限制。对水泥的最小剂量的规定见表5－1－5。

表 5－1－5　水泥的最小剂量

| | 路　拌　法 | 集中厂拌法 |
|---|---|---|
| 中粒土和粗粒土 | 4% | 3% |
| 细　粒　土 | 5% | 4% |

8. 综合稳定土中用的石灰应是消石灰粉或生石灰粉。

9. 凡是饮用水(含牲畜饮用水)均可用于水泥稳定土施工。

10. 各级公路用水泥稳定土的 7 d 浸水抗压强度应符合表 5－1－6 的规定。

表 5－1－6　水泥稳定土抗压强度标准

| 部　　位 | 高速公路和一级公路 | 二级和二级以下公路 |
|---|---|---|
| 基层(MPa) | 3～5 | 2.5～3 |
| 底基层(MPa) | 1.5～2.5 | 1.5～2.0 |

注：1. 设计累计标准轴次小于 $12\times10^6$ 的公路可采用低限值；设计累计标准轴次超过 $12\times10^6$ 的公路可用中值；主要行驶重载车辆的公路应用高限值。某一具体公路应采用一个值，而不是某一范围。

2. 二级以下公路可取低限值；行驶重载车辆的公路，应取较高的值；二级公路可取中值；行驶重载车辆的二级公路应取高限值。某一具体公路应采用一个值，而不用某一范围。

11. 水泥稳定土压实度要求见表 5－1－7。

表 5－1－7　压实度要求

| 部　　位 | 土　类　别 | 高速公路和一级公路 | 二级和二级以下公路 |
|---|---|---|---|
| 基　　层 | 水泥稳定中粒土和粗粒土 | 98% | 97% |
| | 水泥稳定细粒土 | 98% | 93% |
| 底　基　层 | 水泥稳定中粒土和粗粒土 | 97% | 95% |
| | 水泥稳定细粒土 | 95% | 93% |

(五)验收批量

1. 土：颗粒分析、液限和塑性指数、相对密度、吸水率、碎石或砾石的压碎值，每种土使用前测 2 个样品，使用过程中每 2 000 $m^3$ 测 2 个样品，碎石种类变化重做 2 个样品。有机质含量、硫酸盐含量的测定，当对土有怀疑时做。

2. 水泥：水泥标号和终凝时间，做材料组成设计时测 1 个样品，料源或标号变化时重测。

3. 水泥稳定土：施工前应检验重型击实试验、承载比、抗压强度。施工过程中检验批量如下：级配每 2 000 $m^2$ 测 1 次。水泥剂量每 2 000 $m^2$ 测 1 次，至少 6 个样品。压实度每一作业段或不大于 2 000 $m^2$ 检查 6 次以上。抗压强度，对稳定细粒土，每一作业段或每 2 000 $m^2$ 做 6 个试件；稳定中粒土和粗粒土，每一作业段或每 2 000 $m^2$ 做 6 个或 9 个试件。

(六)取样方法

1. 土的取样应符合《公路土工试验规程》(JTG E40—2007)标准的规定

2. 水泥的取样，按《通用硅酸盐水泥》(GB 175—2007)或相关产品标准规定取样。

3. 水泥稳定土的取样方法如下。

(1)室内试验取样：在料堆的上部、中部和下部各取一份试样，混合后按四分法分料取样。

(2)施工过程中取样：在进行混合料验证时，宜在摊铺机后取料，且取料应分别来源于 3～4台不同的料车，然后混合到一起进行四分法取样，并进行无侧限抗压强度成型及试验。在评价施工离散性时，宜在施工现场取料。应在施工现场的不同位置按随机取样原则分别取样品，对于结合料剂量还需要在同一位置的上层和下层分别取样，试样应单独成型。

（七）样品数量

1. 土：样品数量应为试验项目所需量的 4～8 倍。

2. 水泥：12 kg。

3. 水泥稳定土：样品数量应为试验项目所需量的 4～8 倍。

（八）检测项目

1. 土的检验项目：含水率、颗粒分析、液限和塑性指数、相对密度、碎石或砾石的压碎值、有机质含量（必要时做）、硫酸盐含量（必要时做）。

2. 水泥检验项目：应检验水泥的强度等级和终凝时间。

3. 水泥稳定土检验项目：击实试验、压实度、水泥剂量、无侧限抗压强度。

（九）质量评定

1. 土的各检验项目测试结果符合技术指标要求的可作为原料土使用，存在不符合要求的项目时，应对土进行处理后方可使用。

2. 水泥各检验项目符合技术指标要求时可用于拌制混合料，否则应重新选择水泥。

3. 混合料各项检测结果符合标准技术指标要求的为合格。

（十）使用注意事项

1. 水泥稳定土的组成设计应根据强度标准，通过试验选取最适宜于稳定的土，确定必需的水泥剂量和混合料的最佳含水量，在需要改善混合料的物理力学性质时，还应确定掺加料的比例。

2. 综合稳定土的组成设计应通过试验选取最适宜于稳定的土，确定必需的水泥和石灰剂量以及混合料的最佳含水量。如水泥用量占结合料总量的 30% 以上，应进行组成设计。水泥和石灰的比例宜取 60:40、50:50 或 40:60。

3. 水泥稳定土结构层宜在春末和气温较高季节组织施工。施工期的日最低气温应在 5℃以上，在有冰冻的地区，并应在第 1 次重冰冻（ －3℃ ～ －5℃）到来之前半个月至一个月完成。

4. 在雨季施工水泥稳定土，特别是水泥土结构层时，应特别注意气候变化，勿使水泥和混合料遭雨淋。降雨时应停止施工，但已经摊铺的水泥混合料应尽快碾压密实。路拌法施工时，应采取措施排除下承层表面的水，勿使运到路上的集料过分潮湿。

5. 应在混合料处于或略大于最佳含水量（气候炎热干燥时，基层混合料可大 1% ～2%）时进行碾压。

6. 水泥稳定土结构层应用 12 t 以上的压路机碾压。用 12～15 t 三轮压路机碾压时，每层的压实厚度不应超过 15 cm；用 18～20 t 三轮压路机和振动压路机碾压时，每层的压实厚度不应超过 20 cm；对于水泥稳定细粒土，采用能量大的振动压路机碾压，或采用振动羊足碾与三轮压路机配合碾压时，每层的压实厚度可以根据试验适当增加。压实厚度超过上述规定时，应分层铺筑，每层的最小压实厚度为 10 cm，下层宜稍厚。对于稳定细粒土，以及用摊铺机摊铺的的混合料，都应采用先轻型、后重型压路机碾压。

7. 对于二级以下的公路，水泥稳定土基层和底基层可以采用路拌法施工。但对于二级公路，应采用专用的稳定土拌和机或使用集中拌和法制备混合料。高速公路和一级公路，直接铺筑在土基上的底基层下层可以用稳定土拌和机进行路拌法施工。当土基上层已用石灰或固化剂处理时，底基层的下层也宜用集中拌和法拌制混合料。其上的各个稳定土层都应用集中厂拌法拌制混合料，并用摊铺机摊铺基层混合料。

8. 路拌法施工时，必须严密组织，采用流水作业法施工，尽可能缩短从加水拌和到碾压终了的延迟时间，此时间不应超过 3 ~4 h，并应短于水泥的终凝时间。采用集中厂拌法施工时，延迟时间不应超过 2 h。

9. 基层分两层施工时，在铺筑上层前，应在下层顶面先撒薄层水泥或水泥净浆。

## 二、石灰稳定土

（一）概述

在粉碎的或原来松散的土（包括各种粗、中、细粒土）中，掺入足量的石灰和水，经拌和、压实及养生后得到的混合料，当其抗压强度符合规定的要求时，称为石灰稳定土。

用石灰稳定细粒土得到的强度符合要求的混合料，称为石灰土。

用石灰稳定中料土和粗粒土得到的强度符合要求的混合料，视所用原材料而定，原材料为天然砂砾土或级配砂砾时，称为石灰砂砾土；原材料为碎石土或级配碎石时，称为石灰碎石土。

用石灰稳定原中级路面，使其适应做沥青路面和水泥混凝土路面的基层时，属于石灰砂砾土或石灰碎石土。

当仅使用少量石灰改善级配砾石的塑性指数或提高级配砾石的强度，使其能适应做轻交通道路上沥青面层的基层，但达不到标准规定的强度要求时，这种材料称做石灰改善土。

石灰稳定土适用于各级公路的底基层，以及二级和二级以下公路的基层，但石灰土不得用做二级公路的基层和二级以下公路高级路面的基层。在冰冻地区的潮湿路段及其他地区的过分潮湿路段，不宜采用石灰土做基层。当只能采用石灰土时，应采取措施防止水分浸入石灰土层。

（二）执行标准

《公路路面基层施工技术规范》（JTJ 034—2000）。

《公路工程质量检验评定标准（土建部分）》（JTG F80/1—2004）。

（三）相关标准

《公路沥青路面施工技术规范》（JTG F40—2004）。

《水泥混凝土路面施工技术规范》（JTG F30—2003）。

《公路水泥混凝土路面设计规范》（JTG D40—2011）。

《公路沥青路面设计规范》（JTG D50—2006）。

（四）性能指标

1. 塑性指数为 15 ~20 的黏性土以及含有一定数量黏性土的中粒土和粗粒土均适宜于用石灰稳定。用石灰稳定无塑性指数的级配砂砾、级配碎石和未筛分碎石时，应添加 15% 左右的黏性土。塑性指数在 15 以上的黏性土更适宜于用石灰和水泥综合稳定。塑性指数在 10 以下的亚砂土和砂土用石灰稳定时，应采取适当的措施或采用水泥稳定。

2. 塑性指数偏大的黏性土，应加强粉碎，粉碎后土块的最大尺寸不应大于 15 mm。可以采用两次拌和法，第一次加部分石灰拌和后，闷放 1 ~2 d，再加入其余石灰，进行第二次拌和。

3. 石灰稳定土用做高速公路的一级公路的底基层时，颗粒的最大粒径不应超过37. 5 mm，用做其他等级公路的底基层时，颗粒的最大粒径不应超过 53 mm。石灰稳定土用做基层时，颗粒的最大粒径不应超过 37. 5 mm。

4. 级配碎石、未筛分碎石、砂砾、碎石土、砂砾土、煤矸石和各种粒状矿渣等均适宜用做石灰稳定土的材料。石灰稳定土中碎石、砂砾或其他粒状材料的含量应在 80% 以上，并应具有良好的级配。石灰稳定土中碎石或砾石的压碎值应符合表 5 –1 –8 的要求。

**表 5-1-8 压碎值要求**

| 部　位 | 高速公路和一级公路 | 二级和二级以下公路 |
|---|---|---|
| 基　层 | — | 二级≤30%，二级以下≤35% |
| 底基层 | ≤30% | ≤35% |

5. 硫酸盐含量超过0.8%的土和有机质含量超过10%的土，不宜用石灰稳定。

6. 石灰技术指标应符合表5-1-9的规定。应尽量缩短石灰的存放时间。石灰在野外堆放时间较长时，应覆盖防潮。

**表 5-1-9 石灰的技术指标**

| 项目 \ 指标 \ 类别 | | 钙质生石灰 | | | 镁质生石灰 | | | 钙质消石灰 | | | 镁质消石灰 | | |
|---|---|---|---|---|---|---|---|---|---|---|---|---|---|
| | | 等级 | | | | | | | | | | | |
| | | Ⅰ | Ⅱ | Ⅲ | Ⅰ | Ⅱ | Ⅲ | Ⅰ | Ⅱ | Ⅲ | Ⅰ | Ⅱ | Ⅲ |
| 有效钙加氧化镁含量(%)，≥ | | 85 | 80 | 70 | 80 | 75 | 65 | 65 | 60 | 55 | 60 | 55 | 50 |
| 未消化残渣含量(5 mm圆孔筛筛余，%)，≤ | | 7 | 11 | 17 | 10 | 14 | 20 | — | — | — | — | — | — |
| 含水量(%)，≤ | | — | — | — | — | — | — | 4 | 4 | 4 | 4 | 4 | 4 |
| 细度 | 0.71 mm方孔筛筛余(%)，≤ | — | — | — | — | — | — | 0 | 1 | 1 | 0 | 1 | 1 |
| | 0.125 mm方孔筛筛余(%)，≤ | — | — | — | — | — | — | 13 | 20 | — | 13 | 20 | — |
| 钙镁石灰的分类界限，氧化镁含量(%) | | ≤5 | | | >5 | | | ≤4 | | | >4 | | |

注：1. 硅、铝、镁氧化物含量之和大于5%的生石灰，有效钙加氧化镁含量指标，Ⅰ等≥75%，Ⅱ等≥70%，Ⅲ等≥60%；未消化残渣含量指标与镁质生石灰指标相同。
2. 使用等外石灰、贝壳石灰、珊瑚石灰等，应进行试验，如混合料的强度符合标准，即可使用。
3. 对于高速公路和一级公路，宜采用磨细生石灰粉。

7. 凡饮用水(含牲畜饮用水)均可用于石灰土施工。

8. 各级公路用石灰稳定土的7 d浸水抗压强度应符合表5-1-10的规定。

**表 5-1-10 抗压强度标准**

| 部　位 | 高速公路和一级公路 | 二级和二级以下公路 |
|---|---|---|
| 基　层(MPa) | — | ≥0.8 |
| 底基层(MPa) | ≥0.8 | 0.5~0.7 |

注：1. 在低塑性土(塑性指数小于7)地区，石灰稳定砂砾土和碎石土的7 d浸水抗压强度应大于0.5 MPa。
2. 低限用于塑性指数小于7的黏性土，且低限值宜仅用于二级以下公路。高限用于塑性指数大于7的黏性土。

9. 石灰稳定土压实度要求见表5-1-11。

**表 5-1-11 压实度要求**

| 部　位 | 土类别 | 高速公路和一级公路 | 二级和二级以下公路 |
|---|---|---|---|
| 基　层 | 石灰稳定中粒土和粗粒土 | — | 97% |
| | 石灰稳定细粒土 | — | 93% |
| 底基层 | 石灰稳定中粒土和粗粒土 | 97% | 95% |
| | 石灰稳定细粒土 | 95% | 93% |

（五）验收批量

1. 土：颗粒分析、液限和塑性指数、相对密度、吸水率、碎石或砾石的压碎值，每种土使用前测 2 个样品，使用过程中每 2 000 $m^3$ 测 2 个样品，碎石种类变化重做 2 个样品。有机质含量、硫酸盐含量当对土有怀疑时做。

2. 石灰：有效钙和氧化镁含量，在做材料组成设计和生产使用时分别测 2 个样品，以后每月测 2 个样品。

3. 石灰稳定土：施工前应检验重型击实试验、承载比、抗压强度、延迟时间。

施工过程中检验批量如下：级配每 2 000 $m^2$ 测 1 次。石灰剂量每 2 000 $m^2$ 测 1 次，至少 6 个样品。压实度每一作业段或不大于 2 000 $m^2$ 检查 6 次以上。抗压强度，对稳定细粒土，每一作业段或每 2 000 $m^2$ 做 6 个试件；稳定中粒土和粗粒土，每一作业段或每 2 000 $m^2$ 做 6 个或 9 个试件。

（六）取样方法

1. 土的取样应符合《公路土工试验规程》（JTG E40—2007）的规定。

2. 石灰按相关产品标准规定取样。

3. 混合料的取样方法如下。

（1）室内试验取样：在料堆的上部、中部和下部各取一份试样，混合后按四分法分料取样。

（2）施工过程中取样：在进行混合料验证时，宜在摊铺机后取料，且取料应分别来源于 3 ~ 4 台不同的料车，然后混合到一起进行四分法取样，并进行无侧限抗压强度成型及试验。在评价施工离散性时，宜在施工现场取料。应在施工现场的不同位置按随机取样原则分别取样，对于结合料剂量还需要在同一位置的上层和下层分别取样，试样应单独成型。

（七）样品数量

1. 土：样品数量应为试验项目所需量的 4 ~ 8 倍。

2. 石灰：5 kg。

3. 混合料：样品数量应为试验项目所需量的 4 ~ 8 倍。

（八）检测项目

1. 土的检验项目：颗粒分析、液限和塑性指数、击实试验、碎石或砾石的压碎值、有机质含量（必要时做）、硫酸盐含量（必要时做）。

2. 石灰检验项目：应检验有效钙和氧化镁含量。

3. 石灰稳定土检验项目：压实度、石灰剂量、无侧限抗压强度。

（九）质量评定

1. 土的各检验项目测试结果符合技术指标要求的可作为原料土使用，存在不符合要求的项目时，应对土进行处理后方可使用。

2. 石灰各检验项目符合技术指标要求时可用于拌制混合料，否则应重新选择石灰。

3. 混合料各项检测结果符合标准技术指标要求的为合格。

（十）使用注意事项

1. 石灰稳定土的组成设计应根据强度标准，通过试验选取最适宜于稳定的土，确定必须的或最佳的石灰剂量和混合料的最佳含水量，在需要改善混合料的物理力学性质时，还应确定掺加料的比例。

2. 采用综合稳定土时，如水泥用量占结合料总量的 30% 以下，则按石灰稳定土的技术要求进行组成设计。

3. 生石灰块应在使用前 7 ~ 10 d 充分消解。消解后的石灰应保持一定的湿度,不得产生扬尘,也不可过湿成团。消石灰宜过孔径 10 mm 的筛,并尽快使用。

4. 石灰稳定土层应在春末和夏季组织施工。施工期的日最低气温应在 5℃ 以上,并应在第一次重冰冻( -3℃ ~ -5℃)到来之前一个月至一个半月完成。稳定土层宜经历半月以上温暖和热的气候养生。多雨地区,应避免在雨季进行石灰土结构层的施工。

5. 在雨季施工石灰稳定中粒土和粗粒土时,应采用排除表面水的措施,防止运到路上的集料过分潮湿,并应采取措施保护石灰免遭雨淋。

6. 石灰稳定土应在混合料处于最佳含水量或略小于最佳含水量(1% ~2% )时进行碾压。

7. 用石灰稳定塑性指数大的黏土时,应采用两次拌和。第一次加 70% ~100% 预定剂量的石灰进行拌和,闷放 1 ~2 d,此后补足需用的石灰,再进行第二次拌和。

8. 石灰稳定土结构层应用 12 t 以上的压路机碾压。用 12 ~15 t 三轮压路机碾压时,每层的压实厚度不应超过 15 cm;用 18 ~20 t 三轮压路机和振动压路机碾压时,每层的压实厚度不应超过 20 cm;对于石灰稳定土,采用能量大的振动压路机碾压时,或对于石灰土,采用振动羊足碾与三轮压路机配合碾压时,每层的压实厚度可以根据试验适当增加。压实厚度超过上述规定时,应分层铺筑,每层的最小压实厚度为 10 cm,下层宜稍厚。对于石灰土,应采用先轻型、后重型压路机碾压。

9. 石灰稳定土层宜在当天碾压完成,碾压完成后必须保温养生,使稳定土层表面既不干燥,也不过分潮湿。

10. 石灰稳定土基层施工时,严禁用薄层贴补的办法进行找平。

11. 在采用石灰土做基层时,必须采取措施防止表面水透入基层,同时应经历一个月以上的温暖和热的气候养生。作为沥青路面的基层时,还应采取措施加强基层与面层的联结。

12. 对于二级以下的公路,石灰稳定土基层和底基层可以采用路拌法施工。对于高速公路和一级公路,直接铺筑在土基上的底基层下层可以用专用稳定土拌和机进行路拌法施工。如土基上层已用石灰或固化剂处理,则底基层的下层也应用集中拌和法拌制混合料。其上的各个稳定土层都应用集中厂拌法拌制混合料并应用摊铺机摊铺混合料。

13. 石灰稳定土层上未铺封层或面层时,禁止开放交通;当施工中断,临时开放交通时,应采取保护措施,不使基层表面遭破坏。

14. 石灰稳定土在养生期间应保持一定的湿度,不应过湿或忽干忽湿。养生期不宜少于 7 d。每次洒水后,应用两轮压路机将表层压实。石灰稳定土基层碾压结束后 1 ~2 d,当其表层较干燥(如石灰土的含水率不大于 10% ,石灰粒料土的含水率为 5% ~6% )时,可以立即喷洒透层沥青,然后做下封层或铺筑面层,但初期应禁止重型车辆通行。

### 三、石灰工业废渣稳定土

(一)概述

石灰工业废渣稳定土可利用的工业废渣包括:粉煤灰、煤渣、高炉矿渣、钢渣(已经过崩解达到稳定),及其他冶金矿渣、煤矸石等。

一定数量的石灰和粉煤灰或石灰和煤渣与其他集料相配合,加入适量的水(通常为最佳含水量),经拌和、压实及养生后得到的混合料,当其抗压强度符合规定的要求时,称为石灰工业废渣稳定土(简称为石灰工业废渣)。

一定数量的石灰和粉煤灰,一定数量的石灰、粉煤灰和土以及一定数量的石灰、粉煤灰和砂相配合,加入适量的水(通常为最佳含水量),经拌和、压实及养生后得到的混合料,当其抗压强度符合规定的要求时,分别简称为二灰、二灰土、二灰砂。

用石灰和粉煤灰稳定级配碎石或级配砾石得到的混合料,当其强度符合要求时,分别称为石灰、粉煤灰级配碎石和石灰、粉煤灰级配砾石。这两种混合料又统称为石灰、粉煤灰级配集料,或分别简称二灰级配碎石、二灰级配砾石、二灰级配集料。

用石灰、煤渣和土以及石灰、煤渣和集料得到的强度符合要求的混合料,分别称为石灰煤渣土和石灰煤渣集料。

石灰工业废渣稳定土可适用于各级公路的基层和底基层,但二灰、二灰土和二灰砂不应用做二级和二级以上公路高级路面的基层。

(二)执行标准

《公路路面基层施工技术规范》(JTJ 034—2000)。

《公路工程质量检验评定标准(土建部分)》(JTG F80/1—2004)。

(三)相关标准

《公路沥青路面施工技术规范》(JTG F40—2004)。

《水泥混凝土路面施工技术规范》(JTG F30—2003)。

《公路水泥混凝土路面设计规范》(JTG D40—2011)。

《公路沥青路面设计规范》(JTG D50—2006)。

(四)性能指标

1. 石灰技术指标应符合表 5 - 1 - 12 的规定。应尽量缩短石灰的存放时间。石灰在野外堆放时间较长时,应覆盖防潮。

**表 5 - 1 - 12　石灰的技术指标**

| 类别 / 指标 / 项目 | 钙质生石灰 | | | 镁质生石灰 | | | 钙质消石灰 | | | 镁质消石灰 | | |
|---|---|---|---|---|---|---|---|---|---|---|---|---|
| 等级 | Ⅰ | Ⅱ | Ⅲ | Ⅰ | Ⅱ | Ⅲ | Ⅰ | Ⅱ | Ⅲ | Ⅰ | Ⅱ | Ⅲ |
| 有效钙加氧化镁含量(%),≥ | 85 | 80 | 70 | 80 | 75 | 65 | 65 | 60 | 55 | 60 | 55 | 50 |
| 未消化残渣含量(5 mm 圆孔筛筛余,%),≤ | 7 | 11 | 17 | 10 | 14 | 20 | — | — | — | — | — | — |
| 含水量(%),≤ | — | — | — | — | — | — | 4 | 4 | 4 | 4 | 4 | 4 |
| 细度 0.71 mm 方孔筛筛余(%),≤ | — | — | — | — | — | — | 0 | 1 | 1 | 0 | 1 | 1 |
| 细度 0.125mm 方孔筛筛余(%),≤ | — | — | — | — | — | — | 13 | 20 | — | 13 | 20 | — |
| 钙镁石灰的分类界限,氧化镁含量(%) | ≤5 | | | >5 | | | ≤4 | | | >4 | | |

注:1. 硅、铝、镁氧化物含量之和大于5%的生石灰,有效钙加氧化镁含量指标,Ⅰ等≥75%,Ⅱ等≥70%,Ⅲ等≥60%;未消化残渣含量指标与镁质生石灰指标相同。

2. 有效钙含量在20%以上的等外石灰、贝壳石灰、珊瑚石灰、电石渣等,当其混合料的强度通过试验符合标准时,可以应用。

2. 粉煤灰中 $SiO_2$、$Al_2O_3$ 和 $Fe_2O_3$ 的总含量应大于70%,粉煤灰的烧失量不应超过20%;粉煤灰的比表面积宜大于2 500 $cm^2/g$(或90%通过0. 3 mm 筛孔,70%通过0. 075 mm 筛孔)。

干粉煤灰和湿粉煤灰都可以应用。湿粉煤灰的含水量不宜超过35%。

3. 煤渣的最大粒径不应大于30 mm,颗粒组成宜有一定级配,且不宜含杂质。

4. 宜采用塑性指数12 ~ 20 的黏性土(亚黏土)。土块的最大粒径不应大于15 mm。有机质含量超过 10% 的土不宜选用。

5. 二灰稳定的中粒土和粗粒土不宜含有塑性指数的土。

6. 用于二级及二级以下公路的二灰稳定土应符合下列要求。

(1)二灰稳定土用做底基层时,石料颗粒的最大粒径不应超过 53 mm。

(2)二灰稳定土用做基层时,石料颗粒的最大粒径不应超过 37.5 mm;碎石、砾石或其他粒状材料的质量宜占 80% 以上,并符合表 5-1-13 或表 5-1-14 的级配范围。

**表 5-1-13　二灰级配砂砾石中集料的颗粒组成范围(一)**

| 项　目 \ 通过率(%) \ 编　号 | | 1 | 2 |
|---|---|---|---|
| 筛孔尺寸(mm) | 37.5 | 100 | |
| | 31.5 | 85~100 | 100 |
| | 19 | 65~85 | 85~100 |
| | 9.5 | 50~70 | 55~75 |
| | 4.75 | 35~55 | 39~59 |
| | 2.36 | 25~45 | 27~47 |
| | 1.18 | 17~35 | 17~35 |
| | 0.6 | 10~27 | 10~25 |
| | 0.075 | 0~15 | 0~10 |

**表 5-1-14　二灰级配砂砾石中集料的颗粒组成范围(二)**

| 项　目 \ 通过率(%) \ 编　号 | | 1 | 2 |
|---|---|---|---|
| 筛孔尺寸(mm) | 37.5 | 100 | |
| | 31.5 | 90~100 | 100 |
| | 19 | 72~90 | 81~98 |
| | 9.5 | 48~68 | 52~70 |
| | 4.75 | 30~50 | 30~50 |
| | 2.36 | 18~38 | 18~38 |
| | 1.18 | 10~27 | 10~27 |
| | 0.6 | 6~20 | 6~20 |
| | 0.075 | 0~7 | 0~7 |

7. 用于高速公路和一级公路的二灰稳定土应符合下列要求。

(1)二灰稳定土用做底基层时,土中碎石、砾石颗粒的最大粒径不应超过 37.5 mm。各种细粒土、中粒土和粗粒土都可用二灰稳定后用做底基层。

(2)二灰稳定土用做基层时,二灰的质量应占 15%,最多不超过 20%,石料颗粒的最大粒径不应超过 31.5 mm,其颗粒组成宜符合表 5-1-13 或表 5-1-14 中 2 号级配的范围。粒径小于 0.075 mm 的颗粒含量宜接近 0。

(3)对所用的砾石或碎石,应预先筛分成3~4种不同粒级,然后再配合成颗粒组成符合表5-1-13或表5-1-14所列级配范围的混合料。

8. 碎石或砾石的压碎值应符合表5-1-15的要求。

**表5-1-15　压碎值要求**

| 部　　位 | 高速公路和一级公路 | 二级和二级以下公路 |
|---|---|---|
| 基层 | ≤30% | ≤35% |
| 底基层 | ≤35% | ≤40% |

9. 凡饮用水(含牲畜饮用水)均可使用。

10. 石灰工业废渣稳定土的7 d浸水抗压强度应符合表5-1-16的规定。

**表5-1-16　抗压强度标准**

| 部　　位 | 高速公路和一级公路 | 二级和二级以下公路 |
|---|---|---|
| 基层(MPa) | 0.8~1.1 | 0.6~0.8 |
| 底基层(MPa) | ≥0.5 | ≥0.6 |

注:设计累计标准轴次小于$12\times10^6$的高速公路用低限值;设计累计标准轴次大于$12\times10^6$的高速公路用中值;主要行驶重载车辆的高速公路用高限值。对于具体一条高速公路,应根据交通状况采用某一强度标准而不是一个范围。

11. 石灰工业废渣稳定土压实度应符合表5-1-17的要求。

**表5-1-17　压实度要求**

| 部　　位 | 土　类　别 | 高速公路和一级公路 | 二级和二级以下公路 |
|---|---|---|---|
| 基层 | 稳定中粒土和粗粒土 | 98% | 97% |
| | 稳定细粒土 | 98% | 93% |
| 底基层 | 石灰稳定中粒土和粗粒土 | 97% | 95% |
| | 石灰稳定细粒土 | 95% | 93% |

(五)验收批量

1. 土:颗粒分析、液限和塑性指数、相对密度、吸水率、碎石或砾石的压碎值每种土使用前测2个样品,使用过程中每2 000m$^3$测2个样品,碎石种类变化重做2个样品。有机质含量、硫酸盐含量,当对土有怀疑时做。

2. 石灰:有效钙和氧化镁含量,在做材料组成设计和生产使用时分别测2个样品,以后每月测2个样品。

3. 粉煤灰:做材料组成设计前测2个样品。

4. 石灰工业废渣稳定土:施工前应检验重型击实试验、承载比、抗压强度、延迟时间。

施工过程中检验批量如下:级配每2 000 m$^2$测1次。石灰剂量每2 000 m$^2$测1次,至少6个样品。压实度每一作业段或不大于2 000 m$^2$检查6次以上。抗压强度,对稳定细粒土,每一作业段或每2 000 m$^2$做6个试件;稳定中粒土和粗粒土,每一作业段或每2 000 m$^2$做6个或9个试件。

(六)取样方法

1. 土的取样应符合《公路土工试验规程》(JTG E40—2007)标准的规定。

2. 石灰、粉煤灰按相关产品标准规定取样。

3. 混合料的取样按下列方法进行。

(1)室内试验取样:在料堆的上部、中部和下部各取一份试样,混合后按四分法分料取样。

(2)施工过程中取样:在进行混合料验证时,宜在摊铺机后取料,且取料应分别来源于3~4台不同的料车,然后混合到一起进行四分法取样,进行无侧限抗压强度成型及试验。在评价施工离散性时,宜在施工现场取料。应在施工现场的不同位置按随机取样原则分别取样,对于结合料剂量还需要在同一位置的上层和下层分别取样,试样应单独成型。

(七)样品数量

1. 土:样品数量应为试验项目所需量的4~8倍。

2. 石灰:5 kg。

3. 粉煤灰:5 kg。

4. 混合料:样品数量应为试验项目所需量的4~8倍。

(八)检测项目

1. 土的检验项目:颗粒分析、液限和塑性指数、碎石或砾石的压碎值、有机质含量(必要时做)。

2. 石灰检验项目:应检验有效钙和氧化镁含量。

3. 粉煤灰检验项目:细度、烧失量

4. 石灰稳定土检验项目:压实度、石灰剂量、无侧限抗压强度。

(九)质量评定

1. 土的各检验项目测试结果符合技术指标要求的可作为原料土使用,存在不符合要求的项目时,应对土进行处理后方可使用。

2. 石灰各检验项目符合技术指标要求时可用于拌制混合料,否则应重新选择石灰。

3. 混合料各项检测结果符合标准技术指标要求的为合格。

(十)使用注意事项

1. 石灰工业废渣稳定土的组成设计应根据强度标准,通过试验选取最适宜于稳定的土,确定石灰与粉煤灰或石灰与煤渣的比例,确定石灰粉煤灰或石灰煤渣与土的质量比例,确定混合料的最佳含水率。

(1)对于CaO含量2%~6%的硅铝粉煤灰,采用石灰粉煤灰做基层或底基层时,石灰与粉煤灰的比例可以是(1:2)~(1:9)。

(2)采用二灰土做基层或底基层时,石灰与粉煤灰的比例可用(1:2)~(1:4)(对于粉土,以(1:2)为宜),石灰粉煤灰与细粒土的比例可以是(30:70)~(90:10)。

(3)采用二灰级配集料做基层时,石灰与粉煤灰的比例可用(1:2)~(1:4),石灰粉煤灰与集料的比应是(20:80)~(15:85)。

(4)采用石灰煤渣做基层或底基层时,石灰与煤渣的比例可用(20:80)~(15:85)。

(5)采用石灰煤渣土做基层或底基层时,石灰与煤渣的比例可选用(1:1)~(1:4),石灰煤渣与细粒土的比例可以是(1:1)~(1:4)。混合料中石灰不应少于10%,或通过试验选取强度较高的配合比。

(6)采用石灰煤渣集料做基层或底基层时,石灰:煤渣:集料可选用(7~9):(26~33):(67~58)。

(7)为提高石灰工业废渣的早期强度,可外加1%~2%的水泥。

2. 运到现场的粉煤灰,应含有足够的水分,防止扬尘。在干燥和多风季节,应使料堆表面保持湿润，或者进行覆盖。如在堆放过程中，部分粉煤灰凝结成块，使用时应将灰块打碎。场地集中推放的粉煤灰，应予覆盖，避免雨淋过分潮湿。

3. 生石灰块应在使用前 7 ~ 10 d 充分消解。消解后的石灰应保持一定的湿度，不得产生扬尘，也不可过湿成团。消石灰宜过孔径 10 mm 的筛，并尽快使用。

4. 石灰工业废渣稳定土宜在春末和夏季组织施工。施工期的日最低气温应在 5℃以上，并应在第一次重冰冻（ -3 ~ -5℃）到来之前一个月至一个半月完成。

5. 应在混合料处于或略大于最佳含水量时进行碾压，直到达到按重型击实试验法确定的要求压实度。

6. 石灰工业废渣稳定土应用 12 t 以上的压路机碾压。用 12 ~ 15 t 三轮压路机碾压时，每层的压实厚度不应超过 15 cm；用 18 ~ 20 t 三轮压路机和振动压路机碾压时，每层的压实厚度不应超过 20 cm。对于二灰级配集料，采用能量大的振动压路机碾压时，或对于二灰土，采用振动羊足碾与三轮压路机配合碾压时，每层的压实厚度可以根据试验适当增加。压实厚度超过上述规定时，应分层铺筑，每层的最小压实厚度为 10 cm，下层宜稍厚。对于石灰工业废渣稳定土，应采用先轻型、后重型压路机碾压。

7. 石灰工业废渣稳定土基层上未铺封层或面层时，应封闭交通，保护表层不受破坏。当施工中断，临时开放交通时，必须采取保护措施。

8. 石灰工业废渣基层施工时，严禁用薄层贴补的办法进行找平。

9. 对于二级以下的公路，用石灰工业废渣做基层和底基层时，可以采用路拌法施工；对于二级公路，应采用专用的稳定土拌和机，或用集中厂拌法拌制混合料。对于高速公路和一级公路，直接铺筑在土基上的底基层下层可以用专用的稳定土拌和机进行路拌法施工，如土基上层已用石灰或固化剂处理，则底基层的下层也应用集中拌和法拌制混合料。其上的各个稳定土层都应用集中厂拌法拌制混合料，并应用摊铺机摊铺基层混合料。

10. 石灰工业废渣稳定土层碾压完成后的第二天或第三天开始养生，每天洒水的次数视气候条件而定，应始终保持表面潮湿，也可用泡水养生法。对于二灰稳定粗、中粒土的基层，也可用沥青乳液和沥青下封层进行养生，养生期一般为 7 d。二灰层宜采用泡水养生法，养生期应为 14 d。在养生期间，除洒水车外，应封闭交通。

11. 对于二灰集料基层，养生期结束后，宜先让施工车辆慢速通行 7 ~ 10 d，磨去表面的二灰薄层，或用带钢丝刷的机械扫刷去除表面的二灰薄层。清扫和冲洗干净后再喷洒透层或黏层沥青。在喷洒透层或黏层沥青后，宜撒布 5 ~ 10 mm 的小碎（砾）石，小碎（砾）石均匀撒布约 60% ~70% 的面积。然后应尽早铺筑沥青面层的底面层。

### 四、级配碎石

（一）概述

粗、中、小碎石集料和石屑各占一定比例的混合料，当其颗粒组成符合规定的密实级配要求时，称做级配碎石。

用于二级和二级以上公路基层和底基层的级配碎石应用预先筛分成几组不同粒径的碎石（如 37.5 ~ 19 mm，19 ~ 9.5 mm，9.5 ~ 4.75 mm 的碎石）及 4.75 mm 以下的石屑组配而成。

在其他等级公路上，级配碎石可用未筛分碎石和石屑组配而成。

缺乏石屑时，可以添加细砂砾或粗砂。也可以用颗粒组成合适的含细集料较多的砂砾与未筛分碎石组配成级配碎砾石。

级配碎石可用于各级公路的基层和底基层。可用做较薄沥青面层与半刚性基层之间的中间层。

（二）执行标准

《公路路面基层施工技术规范》（JTJ 034—2000）。

《公路工程质量检验评定标准（土建部分）》（JTG F80/1—2004）。

（三）相关标准

《公路沥青路面施工技术规范》（JTG F40—2004）。

《水泥混凝土路面施工技术规范》（JTG F30—2003）。

《公路水泥混凝土路面设计规范》（JTG D40—2011）。

《公路沥青路面设计规范》（JTG D50—2006）。

（四）性能指标

1. 轧制碎石的材料可以是各种类型的岩石（软质岩石除外）、圆石或矿渣。圆石的粒径应是碎石最大粒径的3倍以上；矿渣应是已崩解稳定的，其干密度和质量应比较均匀，干密度不小于960 $kg/m^3$。

2. 碎石中针片状颗粒的总含量应不超过20%。碎石中不应有黏土块、植物等有害物质。

3. 石屑或其他细集料可以使用一般碎石场的细筛余料，也可以利用轧制沥青表面处治和贯入式用石料时的细筛余料，或专门轧制的细碎石集料。也可以用天然砂砾或粗砂代替石屑。天然砂砾的颗粒尺寸应该合适，必要时应筛除其中的超尺寸颗粒。天然砂砾或粗砂应有较好的级配。

4. 级配碎石或级配碎砾石用做二级和二级以下公路的基层时，其颗粒组成和塑性指数应满足表5－1－18中1号级配的规定。级配碎石用做高速公路和一级公路的基层时，其颗粒组成和塑性指数应满足表5－1－18中2号级配的规定。同时，级配曲线宜为圆滑曲线。

**表5－1－18　级配碎石或级配碎砾石的颗粒组成范围**

| 项目 \ 通过率（%） \ 编号 | | 1 | 2 |
|---|---|---|---|
| 筛孔尺寸（mm） | 37.5 | 100 | — |
| | 31.5 | 90～100 | 100 |
| | 19 | 73～88 | 85～100 |
| | 9.5 | 49～69 | 52～74 |
| | 4.75 | 29～54 | 29～54 |
| | 2.36 | 17～37 | 17～37 |
| | 0.6 | 8～20 | 8～20 |
| | 0.075 | 0～7 | 0～7 |
| 液限（%） | | <28 | <28 |
| 塑性指数 | | <6（或9） | <6（或9） |

注：1. 潮湿多雨地区塑性指数宜小于6，其他地区塑性指数宜小于9。

2. 对于无塑性的混合料，小于0.075 mm的颗粒含量应接近高限。

5. 在塑性指数偏大的情况下，塑性指数与0.5 mm以下细土含量的乘积应符合下列规定。

（1）在年降雨量小于600 mm的地区，地下水位对土基没有影响时，乘积不应大于120；

（2）在潮湿多雨地区，乘积不应大于100。

6. 级配碎石用做中间层时，其颗粒组成和塑性指数应符合表5－1－18中2号级配的规定。

7. 未筛分碎石用做二级和二级以下公路的底基层时，其颗粒组成和塑性指数应符合表5－1－19中1号级配的规定；用做高速公路和一级公路的底基层时，其颗粒组成和塑性指数应符合表5－1－19中2号级配的规定。

**表5－1－19　未筛分碎石底基层颗粒组成范围**

| 项目＼通过率(%)＼编号 | | 1 | 2 |
|---|---|---|---|
| 筛孔尺寸(mm) | 53 | 100 | — |
| | 37.5 | 85～100 | 100 |
| | 31.5 | 69～88 | 83～100 |
| | 19 | 40～65 | 54～84 |
| | 9.5 | 19～43 | 29～59 |
| | 4.75 | 10～30 | 17～45 |
| | 2.36 | 8～25 | 11～35 |
| | 0.6 | 6～18 | 6～21 |
| | 0.075 | 0～10 | 0～10 |
| 液限(%) | | <28 | <28 |
| 塑性指数 | | <6(或9) | <6(或9) |

注：在潮湿多雨地区，塑性指数宜小于6，其他地区塑性指数宜小于9。

8. 级配碎石或级配碎砾石所用石料的压碎值应满足表5－1－20的规定。

**表5－1－20　压碎值要求**

| 部　　位 | 高速公路和一级公路 | 二级公路 | 二级以下公路 |
|---|---|---|---|
| 基　　层 | ≤26% | ≤30% | ≤35% |
| 底 基 层 | ≤30% | ≤35% | ≤40% |

9. 级配碎石压实度要求：中间层，100%；基层，98%；底基层，96%。

(五)验收批量

1. 级配碎石原材料：颗粒分析、液限和塑性指数、相对密度、吸水率、碎石压碎值每种使用前测2个样品，使用过程中每2 000 $m^3$测2个样品，碎石种类变化重做2个样品。

2. 级配碎石施工检测：施工前应检验重型击实试验、承载比、抗压强度。

施工过程中检验批量如下：含水率、级配、拌和均匀性异常时随时检测。压实度每一作业段或不大于2 000 $m^2$检查6次以上，塑性指数每1 000 $m^2$检查1次，异常时随时检测。承载比每3 000 $m^2$检查1次，异常时随时检测。弯沉值每一评定段(不超过1 km)每车道40～50个测点。

(六)取样方法

1. 室内试验取样：在料堆的上部、中部和下部各取一份试样，混合后按四分法分料取样。

2. 施工过程中取样：在进行混合料验证时，宜在摊铺机后取料，且取料应分别来源于3～4台不同的料车，然后混合到一起进行四分法取样，进行试验。在评价施工离散性时，宜在施工现场取料。应在施工现场的不同位置按随机取样原则分别取样品，对于结合料剂量还需要在同一位置的上层和下层分别取样，试样应单独成型。

(七)样品数量

样品数量应为试验项目所需量的4～8倍。

(八)检测项目

1. 原材料检验项目:颗粒分析、液限和塑性指数、相对密度、吸水率、碎石压碎值。

2. 施工检验项目:施工前应检验重型击实试验、承载比、抗压强度;施工过程中检验含水率、级配、压实度、塑性指数、承载比、弯沉值。

(九)质量评定

1. 级配碎石原材料的各检验项目测试结果符合技术指标要求的可用于配制级配碎石,存在不符合要求的项目时,应对级配碎石进行调配后方可使用。

2. 级配碎石各项施工检测项目的检测结果符合标准技术指标要求的为合格。

(十)使用注意事项

1. 级配碎石用做半刚性路面的中间层以及用做二级以上公路的基层时,应采用集中厂拌法拌制混合料,并用摊铺机摊铺混合料。

2. 在最佳含水量时进行碾压,直到达到按重型击实试验法确定的要求压实度

3. 应使用12 t以上三轮压路机碾压,每层的压实厚度不应超18 cm。用重型振动压路机和轮胎压路机碾压时,每层的压实厚度可达20 cm。直线和不设超高的平曲线段,由两侧路肩开始向路中心碾压;在设超高的平曲线段,由内侧路肩向外侧路肩进行碾压。碾压时,后轮应重叠1/2 轮宽;后轮必须超过两段的接缝处。后轮压完路面全宽时,即为一遍。一般需碾压6 ~8遍,应使表面无明显轮迹。压路机的碾压速度,头两遍以采用1.5 ~1.7 km/h 为宜,以后用2.0 ~2.5 km/h。

4. 凡含土的级配碎石层,都应进行滚浆碾压,一直压到碎石层中无多余细土泛到表面为止。滚到表面的浆(或事后变干的薄土层)应清除干净。

5. 横缝的处理:两作业段的衔接处,应搭接拌和。第一段拌和后,留5 ~8 m 不进行碾压;第二段施工时,前段留下未压部分与第二段一起拌和整平后进行碾压。

6. 纵缝的处理:应避免纵向接缝。在必须分两幅铺筑时,纵缝应搭接拌和。前一幅全宽碾压密实,在后一幅拌和时,应将相邻的前幅边部约30 cm 搭接拌和,整平后一起碾压密实。

7. 级配碎石基层未洒透层沥青或未铺封层时,禁止开放交通,以保护表层不受破坏。

## 五、级配砾石

(一)概述

粗、中、小砾石和砂各占一定比例的混合料,当其颗粒组成符合规定的密实级配要求且塑性指数和承载比均符合规定要求时,称为级配砾石。

天然砂砾符合规定的级配要求,且潮湿多雨地区塑性指数小于6,其他地区塑性指数小于9时,可以直接用做基层。

塑性指数偏大的砂砾,可加少量石灰降低其塑性指数,也可以用无塑性的砂或石屑进行掺配,使其塑性指数降低到符合要求,或塑性指数与细土(粒径小于0.5 mm 的颗粒)含量的乘积符合要求。

可在天然砂砾中掺加部分碎石或轧碎砾石,以提高混合料的强度和稳定性。天然砂砾掺加部分未筛分碎石组成的混合料的强度和稳定性介于级配碎石和级配砾石之间。

级配砾石可适用于轻交通的二级和二级以下公路的基层以及各级公路的底基层。

(二)执行标准

《公路路面基层施工技术规范》(JTJ 034—2000)。

《公路工程质量检验评定标准(土建部分)》(JTG F80/1—2004)。

(三)相关标准

《公路沥青路面施工技术规范》(JTG F40—2004)。

《水泥混凝土路面施工技术规范》(JTG F30—2003)。

《公路水泥混凝土路面设计规范》(JTG D40—2011)。

《公路沥青路面设计规范》(JTG D50—2006)。

(四)性能指标

1. 级配砾石用做基层时,砾石的最大粒径不应超过 37.5 mm;用做底基层时,砾石的最大粒径不应超过 53 mm。

2. 砾石颗粒中细长及扁平颗粒的含量不应超过 20%。

3. 级配砾石基层的颗粒组成和塑性指数应满足表 5－1－21 的规定,同时级配曲线应为圆滑曲线。

**表 5－1－21　级配砾石基层的颗粒组成范围**

| 项目 \ 通过率(%) \ 编号 | | 1 | 2 | 3 |
|---|---|---|---|---|
| 筛孔尺寸(mm) | 53 | 100 | — | — |
| | 37.5 | 90～100 | 100 | |
| | 31.5 | 81～94 | 90～100 | 100 |
| | 19 | 63～81 | 73～88 | 85～100 |
| | 9.5 | 45～66 | 49～69 | 52～74 |
| | 4.75 | 27～51 | 29～54 | 29～54 |
| | 2.36 | 16～35 | 17～37 | 17～37 |
| | 0.6 | 8～20 | 8～20 | 8～20 |
| | 0.075 | 0～7 | 0～7 | 0～7 |
| 液限(%) | | <28 | | <28 |
| 塑性指数 | | <6(或9) | <6(或9) | <6(或9) |

注:1. 潮湿多雨地区塑性指数宜小于6,其他地区塑性指数宜小于9。
2. 对于无塑性的混合料,小于 0.075 mm 的颗粒含量应接近高限。

4. 在塑性指数偏大的情况下,塑性指数与 0.5 mm 以下细土含量的乘积应符合下列规定:

(1)在年降雨量小于 600 mm 的中干和干旱地区,地下水位对土基没有影响时,乘积不应大于 120;

(2)在潮湿多雨地区,乘积不应大于 100。

5. 当用于基层的在最佳含水量下制备的级配砾石试件的干密度与工地规定达到的压实干密度相同时,浸水 4 d 的承载比值应不小于 160%。

6. 用做底基层的砂砾、砂砾土或其他粒状材料的级配,应位于表 5－1－22 的范围内。液限应小于 28%,塑性指数应小于 9。

**表 5－1－22　砂砾底基层的级配范围**

| 筛孔尺寸(mm) | 53 | 37.5 | 9.5 | 4.75 | 0.6 | 0.075 |
|---|---|---|---|---|---|---|
| 通过质量百分率(%) | 100 | 80～100 | 40～100 | 25～85 | 8～45 | 0～15 |

7. 当用于底基层的在最佳含水量下制备的级配砾石试件的干密度与工地规定达到的压

实干密度相同时,浸水 4 d 的承载比值在轻交通道路上应不小于40% ,在中等交通道路上应不小于 60% 。

8. 级配砾石用做基层时,石料的集料压碎值应满足表 5 -1 -23 的规定。

**表 5 -1 -23　压碎值要求**

| 部　　位 | 高速公路和一级公路 | 二级公路 | 二级以下公路 |
| --- | --- | --- | --- |
| 基　　层 | — | ≤30% | ≤35% |
| 底　基　层 | ≤30% | ≤35% | ≤40% |

9. 级配砾石压实度要求:基层,98% ;底基层,96% 。

(五)验收批量

1. 级配砾石原材料:颗粒分析、液限和塑性指数、相对密度、吸水率、碎石压碎值每种使用前测 2 个样品,使用过程中每 2 000 $m^3$测 2 个样品,碎石种类变化重做 2 个样品。

2. 级配砾石施工检测:施工前应检验重型击实试验、承载比、抗压强度。

施工过程中检验批量如下:含水率、级配、拌和均匀性异常时随时检测。压实度每一作业段或不大于 2 000 $m^2$检查 6 次以上,塑性指数每 1 000 $m^2$检查 1 次,异常时随时检测。承载比每 3 000 $m^2$检查 1 次,异常时随时检测。弯沉值每一评定段(不超过 1 km)每车道 40 ~50 个测点。

(六)取样方法

1. 室内试验取样,在料堆的上部、中部和下部各取一份试样,混合后按四分法分料取样。

2. 施工过程中取样,在进行混合料验证时,宜在摊铺机后取料,且取料应分别来源于 3 ~4 台不同的料车,然后混合到一起进行四分法取样,进行试验。在评价施工离散性时,宜在施工现场取料。应在施工现场的不同位置按随机取样原则分别取样品。

(七)样品数量

样品数量应为试验项目所需量的 4 ~8 倍。

(八)检测项目

1. 原材料检验项目:颗粒分析、液限和塑性指数、相对密度、吸水率、碎石压碎值。

2. 施工检验项目:施工前应检验重型击实试验、承载比、抗压强度;施工过程中检验含水率、级配、压实度、塑性指数、承载比、弯沉值。

(九)质量评定

1. 级配砾石原材料的各检验项目测试结果符合技术指标要求的可用于配制级配砾石,存在不符合要求的项目时,应对级配砾石进行调配后方可使用。

2. 级配砾石各项施工检测项目的检测结果符合标准技术指标要求的为合格。

(十)使用注意事项

1. 在最佳含水量时进行碾压,直到达到按重型击实试验法确定的要求压实度。

2. 应通过试验确定集料的松铺系数,并确定松铺厚度。人工摊铺混合料时,其松铺系数约为 1. 40 ~1. 50;平地机摊铺混合料时,其松铺系数约为 1. 25 ~1. 35。

3. 应使用 12 t 以上三轮压路机碾压,每层的压实厚度不应超 18 cm。用重型振动压路机和轮胎压路机碾压时,每层的压实厚度可达 20 cm。直线和不设超高的平曲线段,由两侧路肩开始向路中心碾压;在设超高的平曲线段,由内侧路肩向外侧路肩进行碾压。碾压时,后轮应重叠 1/2 轮宽;后轮必须超过两段的接缝处。后轮压完路面全宽时,即为一遍。一般需碾压

6～8遍，应使表面无明显轮迹。压路机的碾压速度，头两遍以采用1.5～1.7 km/h为宜，以后用2.0～2.5 km/h。

4. 凡含土的级配砾石层，都应进行滚浆碾压，一直压到砾石层中无多余细土泛到表面为止。滚到表面的浆（或事后变干的薄土层）应清除干净。

5. 横缝的处理：两作业段的衔接处，应搭接拌和。第一段拌和后，留5～8 m不进行碾压；第二段施工时，前段留下未压部分与第二段一起拌和整平后进行碾压。

6. 纵缝的处理：应避免纵向接缝。在必须分两幅铺筑时，纵缝应搭接拌和。前一幅全宽碾压密实，在后一幅拌和时，应将相邻的前幅边部约30 cm搭接拌和，整平后一起碾压密实。

7. 级配砾石基层未洒透层沥青或未铺封层时，禁止开放交通，以保护表层不受破坏。

## 六、填隙碎石

（一）概述

用单一尺寸的粗碎石做主骨料，形成嵌锁结构，起承受和传递车轮荷载的作用，用石屑做填隙料，填满碎石间的孔隙，增加密实度和稳定性，这种材料称做填隙碎石。

用单一粒径的粗碎石和石屑组成的填隙碎石可用干法施工，也可用湿法施工。干法施工的填隙碎石特别适宜于干旱缺水地区。缺乏石屑时，可以添加细砾砂或粗砂等细集料，但其技术性能不如石屑。

填隙碎石可用于各等级公路的底基层和二级以下公路的基层。

（二）执行标准

《公路路面基层施工技术规范》（JTJ 034—2000）。

《公路工程质量检验评定标准（土建部分）》（JTG F80/1—2004）。

（三）相关标准

《公路沥青路面施工技术规范》（JTG F40—2004）。

《水泥混凝土路面施工技术规范》（JTG F30—2003）。

《公路水泥混凝土路面设计规范》（JTG D40—2011）。

《公路沥青路面设计规范》（JTG D50—2006）。

（四）性能指标

1. 填隙碎石用做基层时，碎石的最大粒径不应超过53 mm；用做底基层时，碎石的最大粒径不应超过63 mm。

2. 粗碎石可以用具有一定强度的各种岩石或漂石轧制，但漂石的粒径应为粗碎石最大粒径的3倍以上；也可以用稳定的矿渣轧制，矿渣的干密度和质量应比较均匀，且其干密度不小于960 kg/m$^3$。材料中的扁平、长条和软弱颗粒的含量不应超过15%。

3. 填隙碎石、粗碎石的颗粒组成应符合表5－1－24的规定。

**表5－1－24　填隙碎石、粗碎石的颗粒组成**

| 编号 | 标称尺寸(mm) | 筛孔尺寸(mm) | | | | | | | |
|---|---|---|---|---|---|---|---|---|---|
| | | 63 | 53 | 37.5 | 31.5 | 26.5 | 19 | 16 | 9.5 |
| 1 | 30～60 | 100 | 25～60 | — | 0～15 | — | 0～5 | — | — |
| 2 | 25～50 | — | 100 | — | 25～50 | 0～15 | — | 0～5 | — |
| 3 | 20～40 | — | — | 100 | 35～70 | — | 0～15 | — | 0～5 |

4. 采用表 5－1－24 中的 1 号粗集料时，填隙料的标称最大粒径可为 9.5 mm。填隙料宜具有表 5－1－25 的颗粒组成。

**表 5－1－25　填隙料的颗粒组成**

| 筛孔尺寸(mm) | 9.5 | 4.75 | 2.36 | 0.6 | 0.075 | 塑性指数 |
|---|---|---|---|---|---|---|
| 通过质量百分率(%) | 100 | 85～100 | 50～70 | 30～50 | 0～10 | <6 |

5. 粗碎石的压碎值应符合下列规定。

用做基层时，不大于 26%；用做底基层时，不大于 30%。

6. 碾压后基层的固体体积率应不小于 85%，底基层的固体体积率应不小于 83%。

（五）验收批量

1. 填隙碎石原材料：颗粒分析、相对密度、吸水率、碎石压碎值每种使用前测 2 个样品，使用过程中每 2 000 $m^3$ 测 2 个样品，碎石种类变化重做 2 个样品。

2. 填隙碎石施工检测：施工前应检验重型击实试验、承载比。

施工过程中检验批量如下：含水率、级配、拌和均匀性异常时随时检测。压实度每一作业段或不大于 2 000 $m^2$ 检查 6 次以上。承载比每 3 000 $m^2$ 检查 1 次，异常时随时检测。弯沉值每一评定段（不超过 1 km）每车道 40～50 个测点。

（六）取样方法

1. 室内试验取样：在料堆的上部、中部和下部各取一份试样，混合后按四分法分料取样。

2. 施工过程中取样：在进行混合料验证时，宜在摊铺机后取料，且取料应分别来源于 3～4 台不同的料车，然后混合到一起进行四分法取样，进行试验。在评价施工离散性时，宜在施工现场取料。应在施工现场的不同位置按随机取样原则分别取样品。

（七）样品数量

样品数量应为试验项目所需量的 4～8 倍。

（八）检测项目

1. 原材料检验项目：颗粒分析、相对密度、吸水率、碎石压碎值。

2. 施工检验项目：施工前应检验重型击实试验、承载比；施工过程中检验含水率、级配、压实度、承载比、弯沉值。

（九）质量评定

1. 填隙碎石原材料的各检验项目测试结果符合技术指标要求的可用于配制填隙碎石，存在不符合要求的项目时，应对填隙碎石进行调配后方可使用。

2. 填隙碎石各项施工检测项目的检测结果符合标准技术指标要求的为合格。

（十）使用注意事项

1. 根据各路段基层或底基层的宽度、厚度及松铺系数，计算各段需要的粗碎石数量；根据运料车辆的车厢体积，计算每车料的堆放距离。填隙料的用量约为粗碎石质量的30%～40%。

2. 在同一料场供料的路段内，由远到近将粗碎石按计算的距离卸置于下承层上。卸料距离应严格掌握，避免有的路段料不够或料过多。用平地机或其他合适的机具将粗碎石均匀地摊铺在预定的宽度上，表面应力求平整，并有规定的路拱。应同时摊铺路肩用料。

3. 初压：用 8 t 两轮压路机碾压 3～4 遍，使粗碎石稳定就位。在直线和不设超高的平曲线段上,碾压从两侧路肩开始,逐渐错轮向路中心进行;在设超高的平曲线段上,碾压从内侧路肩开始,逐渐错轮向外侧路肩进行。错轮时,每次重叠 1/3 轮宽。在第一遍碾压后,应再次找平。初压终了时,表面应平整,并具有要求的路拱和纵坡。

4. 撒铺填隙料:用石屑撒布机或类似的设备将干填隙料均匀地撒铺在已压稳的粗碎石层上,松铺厚度约 2.5 ~ 3.0 cm。必要时,用人工或机械扫匀。

5. 碾压:用振动压路机慢速碾压,将全部填隙料振入粗碎石间的孔隙中。如没有振动压路机,可用重型振动板。

6. 再次撒布填隙料:用石屑撒布机或类似的设备将干填隙料再次撒铺在粗碎石层上,松铺厚度约 2.0 ~ 2.5 cm。用人工或机械扫匀。

7. 再次碾压:用振动压路机进行碾压。在碾压过程中,对局部填隙料不足之处,人工进行找补。局部多余的填隙料应扫除。

8. 再次碾压后,如表面仍有未填满的孔隙,则应补撒填隙料,并用振动压路机继续碾压,直到全部孔隙被填满为止。同时,应将局部多余的填隙料铲除或扫除。填隙料不应在粗碎石表面自成一层,表面必须能看得见粗碎石。如填隙碎石层上为薄沥青面层,应使粗碎石的棱角外露 3 ~ 5 mm。

9. 填隙碎石表面孔隙全部填满后,用 12 ~ 15 t 三轮压路机再碾压 1 ~ 2 遍。在碾压过程中,不应有任何蠕动现象。在碾压之前,宜在表面先洒少量水,洒水量宜为 3 $kg/m^2$ 以上。

## 第二节 沥青路面工程材料

### 一、道路石油沥青

(一)概述

道路石油沥青是以石油为原料,经适当工艺生产的适用于修筑道路的石油沥青。除直接用于铺筑道路面层外,也适用于作为乳化沥青和改性沥青的原料。道路石油沥青分为 A、B、C 三个等级,各个沥青等级的适用范围应符合表 5-2-1 的规定。

**表 5-2-1 道路石油沥青的适用范围**

| 沥青等级 | 适用范围 |
|---|---|
| A 级沥青 | 各个等级的公路,适用于任何场合和层次 |
| B 级沥青 | 1. 高速公路、一级公路沥青下面层及以下的层次,二级及二级以下公路的各个层次;<br>2. 用作改性沥青、乳化沥青、改性乳化沥青、稀释沥青的基质沥青 |
| C 级沥青 | 三级及三级以下公路的各个层次 |

(二)执行标准

《公路沥青路面施工技术规范》(JTG F40—2004)。

(三)相关标准

《公路工程沥青及沥青混合料试验规程》(JTG E20—2011)。

(四)性能指标

道路石油沥青的质量应符合表 5-2-2 规定的技术要求。经建设单位同意,沥青的 PI 值、60 ℃动力黏度,10 ℃延度可作为选择性指标。

**表 5-2-2 道路石油沥青技术要求**

| 指标 | 单位 | 等级 | 沥青标号 | | | | | | | | | | | | | | | | | |
|---|---|---|---|---|---|---|---|---|---|---|---|---|---|---|---|---|---|---|---|
| | | | 160 号[4] | 130 号[4] | 110 号 | | | 90 号 | | | | | 70 号[3] | | | | | 50 号 | 30 号[4] |
| 针入度(25 ℃,5 s,100 g) | 0.1 mm | | 140~200 | 120~140 | 100~120 | | | 80~100 | | | | | 60~80 | | | | | 40~60 | 20~40 |
| 适用的气候分区[6] | | | 注[4] | 注[4] | 2-1 | 2-2 | 3-2 | 1-1 | 1-2 | 1-3 | 2-2 | 2-3 | 1-3 | 1-4 | 2-2 | 2-3 | 2-4 | 1-4 | 注[4] |
| 针入度指数 PI[2] | | A | -1.5~+1.0 | | | | | | | | | | | | | | | | |
| | | B | -1.8~+1.0 | | | | | | | | | | | | | | | | |
| 软化点(R&B)不小于 | ℃ | A | 38 | 40 | 43 | | | 45 | | | 44 | | 46 | | 45 | | | 49 | 55 |
| | | B | 36 | 39 | 42 | | | 43 | | | 42 | | 44 | | 43 | | | 46 | 53 |
| | | C | 35 | 37 | 41 | | | 42 | | | | | 43 | | | | | 45 | 50 |
| 60 ℃动力黏度[2]不小于 | Pa·s | A | — | 60 | 120 | | | 160 | | | 140 | | 180 | | 160 | | | 200 | 260 |
| 10 ℃延度[2]不小于 | cm | A | 50 | 50 | 40 | | | 45 | 30 | 20 | 30 | 20 | 20 | 15 | 25 | 20 | 15 | 15 | 10 |
| | | B | 30 | 30 | 30 | | | 30 | 20 | 15 | 20 | 15 | 15 | 10 | 20 | 15 | 10 | 10 | 8 |
| 15 ℃延度不小于 | cm | A、B | 100 | | | | | | | | | | | | | | | 80 | 50 |
| | | C | 80 | 80 | 60 | | | 50 | | | | | 40 | | | | | 30 | 20 |
| 蜡含量(蒸馏法)不大于 | % | A | 2.2 | | | | | | | | | | | | | | | | |
| | | B | 3.0 | | | | | | | | | | | | | | | | |
| | | C | 4.5 | | | | | | | | | | | | | | | | |
| 闪点不小于 | ℃ | | 230 | | | | | 245 | | | | | 260 | | | | | | |
| 溶解度不小于 | % | | 99.5 | | | | | | | | | | | | | | | | |
| 密度(15 ℃) | g/cm³ | | 实测记录 | | | | | | | | | | | | | | | | |
| TFOT(或 RTFOT)后[5] | | | | | | | | | | | | | | | | | | | |
| 质量变化不大于 | % | | ±0.8 | | | | | | | | | | | | | | | | |
| 残留针入度比不小于 | % | A | 48 | 54 | 55 | | | 57 | | | | | 61 | | | | | 63 | 65 |
| | | B | 45 | 50 | 52 | | | 54 | | | | | 58 | | | | | 60 | 62 |
| | | C | 40 | 45 | 48 | | | 50 | | | | | 54 | | | | | 58 | 60 |
| 残留延度(10 ℃)不小于 | cm | A | 12 | 12 | 10 | | | 8 | | | | | 6 | | | | | 4 | — |
| | | B | 10 | 10 | 8 | | | 6 | | | | | 4 | | | | | 2 | — |
| 残留延度(15 ℃)不小于 | cm | C | 40 | 35 | 30 | | | 20 | | | | | 15 | | | | | 10 | — |

注:[1]试验方法按照现行《公路工程沥青及沥青混合料试验规程》(JTG E20—2011)规定的方法执行。用于仲裁试验求取 PI 时的 5 个温度的针入度关系的相关系数不得小于 0.997。

[2]经建设单位同意,表中 PI 值、60 ℃动力黏度、10 ℃延度可作为选择性指标,也可不作为施工质量检验指标。

[3]70 号沥青可根据需要,要求供应商提供针入度范围为 60~70 或 70~80 的沥青;50 号沥青可要求提供针入度范围为 40~50 或 50~60 的沥青。

[4]30 号沥青仅适用于沥青稳定基层。130 号和 160 号沥青除寒冷地区可直接在中低级公路上直接应用外,通常用作乳化沥青、稀释沥青、改性沥青的基质沥青。

[5]老化试验以 TFOT 为准,也可以 RTFOT 代替。

[6]气候分区见《公路沥青路面施工技术规范》(JTG F40—2004)附录 A。

(五)验收批量

从同一来源、同一次购入且储入同一沥青罐的同一规格的沥青为一批。

(六)取样方法

1. 从无搅拌设备的储罐取样

(1)液体沥青或经加热已经变成液体的黏稠沥青取样时,应先关闭进油阀和出油阀,然后取样。

(2)用取样器按液面上、中、下位置(液面高各为 1/3 等分处,但距罐底不得低于总液面高度的 1/6)各取规定数量样品。每层取样后,取样器应尽可能倒净。当储罐过深时,亦可在流出口按不同流出深度分 3 次取样。对静态存取的沥青,不得仅从罐顶用小桶取样,也不能仅从罐底阀门流出少量沥青取样。

(3)将取出的3个样品充分混合后取规定量样品作为试样,样品也可分别进行检验。

2. 从有搅拌设备的储罐取样

将液体沥青或经加热已经变成流体的黏稠沥青充分搅拌后,用取样器从沥青层的中部取规定数量试样。

3. 从槽车、罐车、沥青洒布车中取样

(1)设有取样阀时,可旋开取样阀,待流出至少4 kg或4 L后再取样。

(2)仅有放料阀时,待放出全部沥青的一半时再取样。

(3)从顶盖处取样,可用取样器从中部取样。

4. 在装料或卸料过程中取佯

在装料或卸料过程中取样时,要按时间间隔均匀地取至少3个规定数量样品。然后将这些样品充分混合后取规定数量样品作为试样。样品也可分别进行检验。

5. 从沥青储存池中取样

沥青储存池中的沥青应待加热熔化,经管道或沥青泵流至沥青加热锅之后取样。分间隔每锅至少取3个样品,然后将这些样品充分混合后再取规定数量作为试样。样品也可分别进行检验。

6. 从沥青运输船取样

沥青运输船到港后,应分别从每个沥青仓取样。每个仓从不同部位取3个样品,混合在一起,作为一个仓的沥青样品供检验用。在卸料过程中取样时,应根据卸油量,大体均匀地分间隔3次从卸油口或管道途中的取样口取样,然后混合作为一个样品供检验。

7. 从沥青桶中取样

(1)当能确认是同一批生产的产品时,可随机取样。如不能确认是同批生产的产品时,应根据桶数量按表5－2－3的规定或按总桶数的立方根数随机选出沥青桶数。

**表5－2－3　选取沥青样品桶数**

| 沥青桶总数 | 选取桶数 | 沥青桶总数 | 选取桶数 |
|---|---|---|---|
| 2～8 | 2 | 217～343 | 7 |
| 9～27 | 3 | 344～512 | 8 |
| 28～64 | 4 | 513～729 | 9 |
| 65～125 | 5 | 730～1 000 | 10 |
| 126～216 | 6 | 1 001～1 331 | 11 |

(2)将沥青桶加热使桶中沥青全部熔化成流体后,按从罐车取样的方法取样。每个样品的数量,以充分混合后能满足供检验用样品的数量为限。

(3)若沥青桶不便加热熔化沥青时,亦可在桶高的中部将桶凿开取样,但样品应在距桶壁5 cm以上的内部凿取,并采取措施防止样品散落地面沾上尘土。

8. 固体沥青取样

从桶、袋、箱或散装整块中取样,应在表面以下及容器侧面以内至少5 cm处采取。如沥青能够打碎,可用一个干净的工具将沥青打碎后取中间部分试样;若沥青是软塑的,则用一个干净的热工具切割取样。

(七)样品数量

进行沥青性质常规检验的取样数量为:黏稠或固体沥青不少于1.5 kg;液体沥青不少于

1 L;沥青乳液不少于4 L。进行沥青性质非常规检验及沥青混合料性质试验所需的沥青数量，应根据实际需要确定。

(八)检测项目

针入度(25 ℃,5 s,100 g)、软化点(R&B)、15 ℃延度、蜡含量(蒸馏法)、闪点、溶解度、密度。

(九)质量评定

若所有性能指标符合标准规定,则该产品为合格,否则不得进场。

(十)使用注意事项

1. 沥青路面采用的沥青标号,宜按照公路等级、气候条件、交通条件、路面类型及在结构层中的层位及受力特点、施工方法等,结合当地的使用经验,经技术论证后确定。

2. 对高速公路、一级公路,夏季温度高、高温持续时间长、重载交通、山区及丘陵区上坡路段、服务区、停车场等行车速度慢的路段,尤其是汽车荷载剪应力大的层次,宜采用稠度大、60 ℃黏度大的沥青,也可提高高温气候分区的温度水平选用沥青等级;对冬季寒冷的地区或交通量小的公路、旅游公路宜选用稠度小、低温延度大的沥青;对温度日温差、年温差大的地区宜注意选用针入度指数大的沥青。当高温要求与低温要求发生矛盾时应优先考虑满足高温性能的要求。

3. 当缺乏所需标号的沥青时,可采用不同标号掺配的调和沥青,其掺配比例由试验决定。掺配后的沥青质量应符合质量要求。

4. 沥青必须按品种、标号分开存放。除长期不使用的沥青可放在自然温度下存储外,沥青在储罐中的储存温度不宜低于130 ℃,并不得高于170 ℃。桶装沥青应直立堆放,加盖苫布。

5. 道路石油沥青在储运,使用及存放过程中应有良好的防水措施,避免雨水或加热管道蒸汽进入沥青中。

## 二、乳化沥青

(一)概述

乳化沥青是石油沥青与水在乳化剂、稳定剂等的作用下经乳化加工制得的均匀的沥青产品,也称沥青乳液。

乳化沥青适用于沥青表面处治路面、沥青贯入式路面、冷拌沥青混合料路面,修补裂缝,喷洒透层、黏层与封层等。乳化沥青的品种和适用范围宜符合表5-2-4的规定。

**表5-2-4　乳化沥青品种及适用范围**

| 分　类 | 品种及代号 | 适用范围 |
|---|---|---|
| 阳离子乳化沥青 | PC-1 | 表处、贯入式路面及下封层用 |
| | PC-2 | 透层油及基层养生用 |
| | PC-3 | 黏层油用 |
| | BC-1 | 稀浆封层或冷拌沥青混合料用 |
| 阴离子乳化沥青 | PA-1 | 表处、贯入式路面及下封层用 |
| | PA-2 | 透层油及基层养生用 |
| | PA-3 | 黏层油用 |
| | BA-1 | 稀浆封层或冷拌沥青混合料用 |
| 非离子乳化沥青 | PN-2 | 透层油用 |
| | BN-1 | 与水泥稳定集料同时使用(基层路拌或再生) |

（二）执行标准

《公路沥青路面施工技术规范》（JTG F40—2004）。

（三）相关标准

《公路工程沥青及沥青混合料试验规程》（JTG E20—2011）。

（四）性能指标

乳化沥青的质量应符合表 5－2－5 的规定。在高温条件下宜采用黏度较大的乳化沥青，寒冷条件下宜使用黏度较小的乳化沥青。

**表 5－2－5　道路用乳化沥青技术要求**

| 试验项目 | | 单位 | 品种及代号 | | | | | | | | | |
|---|---|---|---|---|---|---|---|---|---|---|---|---|
| | | | 阳离子 | | | | 阴离子 | | | | 非离子 | |
| | | | 喷洒用 | | | 拌和用 | 喷洒用 | | | 拌和用 | 喷洒用 | 拌和用 |
| | | | PC－1 | PC－2 | PC－3 | BC－1 | PA－1 | PA－2 | PA－3 | BA－1 | PN－2 | BN－1 |
| 破乳速度 | | | 快裂 | 慢裂 | 快裂或中裂 | 慢裂或中裂 | 快裂 | 慢裂 | 快裂或中裂 | 慢裂或中裂 | 慢裂 | 慢裂 |
| 粒子电荷 | | | 阳离子（＋） | | | | 阴离子（－） | | | | 非离子 | |
| 筛上残留物(1.18 mm 筛)不大于 | | % | 0.1 | | | | 0.1 | | | | 0.1 | |
| 黏度 | 恩格拉黏度计 $E_{25}$ | | 2～10 | 1～6 | 1～6 | 2～30 | 2～10 | 1～6 | 1～6 | 2～30 | 1～6 | 2～30 |
| | 道路标准黏度计 $C_{25.3}$ | s | 10～25 | 8～20 | 8～20 | 10～60 | 10～25 | 8～20 | 8～20 | 10～60 | 8～20 | 10～60 |
| 蒸发残留物 | 残留分含量不小于 | % | 50 | 50 | 50 | 55 | 50 | 50 | 50 | 55 | 50 | 55 |
| | 溶解度，不小于 | % | 97.5 | | | | 97.5 | | | | 97.5 | |
| | 针入度(25 ℃) | dmm | 50～200 | 50～300 | 45～150 | | 50～200 | 50～300 | 45～150 | | 50～300 | 60～300 |
| | 延度(15 ℃)，不小于 | cm | 40 | | | | 40 | | | | 40 | |
| 与粗集料的黏附性，裹附面积不小于 | | | 2/3 | | | — | 2/3 | | | — | 2/3 | — |
| 与粗、细粒式集料拌和试验 | | | — | | | 均匀 | — | | | 均匀 | — | |
| 水泥拌和试验的筛上剩余不大于 | | % | — | | | | — | | | | — | 3 |
| 常温储存稳定性 | 1 d　不大于 | % | 1 | | | | 1 | | | | 1 | |
| | 5 d　不大于 | % | 5 | | | | 5 | | | | 5 | |

注：1. P 为喷洒型，B 为拌和型，C、A、N 分别表示阳离子、阴离子、非离子乳化沥青。

2. 黏度可选用恩格拉黏度计或沥青标准黏度计之一测定。

3. 表中的破乳速度、与集料的黏附性、拌和试验的要求与所使用的石料品种有关，质量检验时应采用工程上实际的石料进行试验，仅进行乳化沥青产品质量评定时可不要求此三项指标。

4. 储存稳定性根据施工实际情况选用试验时间，通常采用 5 d，乳液生产后能在当天使用时也可用 1 d 的稳定性。

5. 当乳化沥青需要在低温冰冻条件下储存或使用时，尚需按 T 0656 进行 －5 ℃低温储存稳定性试验，要求没有粗颗粒、不结块。

6. 如果乳化沥青是将高浓度产品运到现场经稀释后使用时，表中的蒸发残留物等各项指标指稀释前乳化沥青的要求。

（五）验收批量

从同一来源、同一次购入且储入同一沥青罐的同一规格的沥青为一批。

（六）取样方法

参见本节第一部分道路石油沥青取样方法。

（七）样品数量

进行沥青性质常规检验的取样数量为：黏稠或固体沥青不少于 1.5 kg；液体沥青不少于 1 L；沥青乳液不少于 4 L。进行沥青性质非常规检验及沥青混合料性质试验所需的沥青数量，应根据实际需要确定。

（八）检测项目

破乳速度、粒子电荷、筛上残留物（1.18 mm 筛）、黏度、与粗集料的黏附性、裹附面积、常温储存稳定性，蒸发残留物残留分含量、溶解度、针入度、延度等。

（九）质量评定

若所有性能指标符合标准规定，则该产品为合格，否则不得进场。

（十）使用注意事项

1. 乳化沥青类型根据集料品种及使用条件选择。阳离子乳化沥青可适用于各种集料品种，阴离子乳化沥青适用于碱性石料。乳化沥青的破乳速度、黏度宜根据用途与施工方法选择。

2. 制备乳化沥青用的基质沥青，对高速公路和一级公路，宜用 A、B 级沥青，其他情况可采用 C 级沥青。

3. 乳化沥青宜存放在立式罐中，并保持适当搅拌。储存期以不离析、不冻结、不破乳为宜。

## 三、液体石油沥青

（一）概述

液体石油沥青是用汽油、煤油、柴油等溶剂将石油沥青稀释而成的沥青产品，也称轻质沥青或稀释沥青。

液体石油沥青适用于透层、黏层及拌制冷拌沥青混合料。根据使用目的与场所，可选用快凝、中凝、慢凝的液体石油沥青

（二）执行标准

《公路沥青路面施工技术规范》（JTG F40—2004）。

（三）相关标准

《公路工程沥青及沥青混合料试验规程》（JTG E20—2011）。

（四）性能指标

道路用液体石油沥青技术要求见表 5-2-6。

**表 5-2-6　道路用液体石油沥青技术要求**

| 试验项目 | | 单位 | 快凝 | | 中凝 | | | | | | 慢凝 | | | | | |
|---|---|---|---|---|---|---|---|---|---|---|---|---|---|---|---|---|
| | | | AL(R)-1 | AL(R)-2 | AL(M)-1 | AL(M)-2 | AL(M)-3 | AL(M)-4 | AL(M)-5 | AL(M)-6 | AL(S)-1 | AL(S)-2 | AL(S)-3 | AL(S)-4 | AL(S)-5 | AL(S)-6 |
| 黏度 | $C_{25.5}$ | s | <20 | — | <20 | — | — | — | — | — | <20 | — | — | — | — | — |
| | $C_{60.5}$ | s | — | 5~15 | — | 5~15 | 16~25 | 26~40 | 41~100 | 101~200 | — | 5~15 | 16~25 | 26~40 | 41~100 | 101~200 |
| 蒸馏体积 | 225 ℃前 | % | >20 | >15 | <10 | <7 | <3 | <2 | 0 | 0 | — | — | — | — | — | — |
| | 315 ℃前 | % | >35 | >30 | <35 | <25 | <17 | <14 | <8 | <5 | — | — | — | — | — | — |
| | 360 ℃前 | % | >45 | >35 | <50 | <35 | <30 | <25 | <20 | <15 | <40 | <35 | <25 | <20 | <15 | <5 |

续上表

| 试验项目 | | 单位 | 快凝 | | 中凝 | | | | | | 慢凝 | | | | | |
|---|---|---|---|---|---|---|---|---|---|---|---|---|---|---|---|---|
| | | | AL(R)-1 | AL(R)-2 | AL(M)-1 | AL(M)-2 | AL(M)-3 | AL(M)-4 | AL(M)-5 | AL(M)-6 | AL(S)-1 | AL(S)-2 | AL(S)-3 | AL(S)-4 | AL(S)-5 | AL(S)-6 |
| 蒸馏后残留物 | 针入度(25 ℃) | dmm | 60~200 | 60~200 | 100~300 | 100~300 | 100~300 | 100~300 | 100~300 | 100~300 | — | — | — | — | — | — |
| | 延度(25 ℃) | cm | >60 | >60 | >60 | >60 | >60 | >60 | >60 | >60 | — | — | — | — | — | — |
| | 浮漂度(5 ℃) | s | — | — | — | — | — | — | — | — | <20 | <20 | <30 | <40 | <45 | <50 |
| 闪点(TOC 法) | | ℃ | >30 | >30 | >65 | >65 | >65 | >65 | >65 | >65 | >70 | >70 | >100 | >100 | >120 | >120 |
| 含水量不大于 | | % | 0.2 | 0.2 | 0.2 | 0.2 | 0.2 | 0.2 | 0.2 | 0.2 | 2.0 | 2.0 | 2.0 | 2.0 | 2.0 | 2.0 |

(五)验收批量

从同一来源、同一次购入且储入同一沥青罐的同一规格的沥青为一批。

(六)取样方法

参见本节第一部分道路石油沥青取样方法。

(七)样品数量

进行沥青性质常规检验的取样数量为:黏稠或固体沥青不少于1.5 kg;液体沥青不少于1 L;沥青乳液不少于4 L。进行沥青性质非常规检验及沥青混合料性质试验所需的沥青数量,应根据实际需要确定。

(八)检测项目

黏度、闪点、含水量、蒸馏体积,蒸馏后残留物针入度、延度、浮漂度等。

(九)质量评定

若所有性能指标符合标准规定,则该产品为合格,否则不得进场。

(十)使用注意事项

1. 液体石油沥青宜采用针入度较大的石油沥青,使用前按先加热沥青后加稀释剂的顺序,掺配煤油或轻柴油,经适当的搅拌、稀释制成。掺配比例根据使用要求由试验确定。

2. 液体石油沥青在制作、储存、使用的全过程中必须通风良好,并有专人负责,确保安全。基质沥青的加热温度严禁超过140 ℃,液体沥青的储存温度不得高于50 ℃。

## 四、煤 沥 青

(一)概述

煤沥青是由煤干馏得到的煤焦油再经蒸馏加工制成的沥青。煤沥青与石油沥青相比,在技术性质上有温度稳定性较低、与矿质集料的黏附性较好、气候稳定性较差、含对人体有害成分较多、臭味较重等差异。

(二)执行标准

《公路沥青路面施工技术规范》(JTG F40—2004)。

(三)相关标准

《公路工程沥青及沥青混合料试验规程》(JTG E20—2011)。

(四)性能指标

道路用煤沥青技术要求见表5-2-7。

表 5-2-7　道路用煤沥青技术要求

| 试验项目 | | T-1 | T-2 | T-3 | T-4 | T-5 | T-6 | T-7 | T-8 | T-9 |
|---|---|---|---|---|---|---|---|---|---|---|
| 黏度(s) | $C_{30.5}$ | 5~25 | 26~70 | | | | | | | |
| | $C_{30.10}$ | | | 5~25 | 26~50 | 51~120 | 121~200 | | | |
| | $C_{50.10}$ | | | | | | | 10~75 | 76~200 | |
| | $C_{60.10}$ | | | | | | | | | 35~65 |
| 蒸馏试验，馏出量(%) | 170 ℃前不大于 | 3 | 3 | 3 | 2 | 1.5 | 1.5 | 1.0 | 1.0 | 1.0 |
| | 270 ℃前不大于 | 20 | 20 | 20 | 15 | 15 | 15 | 10 | 10 | 10 |
| | 300 ℃ | 15~35 | 15~35 | 30 | 30 | 25 | 25 | 20 | 20 | 15 |
| 300 ℃蒸馏残留物软化点（环球法）(℃) | | 30~45 | 30~45 | 35~65 | 35~65 | 35~65 | 35~65 | 40~70 | 40~70 | 40~70 |
| 水分 | 不大于(%) | 1.0 | 1.0 | 1.0 | 1.0 | 1.0 | 0.5 | 0.5 | 0.5 | 0.5 |
| 甲苯不溶物 | 不大于(%) | 20 | 20 | 20 | 20 | 20 | 20 | 20 | 20 | 20 |
| 萘含量 | 不大于(%) | 5 | 5 | 5 | 4 | 4 | 3.5 | 3 | 2 | 2 |
| 焦油酸含量 | 不大于(%) | 4 | 4 | 3 | 3 | 2.5 | 2.5 | 1.5 | 1.5 | 1.5 |

(五)验收批量

从同一来源、同一次购入且储入同一沥青罐的同一规格的沥青为一批。

(六)取样方法

参见本节第一部分道路石油沥青取样方法。

(七)样品数量

进行沥青性质常规检验的取样数量为:黏稠或固体沥青不少于 1.5 kg;液体沥青不少于 1 L;沥青乳液不少于 4 L。进行沥青性质非常规检验及沥青混合料性质试验所需的沥青数量,应根据实际需要确定。

(八)检测项目

黏度、馏出量、水分、甲苯不溶物、萘含量、焦油酸含量、蒸馏残留物软化点等。

(九)质量评定

若所有性能指标符合标准规定,则该产品为合格,否则不得进场。

(十)使用注意事项

1. 道路用煤沥青的标号根据气候条件、施工温度、使用目的选用。

2. 各种等级公路的各种基层上的透层,宜采用 T-1 或 T-2 级,其他等级不合喷洒要求时可适当稀释使用。

3. 三级及三级以下的公路铺筑表面处治或贯入式沥青路面,宜采用 T-5、T-6 或T-7级。

4. 与道路石油沥青、乳化沥青混合使用,以改善渗透性。

5. 道路用煤沥青严禁用于热拌热铺的沥青混合料,作其他用途时的储存温度宜为 70 ℃~90 ℃,且不得长时间储存。

## 五、改性沥青

(一)概述

改性沥青是通过掺加橡胶、树脂、高分子聚合物、天然沥青、磨细的橡胶粉或者其他材料等外掺剂(改性剂),使沥青或沥青混合料的性能得以改善而制成的沥青结合料。

改性沥青可单独或复合采用高分子聚合物、天然沥青及其他改性材料制作。

(二)执行标准

《公路沥青路面施工技术规范》(JTG F40—2004)。

(三)相关标准

《公路工程沥青及沥青混合料试验规程》(JTG E20—2011)。

(四)性能指标

各类聚合物改性沥青的质量应符合表5-2-8的技术要求,其中PI值可作为选择性指标。当使用表列以外的聚合物及复合改性沥青时,可通过试验研究制订相应的技术要求。

**表5-2-8 聚合物改性沥青技术要求**

| 指标 | 单位 | SBS类(Ⅰ类) | | | | SBR类(Ⅱ类) | | | $E_{VA}$、PE类(Ⅲ类) | | | |
|---|---|---|---|---|---|---|---|---|---|---|---|---|
| | | Ⅰ-A | Ⅰ-B | Ⅰ-C | Ⅰ-D | Ⅰ-A | Ⅰ-B | Ⅱ-C | Ⅲ-A | Ⅲ-B | Ⅲ-C | Ⅲ-D |
| 针入度(25 ℃,100 g,5 s) | dmm | >100 | 80~100 | 60~80 | 30~60 | >100 | 80~100 | 60~80 | >80 | 60~80 | 40~60 | 30~40 |
| 针入度指数PI 不小于 | | -1.2 | -0.8 | -0.4 | 0 | -1.0 | -0.8 | -0.6 | -1.0 | -0.8 | -0.6 | -0.4 |
| 延度(5 ℃,5 cm/min) 不小于 | cm | 50 | 40 | 30 | 20 | 60 | 50 | 40 | — | | | |
| 软化点$T_{R\&B}$ 不小于 | ℃ | 45 | 50 | 55 | 60 | 45 | 48 | 50 | 48 | 52 | 56 | 60 |
| 运动黏度[1](135 ℃) 不大于 | Pa·s | 3 | | | | | | | | | | |
| 闪点 不小于 | ℃ | 230 | | | | 230 | | | 230 | | | |
| 溶解度 不小于 | % | 99 | | | | 99 | | | — | | | |
| 弹性恢复(25 ℃) 不小于 | % | 55 | 60 | 65 | 75 | — | | | — | | | |
| 黏韧性 不小于 | N·m | — | | | | 5 | | | — | | | |
| 韧性 不小于 | N·m | — | | | | 2.5 | | | — | | | |
| 储存稳定性[2],48 h软化点差 不大于 | ℃ | 2.5 | | | | — | | | 无改性剂明显析出、凝聚 | | | |
| 质量变化 不大于 | % | 1.0 | | | | | | | | | | |
| 针入度比(25 ℃) 不小于 | % | 50 | 55 | 60 | 65 | 50 | 55 | 60 | 50 | 55 | 58 | 60 |
| 延度(5 ℃) 不小于 | cm | 30 | 25 | 20 | 15 | 30 | 20 | 10 | — | | | |

注:[1]表中135 ℃运动黏度可采用《公路工程沥青及沥青混合料试验规程》(JTG E20—2011)中的"沥青布氏旋转黏度试验方法(布洛克菲尔德黏度计法)"进行测定。若在不改变改性沥青物理力学性质并符合安全条件的温度下易于泵送和拌和,或经证明适当提高泵送和拌和温度时能保证改性沥青的质量,容易施工,可不要求测定。

[2]储存稳定性指标适用于工厂生产的成品改性沥青。现场制作的改性沥青对储存稳定性指标可不作要求,但必须在制作后,保持不间断的搅拌或泵送循环,保证使用前没有明显的离析。

(五)验收批量

从同一来源、同一次购入且储入同一沥青罐的同一规格的沥青为一批。

(六)取样方法

参见本节第一部分道路石油沥青取样方法。

(七)样品数量

进行沥青性质常规检验的取样数量为:黏稠或固体沥青不少于1.5 kg;液体沥青不少于1 L;沥青乳液不少于4 L。进行沥青性质非常规检验及沥青混合料性质试验所需的沥青数量,应根据实际需要确定。

(八)检测项目

针入度、延度、软化点、黏度、闪点、溶解度、弹性恢复、黏韧性、韧性、离析等。

(九)质量评定

若所有性能指标符合标准规定,则该产品为合格,否则不得进场。

(十)使用注意事项

1. 制造改性沥青的基质沥青应与改性剂有良好的配伍性,其质量宜用A级或B级道路石油沥青。供应商在提供改性沥青的质量报告时应提供基质沥青的质量检验报告或沥青样品。

2. 天然沥青可以单独与石油沥青混合使用或与其他改性沥青混融后使用。天然沥青的质量要求宜根据其品种参照相关标准和成功的经验执行。

3. 用作改性剂的SBR胶乳中的固体物含量不宜少于45%,使用中严禁长时间曝晒或遭冰冻。

4. 改性沥青的剂量以改性剂占改性沥青总量的百分数计算,胶乳改性沥青的剂量应以扣除水以后的固体物含量计算。

5. 改性沥青宜在固定式工厂或在现场设厂集中制作,也可在拌和厂现场边制造边使用,改性沥青的加工温度不宜超过180 ℃。胶乳类改性剂和制成颗粒的改性剂可直接投入拌和缸中生产改性沥青混合料。

6. 用溶剂法生产改性沥青母体时,挥发性溶剂回收后的残留量不得超过5%。

7. 现场制造的改性沥青宜随配随用,需作短时间保存,或运送到附近的工地时,使用前必须搅拌均匀,在不发生离析的状态下使用。改性沥青制作设备必须设有随机采集样品的取样口,采集的试样宜立即在现场灌模。

8. 工厂制作的成品改性沥青到达施工现场后存储在改性沥青罐中,改性沥青罐中必须加设搅拌设备并进行搅拌,使用前改性沥青必须搅拌均匀。在施工过程中应定期取样检验产品质量,发现离析等质量不符要求的改性沥青不得使用。

## 六、改性乳化沥青

(一)概述

改性乳化沥青是在制作乳化沥青的过程中同时加入聚合物胶乳,或将聚合物胶乳与乳化沥青成品混合,或对聚合物改性沥青进行乳化加工得到的乳化沥青产品。改性乳化沥青宜按表5-2-9选用。

**表5-2-9　改性乳化沥青的品种和适用范围**

| 品　种 | | 代　号 | 适　用　范　围 |
|---|---|---|---|
| 改性乳化沥青 | 喷洒型改性乳化沥青 | PCR | 黏层、封层、桥面防水黏结层用 |
| | 拌和用乳化沥青 | BCR | 改性稀浆封层和微表处用 |

(二)执行标准

《公路沥青路面施工技术规范》(JTG F40—2004)。

(三)相关标准

《公路工程沥青及沥青混合料试验规程》(JTG E20—2011)。

(四)性能指标

改性乳性沥青应符合表 5 - 2 - 10 的技术要求。

**表 5 - 2 - 10　改性乳化沥青技术要求**

| 试验项目 | | | 单位 | 品种及代号 | |
|---|---|---|---|---|---|
| | | | | PCR | BCR |
| 破乳速度[1] | | | | 快裂或中裂 | 慢裂 |
| 粒子电荷 | | | | 阳离子(+) | 阳离子(+) |
| 筛上剩余量(1.18 mm) | | 不大于 | % | 0.1 | 0.1 |
| 黏度 | 恩格拉黏度 $E_{25}$ | | | 1 ~ 10 | 3 ~ 30 |
| | 沥青标准黏度 $C_{25,3}$ | | s | 8 ~ 25 | 12 ~ 60 |
| 蒸发残留物 | 含量 | 不小于 | % | 50 | 60 |
| | 针入度(100 g,25 ℃,5 s) | | dmm | 40 ~ 120 | 40 ~ 100 |
| | 软化点[2] | 不小于 | ℃ | 50 | 53 |
| | 延度(5 ℃) | 不小于 | cm | 20 | 20 |
| | 溶解度(三氯乙烯) | 不小于 | % | 97.5 | 97.5 |
| 与矿料的黏附性,裹覆面积不小于 | | | — | 2/3 | — |
| 储存稳定性[3],[4] | 1 天 | 不大于 | % | 1 | 1 |
| | 5 天 | 不大于 | % | 5 | 5 |

注:[1]破乳速度、与集料黏附性、拌和试验,与所使用的石料品种有关。工程上施工质量检验时应采用实际的石料试验,仅进行产品质量评定时可不对这些指标提出要求。

[2]当用于填补车辙时,BCR 蒸发残留物的软化点宜提高至不低于 55 ℃。

[3]储存稳定性根据施工实际情况选择试验天数,通常采用 5 天,乳液生产后能在第二天使用完时也可选用 1 天。个别情况下改性乳化沥青 5 天的储存稳定性难以满足要求,如果经搅拌后能够达到均匀一致并不影响正常使用,此时要求改性乳化沥青运至工地后存放在附有搅拌装置的储存罐内,并不断地进行搅拌,否则不准使用。

[4]当改性乳化沥青或特种改性乳化沥青需要在低温冰冻条件下储存或使用时,尚需按 T0656 进行 -5 ℃低温储存稳定性试验,要求没有粗颗粒、不结块。

(五)验收批量

从同一来源、同一次购入且储入同一沥青罐的同一规格的沥青为一批。

(六)取样方法

参见本节第一部分道路石油沥青取样方法。

(七)样品数量

进行沥青性质常规检验的取样数量为:黏稠或固体沥青不少于 1.5 kg;液体沥青不少于 1 L;沥青乳液不少于 4 L。进行沥青性质非常规检验及沥青混合料性质试验所需的沥青数量,应根据实际需要确定。

(八)检测项目

破乳速度、粒子电荷、筛上残留物(1.18 mm 筛)、黏度、与矿料黏附性、裹附面积、储存稳定性,以及蒸发残留物残留分含量、溶解度、针入度、延度等。

(九)质量评定

若所有性能指标符合标准规定,则该产品为合格,否则不得进场。

(十)使用注意事项

1. 改性乳化沥青的生产有三种方式,第一种是先对沥青改性,然后进行乳化,或者直接用改性沥青进行乳化。此种生产工艺过程复杂,乳化相对困难,常用的有 SBS 改性乳化沥青。

另外两种是在乳化沥青的同时或先乳化沥青后掺加胶乳，其生产工艺过程简单，可操作性好，但改性胶乳种类较少，常用的有天然橡胶胶乳（NR）、丁苯橡胶胶乳（SBR）、氯丁橡胶胶乳（CR）等。

2. 生产改性乳化沥青应关注沥青与改性剂或稳定剂的相容性。在使用前应做分析试验。聚合物与沥青的相容性主要与沥青种类、沥青的组成、聚合物的分子量与结构、聚合物的剂量、稳定剂等因素有关。

3. 改性乳化沥青的性能与温度有明显的关系，生产与使用过程中应严格按产品规定温度使用。

## 七、粗 集 料

（一）概述

沥青层用粗集料包括碎石、破碎砾石、筛选砾石、钢渣、矿渣等，但高速公路和一级公路不得使用筛选砾石和矿渣。

（二）执行标准

《公路沥青路面施工技术规范》（JTG F40—2004）。

（三）相关标准

《公路工程集料试验规程》（JTG E42—2005）。

（四）性能指标

1. 粗集料的粒径规格应符合表 5－2－11 的规定。

**表 5－2－11　沥青混合料用粗集料规格**

| 规格名称 | 公称粒径（mm） | 通过下列筛孔（mm）的质量百分率（%） | | | | | | | | | | | | |
|---|---|---|---|---|---|---|---|---|---|---|---|---|---|---|
| | | 106 | 75 | 63 | 53 | 37.5 | 31.5 | 26.5 | 19.0 | 13.2 | 9.5 | 4.75 | 2.36 | 0.6 |
| S1 | 40～75 | 100 | 90～100 | — | — | 0～15 | — | 0～5 | | | | | | |
| S2 | 40～60 | | 100 | 90～100 | — | 0～15 | — | 0～5 | | | | | | |
| S3 | 30～60 | | 100 | 90～100 | — | — | 0～15 | — | 0～5 | | | | | |
| S4 | 25～50 | | | 100 | 90～100 | — | — | 0～15 | — | 0～5 | | | | |
| S5 | 20～40 | | | | 100 | 90～100 | — | — | 0～15 | — | 0～5 | | | |
| S6 | 15～30 | | | | | 100 | 90～100 | — | — | 0～15 | — | 0～5 | | |
| S7 | 10～30 | | | | | 100 | 90～100 | — | — | — | 0～15 | 0～5 | | |
| S8 | 10～25 | | | | | | 100 | 90～100 | — | 0～15 | — | 0～5 | | |
| S9 | 10～20 | | | | | | | 100 | 90～100 | — | 0～15 | 0～5 | | |
| S10 | 10～15 | | | | | | | | 100 | 90～100 | 0～15 | 0～5 | | |
| S11 | 5～15 | | | | | | | | 100 | 90～100 | 40～70 | 0～15 | 0～5 | |
| S12 | 5～10 | | | | | | | | | 100 | 90～100 | 0～15 | 0～5 | |
| S13 | 3～10 | | | | | | | | | 100 | 90～100 | 40～70 | 0～20 | 0～5 |
| S14 | 3～5 | | | | | | | | | | 100 | 90～100 | 0～15 | 0～3 |

2. 粗集料应该洁净、干燥、表面粗糙，质量应符合表 5－2－12 的规定。当单一规格集料的质量指标达不到表中要求，而按照集料配比计算的质量指标符合要求时，工程上允许使用。对受热易变质的集料，宜采用经拌和机烘干后的集料进行检验。

表 5－2－12　沥青混合料用粗集料质量技术要求

| 指　　标 | | 单　位 | 高速公路及一级公路 | | 其他等级公路 |
|---|---|---|---|---|---|
| | | | 表面层 | 其他层次 | |
| 石料压碎值 | 不大于 | % | 26 | 28 | 30 |
| 洛杉矶磨耗损失 | 不大于 | % | 28 | 30 | 35 |
| 表观相对密度 | 不小于 | $t/m^3$ | 2.60 | 2.50 | 2.45 |
| 吸水率 | 不大于 | % | 2.0 | 3.0 | 3.0 |
| 坚固性 | 不大于 | % | 12 | 12 | — |
| 针片状颗粒含量(混合料) | 不大于 | % | 15 | 18 | 20 |
| 其中粒径大于 9.5 mm | 不大于 | % | 12 | 15 | — |
| 其中粒径小于 9.5 mm | 不大于 | % | 18 | 20 | — |
| 水洗法 <0.075 mm 颗粒含量 | 不大于 | % | 1 | 1 | 1 |
| 软石含量 | 不大于 | % | 3 | 5 | 5 |

注：1. 坚固性试验可根据需要进行。
2. 用于高速公路、一级公路时，多孔玄武岩的视密度可放宽至 2.45 $t/m^3$，吸水率可放宽至 3%，但必须得到建设单位的批准，且不得用于 SMA 路面。
3. 对 S14 即 3～5 规格的粗集料，针片状颗粒含量可不予要求，<0.075 mm 含量可放宽到 3%。

3. 高速公路、一级公路沥青路面表面层(或磨耗层)粗集料的磨光值应符合表5－2－13的要求。除 SMA、OGFC 路面外，允许在硬质粗集料中掺加部分较小粒径的磨光值达不到要求的粗集料，其最大掺加比例由磨光值试验确定。

表 5－2－13　粗集料与沥青的黏附性、磨光值的技术要求

| 雨量气候区 | | 1(潮湿区) | 2(湿润区) | 3(半干区) | 4(干旱区) |
|---|---|---|---|---|---|
| 年降雨量(mm) | | >1 000 | 1 000～500 | 500～250 | <250 |
| 粗集料的磨光值 PSV 不小于 | 高速公路、一级公路表面层 | 42 | 40 | 38 | 36 |
| 粗集料与沥青的黏附性　不小于 | 高速公路、一级公路表面层 | 5 | 4 | 4 | 3 |
| | 高速公路、一级公路的其他层次及其他等级公路的各个层次 | 4 | 4 | 3 | 3 |

4. 粗集料与沥青的黏附性应符合表 5－2－13 的要求，当使用不符要求的粗集料时，宜掺加消石灰、水泥或用饱和石灰水处理后使用。必要时可同时在沥青中掺加耐热、耐水、长期性能好的抗剥落剂，也可采用改性沥青的措施，使沥青混合料的水稳定性检验达到要求。掺加外加剂的剂量由沥青混合料的水稳定性检验确定。

5. 破碎砾石应采用粒径大于 50 mm、含泥量不大于 1% 的砾石轧制，破碎砾石的破碎面应符合表 5－2－14 的要求。

表 5-2-14 粗集料对破碎面的要求

| 路面部位或混合料类型 | | 具有一定数量破碎面颗粒的含量(%) | |
|---|---|---|---|
| | | 1 个破碎面 | 2 个或 2 个以上破碎面 |
| 沥青路面表面层 | 高速公路、一级公路 | 100 | 90 |
| | 其他等级公路 | 80 | 60 |
| 沥青路面中下面层、基层 | 高速公路、一级公路 | 90 | 80 |
| | 其他等级公路 | 70 | 50 |
| | SMA 混合料 | 100 | 90 |
| | 贯入式路面 | 80 | 60 |

6. 筛选砾石仅适用于三级及三级以下公路的沥青表面处治路面。

7. 经过破碎且存放期超过 6 个月以上的钢渣可作为粗集料使用。除吸水率允许适当放宽外,各项质量指标应符合表 5-2-12 的要求。钢渣在使用前应进行活性检验,要求钢渣中的游离氧化钙含量不大于 3%,浸水膨胀率不大于 2%。

(五)验收批量

以同一料源、同一次购入并运至生产现场的相同规格材料为一批。

(六)取样方法

1. 通过皮带运输机的材料,如采石场的生产线、沥青拌和楼的冷料输送带、无机结合料稳定集料、级配碎石混合料等,应从皮带运输机上采集样品。取样时,可在皮带运输机骤停的状态下取其中一截的全部材料,或在皮带运输机的端部连续接一定时间的料得到。将间隔 3 次以上所取的试样组成一组试样,作为代表性试样。

2. 在材料场同批来料的料堆上取样时,应先铲除堆脚等处无代表性的部分,再在料堆的顶部中部和底部,各由均匀分布的几个不同部位,取得大致相等的若干份组成一组试样,务必使所取试样能代表本批来料的情况和品质。

3. 从火车、汽车、货船上取样时,应从各不同部位和深度处,抽取大致相等的试样若干份,组成一组试样。抽取的具体份数,应视能够组成本批来料代表样的需要而定。如经观察,认为各节车皮汽车或货船的碎石或砾石的品质差异不大时,允许只抽取一节车皮、一部汽车、一艘货船的试样(即一组试样),作为该批集料的代表样品。认为该批碎石或砾石的品质相差甚远时,则应对品质再怀疑的该批集料,分别取样和验收。

4. 从沥青拌和楼的热料仓取样时,应在放料口的全断面上取样,通常宜将一开始按正式生产的配比投料拌和的几锅(至少 5 锅以上)废弃,然后分别将每个热料仓放出至装载机上,倒在水泥地上,适当拌和,从 3 处以上的位置取样,拌和均匀,取要求数量的试样。

(七)样品数量

对每一单项试验,每组试样的取样数量宜不少于表 5-2-15 所规定的最少取样量。需做几项试验时,如确能保证试样经一项试验后不致影响另一项试验的结果时,可用同一组试样进行几项不同的试验。

表 5-2-15　各试验项目所需粗集料的最小取样数量

| 试验项目 | 相对于下列公称最大粒径(mm)的最小取样量(kg) | | | | | | | | | | |
|---|---|---|---|---|---|---|---|---|---|---|---|
| | 4.75 | 9.5 | 13.2 | 16 | 19 | 26.5 | 31.5 | 37.5 | 53 | 63 | 75 |
| 筛分 | 8 | 10 | 12.5 | 15 | 20 | 20 | 30 | 40 | 50 | 60 | 80 |
| 表观密度 | 6 | 8 | 8 | 8 | 8 | 8 | 12 | 16 | 20 | 24 | 24 |
| 含水率 | 2 | 2 | 2 | 2 | 2 | 2 | 3 | 3 | 4 | 4 | 6 |
| 吸水率 | 2 | 2 | 2 | 2 | 4 | 4 | 4 | 6 | 6 | 6 | 8 |
| 堆积密度 | 40 | 40 | 40 | 40 | 40 | 40 | 80 | 80 | 100 | 120 | 120 |
| 含泥量 | 8 | 8 | 8 | 8 | 24 | 24 | 40 | 40 | 60 | 80 | 80 |
| 泥块含量 | 8 | 8 | 8 | 8 | 24 | 24 | 40 | 40 | 60 | 80 | 80 |
| 针片状含量 | 0.6 | 1.2 | 2.5 | 4 | 8 | 8 | 20 | 40 | — | — | — |
| 硫化物、硫酸盐 | 1.0 | | | | | | | | | | |

注:1. 有机物含量,坚固性及压碎指标值试验,应按规定粒级要求取样,其试验所需试样数量,按本规程有关规定施行。
2. 采用广口瓶法测定表观密度时,集料最大粒径不大于 40 mm 者,其最少取样数量为 8 kg。

(八)检测项目

颗粒级配、压碎值、洛杉矶磨耗损失、表观相对密度、吸水率、坚固性、针片状颗粒含量、小于0.075mm 颗粒含量、软石含量、磨光值、与沥青黏附性、破碎面颗粒含量等。

(九)质量评定

若所有性能指标符合标准规定,则该产品为合格,否则不得进场。

(十)使用注意事项

1. 矿料的级配、颗粒形状、坚固性、黏附性等指标对配制的混合料质量影响较大,应选择针片状含量低、含泥量小,级配良好和材料均匀的集料。

2. 原材料取样时应注意试样的代表性,防止集料样品离析。取得的试样在试验前应按规定进行筛分。

3. 重视表观密度的准确性,在试验过程中应防止细小颗粒的遗失。

## 八、细 集 料

(一)概述

沥青路面的细集料包括天然砂、机制砂、石屑。

(二)执行标准

《公路沥青路面施工技术规范》(JTG F40—2004)。

(三)相关标准

《公路工程集料试验规程》(JTG E42—2005)。

(四)性能指标

1. 细集料应洁净、干燥、无风化、无杂质,并有适当的颗粒级配,其质量应符合表 5-2-16 的规定。细集料的洁净程度,天然砂以小于 0.075 mm 含量的百分数表示,石屑和机制砂以砂当量(适用于 0~4.75 mm)或亚甲蓝值(适用于 0~2.36 mm 或 0~0.15 mm)表示。

**表 5-2-16 沥青混合料用细集料质量要求**

| 项　　目 | 单　　位 | 高速公路、一级公路 | 其他等级公路 |
|---|---|---|---|
| 表观相对密度,不小于 | $t/m^3$ | 2.50 | 2.45 |
| 坚固性(>0.3 mm 部分),不小于 | % | 12 | — |
| 含泥量(小于0.075 mm 的含量),不大于 | % | 3 | 5 |
| 砂当量,不小于 | % | 60 | 50 |
| 亚甲蓝值,不大于 | g/kg | 25 | — |
| 棱角性(流动时间),不小于 | s | 30 | — |

注:坚固性试验可根据需要进行。

2. 天然砂可采用河砂或海砂,通常宜采用粗、中砂,其规格应符合表 5-2-17 的规定。砂的含泥量超过规定时应水洗后使用,海砂中的贝壳类物质必须筛除。开采天然砂必须取得当地政府主管部门的许可,并符合水利及环境保护的要求。热拌密级配沥青混合料中天然砂的用量通常不宜超过集料总量的20%,SMA 和 OGFC 混合料不宜使用天然砂。

**表 5-2-17 沥青混合料用天然砂规格**

| 筛孔尺寸(mm) | 通过各孔筛的质量百分率(%) | | |
|---|---|---|---|
| | 粗　砂 | 中　砂 | 细　砂 |
| 9.5 | 100 | 100 | 100 |
| 4.75 | 90~100 | 90~100 | 90~100 |
| 2.36 | 65~95 | 75~90 | 85~100 |
| 1.18 | 35~65 | 50~90 | 75~100 |
| 0.6 | 15~30 | 30~60 | 60~84 |
| 0.3 | 5~20 | 8~30 | 15~45 |
| 0.15 | 0~10 | 0~10 | 0~10 |
| 0.075 | 0~5 | 0~5 | 0~5 |

3. 石屑是采石场破碎石料时通过 4.75 mm 或 2.36 mm 的筛下部分,其规格应符合表 5-2-18的要求。采石场在生产石屑的过程中应具备抽吸设备,高速公路和一级公路的沥青混合料,宜将 S14 与 S16 组合使用,S15 可在沥青稳定碎石基层或其他等级公路中使用。

**表 5-2-18 沥青混合料用机制砂或石屑规格**

| 规格 | 公称粒径(mm) | 水洗法通过各筛孔(mm)的质量百分率(%) | | | | | | | |
|---|---|---|---|---|---|---|---|---|---|
| | | 9.5 | 4.75 | 2.36 | 1.18 | 0.6 | 0.3 | 0.15 | 0.075 |
| S15 | 0~5 | 100 | 90~100 | 60~90 | 40~75 | 20~55 | 7~40 | 2~20 | 0~10 |
| S16 | 0~3 | — | 100 | 80~100 | 50~80 | 25~60 | 8~45 | 0~25 | 0~15 |

注:当生产石屑采用喷水抑制扬尘工艺时,应特别注意含粉量不得超过表中要求。

4. 机制砂宜采用专用的制砂机制造,并选用优质石料生产,其级配应符合 S16 的要求。

(五)验收批量

以同一料源、同一次购入并运至生产现场的相同规格材料为一批。

(六)取样方法

参见粗集料取样方法。

（七）样品数量

样品数量一般不少于 20 kg。每一试验的样品数量应符合《公路工程集料试验规程》（JTG E42—2005）各试验方法的要求。

（八）检测项目

颗粒级配、表观相对密度、坚固性、含泥量、砂当量、亚甲蓝值、棱角性等。

（九）质量评定

若所有性能指标符合标准规定，则该产品为合格，否则不得进场。

（十）使用注意事项

参见粗集料使用注意事项。

## 九、填　　料

（一）概述

填料在沥青混合料中起填充的作用，它能促进混合料之间的机体结合，减少混合料空隙，增加混合料的密实度。填料对沥青混合料的高温抗车辙性、低温抗裂性、抗水害能力和疲劳性能均有重要影响。常用作填料的材料有石灰岩等磨制的矿粉、水泥、粉煤灰、矿渣粉等。

（二）执行标准

《公路沥青路面施工技术规范》（JTG F40—2004）。

（三）相关标准

《公路工程集料试验规程》（JTG E42—2005）。

（四）性能指标

1. 沥青混合料的矿粉必须采用石灰岩或岩浆岩中的强基性岩石等憎水性石料经磨细得到，原石料中的泥土杂质应除净。矿粉应干燥、洁净，能自由地从矿粉仓流出，其质量应符合表 5－2－19 的技术要求。

**表 5－2－19　沥青混合料用矿粉质量要求**

| 项　　目 | | 单　　位 | 高速公路、一级公路 | 其他等级公路 |
|---|---|---|---|---|
| 表观相对密度，不小于 | | $t/m^3$ | 2.50 | 2.45 |
| 含水率，不大于 | | % | 1 | 1 |
| 粒度范围 | <0.6 mm | % | 100 | 100 |
| | <0.15 mm | % | 90～100 | 90～100 |
| | <0.075 mm | % | 75～100 | 70～100 |
| 外观 | | — | 无团粒结块 | |
| 亲水系数 | | — | <1 | |
| 塑性指数 | | — | <4 | |
| 加热安定性 | | — | 实测记录 | |

2. 拌和机的粉尘可作为矿粉的一部分回收使用。但每盘用量不得超过填料总量的 25%，掺有粉尘填料的塑性指数不得大于 4%。

3. 粉煤灰作为填料使用时，用量不得超过填料总量的 50%，粉煤灰的烧失量应小于 12%，与矿粉混合后的塑性指数应小于 4%，其余质量要求与矿粉相同。高速公路、一级公路的沥青面层不宜采用粉煤灰作填料。

(五)验收批量

以同一料源、同一次购入并运至生产现场的相同规格材料为一批。

(六)取样方法

参见粗集料取样方法。

(七)样品数量

样品数量一般不少于20 kg。每一试验的样品数量应符合《公路工程集料试验规程》(JTG E42—2005)各试验方法的要求。

(八)检测项目

表观相对密度、含水量、粒度范围、外观、亲水系数、加热安定性、塑性指数、烧失量等。

(九)质量评定

若所有性能指标符合标准规定,则该产品为合格,否则不得进场。

(十)使用注意事项

1. 矿粉要适量,少了不足以形成足够的比表面吸附沥青,矿粉过多又会使胶泥成团,致使路面胶泥离析,同样造成不良的后果。

2. 矿质填料通常是指矿粉,其他填料如消石灰粉、水泥常作为抗剥落剂使用,粉煤灰则使用很少,只允许在二级及二级以下的其他等级公路中使用。

## 十、纤维稳定剂

(一)概述

纤维稳定剂可用来吸附混合料中多余的自由沥青,提高胶结料的抗流动性,使骨料接触界面形成一层厚厚的稳定结合料膜,降低胶结料的温度敏感性和提高了胶结料的韧性,使胶结料具有较大的内聚黏结力,从而提高骨料接触界面间的黏阻力。在沥青混合料中掺加的纤维稳定剂宜选用木质素纤维与矿物纤维等。

(二)执行标准

《公路沥青路面施工技术规范》(JTG F40—2004)。

(三)相关标准

《沥青路面用木质素纤维》(JT/T 533—2004)。

《沥青路面用聚合物纤维》(JT/T 534—2004)。

(四)性能指标

1. 木质素纤维的质量应符合表5－2－20的技术要求。

**表5－2－20　木质素纤维质量技术要求**

| 项　目 | 单　位 | 指　标 | 试　验　方　法 |
|---|---|---|---|
| 纤维长度,不大于 | mm | 6 | 水溶液用显微镜观测 |
| 灰分含量 | % | 18 ±5 | 高温590 ℃～600 ℃燃烧后测定残留物 |
| pH值 | — | 7.5 ±1.0 | 水溶液用pH试纸或pH计测定 |
| 吸油率,不小于 | — | 纤维质量的5倍 | 用煤油浸泡后放在筛上经振敲后称量 |
| 含水率(以质量计),不大于 | % | 5 | 105 ℃烘箱烘2 h后冷却称量 |

2. 纤维应在250 ℃的干拌温度不变质、不发脆,使用纤维必须符合环保要求,不危害人身健康。纤维必须在混合料拌和过程中能充分分散均匀。

3. 聚合物纤维的技术指标应符合表 5-2-21 的要求，聚合物长纤维的技术指标应符合表 5-2-22 的要求。

**表 5-2-21　聚合物纤维技术指标**

| 序　号 | 项　目 | 技术指标 |
|---|---|---|
| 1 | 直径(mm) | 0.010~0.025 |
| 2 | 长度(mm) | 6±1.5,12±1.5 |
| 3 | 抗拉强度(MPa) | ≥500 |
| 4 | 断裂伸长率(%) | ≥15 |
| 5 | 耐热性,210 ℃,2 h | 体积无变化 |

**表 5-2-22　聚合物长纤维技术指标**

| 序　号 | 项　目 | 技术指标 |
|---|---|---|
| 1 | 直径(mm) | 0.010~0.025 |
| 2 | 长度(mm) | 19±1.5,38±1.5,54±1.5 |
| 3 | 抗拉强度(MPa) | ≥500 |
| 4 | 断裂伸长率(%) | ≥8 |
| 5 | 耐热性,177 ℃,2 h | 体积无变化 |

(五)验收批量

以同一料源、同一次购入并运至生产现场的相同规格材料为一批。

(六)取样方法

取批样本为试验室样本，批量样品的数量根据总包装包数而定，取样数量见表 5-2-23。应分别在每个取样包跟底、表层 10% 及 15% 处，各随机抽取样品。

**表 5-2-23　批量样品取样数量**

| 一批的包数 | 取样包数 |
|---|---|
| 1~5 | 全部取样 |
| 6~25 | 5 |
| 25 以上 | 10 |

(七)样品数量

每一样品应不少于 50 g，总量不少于 1 kg。

(八)检测项目

纤维长度、灰分含量、pH 值、吸油率、含水率、抗拉强度、耐热性等。

(九)质量评定

若所有性能指标符合标准规定，则该产品为合格，否则不得进场。

(十)使用注意事项

1. 矿物纤维宜采用玄武岩等矿石制造，易影响环境及造成人体伤害的石棉纤维不宜直接使用。

2. 纤维应存放在室内或有棚盖的地方，松散纤维在运输及使用过程中应避免受潮，并不得结团。

3. 纤维稳定剂的掺加比例以沥青混合料总量的质量百分率计算，通常情况下用于 SMA 路面的木质素纤维不宜低于 0.3%，矿物纤维不宜低于 0.4%，必要时可适当增加纤维用量。纤维掺加量的允许误差不宜超过 ±5%。

## 第三节　沥青混合料配合比设计

### 一、沥青混合料的类型

沥青混合料是由矿料与沥青结合料拌和而成的混合料的总称。按材料组成及结构分为连续级配、间断级配混合料；按矿料级配组成及空隙率大小分为密级配、半开级配、开级配混合料；按公称最大粒径的大小可分为特粗式（公称最大粒径等于或大于 31.5 mm）、粗粒式（公称最大粒径 26.5 mm）、中粒式（公称最大粒径 16 mm 或 19 mm）、细粒式（公称最大粒径 9.5 mm 或 13.2 mm）、砂粒式（公称最大粒径小于 9.5 mm）沥青混合料；按制造工艺分热拌沥青混合料、冷拌沥青混合料、再生沥青混合料等。

密级配沥青混合料是按密实级配原理设计组成的各种粒径颗粒的矿料，与沥青结合料拌和而成，设计空隙率较小（对不同交通及气候情况、层位可作适当调整）的密实式沥青混凝土混合料（以 AC 表示）和密实式沥青稳定碎石混合料（以 ATB 表示）。按关键性筛孔通过率的不同又可分为细型、粗型密级配沥青混合料等。粗集料嵌挤作用较好的也称嵌挤密实型沥青混合料。

开级配沥青混合料的矿料级配主要由粗集料嵌挤组成，细集料及填料较少，为设计空隙率 18% 的混合料。

半开级配沥青碎石混合料由适当比例的粗集料、细集料及少量填料（或不加填料）与沥青结合料拌和而成，经马歇尔标准击实成型试件的剩余空隙率在 6% ~12% 的半开式沥青碎石混合料（以 AM 表示）。

热拌沥青混合料（HMA）适用于各种等级公路的沥青路面。其种类按集料公称最大粒径、矿料级配、空隙率划分，分类见表 5 -3 -1。

**表 5 -3 -1　热拌沥青混合料种类**

| 混合料类型 | 密级配 | | | 开级配 | | 半开级配 | 公称最大粒径（mm） | 最大粒径（mm） |
|---|---|---|---|---|---|---|---|---|
| | 连续级配 | | 间断级配 | 间断级配 | | | | |
| | 沥青混凝土 | 沥青稳定碎石 | 沥青玛蹄脂碎石 | 排水式沥青磨耗层 | 排水式沥青碎石基层 | 沥青稳定碎石 | | |
| 特粗式 | — | ATB -40 | — | — | ATPB -40 | — | 37.5 | 53.0 |
| 粗粒式 | — | ATB -30 | — | — | ATPB -30 | — | 31.5 | 37.5 |
| | AC -25 | ATB -25 | — | — | ATPB -25 | — | 26.5 | 31.5 |
| 中粒式 | AC -20 | — | SMA -20 | — | — | AM -20 | 19.0 | 26.5 |
| | AC -16 | — | SMA -16 | OGFC -16 | — | AM -16 | 16.0 | 19.0 |
| 细粒式 | AC -13 | — | SMA -13 | OGFC -13 | — | AM -13 | 13.2 | 16.0 |
| | AC -10 | — | SMA -10 | OGFC -10 | — | AM -10 | 9.5 | 13.2 |
| 砂粒式 | AC -5 | — | — | — | — | AM -5 | 4.75 | 9.5 |
| 设计空隙率（%） | 3 ~5 | 3 ~6 | 3 ~4 | >18 | >18 | 6 ~12 | — | — |

注：空隙率可按配合比设计要求适当调整。

冷拌沥青混合料适用于三级及三级以下的公路的沥青面层、二级公路的罩面层施工以及各级公路沥青路面的基层、联接层或整平层。冷拌改性沥青混合料可用于沥青路面的坑槽冷补。冷拌沥青混合料宜采用密级配沥青混合料，当采用半开级配的冷拌沥青碎石混合料路面时应铺筑上封层。

## 二、沥青混合料的矿料级配

《公路沥青路面施工技术规范》(JTG F40—2004)根据混合料类型等因素通过7个表明确矿料级配的要求。在使用中，密级配沥青混合料宜根据公路等级、气候及交通条件按表5-3-2选择采用粗型(C型)或细型(F型)混合料，并在表5-3-3范围内确定工程设计级配范围，通常情况下工程设计级配范围不宜超出表5-3-3的要求。其他类型的混合料宜直接以表5-3-4～表5-3-8作为工程设计级配范围。

**表5-3-2　粗型和细型密级配沥青混凝土的关键性筛孔通过率**

| 混合料类型 | 公称最大粒径(mm) | 用以分类的关键性筛孔(mm) | 粗型密级配 | | 细型密级配 | |
|---|---|---|---|---|---|---|
| | | | 名称 | 关键性筛孔通过率(%) | 名称 | 关键性筛孔通过率(%) |
| AC-25 | 26.5 | 4.75 | AC-25C | <40 | AC-25F | >40 |
| AC-20 | 19 | 4.75 | AC-20C | <45 | AC-20F | >45 |
| AC-16 | 16 | 2.36 | AC-16C | <38 | AC-16F | >38 |
| AC-13 | 13.2 | 2.36 | AC-13C | <40 | AC-13F | >40 |
| AC-10 | 9.5 | 2.36 | AC-10C | <45 | AC-10F | >45 |

**表5-3-3　密级配沥青混凝土混合料矿料级配范围**

| 级配类型 | | 通过下列筛孔(mm)的质量百分率(%) | | | | | | | | | | | | |
|---|---|---|---|---|---|---|---|---|---|---|---|---|---|---|
| | | 31.5 | 26.5 | 19 | 16 | 13.2 | 9.5 | 4.75 | 2.36 | 1.18 | 0.6 | 0.3 | 0.15 | 0.075 |
| 粗粒式 | AC—25 | 100 | 90～100 | 75～90 | 65～83 | 57～76 | 45～65 | 24～52 | 16～42 | 12～33 | 8～24 | 5～17 | 4～13 | 3～7 |
| 中粒式 | AC—20 | | 100 | 90～100 | 78～92 | 62～80 | 50～72 | 26～56 | 16～44 | 12～33 | 8～24 | 5～17 | 4～13 | 3～7 |
| | AC—16 | | | 100 | 90～100 | 76～92 | 60～80 | 34～62 | 20～48 | 13～36 | 9～26 | 7～18 | 5～14 | 4～8 |
| 细粒式 | AC—13 | | | | 100 | 90～100 | 68～85 | 38～68 | 24～50 | 15～38 | 10～28 | 7～20 | 5～15 | 4～8 |
| | AC—10 | | | | | 100 | 90～100 | 45～75 | 30～58 | 20～44 | 13～32 | 9～23 | 6～16 | 4～8 |
| 砂粒式 | AC—5 | | | | | | 100 | 90～100 | 55～75 | 35～55 | 20～40 | 12～28 | 7～18 | 5～10 |

**表5-3-4　沥青玛蹄脂碎石混合料矿料级配范围**

| 级配类型 | | 通过下列筛孔(mm)的质量百分率(%) | | | | | | | | | | | |
|---|---|---|---|---|---|---|---|---|---|---|---|---|---|
| | | 26.5 | 19 | 16 | 13.2 | 9.5 | 4.75 | 2.36 | 1.18 | 0.6 | 0.3 | 0.15 | 0.075 |
| 中粒式 | SMA—20 | 100 | 90～100 | 72～92 | 62～82 | 40～55 | 18～30 | 13～22 | 12～20 | 10～16 | 9～14 | 8～13 | 8～12 |
| | SMA—16 | | 100 | 90～100 | 65～85 | 45～65 | 20～32 | 15～24 | 14～22 | 12～18 | 10～15 | 9～14 | 8～12 |
| 细粒式 | SMA—13 | | | 100 | 90～100 | 50～75 | 20～34 | 15～26 | 14～24 | 12～20 | 10～16 | 9～15 | 8～12 |
| | SMA—10 | | | | 100 | 90～100 | 28～60 | 20～32 | 14～26 | 12～22 | 10～18 | 9～16 | 8～13 |

表 5－3－5　开级配排水式磨耗层混合料矿料级配范围

| 级配类型 | | 通过下列筛孔（mm）的质量百分率（%） | | | | | | | | | | |
|---|---|---|---|---|---|---|---|---|---|---|---|---|
| | | 19 | 16 | 13.2 | 9.5 | 4.75 | 2.36 | 1.18 | 0.6 | 0.3 | 0.15 | 0.075 |
| 中粒式 | OGFC—16 | 100 | 90～100 | 70～90 | 45～70 | 12～30 | 10～22 | 6～18 | 4～15 | 3～12 | 3～8 | 2～6 |
| | OGFC—13 | | 100 | 90～100 | 60～80 | 12～30 | 10～22 | 6～18 | 4～15 | 3～12 | 3～8 | 2～6 |
| 细粒式 | OGFC—10 | | | 100 | 90～100 | 50～70 | 10～22 | 6～18 | 4～15 | 3～12 | 3～8 | 2～6 |

表 5－3－6　密级配沥青碎石混合料矿料级配范围

| 级配类型 | | 通过下列筛孔（mm）的质量百分率（%） | | | | | | | | | | | | | | |
|---|---|---|---|---|---|---|---|---|---|---|---|---|---|---|---|---|
| | | 53 | 37.5 | 31.5 | 26.5 | 19 | 16 | 13.2 | 9.5 | 4.75 | 2.36 | 1.18 | 0.6 | 0.3 | 0.15 | 0.075 |
| 特粗式 | ATB—40 | 100 | 90～100 | 75～92 | 65～85 | 49～71 | 43～63 | 37～57 | 30～50 | 20～40 | 15～32 | 10～25 | 8～18 | 5～14 | 3～10 | 2～6 |
| | ATB—30 | | 100 | 90～100 | 70～90 | 53～72 | 44～66 | 39～60 | 31～51 | 20～40 | 15～32 | 10～25 | 8～18 | 5～14 | 3～10 | 2～6 |
| 粗粒式 | ATB—25 | | | 100 | 90～100 | 60～80 | 48～68 | 42～62 | 32～52 | 20～40 | 15～32 | 10～25 | 8～18 | 5～14 | 3～10 | 2～6 |

表 5－3－7　半开级配沥青碎石混合料矿料级配范围

| 级配类型 | | 通过下列筛孔（mm）的质量百分率（%） | | | | | | | | | | | |
|---|---|---|---|---|---|---|---|---|---|---|---|---|---|
| | | 26.5 | 19 | 16 | 13.2 | 9.5 | 4.75 | 2.36 | 1.18 | 0.6 | 0.3 | 0.15 | 0.075 |
| 中粒式 | AM—20 | 100 | 90～100 | 60～85 | 50～75 | 40～65 | 15～40 | 5～22 | 2～16 | 1～12 | 0～10 | 0～8 | 0～5 |
| | AM—16 | | 100 | 90～100 | 60～85 | 45～68 | 18～40 | 6～25 | 3～18 | 1～14 | 0～10 | 0～8 | 0～5 |
| 细粒式 | AM—13 | | | 100 | 90～100 | 50～80 | 20～45 | 8～28 | 4～20 | 2～16 | 0～10 | 0～8 | 0～6 |
| | AM—10 | | | | 100 | 90～100 | 35～65 | 10～35 | 5～22 | 2～16 | 0～12 | 0～9 | 0～6 |

表 5－3－8　开级配沥青碎石混合料矿料级配范围

| 级配类型 | | 通过下列筛孔（mm）的质量百分率（%） | | | | | | | | | | | | | | |
|---|---|---|---|---|---|---|---|---|---|---|---|---|---|---|---|---|
| | | 53 | 37.5 | 31.5 | 26.5 | 19 | 16 | 13.2 | 9.5 | 4.75 | 2.36 | 1.18 | 0.6 | 0.3 | 0.15 | 0.075 |
| 特粗式 | ATPB—40 | 100 | 70～100 | 65～90 | 55～85 | 43～75 | 32～70 | 20～65 | 12～50 | 0～3 | 0～3 | 0～3 | 0～3 | 0～3 | 0～3 | 0～3 |
| | ATPB—30 | | 100 | 80～100 | 70～95 | 53～85 | 36～80 | 26～75 | 14～60 | 0～3 | 0～3 | 0～3 | 0～3 | 0～3 | 0～3 | 0～3 |
| 粗粒式 | ATPB—25 | | | 100 | 80～100 | 60～100 | 45～90 | 30～82 | 16～70 | 0～3 | 0～3 | 0～3 | 0～3 | 0～3 | 0～3 | 0～3 |

## 三、沥青混合料要求

1. 沥青混合料马歇尔试验技术要求

马歇尔试验应符合表 5－3－9～表 5－3－12 的规定，并有良好的施工性能。当采用其他方法设计沥青混合料时，应按本规范规定进行马歇尔试验及各项配合比设计检验，并报告不同设计方法各自的试验结果。二级公路宜参照一级公路的技术标准执行。表中气候分区按《公路沥青路面施工技术规范》（JTG F40—2004）附录 A 执行。长大坡度的路段按重载交通路段考虑。

### 表 5-3-9 密级配沥青混凝土混合料马歇尔试验技术标准

（本表适用于公称最大粒径≤26.5 mm 的密级配沥青混凝土混合料）

| 试验指标 | | 单位 | 高速公路、一级公路 | | | | 其他等级公路 | 行人道路 |
|---|---|---|---|---|---|---|---|---|
| | | | 夏炎热区(1-1、1-2、1-3、1-4 区) | | 夏热区及夏凉区(2-1、2-2、2-3、2-4、3-2 区) | | | |
| | | | 中轻交通 | 重载交通 | 中轻交通 | 重载交通 | | |
| 击实次数(双面) | | 次 | 75 | | | | 50 | 50 |
| 试件尺寸 | | mm | $\phi$101.6 mm×63.5 mm | | | | | |
| 空隙率 VV | 深约 90 mm 以内 | % | 3~5 | 4~6 | 2~4 | 3~5 | 3~6 | 2~4 |
| | 深约 90 mm 以下 | % | 3~6 | | 2~4 | 3~6 | 3~6 | — |
| 稳定度 MS 不小于 | | kN | 8 | | | | 5 | 3 |
| 流值 FL | | mm | 2~4 | 1.5~4 | 2~4.5 | 2~4 | 2~4.5 | 2~5 |

| 矿料间隙率 VMA(%) 不小于 | 设计空隙率(%) | 相应于以下公称最大粒径(mm)的最小 VMA 及 VFA 技术要求(%) | | | | | |
|---|---|---|---|---|---|---|---|
| | | 26.5 | 19 | 16 | 13.2 | 9.5 | 4.75 |
| | 2 | 10 | 11 | 11.5 | 12 | 13 | 15 |
| | 3 | 11 | 12 | 12.5 | 13 | 14 | 16 |
| | 4 | 12 | 13 | 13.5 | 14 | 15 | 17 |
| | 5 | 13 | 14 | 14.5 | 15 | 16 | 18 |
| | 6 | 14 | 15 | 15.5 | 16 | 17 | 19 |
| 沥青饱和度 VFA(%) | | 55~70 | 65~75 | | 70~85 | | |

注：1. 对空隙率大于 5% 的夏炎热区重载交通路段，施工时应至少提高压实度 1%。
2. 当设计的空隙率不是整数时，由内插确定要求的 VMA 最小值。
3. 对改性沥青混合料，马歇尔试验的流值可适当放宽。

### 表 5-3-10 沥青稳定碎石混合料马歇尔试验配合比设计技术标准

| 试验指标 | 单位 | 密级配基层(ATB) | | 半开级配面层(AM) | 排水式开级配磨耗层(OGFC) | 排水式开级配基层(ATPB) |
|---|---|---|---|---|---|---|
| 公称最大粒径 | mm | 26.5 mm | 等于或大于 31.5 mm | 等于或小于 26.5 mm | 等于或小于 26.5 mm | 所有尺寸 |
| 马歇尔试件尺寸 | mm | $\phi$101.6 mm ×63.5 mm | $\phi$152.4 mm ×95.3 mm | $\phi$101.6 mm ×63.5 mm | $\phi$101.6 mm ×63.5 mm | $\phi$152.4 mm ×95.3 mm |
| 击实次数(双面) | 次 | 75 | 112 | 50 | 50 | 75 |
| 空隙率 VV | % | 3~6 | | 6~10 | 不小于 18 | 不小于 18 |
| 稳定度，不小于 | kN | 7.5 | 15 | 3.5 | 3.5 | — |
| 流值 | mm | 1.5~4 | 实测 | — | — | — |
| 沥青饱和度 VFA | % | 55~70 | | 40~70 | — | — |

| 密级配基层 ATB 的矿料间隙率 VMA(%) 不小于 | 设计空隙率(%) | ATB-40 | ATB-30 | ATB-25 |
|---|---|---|---|---|
| | 4 | 11 | 11.5 | 12 |
| | 5 | 12 | 12.5 | 13 |
| | 6 | 13 | 13.5 | 14 |

注：在干旱地区，可将密级配沥青稳定碎石基层的空隙率适当放宽到 8%。

表 5-3-11　SMA 混合料马歇尔试验配合比设计技术要求

| 试验项目 | 单位 | 技术要求 | | 试验方法 |
|---|---|---|---|---|
| | | 不使用改性沥青 | 使用改性沥青 | |
| 马歇尔试件尺寸 | mm | $\phi$101.6 mm×63.5 mm | | T 0702 |
| 马歇尔试件击实次数[1] | | 两面击实各 50 次 | | T 0702 |
| 空隙率 VV[2] | % | 3~4 | | T 0705 |
| 矿料间隙率 VMA[2]，不小于 | % | 17.0 | | T 0705 |
| 粗集料骨架间隙率 $VCA_{mix}$[3]，不大于 | | $VCA_{DRC}$ | | T 0705 |
| 沥青饱和度 VFA[2] | % | 75~85 | | T 0705 |
| 稳定度[4]，不小于 | kN | 5.5 | 6.0 | T 0709 |
| 流值 | mm | 2~5 | — | T 0709 |
| 谢伦堡沥青析漏试验的结合料损失 | % | 不大于 0.2 | 不大于 0.1 | T 0732 |
| 肯塔堡飞散试验的混合料损失或浸水飞散试验 | % | 不大于 20 | 不大于 15 | T 0733 |

注：[1]对集料坚硬不易击碎，通行重载交通的路段，也可将击实次数增加为双面各 75 次。

[2]对高温稳定性要求较高的重交通路段或炎热地区，设计空隙率允许放宽到 4.5%；VMA 允许放宽到 16.5%（SMA-16）或 16%（SMA-19）；VFA 允许放宽到 70%。

[3]试验粗集料骨架间隙率 VCA 的关键性筛孔，对 SMA-19、SMA-16 是指 4.75 mm，对 SMA-13、SMA-10 是指 2.36 mm。

[4]稳定度难以达到要求时，容许放宽到 5.0 kN（非改性）或 5.5 kN（改性），但动稳定度检验必须合格。

表 5-3-12　OGFC 混合料技术要求

| 试验项目 | 单位 | 技术要求 | 试验方法 |
|---|---|---|---|
| 马歇尔试件尺寸 | mm | $\phi$101.6 mm×63.5 mm | T 0702 |
| 马歇尔试件击实次数 | | 两面击实各 50 次 | T 0702 |
| 空隙率 | % | 18~25 | T 0708 |
| 马歇尔稳定度，不小于 | kN | 3.5 | T 0709 |
| 析漏损失 | % | <0.3 | T 0732 |
| 肯塔堡飞散损失 | % | <20 | T 0733 |

2. 使用性能检验

对用于高速公路和一级公路的公称最大粒径等于或小于 19 mm 的密级配沥青混合料（AC）及 SMA、OGFC 混合料需在配合比设计的基础上按下列步骤进行各种使用性能检验，不符要求的沥青混合料，必须更换材料或重新进行配合比设计。二级公路参照此要求执行。

（1）必须在规定的试验条件下进行车辙试验，并符合表 5-3-13 的要求。

**表 5-3-13　沥青混合料车辙试验动稳定度技术要求**

| 气候条件与技术指标 | | 相应于下列气候分区所要求的动稳定度(次/mm) | | | | | | | | | 试验方法 |
|---|---|---|---|---|---|---|---|---|---|---|---|
| 七月平均最高气温(℃)及气候分区 | | >30 | | | | 20~30 | | | | <20 | |
| | | 1. 夏炎热区 | | | | 2. 夏热区 | | | | 3. 夏凉区 | |
| | | 1-1 | 1-2 | 1-3 | 1-4 | 2-1 | 2-2 | 2-3 | 2-4 | 3-2 | |
| 普通沥青混合料,不小于 | | 800 | | 1 000 | | 600 | 800 | | | 600 | T 0719 |
| 改性沥青混合料,不小于 | | 2 400 | | 2 800 | | 2 000 | 2 400 | | | 1 800 | |
| SMA 混合料 | 非改性,不小于 | 1 500 | | | | | | | | | |
| | 改性,不小于 | 3 000 | | | | | | | | | |
| OGFC 混合料 | | 1 500(一般交通路段)、3 000(重交通量路段) | | | | | | | | | |

注:1. 如果其他月份的平均最高气温高于七月时,可使用该月平均最高气温。
2. 在特殊情况下,如钢桥面铺装、重载车特别多或纵坡较大的长距离上坡路段、厂矿专用道路,可酌情提高动稳定度的要求。
3. 对因气候寒冷确需使用针入度很大的沥青(如大于 100),动稳定度难以达到要求,或因采用石灰岩等不很坚硬的石料,改性沥青混合料的动稳定度难以达到要求等特殊情况,可酌情降低要求。
4. 为满足炎热地区及重载车要求,在配合比设计时采取减少最佳沥青用量的技术措施时,可适当提高试验温度或增加试验荷载进行试验,同时增加试件的碾压成型密度和施工压实度要求。
5. 车辙试验不得采用二次加热的混合料,试验必须检验其密度是否符合试验规程的要求。
6. 如需要对公称最大粒径等于和大于 26.5 mm 的混合料进行车辙试验,可适当增加试件的厚度,但不宜作为评定合格与否的依据。

(2)必须在规定的试验条件下进行浸水马歇尔试验和冻融劈裂试验检验沥青混合料的水稳定性,并同时符合表 5-3-14 中的两个要求。达不到要求时必须按要求采取抗剥落措施,调整最佳沥青用量后再次试验。

**表 5-3-14　沥青混合料水稳定性检验技术要求**

| 气候条件与技术指标 | | 相应于下列气候分区的技术要求(%) | | | | 试验方法 |
|---|---|---|---|---|---|---|
| 年降雨量(mm)及气候分区 | | >1 000 | 500~1 000 | 250~500 | <250 | |
| | | 1. 潮湿区 | 2. 湿润区 | 3. 半干区 | 4. 干旱区 | |
| 浸水马歇尔试验残留稳定度(%)不小于 | | | | | | |
| 普通沥青混合料 | | 80 | | 75 | | T 0709 |
| 改性沥青混合料 | | 85 | | 80 | | |
| SMA 混合料 | 普通沥青 | 75 | | | | |
| | 改性沥青 | 80 | | | | |
| 冻融劈裂试验的残留强度比(%)不小于 | | | | | | |
| 普通沥青混合料 | | 75 | | 70 | | T 0729 |
| 改性沥青混合料 | | 80 | | 75 | | |
| SMA 混合料 | 普通沥青 | 75 | | | | |
| | 改性沥青 | 80 | | | | |

(3)宜对密级配沥青混合料在温度 -10 ℃、加载速率 50 mm/min 的条件下进行弯曲试验,测定破坏强度、破坏应变、破坏劲度模量,并根据应力应变曲线的形状,综合评价沥青混合料的低温抗裂性能。其中沥青混合料的破坏应变宜不小于表 5-3-15 的要求。

**表 5－3－15　沥青混合料低温弯曲试验破坏应变技术要求**

<table>
<tr><td>气候条件与技术指标</td><td colspan="9">相应于下列气候分区所要求的破坏应变(με)</td><td rowspan="4">试验<br>方法</td></tr>
<tr><td rowspan="3">年极端最低气温(℃)<br>及气候分区</td><td colspan="2">< －37.0</td><td colspan="3">－21.5 ~ －37.0</td><td colspan="2">－9.0 ~ －21.5</td><td colspan="2">> －9.0</td></tr>
<tr><td colspan="2">1. 冬严寒区</td><td colspan="3">2. 冬寒区</td><td colspan="2">3. 冬冷区</td><td colspan="2">4. 冬温区</td></tr>
<tr><td>1－1</td><td>2－1</td><td>1－2</td><td>2－2</td><td>3－2</td><td>1－3</td><td>2－3</td><td>1－4</td><td>2－4</td></tr>
<tr><td>普通沥青混合料,不小于</td><td colspan="2">2 600</td><td colspan="3">2 300</td><td colspan="4">2 000</td><td rowspan="2">T 0715</td></tr>
<tr><td>改性沥青混合料,不小于</td><td colspan="2">3 000</td><td colspan="3">2 800</td><td colspan="4">2 500</td></tr>
</table>

(4)宜利用轮碾机成型的车辙试验试件,脱模架起进行渗水试验,并符合表 5－3－16 的要求。

**表 5－3－16　沥青混合料试件渗水系数技术要求**

| 级　配　类　型 | 渗水系数要求(mL/min) | 试　验　方　法 |
| --- | --- | --- |
| 密级配沥青混凝土,不大于 | 120 | T 0730 |
| SMA 混合料,不大于 | 80 | |
| OGFC 混合料,不小于 | 实测 | |

(5)对使用钢渣作为集料的沥青混合料,应按现行试验规程(T 0363)进行活性和膨胀性试验,钢渣沥青混凝土的膨胀量不得超过 1.5%。

(6)对改性沥青混合料的性能检验,应针对改性目的进行。以提高高温抗车辙性能为主要目的时,低温性能可按普通沥青混合料的要求执行;以提高低温抗裂性能为主要目的时,高温稳定性可按普通沥青混合料的要求执行。

## 四、热拌沥青混合料目标配合比设计

(一)设计目的

热拌沥青混合料的配合比设计是通过目标配合比设计、生产配合比设计及生产配合比验证三个阶段,根据沥青混合料的技术要求,选择粗集料、细集料、矿粉和沥青材料,确定沥青混合料的材料品种及配比、矿料级配、最佳沥青用量,使沥青混合料满足技术、经济要求。

(二)适用范围

适用于密级配沥青混凝土及沥青稳定碎石混合料。

(三)设计原理

采用马歇尔试验配合比设计方法。通过选取不同级配和沥青用量,使混合料达到目标空隙率。

(四)执行标准

《公路沥青路面施工技术规范》(JTG F40—2004)。

(五)相关标准

《公路工程沥青及沥青混合料试验规程》(JTG E20—2011)。

(六)设计准备

1. 确定工程设计级配范围

沥青路面工程的混合料设计级配范围由工程设计文件或招标文件规定。密级配沥青混合料的设计级配宜在《公路沥青路面施工技术规范》(JTG F40—2004)规定的级配范围内,根据公路等级、工程性质、气候条件、交通条件、材料品种，通过对条件大体相当的工程的使用情况进行调查研究后调整确定，必要时允许超出规范级配范围。密级配沥青稳定碎石混合料可直接以规范规定的级配范围作工程设计级配范围使用。经确定的工程设计级配范围是配合比设计的依据，不得随意变更。调整工程设计级配范围宜遵循下列原则。

(1)对夏季温度高、高温持续时间长、重载交通多的路段，宜选用粗型密级配沥青混合料(AC－C 型)，并取较高的设计空隙率。对冬季温度低，且低温持续时间长的地区，或者重载交通较少的路段，宜选用细型密级配沥青混合料(AC－F 型)，并取较低的设计空隙率。

(2)为确保高温抗车辙能力，同时兼顾低温抗裂性能的需要。配合比设计时宜适当减少公称最大粒径附近的粗集料用量，减少 0.6 mm 以下部分细粉的用量，使中等粒径集料较多，形成 S 形级配曲线，并取中等或偏高水平的设计空隙率。

(3)确定各层的工程设计级配范围时应考虑不同层位的功能需要，经组合设计的沥青路面应能满足耐久、稳定、密水、抗滑等要求。

(4)根据公路等级和施工设备的控制水平，确定的工程设计级配范围应比规范级配范围窄，其中 4.75 mm 和 2.36 mm 通过率的上下限差值宜小于 12% 。

(5)沥青混合料的配合比设计应充分考虑施工性能，使沥青混合料容易摊铺和压实，避免造成严重的离析。

2. 材料选择与准备

(1)配合比设计的各种矿料必须按现行《公路工程集料试验规程》(JTG E42—2005)规定的方法，从工程实际使用的材料中取代表性样品。进行生产配合比设计时，取样至少应在干拌 5 次以后进行。

(2)配合比设计所用的各种材料必须符合气候和交通条件的需要。其质量应满足规范规定的技术要求。

(3)不同型号的沥青材料，具有不同的技术指标，适用于不同等级、不同类型的路面，在选择沥青材料的时候，要考虑到气候条件、交通量、施工方法等情况。寒冷地区宜选用稠度较小，延度较大的沥青，以免冬季裂缝；较热地区选用稠度较大，软化点高的沥青，以免夏季泛油，发软。一般路面的上层宜用较稠的沥青，下层和联结层宜用较稀的沥青。

(4)沥青混合料的粗集料要求洁净、干燥、无风化、无杂质，并且具有足够的强度和耐磨性。一般选用高强、碱性的岩石轧制成接近于立方体、表面粗糙、具有棱角的颗粒。当单一规格的集料某项指标不合格，但不同粒径规格的材料按级配组成的集料混合料指标能符合规范要求时，允许使用。

(七)设计内容

1. 矿料配比设计

(1)组成材料的原始数据测试

对选定的材料经现场取样，对粗集料、细集料和矿粉进行筛分分析试验，按试验结果分别绘出各组成材料的筛分曲线。同时测得各组成材料的相对密度，以供计算。

(2)计算组成材料的配合比

根据各组成材料的筛析试验资料，采用图解法或计算法，求出符合要求级配范围的各组成材料用量比例。采用图解法时，矿料级配曲线按《公路工程沥青及沥青混合料试验规程》T 0725的方法通过泰勒曲线绘制(图 5－3－1)。其指数 $n=0.45$. 横坐标按 $x=d_i^{0.45}$ 计算(表 5－3－17)，纵坐标为普通坐标。以原点与通过集料最大粒径 100% 的点的连线作为沥青混合料的最大密度线。

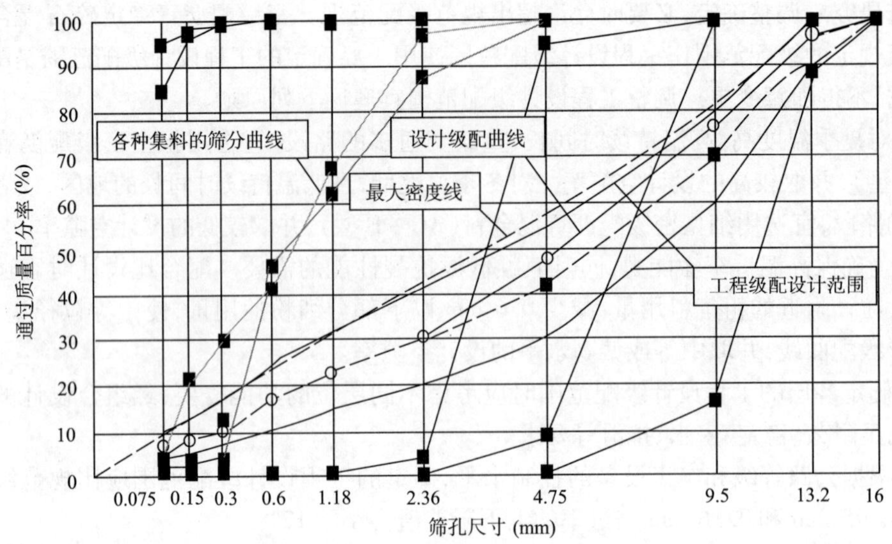


图 5－3－1　矿料级配曲线示例

**表 5－3－17　泰勒曲线的横坐标**

| $d_i$ | 0.075 | 0.15 | 0.3 | 0.6 | 1.18 | 2.36 | 4.75 | 9.5 |
|---|---|---|---|---|---|---|---|---|
| $x=d_i^{0.45}$ | 0.312 | 0.426 | 0.582 | 0.795 | 1.077 | 1.472 | 2.016 | 2.754 |
| $d_I$ | 13.2 | 16 | 19 | 26.5 | 31.5 | 37.5 | 53 | 63 |
| $x=d_i^{0.45}$ | 3.193 | 3.482 | 3.762 | 4.370 | 4.723 | 5.109 | 5.969 | 6.452 |

(3)调整配合比计算的合成级配

①通常情况下，合成级配曲线宜尽量接近设计级配中限，尤其应使 0.075 mm、2.36 mm 和 4.75 mm 筛孔的通过量尽量接近设计级配范围中限。

②对高速公路和一级公路，宜在工程设计级配范围内计算 1～3 组粗细不同的配比，绘制设计级配曲线，分别位于工程设计级配范围的上方、中值及下方。对高速公路、一级公路、城市快速路和主干路等交通量大、车辆载重大的道路，宜偏向级配范围的下(粗)限；对一般道路、中小交通量和人行道路等宜偏向级配范围的上(细)限。

③合成级配曲线应接近连续或有合理的间断级配，不得有过多的犬牙交错。设计合成级配不得有太多的锯齿形交错，且在 0.3～0.6 mm 范围内不出现“驼峰”。当反复调整不能满意时，宜更换材料设计。

(4)计算矿料混合料的合成毛体积相对密度 $\gamma_{sb}$。

$$\gamma_{sb}=\frac{100}{\frac{P_1}{\gamma_1}+\frac{P_2}{\gamma_2}+\cdots+\frac{P_n}{\gamma_n}} \tag{5-3-1}$$

式中　$P_1$、$P_2$、$\cdots P_n$——各种矿料成分的配比，其和为 100；

$\gamma_1$、$\gamma_2$、$\cdots\gamma_n$——各种矿料相应的毛体积相对密度，粗集料按 T 0304 方法测定，机制砂及石屑可按 T 0330 方法测定，也可以用筛出的 2.36～4.75 mm 部分的毛体积相对密度代替，矿粉(含消石灰、水泥)以表观相对密度代替。

(5)计算矿料混合料的合成表观相对密度 $\gamma_{sa}$。

$$\gamma_{sa}=\frac{100}{\frac{P_1}{\gamma'_1}+\frac{P_2}{\gamma'_2}+\cdots+\frac{P_n}{\gamma'_n}} \tag{5-3-2}$$

式中 $P_1$、$P_2$、$\cdots P_n$ ——各种矿料成分的配比,其和为100,

$\gamma'_1$、$\gamma'_2$、$\cdots$、$\gamma'_n$——各种矿料按试验规程方法测定的表观相对密度。

2. 马歇尔试验

(1)按确定的矿质混合料配合比计算各种矿质材料的用量。

(2)根据相关材料推荐的沥青用量范围(或经验的沥青用量范围),估计适宜的沥青用量(或油石比)。预估沥青混合料的适宜的油石比 $P_a$ 或沥青用量为 $P_b$,可按下式计算。

$$P_a=\frac{P_{a1}\times\gamma_{sb1}}{\gamma_{sb}} \tag{5-3-3}$$

$$P_b=\frac{P_a}{100+\gamma_{sb}}\times 100 \tag{5-3-4}$$

式中 $P_a$ ——预估的最佳油石比(与矿料总量的百分比),%;

$P_b$ ——预估的最佳沥青用量(占混合料总量的百分数),%;

$P_{a1}$ ——已建类似工程沥青混合料的标准油石比,%;

$\gamma_{sb}$ ——集料的合成毛体积相对密度;

$\gamma_{sb1}$——已建类似工程集料的合成毛体积相对密度。

(3)设计马歇尔试验技术标准应符合《公路沥青路面施工技术规范》(JTG F40—2004)要求(见本节第三部分)。

(4)沥青混合料试件的制作温度按《公路沥青路面施工技术规范》(JTG F40—2004)第5.2.3条规定的方法确定,并与施工实际温度相一致。普通沥青混合料如缺乏黏温曲线时可参照表5-3-18,改性沥青混合料的成型温度在此基础上再提高10 ℃~20 ℃。

**表5-3-18 热拌普通沥青混合料试件的制作温度**

| 施工工序 | 石油沥青的标号 | | | | |
|---|---|---|---|---|---|
| | 50号 | 70号 | 90号 | 110号 | 130号 |
| 沥青加热温度(℃) | 160~170 | 155~165 | 150~160 | 145~155 | 140~150 |
| 矿料加热温度(℃) | 集料加热温度比沥青温度高10~30(填料不加热) | | | | |
| 沥青混合料拌和温度(℃) | 150~170 | 145~165 | 140~160 | 135~155 | 130~150 |
| 试件击实成型温度(℃) | 140~160 | 135~155 | 130~150 | 125~145 | 120~140 |

注:表中混合料温度,并非拌和机的油浴温度,应根据沥青的针入度、黏度选择,不宜都取中值。

(5)确定矿料的有效相对密度。

①对非改性沥青混合料,宜以预估的最佳油石比拌和两组的混合料,采用真空法实测最大相对密度,取平均值。然后由下式反算合成矿料的有效相对密度 $\gamma_{se}$。

$$\gamma_{se}=\frac{100-P_b}{\frac{100}{\gamma_t}-\frac{P_b}{\gamma_b}} \tag{5-3-5}$$

式中 $\gamma_{se}$——合成矿料的有效相对密度;

$P_b$ 试验采用的沥青用量(占混合料总量的百分数),%;

$\gamma_t$——试验沥青用量条件下实测得到的最大相对密度，无量纲；

$\gamma_b$——沥青的相对密度(25℃/25℃)，无量纲。

②对改性沥青及SMA等难以分散的混合料，有效相对密度宜直接由矿料的合成毛体积相对密度与合成表观相对密度按下式计算确定。

$$\gamma_{se} = C \times \gamma_{sa} + (1 - C) \times \gamma_{sb} \tag{5-3-6}$$

式中 $\gamma_{se}$——合成矿料的有效相对密度；

$C$——合成矿料的沥青吸收系数；其值为

$$C = 0.033\ w_x^2 - 0.2936\ w_x + 0.9339 \tag{5-3-7}$$

$w_x$——合成矿料的吸水率，按下式求取，%；其值为

$$w_x = \left(\frac{1}{\gamma_{sb}} - \frac{1}{\gamma_{sa}}\right) \times 100 \tag{5-3-8}$$

$\gamma_{sb}$——材料的合成毛体积相对密度；

$\gamma_{sa}$——材料的合成表观相对密度。

(6)以预估的油石比为中值，按一定间隔(对密级配沥青混合料通常为0.5%，对沥青碎石混合料可适当缩小间隔为0.3%～0.4%)，取5个或5个以上不同的油石比分别成型马歇尔试件。每一组试件的试样数按现行试验规程的要求确定，对粒径较大的沥青混合料，宜增加试件数量。

(7)测定压实沥青混合料试件的毛体积相对密度$\gamma_f$和吸水率，取平均值。测试方法应遵照以下规定执行。

①通常采用表干法测定毛体积相对密度；对吸水率小于0.5%的特别致密的沥青混合料，在施工质量检验时，允许采用水中重法测定的表观相对密度作为标准密度，钻孔试件也采用相同方法，但配合比设计时不得采用水中重法。

②对吸水率大于2%的试件，宜改用蜡封法测定的毛体积相对密度。

(8)确定沥青混合料的最大理论相对密度。

①对非改性的普通沥青混合料，在成型马歇尔试件的同时，按确定矿料的有效相对密度的要求用真空法实测各组沥青混合料的最大理论相对密度$\gamma_{ti}$。当只对其中一组油石比测定最大理论相对密度时，也可按下面改性沥青或SMA混合料最大理论密度计算方法计算其他不同油石比时的最大理论相对密度$\gamma_{ti}$。

②对改性沥青或SMA混合料宜按下式计算各个不同沥青用量混合料的最大理论相对密度。

$$\gamma_{ti} = \frac{100 + P_{ai}}{\dfrac{100}{\gamma_{se}} + \dfrac{P_{ai}}{\gamma_b}} \tag{5-3-9}$$

$$\gamma_{ti} = \frac{100}{\dfrac{P_{si}}{\gamma_{se}} + \dfrac{P_{bi}}{\gamma_b}} \tag{5-3-10}$$

式中 $\gamma_{ti}$——相对于计算沥青用量$P_{bi}$时沥青混合料的最大理论相对密度，无量纲；

$P_{ai}$——所计算的沥青混合料中的油石比，%；

$P_{bi}$——所计算的沥青混合料的沥青用量，$P_{bi} = P_{ai}/(1 + P_{ai})$，%；

$P_{si}$——所计算的沥青混合料的矿料含量，$P_{si} = 100—P_{bi}$，%；

$\gamma_{se}$——矿料的有效相对密度，无量纲；

$\gamma_b$——沥青的相对密度(25 ℃/25 ℃)，无量纲。

(9)计算沥青混合料试件的空隙率、矿料间隙率 VMA、有效沥青的饱和度 VFA 等体积指标，取 1 位小数，进行体积组成分析。

$$VV = \left(1 - \frac{\gamma_f}{\gamma_t}\right) \times 100 \tag{5-3-11}$$

$$VMA = \left(1 - \frac{\gamma_f}{\gamma_{sb}} \times P_s\right) \times 100 \tag{5-3-12}$$

$$VFA = \frac{VMA - VV}{VMA} \times 100 \tag{5-3-13}$$

式中 VV——试件的空隙率，%；

VMA——试件的矿料间隙率，%；

VFA——试件的有效沥青饱和度(有效沥青含量占 VMA 的体积比例)，%；

$\gamma_f$——试件的毛体积相对密度，无量纲；

$\gamma_t$——沥青混合料的最大理论相对密度，无量纲；

$P_s$——各种矿料占沥青混合料总质量的百分率之和，即 $P_s = 100 - P_b$，%；

$\gamma_{sb}$——矿料混合料的合成毛体积相对密度。

(10)进行马歇尔试验，测定马歇尔稳定度及流值。

3. 确定最佳沥青用量(或油石比)

(1)以油石比或沥青用量为横坐标，以马歇尔试验的各项指标为纵坐标，将试验结果点入图中，连成圆滑的曲线。确定均符合规范规定的沥青混合料技术标准的沥青用量范围 $OAC_{min} \sim OAC_{max}$。选择的沥青用量范围必须涵盖设计空隙率的全部范围，并尽可能涵盖沥青饱和度的要求范围，并使密度及稳定度曲线出现峰值。如果没有涵盖设计空隙率的全部范围，试验必须扩大沥青用量范围重新进行。

(2)根据试验曲线的走势，按下列方法确定沥青混合料的最佳沥青用量 $OAC_1$。

①在曲线图 5-3-2 上求取相应于密度最大值、稳定度最大值、目标空隙率(或中值)、沥青饱和度范围的中值的沥青用量 $a_1$、$a_2$、$a_3$、$a_4$。按式(5-3-13)取平均值作为 $OAC_1$。

$$OAC_1 = (a_1 + a_2 + a_3 + a_4)/4 \tag{5-3-14}$$

②如果在所选择的沥青用量范围未能涵盖沥青饱和度的要求范围，按式(5-3-14)求取 3 者的平均值作为 $OAC_1$。

$$OAC_1 = (a_1 + a_2 + a_3)/3 \tag{5-3-15}$$

③对所选择试验的沥青用量范围，密度或稳定度没有出现峰值(最大值经常在曲线的两端)时，可直接以目标空隙率所对应的沥青用量 $a_3$ 作为 $OAC_1$。但 $OAC_1$ 必须介于 $OAC_{min} \sim OAC_{max}$ 的范围内，否则应重新进行配合比设计。

(3)以各项指标均符合技术标准(不含 VMA)的沥青用量范围 $OAC_{min} \sim OAC_{max}$ 的中值作为 $OAC_2$。

$$OAC_2 = (OAC_{min} + OAC_{max})/2$$

(4)通常情况下取 $OAC_1$ 及 $OAC_2$ 的中值作为计算的最佳沥青用量 OAC。

$$OAC = (OAC_1 + OAC_2)/2$$

(5)计算的最佳油石比 OAC，从图 5-3-2 中得出所对应的空隙率和 VMA 值，检验是否

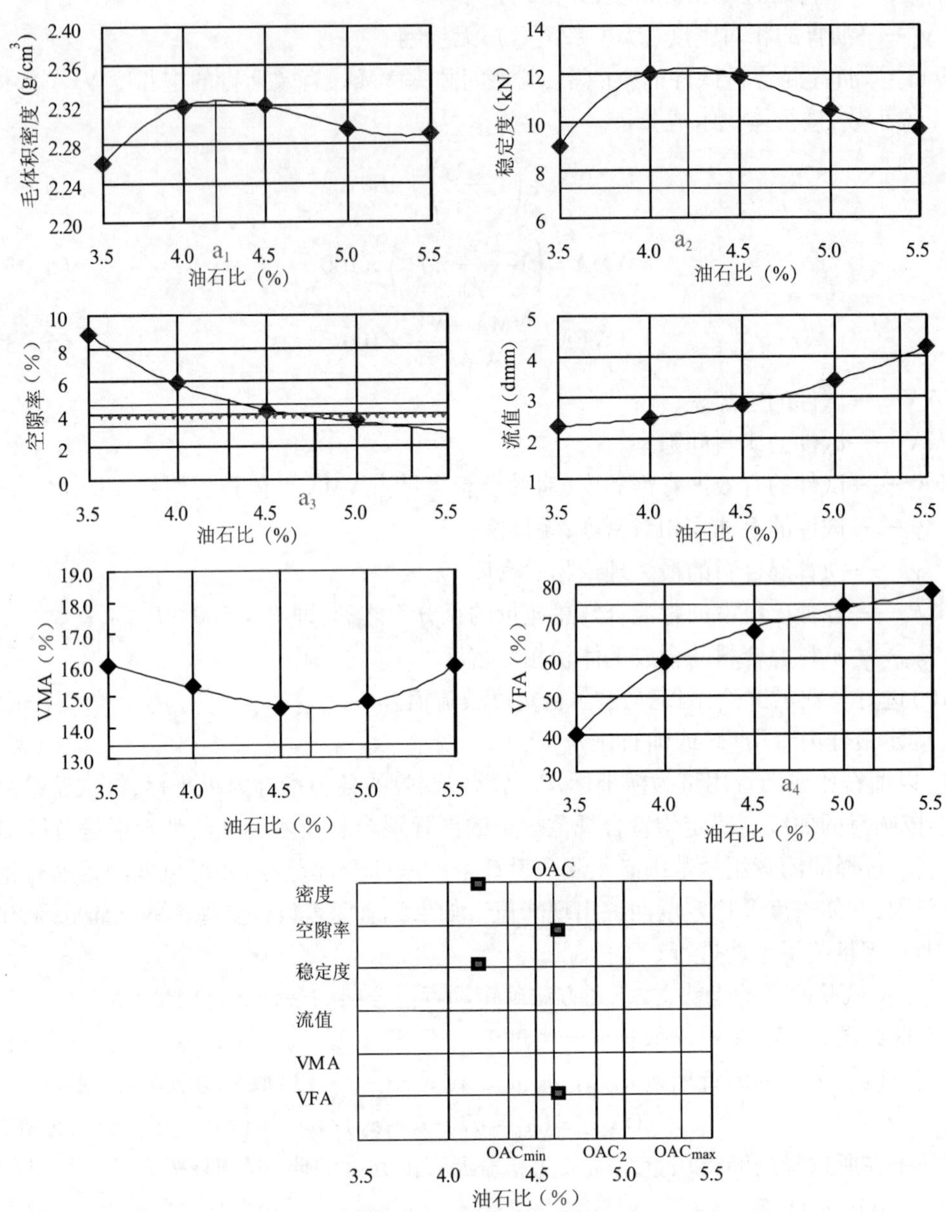


图 5－3－2　马歇尔试验结果示例

能满足规范关于最小 VMA 值的要求。OAC 宜位于 VMA 凹形曲线最小值的贫油一侧。当空隙率不是整数时，最小 VMA 按内插法确定，并将其画入图 5－3－2 中。

（6）检查图 5－3－2 中相应于此 OAC 的各项指标是否均符合马歇尔试验技术标准。

（7）根据实践经验和公路等级、气候条件、交通情况，按以下原则调整确定最佳沥青用量 OAC。

①调查当地各项条件相接近的工程的沥青用量及使用效果，论证适宜的最佳沥青用量。检查计算得到的最佳沥青用量是否相近，如相差甚远，应查明原因，必要时重新调整级配，进行配合比设计。

②对炎热地区公路以及高速公路、一级公路的重载交通路段，山区公路的长大坡度路段，预计有可能产生较大车辙时，宜在空隙率符合要求的范围内将计算的最佳沥青用量减小0.1% ~0.5%作为设计沥青用量。此时，除空隙率外的其他指标可能会超出马歇尔试验配合比设计技术标准，配合比设计报告或设计文件必须予以说明。但配合比设计报告必须要求采用重型轮胎压路机和振动压路机组合等方式加强碾压，以使施工后路面的空隙率达到未调整前的原最佳沥青用量时的水平，且渗水系数符合要求。如果试验段试拌试铺达不到此要求时，宜调整所减小的沥青用量的幅度。

③对寒区公路、旅游公路、交通量很少的公路，最佳沥青用量可以在OAC的基础上增加0.1% ~0.3%，以适当减小设计空隙率，但不得降低压实度要求。

(8)计算沥青结合料被集料吸收的比例及有效沥青含量计算方法如下。

$$P_{ba}=\frac{\gamma_{se}-\gamma_{sb}}{\gamma_{se}\times\gamma_{sb}}\times\gamma_b\times100 \tag{5-3-16}$$

$$P_{be}=P_b-\frac{P_{ba}}{100}\times P_s \tag{5-3-17}$$

式中 $P_{ba}$——沥青混合料中被集料吸收的沥青结合料比例，%

$P_{be}$——沥青混合料中的有效沥青用量，%；

$\gamma_{se}$——集料的有效相对密度，无量纲；

$\gamma_{sb}$——材料的合成毛体积相对密度，无量纲；

$\gamma_b$——沥青的相对密度(25 ℃/25 ℃)，无量纲；

$P_b$——沥青含量，%；

$P_s$——各种矿料占沥青混合料总质量的百分率之和，即$P_s=100-P_b$，%。

如果需要，可计算有效沥青的体积百分率$V_b$及矿料的体积百分率$V_g$。

$$V_{be}=\frac{\gamma_f\times P_{be}}{\gamma_b} \tag{5-3-18}$$

$$V_g=100-(V_{be}+VV) \tag{5-3-19}$$

(9)检验最佳沥青用量时的粉胶比和有效沥青膜厚度。

①计算沥青混合料的粉胶比，宜符合0.6~1.6的要求。对常用的公称最大粒径为13.2~19 mm的密级配沥青混合料，粉胶比宜控制在0.8~1.2范围内。

$$FB=\frac{P_{0.075}}{P_{be}} \tag{5-3-20}$$

式中 FB——粉胶比，沥青混合料的矿料中0.075 mm通过率与有效沥青含量的比值，无量纲；

$P_{0.075}$——矿料级配中0.075 mm的通过率(水洗法)，%；

$P_{be}$——有效沥青含量，%。

②计算集料的比表面积，按式5-3-21估算沥青混合料的沥青膜有效厚度。各种集料粒径的表面积系数按表5-3-19采用。

$$SA=\sum(P_i\times FA_i) \tag{5-3-21}$$

$$DA=\frac{P_{be}}{\gamma_b\times SA}\times10 \tag{5-3-22}$$

式中 SA——集料的比表面积，$m^2/kg$。

$P_i$ ——各种粒径的通过百分率,%;

$FA_i$——相应于各种粒径的集料的表面积系数,各种公称最大粒径混合料中大于4.75 mm尺寸集料的表面积系数 FA 均取0.004 1,且只计算一次,4.75 mm 以下部分的 $FA_i$ 见表5-3-19;

DA——沥青膜有效厚度,μm;

$P_{be}$——有效沥青含量,%;

$\gamma_b$ ——沥青的相对密度(25 ℃/25 ℃),无量纲。

**表5-3-19 集料的表面积系数计算示例**

| 筛孔尺寸(mm) | 19 | 16 | 13.2 | 9.5 | 4.75 | 2.36 | 1.18 | 0.6 | 0.3 | 0.15 | 0.075 |
|---|---|---|---|---|---|---|---|---|---|---|---|
| 表面积系数 $FA_i$ | 0.004 1 | — | — | — | 0.004 1 | 0.008 2 | 0.016 4 | 0.028 7 | 0.061 4 | 0.122 9 | 0.327 7 |

(八)检测项目

1. 对用于高速公路和一级公路的密级配沥青混合料,需在配合比设计的基础上按规范要求进行各种使用性能的检验,不符合要求的沥青混合料,必须更换材料或重新进行配合比设计。其他等级公路的沥青混合料可参照执行。

2. 配合比设计检验按计算确定的设计最佳沥青用量在标准条件下进行。如将计算的设计沥青用量调整后作为最佳沥青用量或者改变试验条件时,各项技术要求均应适当调整。

3. 高温稳定性检验。对公称最大粒径等于或小于19 mm 的混合料,按规定方法进行车辙试验,检验动稳定度指标。对公称最大粒径大于19 mm 的密级配沥青混凝土或沥青稳定碎石混合料,由于车辙试件尺寸不能适用,不宜按本规范方法进行车辙试验和弯曲试验。如需要检验可加厚试件厚度或采用大型马歇尔试件。

4. 水稳定性检验。按规定的试验方法进行浸水马歇尔试验和冻融劈裂试验,检验残留稳定度及残留强度比。调整沥青用量后,马歇尔试件成型可能达不到要求的空隙率条件。当需要添加消石灰、水泥、抗剥落剂时,需重新确定最佳沥青用量后试验。

5. 低温抗裂性能检验。对公称最大粒径等于或小于19 mm 的混合料,按规定方法进行低温弯曲试验,检验破坏应变。

6. 渗水系数检验。利用轮碾机成型的车辙试件进行渗水试验,检验渗水系数。

7. 钢渣活性检验。对使用钢渣的沥青混合料,应按规定的试验方法检验钢渣的活性及膨胀性。

(九)设计注意事项

1. 沥青混合料配合比设计及马歇尔试验中,温度因素非常关键,必须按规范要求温度进行设计与试验,试验中安排合理试验顺序,保证试样试验温度。

2. 马歇尔试件的成型,应筛出各级筛孔上的集料,逐个称量配料,确保试件中矿料的混合料级配与设计值一致。拌和后的注模应快速、均匀,不得倒入试模。

3. 若出现空隙率低且稳定度也低的情况,一种调整方法是在容许的级配范围内增加粗集料用量,减少细集料用量;另一种调整方法是,如果沥青混合料的油石比高于正常量,油石比可以适当降低以增加孔隙率,但使用这种方法应该慎重。因为减少沥青用量,虽然可以增加孔隙率,但会减少沥青膜厚度,使混合料耐久性降低。如果两种方法均不行时,可考虑改变材料。通常可以增加碎石粒料,减少细集料,尤其可用天然砂来改善。

4. 若出现空隙率低,但稳定度满足要求的情况,可对矿料级配进行调整,增加粗集料用量,减少细集料用量,同时减少沥青用量。

5. 若出现空隙率满足要求但稳定度低情况,可换用压碎值和针片状含量低的集料。同时,可以考虑标号较低的沥青。

6. 若出现空隙率高但稳定度能满足规范要求的情况。可以通过增加矿粉用量达到要求,也可以将粗矿粉换成细矿粉使细集料增加,或者通过级配调整

7. 配合比设计报告应包括工程设计级配范围选择说明、材料品种选择与原材料质量试验结果、矿料级配、最佳沥青用量及各项体积指标、配合比设计检验结果等。试验报告的矿料级配曲线应按规定的方法绘制。

8. 当调整沥青用量作为最佳沥青用量,宜报告不同沥青用量条件下的各项试验结果,并提出对施工压实工艺的技术要求。

9. 生产配合比设计阶段的试验过程基本同目标配合比设计一样,包括原材料的测试,合成级配的计算,马歇尔试件的制作、测试及最佳油石比选定等。应注意,生产配合比矿料设计须结合拌和楼热料仓分档和筛孔配置情况综合考虑,使生产出的混合料既达到规范允许的各项技术标准,又能保障设备正常生产应能提供的供料能力。

## 五、SMA 混合料目标配合比设计方法

(一)设计目的

SMA 路面具有优良的高温稳定性、良好的低温抗裂性、使用的耐久性以及明显的抗滑性和一定的降噪声效果。SMA 混合料配合比设计的目的就是通过选择符合 SMA 混合料的原材料,设计混合料的矿料级配和最佳沥青用量,达到 SMA 混合料规定的技术指标。

(二)适用范围

适用于沥青玛蹄脂碎石混合料 SMA 的配合比设计。

(三)设计原理

SMA 混合料的配合比设计采用马歇尔试件的体积设计方法进行,马歇尔试验的稳定度和流值并不作为配合比设计接受或者否决的唯一指标。SMA 混合料的配合比设计在热拌沥青混合料配合比设计方法的基础上进行设计,除 SMA 混合料的特殊规定外,执行热拌沥青混合料的规定。

(四)执行标准

《公路沥青路面施工技术规范》(JTG F40—2004)。

(五)相关标准

《公路工程沥青及沥青混合料试验规程》(JTG E20—2011)。

(六)设计准备(包括:指标确定,原材料选择,取样及委托)

1. 确定工程设计级配范围

SMA 路面的工程设计级配范围宜直接采用《公路沥青路面施工技术规范》(JTG F40—2004)规定的矿料级配范围。公称最大粒径等于或小于 9.5 mm 的 SMA 混合料,以 2.36 mm 作为粗集料骨架的分界筛孔;公称最大粒径等于或大于 13.2 mm 的 SMA 混合料,以 4.75 mm 作为粗集料骨架的分界筛孔。

2. 材料选择与准备

(1)配合比设计的各种矿料必须按《公路工程集料试验规程》(JTG E42—2005)规定的方法,从工程实际使用的材料中取代表性样品。进行生产配合比设计时,取样至少应在干拌 5 次

以后进行。

(2)配合比设计所用的各种材料必须符合气候和交通条件的需要,其质量应满足规范规定的技术要求。

(3)除已有成功经验证明使用非改性的普通沥青能符合使用要求者外,SMA 宜采用改性石油沥青,且采用比当地常用沥青更硬标号的沥青。

(4)配合比设计用的粗集料要求洁净、干燥、无风化、无杂质,并且具有足够的强度和耐磨性。一般选用高强、碱性的岩石轧制成接近于立方体、表面粗糙、具有棱角的颗粒。当单一规格的集料某项指标不合格,但不同粒径规格的材料按级配组成的集料混合料指标能符合规范要求时,允许使用。

(七)设计内容

1. 设计初试级配

(1)在工程设计级配范围内,调整各种矿料比例设计 3 组不同粗细的初试级配,3 组级配的粗集料骨架分界筛孔的通过率处于级配范围的中值、中值 ±3% 附近,矿粉数量均为 10% 左右。

(2)按热拌沥青混合料配合比设计的方法计算初试级配的矿料的合成毛体积相对密度 $\gamma_{sb}$、合成表观相对密度 $\gamma_{sa}$、有效相对密度 $\gamma_{se}$。

(3)把每个合成级配中小于粗集料骨架分界筛孔的集料筛除,按《公路工程集料试验规程》T 0309 的规定,用捣实法测定粗集料骨架的松方毛体积相对密度 $\gamma_s$,按下式计算粗集料骨架混合料的平均毛体积相对密度 $\gamma_{CA}$。

$$\gamma_{CA}=\frac{P_1+P_2+\cdots+P_n}{\dfrac{P_1}{\gamma_1}+\dfrac{P_2}{\gamma_2}+\cdots+\dfrac{P_n}{\gamma_n}} \tag{5-3-23}$$

式中 $P_1,P_2,\cdots P_n$——粗集料骨架部分各种集料在全部矿料级配混合料中的配比;

$\gamma_1,\gamma_2,\cdots\gamma_n$——各种粗集料相应的毛体积相对密度。

(4)计算各组初试级配的捣实状态下的粗集料松装间隙率 $VCA_{DRC}$。

$$VCA_{DRC}=\left(1-\frac{\gamma_s}{\gamma_{CA}}\right)\times 100 \tag{5-3-24}$$

式中 $VCA_{DRC}$——粗集料骨架的松装间隙率,%;

$\gamma_{CA}$——粗集料骨架的毛体积相对密度;

$\gamma_s$——粗集料骨架的松方毛体积相对密度,g/cm$^3$。

(5)按热拌沥青混合料配合比设计的方法预估新建工程 SMA 混合料适宜的油石比 $P_a$ 或沥青用量 $P_b$,作为马歇尔试件的初试油石比。

(6)按照选择的初试油石比和矿料级配制作 SMA 试件,马歇尔标准击实的次数为双面 50 次,根据需要也可采用双面 75 次,一组马歇尔试件的数目不得少于 4 个。SMA 马歇尔试件的毛体积相对密度由表干法测定。

(7)计算不同沥青用量条件下 SMA 混合料的最大理论相对密度,其中纤维部分的比例不得忽略。

$$\gamma_t=\frac{100+P_a+P_x}{\dfrac{100}{\gamma_{se}}+\dfrac{P_a}{\gamma_a}+\dfrac{P_x}{\gamma_x}} \tag{5-3-25}$$

式中 $\gamma_{se}$——矿料的有效相对密度,由式 5-3-5 或式 5-3-6 确定;

$P_a$——沥青混合料的油石比,%;

$\gamma_a$——沥青结合料的表观相对密度;

$P_x$——纤维用量,以沥青混合料总量的百分数代替,%;

$\gamma_x$——纤维稳定剂的密度,由供货商提供或由比重瓶实测得到。

(8)计算 SMA 马歇尔混合料试件中的粗集料骨架间隙率 $VCA_{mix}$,试件的集料各项体积指标空隙率 VV、集料间隙率 VMA、沥青饱和度 VFA 按热拌沥青混合料配合比设计的方法计算。

$$VCA_{mix} = \left(1 - \frac{\gamma_f}{\gamma_{CA}} \times P_{CA}\right) \times 100 \tag{5-3-26}$$

式中 $P_{CA}$——沥青混合料中粗集料的比例,即大于 4.75 mm 的颗粒含量(%);

$\gamma_{CA}$——粗集料骨架部分的平均毛体积相对密度,由式 5-3-23 确定;

$\gamma_f$——沥青混合料试件的毛体积相对密度,由表干法测定。

(9)从 3 组初试级配的试验结果中选择设计级配时,必须符合 $VCA_{mix} < VCA_{DRC}$ 及 VMA > 16.5% 的要求。当有 1 组以上的级配同时符合要求时,以粗集料骨架分界集料通过率大且 VMA 较大的级配为设计级配。

2. 确定设计沥青用量

(1)根据所选择的设计级配和初试油石比试验的空隙率结果,以 0.2% ~0.4% 为间隔,调整 3 个不同的油石比,制作马歇尔试件,计算空隙率等各项体积指标。一组试件数不宜少于 4 个。

(2)进行马歇尔稳定度试验,检验稳定度和流值是否符合规范规定的技术要求。

(3)根据期望的设计空隙率确定油石比,作为最佳油石比 OAC。所设计的 SMA 混合料应符合规范规定的各项技术标准。

(4)如初试油石比的混合料体积指标恰好符合设计要求时,可以免去这一步,但宜进行一次复核。

(八)检测项目

除热拌沥青混合料配合比设计规定项目外,SMA 混合料的配合比设计还必须进行谢伦堡析漏试验及肯特堡飞散试验。配合比设计检验结果应满足相关规范规定的技术要求,不符合要求的必须重新进行配合比设计。

## 六、OGFC 混合料目标配合比设计方法

(一)设计目的

OGFC 是开级配抗滑磨耗层的简称,它是指用大空隙的沥青混合料铺筑,能迅速从其内部排走路表雨水,具有抗滑、抗车辙及降噪的路面。其设计空隙率大于 18%,具有较强的结构排水能力,适用于多雨地区修筑沥青路面的表层或磨耗层。OGFC 混合料配合比设计目的是通过对原材料、矿料级配的特殊规定,设计性能优良的磨耗层。

(二)适用范围

适用于开级配抗滑磨耗层(OGFC)混合料配合比设计。

(三)设计原理

OGFC 混合料的配合比设计采用马歇尔试件的体积设计方法进行,并以空隙率作为配合比设计主要指标。配合比设计指标应符合本规范规定的技术标准。混合料的配合比设计在热

拌沥青混合料配合比设计方法的基础上进行设计，除 OGFC 混合料的特殊规定外，执行热拌沥青混合料的规定。

（四）执行标准

《公路沥青路面施工技术规范》（JTG F40—2004）。

（五）相关标准

《公路工程沥青及沥青混合料试验规程》（JTG E20—2011）。

（六）设计准备

1. 用于 OGFC 混合料的粗集料、细集料的质量应符合《公路沥青路面施工技术规范》（JTG F40—2004）对表面层材料的技术要求。OGFC 宜在使用石粉的同时掺用消石灰、纤维等添加剂。

2. OGFC 宜采用高黏度改性沥青，其质量宜符合表 5－3－20 的技术要求。当实践证明采用普通改性沥青或纤维稳定剂后能符合当地条件时也允许使用。

**表 5－3－20　高黏度改性沥青的技术要求**

| 试验项目 | 单位 | 技术要求 |
|---|---|---|
| 针入度（25 ℃，100 g，5 s），不小于 | 0.1 mm | 40 |
| 软化点（$T_{R\&B}$），不小于 | ℃ | 80 |
| 延度（15 ℃），不小于 | cm | 50 |
| 闪点，不小于 | ℃ | 260 |
| 薄膜加热试验（TFOT）后的质量变化，不大于 | % | 0.6 |
| 黏韧性（25 ℃），不小于 | N·m | 20 |
| 韧性（25 ℃），不小于 | N·m | 15 |
| 60 ℃黏度，不小于 | Pa·s | 20 000 |

（七）设计内容

1. 按试验规程规定的方法精确测定各种原材料的相对密度，其中 4.75 mm 以上的粗集料为毛体积相对密度，4.75 mm 以下的细集料及矿粉为表观相对密度。

2. 以《公路沥青路面施工技术规范》（JTG F40—2004）规定的级配范围作为工程设计级配范围，在充分参考同类工程的成功经验的基础上，在级配范围内适配 3 组不同 2.36 mm 通过率的矿料级配作为初选级配。

3. 对每一组初选的矿料级配，计算集料的表面积。根据希望的沥青膜厚度，计算每一组混合料的初试沥青用量 $P_b$。通常情况下，OGFC 的沥青膜厚度 $h$ 宜为 14 μm。

$$A=(2+0.02a+0.04b+0.08c+0.14d+0.3e+0.6f+1.6g)/48.74 \quad (5-3-27)$$

$$P_b=h\times A \quad (5-3-28)$$

式中　$A$——集料的总的表面积；

$a$、$b$、$c$、$d$、$e$、$f$、$g$——分别代表 4.75 mm、2.36 mm、1.18 mm、0.6 mm、0.3 mm、0.15 mm、0.075 mm筛孔的通过百分率，%。

4. 制作马歇尔试件，马歇尔试件的击实次数为双面各 50 次。用体积法测定试件的空隙率，绘制 2.36 mm 通过率与空隙率的关系曲线。根据期望的空隙率确定混合料的矿料级配，并重复上一步的方法计算初始沥青用量。

5. 以确定的矿料级配和初始沥青用量拌和沥青混合料，分别进行马歇尔试验、谢伦堡析漏试验、肯特堡飞散试验、车辙试验。各项指标应符合《公路沥青路面施工技术规范》(JTG F40—2004)的技术要求，其空隙率与期望空隙率的差值不宜超过 ±1%。如不符合要求，应重新调整沥青用量拌和沥青混合料试验，直至符合要求为止。

(八)检测项目

OGFC 混合料配合比设计后必须对设计沥青用量进行析漏试验及肯特堡试验，并对混合料进行高温稳定性、水稳定性等检验。

## 第四节　水泥混凝土路面配合比设计

### 一、普通混凝土配合比设计

(一)设计目的

水泥混凝土路面用普通混凝土配合比设计的目的是设计出在兼顾经济性的同时，又满足水泥路面设计与施工技术要求的工作性良好、弯拉强度合格、耐久性优良的混凝土配合比。重要路面、桥面工程应采用正交试验法进行配合比优选。

(二)适用范围

适用于采用滑模摊铺机、三辊轴机组及小型机具铺筑的普通混凝土路面、配筋混凝土路面、层布钢纤维混凝土路面及钢筋混凝土桥面用混凝土的配合比设计。

(三)设计原理

水泥混凝土路面使用的混凝土配合比设计以弯拉强度为基本设计指标，根据施工工作性要求和混凝土耐久性要求指标，通过相关规范规定的弯拉强度与水灰比关系以及其他经验性公式、图表，结合质量法或体积法计算方法，确定混凝土中各材料用量，进而确定配合比。

(四)执行标准

《公路水泥混凝土路面施工技术规范》(JTG F30—2003)。

(五)相关标准

《公路水泥混凝土路面设计规范》(JTG D40—2011)。

《公路工程水泥及水泥混凝土试验规程》(JTG E30—2005)。

(六)设计准备

1. 弯拉强度

(1)混凝土路面板 28 d 设计弯拉强度标准值 $f_r$ 应符合《公路水泥混凝土路面设计规范》(JTG D40—2011)的规定。普通混凝土路面板设计强度标准值见表 5-4-1。

**表 5-4-1　普通混凝土路面板设计强度标准值**

| 交通等级 | 极重 | 特重 | 重 | 中等 | 轻 |
|---|---|---|---|---|---|
| 普通混凝土、层布钢纤维混凝土、碾压混凝土设计弯拉强度标准值 $f_r$(MPa) | 5.5 | 5.0 | 5.0 | 4.5 | 4.0 |

(2)混凝土配制 28 d 弯拉强度的均值应按下式计算：

$$f_c = \frac{f_r}{1 - 1.04c_v} + t \times s \quad (5-4-1)$$

式中 $f_c$——配制28d混凝土弯拉强度的均值,MPa;

$f_r$——混凝土设计弯拉强度标准值,MPa;

$t$——保证系数,应按表5-4-2确定取值,高速公路应选用 $P=0.05$ 的判别概率;

$s$——弯拉强度试验样本的标准差,MPa;有试验数据时,使用试验样本的标准差;无试验数据时,可按公路等级及设计弯拉强度,在表5-4-3的规定范围内取值。

$c_v$——弯拉强度变异系数,应按统计数据在表5-4-3的规范范围内取值;在无统计数据时,弯拉强度变异系数应按设计取值;如果施工配制弯拉强度超出设计给定的弯拉强度变异系数上限,则必须改进机械装备和提高施工控制水平。

**表5-4-2　保证率系数 $t$**

| 公路技术等级 | 判别概率 $P$ | 样本数 $n$(组) | | | |
|---|---|---|---|---|---|
| | | 6 | 9 | 15 | 20 |
| 高速公路 | 0.05 | 0.79 | 0.61 | 0.45 | 0.39 |
| 一级公路 | 0.10 | 0.59 | 0.46 | 0.35 | 0.30 |
| 二级公路 | 0.15 | 0.46 | 0.37 | 0.28 | 0.24 |
| 三、四级公路 | 0.20 | 0.37 | 0.29 | 0.22 | 0.19 |

**表5-4-3　各级公路混凝土路面弯拉强度变异系数**

| 公路交通等级 | 高速公路 | 一级公路 | | 二级公路 | | 三、四级公路 |
|---|---|---|---|---|---|---|
| 设计弯拉强度 $f_r$(MPa) | 5.0~6.5 | 5.0~6.0 | | 4.5~5.0 | | 4.0~4.5 |
| 样本的标准差 $s$(MPa) | 0.25~0.50 | 0.25~0.50 | | 0.45~0.67 | | 0.40~0.80 |
| 混凝土弯拉强度变异水平等级 | 低 | 低 | 中 | 中 | 中 | 高 |
| 弯拉强度变异系数 $c_v$ 允许变化范围 | 0.05~0.10 | 0.05~0.10 | 0.10~0.15 | 0.10~0.15 | 0.10~0.15 | 0.15~0.20 |

2. 工作性

(1)滑模摊铺机前拌合物最佳工作性及允许范围应符合表5-4-4的规定。

**表5-4-4　混凝土路面滑模摊铺最佳工作性及允许范围**

| 指标界限 | 坍落度SL(mm) | | 振动黏度系数 $\eta$(Ns/m$^2$) |
|---|---|---|---|
| | 卵石混凝土 | 碎石混凝土 | |
| 最佳工作性 | 20~40 | 25~50 | 200~500 |
| 允许波动范围 | 5~55 | 10~65 | 100~600 |

注:1. 滑模摊铺机适宜的摊铺速度应控制在0.5~2.0 m/min之间。

2. 本表适用于设超铺角的滑模摊铺机;对不设超铺角的滑模摊铺机,最佳振动黏度系数为250~600 Ns/m$^2$;最佳坍落度卵石为10~40 mm,碎石为10~30 mm。

3. 滑模摊铺时的最大单位用水量,卵石混凝土不宜大于155±5 kg/m$^3$;碎石不宜大于160±5 kg/m$^3$。

(2)三辊轴机组、小型机具摊铺的路面混凝土坍落度及最大单位用水量,应满足表

5－4－5的要求。

**表5－4－5 不同路面施工方式混凝土坍落度及最大单位用水量**

| 摊铺方式 | 三辊轴机组摊铺 | | 小型机具摊铺 | |
|---|---|---|---|---|
| 出机坍落度(mm) | 30～50 | | 10～40 | |
| 摊铺坍落度(mm) | 10～30 | | 0～20 | |
| 最大单位用水量(kg/m³) | 碎石 153±5 | 卵石 148±5 | 碎石 150±5 | 卵石 145±5 |

注:1. 表中的最大单位用水量系采用中砂、粗细集料为饱和面干状态的取值,采用细砂时,应使用高性能减水剂或高效减水剂。

2. 使用碎卵石时,最大单位用水量可取碎石与卵石中值。

3. 耐久性

(1)耐磨性

各交通等级路面与桥面普通混凝土耐磨性要求应符合表5－4－6的规定。

**表5－4－6 各交通等级路面与桥面普通混凝土基准配合比耐磨性要求**

| 公路等级 | 高速、一级公路 | 二级公路 | 三、四级公路 | 试验方法 |
|---|---|---|---|---|
| 磨损量(kg/m²),≤ | 2.0±0.25 | 2.5±0.30 | 2.8±0.30 | T 0567 |

(2)抗冻性

根据当地路面有无抗冻性或抗盐冻性要求及混凝土最大公称粒径,路面与桥面混凝土含气量宜符合表5－4－7的规定。严寒地区路面与桥面混凝土抗冻标号不宜小于F250;寒冷地区不宜小于F200。

**表5－4－7 路面与桥面混凝土含气量及允许偏差(%)**

| 最大公称粒径(mm) | 无抗冻性要求 | 有抗冻性要求 | 有抗盐冻要求 |
|---|---|---|---|
| 9.5 | 4.5±1.0 | 5.0±0.5 | 6.0±0.5 |
| 16.0 | 4.0±1.0 | 4.5±0.5 | 5.5±0.5 |
| 19.0 | 4.0±1.0 | 4.0±0.5 | 5.0±0.5 |
| 26.5 | 3.5±1.0 | 3.5±0.5 | 4.5±0.5 |
| 31.5 | 3.5±1.0 | 3.5±0.5 | 4.0±0.5 |

注:混凝土拌合物含气量的试验方法应符合T 0526的规定;含气量的测定除非特殊要求,宜在搅拌机出料口检测。

(3)耐化学腐蚀性

在海风、酸雨、除冰盐或硫酸盐等腐蚀环境影响范围内的混凝土路面和桥面,在使用硅酸盐类水泥时,应掺加粉煤灰、硅灰、矿渣粉或复合矿物掺合料。不宜单独使用硅酸盐水泥,可使用矿渣水泥或普通水泥。

不同矿物掺和料的掺量应根据泥中原有的掺合料数量和混凝土弯拉强度、耐磨性等要求由试验确定。掺用粉煤灰时,其配合比计算应按超量取代法进行。Ⅰ、Ⅱ级粉煤灰的超量系数可按表5－4－8初选。普通使用环境下的混凝土,代替水泥的粉煤灰掺量:Ⅰ型硅酸盐水泥宜≤30%;Ⅱ型硅酸盐水泥宜≤25%;道路水泥宜≤20%;普通水泥宜≤15%;矿渣水泥不得掺粉煤灰。特殊使用环境下的混凝土,使用硅酸盐水泥或普通硅酸盐水泥时掺合料的掺量可参考表5－4－9选用,但必须通过试验确定最佳掺量。

**表 5-4-8 各级粉煤灰的超量取代系数**

| 粉煤灰等级 | Ⅰ | Ⅱ | Ⅲ |
|---|---|---|---|
| 超量取代系数 $k$ | 1.1~1.4 | 1.3~1.7 | 1.5~2.0 |

**表 5-4-9 不同环境作用下混凝土中掺合料用量范围(%)**

| 环境类别 | 掺合料种类 | 水胶比 | |
|---|---|---|---|
| | | ≤0.40 | >0.40 |
| 氯盐环境 | 粉煤灰 | 30~50 | 20~40 |
| | 磨细矿渣粉 | 40~60 | 30~50 |
| 化学侵蚀环境 | 粉煤灰 | 30~50 | 20~40 |
| | 磨细矿渣粉 | 40~60 | 30~50 |
| 盐类结晶破坏环境 | 粉煤灰 | ≤40 | ≤30 |
| | 磨细矿渣粉 | ≤50 | ≤40 |
| 冻融破坏环境 | 粉煤灰 | ≤30 | ≤20 |
| | 磨细矿渣粉 | ≤40 | ≤30 |

(4)满足耐久性要求的最大水灰(胶)比和最小单位水泥用量

各交通等级路面与桥面普通混凝土满足上述耐久性要求最大水灰(胶)比和最小单位水泥用量应符合表5-4-10的规定。最大单位水泥用量不宜大于420 kg/m³;掺用掺合料时,最大单位胶材总量不宜大于450 kg/m³。

**表 5-4-10 混凝土满足耐久性要求的最大水灰(胶)比和最小单位水泥用量**

| 公路等级 | | 高速、一级公路 | 二级公路 | 三、四级公路 |
|---|---|---|---|---|
| 最大水灰(胶)比 | | 0.44 | 0.46 | 0.48 |
| 抗冰冻要求最大水灰(胶)比 | | 0.42 | 0.44 | 0.46 |
| 抗盐冻要求最大水灰(胶)比 | | 0.40 | 0.42 | 0.44 |
| 最小单位水泥用量(kg/m³) | 42.5 级 | 300 | 300 | 290 |
| | 32.5 级 | 310 | 310 | 305 |
| 抗冰(盐)冻时最小单位水泥用量(kg/m³) | 42.5 级 | 320 | 320 | 315 |
| | 32.5 级 | 330 | 330 | 325 |
| 掺粉煤灰时最小单位水泥用量(kg/m³) | 42.5 级 | 260 | 260 | 255 |
| | 32.5 级 | 280 | 270 | 265 |
| 抗冰(盐)冻掺粉煤灰最小单位水泥用量(42.5 级水泥)(kg/m³) | | 280 | 270 | 265 |

注:1. 掺粉煤灰,并有抗冰(盐)冻性要求时,不得使用32.5级水泥;52.5级水泥最小水泥用量可按42.5级水泥执行。
2. 水灰(胶)比计算以砂石料的实测饱和面干状态计。
3. 处在除冰盐、海风、酸雨或硫酸盐等腐蚀性环境中或在大纵坡等加减速车道上,最大水灰(胶)比可比表中数值降低0.01~0.02。

4. 外加剂的使用应符合下列要求。

(1)高温施工时,混凝土拌合物的初凝时间不得小于3 h,否则应采取缓凝或保塑措施;低温施工时,终凝时间不得大于10 h,否则应采取必要的促凝或早强措施。

(2)外加剂的掺量应由混凝土试配试验确定。引气剂的适宜掺量可由搅拌机口的拌合物含气量进行控制。实际路面和桥面引气混凝土抗冰冻、抗盐冻耐久性宜采用规范规定的钻芯法测定。测定位置:路面为表面和表面下 50 mm;桥面为表面和表面下 30 mm;测得的上下两个表面的最大平均气泡间距系数应符合表 5 -4 -11 的规定。

(3)引气剂与减水剂或高效减水剂等其他外加剂复配在同一水溶液中时,应保证其共溶性,防止外加剂溶液发生絮凝现象。如产生絮凝现象,应分别稀释、分别加入。

(4)多种外加剂复配掺入混凝土中时,不仅应保证单一外加剂品种与所用水泥的适应性,而且应确保复合外加剂与所用水泥品种的适应性。

**表 5 -4 -11　混凝土路面和桥面最大平均气泡间距系数(μm)**

| 等级环境＼公路 | | 高速、一级公路 | 其他公路 |
|---|---|---|---|
| 严寒地区 | 冰冻 | 275 ±25 | 300 ±35 |
| | 盐冻 | 225 ±25 | 250 ±35 |
| 寒冷地区 | 冰冻 | 325 ±30 | 350 ±40 |
| | 盐冻 | 275 ±30 | 300 ±40 |

(七)设计内容

1. 计算混凝土配制弯拉强度 $f_{cf}$。

2. 水灰(胶)比的计算和确定。

(1)根据粗集料的类型,水灰比可分别按下列统计公式计算。

碎石或碎卵石混凝土

$$\frac{W}{C}=\frac{1.5684}{f_c+1.0097-0.3595f_s} \tag{5-4-2}$$

卵石混凝土

$$\frac{W}{C}=\frac{1.2618}{f_c+1.5492-0.4709f_s} \tag{5-4-3}$$

式中　$W/C$——水灰比;

$f_s$——水泥实测 28 d 抗折强度,MPa。

(2)掺用粉煤灰等掺合料时,应计入超量取代法中代替水泥的那一部分粉煤灰用量(代替砂的超量部分不计入),用水胶比 $W/(C+F)$ 代替水灰比 $W/C$。

(3)应在满足弯拉强度计算值和耐久性(表 5 -4 -10)两者要求的水灰(胶)比中取小值。

3. 根据规范公式计算单位用水量 $W_{of}$。

根据粗集料种类和表 5 -4 -4 或表 5 -4 -5 中适宜的坍落度,分别按下列经验式计算单位用水量(砂石料以饱和面干状态计)。

碎石　$$W_o=104.97+0.309S_L+11.27C/W+0.61S_P \tag{5-4-4}$$

卵石　$$W_o=86.89+0.370S_L+11.24C/W+1.00S_P \tag{5-4-5}$$

式中　$W_o$——不掺外加剂与掺合料混凝土的单位用水量,kg/m³;

$S_L$——坍落度,mm;

$S_P$——砂率,%;

$C/W$——灰水比,水灰比之倒数。

掺外加剂的混凝土单位用水量应按下式计算:

$$W_{ow} = W_o\left(1 - \frac{\beta}{100}\right) \tag{5-4-6}$$

式中　$W_{ow}$——掺外加剂混凝土的单位用水量,$kg/m^3$;

$\beta$——所用外加剂剂量的实测减水率,%。

单位用水量应取计算值和表5-4-4或5-4-5的规定值两者中的小值。若实际单位用水量仅掺引气剂不满足所取数值,则应掺用引气(高效)减水剂。三、四级公路也可采用真空脱水工艺。

4. 单位水泥用量由下式计算,并取计算值与表5-4-10规定值两者中的大值。

$$C_o = \frac{C}{W}W_o \tag{5-4-7}$$

式中　$C_o$——单位水泥用量,$kg/m^3$。

5. 砂率应根据砂的细度模数和粗集料种类,按表5-4-12取值。在制作抗滑槽时,砂率可在表中数值的基础上增大1%~2%。

**表5-4-12　砂的细度模数与最优砂率关系**

| 砂细度模数 | | 2.2~2.5 | 2.5~2.8 | 2.8~3.1 | 3.1~3.4 | 3.4~3.7 |
|---|---|---|---|---|---|---|
| 砂率 $S_p$(%) | 碎石 | 30~34 | 32~36 | 34~38 | 36~40 | 38~42 |
| | 卵石 | 28~32 | 30~34 | 32~36 | 34~38 | 36~40 |

注:1. 按T327规定方法进行砂筛分并计算砂的细度模数。
2. 碎卵石可在碎石和卵石混凝土之间内插取值。

6. 砂石料用量可按密度法或体积法计算。按密度法计算时,混凝土单位质量可取2 400~2 450 $kg/m^3$;按体积法计算时,应计入设计含气量。采用超量取代法掺用粉煤灰时,超量部分应代替砂,并折减用砂量。经计算得到的配合比,应验算单位粗集料填充体积率不小于70%。

(八)检测项目

必测项目:坍落度及其损失、振动黏度系数、含气量、视密度、弯拉强度、抗压强度、抗冻性。

选测项目:气泡间隔系数、耐磨性、干缩性、抗裂性。

## 二、纤维混凝土配合比设计

(一)设计目的

钢纤维掺量体积率在0.35%~1.0%或钢纤维掺量体积率不小于0.35%同时掺加其他纤维时,设计弯拉强度标准值提高0.50~1.0 MPa的,称为可折减板厚的补强钢纤维混凝土或混杂钢纤维混凝土;钢纤维体积掺量在0.10%~0.35%时,称为抗裂钢纤维混凝土。掺用玄武岩纤维、合成纤维或不小于0.05%钢纤维与其他纤维混杂时,称为抗裂玄武岩纤维混凝土、抗裂合成纤维混凝土或抗裂混杂钢纤维混凝土。

配合比设计的目的是通过材料选择、性能指标的确定,利用规范规定的公式和经验数据设计满足设计与施工要求工作性、强度及耐久性的纤维混凝土配合比。重要路面、桥面工程应采用正交试验法进行钢纤维混凝土配合比优选。

(二)适用范围

适用于采用滑模摊铺机、三辊轴机组及小型机具铺筑的拌和塑性补强与抗裂纤维混凝土路面和桥面。纤维品种有钢纤维、玄武岩纤维、合成纤维及其混杂纤维

（三）设计原理

水泥混凝土路面用纤维混凝土配合比设计，一般不考虑纤维对弯拉强度的贡献，其配合比设计中满足弯拉强度、工作性与耐久性要求的水灰比等各种参数的计算与普通混凝土配合比设计基本相同。但应注意纤维掺量、用水量、砂率的调整及工作性与耐久性的满足。

（四）执行标准

《公路水泥混凝土路面施工技术规范》（JTG F30—2003）。

（五）相关标准

《公路水泥混凝土路面设计规范》（JTG D40—2011）。

《公路工程水泥及水泥混凝土试验规程》（JTG E30—2005）。

（六）设计准备

1. 弯拉强度

（1）钢纤维混凝土路面板 28 d 设计弯拉强度标准值$f_{rf}$应符合表 5－4－13 的规定。

**表 5－4－13　各种纤维混凝土路面板设计强度标准值**

| 交通等级 | 极重 | 特重 | 重 | 中等 | 轻 |
|---|---|---|---|---|---|
| 补强钢纤维及其混杂混凝土设计弯拉强度标准值$f_{rf}$（MPa） | 6.0 | 6.0 | 5.5 | 5.5 | 5.0 |
| 抗裂钢纤维和/或其他纤维混凝土设计弯拉强度标准值$f_{rf}$（MPa） | 5.5 | 5.0 | 5.0 | 4.5 | 4.0 |

（2）补强钢纤维混凝土设计弯拉强度标准值、提高值与体积掺量、板厚折减系数关系宜符合表 5－4－14 的规定。抗裂各种纤维混凝土应不折减板厚。

**表 5－4－14　钢纤维混凝土设计弯拉强度标准值、提高值与体积掺量、板厚折减系数关系**

| 钢纤维及其混杂混凝土设计弯拉强度标准值$f_{rf}$（MPa） | 6.0 | 5.5 | 5.0 | 4.5 或 5.0 |
|---|---|---|---|---|
| 设计弯拉强度标准提高值 $\Delta f_{rf}$（MPa） | 1.0 | 0.50 | 0.50 | 0 |
| 钢纤维掺量体积率$\rho_f$（%） | 0.8～1.0 | 0.60～0.80 | 0.35～0.60 | 0.10～0.35 |
| 板厚折减系数 | 0.65～0.80 | 0.80～0.90 | 0.90～1.0 | 1.0 |

注：钢纤维体积掺量 0.10%～0.35%，设计弯拉强度标准值未提高，为不减薄板厚抗裂钢纤维混凝土或抗裂混杂钢纤维混凝土。

（3）路面与桥面所使用的抗裂钢纤维、玄武岩纤维及其他合成纤维混凝土的掺量范围可参照 5－4－15 初选。具体掺量应由试验确定。

**表 5－4－15　抗裂钢纤维、玄武岩纤维及其他合成纤维混凝土的经验掺量范围**

| 纤维品种 | 玄武岩纤维 | 聚丙烯腈纤维 | 聚丙烯粗纤维 | 聚酰胺纤维 | 聚乙烯醇纤维 |
|---|---|---|---|---|---|
| 体积率（%） | 0.05～0.30 | 0.06～0.30 | 0.30～1.5 | 0.10～0.30 | 0.10～0.30 |
| 掺量经验范围（$kg/m^3$） | 1.3～8.1 | 0.50～2.7 | 2.7～14.0 | 1.1～3.5 | 1.3～4.0 |

注：桥面纤维混凝土体积率宜选上限。

(4)钢纤维混凝土配制28 d弯拉强度的均值应按普通混凝土弯拉强度均值计算的方法计算,以$f_{cf}$和$f_{rf}$代替$f_c$和$f_r$。

2. 工作性

(1)补强钢纤维混凝土的坍落度可比表5-4-4或5-4-5规定值小20 mm;各种抗裂纤维混凝土的坍落度宜与普通混凝土相同,滑模摊铺机前抗裂纤维混凝土路面拌合物最佳工作性及最大单位用水量应符合表5-4-4的规定。三辊轴机组摊铺的路面纤维混凝土坍落度及最大单位用水量宜满足表5-4-5的规定。当工作性不满足要求时,应采用聚羧酸高性能减水剂或增大高效减水剂掺量。

(2)各种纤维混凝土中应掺聚羧酸高性能减水剂或引气萘系高效减水剂,热天应掺缓凝型、减缩型高性能减水剂或引气缓凝高效减水剂,补强钢纤维混凝土单位用水量可按表5-4-16初选,再由拌合物实测坍落度校正后确定。

**表5-4-16　补强钢纤维混凝土单位用水量选用表**

| 拌合物条件 | 粗集料种类 | 粗集料最大公称粒径 $D_m$(mm) | 单位用水量(kg/m$^3$) |
|---|---|---|---|
| $L_f/d_f=50$<br>$\rho_f=0.6\%$<br>坍落度20 mm<br>中砂,细度模数2.5<br>水灰比0.42~0.50 | 碎石 | 9.5、16.0 | 215 |
| | | 19.0、26.5 | 200 |
| | 卵石 | 9.5、16.0 | 208 |
| | | 19.0、26.5 | 190 |

注:1. 钢纤维长径比每增减10,单位用水量相应增减10 kg/m$^3$。
2. 钢纤维体积率每增减0.5%,单位用水量相应增减8 kg/m$^3$。
3. 坍落度为10~50 mm变化范围内,相对于坍落度20 mm每增减10 mm,单位用水量相应增减7 kg/m$^3$。
4. 细度模数在2.0~3.5范围内,砂的细度模数每增减0.1,单位用水量相应减增1 kg/m$^3$。

3. 耐久性

(1)耐磨性

各交通等级路面与桥面各种纤维混凝土耐磨性要求宜符合表5-4-6的规定。

(2)抗冻性

各种纤维混凝土含气量宜符合表5-4-7的规定。严寒地区路面与桥面混凝土抗冻标号不宜小于F250;寒冷地区不宜小于F200。

(3)抗锈蚀性

钢纤维及其混杂纤维混凝土严禁采用海水、海砂,不得掺加氯盐及氯盐类早强剂、防冻剂等外加剂。

(4)耐化学腐蚀性

处在海风、酸雨、硫酸盐及除冰盐等环境中的钢纤维及其混杂纤维混凝土路面宜掺用Ⅰ、Ⅱ级粉煤灰,桥面宜掺用硅灰与S95和S105级矿渣粉。

(5)满足耐久性要求的最大水灰(胶)比和最小单位水泥用量

钢纤维混凝土满足耐久性要求最大水灰(胶)比和最小胶材用量应符合表5-4-17的规定。

**表 5－4－17　钢纤维混凝土满足耐久性要求最大水灰（胶）比和最小胶材用量**

| 公路等级 | | 高速、一级公路 | 二级公路 | 三、四级公路 |
|---|---|---|---|---|
| 最大水灰（胶）比 | | 0.47 | 0.49 | 0.50 |
| 抗冰冻要求最大水灰（胶）比 | | 0.45 | 0.46 | 0.48 |
| 抗盐冻要求最大水灰（胶）比 | | 0.42 | 0.43 | 0.46 |
| 最小单位水泥用量（$kg/m^3$） | 42.5 级 | 360 | 360 | 350 |
| | 32.5 级 | 370 | 370 | 365 |
| 抗冰（盐）冻要求最小单位水泥用量（$kg/m^3$） | 42.5 级 | 380 | 380 | 375 |
| | 32.5 级 | 390 | 390 | 385 |
| 掺粉煤灰时最小单位水泥用量（$kg/m^3$） | 42.5 级 | 320 | 320 | 315 |
| | 32.5 级 | 340 | 340 | 335 |
| 抗冰（盐）冻掺粉煤灰最小单位水泥用量（42.5 级水泥）（$kg/m^3$） | | 330 | 330 | 325 |

（6）掺入抗裂纤维后新拌混凝土大板抗裂试验得到的裂缝数量及裂缝长度、宽度应有明显降低，抗塑性收缩开裂能力应有明显提高。

（7）路面抗裂纤维混凝土的耐磨性、抗冻性、耐化学腐蚀性等耐久性要求与普通混凝土路面相同。抗裂纤维混凝土的最大水灰（胶）比和最小胶材用量应符合表 5－4－10 的规定。其最大单位水泥用量（胶材总量），路面不宜超过 500（$kg/m^3$）；桥面不宜超过 550（$kg/m^3$）。

（七）设计内容

路面、桥面、隧道抗裂纤维混凝土配合比设计时，可不考虑纤维对弯拉强度的贡献，其配合比设计中满足弯拉强度、工作性与耐久性要求的水灰比应按普通混凝土基体计算。补强钢纤维混凝土配合比设计应按以下步骤进行。

1. 计算和确定水灰比。

（1）钢纤维混凝土基体混凝土的水灰比的计算与普通混凝土水灰比的计算相同，但公式中配制 28 d 弯拉强度用 $f_{cf}$ 替换 $f_c$。

（2）取钢纤维混凝土基体的水灰比计算值与表 5－4－17 规定值两者中小值。

2. 钢纤维掺量体积率应符合表 5－4－14 的规定。当板厚折减系数较小、钢纤维长径比较小、无锚固端者，体积率宜取上限；反之，宜取下限。

3. 查表 5－4－16，初选单位用水量 $W_{of}$。

4. 掺用粉煤灰时应按普通混凝土掺用粉煤灰的规定执行，超量取代系数可按表 5－4－8 的规定选用，掺量限制可按表 5－4－9 的规定初选。

5. 钢纤维混凝土的单位水泥用量应按下式计算。

$$C_{of}=\frac{C}{W}W_{of} \qquad (5-4-8)$$

式中　$C_{of}$——钢纤维混凝土的单位水泥用量，$kg/m^3$；

$W_{of}$——钢纤维混凝土的单位用水量,$kg/m^3$。

取计算值与表5-4-17规定值两者中的大值。

6. 砂率可按下式计算,也可按表5-4-18初选。钢纤维混凝土砂率宜在38%~50%之间。

$$S_{pf}=S_p+10\rho_f \tag{5-4-9}$$

式中 $S_{pf}$——钢纤维混凝土砂率,%;

$\rho_f$——钢纤维掺量体积率,%。

**表5-4-18 钢纤维混凝土砂率选用值(%)**

| 拌合物条件 | 最大公称粒径19 mm碎石 | 最大公称粒径19 mm卵石 |
|---|---|---|
| $L_f/d_f=50$;$\rho_f=1.0\%$;<br>$W/C=0.5$;砂细度模数FM=3.0 | 45 | 40 |
| $L_f/d_f$增减10<br>$\rho_f$增减0.10%<br>$W/C$增减0.1<br>砂细度模数FM增减0.1 | ±5<br>±2<br>±2<br>±1 | ±3<br>±2<br>±2<br>±1 |

7. 砂石料用量可采用密度法或体积法计算。按密度法计算时,钢纤维混凝土单位质量可取2 450~2 580 kg;按体积法计算时,应计入设计含气量。

(八)检测项目

必测项目:坍落度及其损失、振动黏度系数、含气量、视密度、弯拉强度、抗压强度、抗冻性、抗裂性。

选测项目:气泡间隔系数、耐磨性、干缩性。

## 三、面层、基层碾压混凝土配合比设计

(一)设计目的

设计出适合于碾压施工的贫混凝土配合比。

(二)适用范围

适用于碾压混凝土面层与碾压贫混凝土上基层混凝土配合比的设计。

(三)设计原理

碾压混凝土是一种超干硬混凝土。其配合比的设计应使不同粒径材料达到一定的密实级配要求。一般要求胶凝材料用量少、胶凝材料浆体包裹细骨料颗粒并尽可能填满细骨料的空隙、砂浆包裹粗骨料并填满粗骨料间的空隙,防止施工时混凝土离析,并在硬化后形成均匀密实的混凝土。

目前碾压混凝土配合比的设计可采用正交设计方法或简捷经验公式法。

(四)执行标准

《公路水泥混凝土路面施工技术规范》(JTG F30—2003)。

(五)相关标准

《公路水泥混凝土路面设计规范》(JTG D40—2011)。

《公路工程水泥及水泥混凝土试验规程》(JTG E30—2005)。

(六)设计准备

1. 弯拉强度

(1)面层碾压混凝土设计弯拉强度$f_r$应符合表5-4-1的规定;基层碾压贫混凝土设计弯拉强度$f_r$应符合表5-4-19的规定。

**表5-4-19 贫混凝土基层的设计强度标准值**

| 交通等级 | 极重 | 特重 | 重 |
|---|---|---|---|
| 7 d施工质检抗压强度$f_{cu7}$(MPa) | 10.0 | 8.0 | 6.0 |
| 28 d设计抗压强度标准值$f_{cu,k}$(MPa) | 15.0 | 11.0 | 8.5 |
| 28 d设计弯拉强度标准值$f_{c,k}$(MPa) | 2.75 | 2.5 | 2.0 |

(2)碾压混凝土配制28 d弯拉强度均值$f_{cc}$可按下式计算。

$$f_{cc}=\frac{f_r+f_{cy}}{1—1.04c_v}+t\times s \tag{5-4-10}$$

式中 $f_{cc}$——碾压混凝土配制28 d弯拉强度均值,MPa;

$t$——保证率系数,应按表5-4-2确定;

$s$——弯拉强度试验样本的标准差,MPa,取值按表5-4-3确定。

$f_{cy}$——碾压混凝土压实安全弯拉强度。有实测统计数据时,可按下式计算;无实测数据时,$f_{cy}$可选用0.20~0.35 MPa,设备先进,现场湿度温度适宜,取低值,反之,取高值。

$$f_{cy}=\frac{\alpha}{2}(\gamma_{c1}+\gamma_{c2}) \tag{5-4-11}$$

式中 $\gamma_{c1}$——弯拉强度试件标准压实度(95%);

$\gamma_{c2}$——路面芯样压实度下限值(由芯样压实度统计得出);

$\alpha$——相应于压实度变化1%的弯拉强度波动值(通过试验得出)。

2. 工作性

碾压混凝土出搅拌机口的改进VC值宜为5~10 s;碾压时的改进VC值宜控制在25±5 s。试验中的试样表面出浆评分应为4~5分。

3. 耐久性

(1)抗滑耐磨性

各交通等级碾压混凝土面层的耐磨性要求宜符合表5-4-6中上限的规定。满足碾压混凝土面层抗滑性,要求粗集料的磨光值PSV不宜小于36.0。

(2)抗冻性

碾压混凝土面层含气量宜符合表5-4-7的规定。严寒地区路面碾压混凝土抗冻标号不宜小于F250;寒冷地区不宜小于F200次。

(3)面层碾压混凝土满足耐久性要求最大水灰(胶)比和最小单位水泥用量

面层碾压混凝土满足耐久性要求最大水灰(胶)比和最小单位水泥用量应符合表5-4-20的规定。

表 5-4-20　面层碾压混凝土耐久性要求的最大水灰(胶)比和最小单位水泥用量

| 公路等级 | | 二级公路 | 三、四级公路 |
|---|---|---|---|
| 最大水灰(胶)比 | | 0.40 | 0.42 |
| 抗冰冻要求最大水灰(胶)比 | | 0.38 | 0.40 |
| 抗盐冻要求最大水灰(胶)比 | | 0.36 | 0.38 |
| 最小单位水泥用量($kg/m^3$) | 42.5 级 | 290 | 280 |
| | 32.5 级 | 305 | 300 |
| 抗冰(盐)冻要求最小单位水泥用量($kg/m^3$) | 42.5 级 | 315 | 310 |
| | 32.5 级 | 325 | 320 |
| 掺粉煤灰时最小单位水泥用量($kg/m^3$) | 42.5 级 | 255 | 250 |
| | 32.5 级 | 265 | 260 |
| 抗冰(盐)冻掺粉煤灰最小单位水泥用量(42.5 级水泥)($kg/m^3$) | | 260 | 265 |

4. 材料要求

(1)面层碾压混凝土粗、细集料合成级配宜符合表 5-4-21 的要求，基层碾压混凝土粗、细集料合成级配应符合《公路路面基层施工技术规范》(JTJ 034—2000)水泥稳定粒料的级配规定。

表 5-4-21　面层碾压混凝土粗细集料合成级配范围

| 筛孔尺寸(mm) | 19.0 | 9.50 | 4.75 | 2.36 | 1.18 | 0.60 | 0.30 | 0.15 |
|---|---|---|---|---|---|---|---|---|
| 通过百分率(%) | 90~100 | 50~70 | 35~47 | 25~38 | 18~30 | 10~23 | 5~15 | 3~10 |

(2)碾压混凝土中所掺粉煤灰的技术要求应符合规定。代替水泥的粉煤灰掺量应符合表 5-4-9 的规定。粉煤灰超量取代系数 $k$：Ⅰ级灰可取 1.4~1.8；Ⅱ级灰可取 1.6~2.0；碾压混凝土基层和复合式路面下面层用Ⅲ级灰宜取 1.8~2.2。

(3)碾压混凝土中外加剂的使用要求除满足普通混凝土对外加剂的规定外，应预先通过碾压混凝土性能试验优选品种和掺量，确认满足各项性能要求后方可使用。

(七)设计内容

重要工程碾压混凝土的配合比确定应使用正交试验法；一般工程可采用简捷法。

1. 正交试验法

(1)不掺粉煤灰的碾压混凝土正交试验可选用水量、水泥用量、粗集料填充体积率 3 个因素；掺粉煤灰的碾压混凝土可选用水量、基准胶材总量、粉煤灰掺量、粗集料填充体积率 4 个因素。每个因素选定三个水平，选用 $L9(3^4)$ 正交表安排试验方案。

(2)对正交试验结果进行直观及回归分析，回归分析的考察指标：VC 值及抗离析性、弯拉强度或抗压强度、抗冻性或耐磨性。根据直观分析结果并依据所建立的单位用水量及弯拉强度推定经验公式，综合考虑拌合物工作性，确定满足 28d 弯拉强度或抗压强度、抗冻性或耐磨性等设计要求的正交初步配合比。

2. 简捷法

(1)不掺粉煤灰的碾压混凝土配合比计算宜按下述步骤进行。

①按下式计算单位用水量。

$$W_{oc}=137.7-20.55\lg VC \tag{5-4-12}$$

式中　$W_{oc}$——碾压混凝土的单位用水量,$kg/m^3$;

VC——碾压混凝土拌合物改进 VC 值,s。

②按下式计算灰水比,并取计算值与表 5-4-20 中规定值两者中的小者。

$$\frac{C}{W}=\frac{f_{cc}}{0.2156f_s}-0.798 \quad (5-4-13)$$

③按下式计算单位水泥用量,并取计算值与表 5-4-20 规定值两者中的大值。

$$C_{oc}=W_{oc}\times C/W \quad (5-4-14)$$

式中　$C_{oc}$——碾压混凝土单位水泥用量,$kg/m^3$。

④按表 5-4-22 选定配合比中粗集料填充体积率。

**表 5-4-22　粗集料填充体积率 $V_g$ 表**

| 砂细度模数 $M_x$ | 2.40 | 2.60 | 2.80 | 3.00 |
|---|---|---|---|---|
| 粗集料填充体积百分率 $V_g$(%) | 75 | 73 | 71 | 69 |

⑤按下式计算粗集料用量。

$$G_{oc}=\gamma_{cc}V_g/100 \quad (5-4-15)$$

式中　$G_{oc}$——碾压混凝土粗集料单位体积用量,$kg/m^3$;

$\gamma_{cc}$——碾压混凝土粗集料视密度,$kg/m^3$;

$V_g$——粗集料填充体积率(%)。

⑥根据 $G_{oc}$、$C_{oc}$、$W_{oc}$及相应原材料密度,按体积法计算用砂量 $S_{oc}$,计算时应计入设计含气量。

⑦按下式计算单位外加剂用量。

$$Y_{oc}=\gamma\times C_{oc} \quad (5-4-16)$$

式中　$Y_{oc}$——碾压混凝土中单位外加剂用量,$kg/m^3$;

$\gamma$——外加剂掺量。

(2)掺粉煤灰的碾压混凝土配合比计算宜按下述步骤进行。

①按表 5-4-22 选定粗集料填充体积率 $V_g$,计算单位体积粗集料用量 $G_{oc}$。

$$G_{oc}=\gamma_{cc}V_g/100 \quad (5-4-17)$$

式中　$G_{oc}$——碾压混凝土粗集料单位体积用量,$kg/m^3$;

$\gamma_{cc}$——碾压混凝土粗集料视密度,$kg/m^3$;

$V_g$——粗集料填充体积率,%。

②按规定初选粉煤灰超量取代系数 $k$,并按经验或正交试验分析结果选定代替水泥的粉煤灰掺量 $F_c$。

③按下式计算单位用水量。

$$W_{ofc}=135.5-21.1\lg VC+0.32F_c \quad (5-4-18)$$

式中　$W_{ofc}$——掺粉煤灰的碾压混凝土单位用水量,$kg/m^3$;

$F_c$——代替水泥的粉煤灰掺量,%。

④按下式计算基准胶材总量。

$$J=200(f_{cc}-7.22+0.025F_c+0.023V_g) \quad (5-4-19)$$

式中　$J$——碾压混凝土中单位体积基准胶材总量,$kg/m^3$;

⑤按下式计算单位水泥用量,并应取计算值与表5-4-20规定值两者中大值。

$$C_{ofc}=J\left(1-\frac{F_c}{100}\right) \tag{5-4-20}$$

⑥按下式计算单位粉煤灰总用量。

$$F_{cc}=C_{ofc}\times F_c\times k \tag{5-4-21}$$

式中 $C_{ofc}$——掺粉煤灰的碾压混凝土单位水泥用量,kg/m³。

$F_{cc}$——单位粉煤灰总用量,kg/m³;

$k$——粉煤灰超量取代系数。

⑦按下式计算总水胶比,应取计算值与表5-4-20规定值两者中小值。

$$J_z=\frac{W_{ofc}}{C_{ofc}+F_{cc}} \tag{5-4-22}$$

式中 $J_z$——碾压混凝土中总水胶比。

⑧根据$G_{oc}$、$C_{ofc}$、$F_{cc}$、$W_{ofc}$及相应原材料密度,按体积法计算单位用砂量$S_{oc}$,计算时应计入设计含气量。

⑨按下式计算单位外加剂用量

$$Y_{ofc}=\gamma_f(C_{ofc}+F_{cc}) \tag{5-4-23}$$

式中 $Y_{ofc}$——掺粉煤灰的碾压混凝土单位外加剂用量,kg/m³;

$\gamma_f$——掺粉煤灰的碾压混凝土外加剂掺量。

(八)检测项目

必测项目:改进VC值、振动黏度系数、含气量、视密度、弯拉强度、抗压强度、抗冻性。

选测项目:气泡间隔系数、耐磨性、干缩性、抗裂性。

## 四、基层塑性贫混凝土配合比设计

(一)设计目的

贫混凝土是由粗、细级配集料与一定水泥和水拌和而成的一种混凝上。这种混凝土的水泥用量较普通混凝土低(一般每立方混凝土水泥用量为100~200 kg),有时也称经济混凝土,与水泥稳定碎石、二灰碎石等常用半刚性材料相比,具有较高的强度、刚度和整体性,抗冲刷性、抗冻性以及抗疲劳性能良好。贫混凝土通常用作道路基层,和面层一起承受到车辆荷载和温度荷载的反复作用。其配合比设计的目的就是设计出满足强度指标、工作性指标和耐久性指标的塑性贫混凝土。

(二)适用范围

适用于上基层用塑性贫混凝土配合比的设计。

(三)设计原理

塑性贫混凝土配合比的设计以抗压强度为设计指标,弯拉强度为核定指标,在考虑经济学的同时满足施工工作性的要求和耐久性的要求。水灰比的计算根据设计抗压强度和使用水泥的实际强度求得。水泥用量依据统计经验公式求得,砂、石料用量可用密度法或体积法计算。

(四)执行标准

《公路水泥混凝土路面施工技术规范》(JTG F30—2003)。

(五)相关标准

《公路水泥混凝土路面设计规范》(JTG D40—2011)。

《公路工程水泥及水泥混凝土试验规程》(JTG E30—2005)。

(六)设计准备(包括:指标确定,原材料选择,取样及委托)

1. 强度

贫混凝土设计强度应符合表5－4－19的规定。

2. 工作性

贫混凝土的坍落度应满足表5－4－4或表5－4－5的要求。贫混凝土中应掺粉煤灰,粉煤灰的质量应符合标准规定,超量取代系数和掺量应符合表5－4－8和表5－4－9的规定。

3. 耐久性

(1)满足耐久性要求的贫混凝土最大水灰(胶)比宜符合表5－4－23的规定。

**表5－4－23　满足耐久性要求的贫混凝土最大水灰(胶)比**

| 交通等级 | 极重 | 特重 | 重 |
|---|---|---|---|
| 最大水灰(胶)比 | 0.68 | 0.70 | 0.75 |
| 有抗冻要求的<br>最大水灰(胶)比 | 0.65 | 0.68 | 0.73 |

(2)在基层受冻地区,塑性贫混凝土中应掺引气剂,并控制贫混凝土含气量为4% ±1%。当水灰(胶)比不能满足抗冻耐久性要求时,宜使用引气减水剂。当高温摊铺坍落度损失较大时,可使用引气缓凝减水剂。

(七)设计内容

1. 配制28 d抗压强度$f_{cu,o}$可按下式计算。

$$f_{cu,o}=f_{cu,k}+t_1\cdot s_1 \tag{5-4-24}$$

式中 $f_{cu,o}$——塑性贫混凝土配制28 d抗压强度,MPa;

$f_{cu,k}$——混凝土28 d设计抗压强度标准值,MPa,按表5－4－1取值;

$t_1$——抗压强度保证率系数,高速公路应取1.645;一级公路应取1.28;二级公路应取1.04;

$s_1$——抗压强度标准差,宜按不小于6组统计资料取值,无统计资料或试件组数小于6组时,可取1.5,MPa。

2. 水灰比应按下式计算,并取计算值与表5－4－23规定值两者中的小值。

$$\frac{W}{C}=\frac{A\cdot f_{ce}}{f_{cu,o}+A\cdot B\cdot f_{ce}} \tag{5-4-25}$$

式中 $f_{ce}$——水泥实测28 d抗压强度,MPa,无实测值时,可按$f_{ce}=\gamma\times f_{cek}$计算,其中$f_{cek}$为水泥抗压强度等级,MPa;$\gamma$为水泥抗压强度富余系数,应按统计资料取值;无统计资料时可在1.00～1.08范围内取值;

$A$、$B$——回归系数,碎石及碎卵石$A=0.46$、$B=0.07$,卵石$A=0.48$、$B=0.33$。

3. 塑性贫混凝土单位水泥用量可按下式计算。

$$C_p=0.5\zeta\cdot C_o \tag{5-4-26}$$

式中 $C_p$——塑性贫混凝土的单位水泥用量,kg/m$^3$;

$\zeta$——工作性及平整度放大系数,可取1.1～1.3;

$C_o$——路面混凝土单位水泥用量,kg/m$^3$。

4. 掺用粉煤灰时,单位胶材总量可按下式计算。

$$J_z = 0.5C_o(1 + F_p \cdot k) \tag{5-4-27}$$

式中 $J_z$ ——单位胶材总量,kg/m³;

$F_p$——代替水泥的粉煤灰掺量,可取0.15~0.30;

$k$ ——粉煤灰超量取代系数,可按表5-4-9取值。

5. 不掺粉煤灰塑性贫混凝土的单位水泥用量宜控制在160~230 kg/m³之间;在基层受冻地区最小单位水泥用量不宜低于180 kg/m³。掺粉煤灰时,单位水泥用量宜在130~175 kg/m³之间;单位胶材总量宜在220~270 kg/m³之间;基层受冻地区最小单位水泥用量不宜低于150 kg/m³。

6. 根据水灰(胶)比和单位水泥(胶材)用量,计算单位用水量。

7. 基层塑性贫混凝土的砂率可按表5-4-24初选。

**表5-4-24 基层塑性贫混凝土的砂率**

| 砂细度模数 | | 2.2~2.5 | 2.5~2.8 | 2.8~3.1 | 3.1~3.4 | 3.4~3.7 |
|---|---|---|---|---|---|---|
| 砂率 $S_p$(%) | 碎石混凝土 | 24~28 | 26~30 | 28~32 | 30~34 | 32~36 |
| | 卵石混凝土 | 22~26 | 24~28 | 26~30 | 28~32 | 30~34 |

注:碎卵石可在碎石和卵石混凝土之间内插取值。

8. 砂、石料用量可用密度法或体积法计算。在采用体积法计算时,应计入设计含气量。

(八)检测项目

必测项目:坍落度及其损失、振动黏度系数、含气量、视密度、弯拉强度、抗压强度、抗冻性。

选测项目:气泡间隔系数、耐磨性、干缩性、抗裂性。

在室内配合比试验或质量检验中成型各种贫混凝土基层抗压强度试件时,包括塑性密实贫混凝土、碾压密实贫混凝土及碾压透水贫混凝土均应采用直径150 mm,高径比1:1的圆柱体试件。

## 五、碾压透水基层贫混凝土室内配合比设计

(一)设计目的

碾压透水基层贫混凝土是透水混凝土的一种。透水混凝土又称多孔混凝土,其是由骨料、水泥和水拌制而成的一种多孔轻质混凝土。它不含细骨料,由粗骨料表面包覆一薄层水泥浆相互黏结而形成孔穴均匀分布的蜂窝状结构,故具有透气、透水和重量轻的特点,也可称排水混凝土。其配合比设计的目的就是设计出满足一定孔隙率要求或透水率要求的具有一定强度、耐久性的透水混凝土。

(二)适用范围

适用于使用碾压工艺铺筑的特殊级配的透水贫混凝土上基层,适用于年均冻土深度不超过路面总结构层厚度的季冻区及南方温暖潮湿地区。不宜用于年均冻土深度超过路面总结构层厚度的寒冷及严寒地区。

(三)设计原理

透水混凝土配合比的特点是不使用细集料,混凝土满足一定的孔隙率或透水率要求。目前透水混凝土配合比的设计一般采用经验公式法确定。

(四)执行标准

《公路水泥混凝土路面施工技术规范》(JTG F30—2003)。

(五)相关标准

《公路水泥混凝土路面设计规范》(JTG D40—2011)。

《公路工程水泥及水泥混凝土试验规程》(JTG E30—2005)。

(六)设计准备

1. 满足渗透排水所要求的渗透系数与有效孔隙率

透水贫混凝土基层排水所要求的渗透系数与有效孔隙率应符合统计经验关系式,即

$$k=(V_a/20.466)^{4.756}-0.3894 \tag{5-4-28}$$

式中 $k$——渗透系数,cm/s,在水头差30 Pa条件下测得;

$V_a$——试件的有效孔隙率,%。满足渗透系数要求试验得出适宜的有效全孔隙率应为17.7%,计入各种淤堵增加3.3%,为21.0%,再计入施工允许变异,则设计有效全孔隙率应为21.0% ±3.0%。

2. 强度

透水贫混凝土基层的设计强度标准值宜符合表5-4-25的规定。

**表5-4-25 透水贫混凝土基层的设计强度标准值**

| 交通等级 | 特重 | 重 | 中等 |
| --- | --- | --- | --- |
| 7 d施工质检浸水抗压强度$f_{cu7}$(MPa) | 8 | 6 | 5 |
| 28 d设计抗压强度标准值$f_{cu,k}$(MPa) | 11 | 8.5 | 7 |
| 28 d设计弯拉强度标准值$f_{c,k}$(MPa) | 2.5 | 2.0 | 1.5 |

3. 工作性

透水贫混凝土基层的工作性用干硬性混凝土VB值评定,出搅拌机时的VB值宜为5~15 s;碾压时的VB值宜控制在(25±10) s,并以满足设计有效孔隙率对应的压实度为工作性补充控制标准。

(七)设计内容

1. 单位水泥用量的计算

可根据集料及其级配的比表面系数计算集料裹附量见表5-4-26。

**表5-4-26 集料的比表面积系数**

| 方孔筛筛孔尺寸(mm) | 31.5 | 26.5 | 19 | 16 | 13.2 | 9.5 | 4.75 | 2.36 |
| --- | --- | --- | --- | --- | --- | --- | --- | --- |
| 相应筛孔的比表面积系数($m^2$/kg) | 1.00 | 1.19 | 1.70 | 1.96 | 2.40 | 3.34 | 6.63 | 13.2 |

计算步骤如下。

(1)每立方米压实集料的比表面积

$$A_c=\rho_c A/100 \tag{5-4-29}$$

式中 $A_c$——压实集料的比表面积,$m^2$;

$\rho_c$——振动成型集料的紧装密度,$kg/m^3$;

$A$——对应级配的比表面积系数,$m^2/kg$。

(2)水泥浆的总体积

$$V_C=A_C\cdot F=1.5A_C/1\,000 \tag{5-4-30}$$

式中 $V_C$——水泥浆的体积,$m^3$;

$F$——水泥浆膜的厚度，mm，可取 1.5 mm。

(3)水泥浆的质量

$$M_C = V_C \cdot \rho_c \tag{5-4-31}$$

式中 $M_C$——每立方米水泥浆质量，kg/m³；

$\rho_c$——水泥浆的密度，kg/m³；由下式计算

$$\rho_c = \frac{1 + W/C}{\frac{1}{3\,100} + \frac{W/C}{1\,000}} \tag{5-4-32}$$

$W/C$——水灰比，为 0.25。

(4)水泥用量

$$C_0 = \frac{M_c}{1 + W/C} \tag{5-4-33}$$

式中 $C_0$——单位水泥用量，kg/m³。

2. 级配确定

(1)试验计算法

碾压透水贫混凝土基层级配的选择应通过试配试验，并综合协调抗压强度、渗透系数与摊铺防离析三者的共同要求。

按渗透排水要求的设计有效全孔隙率为 $V = 21\%$，已知水泥用量与单位用水量计算水泥浆所占体积率 $V_{C/A}$，按下式计算矿料间隙率

$$\text{VMA} = V + V_{C/A} \tag{5-4-34}$$

式中 VMA——集料形成的矿料间隙率，%；

$V$——碾压透水贫混凝土基层试件的全有效孔隙率，%；

$V_{C/A}$——水泥石占的体积率，%。

运用上式时是一个动态的过程，首先根据经验先确定一个级配并得到该级配的 VMA，进一步计算出该级配下的水泥用量，最后校核试件的孔隙率是否满足要求。如果不满足要求，应调整级配，直至达到满足抗压强度和渗透系数共同要求的有效孔隙率。

(2)经验查表法

不具备试验条件时，可采用表 5-4-27 碾压透水贫混凝土基层推荐经验级配，最大粒径宜为 26.5 mm。再根据试验检测结果适当调整。

**表 5-4-27 碾压透水贫混凝土基层推荐经验级配**

| 筛孔(mm) | 26.5 | 19 | 13.2 | 9.5 | 4.75 | 2.36 | 渗透系数(cm/s) | 28 d 配制抗压强度(MPa) |
|---|---|---|---|---|---|---|---|---|
| 通过百分率(%)(中值) | 95~100<br>(100) | 85~95<br>(90) | 62~72<br>(67) | 35~45<br>(40) | 7~17<br>(12) | 0~5<br>(0) | 1.5~2.3<br>(1.9) | 6~9.5 |

3. 室内水灰比

透水贫混凝土应同时满足强度、渗透系数与摊铺防离析三者的要求，其拌和物应具有光泽感，此时水灰比一般为 0.39~0.41 之间。通过上述三项指标试验检验的水灰比可作为推荐室内水灰比。

(八)检测项目

必测项目:VB 值、振动黏度系数、含气量、视密度、弯拉强度、抗压强度、抗冻性。

选测项目:气泡间隔系数、耐磨性、干缩性、抗裂性。

制作基层多孔贫混凝土抗压强度、弯拉强度试件时,所采用试件制作方法和仪器设备应符合《公路工程水泥及水泥混凝土试验规程》(JTG E30—2005)T0552 的规定。仅将抗压强度试件由 150 mm 的正立方体改为直径 150 mm 的正圆柱体。

## 六、配合比的确定与调整

1. 首先检验各种混凝土拌合物是否满足不同摊铺方式的最佳工作性要求。检验项目包括含气量、坍落度及其损失、振动黏度系数、改进 VC 值、外加剂品种及其最佳掺量。在工作性和含气量不满足相应摊铺方式要求时,可在保持水灰(胶)比不变的前提下调整单位用水量、外加剂掺量或砂率,不得减小满足计算弯拉强度及耐久性要求的单位水泥用量和各种纤维体积率。

2. 对于采用密度法计算的配合比,应实测拌合物视密度,并应按视密度调整配合比。调整时水灰比不得增大,单位水泥用量、各种纤维掺量不得减小,调整后的拌合物视密度允许偏差为 ±2.0% 。实测拌合物含气量 $a$(%)及其偏差应满足表 5 - 4 - 7 的规定,不满足要求时,应调整引气剂掺量直至达到规定含气量。

3. 以初选水灰(胶)比为中心,按 0.02 增减幅度选定 2 ~4 个水灰(胶)比,制作试件,检验各种混凝土 7 d 和 28 d 配制弯拉强度、抗压强度、耐久性等指标(有抗冻性要求的地区,抗冻性为必测项目,耐磨性及干缩为选测项目)。也可保持计算水灰(胶)比不变,以初选单位水泥用量为中心,按 15 ~20 kg 增减幅度选定 2 ~4 个单位水泥用量;钢纤维混凝土应以选定的钢纤维掺量为中心,按 0.1% 增减幅度选定 2 ~4 个钢纤维掺量,制作试件并作弯拉强度、耐久性、抗裂性等各项检验。其他抗裂纤维混凝土应以选定的纤维品种所对应的掺量为中心,按增减 1.0 kg/m$^3$ 幅度选定 2 ~4 个纤维掺量,制作试件并作弯拉强度、抗压强度、耐久性、抗裂性等各项检验。抗裂钢纤维与其他纤维混凝土弯拉强度、耐磨性与抗裂性为必检测项目。

4. 施工单位通过上述各项指标检验提出的配合比,在经监理或建设方中心实验室验证合格后,方可确定为实验室基准配合比(简称室内配合比)。

5. 室内配合比应通过搅拌楼实际拌和检验与不少于 200 m 试验路段的验证,并应根据料场砂石料含水量、拌合物实测视密度、含气量、坍落度及其损失,调整单位用水量、砂率或外加剂掺量。调整时,水灰(胶)比不得增大,单位水泥用量、纤维体积率不得减小。考虑施工中原材料含泥量、泥块含量、含水量变化和施工变异性等因素,单位水泥用量应适当增加 5 ~10 kg。满足试拌试铺的工作性、28 d(至少 7 d)配制弯拉强度、抗压强度和耐久性等要求的配合比,经监理或建设方批准后方可确定为施工配合比。

6. 施工期间配合比的微调与控制应符合下列要求。

(1)根据施工季节、气温和运距等的变化,可微调高性能减水剂、缓凝高效减水剂、引气剂或保塑剂的掺量,保持摊铺现场的坍落度始终适宜于铺筑,且波动最小。

(2)降雨后,应根据每天不同时间的气温及砂石料实际含水量变化,微调加水量,同时微调砂石料称量,其他配合比参数不得变更,维持施工配合比基本不变。雨天或砂石料变化时应加强控制,保持现场拌合物工作性始终适宜摊铺和稳定。

# 第五节 路面工程现场试验

## 一、水泥或石灰剂量试验(EDTA 滴定法)

(一)试验目的

测定水泥或石灰稳定材料中水泥和石灰的含量(剂量)。

(二)适用范围

适用于在工地快速测定水泥和石灰稳定材料中水泥和石灰的剂量,并可用以检查现场拌和和摊铺的均匀性。也可以用来测定水泥和石灰稳定土中结合料的剂量。

适用于在水泥终凝之前的水泥含量测定,现场土样的石灰剂量应在路拌后尽快测试,否则需要用相应龄期的 EDTA 二钠标准溶液消耗量的标准曲线确定。

(三)试验原理

EDTA 滴定法的化学原理是:先用 10% 的 $NH_4Cl$ 弱酸溶出水泥稳定材料中的 $Ca^{2+}$,然后用 EDTA 二钠标准溶液夺取 $Ca^{2+}$,EDTA 二钠标准溶液的消耗量与相应的水泥剂量(水泥剂量的大小正比于 $Ca^{2+}$ 的数量)存在近似线性关系。

(四)执行标准

《公路工程无机结合料稳定材料试验规程》(JTG E51—2009)。

(五)仪器设备

1. 仪器设备

(1)滴定管(酸式):50 mL,1 支。

(2)滴定台:1 个。

(3)滴定管夹:1 个。

(4)大肚移液管:10 mL、50 mL,10 支。

(5)锥形瓶(即三角瓶):200 mL,20 个。

(6)烧杯:2 000 mL(或 1 000 mL),1 只;300 mmL,10 只。

(7)容量瓶:1 000 mL,1 个。

(8)搪瓷杯:容量大于 1 200 mL,10 只。

(9)不锈钢棒(或粗玻璃棒),10 根。

(10)量筒:100 mL 和 5 mL,各 1 只;50 mL,2 只。

(11)棕色广口瓶:60 mL,1 只(装钙红指示剂)。

(12)电子天平:量程不小于 1 500 g、感量 0.01 g。

(13)秒表:1 只。

(14)表面皿:$\phi$9 cm,10 个。

(15)研钵:$\phi$12 ~ $\phi$13 cm,1 个。

(16)土样筛:筛孔 2.0 mm 或 2.5 mm,1 个。

(17)洗耳球:1 个。

(18)精密试纸:1)pH12 ~ pH14。

(19)聚乙烯桶 20 L(装蒸馏水和氯化按及 EDTA 二钠标准液),3 个;5 L(装氢氧化钠),1 个;5 L(大口桶),10 个。

(20)毛刷、去污粉、吸水管、塑料勺、特种铅笔、厘米纸。

(21)洗瓶(塑料)500 mL,1 只。

2. 试剂

(1)0.1 mol/m$^3$ 乙二胺四乙酸二钠(简称 EDTA 二钠)标准溶液(简称 EDTA 二钠标准溶液):准确称取 EDTA 二钠(分析纯)37.23 g,用 40 ℃ ~50 ℃的无二氧化碳蒸馏水溶解,待全部溶解并冷却至室温后,定容至 1 000 mL。

(2)10% 氯化铵($NH_4Cl$)溶液:将 5 mg 氯化铵(分析纯或化学纯)放在 10 L 聚乙烯桶内,加蒸馏水 4 500 mL,充分振荡,使氯化铵完全溶解。也可以分批在 1 000 mL 的烧杯内配制,然后倒入塑料桶内摇匀。

(3)1.8% 氢氧化钠(内含三乙醇胺)溶液:用电子天平称 18 g 氢氧化钠(NaOH)(分析纯),放入洁净干燥的 1 000 mL 烧杯中,加入 1 000 mL 蒸馏水使其全部溶解;待溶解冷至室温后,加入 2 mL 三乙醇胺(分析纯),搅拌均匀后储于塑料桶中。

(4)钙红指示剂:将 0.2 g 钙试剂羟酸钠与20 g预先在 105 ℃烘箱中烘 1 h 的硫酸钾混合。一起放入研钵中,研成极细粉末,储于棕色广口瓶中,以防吸潮。

(六)试验准备

正式测试前应先准备标准曲线。

1. 取样:取工地用石灰和土,风干后用烘干法测其含水率(如为水泥可假定其含水率为 0)。

2. 混合料组成的计算:

(1)干料质量 = 湿料质量/(1 + 含水率);

(2)干混合料质量 = 湿混合料质量/(1 + 最佳含水率);

(3)干土质量 = 干混合料质量/(1 + 石灰或水泥剂量);

(4)干石灰或水泥质量 = 干混合料质量 - 干土质量;

(5)湿土质量 = 干土质量 ×(1 + 土的风干含水率);

(6)湿石灰质量 = 干石灰质量 ×(1 + 石灰的风干含水率);

(7)石灰土中应加入的水 = 湿混合料质量 - 湿土质量 - 湿石灰质量。

3. 准备 5 种试样,每种 2 个样品(以水泥稳定材料为例)如为水泥稳定中、粗粒土,每个样品取 1 000 g 左右(如为细粒土,则称取 300 g 左右)准备试验。为了减少中、粗粒土的离散,宜按设计级配单份掺配的方式备料。

5 种混合料的水泥剂量应为:水泥剂量为 0、最佳水泥剂量左右、最佳水泥剂量 ±2% 和 +4%,每种剂量取 2 个(为湿质量)试样,共 10 个试样(应保证工地实际所用水泥或石灰的剂量位于标准曲线所用剂量的中间),并分别放在 10 个大口聚乙烯桶(如为稳定细粒土,可用搪瓷杯或 1 000 mL 具塞三角瓶;如为粗粒土,可用 5 L 的大口聚乙烯桶)内。土的含水率应等于工地预期达到的最佳含水率,土中所加的水应与工地所用的水相同。

4. 取一个盛有试样的盛样器,在盛样器内加入 2 倍试样质量(湿料质量)体积的 10% 氯化铵溶液(如湿料质量为 300 g,则氯化铵溶液为 600 mL;如湿料质量为 1 000 g,则氯化铵溶液为 2 000 mL)。料为 300 g,则搅拌 3 min(每分钟搅 110 ~120 次);料为 1 000 g,则搅拌 5 min。如用 1 000 mL 具塞三角瓶,则手握三角瓶(瓶口向上)用力振荡 3 min(每分钟 120 次 ±5 次),以代替搅拌棒搅拌。放置沉淀 10 min,然后将上部清液转移到 300 mL 烧杯内,搅匀,加盖表面皿待测。

5. 用移液管吸取上层(液面下 1 ~2 cm)悬浮液 10 mL 放入 200 mL 的三角瓶内,用量筒量取1.8%氢氧化钠(内含三乙醇胺)溶液50 mL倒入三角瓶中,此时溶液pH值为12.5~13.0(可用pH12~pH14精密试纸检验),然后加入钙红指示剂(质量约为0.2 g)摇匀,溶剂呈玫瑰红色。记录滴定管中EDTA二钠标准溶液的体积$V_1$,然后用EDTA二钠标准溶液滴定,边滴定边摇匀,并仔细观察溶液的颜色。在溶液颜色变为紫色时,放慢滴定速度并摇匀;直到纯蓝色为终点。记录滴定管中EDTA二钠标准溶液体积$V_2$(以mL计,读至0.1 mL)。计算$V_1-V_2$,即为EDTA二钠标准溶液的消耗量。

6. 对其他几个盛样器中的试样,用同样的方法进行试验,并记录各自EDTA二钠标准溶液的消耗量。

7. 以同一水泥或石灰剂量稳定材料EDTA二钠标准溶液消耗量(毫升数)的平均值为纵坐标,以水泥或石灰剂量(%)为横坐标制图,两者的关系应是一根顺滑的曲线。如素土或水泥或石灰改变,必须重做标准曲线。

(七)试验步骤

1. 选取有代表性的无机结合料稳定材料,对稳定中、粗粒土取试样约3 000 g,对稳定细粒土取试样约1 000 g。

2. 对水泥或石灰稳定细粒土,称300 g放在搪瓷杯中,用搅拌棒将结块搅散,加10%氯化铵溶液600 mL。对水泥或石灰稳定中、粗粒土,可直接称取1 000 g左右,放入10%氯化铵溶液2 000 mL,然后如前述标准曲线制定时的步骤进行试验。

3. 利用所绘制的标准曲线,根据所消耗的EDTA二钠标准溶液毫升数,确定混合料中的水泥或石灰剂量。

(八)数据处理

试验应进行两次平行测定,取算术平均值,精确至0.1 mL。允许重复性误差不得大于均值的5%,否则,重新进行试验。

(九)试验注意事项

1. 每个样品搅拌的时间、速度和方式应力求相同,以增加试验的精度。

2. 做标准曲线时,如工地实际水泥剂量较大,素土和低剂量水泥的试样可以不做,而直接用较高的剂量做试验,但应有两种剂量大于实用剂量,以及两种剂量小于实用剂量。

3. 氯化铵溶液宜当天配制、当天使用,不宜放置过久,以免影响试验的精度。

4. 如素土、水泥或石灰较长时间没有改变,应在每天试验前,增加1~2点对标准曲线进行验证,以减少原材料可能的离散对试验结果的影响。

5. 应控制好滴定的各环节。在EDTA滴定过程中,溶液的颜色有明显的变化过程,从玫瑰红色变为紫色,并最终变为蓝色。因此要把握好滴定的临界点,切不可直接将溶液滴到纯蓝色,因为在滴定过量时,溶液的颜色始终保持为纯蓝色,因此如果没有经过临界点,则可能已经过量。

6. EDTA滴定法的龄期效应曲线与素集料、水泥剂量、水泥品质、稳定层压实度、养护、温度等因素有关,应按工地具体使用的材料和配合比,通过试验,制备好龄期效应标准曲线,为实际检测工作提供依据。水泥稳定材料的龄期修正以小时计;石灰及二灰修正以天计。水泥剂量测定不宜超过终凝;石灰剂量测定不宜超过火山灰反应开始时间,一般为7 d。

## 二、石灰剂量试验(直读式测钙仪法)

(一)试验目的

测试石灰稳定材料中的石灰剂量。

(二)适用范围

适用于测定新拌石灰土中石灰的剂量测定。

(三)试验原理

先用10%的$NH_4Cl$弱酸溶出水泥稳定材料中的$Ca^{2+}$,而$Ca^{2+}$的数量与石灰的剂量有密切关系,剂量越大,$Ca^{2+}$越多。钙离子选择性电极可将$Ca^{2+}$的多少转换后在直读式测钙仪上显示相当石灰剂量的数值。

(四)执行标准

《公路工程无机结合料稳定材料试验规程》(JTG E51—2009)。

(五)仪器设备

1. 仪器设备

(1)钙离子选择性电极(PVC薄膜):1支。

(2)饱和甘汞电极:232(或330)型1支。

(3)直读式测钙仪:1台。

(4)电子天平:量程不小于1 500 g,感量0.01 g,1台。分析天平:量程不小于50 g,感量0.000 1 g,1台。

(5)量筒:1 000 mL、200 mL、50 mL,各1只。

(6)具塞三角瓶:1 000 mL,10个(或搪瓷杯10个);500 ml,4个。

(7)烧杯:2 000 mL,1个;300 mL,10个;50 mL,15个。

(8)容量瓶:1000mL,1个。

(9)塑料瓶(桶):10 L,2个;1 000 mL,3个;250 mL,2个。大口聚乙烯桶:5 L,4个。

(10)土壤筛:2 mm或2.5 mm筛孔,1个。

(11)大肚移液管:100 mL,1支。

(12)干燥器:1个。

(13)表面皿:90 mm,10个;50 mm,15个。

(14)计时器:2只。

(15)搅拌子:20只。

(16)电炉、石棉网:各1个。

(17)洗瓶:500 mL,1个。

(18)其他:吸水管,洗耳球,粗、细玻璃棒,试剂勺。

2. 制备溶液

(1)10%氯化铵溶液

将100 g氯化铵放入大烧杯中,加蒸馏水900 mL,搅拌均匀后,存放于塑料桶内保存。

(2)$10^{-1}mol/m^3$氯化钙标准溶液

将分析纯碳酸钙($CaCO_3$)在180 ℃烘箱中烘2 h后,取出放入干燥器内冷却45 min。用万分之一天平或千分之一天平准确称取已冷却的碳酸钙10.009 g放入300 mL烧杯中。用少许蒸馏水润湿后,从杯口用吸水管沿杯壁逐滴滴入1:5稀盐酸(18 mL盐酸加90 mL蒸馏水)并轻摇杯子,使碳酸钙全部溶解。然后用洗瓶吹洗表面皿和杯壁,移至电炉上加热并保持微沸5 min,以驱除二氧化碳。冷却后转移至1 000 mL容量瓶中,用蒸馏水多次沿杯壁冲洗烧杯,将冲洗的水一并倒入容量瓶中。当蒸馏水加到约950 mL左右时,再用20%氢氧化钠调至中性,使 pH 值为 7。最后用蒸馏水稀释至刻度,反复摇匀,静置后倒入 1 000 mL 塑料瓶中备用。

(3)$10^{-2}$ mol/$m^3$ 氯化钙标准溶液

用大肚移液管吸取 $10^{-1}$mol/$m^3$ 氯化钙标准溶液 100 mL 放入 1 000 mL 容量瓶中,加蒸馏水稀释到刻度后,充分摇匀;转入 1 000 mL 塑料瓶中备用。

(4)$10^{-3}$mol/$m^3$ 氯化钙标准溶液

用大肚移液管吸取 $10^{-2}$mol/$m^3$ 氯化钙标准溶液 100 mL 放入 1 000 mL 容量瓶中,加蒸馏水稀释到刻度后,充分摇匀;转入 1 000 mL 塑料瓶中备用。

(5)氯化钾(KCl)饱和溶液

用感量为 0.01 g 的电子天平称分析纯氯化钾 70 g,放入 300 mL 烧杯中,用量筒取 200 mL 蒸馏水倒入烧杯内,用玻璃棒充分搅动,溶液中应留有结晶(溶液呈过饱和状态),移入塑性瓶中备用。

(6)20% 氢氧化钠溶液

用感量 0.01g 的电子天平迅速称取 40 g 分析纯氢氧化钠(NaOH)放入 300 mL 烧杯中,加入 160 mL 新煮沸并冷却的蒸馏水。用玻璃棒充分搅匀后,转入塑料瓶中备用(若用玻璃瓶装,瓶塞改用橡皮塞,避免因久放瓶塞打不开)。

(六)试验准备

1. 准备仪器和电极

(1)钙电极:在测定的前一天,应将内参比电极从套管中取出,向管中滴入 $10^{-1}$mol/$m^3$氯化钙标准溶液 15 滴左右,再将内参比电极装回管内。在每天进行测定之前,将钙电极有薄膜的一端放在 $10^{-2}$ mol/$m^3$氯化钙标准溶液中浸泡 2 h,使电极活化。使用前取出电极,用水冲洗并以软纸吸干电极上的水分。

(2)甘汞电极:检查内液面是否与上部加液口齐平,若内液面低时,拔去加液口橡皮帽并用滴管添加氯化钾饱和溶液。测定时拔去上端加液口橡皮帽和下端橡皮帽,用水冲洗并以软纸吸干水分。

(3)仪器:在测定前接通钙仪电源,使仪器预热 20 min。

2. 准备石灰土标准剂量浸提液

(1)测定土和石灰的风干含水率。

(2)确定石灰土的最佳含水率。

(3)计算 6%、14% 石灰土中石灰、土和水的质量。

3. 石灰土标准剂量浸提液的制备

用准备好的土和石灰配制 6%、14% 的石灰土标准剂量浸提液供标定仪器用。用电子天平按计算的量分别称取准备好的土样和石灰,制备以上两种剂量的石灰稳定材料。石灰稳定细粒土各制备 300 g 湿混合料,分别放入 1 000 mL 具塞三角瓶(或搪瓷杯)中,混匀。再用量筒加入 10% 氯化铵溶液 600 mL。盖紧塞子用手振荡(或用不锈钢棒搅拌)3 min(保持每分钟 120 次 ±5 次)。对石灰稳定中、粗粒土各制备 1 000 g 湿混合料,分别放入 5 L 聚乙烯桶中,混匀。再用量筒加入 10% 氯化铵溶液 2 000 mL,用搅拌棒搅拌 5 min。

以上溶液静置 10 min 后将上部清液倒入干燥、洁净的 500 mL 具塞三角瓶中摇匀,瓶外加贴标签,供以后标定仪器时用。

当石灰品种、土质和水质相同时,制备的 6%、14% 石灰土标准剂量浸提液可供连续标定 10 d 之用。

4. 标定仪器

(1)将上述制备好的标准液分别倒出 25 ~ 30 mL 于干燥、洁净的 50 mL 烧杯中,各加入一只搅拌子。先将 6% 标准液放在直读式测钙仪上,待仪器开始搅拌后放入钙电极和甘汞电极,停止搅拌后,调整校正Ⅰ旋钮,使之显示 6.0;采样读数结束。将电极提起,取下 6% 标准液,用水冲洗电极并用软纸吸干电极上的水。

(2)再将装有 14% 标准液的烧杯放在直读式测钙仪上,开始搅拌后,放入钙电极和甘汞电极。停止搅拌后,调整校正Ⅱ旋钮,使之显示 14.0。

(3)如此重复 2 ~ 3 次。每次用 6% 和 14% 标准液校正均能显示 6.0 和 14.0 时,仪器标定即完毕。

(七)试验步骤

1. 从施工现场同一位置取具有代表性的石灰稳定中、粗粒土约 3 000 g,石灰稳定细粒土试样约 1 000 g。经进一步拌匀之后备用。

2. 用感量 0.01 g 的电子天平称取两份石灰土试样各 300 g,并分别放入两个 1 000 mL 具塞三角瓶中,每个三角瓶中加 10% 氯化铵溶液 600 mL。盖紧塞子用手振荡(或用不锈钢棒搅拌 2 min,保持每分钟 120 次 ±5 次。用感量 0.01 g 的电子天平称取两份石灰稳定中、粗粒土试样各 1 000 g,并分别放入 5 L 聚乙烯桶中,加 10% 氯化铵溶液 2 000 mL 用搅拌棒搅拌 5 min。

3. 以上溶液静置 10 min 后,将 25 ~ 30 mL 待测液用移液管移入干燥、洁净的 50 mL 烧杯中。加入一只搅拌子并放在直读式测钙仪上,仪器开始搅拌后,放入钙电极和甘汞电极,待停止搅拌后,仪器显示的数值即为该样品的石灰剂量。再重复测试一次,取两次测试结果的平均值。

(八)数据处理

试验结果精确至 0.1%。试验应进行两次平行测定,取两次测试结果的平均值。

(九)试验注意事项

1. 在计算 6% 和 14% 混合料的组成时,应使混合料的最佳含水率与施工碾压时的最佳含水率相近。

2. 若土、石灰或水质有变化时,必须重新配制 6% 和 14%(或 16%、18%)石灰土标准剂量浸提液,并用它标定仪器。

3. 制备每个样品的浸提液时,搅拌的时间、速度和方式应力求相同。

4. 配制的氯化铵溶液当天用完,不宜放置过久。

5. 所用器具必须用水冲洗干净。

6. 每测完一个样品应用蒸馏水或自来水冲洗电极,并用软纸吸干后再测一个样品。

7. 若进行全天测试,午间休息时可将钙电极薄膜端浸泡在 $10^{-3}$mol 氯化钙标准溶液中,下午测定前不必进行活化。下午测定结束后应用水冲洗电极,并用软纸将水吸干,套上橡皮帽,然后挂起干放保存,次日用前再进行活化。

8. 在连续使用时,钙电极的内参比液应每周更换一次,以保证试验的稳定性。

## 三、无侧限抗压强度试验

(一)试验目的

测定稳定材料无侧限抗压强度。无侧限抗压强度试验有室内配合比设计试验及现场检测。室内配合比设计试验和现场检测两者在试料准备上是不同的，前者根据设计配合比称取试料并拌和，按要求制备试件；后者则在工地现场取拌和的混合料作试料，并按要求制备试件。

（二）适用范围

适用于测定无机结合料稳定材料（包括稳定细粒土、中粒土和粗粒土）试件的无侧限抗压强度。

（三）试验原理

测定无机结合料稳定材料的无侧限抗压强度，首先应测得稳定材料的最佳含水率和最大干密度，然后根据土粒径大小等情况，在最佳含水率情况下成型规定干密度的圆柱体试件，经7天标准养护后，在压力机或测力装置上检测无机结合稳定材料的最大破坏荷载，求得其无侧限抗压强度。

（四）执行标准

《公路工程无机结合料稳定材料试验规程》（JTG E51—2009）。

（五）仪器设备

1. 标准养护室。

2. 水槽：深度应大于试件高度50 mm。

3. 压力机或万能试验机（也可用路面强度试验仪和测力计）：压力机应符合现行《液压式压力试验机》（GB/T 3722—1992）及《试验机通用技术要求》（GB/T 2611—2007）中的要求，其测量精度为±1%，同时应具有加载速率指示装置或加载速率控制装置。上下压板平整并有足够刚度，可以均匀地连续加载卸载，可以保持固定荷载。开机停机均灵活自如，能够满足试件吨位要求，且压力机加载速率可以有效控制在1 mm/min。

4. 电子天平：量程15 kg，感量0.1 g；量程4 000 g，感量0.01 g。

5. 量筒、拌和工具、大小铝盒、烘箱等。

6. 方孔筛：孔径53 mm、37.5 mm、31.5 mm、26.5 mm、4.75 mm和2.36 mm的筛各1个。

7. 适用于下列不同土的试模尺寸为：

细粒土（最大粒径不超过10 mm）：试模的直径×高=50 mm×50 mm；

中粒土（最大粒径不超过25 mm）：试模的直径×高=100 mm×100 mm；

粗粒土（最大粒径不超过40 mm）：试模的直径×高=150 mm×150 mm。

8. 电动脱模器。

9. 反力框架：规格为400 kN以上。

10. 液压千斤顶（200～1 000 kN）。

11. 钢板尺：量程200 mm或300 mm，最小刻度1 mm。

12. 游标卡尺：量程200 mm或300 mm。

（六）试验准备

1. 将具有代表性的风干试料（必要时，也可以在50 ℃烘箱内烘干）用木锤和木碾捣碎，但应避免破碎粒料的原粒径。按照公称最大粒径的大一级筛，将土过筛并进行分类。

在预定做试验的前一天，取有代表性的试料测定其风干含水率。对于细粒土，试样应不少于100 g；对于中粒土，试样应不少于1 000 g；对于粗粒土，试样的质量应不少于2 000 g。

2. 按《公路工程无机结合料稳定材料试验规程》（JTG E51—2009）中T0804确定无机结合料稳定材料的最佳含水率和最大干密度。

3. 根据击实结果，称取一定质量的风干土，其质量随试件大小而变。对$\phi$50 mm×50 mm

的试件,1 个试件约需干土 180 ~ 210 g;对于 $\phi$100 mm × 100 mm 的试件,1 个试件约需干土 1 700 ~ 1 900 g;对于 $\phi$150mm × 150mm 的试件,1 个试件约需干土 5 700 ~ 6 000 g。

对于细粒土,一次可称取 6 个试件的土;对于中粒土,一次宜称取 1 个试件的土;对于粗粒土,一次只称取 1 个试件的土。将准备好的试料分别装入塑料袋中备用。

4. 根据击实结果和无机结合料的配合比计算每份料的加水量、无机结合料的质量。将称好的土放在长方盘(约 400 mm × 600 mm × 70 mm)内。向土中加水拌料、闷料。石灰稳定材料、水泥和石灰综合稳定材料、石灰粉煤灰综合稳定材料、水泥粉煤灰综合稳定材料,可将石灰或粉煤灰和土一起拌和,将拌和均匀后的试料放在密闭容器或塑料袋(封口)内浸润备用。

对于细粒土(特别是黏性土),浸润时的含水率应比最佳含水率小 3%,对于中粒土和粗粒土可按最佳含水率加水。对于水泥稳定类材料,加水量应比最佳含水率小 1% ~2% 。

浸润时间:黏质土 12 ~ 24 h,粉质土 6 ~ 8 h;砂类土、砂砾土、红土砂砾、级配砂砾等可以缩短到 4 h 左右;含土很少的未筛分碎石、砂砾及砂可以缩短到 2 h。

5. 在试件成型前 1 h 内,在浸润过的试料中,加入预定数量的水泥或石灰(水泥或石灰剂量按干土即干集料质量的百分率计)并拌和均匀。在拌和过程中,应将预留的水加入土中,使混合料的含水率达到最佳含水率。拌和均匀的加有水泥的混合料应在 1 h 内按下述方法制成试件,超过 1 h 的混合料应该作废。其他结合料稳定土的混合料虽不受此限,但也应尽快制成试件。

6. 将与试模配套的下垫块放入试模的下部,但外露 2 cm 左右。将称量的规定数量的稳定材料混合料 $m_2$(g)分 2 ~ 3 次灌入试模中,每次灌入后用夯棒轻轻均匀插实。如制取 $\phi$ 50 mm × 50 mm的小试件,则可以将混合料一次倒入试模中,然后将与试模配套的上垫块放入试模内,应使上垫块也外露 2 cm 左右(即上下压柱露出试模外的部分应该相等)。

7. 将整个试模(边同上下垫块)放到反力架内的千斤顶上(千斤顶下应放一扁球座)或压力机上,以 1mm/min 的加载速率加压,直到上下压柱都压入试模为止。维持压力 2 min。

8. 解除压力后,取下试模,并放到脱模器上将试件顶出。用水泥稳定有结合性的材料(如黏质土)时,制件后可以立即脱模;用水泥稳定无结合性细粒土时,最好过 2 ~4 h 再脱模;对于中、粗粒土的无机结合料稳定材料,也最好过 2 ~6 h 脱模。

9. 称试件的质量 $m_2$,小试件精确至 0. 01 g,中试件精确至 0. 01 g,大试件精确至 0. 1 g。然后用游标卡尺测量试件高度 $h$,精确至 0. 1 mm。检查试件的高度和质量,不满足成型标准的试件作为废件。每组试件的数目要求为小试件不少于 6 个;中试件不少于 9 个;大试件不少于 13 个。

10. 试件从试模内脱出并量高称重后,中试件和大试件应装入塑料袋内。试件装入塑料袋后,将袋内的空气排除干净,扎紧袋口,将包好的试件放入养护室。标准养生的温度为 20 ℃ ±2 ℃,湿度≥95% 。试件宜放在铁架或木架上,间距至少 10 ~ 20 mm。试件表面应保持一层水膜,并避免用水直接冲淋。对无侧限抗压强度试验,标准养生龄期是 7 d,最后一天浸水。水的深度应使水面在试件顶上约 2. 5 m。在浸泡水前,应再次称试件的质量 $m_3$。在养生期间,试件质量的损失应该符合下列规定:小试件不超过 1 g;中试件不超过 4 g;大试件不超过 10 g。质量损失超过此规定的试件,应该作废。

(七)试验步骤

1. 根据试验材料的类型和一般的工程经验,选择合适量程的测力计和压力机,试件破坏荷载应大于测力量程的 20% 且小于测力量程的 80% 。球形支座和上下顶板涂上机油,使球形支座能够灵活转动。

2. 将已浸水一昼夜的试件从水中取出，用软布吸去试件表面的水分，并称试件的质量 $m_4$。

3. 用游标卡尺测量试件的高度 $h$，精确至 0.1 mm。

4. 将试件放在路面材料强度试验仪或压力机上，并在升降台上先放一扁球座，进行抗压试验。试验过程中，应保持加载速率为 1 mm/min。记录试件破坏时的最大压力 $P$(N)。

5. 从试件内部取有代表性的样品（经过打破），按照《公路工程无机结合料稳定材料试验规程》(JTG E51—2009) T0801 方法，测定其含水率 $w$。

（八）数据处理

计算试件的无侧限抗压强度。

$$R_c = P/A \tag{5-5-1}$$

式中 $R_c$ ——试件的无侧限抗压强度，MPa；

$P$ ——试件破坏时的最大压力，N；

$A$ ——试件的截面积，$mm^2$。

抗压强度保留 1 位小数。同一组试件试验中，采用 3 倍均方差方法剔除异常值，小试件可以允许有 1 个异常值，中试件 1 ~ 2 个异常值，大试件 2 ~ 3 个异常值。异常值数量超过上述规定的试验重做。

同一组试验的变异系数 $C_v$(%)符合下列规定方为有效试验：小试件 $C_v \leqslant 6\%$；中试件 $C_v \leqslant 10\%$；大试件 $C_v \leqslant 15\%$。如不能保证试验结果的变异系数小于规定的值，则应按允许误差 10% 和 90% 概率重新计算所需的试件数量，增加试件数量并另做新试验。新试验结果与老试验结果一并重新进行统计评定，直到变异系数满足上述规定。

（九）试验注意事项

1. 在脱模器上取试件时，应用双手抱住试件侧面的中下部，然后沿水平方向轻轻旋转，待感觉到试件移动后，再将试件轻轻捧起，放置到试验台上。切勿直接将试件向上捧起。

2. 制作试件时，要特别注意两端垫块是否均匀进入。如发现垫块的一侧已进入试模筒内并已与筒顶齐平，而另一侧尚未完全进入筒内，则应解除压力后旋转试模筒，然后再继续加压，直到压柱完全进入试模筒内。

3. 在成型过程中，一般情况下会有少量水分挤出，在计算试件干密度时可忽略。如果挤出水过多或出现试件难以压实成标准尺寸，说明原击实结果有问题，或者成型的配料计算有误，需要认真检查、复核，找出原因，重新成型。

4. 在进行强度试验时，试件需放置在竖向荷载的中心位置。如采用测力计，测力计中心、球形支座、上压板、试件及下压板（或半球形支座）应处在同一条直线上，避免偏载对试验结果的影响。

5. 试验前，试件表面应用刮刀刮平，避免试件表面不均匀的突起物在试验过程中造成应力集中，导致试验数据失真。必要时，可用快凝的水泥砂浆抹面处理。生口需要抹面，应在试件饱水前完成，然后进行饱水。

## 四、压实度试验（钻芯法）

（一）试验目的

沥青混合料面层的施工压实度是指按规定方法测得的混合料试样的毛体积密度与标准密

度之比,以百分率表示。

(二)适用范围

适用于检验从压实的沥青路面上钻取的沥青混合料芯样试件的密度,以评定沥青面层的施工压实度。

(三)试验原理

通过在施工路面钻取沥青混合料芯样,检测其密度,再与标准密度对比,计算其压实度。

(四)执行标准

《公路路基路面现场测试规程》(JTG E60—2008)。

(五)仪器设备

1. 路面取芯钻机。

2. 天平:感量不大于 0.1 g。

3. 水槽。

4. 吊篮。

5. 石蜡。

6. 其他:卡尺、毛刷、勺、取样袋(容器)、电风扇。

(六)试验准备

1. 在选取采样地点的路面上,先用粉笔对钻孔位置作出标记。用钻机在取样地点垂直对准路面放下钻头,牢固安放钻机,使其运转过程中不得移动。

2. 开放冷却水,启动电动机,徐徐压下钻杆,钻取芯样,但不得使劲下压钻头。待钻透全厚后,上抬钻杆,拔出钻头,停止转动,不使芯样损坏,取出芯样。

3. 芯样直径不宜小于 $\phi$100 mm。当一次钻孔取得的芯样包含有不同层位的沥青混合料时,应根据结构组合情况用切割机将芯样沿各层结合面锯开分层进行测定。

(七)试验步骤

1. 将钻取的试件在水中用毛刷轻轻刷净黏附的粉尘。如试件边角有松散颗粒,应仔细清除。

2. 将试件晾干或用电风扇吹干不少于 24 h,直至恒重。

3. 按现行《公路工程沥青及沥青混合料试验规程》(JTG E20—2011)的沥青混合料试件密度试验方法测定试件的密度。通常情况下采用表干法测定试件的毛体积相对密度;对吸水率大于2% 的试件,宜采用蜡封法测定试件的毛体积相对密度;对吸水率小于 0.5% 特别致密的沥青混合料,在施工质量检验时,允许采用水中重法测定表观相对密度。

4. 根据《公路沥青路面施工技术规范》(JTG F40—2004)的规定,确定计算压实度的标准密度。

(八)数据处理

(1)当计算压实度的标准密度采用每天试验室实测的马歇尔击实试件密度或试验路段钻孔取样密度时,沥青面层的压实度计算是芯样的视密度或毛体积度除以标准密度再乘 100。

$$K = \rho_s / \rho_u \times 100 \qquad (5-5-2)$$

式中 $K$——沥青面层某一测定部位的压实度,%;

$\rho_s$——沥青混合料芯样试件实际密度,g/cm$^3$;

$\rho_u$——沥青混合料的标准密度,g/cm$^3$。

(2)计算压实度的标准密度采用最大理论密度时,沥青面层的压实度按下式计算。

$$K = \rho_s / \rho_I \times 100 \tag{5-5-3}$$

式中 $K$——沥青面层某一测定部位的压实度,%;

$\rho_s$——沥青混合料芯样试件的实际密度,g/cm$^3$;

$\rho_I$——沥青混合料的标准密度,g/cm$^3$。

(九)试验注意事项

1. 钻孔取样应在路面完全冷却后进行,对普通沥青路面通常在第二天取样,对改性沥青及SMA路面宜在第三天后取样。

2. 压实度的大小取决于实测的压实密度,同样也与标准密度的大小有关。对标准密度的选用应结合施工技术规范确定。

## 五、结构层厚度试验

(一)试验目的

在路面设计中,各个层次的厚度是一个非常重要的指标。只有在保证厚度的情况下,路面的各个层次及整体的强度才能得到保证。此外,严格控制各结构层的厚度,还能对路面的标高起到一定的控制作用。本试验的目的就是测定路面结构各层的厚度。

(二)适用范围

适用于路面各层施工过程中的厚度检验及工程交工验收检查使用。

(三)试验原理

对于基层或砂石路面的厚度可用挖坑法测定,沥青面层与水泥混凝土路面板的厚度应用钻孔法测定。

(四)执行标准

《公路路基路面现场测试规程》(JTG E60—2008)。

(五)仪器设备

1. 挖坑用镐、铲、凿子、锤子、小铲、毛刷。
2. 路面取芯样钻机及钻头、冷却水。
3. 量尺:钢板尺、钢卷尺、卡尺。
4. 补坑材料:与检查层位的材料相同。
5. 补坑用具:夯、热夯、水灯。
6. 其他:搪瓷盘、棉纱等。

(六)试验准备

根据现行相关规范的要求,随机取样决定检查的位置。如为旧路,该点有坑洞等显著缺陷或接缝时,可在其旁边检测。

(七)试验步骤

1. 挖坑法厚度测试步骤

(1)在选择试验地点,选一块约40 cm×40 cm的平坦表面,用毛刷将其清扫干净。

(2)根据材料坚硬程度,选择镐、铲、凿子等适当的工具,开挖这一层材料,直至层位底面。在便于开挖的前提下,开挖面积应尽量缩小,坑洞大体呈圆形,边开挖边将材料铲出,置于搪瓷盘中。

(3)用毛刷将坑底清扫,确认为下一层的顶面。

(4)将钢板尺平放横跨于坑的两边,用另一把钢尺或卡尺等量具在坑的中部位置垂直伸至坑底,测量坑底至钢板尺的距离,即为检查层的厚度,以 mm 计,精确至 1 mm。

2. 钻孔取样法厚度测试步骤

(1)用路面取芯钻孔机钻孔,钻孔深度必须达到层厚。

(2)仔细取出芯样,清除底面灰土,找出与下层的分界面。

(3)用钢板尺或卡尺沿圆周对称的十字方向四处量取表面至上下层界面的高度,取其平均值,即为该层的厚度,精确至 1 mm。

(八)数据处理

1. 路面厚度采用平均值的置信下限作为否决指标,单点极值作为扣分指标。

2. 计算一个评定路段检测的厚度的平均值、标准差、变异系数,并计算代表厚度。

3. 当厚度代表值大于等于设计厚度减代表值允许偏差时,则按单个检查值的偏差是否超过极值来评定合格率和计算应得分数;当厚度代表值小于设计厚度减去代表值允许偏差时,则厚度指标评为零分。

4. 沥青面层一般按沥青铺筑层总厚度进行评定,但高速公路和一级公路多分 2 ~ 3 层铺筑,还应进行上面层厚度检查和评定。

(九)试验注意事项

1. 通过取芯检测厚度时,钻头的标准直径为 100 mm;如芯样仅供测量厚度,不做其他试验时,对沥青面层与水泥混凝土板也可用直径 50 mm 的钻头;对基层材料有可能损坏的试件,也可用直径 150 mm 的钻头,但钻孔深度必须达到层厚。

2. 挖坑、钻孔均应仔细做好坑洞的修补。按下列步骤用取样层的相同材料填补试坑或钻孔。

(1)适当清理坑中残留物,钻孔时留下的积水应用棉纱吸干。

(2)对无机结合料稳定层及水泥混凝土路面板,按相同配比用新拌的材料并用小锤击实。水泥混凝土中宜掺加少量快凝早强的外掺剂。

(3)对无结合料粒料基层,可用挖坑时取出的材料,适当加水拌和后分层填补,并用小锤击实。

(4)对正在施工的沥青路面,用相同级配的热拌沥青混合料分层填补并用加热的铁锤或热夯压实。旧路钻孔也可用乳化沥青混合料修补。

(5)所有补坑结束时,宜比原面层略鼓出少许,用重锤或压路机压实平整。

## 六、平整度试验

(一)试验目的

平整度是路面施工质量与服务水平的重要指标之一。它是指以规定的标准量规,间断地或连续地量测路表面的凹凸情况,即不平整度的指标。不平整的表面将会增大行车阻力,并使车辆产生附加振动作用。这种振动作用会造成行车颠簸,影响行车的速度、安全及驾驶的平稳和乘客的舒适,加剧路面和汽车机件损坏和轮胎的磨损,积滞雨水,加速路面的破坏。

三米直尺法定义三米直尺基准面距离路表面的最大间隙表示路基路面的平整度,以 mm 计。

连续式平整度仪法用其量测路面的不平整度的标准差表示路面的平整度,以 mm 计。

车载式颠簸累积仪法规定用车载式颠簸累积仪测量车辆在路面上通行时,后轴与车厢之间的单向位移累积值 VBI 表示路面的平整度,以 cm/km 计。

(二)适用范围

三米直尺法适用于测定热拌沥青混合料路面各层施工过程中接缝及与构筑物连接处的平整度,以评定路面的施工质量,也可用于除高速公路以外的其他等级公路路基路面各层质量检查验收或进行路况评定。

连续式平整度仪法适用于测定路表面的平整度,评定路面的施工质量和使用质量,但不适用于在已有较多坑槽、破损严重的路面上测定。

车载式颠簸累积仪法适用于各类颠簸累积仪在新建、改建路面规程质量验收和无严重坑槽、车辙等病害的正常行车条件下连续采集路段平整度数据。

(三)试验原理

平整度的测试设备分为断面类及反应类两大类。断面类实际上是测定路面表面凹凸情况的,如最常用的3 m直尺及连续式平整度仪,还可用精确测定高程得到;反应类测定路面凹凸引起车辆振动的颠簸情况。反应类指标是司机和乘客直接感受到的平整度指标,因此它实际上是舒适性能指标,最常用的测试设备是车载式颠簸累积仪。测试车以一定的速度在路面上行驶,由于路面上的凹凸不平状况,引起汽车的激振,通过机械传感器可测量后轴同车厢之间单向位移累积值VBI,以cm/km计。VBI越大,说明路面平整性越差,人乘坐汽车时越不舒适。

(四)执行标准

《公路路基路面现场测试规程》(JTG E60—2008)。

(五)仪器设备

1. 三米直尺法

(1)三米直尺:测量基准面长度为3 m长,基准面应平直,用硬木或铝合金钢等材料制成。

(2)最大间隙测量器具。

楔形塞尺:硬木金属制得三角形塞尺,有手柄。塞尺的长度与高度之比不小于10,宽度不大于15 mm,边部有高度标记,刻度读数分辨率小于或等于0.2 mm。

深度尺:金属制的深度测量尺,有手柄。深度尺测量杆端头直径不小于10 mm,刻度读数分辨率小于或等于0.2 mm。

(3)其他:皮尺或钢尺、粉笔等。

2. 连续式平整度仪法

(1)连续式平整度仪。

①整体结构:标准长度为3 m,中间为一个3 m长的机架,机架可缩短或折叠,前后各4个行走轮,前后两组轮的轴间距离为3 m。

②标准差测量传感器:安装在机架中间,可以是能起落的测定轮,或非接触式位移传感器,如激光或超声位移测量传感器。

③其他辅助机构:蓄电池电源,距离传感器,与数据采集、处理、存储、输出部分配套的采集控制箱及计算机、打印机等。

④测定间距为10 cm,每一计算区间的长度为100 m并输出一次结果。

⑤可计量测试长度、曲线振幅大于某一定值(如3 mm、5 mm、8 mm、10 mm等)的次数、曲线振幅的单向(凸起或凹下)累计值以及3 m机架为基准的中心路面偏差曲线图。

⑥机架装有一牵引钩及手拉柄,可用人力或汽车牵引。

(2)牵引车:小面包车或其他小型牵引汽车。

(3)皮尺或测绳。

3. 车载式颠簸累积仪法

(1)测试系统

由承载车辆、距离测量装置、颠簸累积值测试装置和主控制系统组成。主控制系统对测试装置的操作实施控制,完成数据采集、传输、存储与计算过程。

(2)设备承载车要求

根据设备供应商的要求选择测试系统承载车辆。

(3)测试系统基本计算要求和参数

①测试速度:30 ~ 80 km/h;

②最大测试幅值: ±20 cm;

③垂直位移分辨率:1 mm;

④距离标定误差: <0.5% ;

⑤系统工作环境温度:0 ~ 60 ℃;

⑥系统软件能够依据相关关系公式自动对颠簸累积值进行换算,间接输出国际平整度指数 IRI。

(六)试验准备

1. 三米直尺法

(1)按有关规范规定选择测试路段。

(2)测试路段的测试地点选择:当为沥青路面施工过程中的质量检测时,测试地点应选择在接缝处,以单杆测定评定;除高速公路以外,可用于其他等级公路路基路面钢尺质量检查验收或进行路况评定,每 200 m 测 2 处,每处连续测量 10 尺。除特殊需要者外,应以行车道一侧车轮轮迹(距车道线 0.8 ~ 1.0 m)作为连续测定的标准位置。对旧路已形成车辙的路面,应取车辙中间位置为测定位置,用粉笔在路面上做好标记。

(3)清扫路面测定位置处的污物。

2. 连续式平整度仪法

(1)选择测试路段。

(2)当为施工过程中的质量检测需要时,测试地点根据需要确定;当为路面工程质量检查验收或进行路况评定需要时,通常以行车道一侧车轮轮迹带作为连续测定的标准位置。对旧路已形成车辙的路面,取一侧车辙中间位置为测定位置。当以内侧轮迹带或外侧轮迹带作为测定位置时,测定位置距车道标线 80 ~ 100 cm。

(3)清扫路面测定位置处的污物。

(4)检查仪器,检测箱各部分应完好、灵敏,并将各连接线接妥,安装记录设备。

3. 车载式颠簸累积仪法

(1)测试车辆具备下列条件之一时,都应进行仪器测值与国际平整度指数 IRI 的相关性标定,相关系数 $R$ 应不低于 0.99;在正常状态下行使超过 20 000 km;标定的时间间隔超过 1 年;减震器、轮胎等发生更换、维修。

(2)检查测试车轮胎气压,应达到车辆轮胎规定的标准气压;车胎应清洁,不得黏附杂物;车上载重、人数以及分布应与仪器相关性标定试验时一致。

(3)距离测量系统需要现场安装的,根据设备操作手册说明进行安装,确保紧固装置安装牢固。

(4)检查测试系统,各部分应符合测试要求,不应有明显的可视性破损。

(5)打开系统电源,启动控制程序,检查系统各部分工作状态。

(七)试验步骤

1. 三米直尺法

(1)施工过程中检测时,按根据需要确定的方向,将三米直尺摆在测试地点的路面上。

(2)目测三米直尺底面与路面之间的间隙情况,确定间隙为最大的位置。

(3)用有高度标线的塞尺塞进间隙处,量记其最大间隙的高度(mm);或者用深度尺在最大间隙位置量测直尺上顶面距离地面的深度,该深度减去尺高即为测试点的最大间隙高度,准确至0.2 mm。

2. 连续式平整度仪法

(1)将连续式平整度测定仪置于测试路段路面起点上。

(2)在牵引汽车的后部,将连续式平整度仪与牵引汽车连接好,按照仪器使用手册依次完成各项操作。

(3)启动汽车,沿道路纵向行驶,横向位置保持稳定。

(4)确认连续式平整度仪工作正常。牵引平整度仪的速度应均匀,速度宜为5 km/h,最大不得超过12 km/h。

在测试路段较短时,亦可用人力拖拉平整度仪测定路面的平整度,但拖拉时应保持匀速前进。

3. 车载式颠簸累积仪法

(1)测试开始之前应让测试车以测试速度行驶5~10 km,按安装设备操作手册规定的预热时间对测试系统进行预热。

(2)测试车停在测试起点前300~500 m处,启动平整度测试系统程序,按照设备操作手册的规定和测试路段的现场技术要求设置完毕所需的测试状态。

(3)驾驶员在进入测试路段前应保持车速在规定的测试速度范围内,沿正常行车轮迹驶入测试路段。

(4)进入测试路段后,测试人员启动系统的采集和记录程序,在测试过程中必须及时准确地将测试路段的起终点和其他需要特殊标记点的位置输入测试数据记录中。

(5)当测试车辆驶出测试路段后,仪器操作人员停止数据采集和记录,并恢复仪器各部分至初始状态。

(6)操作人员检查数据文件。文件应完整,内容应正常,否则需要重新测试。

(7)关闭测试系统电源,结束测试。

(八)数据处理

1. 三米直尺法

单杆检测路面的平整度计算,以三米直尺与路面的最大间隙为测定结果。连续测定10尺时,判断每个测定值是否合格,根据要求计算合格百分率,并计算10个最大间隙的平均值。

2. 连续式平整度仪法

(1)连续式平整度测定仪测定后,可按每10 cm间距采集的位移值自动计算得到每100 m计算区间的平整度标准差,还可记录测试长度。

(2)每一计算区间的路面平整度以该区间测定结果的标准差表示。

(3)按《公路路基路面现场测试规程》(JTG E60—2008)附录B计算一个评定路段内各区

间平整度标准差的平均值、标准差、变异系数。

3. 车载式颠簸累积仪法

颠簸累积仪直接测试输出的颠簸累积值 VBI,要按照相关性标定试验得到相关关系式,并以 100 m 为计算区间换算成 IRI。

(九)试验注意事项

1. 检测结果与测试车机械系统的振动特性和车辆行驶速度有关。减振性能好,则 VBI 测值小;车速越高,VBI 测值越大。因此,必须通过对机械系统的良好保养和检测时严格控制车速来保持测定结果的稳定性。

2. 用车载式颠簸累积仪测出的颠簸累积值 VBI 与用连续式平整仪测出的标准差概念不同,可通过对比试验;建立两者的相关关系,用于路面平整度评定。

## 七、构造深度试验(手工铺砂法)

(一)试验目的

路表面细构造是指集料表面的粗糙度,它随车轮的反复磨耗而渐被磨光。通常采用石料磨光值(PSV)表征抗磨光的性能。细构造在低速(30~50 km/h 以下)时对路表抗滑性能起决定作用。而高速时主要作用的是粗构造,它是由路表外露集料间形成的构造,功能是使车轮下的路表水迅速排除,以避免形成水膜。粗构造由构造深度表征。

(二)适用范围

适用于测定沥青路面及水泥混凝土路面表面构造深度,用以评定路面表面的宏观构造。

(三)试验原理

将一定体积的细砂(25 $cm^3$)摊铺在路面表面外露集料间的空隙中,测量可摊铺面积的大小。计算嵌入凸凹不平的表面空隙中砂的体积与覆盖面积之比,从而求得构造深度。

(四)执行标准

《公路路基路面现场测试规程》(JTG E60—2008)。

(五)仪器设备

1. 人工铺砂仪:由圆筒、推平板组成。

量砂筒:一端是封闭的,容积为(25 ±0.15)mL,可通过称量砂筒中水的质量以确定其容积 $V$,并调整其高度,使其容积符合要求。带一专门的刮尺将筒口量砂刮平。

推平板:推平板应为木制或铝制,直径 50 mm,底面粘一层厚 1.5 mm 的橡胶片,上面有一圆柱把手。

刮平尺:可用 30 cm 钢尺代替。

2. 量砂:足够数量的干燥洁净的匀质砂,粒径为 0.15~0.3 mm。

3. 量尺:钢板尺、钢卷尺,或采用将直径换算成构造深度作为刻度单位的专用的构造深度尺。

4. 其他:装砂容器(小铲)、扫帚或毛刷、挡风板等。

(六)试验准备

1. 量砂准备:取洁净的细砂晾干、过筛,取 0.15~0.3 mm 的砂置适当的容器中备用。量砂只能在路面上使用一次,不宜重复使用。

2. 对测试路段按随机取样选点的方法,决定测点所在横断面位置。测点应选在行车道的轮迹带上,距路面边缘不应小于 1 m。

（七）试验步骤

1. 用扫帚或毛刷子将测点附近的路面清扫干净；面积不小于30 cm×30 cm。

2. 用小铲装砂，沿筒壁向圆筒中注满砂，手提圆筒上方，在硬质路面上轻轻地叩打3次，使砂密实，补足砂面用钢尺一次刮平。不可直接用量砂筒装砂，以免影响量砂密度的均匀性。

3. 将砂倒在路面上，用底面黏有橡胶片的推平板，由里向外重复做摊铺运动，稍稍用力将砂细心地尽可能地向外摊开；使砂填入凹凸不平的路表面的空隙中，尽可能将砂摊成圆形，并不得在表面上留有浮动余砂。注意摊铺时不可用力过大或向外推挤。

4. 用钢板尺测量所构成圆的两个垂直方向的直径，取其平均值，准确至5 mm。

5. 按以上方法，同一处平行测定不少于3次，3个测点均位于轮迹带上，测点间距3～5 m。该处的测定位置以中间测点的位置表示。

（八）数据处理

1. 计算路面表面构造深度测定结果。

$$TD = 1\,000\ V/(\pi D^2/4) = 31\,831 V/D^2 \tag{5-5-4}$$

式中 TD——路面表面构造深度；

$V$ ——砂的体积，取25 $cm^3$；

$D$ ——摊平砂的平均直径，mm。

2. 每一处均取3次路面构造深度测定结果的平均值作为试验结果，精确至0.01 mm。

3. 计算每一个评定区间路面构造深度的平均值、标准差、变异系数。

（九）试验注意事项

在用手工铺砂法测路面构造深度时，不同的人进行测试，所测结果往往差别较大。其原因较多，例如装砂的方法不标准，摊砂用的推平板不标准，最主要的是砂摊开到多大程度为止，各人掌握得不一。测试时应严格掌握操作方法中的细节问题。

## 八、摩擦系数试验（摆式仪法）

（一）试验目的

测定摆式仪在潮湿路面的摆值，来表示路面的抗滑性能。

（二）适用范围

适用于以摆式摩擦系数测定仪（摆式仪）测定沥青路面、标线或其它材料试件的抗滑值，用以评定路面或路面材料试件在潮湿状态下的抗滑能力。

（三）试验原理

通过固定重量外力作用下的橡胶片在潮湿路面滑动固定长度后的摆值，表征路面的综合抗滑性能。

（四）执行标准

《公路路基路面现场测试规程》（JTG E60—2008）。

（五）仪器设备

1. 摆式仪：摆及摆的连接部分总质量为（1500 ± 30）g，摆动中心至摆的重心距离为（410 ±5）mm，测定时摆在路面上滑动长度为（126 ±1）mm，摆上橡胶片端部距摆动中心的距离为510 mm，橡胶片对路面的正向静压力为（22.2 ±0.5）N。

2. 橡胶片：用于测定路面抗滑值时的尺寸为6.35 mm×25.4 mm×76.2 mm，橡胶质量应符合表5-5-1的要求。当橡胶片使用后，端部在长度方向上磨损超过1.6 mm或边缘在宽度方向上磨耗超过3.2 mm，或有油类污染时，应更换新橡胶片；新橡胶片应先在干燥路面上测10次后再用于测试。橡胶片的有效使用期从出厂日期起算为12个月。

**表5-5-1　橡胶物理性质技术要求**

| 性质指标 | 温度(℃) | | | | |
|---|---|---|---|---|---|
| | 0 | 10 | 20 | 30 | 40 |
| 弹性(%) | 43～49 | 58～65 | 66～73 | 71～77 | 74～79 |
| 硬度(IR) | 55±5 | | | | |

3. 滑动长度量尺：长126 mm。

4. 喷水壶。

5. 硬毛刷。

6. 路面温度计：分度不大于1℃。

7. 其他：皮尺式钢卷尺、扫帚、粉笔等。

（六）试验准备

1. 检查摆式仪的调零灵敏情况，并定期进行仪器的标定。

2. 按《公路路基路面现场测试规程》(JTG E60—2008)规定的方法，对测试路段取样选点。在横断面上测点应选在行车车道轮迹处，且距路面边缘不应小于1 m。

（七）试验步骤

1. 清洁路面。

用扫帚或其它工具将测点处的路面打扫干净。

2. 仪器调平。

(1)将仪器置于路面测点上，并使摆的摆动方向与行车方向一致。

(2)转动底座上的调平螺栓，使水准泡居中。

3. 调零。

(1)放松紧固把手，转动升降把手，使摆升高并能自由摆动，然后旋紧紧固把手。

(2)将摆固定在右侧悬臂上，使摆处于水平位置，并把指针抬至右端与摆杆平行处。

(3)按下释放开关，使摆向左带动指针摆动。当摆达到最高位置后下落时，用手将摆杆接住，此时指针应指向零。若不指零时，可稍旋紧或放松摆的调节螺母，重复本项操作，直至指针指零。调零允许误差为±1。

4. 校核滑动长度。

(1)让摆处于自然下垂状态，松开固定把手，转动升降把手，使摆下降。与此同时，提起举升柄使摆向左侧移动，然后放下举升柄使橡胶片下缘轻轻触地，紧靠橡胶片摆放滑动长度量尺，使量尺左端对准橡胶片下缘；再提起举升柄使摆向右侧移动，然后放下举升柄使橡胶片下缘轻轻触地，检查橡胶片下缘应与滑动长度量尺的右端齐平。

(2)若齐平，则说明橡胶片两次触地的距离(滑动长度)符合126 mm的规定。校核滑动长度时，应以橡胶片长边刚刚接触路面为准，不可借摆的力量向前滑动，以免标定的滑动长度与实际不符。

(3)若不齐平，升高或降低仪器底座的高度。微调时用旋转仪器底座上的调平螺丝调整仪器底座高度的方法比较方便，但应注意保持水准泡居中。

(4)重复上述操作，直至滑动长度符合要求。

5. 将摆固定在右侧悬臂上，使摆处于水平释放位置，并把指针拨至右端与摆杆平行处。

6. 用喷水壶浇洒试测点，使路面处于湿润状态。

7. 按下右侧悬臂上的释放开关，使摆杆在路面滑过。当摆杆回落时，用手接住，读数但不记录。然后使摆杆和指针重新置于水平释放位置。

8. 重复6和7的操作5次，并读记每次测定的摆值。

单点测定的5次数值中最大值与最小值的差值不得大于3。如差值大于3时，应检查产生的原因，并再次重复上述各项操作，至符合规定为止。

取5次测定的平均值作为单点路面的抗滑值(即摆值 $BPN_t$)，取整数。

9. 在测点位置上用路表温度计测记潮湿路表的温度，准确至1℃。

10. 每个测点由3个单点组成，即需要按以上方法在同一处平行测定3次，以3次测定结果的平均值作为该测点的代表值，精确到1。3个测点均位于轮迹带上，测点间距3~5 m。该测点的测定位置以中间测点的位置表示。

(八)数据处理

当路面温度为 $t$ 时，测得的值为 $BPN_t$，必须按下式换算成标准温度20 ℃的摆值 $BPN_{20}$。

$$BPN_{20} = BPN_t + \Delta BPN \qquad (5-5-5)$$

式中 $BPN_{20}$ ——换算成标准温度时的摆值；

$BPN_t$ ——路面温度 $t$ 时测得的摆值；

$\Delta BPN$ ——温度修正值，按表5-5-2取值。

**表5-5-2 温度修正值**

| 温度(℃) | 0 | 5 | 10 | 15 | 20 | 25 | 30 | 35 | 40 |
|---|---|---|---|---|---|---|---|---|---|
| 温度修正值 ΔBPN | -6 | -4 | -3 | -1 | 0 | +2 | +3 | +5 | +7 |

(九)试验注意事项

1. 在使用摆式仪前必须对摆式仪进行标定，否则测试精度达不到要求。

2. 用摆式仪法测定时"标定滑动长度"是一个非常重要的环节，标定时应取滑溜块与路面正好轻轻接触的点进行量取。切不可给摆锤一个力，让它有滑动后再量取，这样标定，则滑动长度偏长，所测摆值偏大。

3. 摆式仪的测定结果受摆的结构、质量、橡胶片的硬度影响很大，测试时，橡胶片的质量必须满足标准的要求。

4. 摆值受路面温度影响很大，以20 ℃为标准温度，测试温度不是20 ℃时，应进行温度校正。取表5-5-2所列温度的中间温度时，可用内插法计算。

## 九、回弹弯沉试验(贝克曼梁法)

(一)试验目的

测试路基路面的回弹弯沉值。在路表测试的回弹弯沉值可以反映路基、路面的综合承载能力。回弹弯沉值越大，承载能力越小，反之则越大。

(二)适用范围

适用于测定各类路基、路面的回弹弯沉,用以评定其整体承载能力,可供路面结构设计使用。

(三)试验原理

通过测量路面一定标准和轴载等级车辆作用下产生的变形来表征其回弹弯沉值,反映路面的承载能力。

(四)执行标准

《公路路基路面现场测试规程》(JTG E60—2008)。

(五)仪器设备

1. 标准车:双轴,后轴双侧4轮的载重车。其标准轴荷载、轮胎尺寸、轮胎间隙及轮胎气压等主要参数应符合表5-5-3的要求。测试车应采用后轴10 t标准轴载BZZ-100的汽车。

**表5-5-3　弯沉测定用的标准车参数**

| 标准轴载等级 | BZZ-100 |
|---|---|
| 后轴标准轴载 $P$(kN) | 100 ±1 |
| 一侧双轮荷载(kN) | 50 ±0.5 |
| 轮胎充气压力(MPa) | 0.70 ±0.05 |
| 单轮传压面当量圆直径(cm) | 21.30 ±0.5 |
| 轮隙宽度 | 应满足能自由插入弯沉仪测头的测试要求 |

2. 路面弯沉仪:由贝克曼梁、百分表及表架组成。贝克曼梁由铝合金制成,上有水准泡,其前臂(接触路面)与后臂(装百分表)长度比为2:1。弯沉仪长度有两种:一种长3.6 m,前后臂分别为2.4 m和1.2 m;另一种加长的弯沉仪长5.4 m,前后臂分别为3.6 m和1.8 m。当在半刚性基层沥青路面或水泥混凝土路面上测定时,宜采用长度为5.4 m的贝克曼梁弯沉仪;对柔性基层或混合式结构沥青路面可用长度3.6 m的贝克曼弯沉仪测定。弯沉采用百分表量得,也可用自动记录装置进行测量。

3. 接触式路面温度计:端部为平头,分度不大于1 ℃。

4. 其他:皮尺、口哨、白油漆或粉笔、指挥旗等。

(六)试验准备

1. 检查并保持测定用标准车的车况及制动性能良好,轮胎胎压符合规定充气压力。

2. 向汽车车槽中装载(铁块或集料),并用地中衡称量后轴总质量及单侧轮荷载,均应符合要求的轴重规定,汽车行驶及测定过程中,轴重不得变化。

3. 测定轮胎接地面积。在平整光滑的硬质路面上用千斤顶将汽车后轴顶起,在轮胎下方铺一张新的复写纸和一张方格纸,轻轻落下千斤顶,即在方格纸上印上轮胎印痕,用求积仪或数方格的方法测算轮胎接地面积、精确至0.1 $cm^2$。

4. 检查弯沉仪百分表测量灵敏情况。

5. 当在沥青路面上测定时,用路表温度计测定试验时气温及路表温度(一天中气温不断变化,应随时测定),并通过气象台了解前5 d的平均气温(日最高气温与最低气温的平均值)。

6. 记录沥青路面修建或改建时材料、结构、厚度、施工及养护等情况。

(七)试验步骤

1. 在测试路段布置测点,其距离随测试需要而定,测点应在路面行车车道的轮迹带上,并用白油漆或粉笔画上标记。

2. 将试验车后轮轮隙对准测点后约 3 ~5 cm 处的位置上。

3. 将弯沉仪插入汽车后轮之间的缝隙处,与汽车方向一致,梁臂不得碰到轮胎,弯沉仪测头置于测点上(轮隙中心前方 3 ~5 cm 处),并安装百分表于弯沉仪的测定杆上,百分表调零,用手指轻轻叩打弯沉仪,检查百分表是否稳定回零。弯沉仪可以是单侧测定,也可以双侧同时测定。

4. 测定者吹哨发令指挥汽车缓缓前进,百分表随路面变形的增加而持续向前转动。当表针转动到最大值时,迅速读取初读数 $L_1$。汽车仍在继续前进,表针反向回转,待汽车驶出弯沉影响半径(约 3 m 以上)后,吹口哨或挥动红旗指挥停车。待表针回转稳定后读取终读数 $L_2$。汽车前进的速度宜为 5 km/h 左右。

(八)数据处理

1. 弯沉仪的支点变形修正

(1)当采用长度为 3.6 m 的弯沉仪进行弯沉测定时,有可能引起弯沉仪支座处变形,测定时应检验支点有无变形。如果有变形,此时应用另一台检验用的弯沉仪安装在测定用的弯沉仪的后方,其测点架于测定用弯沉仪的支点旁。当汽车开出时,同时测定两台弯沉仪的弯沉读数,如检验用弯沉仪百分表有读数,即应该记录并进行支点变形修正。当在同一结构层上测定时,可在不同的位置测定 5 次,求平均值,以后每次测定时以此作为修正值。

(2)当采用长 5.4 m 的弯沉仪测定时,可不进行支点变形修正。

2. 结果计算及温度修正

沥青路面的弯沉检测以沥青面层平均温度 20 ℃时为准,当路面平均温度在 20 ℃ ±2 ℃以内可不修正。在其他温度测试时,对沥青层厚度大于 5 cm 的沥青路面,弯沉值应进行温度修正。

(1)计算测点的回弹弯沉值。

$$l_t = (L_1 - L_2) \times 2 \qquad (5-5-6)$$

式中 $l_t$——在路面温度 $t$ 时的回弹弯沉值(0.01 mm);

$L_1$——车轮中心临近弯沉仪测头时百分表的最大读数(0.01mm);

$L_2$——汽车驶出弯沉影响半径后百分表的终读数(0.01mm)。

(2)进行弯沉仪支点变形修正时,计算路面测点的回弹弯沉值。

$$l_t = (L_1 - L_2) \times 2 + (L_3 - L_4) \times 6 \qquad (5-5-7)$$

式中 $l_t$——在路面温度 $t$ 时的回弹弯沉值(0.01mm);

$L_1$——车轮中心临近弯沉仪测头时测定用弯沉仪百分表的最大读数(0.01mm);

$L_2$——汽车驶出弯沉影响半径后测定用弯沉仪百分表的终读数(0.01mm);

$L_3$——车轮中心临近弯沉仪测头时检验用弯沉仪百分表的最大读数(0.01mm);

$L_4$——汽车驶出弯沉影响半径后检验用弯沉仪百分表的终读数(0.01mm)。

(3)沥青面层厚度大于 5 cm 的沥青路面,回弹弯沉值应进行温度修正,温度修正及回弹弯沉的计算按下列步骤进行。

①测定时的沥青层平均温度按下式计算。

$$t = (t_{25} + t_z + t_d)/3 \qquad (5-5-8)$$

式中 $t$ ——测定时沥青层平均温度,℃;

$t_{25}$——根据 $t_0$ 由图 5-5-1 决定的路表下 25 mm 处的温度,℃;

$t_z$ ——根据 $t_0$ 由图 5-5-1 决定的沥青层中间深度的温度,℃;

$t_d$ ——根据 $t_0$ 由图 5-5-1 决定的沥青层底面处的温度,℃;

$t_0$ ——测定时路表温度与测定前 5 天平均气温的平均值之和,日平均气温为日最高气温与最低气温的平均值。

②根据沥青层平均温度 $t$ 及沥青层厚度,由图 5-5-2 和图 5-5-3 求取不同基层的沥青路面弯沉值的温度修正系数 $K$。

③沥青路面回弹弯沉按下式计算。

$$l_{20} = l_t \times K \tag{5-5-9}$$

式中 $l_{20}$——换算为 20 ℃的沥青路面回弹弯沉值(0.01 mm);

$l_t$ ——测定时沥青面层的平均温度为 $t$ 时的回弹弯沉值(0.01 mm);

$K$ ——温度修正系数。

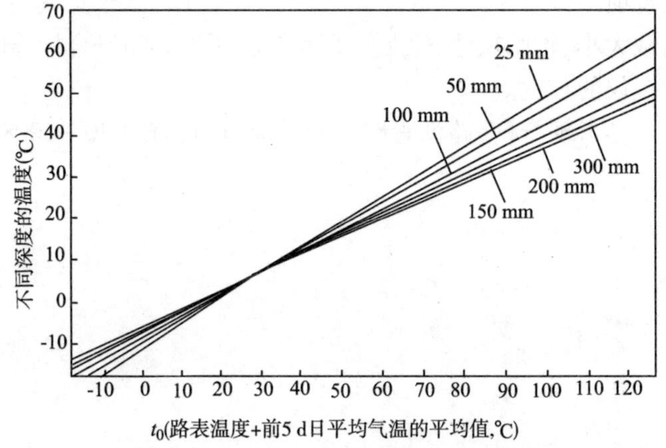


图 5-5-1 沥青层平均温度的确定

注:线上的数字表示从路表向下的不同深度,mm。

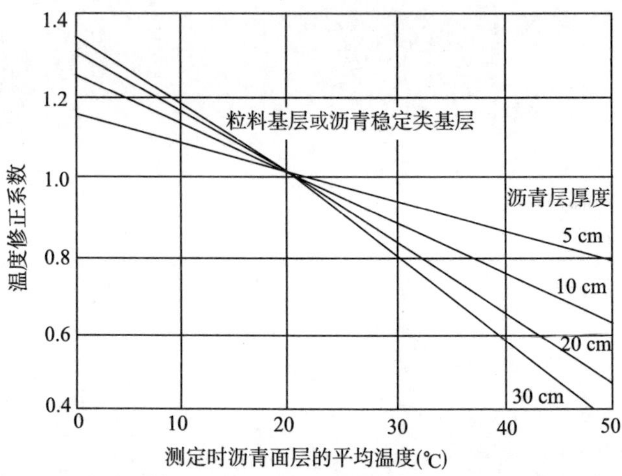


图 5-5-2 路面弯沉温度修正系数曲线(适用于粒料基层及沥青稳定基层)

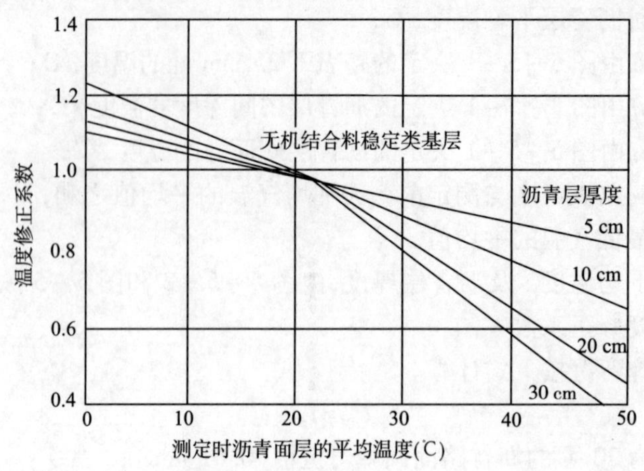


图 5 - 5 - 3　路面弯沉温度修正系数曲线(适用于无机结合料稳定类基层)

(九)试验注意事项

1. 标准车的荷载大小、轮胎尺寸、轮胎间距和轮胎压力必须符合标准的规定。

2. 正确选择弯沉仪的长度。

3. 温度修正也可参考现行《公路沥青路面设计规范》(JTG D50—2008)的公式进行。

# 第六章　轨道工程材料及现场试验

## 第一节　无砟轨道用材料及现场试验

### 一、板式无砟轨道水泥乳化沥青砂浆

（一）概述

乳化沥青是沥青或改性沥青与水在乳化剂、稳定剂等作用下经过机械剪切作用制得的均匀分散体。水泥乳化沥青砂浆是由乳化沥青、水泥、细骨料、水和外加剂经特定工艺搅拌制得的具有特定性能的砂浆。分为 CRTS Ⅰ型板式无砟轨道用水泥乳化沥青砂浆和 CRTS Ⅱ型板式无砟轨道水泥乳化沥青砂浆。

（二）执行标准

《客运站向铁路 CRTS Ⅰ型板式无砟轨道用水泥乳化沥青砂浆暂行技术条件》（科技基〔2008〕74 号）。

《客运站向铁路 CRTS Ⅰ型板式无砟轨道用水泥乳化沥青砂浆暂行技术条件—严寒地区补充规定》（科技基〔2009〕77 号）。

《客运站向铁路 CRTS Ⅱ型板式无砟轨道用水泥乳化沥青砂浆暂行技术条件》（科技基〔2008〕74 号）。

（三）相关标准

《高速铁路轨道工程施工质量验收标准》（TB 10754—2010）。

《重交通道路石油沥青》（GB/T 15180—2010）。

《硅酸盐水泥、普通硅酸盐水泥》（GB 175—2007）。

《铝粉》（GB/T 2085.1—2007）。

《建筑涂料用乳液》（GB/T 20623—2006）。

《混凝土外加剂》（GB 8076—2008）。

《混凝土膨胀剂》（GB 23439—2009）。

《硫铝酸盐水泥》（GB 20472—2006）。

《皂液乳化沥青》（JC/T 797—1984（1996））。

《普通混凝土用砂、石质量及检验方法标准》（JCJ 52—2006）。

《混凝土用水标准》（JGJ 63—2006）。

《公路工程沥青及沥青混合料试验规程》（JTG E20—2011）。

（四）原材料性能指标

1. 沥青

应选用重交通道路石油沥青，其性能应符合表 6 - 1 - 1 的要求，用于生产沥青的原油宜固定。

**表 6-1-1　沥青的技术要求**

| 序号 | 项　目 | | 单位 | 指　标 | | 试验方法 |
|---|---|---|---|---|---|---|
| | | | | Ⅰ型 | Ⅱ型 | |
| 1 | 针入度(25 ℃,100 g,5 s) | | 0.1 mm | 60～100 | | JTG E20—2011 |
| 2 | 延度 | | cm | >100<br>(5 cm/min,15 ℃) | ≥15<br>(5 cm/min,10 ℃) | |
| 3 | 软化点(环球法) | | ℃ | 42～54 | 42～52 | |
| 4 | 闪点(COC) | | ℃ | ≥230 | | |
| 5 | 含蜡量(蒸馏法) | | % | ≤2.2 | | |
| 6 | 密度 | | $g/m^3$ | ≥1.0 | | |
| 7 | 溶解度(三氯乙烯) | | % | ≥99.0 | | |
| 8 | 薄膜加热法难度后的残留物(163 ℃,5 h) | 质量损失 | % | ≤0.6 | | |
| | | 针入度比 | % | ≥50 | | |
| | | 延度 | cm | ≥50(15 ℃) | ≥6(10 ℃) | |
| | | 脆点 | ℃ | — | ≤-10 | |

2. 改性沥青

沥青可用 SBS 或 SBR 进行改性,其主要性能应分别符合表 6-1-2、表 6-1-3 的要求。用于生产改性沥青的沥青性能应满足表 6-1-1 的要求。

**表 6-1-2　SBS 改性沥青技术要求**

| 序号 | 项　目 | | 单位 | 指标要求 | | | | 试验方法 |
|---|---|---|---|---|---|---|---|---|
| | | | | Ⅰ—A | Ⅰ—B | Ⅰ—C | Ⅰ—D | |
| 1 | 针入度(25 ℃,100 g,5 s) | Ⅰ型 | 0.1 mm | ≥100 | ≥80 | ≥60 | ≥40 | JTG E20—2011 |
| | | Ⅱ型 | | >100 | 80～100 | 60～80 | 30～60 | |
| 2 | 针入度指数 PI | Ⅰ型 | — | ≥-1.0 | ≥-0.6 | ≥-0.2 | ≥+0.2 | |
| | | Ⅱ型 | | ≥-1.2 | ≥-0.8 | ≥-0.4 | ≥0 | |
| 3 | 延度(5 ℃,5 cm/min) | | cm | ≥50 | ≥40 | ≥30 | ≥20 | |
| 4 | 软化点(TR&B) | | ℃ | ≥45 | ≥50 | ≥55 | ≥60 | |
| 5 | 远动黏度(135 ℃) | | Pa·s | ≤3 | | | | |
| 6 | 闪点(COC) | | ℃ | ≥230 | | | | |
| 7 | 溶解度 | | % | ≥99 | | | | |
| 8 | 离析,软化点差 | | ℃ | ≤2.5 | | | | |
| 9 | 弹性恢复(25 ℃) | Ⅰ型 | % | ≥55 | ≥60 | ≥65 | ≥70 | |
| | | Ⅱ型 | | ≥55 | ≥60 | ≥65 | ≥75 | |
| 10 | 薄膜加热法难度后的残留物(163 ℃,5 h) | 质量损失 | % | ≤1.0 | | | | |
| | | 针入度比(25 ℃) | % | ≥50 | ≥55 | ≥60 | ≥65 | |
| | | 延度(15 ℃,5 cm/min) | cm | ≥30 | ≥25 | ≥20 | ≥15 | |

**表 6－1－3　SBR 改性沥青技术要求**

<table>
<tr><th rowspan="2">序号</th><th rowspan="2" colspan="2">项　目</th><th rowspan="2">单位</th><th colspan="3">指标要求</th><th rowspan="2">试验方法</th></tr>
<tr><th>Ⅰ—A</th><th>Ⅰ—B</th><th>Ⅰ—C</th></tr>
<tr><td>1</td><td colspan="2">针入度(25 ℃,100 g,5 s)</td><td>0.1 mm</td><td>>100</td><td>80～100</td><td>60～80</td><td rowspan="12">JTG E20—2011</td></tr>
<tr><td>2</td><td colspan="2">针入度指数 PI</td><td>—</td><td>≥－1.0</td><td>≥－0.8</td><td>≥－0.6</td></tr>
<tr><td>3</td><td colspan="2">延度(5 ℃,5 cm/min)</td><td>cm</td><td>≥60</td><td>≥50</td><td>≥40</td></tr>
<tr><td>4</td><td colspan="2">软化点(TRAB)</td><td>℃</td><td>≥45</td><td>≥48</td><td>≥50</td></tr>
<tr><td>5</td><td colspan="2">运动黏度(135 ℃)</td><td>Pa·s</td><td colspan="3">≤3</td></tr>
<tr><td>6</td><td colspan="2">闪点(COC)</td><td>℃</td><td colspan="3">≥230</td></tr>
<tr><td>7</td><td colspan="2">溶解度</td><td>%</td><td colspan="3">≥99</td></tr>
<tr><td>8</td><td colspan="2">黏稠性</td><td>N·m</td><td colspan="3">≥5</td></tr>
<tr><td>9</td><td colspan="2">韧性</td><td>N·m</td><td colspan="3">≥2.5</td></tr>
<tr><td rowspan="3">10</td><td rowspan="3">薄膜加热法难度后的残留物(163 ℃,5 h)</td><td>质量损失</td><td>%</td><td colspan="3">≤1.0</td></tr>
<tr><td>针入度比(25 ℃)</td><td>%</td><td>≥50</td><td>≥55</td><td>≥60</td></tr>
<tr><td>延度(15 ℃,5 cm/min)</td><td>cm</td><td>≥30</td><td>≥20</td><td>≥10</td></tr>
</table>

3. 乳化沥青

应采用满足要求的沥青或改性沥青进行生产，其主要性能除应满足表 6－1－4 的指标要求外，还必须满足水泥沥青砂浆的最终性能。

**表 6－1－4　乳化沥青的主要性能指标要求**

<table>
<tr><th>序号</th><th colspan="2">项　目</th><th>单位</th><th>指标要求</th><th>试验方法</th></tr>
<tr><td>1</td><td colspan="2">外观(对Ⅰ型)</td><td>—</td><td>浅铜色液体,均匀,无杂质</td><td>JC/T 797</td></tr>
<tr><td>2</td><td colspan="2">颗粒极性</td><td>—</td><td>对Ⅰ型为阳,对Ⅱ型为阴</td><td rowspan="15">JTG E20—2011</td></tr>
<tr><td>3</td><td colspan="2">恩氏黏度(25 ℃)(对Ⅰ型)</td><td>—</td><td>5～15</td></tr>
<tr><td>4</td><td colspan="2">筛上剩余量(1.18 mm)</td><td>%</td><td><0.1</td></tr>
<tr><td>5</td><td colspan="2">储存稳定性(1 d,25 ℃)</td><td>%</td><td><1.0</td></tr>
<tr><td>6</td><td colspan="2">储存稳定性(5 d,25 ℃)</td><td>%</td><td><5.0</td></tr>
<tr><td>7</td><td colspan="2">低温储存稳定性(－5 ℃)</td><td>—</td><td>无粗颗粒或块状物</td></tr>
<tr><td>8</td><td colspan="2">水泥混合性(对Ⅰ型)</td><td>%</td><td><1.0</td></tr>
<tr><td rowspan="8">9</td><td rowspan="8">蒸发残留物</td><td>残留物含量</td><td>%</td><td>对Ⅰ型为 58～63;对Ⅱ型为≥60</td></tr>
<tr><td>针入度(25 ℃,100 g,5 s)</td><td>0.1 mm</td><td>对Ⅰ型为 60～120;对Ⅱ型为 40～120</td></tr>
<tr><td>软化点(环球法)</td><td>℃</td><td>对Ⅱ型为≥42</td></tr>
<tr><td>溶解度(三氯乙烯)</td><td>%</td><td>对Ⅰ型为>97;对Ⅱ型为≥99</td></tr>
<tr><td>延度(5 ℃)</td><td>cm</td><td>≥20</td></tr>
<tr><td>延度(15 ℃)</td><td>cm</td><td>对Ⅰ型为≥50</td></tr>
<tr><td>延度(25 ℃)</td><td>cm</td><td>对Ⅱ型为≥100</td></tr>
<tr><td>10</td><td colspan="2">粒径(对Ⅱ型)</td><td>μm</td><td>平均粒径≤7;模数粒径≤5</td><td>—</td></tr>
<tr><td>11</td><td colspan="2">水泥适应性(对Ⅱ型)</td><td>—</td><td>20 s 内至少流出 70 mL 样品</td><td>—</td></tr>
</table>

4. 聚合物乳液

采用高分子聚合物乳液,其主要性能应符合表 6－1－5 的指标要求。与乳化沥青混合时,应具有良好的相容性,不得产生凝聚、破乳等现象。

**表 6－1－5　聚合物乳液的主要性能指标要求**

| 序　号 | 项　目 | 单　位 | 指标要求 | 试验方法 |
|---|---|---|---|---|
| 1 | 密　度 | g/m$^3$ | 1.0 ±0.1 | GB 4472—84 |
| 2 | 不挥发物 | % | 45 ±3 | GB/T 20623—2006 |
| 3 | 水泥混合性 | % | <1.0 | JTG E20—2011 |

5. 水泥

采用强度等级不低于 42.5 级的硅酸盐水泥或快硬硫铝酸盐水泥,其技术要求应符合 GB 175 或 GB 20472—2006 的规定。

6. 细骨料(砂)

应采用河砂、山砂或机制砂,不得使用海砂。细骨料最大粒径对Ⅰ型应小于 2.50 mm,细度模数应为 1.4～1.8,颗粒级配宜符合表 6－1－6 的要求。对Ⅱ型最大粒径应小于 1.18 mm,不得包含软质岩、风化岩石的颗粒,其他性能指标要求应符合表 6－1－7 的规定。

**表 6－1－6　细骨料的颗粒纺配要求**

| 序　号 | 筛孔尺寸(mm) | 过筛物的质量百分比(%) | 筛余物的质量百分比(%) |
|---|---|---|---|
| 1 | 2.36 | 100 | 0 |
| 2 | 1.18 | 90～100 | 0～10 |
| 3 | 0.60 | 60～85 | 15～40 |
| 4 | 0.30 | 20～50 | 50～80 |
| 5 | 0.15 | 5～30 | 70～95 |

**表 6－1－7　细骨料的性能指标要求**

| 序号 | 项　目 | 单位 | 指标要求 | 试验方法 |
|---|---|---|---|---|
| 1 | 表观密度 | g/m$^3$ | ≥2.55 | JGJ 52—2006 |
| 2 | 含水率 | % | <0.1 | |
| 3 | 吸水率 | % | <3.0 | |
| 4 | 泥块含量 | % | <1.0 | |
| 5 | 含泥量 | % | <2.0 | |
| 6 | 有机物(比色法) | — | 合格 | |
| 7 | 氯化物含量 | % | 对Ⅰ型<0.01;对Ⅱ型<0.02 | — |
| 8 | 石粉含量(对Ⅱ型) | % | <5.0 | — |
| 9 | 坚固性(对Ⅱ型) | % | ≤8 | — |
| 10 | 硫化物及硫酸盐含量(折算成 $SO_3$)(对Ⅱ型) | — | ≤0.5 | — |
| 11 | 碱活性(快速砂浆棒法)(对Ⅱ型) | — | ≤0.10 | — |

7. 膨胀剂

宜采用硫铝相对钙类膨胀剂,除初凝时间应大于 60 min 外,其他性能应符合《混凝土膨胀剂》(GB 23439—2009)的规定。

8. 水

拌和水应符合《混凝土用水标准》(JGJ 63—2006)的规定。

9. 消泡剂

宜采用有机硅类消泡剂。

10. 引气剂

宜采用松香类引气剂。

11. 其他材料

水泥乳化沥青砂浆中用到的其他材料均应满足相应材料标准要求。

(五)砂浆性能指标

1. 干料。

对Ⅰ型板式无砟轨道用水泥乳化沥青砂浆,其主要组成成分应分别满足上述原材料的规定要求。对Ⅱ型板式无砟轨道用水泥乳化沥青砂浆,干料的主要性能应满足表6-1-8的要求。

**表6-1-8　Ⅱ型板式无砟轨道用水泥乳化沥青砂浆干料的性能指标**

| 序号 | 项　　目 | | 单位 | 性能指标要求 |
|---|---|---|---|---|
| 1 | 级　配 | 筛孔尺寸(mm) | % | 通过率 |
| | | 1.18 | | 100 |
| | | 0.6 | | 90~100 |
| | | 0.3 | | 55~70 |
| | | 0.15 | | 45~55 |
| | | 0.075 | | 35~45 |
| 2 | 扩展度 | | mm | 水灰比≤0.58,$D_5$≥160;$D_{30}$≥150 |
| 3 | 膨胀率 | | % | 0~3 |
| 4 | 抗压强度 | 1 d | MPa | ≥12 |
| | | 7 d | | ≥30 |
| | | 28 d | | ≥35 |

2. 对Ⅰ型板式无砟轨道用水泥乳化沥青砂浆的性能应满足表6-1-9的技术要求。

**表6-1-9　Ⅰ型板式无砟轨道用水泥乳化沥青砂浆的技术要求**

| 序号 | 项　　目 | | 单　　位 | 指 标 要 求 |
|---|---|---|---|---|
| 1 | 砂浆温度 | | ℃ | 5~40 |
| 2 | 流动度 | | a | 18~26 |
| 3 | 可工作时间 | | min | ≥30 |
| 4 | 含气量 | | % | 8~12 |
| 5 | 表观密度 | | kg/m³ | >1 300 |
| 6 | 抗压强度 | 1 d | MPa | >0.30 |
| | | 7 d | | >0.70 |
| | | 28 d | | >1.80 |

续上表

| 序号 | 项　目 | 单　位 | 指标要求 |
|---|---|---|---|
| 7 | 弹性模量(23 d) | MPa | 100～300 |
| 8 | 材料分真度 | % | <1.0 |
| 9 | 膨胀率 | % | 1.0～3.0 |
| 10 | 泛浆率 | % | 0 |
| 11 | 抗冻性 | 300 次冻环溶循试验后,相对动弹性模量不得小于 60%,质量损失率不得大于 5% | |
| 12 | 耐候性 | 无剥落,无开裂,相对抗压强度不低于 70% | |

针对严寒地区的气候条件及使用状况,除满足上述技术要求外,还应满足表 6－1－10 的性能指标要求。

**表 6－1－10　严寒地区水泥乳化沥青砂浆补充的性能指标要求**

| 序　号 | 项　目 | 单　位 | 指标要求 |
|---|---|---|---|
| 13 | 抗疲劳性(100 万次,12 Hz) | mm | ≤0.10 |
| 14 | 低温抗裂性(－40 ℃) | mm | ≥1.0 |
| 15 | 低温折压比(－40 ℃) | — | ≥0.50 |
| 16 | 低温弹性模量(－40 ℃) | MPa | 100～300 |

3. 对Ⅱ型板式无砟轨道用水泥乳化砂浆,水泥沥青砂浆性能指标应满足表 6－1－11 的要求。

**表 6－1－11　Ⅱ型板式无砟轨道用水泥乳化沥青砂浆的性能指标要求**

| 序　号 | 项　目 | | 单　位 | 性能指标要求 |
|---|---|---|---|---|
| 1 | 拌合物温度 | | ℃ | 5～35 |
| 2 | 扩展度 | | — | $D_5$≥280 mm 和 $t_{200}$≤16 m<br>$D_{30}$≥280 mm 和 $t_{200}$≤22 m |
| 3 | 流动度 | | — | 80～120 |
| 4 | 分离度 | | % | ≤3.0 |
| 5 | 含气量 | | % | ≤10.0 |
| 6 | 单位容积质量 | | kg/m$^3$ | ≥1800 |
| 7 | 膨胀率 | | % | 0～2.0 |
| 8 | 抗折强度 | 1 d | MPa | ≥1.0 |
| | | 7 d | | ≥2.0 |
| | | 28 d | | ≥3.0 |
| 9 | 抗压强度 | 1 d | MPa | ≥2.0 |
| | | 7 d | | ≥10.0 |
| | | 28 d | | ≥15.0 |
| 10 | 弹性模量(28 d) | | MPa | 7 000～10 000 |
| 11 | 抗冻性(28 d) | | — | 外观无异常,剥落量≤2 000 g/m$^2$,相对动弹性模量≥60% |
| 12 | 抗疲劳性(28 d) | | — | 10 000 次不断裂 |

注:$D_5$ 表示砂浆出机扩展度;$D_{30}$ 表示砂浆出机 30 min 时的扩展度;$t_{280}$ 表示砂浆扩展度达 280 mm 时所需的时间。

(六)验收批量

水泥乳化沥青砂浆的质量检验分为型式检验、原材料进场检验、日常检验。

1. 型式检验

型式检验在配合比选定时,首次施工时,原材料、施工工艺发生变化时及水泥乳化沥青砂浆施工达 5 000 $m^3$ 时检验。型式检验包括原材料型式检验及水泥乳化沥青砂浆性能型式检验。

2. 原材料进场检验

乳化沥青:同产地、同品种、同规格且连续进场的乳化沥青,每 200 t 为一批,不足 200 t 也按一批计。

水泥:同厂家、同编号、同生产日期且连续进场的散装水泥 500 t,袋装水泥 200 t 为一批,不足上述数量也按一批计。

细骨料:同产地、同品种、同规格且连续进场的细骨料每 400 $m^3$ 或 600 t 为一批,不足上述数量时也按一批计。

聚合物乳液:同产地、同品种、同规格且连续进场的聚合物乳液,每 50 t 为一批,不足上述数量时也按一批计。

其他材料:按相关材料标准进行批量划分。

3. 日常检验

首次使用检验弹性模量,每工班检验泛浆率、膨胀率、抗压强度、分离度,首罐和每 10 罐检验砂浆温度、流动度、含气量。

(七)取样方法

1. 原材料的取样按相关材料标准规定进行。

2. 水泥乳化沥青砂浆的取样,宜在每罐料出料过程的中间进行。

(八)样品数量

1. 原材料的取样数量按相关材料标准规定执行。

2. 水泥乳化沥青砂浆的取样数量宜为试验需要量的 2 倍。

(九)检测项目

1. 型式检验的内容为性能指标要求的所有技术指标。

2. 原材料的检验项目为材料性能指标所规定的项目。

3. 对Ⅰ型板式无砟轨道用水泥乳化沥青砂浆日常检验项目及频率见表 6-1-12。

**表 6-1-12　Ⅰ型板式无砟轨道用水泥乳化沥青砂浆日常检验项目及频率**

| 序　号 | 项　目 | 试验时间(频率) |
|---|---|---|
| 1 | 砂浆温度 | 1 次/罐 |
| 2 | 流动度 | 1 次/罐 |
| 3 | 含气量 | 1 次/罐 |
| 4 | 泛浆率 | 1 次/工班 |
| 5 | 膨胀率 | 1 次/工班 |
| 6 | 抗压强度 | 1 次/工班 |
| 7 | 分离度 | 1 次/工班 |
| 8 | 弹性模量 | 第一次灌注时 |

对Ⅱ型板式无砟轨道用水泥乳化沥青砂浆，日常检验项目及频率见表6－1－13。

**表6－1－13　Ⅱ型板式无砟轨道用水泥乳化沥青砂浆日常检验项目及抽检频率**

| 序　号 | 检验项目 | 抽检频率 |
|---|---|---|
| 1 | 砂浆温度 | 首盘1次/10盘 |
| 2 | 流动度 | 首盘1次/10盘 |
| 3 | 扩展量 | 首盘1次/10盘 |
| 4 | 含气量 | 首盘1次/10盘 |
| 5 | 单位容积质量 | 首盘1次/10盘 |
| 6 | 膨胀率 | 1次/工班 |
| 7 | 分离度 | 1次/工班 |
| 8 | 抗折强度 | 1次/工班 |
| 9 | 抗压强度 | 1次/工班 |

（十）质量评定

1. 水泥乳化沥青砂浆使用的原材料必须符合标准规定的技术指标。但原材料的技术要求只作为必要条件，不是充分条件，即原材料的性能指标除了满足各自规定的要求外，必须以满足最终砂浆的性能为前提。

2. 配制的水泥乳化沥青砂浆的各项性能指标必须符合表6－1－9～表6－1－11的要求。

（十一）使用注意事项

1. 水泥乳化沥青砂浆原材料应严格按照施工配合比要求进行准确称量，称量最大允许偏差应符合下列要求（按质量计）：乳化沥青、聚合物乳液为±1%；水泥、细骨料、膨胀剂或干料为±1%；引气剂为±0.5%；拌和用水为±1%；消泡剂为±0.5%；铝粉为±0.5%。

2. 水泥乳化沥青砂浆应采用专用设备进行拌和，搅拌机转速应在0～200 r/min范围内可调。施工中应每周对设备进行检查，对计量器具进行校核。

3. 水泥乳化沥青砂浆的具体投料顺序、搅拌速度、搅拌工艺应通过试验确定。水泥乳化沥青砂浆的一次搅拌量宜为搅拌设备额定搅拌容量的30%～80%，具体搅拌量根据垫层砂浆厚度经过计算确定。

4. 炎热季节或低温下进行水泥乳化沥青砂浆拌制时，应采取相应措施控制材料温度，以保证砂浆拌和物温度。

5. 工作日施工结束、施工中断或更换原材料时，应及时对搅拌设备进行清洗；更换原材料时，应对相应器具、管道进行清洗。

6. 灌注水泥乳化沥青砂浆前，应针对工程特点、施工环境条件与施工条件事先设计初步灌注方案，在现场进行实尺寸灌注试验，然后揭板检查灌注情况，从而确定水泥乳化沥青砂浆灌注工艺。水泥乳化沥青砂浆灌注过程中，不得无故更改事先确定的灌注方案。

7. 施工环境温度应在5 ℃～35 ℃范围内。对使用的材料进行温度管理，以确保灌注时水泥乳化沥青砂浆的温度处于5 ℃～40 ℃范围内。当天最低气温低于－5 ℃时，全天不得进行砂浆灌注。

8. 灌注前应在轨道板表面铺设塑料薄膜，防止灌注过程中轨道板等的污损。出现临时中断作业的情况时，搅拌机等应随时清洗干净。

9. 将搅拌好的水泥乳化沥青砂浆从搅拌机排出，经灌注软管等流入灌注漏斗，灌注漏斗与灌注袋相连，将水泥乳化沥青砂浆注入灌注袋内，不得从搅拌灌注车上直接通过主软管与灌注袋相连。

10. 在超高地段和坡度地段进行砂浆灌注时，应从高向低进行灌注，以利于砂浆排气；同时要采取适当的措施对灌注袋进行固定，防止灌注时由于压力的原因导致灌注袋发生移位。

11. 灌注结束后 20 ~ 45 min 内，将灌注口内水泥乳化沥青砂浆挤入灌注袋，直至轨道板的支撑螺栓稍微松动。灌口内的砂浆不够时，应补充挤入。挤入结束后，用 U 形夹具封住灌口内的根部。

12. 对Ⅰ型板式无砟轨道用水泥乳化沥青砂浆，支撑螺栓拆除应在水泥乳化沥青砂浆抗压强度为 0.1 MPa 以上进行，一般情况下灌注 24 h 后拆除，切口应整齐并将灌注口封住。灌注完成 7 d 后拆除，或抗压强度达到 0.7 MPa 以上后，方可在轨道板上承重。

对Ⅱ型板式无砟轨道用水泥乳化沥青砂浆，当水泥乳化沥青砂浆膨胀完成后，可拆除紧压装置。当水泥乳化沥青砂浆抗压强度达到 1.0 MPa 后，可拆除精调千斤顶。水泥乳化沥青砂浆抗压强度达到 3.0 MPa 以上后方可在轨道板上承重。

13. 水泥乳化沥青砂浆的养护，原则上按自然养护进行。当日最低气温可能在 0 ℃以下时，应对新灌注的砂浆采取适当的保温措施。

## 二、凸形挡台填充聚氨酯树脂（CPU）

### （一）概述

聚氨酯树脂为一种具有高强度、抗撕裂、耐磨等特性的高分子材料，根据应用不同填料不同，有 CPU、TPU、MPU 等简称。本部分介绍适用于客运线铁路 CRTS Ⅰ型板式无砟轨道结构凸形挡台周围填充聚氨酯树脂（以下简称凸台树脂）。凸台树脂材料为双组分聚氨酯（A 组分和 B 组分），能够满足 5 ℃ ~40 ℃温度条件下施工的要求。

### （二）执行标准

《客运专线铁路 CRTS Ⅰ型板式无砟轨道凸形挡台填充聚氨酯树脂（CPU）暂行技术条件》（科技基〔2008〕74 号）。

### （三）相关标准

《高速铁路轨道工程施工质量验收标准》（TB 10754 –2010）。

《硫化橡胶低温脆性的测定　单试样法》（GB/T 1682—1994）。

《硫化橡胶或热塑性橡胶　耐液体试验方法》（GB/T 1690—2010）。

《硫化橡胶或热塑性橡胶　热空气加速老化和耐热试验》（GB/T 3512—2001）。

《硫化橡胶压缩耐寒系数的测定》（HG/T 3866—2006）。

《鞋用微孔材料硬度试验方法》（HG/T 2489—2007）。

### （四）性能指标

1. 凸台树脂 A 组分和 B 组分出厂时应提供黏度、含水率、异 – 酸酯基含量及 A、B 组分配比等技术参数，A 组分和 B 组分颜色应与出厂标识相同。

2. 凸台树脂材料 A 组分和 B 组分混合后混合液的性能指标应满足表 6 –1 –14 的要求。

**表 6 –1 –14　混合液的性能指标要求**

| 序　　号 | 项　　目 | 性能指标要求 |
|---|---|---|
| 1 | 黏度（Pa·s） | ≤10 |
| 2 | 可工作时间（min） | ≥20 |
| 3 | 表干时间（h） | ≤24 |

续上表

| 序　号 | 项　目 | 性能指标要求 |
| --- | --- | --- |
| 4 | 承载时间(h) | ≤48 |
| 5 | 固化收缩量(mm) | ≤10 |

3. 凸台树脂材料 A 组分和 B 组分混合后浇铸体的性能指标应满足表 6－1－15 的要求。

**表 6－1－15　浇铸体的性能指标要求**

| 序　号 | 项　目 | 性能指标要求 |
| --- | --- | --- |
| 1 | 外观质量 | 表面平整，无明显杂质、气泡、褶皱、裂纹 |
| 2 | 表观密度($kg/m^3$) | $\geqslant 1.05 \times 10^3$ |
| 3 | 硬度(邵尔 C)(度) | ≥50 |
| 4 | 弹性系数(kN/mm) | 10 ± 2 |
| 5 | 剪切强度(MPa) | ≥2.0 |
| 6 | 黏结强度(MPa) | ≥0.50 |
| 7 | 疲劳性能 | 永久变形≤1.2 mm，弹性系数变化率在 ±20% 以内，外观无异常 |
| 8 | 耐腐蚀性 | 外观无异常，弹性系数变化率在 ±20% 以内 |
| 9 | 耐热老化性 | |
| 10 | 脆性温度(℃) | ≤ －50 |
| 11 | 压缩耐寒系数 | ≥0.50 |

注：测试最冷月平均气温不大于 －10 ℃的地区所用耐寒型聚氨酯树脂。

(五)验收批量

凸台树脂材料应按批检验，每批应由同牌号的 A、B 组分组成，每 10 t 为一批，不足 10 t 按一批计算。

(六)取样方法

随机从产品中抽取。

(七)样品数量

每批抽取的样品不少于 2 kg。

(八)检测项目

混合液的黏度和可工作时间；浇铸体的外观质量、硬度、弹性系数、剪切强度、黏结强度和耐热老化性。

(九)质量评定

检验结果符合性能指标规定的要求，则判定该批产品合格；如果检验结果不符合性能指标规定的要求，应从该批产品中加倍抽样，对不合格项目进行复检，如果复检结果符合规定的要求，则判定该批产品合格；如果复验结果仍不符合规定的要求，则判定该产品不合格。

(十)使用注意事项

1. 凸台树脂以 A、B 比组分配套供应，分别封装在铁桶或塑料桶内，包装桶应清洁、干燥、密封。包装桶外应有明显标识，注明产品型号、名称、批号、重量、厂名、合格证、生产日期等。

2. 运输时,应采取防雨措施,轻装、轻卸、严禁摔、碰撞、拖拉、倾倒和滚动。原材料应按照化工产品相关要求,储存在通风、干燥、防晒、防污、防潮、防火、无污染的环境中,远离热源。储存期为自生产之日起6个月。

3. 凸台树脂的施工温度应在5 ℃ ~40 ℃之间,搅拌作业中不得混入水分,所用的容器、机具均要排除水分后才能进行作业。雨雪天禁止作业。

4. 凸台树脂的施工工序包括:清理灌注位置、安装灌注袋、搅拌、灌注、养护等环节。

5. 凸台树脂需二次灌注时,宜在树脂固化前进行;必须在第一次灌注树脂固化后进行二次灌注时,应采取打磨或栽入螺钉的方式增加黏结力。

6. 施工人员操作时,应戴橡胶手套、防护眼镜等防护工具;特别注意防火,严禁吸烟。

## 三、灌 注 袋

### (一)概述

无砟轨道水泥乳化沥青砂浆和凸台树脂用灌注袋主要起到模板、定位、保护等作用,免去了灌注时用木板、海绵等防漏和定形的相关程序,可以直接铺设和安装在轨道板下和凸台空隙中,操作简单,不必拆除和维护。适用于客运专线铁路CRTS Ⅰ型板式无砟轨道水泥乳化沥青砂浆和凸台树脂用灌注袋。

### (二)执行标准

《客运专线铁路CRTS Ⅰ型板式无砟轨道水泥乳化沥青浆和凸台树脂用灌注袋暂行技术条件》(科技基〔2008〕74号)。

### (三)相关标准

《高速铁路轨道工程施工质量验收标准》(TB 10754—2010)。

《纺织品和纺织制品厚度的测定》(GB/T 3820—1997)。

《纺织品　织物撕破性能　第2部分:裤型试样(单缝)撕破强力的测定》(GB/T 3917.2—2009)。

《纺织品　织物拉伸性能　第1部分:断裂强力和断裂伸长率的测定　条样法》(GB/T 3923.1—1997)。

《纺织织物　抗渗水性测定　静水压试验》(GB/T 4744—1997)。

《纺织品　织物透气性的测定》(GB/T 5453—1997)。

《纺织品　调湿和试验用标准大气》(GB/T 6529—2008)。

《土工合成材料　土工布及土工布有关产品单位面积质量的测定方法》(GB/T 13762—2009)。

### (四)性能指标

1. 水泥乳化沥青砂浆用灌注袋材料的性能要求

(1)水泥乳化沥青砂浆用灌注袋材料应采用聚酯无纺布,性能指标应满足表6－1－16的要求。

**表6－1－16　水泥乳化沥青砂浆有灌注袋材料的性能指标要求**

| 序号 | 项　　目 | 单　　位 | 指标要求 | 试验方法 |
|---|---|---|---|---|
| 1 | 单位面积质量 | $g/m^2$ | 100 ±5 | GB/T 13762—1992 |
| 2 | 厚　度 | mm | 0.42 ±0.06 | GB/T 3820—1997 |

续上表

| 序号 | 项　　目 | | 单　　位 | 指标要求 | 试验方法 |
|---|---|---|---|---|---|
| 3 | 透气率 | | mm/s | 320 ±40 | GB/T 5453—1997 |
| 4 | 抗渗水性 | | cm/$H_2O$ | 27 ±4 | GB/T 4744—1997 |
| 5 | 断裂强力 | 纵向 | N/5 cm | ≥190 | GB/T 3917. 2—1997 |
| | | 横向 | | ≥130 | |
| 6 | 断裂伸长率 | 纵向 | % | 23 ±9 | |
| | | 横向 | | 28 ±9 | |
| 7 | 断裂强力 | 纵向 | N | ≥25 | GB/T 3917. 2—1997 |
| | | 横向 | | ≥22 | |
| 8 | 干热收缩率<br>180 ℃ ×10 min | 纵向 | % | <3. 6 | 科技基〔2008〕74 号 |
| | | 横向 | | <1. 7 | |

(2)灌注袋袋口用材料应采用尼龙布，性能指标应满足表 6－1－17 的要求。

**表 6－1－17　灌注袋袋口材料的性能指标要求**

| 序号 | 项　　目 | | 单　　位 | 指标要求 | 试验方法 |
|---|---|---|---|---|---|
| 1 | 单位面积质量 | | g/m$^2$ | 77 ±2 | GB/T 13762—1992 |
| 2 | 断裂伸长率 | 纵向 | % | ≤3 | GB/T 3923. 1—1997 |
| | | 横向 | | ≤2 | |
| 3 | 撕破强力 | 纵向 | N | ≥15 | GB/T 3917. 2—1997 |
| | | 横向 | | ≥13 | |

2. 凸台树脂用灌注袋材料性能要求

凸台树脂用灌注袋材料应采用聚酯无纺布，性能指标应满足表 6－1－18 的要求。

**表 6－1－18　凸台树脂用灌注袋材料的性能指标要求**

| 序号 | 项　　目 | | 单　　位 | 指标要求 | 试验方法 |
|---|---|---|---|---|---|
| 1 | 单位面积质量 | | g/m$^2$ | 85 ±5 | GB/T 13762—1992 |
| 2 | 厚　度 | | mm | 0. 42 ±0. 06 | GB/T 3820—1997 |
| 3 | 断裂强力 | 纵向 | N/5 cm | ≥170 | GB/T 3923. 1—1997 |
| | | 横向 | | ≥112 | |
| 4 | 断裂伸长率 | 纵向 | % | 23 ±9 | |
| | | 横向 | | 28 ±9 | |
| 5 | 撕破强力 | 纵向 | N | ≥25 | GB/T 3917. 2—1997 |
| | | 横向 | | ≥22 | |
| 6 | 干热收缩率<br>180 ℃ ×100 min | 纵向 | % | <3. 6 | 科技基〔2008〕74 号 |
| | | 横向 | | <1. 7 | |

3. 外观质量

灌注袋的外形尺寸应根据轨道板和凸形挡台的规格具体设计，布面均匀、平整，无破边、破洞、错位等瑕疵；缝纫轨迹均匀、平直、牢固，针迹密度为 3 ~4 针/cm。

(五)验收批量

产品应按批检验,每批应由同一原料、同一品种、同一工艺生产的产品作为检验批,每1 000条为一批,不足1 000条按一批计。

(六)取样方法

在每批产品中随机抽取。

(七)样品数量

每批抽取2个产品。

(八)检测项目

产品进场检验项目(不包括袋口材料):外形尺寸、外观质量、单位面积质量、断裂强力、断裂伸长率、撕破强力。

(九)质量评定

灌注袋质量检验结果符合各项性能指标的要求,则判该批产品合格;如检验结果不符合要求,则应从该批中加倍抽样,对不合格项目进行复检,如复检结果符合性能要求,则判该批产品合格;如有任何一项复检结果不符合要求,则判该批产品不合格。

(十)使用注意事项

1. 灌注袋的包装

灌注袋应按使用类别分类包装,包装上应有明显标识,注明产品型号、名称、批号、重量、厂名、合格证、生产日期等。运输和储存时,应保证产品不破损、不受潮、防雨淋等。

2. 水泥乳化沥青砂浆用灌注袋

(1)将灌注袋放入轨道板和混凝土底座之间,拉伸平展,保证四边、对角对称,距离轨道板内外侧距离相同,定位后不得移动。

(2)在四个角和灌注袋中间内外侧距离轨道板边缘5 cm以内部分涂刷快干黏合剂,使灌注袋与混凝土底座黏结牢固。

(3)砂浆灌注完成后,袋体边缘应与轨道板边外侧边缘齐平。

3. 凸台树脂用灌注袋

(1)将泡沫聚乙烯塞入灌注袋底部衬孔,将灌注袋塞入凸台填充部位,并将灌注袋底部的泡沫压实。

(2)在轨道板半圆形缺口侧面和凸形挡台侧面涂刷黏合剂。

(3)用手拉紧灌注袋两边的侧面,使其完全展开铺平至结合部位,将袋子的两侧面分别与轨道板和凸形挡台的混凝土粘贴、压实,避免灌注袋出现褶皱。

## 四、高强度挤塑板

(一)概述

高强度挤塑板是以聚苯乙烯树脂或其共聚物为主要成分,添加少量添加剂,通过加热挤塑成型工艺而制得的具有闭孔结构、高压缩强度的挤塑聚苯乙烯泡沫塑料板。适用于客运专线铁路CRTSⅡ型板式无砟轨道使用温度不超过75 ℃的高强度挤塑板。边缘结构形式分为SS平头型、SL搭接型、TG榫槽型。

(二)执行标准

《客运专线铁路CRTSⅡ型板式无砟轨道高强度挤塑板暂行技术条件》(科技基〔2009〕88号)。

(三)相关标准

《高速铁路轨道工程施工质量验收标准》(TB 10754—2010)。

《建筑材料及制品燃烧性能分级》(GB 8624—2006)。

《建筑材料可燃性试验方法》(GB/T 8626—2007)。

《硬质泡沫塑料　吸水率测定 96 h》(GB/T 8810—2005)。

《硬质泡沫塑料　尺寸稳定性试验方法》(GB/T 8811—2008)。

《硬质泡沫塑料　弯曲性能的测定　第 1 部分:基本弯曲试验》(GB/T 8812.1—2007)。

《硬质泡沫塑料　压缩性能的测定》(GB/T 8813—2008)。

《硬质泡沫塑料　剪切强度试验方法》(GB/T 10007—2008)。

《绝热用挤塑聚苯乙烯泡沫塑料(XPS)》(GB/T 10801.2—2002)。

(四)性能指标

1. 原材料

高强度挤塑板生产所用的聚苯乙烯或其共聚物、发泡剂、阻燃性及其他辅助材料,均应符合相关的国家标准,严禁掺用再生聚苯乙烯。

2. 尺寸规格及允许偏差

高强度挤塑板的主要规格尺寸应符合表 6－1－19 的规定,允许偏差应符合表 6－1－20 的规定。其他规格应符合设计要求或由供需双方商定。

**表 6－1－19　高强度挤塑板规格尺寸**　(单位:mm)

| 长度 $L$ | 宽度 $L$ | 厚度 $h$ |
|---|---|---|
| 1 200、1 450、2 400 | 600、900、1 200 | 40 ~ 100 |

**表 6－1－20　高强度挤塑板允许偏差**　(单位:mm)

| 长度和宽度 $L$ | | 厚度 $h$ | | 对角线差 $T$ | |
|---|---|---|---|---|---|
| 尺寸 | 允许偏差 | 尺寸 | 允许偏差 | 尺寸 | 允许偏差 |
| $L<1\,000$ | ±5 | $h<50$ | ±2 | $T<1\,000$ | 5 |
| $1\,000\leqslant L<2\,000$ | ±7.5 | $h\geqslant50$ | ±3 | $1\,000\leqslant T<2\,000$ | 7 |
| $L\geqslant2\,000$ | ±10 | | | $T\geqslant2\,000$ | 13 |

3. 外观质量

高强度挤塑板表面平整,无夹杂物,颜色均匀。不应有影响使用的可见缺陷,如起泡、裂口、变形等。

4. 物理机械性能

高强度挤塑板的物理机械性能应符合表 6－1－21 的规定。

**表 6－1－21　高强度挤塑板物理机械性能**

| 序号 | 项　目 | 单　位 | 指　标 | 检验标准 |
|---|---|---|---|---|
| 1 | 边缘结构 | — | 符合设计要求 | — |
| 2 | 表皮结构 | — | 有表皮 | — |
| 3 | 尺　寸 | mm | 符合设计要求 | — |

续上表

| 序号 | 项　目 | | 单　位 | 指　标 | 检验标准 |
|---|---|---|---|---|---|
| 4 | 厚　度 | | mm | 符合设计要求 | GB/T 6342—1996 |
| 5 | 表观密度 | | $kg/m^3$ | 43 ~ 53 | GB/T 6343—1995 |
| 6 | 导热系数 | 平均温度 | W/(m · K) | — | GB/T 10294—2008 或<br>GB/T 10295—2008 |
| | | 10 ℃ | | ≤0. 035 | |
| | | 25 ℃ | | ≤0. 038 | |
| 7 | 剪切强度 | | kPa | ≥300 | GB/T 10007—2008 |
| 8 | 压缩强度或相对形变为 10% 时的压缩应力 | | kPa | ≥700 | GB/T 8813—2008 |
| 9 | 压缩弹性模量 | | MPa | 38 ~42 | GB/T 8813—2008 |
| 10 | 断裂弯曲负荷 | | N | ≥120 | GB/T 8812. 1—2008 |
| 11 | 弯曲变形 | | mm | ≥20 | GB/T 8812. 1—2008 |
| 12 | 在 250 kPa 压应力作用下,使用寿命为 60 年时的压缩蠕变 | | % | ≤2 | BS EN 1606—1997 |
| 13 | 闭孔率 | | % | ≥95 | GB/T 10799—2008 |
| 14 | 尺寸稳定性(70 ℃ ±2 ℃下,48 h;90% RH) | | % | ≤5 | GB/T 8811—2008 |
| 15 | 80 ℃ ±2 ℃下,48 h,20 kPa 下的压缩蠕变 | | % | ≤5 | GB/T 20672—2006 |
| 16 | 70 ℃ ±2 ℃下,168 h,40 kPa 下的压缩蠕变 | | % | ≤5 | GB/T 20672—2006 |
| 17 | 水蒸气透过系数 | | Ng/(Pa · m · s) | ≤2 | GB/T 21332—2008 |
| 18 | 吸水率,浸水 96 h | | % (V/V) | ≤1. 0 | GB/T 8810—2008 |
| 19 | 冻融循环 300 次后的吸水率 | | % (V/V) | ≤1. 0 | BS EN 12091—1997 |
| 20 | 燃烧性能 | | — | C | GB 8624—2006<br>GB/T 8626—2007 |

5. 暴露于阳光下的处理

当高强度挤塑板侧面暴露于阳光照射下时,应采用耐紫外线材料进行封闭处理。封闭层应耐久、可靠。

(五)验收批量

同一类别、同一规格的产品每 300 $m^3$ 为一批(其中燃烧性能进场检验以 1 200 $m^3$ 为一批),不足的按一批计。

(六)取样方法

样品的抽取采用随机抽样方式进行。除尺寸和外观检验外,其他所有试验的试件均应在距样品边缘 20 mm 处切取,可采用电热丝切割试件。导热系数试验应将样品自生产之日起在环境条件下放置 90 d 进行,其他物理机械性能试验应将样品自生产之日起在环境条件下放置 45 d 进行。试验前应进行状态调节。

(七)样品数量

产品尺寸,6 件;外观质量,6 件;表观密度、压缩强度或相对形变为 10% 时的压缩应力、压缩弹性模量、抗剪强度、燃烧性能各 3 件。

（八）检测项目

产品尺寸、外观质量、表观密度、压缩强度或相对形变为10%时的压缩应力、压缩弹性模量、抗剪强度、燃烧性能。

（九）质量评定

检验项目全部合格，则该批产品为合格。当检验项目中有不合格项，应取双倍试样对不合格项目进行复测。若复测后仍有不合格项，则该批产品为不合格。

（十）使用注意事项

1. 高强度挤塑板的包装应可靠牢固，便于运输和搬运并保证安全。

2. 高强度挤塑板应储存在干燥清洁、通风、不被日光直射、远离化学试剂和腐蚀性气体的场所，并距热源5 m以外。

3. 高强度挤塑板在运输过程中严禁与酸、碱、油类、有机溶剂等接触，防止暴晒，避免雨淋，避免长期承受重压及其他机械损伤。

4. 高强度挤塑板的质保期，当与业主有合同约定时，按合同约定办理；无合同约定时，质保期为15年。

## 第二节　有砟轨道用材料及现场试验

### 一、铁路碎石道砟

（一）概述

道砟位于轨枕以下、路基面以上，主要作用是支承轨枕，把来自轨枕上部的巨大荷载，均匀地分布到路基面上。道砟之间存在着空隙和摩擦力，使得轨道具有一定的弹性，这种弹性不仅能吸收机车车辆的冲击和振动，使列车运行比较平稳，而且大大改善了机车车辆和钢轨、轨枕等部件的工作条件，延长使用寿命。道砟还具有排水作用，由于道砟块状间的空隙，使得地表水能够顺畅地通过道床排走，这样路基表面就不会长期积水，防止翻浆和冻胀等很多病害。铁路道砟主要包括碎石道砟、筛选卵石道砟、天然级配卵石道砟、砂子道砟和熔炉矿渣道砟等，最常用的是碎石道砟。碎石道砟按材质指标可分为特级道砟、一级道砟和二级道砟。高速铁路道床应采用特级碎石道砟。Ⅰ、Ⅱ级铁路的碎石道床材料应采用一级道砟。特重型轨道、隧道内轨道及宽枕轨道应用一级道砟。重型轨道宜用一级道砟、其他轨道可用二级道砟。

（二）执行标准

《铁路碎石道砟》（TB/T 2140—2008）。

（三）相关标准

《铁路碎石道砟试验方法》（TB/T 2328—2008）。

（四）性能指标

1. 道砟原料

碎石道砟应选用开山块石破碎、筛选加工生产，且颗粒表面全部为破碎面。

2. 道砟材质指标

各级碎石道砟材质性能应符合表6－2－1的相应规定。

**表 6-2-1　道砟材质性能**

| 性能 | 项目号 | 参数 | 特级道砟 | 一级道砟 | 评定方法 | |
|---|---|---|---|---|---|---|
| | | | | | 单项评定 | 综合评定 |
| 抗磨耗、抗冲击性能 | 1 | 洛杉矶磨耗率 LLA(%) | ≤18 | 18 < LLA < 27 | — | 道砟的最终等级以项目号 1、2、3、4 中的最低等级为准。特级、一级道砟均应满足 5、6、7、8 项目号的要求 |
| | 2 | 标准集料冲击韧度 IP | ≥110 | 95 < IP < 110 | 若两项指标不在同一等级，以高等级为准 | |
| | | 石料耐磨硬度系数 $K_{干磨}$ | > 18.3 | 18 < $K_{干磨}$ ≤18.3 | | |
| 抗压碎性能 | 3 | 标准集料压碎率 CA,(%) | < 8 | 8≤CA < 9 | — | |
| | 4 | 道砟集料压碎率 CB,(%) | < 19 | 19≤CB < 22 | — | |
| 渗水性 | 5 | 渗透系数 $P_m$($10^{-6}$ cm/s) | > 4.5 | | 至少有两项满足要求 | |
| | | 石粉试模件抗压强度 $\sigma$(MPa) | < 0.4 | | | |
| | | 石粉液限 LL(%) | > 2 050 | | | |
| | | 石粉塑液限 PL(%) | > 11 | | | |
| 抗大气腐蚀性 | 6 | 硫酸钠溶液浸泡损失率 $L$(%) | < 10 | | | |
| 稳定性能 | 7 | 密度 $\rho$(g/cm$^3$) | > 2.55 | | | |
| | 8 | 容重 $\gamma$(g/cm$^3$) | > 2.50 | | | |

3. 道砟加工指标

(1)粒径级配

特级碎石道砟粒径级配应符合表 6-2-2 的规定。

**表 6-2-2　特级碎石道砟粒径级配**

| 方孔筛孔边长(mm) | | 22.5 | 31.5 | 40 | 50 | 63 |
|---|---|---|---|---|---|---|
| 过筛质量百分率(%) | | 0~3 | 1~25 | 30~65 | 70~99 | 100 |
| 颗粒分布 | 方孔筛孔边长(mm) | 31.5~53 | | | | |
| | 颗粒质量百分率(%) | ≥50 | | | | |

注：检验用方孔筛系指金属丝编制的标准方孔筛。

新建铁路用一级碎石道砟粒径级配应符合表 6-2-3 的规定。

**表 6-2-3　新建铁路用一级碎石道砟粒径级配**

| 方孔筛孔边长(mm) | 16 | 25 | 35.5 | 45 | 56 | 63 |
|---|---|---|---|---|---|---|
| 过筛质量百分率(%) | 0~5 | 5~15 | 25~40 | 55~75 | 92~97 | 100 |

注：检验用方孔筛系指金属丝编制的标准方孔筛。

既有线大修、维修用一级碎石道砟粒径级配应符合表 6-2-4 的规定。

**表 6-2-4　既有线一级碎石道砟粒径级配**

| 方孔筛孔边长(mm) | 25 | 35.5 | 45 | 56 | 63 |
|---|---|---|---|---|---|
| 过筛质量百分率(%) | 0~5 | 25~40 | 55~75 | 92~97 | 100 |

注：检验用方孔筛系指金属丝编制的标准方孔筛。

(2)颗粒形状和清洁度

①道砟的针状指数不大于 20%，片状指数不大于 20%。

②特级道砟中风化颗粒和其它杂石含量不应大于 2%，一级道砟中风化颗粒和其他杂石含量不应大于 5%。

③道砟产品须水洗，其颗粒表面洁净度不应大于 0.17%。

④未经水洗的一级道砟中粒径 0.1 mm 以下粉末的含量不应大于 1%。

(五)验收批量

道砟应进行资源性材质检验、生产检验和出场检验。

1. 资源性材质检验

新建采石场及既有采石场转移开采面或工作面岩层材质、种类有明显变化时,应按技术指标规定的各项内容进行检验,并划分其材质等级。

2. 生产检验

采石场每生产道砟 $1.5\times10^5$ $m^3$(年产量少于 $1.5\times10^5$ $m^3$ 的采石场,时间不超过一年),应按技术指标规定的各项内容进行一次生产检验。

采石场生产过程中应对道砟粒径级配、颗粒形状及清洁度指标进行检验。除定期每周的一次检验之外,每生产工班均应通过目测进行监视,如发现问题,应及时纠正。

3. 出场检验、验交

道砟产品按批交付。一列车装运同一等级、交付同一用户的道砟算一批。用汽车运输时,一昼夜内,装运同一等级、交付同一用户的道砟算一批。用砟单位有权对采石场的粒径级配等道砟加工指标进行抽检。

进场时,施工单位按同一产地、同一级别且连续进场的道砟,每 5 000 $m^3$ 为一批,不足 5 000 $m^3$ 时亦按一批计。

(六)取样方法

1. 资源性材质检验

由具有固体矿产勘察乙级及以上资质的受委托单位,在每一个开采面(开采面岩层较多时按岩层)取一组有代表性的试样,附试验委托单送交检验。

2. 生产检验

(1)块石试样与资源性材质检验用块石试样相同。

(2)碎石试样从成品出料口或成品运输带上有间隔地取四个子样,每个子样质量约100 kg,拌和均匀。用四分法取两个子样进行级配检验和颗粒形状及清洁度指标检验。另两个子样进行材质检验,按表 6 –2 –5 的规定筛分试样(粒径 25 ~20 mm,20 ~16 mm,16 ~10 mm,10 ~7.1 mm 四组试样,从道砟副产品中提取),剔除针、片状颗粒,插入标签,分别装袋,送交材质检验部门进行检验。若试样不足,可从另两个子样中筛选补充。

3. 出场检验、验交

采石场质量检查员在装车前负责组织产品出场检验,出厂检验的取样应在同一批产品中随机抽样。质量检查员对不符合标准的产品有权拒绝装车。

用砟单位如发现最大、最小粒径,颗粒形状或清洁度指标与标准不符,应通知采石场赴现场复验。复验时的采样方法如下:卸砟前,如装砟车少于三辆,则每一车辆中取一个子样;如多于三辆,则任意两辆中各取一个子样。每个子样约 130 kg,并从车辆的四角及中央五处提取。卸砟后,则由用砟单位任选 125 m 长度的卸砟地段,每 25 m 由砟肩到底坡均匀选一个子样(合计 5 个),每个子样约 70 kg。

(七)样品数量

1. 资源性材质检验

碎石试样:粒径(方孔筛)30 ~70 mm,质量 240 kg。

块石试样:200 mm ×160 mm ×140 mm,两块,不应有裂纹。

2. 生产检验

块石试样与资源性材质检验用块石试样相同。

碎石试样取四个子样,每个子样质量约 100 kg,拌和均匀。用四分法取两个子样进行级配检验和颗粒形状及清洁度指标检验。另两个子样进行材质检验,按表 6-2-5 的规定筛分试样(粒径 25~20 mm,20~16 mm,16~10 mm,10~7.1 mm 四组试样,从道砟副产品中提取),剔除针、片状颗粒,插入标签,分别装袋,送交材质检验部门进行检验。若试样不足,可从另两个子样中筛选补充。

**表 6-2-5　生产检验碎石试样**

| 粒径(方孔筛)(mm) | 63~50 | 50~40 | 40~31.5 | 31.5~22.4 | 25~20 | 20~16 | 16~10 | 10~7.1 |
|---|---|---|---|---|---|---|---|---|
| 备料数量(kg) | ≥20 | ≥30 | ≥40 | ≥10 | ≥25 | ≥4 | ≥15 | ≥3 |

3. 出场检验、验交

根据表 6-2-5 的规定抽取满足道砟粒径级配、颗粒形状及清洁度指标检验所需样品。未卸车时的复验应抽取两个子样。每个子样约 130 kg,卸砟后的复检应抽取 5 个子样,每个子样约 70 kg。

(八)检测项目

1. 资源性材质检验

应对碎石道砟的所有指标进行检验。

2. 生产检验

采石场每生产道砟 $1.5\times10^{-5}$ $m^3$(年产量少于 $1.5\times10^{-5}$ $m^3$ 的采石场,时间不超过一年),应对所有技术指标进行一次生产检验。

采石场生产过程中应对道砟粒径级配、颗粒形状及清洁度指标进行检验。除定期每周的一次检验之外,每生产工班均应通过目测进行监视,如发现问题,应及时纠正。

3. 出场检验、验交

检验项目为道砟粒径级配、颗粒形状及清洁度指标。

(九)质量评定

1. 资源性材质检验

应按检验结构划分其材质等级。

2. 生产检验

若生产检验结果低于原划定等级,应立即停止生产、供砟,并及时复检。根据复检结果重新划分道砟材质等级。生产过程中应对道砟粒径级配、颗粒形状及清洁度指标进行检验。除定期每周的一次检验之外,每生产工班均应通过目测进行监视,如发现问题,应及时纠正。

3. 出场检验、验交

质量检查员对不符合标准的产品有权拒绝装车。用砟单位有权对采石场的粒径级配等道砟加工指标进行抽检。用砟单位如发现最大、最小粒径,颗粒形状或清洁度指标与标准不符,应通知采石场赴现场复验。如复检结果为不合格,则应在现场采取相应补救措施。

(十)使用注意事项

1. 运输道砟产品的车辆每次装车前要进行清扫,不应残留泥土、灰尘等杂物,公路运输道砟的车辆应做好表面覆盖。

2. 道砟产品的储料场(或临时对料场)地面应硬化处理,防止黏土、粉尘等杂物的渗入,并采取覆盖等有效措施防止道砟污染。

3. 道砟装卸作业时,严禁装料机在砟面上行走。铲车作业不应将泥土、粉尘铲入。

4. 采石场和施工单位应采取下列有效措施，防止或减少道砟颗粒的离析，保证出场上道道砟的级配符合标准相关要求。

(1)修建跨线漏斗仓，存放道砟，大量储存碎石道砟产品时，应采用移动式皮带运输机或移动卸料方式分层堆放；当采用装载机进行堆放作业时，也应采取分层堆放；当采用固定式皮带输送机定点卸砟堆放时，其堆放高度不应超过4 m。

(2)出厂(场)装车作业时，应采用纵向铲装法，严禁围绕料堆铲装作业。

## 二、铁路碎石道床底砟

(一)概述

底砟是铁路碎石道床的重要组成部分，位于碎石道床道砟层和路基基床表层之间，起着传递、分布列车荷载，防止面砟和路基基床表层颗粒之间的相互渗透，具有渗水过渡和防冻保温等作用。

(二)执行标准

《铁路碎石道床底碴》(TB/T 2897—1998)。

(三)相关标准

《铁路碎石道砟》(TB/T 2140—2008)。

《铁路碎石道砟试验方法》(TB/T 2328—2 008)。

(四)性能指标

1. 底砟材料可取自天然砂砾材料也可由开山块石或天然卵石砾石经破碎筛选而成。

2. 底砟材料的粒径级配应符合表6-2-6的规定，且0.5 mm筛以下的细集料中通过0.075 mm筛的颗粒含量应小于等于66%，底砟材料粒径级配与碎石道床道砟层及路基基床表层粒径级配的匹配关系如图6-2-1所示。

**表6-2-6 底砟粒径级配**

| 方孔筛边长(mm) | 0.075 | 0.1 | 0.5 | 1.7 | 7.1 | 16 | 25 | 45 |
|---|---|---|---|---|---|---|---|---|
| 过筛质量百分率(%) | 0~7 | 0~11 | 7~32 | 13~46 | 41~75 | 67~91 | 82~100 | 100 |

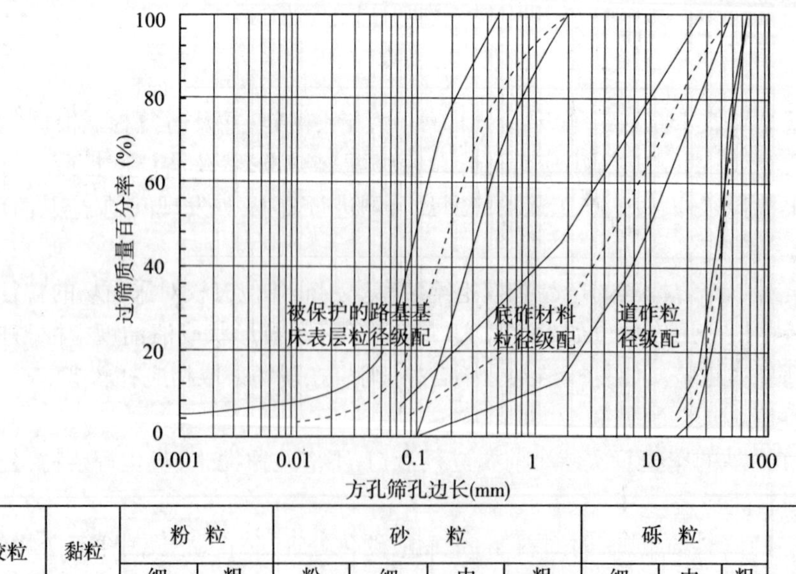


图6-2-1 底砟、道砟、基床表层材料粒径级配的合理匹配关系

3. 在粒径大于 16 mm 的粗颗粒中带有破碎面的颗粒所占的质量百分率不少于 30%。

4. 底砟材料的性能如下。

(1)粒径大于 1.7 mm 的集料的洛杉矶磨耗率不大于 50%。

(2)粒径大于 1.7 mm 的集料的硫酸钠溶液浸泡损失率不大于 12%。

(3)粒径小于 0.5 mm 的细集料的液限不大于 25%,其塑性指数小于 6。

(4)黏土团及其它杂质含量的质量百分率小于等于 0.5%。

(五)验收批量

底砟应进行型式检验和生产检验,型式检验属部级,生产检验属局级。

1. 型式检验

建立底砟材料开采基地时,由铁道部指定单位对成品进行粒径级配及材料性能检验,经铁道部主管部门审批,并颁发底砟开采资格证书方可生产。

2. 生产检验

生产单位每生产底砟 $4\times10^4$ $m^3$ 进行一次检验;年产量少于 $4\times10^4$ $m^3$ 时,也应每年进行一次检验。

底砟材料粒径级配及黏土团含量指标,除每周检验一次外,每生产工班应通过目测进行监视,如发现问题应及时检验和处理。

底砟材料产品的交付,以一昼夜装运同一产品,交付同一用户的底砟算一批,每批必须有生产场质量检查员签发的合格证。

底砟进场时,同一产地、品种且连续进场的底砟,每 5 000 $m^3$ 为一批,不足 5 000 $m^3$ 时亦按一批计。施工单位每批抽检一次。

(六)取样方法

1. 型式检验

由受委托的地矿单位划分开采资源带,由建设单位制订合适的开采、加工程序。在每一给定的资源带,按制订的开采、加工程序加工有代表性的试样 400 kg,交铁道部指定单位进行检验。

2. 生产检验

从成品出料口或成品运输带有间隔地提取四个约 100 kg 的子样,合计 400 kg,送检验部门检验。

(七)样品数量

1. 型式检验

有代表性的试样 400 kg。

2. 生产检验

四个约 100 kg 的子样,合计 400 kg。

(八)检测项目

1. 型式检验

性能指标规定的各项指标。

2. 生产检验

(1)每年进行一次各项指标的检验。

(2)底砟材料粒径级配及黏土团含量指标,除每周检验一次外,每生产工班应通过目测进行监视,如发现问题应及时检验和处理。

(3)进场时进行粒径级配和杂质含量检验。

(九)质量评定

1. 型式检验

由铁道部指定单位对成品进行粒径级配及材料性能检验合格,经铁道部主管部门审批,并颁发底砟开采资格证书方可生产。当资源带发生明显变化,底砟质量不能满足标准的规定时,应重新进行型式检验。

2. 生产检验

每批必须有生产场质量检查员签发的合格证才准许交付。

(十)使用注意事项

1. 在堆料场地要防止黏土杂物及粉尘渗入,确保底砟清洁。铲装时要防止将泥土铲入。

2. 装车前车内要进行清扫,车箱应当严密,防止小颗粒渗漏。

## 三、硫磺砂浆(胶泥)

(一)概述

硫磺砂浆(胶泥)是一种热塑冷硬性胶结材料,具有结构密实、硬化快、强度高、施工方便等特点,是由硫磺胶结料、细骨料、填充料和增韧剂熔融搅拌混合而成。根据性质可分为耐腐蚀硫磺砂浆和一般硫磺砂浆两种。

铁路工程中硫磺砂浆主要用于铁路混凝土轨枕道钉锚固。螺旋道钉锚固材料由硫磺、水泥、砂子和石蜡配制而成,硫磺在锚固体中主要是起胶结作用,它是是一种非金属元素,淡黄色,质硬而脆,不传热和电。硫磺的熔点为 110 ℃ ~ 120 ℃,燃点为 220 ℃左右。硫磺熔化为液体时流动性最好温度为 140 ℃ ~ 150 ℃,随温度的增加稠度逐渐变大,在 160 ℃ ~ 180 ℃时已成浓稠状态,温度低于 140 ℃时因温度的降低而变稠。水泥是锚固体中的填料,砂子在锚固体中起骨料作用,在锚固体中起防水绝缘作用。

(二)执行标准

《螺旋道钉硫磺锚固及绝缘防锈涂料》(TB/Z 5—1976)。

(三)相关标准

《铁路轨道工程施工质量验收标准》(TB 10413—2003)。

《高速铁路轨道工程施工质量验收标准》(TB 10754—2010)。

《工业硫磺》(GB/T 2449—2006)。

(四)性能指标

1. 原材料技术要求

(1)硫磺

硫磺采用一般工业用粉状或块状Ⅱ ~ Ⅲ级硫磺,含硫量不低于 95%,块状硫磺使用前要经机械破碎,并需通过 5 mm 孔径的筛子过筛。

(2)水泥

水泥采用普通硅酸盐水泥,强度等级宜不低于 42.5 MPa 。

(3)砂子

粒径不得大于 2 mm,泥污含量不得大于 5%,含水率小于 0.5%。

(4)石蜡

石蜡为一般工业用石蜡,使用前应加工成粒径 5 mm 以下的碎块。

2. 硫磺砂浆配合比

硫磺锚固砂浆配合比应根据气候和材料条件，在以下范围内通过试验选定具体比例。

硫磺: 水泥: 砂子: 石蜡 =1:(0.3 ~0.6):(1.0 ~1.5):(0.01 ~0.03)。

3. 硫磺砂浆性能

试件的抗压强度不低于 40 MPa，抗拉强度不低于 4 MPa。

4. 锚固性能

螺旋道钉与承轨槽面垂直，歪斜不得大于 2°；道钉中线与承轨槽面交点偏离预留孔中心不得大于 2 mm；道钉圆台高出承轨槽面：弹条扣件 0 ~2 mm，扣板扣件 0 ~5 mm。

道钉锚固后的抗拔力不低于 60 kN。

（五）验收批量

1. 道钉锚固抗拔力以每公里内轨枕或每组道岔上的道钉为一批。

2. 螺旋道钉与承轨槽面垂直度、道钉中线与承轨槽面交点偏离预留孔中心尺寸、道钉圆台高出承轨槽面尺寸以每 2 km 轨枕或每组道岔上的道钉为一批。

（六）取样方法

随机抽取检查样品。

（七）样品数量

1. 道钉锚固抗拔力检验以每公里内轨枕或每组道岔抽检 3 个道钉。

2. 螺旋道钉与承轨槽面垂直度、道钉中线与承轨槽面交点偏离预留孔中心尺寸、道钉圆台高出承轨槽面尺寸以每 2 km 轨枕或每组道岔上抽检 10 个道钉。

（八）检测项目

道钉锚固抗拔力、螺旋道钉与承轨槽面垂直度、道钉中线与承轨槽面交点偏离预留孔中心尺寸、道钉圆台高出承轨槽面尺寸。

（九）质量评定

1. 道钉锚固抗拔力不得小于 60 kN。

2. 螺旋道钉与承轨槽面垂直度、道钉中线与承轨槽面交点偏离预留孔中心尺寸、道钉圆台高出承轨槽面尺寸应 80% 符合技术指标规定。

（十）使用注意事项

1. 硫磺、水泥砂浆熬制工段配备专用的计量仪器，硫磺水泥砂浆在熔化时，熬制硫磺砂浆应用文火加温，温度控制在 140 ℃ ~170 ℃左右，不宜超过 180 ℃，以免硫磺起火燃烧。加热熔化硫磺水泥砂浆时，操作人员应配戴劳保防护用品站在上风头工作，制备硫磺水泥砂浆的场地附近，禁止堆放易燃、易爆等危险品，以防火灾。

2. 熔制时按选定的配合比，称好各种材料的一次溶制量。先按比例放沙子、水泥搅拌加热至 130 ℃左右，后放硫磺、石蜡，继续搅拌加热，使溶液混合均匀，直到拌合物中残余水分完全挥发，不再出现气泡并由稀变稠成液胶状时（温度升至 160 ℃左右）方可使用。当熔化成浆糊状时不准再添入硫磺，以防燃烧，一旦燃烧时，应立即用水泥、砂子进行覆盖。

3. 溶制处所与锚固地点距离不宜太远，防止砂浆温度降低凝固。

4. 锚固前轨枕预留孔内杂物和螺旋道钉上黏附物应清除干净，螺旋道钉应干燥，其温度宜保持在 0 ℃以上。用粗砂将孔底封死并捣固，净留孔深不小于 160 mm。锚固螺纹道钉用模具定位，锚固浆深度以 15 cm 为宜，螺旋道钉钉底离枕底高度不大于 5 cm，锚固砂浆从枕底汁入孔内，锚固浆入孔温度不小于 130 ℃，并一次灌浆完，灌浆深度大于螺纹道钉底面 2 cm。外溢的溶液凝固后，应铲除干净。向轨枕内灌注溶液时，应使用专用器具，并端稳、灌准，防止溅洒烫伤。如有剩余的已凝固锚固料，可在下次打碎放入锅内溶化使用。

**四、道床密度现场试验**

（一）试验目的

检查道床铺筑的碎石底砟和预铺道砟压实密度。

（二）适用范围

适用于铁路有砟轨道工程的底砟铺筑和预铺道砟的压实质量的检测。

（三）试验原理

试验采用密度检测中的灌水法进行检测，即先在铺筑好的底砟或道砟上挖取规定尺寸的坑洞，称取其质量，在坑洞中铺设塑料布，贯入水测量坑洞的体积，计算铺筑的密度。

（四）执行标准

《铁路轨道工程施工质量验收标准》（TB 10413—2003）。

《高速铁路轨道工程施工质量验收标准》（TB 10754—2010）。

《铁路工程土工试验规程》（TB 10102—2010）。

（五）仪器设备

1. 储水筒：直径均匀，并附有刻度及出水管。

2. 台秤：称量 50 kg，分度值 10 g。

3. 塑料薄膜袋：由聚氯乙烯塑料薄膜制成。

4. 其他：盛土容器、水准尺、钢卷尺、挖土工具等。

（六）试验准备

在选定的试坑位置处铲平略大于试坑直径的地面，并根据土的最大粒径按表 6－2－7 确定试坑尺寸，试坑深度不应大于该层填筑深度。

**表 6－2－7　灌水法试坑尺寸**

| 试样最大粒径（mm） | 试坑尺寸（mm） | |
|---|---|---|
| | 直　径 | 深　度 |
| 5～20 | 150 | 200 |
| 40 | 200 | 250 |
| 60 | 250 | 300 |
| 75 | 300 | 400 |
| 150 | 600 | 750 |
| 200 | 800 | 1 000 |

（七）试验步骤

1. 按确定的试坑直径画出坑口轮廓线，在轮廓线内下挖至要求深度。边挖边将坑内的试样装入盛土容器内，称土的质量 $m_p$，准确至 10 g。并取代表性土样测定含水率。

2. 试坑挖好后，将略大于试坑容积的塑料薄膜袋沿坑底坑壁紧密相贴，到地面后翻开袋口，袋口周围用重物压牢固定。

3. 记录储水筒内初始水位高度，打开储水筒的主水管，让水缓慢流入坑内塑料薄膜袋内。当袋内水面上升到接近坑口地面时将水流调小，待水面与坑口地面齐平时立即关闭注水管，持续1 ~ 2 min，记录储水筒内水位的高度。如袋内出现水面下降时，应另取塑料薄膜袋重做试验。

4. 试验完毕，应将试坑回填，并夯实。

（八）数据处理

试验结果按下式计算：

$$\rho = m_p / V_p \tag{6-2-1}$$

$$V_p = (H_1 - H_2) A_w \tag{6-2-2}$$

式中 $V_p$——试坑容积，$cm^3$；

$H_1$——储水筒内初始水位高度，cm；

$H_2$——储水筒内注水终止时水位高度，cm；

$A_w$——储水筒横断面面积，$cm^2$。

（九）试验注意事项

1. 试坑的直径大小要与试样尺寸大小相匹配，否则试验精度将大大下降。

2. 在挖试坑的过程中，注意尽量不要扰动周围不取出的试样。

3. 塑料薄膜袋应尽量与试坑底部和侧壁密贴，防止塑料薄膜袋与试坑间隙过大造成测试结果偏高。

4. 注水是否注满试坑直接影响试验精度，应使注水面与地面一致。

5. 底砟与线路预铺道砟的密度要求为不小于1.60 $g/cm^3$。正线道岔预铺道砟压实密度要求不低于1.70 $g/cm^3$。检测数量，对底砟压实度为每5 km抽检5处，每处测2个点位。线路预铺道砟每5 km抽检3处，每处测3个点位。道岔预铺道砟每组道岔抽检3个点位。

# 附录 A 建设工程质量检测管理办法

（建设部 2005 年第 141 号令）

第一条 为了加强对建设工程质量检测的管理，根据《中华人民共和国建筑法》、《建设工程质量管理条例》，制定本办法。

第二条 申请从事对涉及建筑物、构筑物结构安全的试块、试件以及有关材料检测的工程质量检测机构资质，实施对建设工程质量检测活动的监督管理，应当遵守本办法。

本办法所称建设工程质量检测（以下简称质量检测），是指工程质量检测机构（以下简称检测机构）接受委托，依据国家有关法律、法规和工程建设强制性标准，对涉及结构安全项目的抽样检测和对进入施工现场的建筑材料、构配件的见证取样检测。

第三条 国务院建设主管部门负责对全国质量检测活动实施监督管理，并负责制定检测机构资质标准。省、自治区、直辖市人民政府建设主管部门负责对本行政区域内的质量检测活动实施监督管理，并负责检测机构的资质审批。市、县人民政府建设主管部门负责对本行政区域内的质量检测活动实施监督管理。

第四条 检测机构是具有独立法人资格的中介机构。检测机构从事本办法附件一规定的质量检测业务，应当依据本办法取得相应的资质证书。检测机构资质按照其承担的检测业务内容分为专项检测机构资质和见证取样检测机构资质。检测机构资质标准由附件二规定。检测机构未取得相应的资质证书，不得承担本办法规定的质量检测业务。

第五条 申请检测资质的机构应当向省、自治区、直辖市人民政府建设主管部门提交下列申请材料：

（一）《检测机构资质申请表》一式三份；

（二）工商营业执照原件及复印件；

（三）与所申请检测资质范围相对应的计量认证证书原件及复印件；

（四）主要检测仪器、设备清单；

（五）技术人员的职称证书、身份证和社会保险合同的原件及复印件；

（六）检测机构管理制度及质量控制措施。

《检测机构资质申请表》由国务院建设主管部门制定式样。

第六条 省、自治区、直辖市人民政府建设主管部门在收到申请人的申请材料后，应当即时作出是否受理的决定，并向申请人出具书面凭证；申请材料不齐全或者不符合法定形式的，应当在 5 日内一次性告知申请人需要补正的全部内容。逾期不告知的，自收到申请材料之日起即为受理。

省、自治区、直辖市建设主管部门受理资质申请后，应当对申报材料进行审查，自受理之日起 20 个工作日内审批完毕并作出书面决定。对符合资质标准的，自作出决定之日起 10 个工作日内颁发《检测机构资质证书》，并报国务院建设主管部门备案。

第七条 《检测机构资质证书》应当注明检测业务范围，分为正本和副本，由国务院建设主管部门制定式样，正、副本具有同等法律效力。

第八条　检测机构资质证书有效期为 3 年。资质证书有效期满需要延期的，检测机构应当在资质证书有效期满 30 个工作日前申请办理延期手续。

检测机构在资质证书有效期内没有下列行为的，资质证书有效期届满时，经原审批机关同意，不再审查，资质证书有效期延期 3 年，由原审批机关在其资质证书副本上加盖延期专用章；检测机构在资质证书有效期内有下列行为之一的，原审批机关不予延期：

（一）超出资质范围从事检测活动的；

（二）转包检测业务的；

（三）涂改、倒卖、出租、出借或者以其他形式非法转让资质证书的；

（四）未按照国家有关工程建设强制性标准进行检测，造成质量安全事故或致使事故损失扩大的；

（五）伪造检测数据，出具虚假检测报告或者鉴定结论的。

第九条　检测机构取得检测机构资质后，不再符合相应资质标准的，省、自治区、直辖市人民政府建设主管部门根据利害关系人的请求或者依据职权，可以责令其限期改正；逾期不改的，可以撤回相应的资质证书。

第十条　任何单位和个人不得涂改、倒卖、出租、出借或者以其他形式非法转让资质证书。

第十一条　检测机构变更名称、地址、法定代表人、技术负责人，应当在 3 个月内到原审批机关办理变更手续。

第十二条　本办法规定的质量检测业务，由工程项目建设单位委托具有相应资质的检测机构进行检测。委托方与被委托方应当签订书面合同。

检测结果利害关系人对检测结果发生争议的，由双方共同认可的检测机构复检，复检结果由提出复检方报当地建设主管部门备案。

第十三条　质量检测试样的取样应当严格执行有关工程建设标准和国家有关规定，在建设单位或者工程监理单位监督下现场取样。提供质量检测试样的单位和个人，应当对试样的真实性负责。

第十四条　检测机构完成检测业务后，应当及时出具检测报告。检测报告经检测人员签字、检测机构法定代表人或者其授权的签字人签署，并加盖检测机构公章或者检测专用章后方可生效。检测报告经建设单位或者工程监理单位确认后，由施工单位归档。

见证取样检测的检测报告中应当注明见证人单位及姓名。

第十五条　任何单位和个人不得明示或者暗示检测机构出具虚假检测报告，不得篡改或者伪造检测报告。

第十六条　检测人员不得同时受聘于两个或者两个以上的检测机构。

检测机构和检测人员不得推荐或者监制建筑材料、构配件和设备。

检测机构不得与行政机关，法律、法规授权的具有管理公共事务职能的组织以及所检测工程项目相关的设计单位、施工单位、监理单位有隶属关系或者其他利害关系。

第十七条　检测机构不得转包检测业务。

检测机构跨省、自治区、直辖市承担检测业务的，应当向工程所在地的省、自治区、直辖市人民政府建设主管部门备案。

第十八条　检测机构应当对其检测数据和检测报告的真实性和准确性负责。

检测机构违反法律、法规和工程建设强制性标准，给他人造成损失的，应当依法承担相应的赔偿责任。

第十九条　检测机构应当将检测过程中发现的建设单位、监理单位、施工单位违反有关法律、法规和工程建设强制性标准的情况,以及涉及结构安全检测结果的不合格情况,及时报告工程所在地建设主管部门。

第二十条　检测机构应当建立档案管理制度。检测合同、委托单、原始记录、检测报告应当按年度统一编号,编号应当连续,不得随意抽撤、涂改。

检测机构应当单独建立检测结果不合格项目台账。

第二十一条　县级以上地方人民政府建设主管部门应当加强对检测机构的监督检查,主要检查下列内容:

(一)是否符合本办法规定的资质标准;

(二)是否超出资质范围从事质量检测活动;

(三)是否有涂改、倒卖、出租、出借或者以其他形式非法转让资质证书的行为;

(四)是否按规定在检测报告上签字盖章,检测报告是否真实;

(五)检测机构是否按有关技术标准和规定进行检测;

(六)仪器设备及环境条件是否符合计量认证要求;

(七)法律、法规规定的其他事项。

第二十二条　建设主管部门实施监督检查时,有权采取下列措施:

(一)要求检测机构或者委托方提供相关的文件和资料;

(二)进入检测机构的工作场地(包括施工现场)进行抽查;

(三)组织进行比对试验以验证检测机构的检测能力;

(四)发现有不符合国家有关法律、法规和工程建设标准要求的检测行为时,责令改正。

第二十三条　建设主管部门在监督检查中为收集证据的需要,可以对有关试样和检测资料采取抽样取证的方法;在证据可能灭失或者以后难以取得的情况下,经部门负责人批准,可以先行登记保存有关试样和检测资料,并应当在 7 日内及时作出处理决定,在此期间,当事人或者有关人员不得销毁或者转移有关试样和检测资料。

第二十四条　县级以上地方人民政府建设主管部门,对监督检查中发现的问题应当按规定权限进行处理,并及时报告资质审批机关。

第二十五条　建设主管部门应当建立投诉受理和处理制度,公开投诉电话号码、通讯地址和电子邮件信箱。

检测机构违反国家有关法律、法规和工程建设标准规定进行检测的,任何单位和个人都有权向建设主管部门投诉。建设主管部门收到投诉后,应当及时核实并依据本办法对检测机构作出相应的处理决定,于 30 日内将处理意见答复投诉人。

第二十六条　违反本办法规定,未取得相应的资质,擅自承担本办法规定的检测业务的,其检测报告无效,由县级以上地方人民政府建设主管部门责令改正,并处 1 万元以上 3 万元以下的罚款。

第二十七条　检测机构隐瞒有关情况或者提供虚假材料申请资质的,省、自治区、直辖市人民政府建设主管部门不予受理或者不予行政许可,并给予警告,1 年之内不得再次申请资质。

第二十八条　以欺骗、贿赂等不正当手段取得资质证书的,由省、自治区、直辖市人民政府建设主管部门撤销其资质证书,3 年内不得再次申请资质证书;并由县级以上地方人民政府建设主管部门处以 1 万元以上 3 万元以下的罚款;构成犯罪的,依法追究刑事责任。

第二十九条　检测机构违反本办法规定，有下列行为之一的，由县级以上地方人民政府建设主管部门责令改正，可并处 1 万元以上 3 万元以下的罚款；构成犯罪的，依法追究刑事责任：

（一）超出资质范围从事检测活动的；

（二）涂改、倒卖、出租、出借、转让资质证书的；

（三）使用不符合条件的检测人员的；

（四）未按规定上报发现的违法违规行为和检测不合格事项的；

（五）未按规定在检测报告上签字盖章的；

（六）未按照国家有关工程建设强制性标准进行检测的；

（七）档案资料管理混乱，造成检测数据无法追溯的；

（八）转包检测业务的。

第三十条　检测机构伪造检测数据，出具虚假检测报告或者鉴定结论的，县级以上地方人民政府建设主管部门给予警告，并处 3 万元罚款；给他人造成损失的，依法承担赔偿责任；构成犯罪的，依法追究其刑事责任。

第三十一条　违反本办法规定，委托方有下列行为之一的，由县级以上地方人民政府建设主管部门责令改正，处 1 万元以上 3 万元以下的罚款：

（一）委托未取得相应资质的检测机构进行检测的；

（二）明示或暗示检测机构出具虚假检测报告，篡改或伪造检测报告的；

（三）弄虚作假送检试样的。

第三十二条　依照本办法规定，给予检测机构罚款处罚的，对检测机构的法定代表人和其他直接责任人员处罚款数额 5% 以上 10% 以下的罚款。

第三十三条　县级以上人民政府建设主管部门工作人员在质量检测管理工作中，有下列情形之一的，依法给予行政处分；构成犯罪的，依法追究刑事责任：

（一）对不符合法定条件的申请人颁发资质证书的；

（二）对符合法定条件的申请人不予颁发资质证书的；

（三）对符合法定条件的申请人未在法定期限内颁发资质证书的；

（四）利用职务上的便利，收受他人财物或者其他好处的；

（五）不依法履行监督管理职责，或者发现违法行为不予查处的。

第三十四条　检测机构和委托方应当按照有关规定收取、支付检测费用。没有收费标准的项目由双方协商收取费用。

第三十五条　水利工程、铁道工程、公路工程等工程中涉及结构安全的试块、试件及有关材料的检测按照有关规定，可以参照本办法执行。节能检测按照国家有关规定执行。

第三十六条　本规定自 2005 年 11 月 1 日起施行。

**附件一、质量检测的业务内容**

一、专项检测

（一）地基基础工程检测

1. 地基及复合地基承载力静载检测；

2. 桩的承载力检测；

3. 桩身完整性检测；

4. 锚杆锁定力检测。

（二）主体结构工程现场检测

1. 混凝土、砂浆、砌体强度现场检测；

2. 钢筋保护层厚度检测；

3. 混凝土预制构件结构性能检测；

4. 后置埋件的力学性能检测。

（三）建筑幕墙工程检测

1. 建筑幕墙的气密性、水密性、风压变形性能、层间变位性能检测；

2. 硅酮结构胶相容性检测。

（四）钢结构工程检测

1. 钢结构焊接质量无损检测；

2. 钢结构防腐及防火涂装检测；

3. 钢结构节点、机械连接用紧固标准件及高强度螺栓力学性能检测；

4. 钢网架结构的变形检测。

二、见证取样检测

（一）水泥物理力学性能检验；

（二）钢筋（含焊接与机械连接）力学性能检验；

（三）砂、石常规检验；

（四）混凝土、砂浆强度检验；

（五）简易土工试验；

（六）混凝土掺加剂检验；

（七）预应力钢绞线、锚夹具检验；

（八）沥青、沥青混合料检验。

**附件二、检测机构资质标准**

一、专项检测机构和见证取样检测机构应满足下列基本条件：

（一）专项检测机构的注册资本不少于 100 万元人民币，见证取样检测机构不少于 80 万元人民币；

（二）所申请检测资质对应的项目应通过计量认证；

（三）有质量检测、施工、监理或设计经历，并接受了相关检测技术培训的专业技术人员不少于 10 人；边远的县（区）的专业技术人员可不少于 6 人；

（四）有符合开展检测工作所需的仪器、设备和工作场所；其中，使用属于强制检定的计量器具，要经过计量检定合格后，方可使用；

（五）有健全的技术管理和质量保证体系。

二、专项检测机构除应满足基本条件外，还需满足下列条件：

（一）地基基础工程检测类

专业技术人员中从事工程桩检测工作 3 年以上并具有高级或者中级职称的不得少于 4 名，其中 1 人应当具备注册岩土工程师资格。

（二）主体结构工程检测类

专业技术人员中从事结构工程检测工作 3 年以上并具有高级或者中级职称的不得少于 4 名，其中 1 人应当具备二级注册结构工程师资格。

（三）建筑幕墙工程检测类

专业技术人员中从事建筑幕墙检测工作 3 年以上并具有高级或者中级职称的不得少于 4 名。

（四）钢结构工程检测类

专业技术人员中从事钢结构机械连接检测、钢网架结构变形检测工作 3 年以上并具有高级或者中级职称的不得少于 4 名，其中 1 人应当具备二级注册结构工程师资格。

三、见证取样检测机构除应满足基本条件外，专业技术人员中从事检测工作 3 年以上并具有高级或者中级职称的不得少于 3 名；边远的县（区）可不少于 2 人。

# 附录B 公路水运工程试验检测管理办法

（交通部2005年第12号令）

## 第一章 总 则

第一条 为规范公路水运工程试验检测活动,保证公路水运工程质量及人民生命和财产安全,根据《建设工程质量管理条例》,制定本办法。

第二条 从事公路水运工程试验检测活动,应当遵守本办法。

第三条 本办法所称公路水运工程试验检测,是指根据国家有关法律、法规的规定,依据工程建设技术标准、规范、规程,对公路水运工程所用材料、构件、工程制品、工程实体的质量和技术指标等进行的试验检测活动。

本办法所称公路水运工程试验检测机构(以下简称检测机构),是指承担公路水运工程试验检测业务并对试验检测结果承担责任的机构。

本办法所称公路水运工程试验检测人员(以下简称检测人员),是指经考试合格,具备相应公路水运工程试验检测知识、能力,并承担相应公路水运工程试验检测业务的专业技术人员。

第四条 公路水运工程试验检测活动应当遵循科学、客观、严谨、公正的原则。

第五条 国务院交通主管部门负责公路水运工程试验检测活动的统一监督管理。交通部基本建设质量监督总站(以下简称质监总站)具体实施公路水运工程试验检测活动的监督管理。

省级人民政府交通主管部门负责本行政区域内公路水运工程试验检测活动的监督管理。省级交通质量监督机构(以下简称省站)具体实施本行政区域内公路水运工程试验检测活动的监督管理。

质监总站和省站以下称质监机构。

## 第二章 检测机构等级评定

第六条 检测机构等级,是依据检测机构的公路水运工程试验检测水平、主要试验检测仪器设备及检测人员的配备情况、试验检测环境等基本条件对检测机构进行的能力划分。

检测机构等级,分为公路工程和水运工程专业。

公路工程专业分为综合类和专项类。公路工程综合类设甲、乙、丙3个等级。公路工程专项类分为交通工程和桥梁隧道工程。

水运工程专业分为材料类和结构类。水运工程材料类设甲、乙、丙3个等级。水运工程结构类设甲、乙2个等级。

检测机构等级标准由质监总站另行制定。

第七条 质监总站负责公路工程综合类甲级、公路工程专项类和水运工程材料类及结构类甲级的等级评定工作。

省站负责公路工程综合类乙、丙级和水运工程材料类乙、丙级、水运工程结构类乙级的等级评定工作。

第八条　检测机构可以同时申请不同专业、不同类别的等级。

检测机构被评为丙级、乙级后须满1年且具有相应的试验检测业绩方可申报上一等级的评定。

第九条　申请公路水运工程试验检测机构等级评定,应向所在地省站提交以下材料:

(一)《公路水运工程试验检测机构等级评定申请书》;

(二)申请人法人证书原件及复印件;

(三)通过计量认证的,应当提交计量认证证书副本的原件及复印件;

(四)检测人员考试合格证书和聘(任)用关系证明文件原件及复印件;

(五)所申报试验检测项目的典型报告(包括模拟报告)及业绩证明;

(六)质量保证体系文件。

第十条　公路水运工程试验检测机构等级评定工作分为受理、初审、现场评审3个阶段。

第十一条　省站认为所提交的申请材料齐备、规范、符合规定要求的,应当予以受理;材料不符合规定要求的,应当及时退还申请人,并说明理由。

所申请的等级属于质监总站评定范围的,省站核查后出具核查意见并转送质监总站。

所申请的等级属于省站评定范围,但申报的试验检测项目有属于质监总站评定范围的,对该项目的评审省站应当报请质监总站同意,评审专家从质监总站专家库中抽取,质监总站对该项目的评审进行监督抽查。

第十二条　初审主要包括以下内容:

(一)试验检测水平、人员及检测环境等条件是否与所申请的等级标准相符;

(二)申报的试验检测项目范围及设备配备与所申请的等级是否相符;

(三)采用的试验检测标准、规范和规程是否合法有效;

(四)检定和校准是否按规定进行;

(五)质量保证体系是否具有可操作性;

(六)是否具有良好的试验检测业绩。

第十三条　初审合格的进入现场评审阶段;初审认为有需要补正的,质监机构应当通知申请人予以补正直至合格;初审不合格的,质监机构应当及时退还申请材料,并说明理由。

第十四条　现场评审是通过对申请人完成试验检测项目的实际能力、检测机构申报材料与实际状况的符合性、质量保证体系和运转等情况的全面核查。

现场评审所抽查的试验检测项目,原则上应当覆盖申请人所申请的试验检测各大项目。抽取的具体参数应当通过抽签方式确定。

第十五条　现场评审由专家评审组进行。

专家评审组由质监机构组建,3人以上单数组成(含3人)。评审专家从质监机构建立的试验检测专家库中选取,与申请人有利害关系的不得进入专家评审组。

专家评审组应当独立、公正地开展评审工作。专家评审组成员应当客观、公正地履行职责,遵守职业道德,并对所提出的评审意见承担个人责任。

第十六条　专家评审组应当向质监机构出具《现场评审报告》,主要内容包括:

(一)现场考核评审意见;

(二)公路水运工程试验检测机构等级评分表;

(三)现场操作考核项目一览表;

(四)两份典型试验检测报告。

第十七条　质监机构依据《现场评审报告》及检测机构等级标准对申请人进行等级评定。

质监机构的评定结果,应当通过交通主管部门指定的报刊、信息网络等媒体向社会公示,公示期不得少于7天。

公示期内,任何单位和个人有权就评定结果向质监机构提出异议,质监机构应当及时受理、核实和处理。

公示期满无异议或者经核实异议不成立的,由质监机构根据评定结果向申请人颁发《公路水运工程试验检测机构等级证书》(以下简称《等级证书》);经核实异议成立的,应当书面通知申请人,并说明理由,同时应当为异议人保密。

省站颁发证书的同时应当报质监总站备案。

第十八条　《公路水运工程试验检测机构等级评定申请书》和《等级证书》由质监总站统一规定格式。

《等级证书》应当注明检测机构从事公路水运工程试验检测的专业、类别、等级和项目范围。

第十九条　《等级证书》有效期为5年。

《等级证书》期满后拟继续开展公路水运工程试验检测业务的,检测机构应提前3个月向原发证机构提出换证申请。

第二十条　换证的申请、复核程序按照本办法规定的等级评定程序进行,并可以适当简化。在申请等级评定时已经提交过且未发生变化的材料可以不再重复提交。

第二十一条　换证复核以书面审查为主。必要时,可以组织专家进行现场评审。

换证复核的重点是核查检测机构人员、仪器设备、试验检测项目、场所的变动情况,试验检测工作的开展情况,质量保证体系文件的执行情况,违规与投诉情况等。

第二十二条　换证复核合格的,予以换发新的《等级证书》。不合格的,质监机构应当责令其在6个月内进行整改,整改期内不得承担质量评定和工程验收的试验检测业务。整改期满仍不能达到规定条件的,质监机构根据实际达到的试验检测能力条件重新作出评定,或者注销《等级证书》。

换证复核结果应当向社会公布。

第二十三条　检测机构取得《等级证书》后,可以向原发证质监机构申请增加试验检测项目。

经评审具备拟新增加项目的试验检测水平、人员、设备配备和检测环境等条件的,质监机构应当予以增加试验检测项目,并在《等级证书》上予以注明。

第二十四条　检测机构名称、地址、法定代表人或者机构负责人、技术负责人等发生变更的,应当自变更之日起30日内到原发证质监机构办理变更登记手续。

第二十五条　检测机构停业时,应当自停业之日起15日内向原发证质监机构办理《等级证书》注销手续。

第二十六条　质监机构依照本办法发放《等级证书》可以收取工本费。工本费的具体收费标准依据省、自治区、直辖市人民政府财政部门、价格主管部门会同同级交通主管部门核定的标准执行。

第二十七条　《等级证书》遗失或者污损的,可以向原发证质监机构申请补发。

第二十八条　任何单位和个人不得伪造、涂改、转让、租借《等级证书》。

## 第三章　试验检测活动

第二十九条　取得《等级证书》，同时按照《计量法》的要求经过计量行政部门考核合格，通过计量认证的检测机构，可向社会提供试验检测服务。

取得《等级证书》的检测机构在《等级证书》注明的项目范围内出具的试验检测报告，可以作为公路水运工程质量评定和工程验收的依据。

第三十条　公路水运工程质量事故鉴定、大型水运工程项目和高速公路项目验收的质量鉴定检测，质监机构应当委托通过计量认证并具有甲级或者相应专项能力等级的检测机构承担。

第三十一条　取得《等级证书》的检测机构，可设立工地临时试验室，承担相应公路水运工程的试验检测业务，并对其试验检测结果承担责任。

工程所在地省站应当对工地临时试验室进行监督。

第三十二条　检测机构应当严格按照现行有效的国家和行业标准、规范和规程独立开展检测工作，不受任何干扰和影响，保证试验检测数据客观、公正、准确。

第三十三条　检测机构应当建立严密、完善、运行有效的质量保证体系。应当按照有关规定对仪器设备进行正常维护，定期检定与校准。

第三十四条　检测机构应当建立样品管理制度，提倡盲样管理。

第三十五条　检测机构应当重视科技进步，及时更新试验检测仪器设备，不断提高业务水平。

第三十六条　检测机构应当建立健全档案制度，保证档案齐备，原始记录和试验检测报告内容必须清晰、完整、规范。

第三十七条　检测机构在同一公路水运工程项目标段中不得同时接受业主、监理、施工等多方的试验检测委托。

第三十八条　检测机构依据合同承担公路水运工程试验检测业务，不得转包、违规分包。

第三十九条　检测人员应当通过公路水运工程试验检测业务考试。

检测人员考试的组织、实施由质监总站统一管理。

第四十条　检测人员分为试验检测工程师和试验检测员。

检测机构的技术负责人应当由试验检测工程师担任。

试验检测报告应当由试验检测工程师审核、签发。

第四十一条　检测人员应当重视知识更新，不断提高试验检测业务水平。

第四十二条　检测人员应当严守职业道德和工作程序，独立开展检测工作，保证试验检测数据科学、客观、公正，并对试验检测结果承担法律责任。

第四十三条　检测人员不得同时受聘于两家以上检测机构，不得借工作之便推销建设材料、构配件和设备。

## 第四章　监 督 检 查

第四十四条　质监机构应当建立健全公路水运工程试验检测活动监督检查制度，对检测机构进行定期或不定期的监督检查，及时纠正、查处违反本规定的行为。

第四十五条　公路水运工程试验检测监督检查，主要包括下列内容：

（一）《等级证书》使用的规范性，有无转包、违规分包、超范围承揽业务和涂改、租借《等级证书》的行为；

(二)检测机构能力变化与评定的能力等级的符合性；

(三)原始记录、试验检测报告的真实性、规范性和完整性；

(四)采用的技术标准、规范和规程是否合法有效，样品的管理是否符合要求；

(五)仪器设备的运行、检定和校准情况；

(六)质量保证体系运行的有效性；

(七)检测机构和检测人员试验检测活动的规范性、合法性和真实性；

(八)依据职责应当监督检查的其他内容。

第四十六条　质监机构实施监督检查时，有权采取以下措施：

(一)查阅、记录、录音、录像、照相和复制与检查相关的事项和资料；

(二)进入检测机构的工作场地(包括施工现场)进行抽查；

(三)发现有不符合国家有关标准、规范、规程和本办法规定的试验检测行为时，责令即时改正或限期整改。

第四十七条　质监机构应当组织比对试验，验证检测机构的能力。

质监总站不定期开展全国检测机构的比对试验。各省站每年年初应当制定本行政区域检测机构年度比对试验计划，报质监总站备案，并于年末将比对试验的实施情况报质监总站。

检测机构应当予以配合，如实说明情况和提供相关资料。

第四十八条　任何单位和个人都有权向质监机构投诉或举报违法违规的试验检测行为。

质监机构的监督检查活动，应当接受交通主管部门和社会公众的监督。

第四十九条　质监机构在监督检查中发现检测机构有违反本规定行为的，应当予以警告、限期整改，情节严重的列入违规记录并予以公示，质监机构不再委托其承担检测业务。

实际能力已达不到《等级证书》能力等级的检测机构，质监机构应当给予整改期限。整改期满仍达不到规定条件的，质监机构应当视情况注销《等级证书》或者重新评定检测机构等级。重新评定的等级低于原来评定等级的，检测机构 1 年内不得申报升级。被注销等级的检测机构，2 年内不得再次申报。

质监机构应当及时向社会公布监督检查的结果。

第五十条　质监机构在监督检查中发现检测人员违反本办法的规定，出具虚假试验检测数据或报告的，应当给予警告，情节严重的列入违规记录并予以公示，直至注销考试合格证书。因违反本办法规定被注销考试合格证书的检测人员 2 年内不得再次参加考试。

第五十一条　质监机构工作人员在试验检测管理活动中，玩忽职守、徇私舞弊、滥用职权的，应当依法给予行政处分。

## 第五章　附　　则

第五十二条　本办法施行前检测机构和人员通过的资质评审，期满复核时应当按照本办法的规定进行《等级证书》的评定和人员考试。

第五十三条　本办法自 2005 年 12 月 1 日起施行。交通部 1997 年 12 月 10 日公布的《水运工程试验检测暂行规定》(交基发〔1997〕803 号)和 2002 年 6 月 26 日公布的《交通部水运工程试验检测机构资质管理办法》(交通部令 2002 年第 4 号)同时废止。

# 附录C　水利工程质量检测管理规定

（水利部2008年第36号令）

第一条　为加强水利工程质量检测管理，规范水利工程质量检测行为，根据《建设工程质量管理条例》、《国务院对确需保留的行政审批项目设定行政许可的决定》，制定本规定。

第二条　从事水利工程质量检测活动以及对水利工程质量检测实施监督管理，适用本规定。

本规定所称水利工程质量检测（以下简称质量检测），是指水利工程质量检测单位（以下简称检测单位）依据国家有关法律、法规和标准，对水利工程实体以及用于水利工程的原材料、中间产品、金属结构和机电设备等进行的检查、测量、试验或者度量，并将结果与有关标准、要求进行比较以确定工程质量是否合格所进行的活动。

第三条　检测单位应当按照本规定取得资质，并在资质等级许可的范围内承担质量检测业务。

检测单位资质分为岩土工程、混凝土工程、金属结构、机械电气和量测共5个类别，每个类别分为甲级、乙级2个等级。检测单位资质等级标准见附件一。

取得甲级资质的检测单位可以承担各等级水利工程的质量检测业务。大型水利工程（含一级堤防）主要建筑物以及水利工程质量与安全事故鉴定的质量检测业务，必须由具有甲级资质的检测单位承担。取得乙级资质的检测单位可以承担除大型水利工程（含一级堤防）主要建筑物以外的其他各等级水利工程的质量检测业务。

前款所称主要建筑物是指失事以后将造成下游灾害或者严重影响工程功能和效益的建筑物，如堤坝、泄洪建筑物、输水建筑物、电站厂房和泵站等。

第四条　从事水利工程质量检测的专业技术人员（以下简称检测人员），应当具备相应的质量检测知识和能力，并按照国家职业资格管理或者行业自律管理的规定取得从业资格。

第五条　水利部负责审批检测单位甲级资质；省、自治区、直辖市人民政府水行政主管部门负责审批检测单位乙级资质。

检测单位资质原则上每年集中审批一次，受理时间由审批机关提前三个月向社会公告。

第六条　检测单位应当向审批机关提交下列申请材料：

（一）《水利工程质量检测单位资质等级申请表》一式三份；

（二）事业单位法人证书或者工商营业执照原件及复印件；

（三）计量认证资质证书和证书附表原件及复印件；

（四）主要试验检测仪器、设备清单；

（五）主要负责人、技术负责人的职称证书原件及复印件，检测人员的从业资格证明材料原件及复印件；

（六）管理制度及质量控制措施。

申请甲级资质的，还需提交近三年承担质量检测业务的委托合同及相关证明材料。

检测单位可以同时申请不同类别、等级的资质。

第七条　审批机关收到检测单位的申请材料后，应当依法作出是否受理的决定，并向检测单位出具书面凭证；申请材料不齐全或者不符合法定形式的，应当在5日内一次告知检测单位需要补正的全部内容。

审批机关应当自受理申请之日起20日内作出批准或者不予批准的决定。决定予以批准的，颁发《水利工程质量检测单位资质等级证书》（以下简称《资质等级证书》）；不予批准的，应当书面通知检测单位并说明理由。

第八条　审批机关在作出决定前，应当组织对申请材料进行评审，必要时可以组织专家进行现场评审，并将评审结果公示，公示时间不少于7日。

第九条　《资质等级证书》有效期为3年。有效期届满，需要延续的，检测单位应当在有效期届满30日前，向原审批机关提出申请。原审批机关应当在有效期届满前作出是否延续的决定。

原审批机关应当重点核查检测单位仪器设备、检测人员、场所的变动情况，检测工作的开展情况以及质量保证体系的执行情况，必要时，可以组织专家进行现场核查。

第十条　检测单位变更名称、地址、法定代表人、技术负责人的，应当自发生变更之日起60日内到原审批机关办理资质等级证书变更手续。

第十一条　检测单位发生分立的，应当按照本规定重新申请资质等级。

第十二条　任何单位和个人不得涂改、倒卖、出租、出借或者以其他形式非法转让《资质等级证书》。

第十三条　检测单位应当建立健全质量保证体系，采用先进、实用的检测设备和工艺，完善检测手段，提高检测人员的技术水平，确保质量检测工作的科学、准确和公正。

第十四条　检测单位不得转包质量检测业务；未经委托方同意，不得分包质量检测业务。

第十五条　检测单位应当按照国家和行业标准开展质量检测活动；没有国家和行业标准的，由检测单位提出方案，经委托方确认后实施。

检测单位违反法律、法规和强制性标准，给他人造成损失的，应当依法承担赔偿责任。

第十六条　质量检测试样的取样应当严格执行国家和行业标准以及有关规定。

提供质量检测试样的单位和个人，应当对试样的真实性负责。

第十七条　检测单位应当按照合同和有关标准及时、准确地向委托方提交质量检测报告并对质量检测报告负责。

任何单位和个人不得明示或者暗示检测单位出具虚假质量检测报告，不得篡改或者伪造质量检测报告。

第十八条　检测单位应当将存在工程安全问题、可能形成质量隐患或者影响工程正常运行的检测结果以及检测过程中发现的项目法人（建设单位）、勘测设计单位、施工单位、监理单位违反法律、法规和强制性标准的情况，及时报告委托方和具有管辖权的水行政主管部门或者流域管理机构。

第十九条　检测单位应当建立档案管理制度。检测合同、委托单、原始记录、质量检测报告应当按年度统一编号，编号应当连续，不得随意抽撤、涂改。

检测单位应当单独建立检测结果不合格项目台账。

第二十条　检测人员应当按照法律、法规和标准开展质量检测工作，并对质量检测结果负责。

第二十一条　县级以上人民政府水行政主管部门应当加强对检测单位及其质量检测活动

的监督检查,主要检查下列内容:

(一)是否符合资质等级标准;

(二)是否有涂改、倒卖、出租、出借或者以其他形式非法转让《资质等级证书》的行为;

(三)是否存在转包、违规分包;

(四)是否按照有关标准和规定进行检测;

(五)是否按照规定在质量检测报告上签字盖章,质量检测报告是否真实;

(六)仪器设备的运行、检定和校准情况;

(七)法律、法规规定的其他事项。

流域管理机构应当加强对所管辖的水利工程的质量检测活动的监督检查。

第二十二条　县级以上人民政府水行政主管部门和流域管理机构实施监督检查时,有权采取下列措施:

(一)要求检测单位或者委托方提供相关的文件和资料;

(二)进入检测单位的工作场地(包括施工现场)进行抽查;

(三)组织进行比对试验以验证检测单位的检测能力;

(四)发现有不符合国家有关法律、法规和标准的检测行为时,责令改正。

第二十三条　县级以上人民政府水行政主管部门和流域管理机构在监督检查中,可以根据需要对有关试样和检测资料采取抽样取证的方法;在证据可能灭失或者以后难以取得的情况下,经负责人批准,可以先行登记保存,并在 5 日内作出处理,在此期间,当事人和其他有关人员不得销毁或者转移试样和检测资料。

第二十四条　违反本规定,未取得相应的资质,擅自承担检测业务的,其检测报告无效,由县级以上人民政府水行政主管部门责令改正,可并处 1 万元以上 3 万元以下的罚款。

第二十五条　隐瞒有关情况或者提供虚假材料申请资质的,审批机关不予受理或者不予批准,并给予警告,一年之内不得再次申请资质。

第二十六条　以欺骗、贿赂等不正当手段取得《资质等级证书》的,由审批机关予以撤销,3 年内不得再次申请,可并处 1 万元以上 3 万元以下的罚款;构成犯罪的,依法追究刑事责任。

第二十七条　检测单位违反本规定,有下列行为之一的,由县级以上人民政府水行政主管部门责令改正,有违法所得的,没收违法所得,可并处 1 万元以上 3 万元以下的罚款;构成犯罪的,依法追究刑事责任:

(一)超出资质等级范围从事检测活动的;

(二)涂改、倒卖、出租、出借或者以其他形式非法转让《资质等级证书》的;

(三)使用不符合条件的检测人员的;

(四)未按规定上报发现的违法违规行为和检测不合格事项的;

(五)未按规定在质量检测报告上签字盖章的;

(六)未按照国家和行业标准进行检测的;

(七)档案资料管理混乱,造成检测数据无法追溯的;

(八)转包、违规分包检测业务的。

第二十八条　检测单位伪造检测数据,出具虚假质量检测报告的,由县级以上人民政府水行政主管部门给予警告,并处 3 万元罚款;给他人造成损失的,依法承担赔偿责任;构成犯罪的,依法追究刑事责任。

第二十九条　违反本规定,委托方有下列行为之一的,由县级以上人民政府水行政主管部门责令改正，可并处1万元以上3万元以下的罚款：

（一）委托未取得相应资质的检测单位进行检测的；

（二）明示或暗示检测单位出具虚假检测报告，篡改或伪造检测报告的；

（三）送检试样弄虚作假的。

第三十条　检测人员从事质量检测活动中，有下列行为之一的，由县级以上人民政府水行政主管部门责令改正，给予警告，可并处1千元以下罚款：

（一）不如实记录，随意取舍检测数据的；

（二）弄虚作假、伪造数据的；

（三）未执行法律、法规和强制性标准的。

第三十一条　县级以上人民政府水行政主管部门、流域管理机构及其工作人员，有下列行为之一的，由其上级行政机关或者监察机关责令改正；情节严重的，对直接负责的主管人员和其他直接责任人员依法给予行政处分；构成犯罪的，依法追究刑事责任：

（一）对符合法定条件的申请不予受理或者不在法定期限内批准的；

（二）对不符合法定条件的申请人签发《资质等级证书》的；

（三）利用职务上的便利，收受他人财物或者其他好处的；

（四）不依法履行监督管理职责，或者发现违法行为不予查处的。

第三十二条　本规定自2009年1月1日起施行。2000年《水利工程质量检测管理规定》（水建管〔2000〕2号）同时废止。

# 附录 D　铁路建设管理办法

（铁道部令第 11 号，2003 年 10 月 1 日实施）

## 第一章　总　　则

第一条　为加强铁路建设管理，规范铁路建设行为，提高铁路建设水平，根据《中华人民共和国铁路法》、《中华人民共和国招标投标法》、《建设工程质量管理条例》、《建设工程勘察设计管理条例》等有关法律、法规，制定本办法。

第二条　本办法所称铁路建设是指新建、改建铁路建设项目的立项决策、勘察设计、工程实施、竣工验收等全部建设活动。

第三条　本办法适用于中华人民共和国境内的铁路建设活动。

第四条　铁路建设必须贯彻执行国家有关方针政策，严格执行国家法律、法规和国务院铁路主管部门的规章及工程建设强制性标准，严格执行国家规定的建设程序。

第五条　铁路建设应坚持科技创新，积极采用现代管理方法，推广使用先进技术、先进设备、先进工艺、新型建筑材料，不断提高建设水平。

第六条　铁路建设应高度重视环境保护、水土保持和防灾减灾工作，节约能源和土地，做好文物保护。

第七条　铁路建设实行招标投标制、工程监理制、合同管理制、质量监督制。

第八条　铁路建设必须加强质量、安全管理，保证工程质量，保护人民生命和财产安全。

第九条　从事铁路建设的项目管理、勘察设计、工程施工和监理、咨询等活动的企业和主要从业人员，必须按规定取得相应专业资质和个人执业资格，在批准的资质和资格范围内从业，接受国务院铁路主管部门依法进行的监督、检查。

第十条　国务院铁路主管部门负责全国铁路建设工作的监督管理。

## 第二章　建设程序

第十一条　铁路建设程序包括立项决策、设计、工程实施和竣工验收。

第十二条　立项决策阶段。依据铁路建设规划，对拟建项目进行预可行性研究，编制项目建议书；根据批准的铁路中长期规划或项目建议书，在初测基础上进行可行性研究，编制可行性研究报告。项目建议书和可行性研究报告按国家规定报批。

工程简易的建设项目，可直接进行可行性研究，编制可行性研究报告。

第十三条　设计阶段。根据批准的可行性研究报告，在定测基础上开展初步设计。初步设计经审查批准后，开展施工图设计。

工程简易的建设项目，可根据批准的可行性研究报告，直接进行施工图设计。

第十四条　工程实施阶段。在初步设计文件审查批准后，组织工程招标投标、编制开工报告。开工报告批准后，依据批准的建设规模、技术标准、建设工期和投资，按照施工图和施工组织设计文件组织建设。

第十五条　竣工验收阶段。铁路建设项目按批准的设计文件全部竣工或分期、分段完成后，按规定组织竣工验收，办理资产移交。

## 第三章　项目管理机构及职责

第十六条　铁路建设项目的建设管理单位是建设项目的组织实施机构，是实现建设目标的直接责任者。建设管理单位由建设项目投资人选择或组建。建设项目投资人按权力和责任统一的原则，明确建设管理单位的职责和权限，并监督其完成建设工作。

第十七条　中央政府直接投资的铁路建设项目，由国务院铁路主管部门根据建设项目的特点，选择建设管理单位。

实行项目法人责任制的铁路建设项目，由项目法人选择或组建建设管理单位。

其他铁路建设项目，按国家规定并参照本办法选择或组建建设管理单位。

第十八条　铁路建设管理单位必须是依法设立、从事铁路建设业务的企业或具有独立法人资格的事业单位，并满足下列条件：

（一）具有管理同类建设项目的工作业绩，其负责建设的项目工程质量合格、投资控制良好，经运输检验，没有质量隐患。

（二）具有与建设项目相适应、专业齐全的技术、经济管理人员。其中：单位负责人、技术负责人、财务负责人，必须具有大专以上学历，熟悉国家和国务院铁路主管部门有关铁路建设的方针、政策、法规和规定，有较高的政策水平。

单位负责人必须有较强的组织能力，具有建设项目管理工作的经验，或担任过同类建设项目施工现场高级管理职务，并经实践证明是称职的项目高级管理人员。

主要技术负责人必须熟悉铁路建设的规程规范，具有建设项目技术管理的实践经验，或担任过同类建设项目的技术负责人，并经实践证明是称职的。

主要财务负责人必须熟悉铁路建设的财务规定，具有建设项目投资控制和财务管理的实践经验，或担任过同类建设项目财务负责人，并经实践证明是称职的。

（三）具有与建设项目建设管理相适应的技术、质量和经济管理机构，能够确保建设项目的质量、安全等符合国家规定，良好地控制工程投资，依法进行财务管理和会计核算。

第十九条　建设管理单位的主要职责：

（一）贯彻国家和国务院铁路主管部门的有关工程建设的方针、政策、法规和规定，按照批准的建设规模、技术标准、建设工期和投资，组织铁路工程项目建设，就工程质量、安全、工期、投资等全过程对委托方负责；

（二）组织勘察设计招标，组织实施勘察设计、工程地质勘察监理和设计咨询工作；

（三）组织施工、监理、物资设备采购招标，与中标企业签订合同；

（四）办理工程质量监督手续；

（五）负责项目的征地、拆迁工作，负责审批建设项目中单项工程开工（复工）报告；

（六）组织编制工程项目施工组织设计；

（七）负责审核施工图，供应设计文件，组织工程设计现场技术交底；

（八）编报工程项目年度建设计划及建设资金预算建议；

（九）组织、协调工程建设中出现的问题，负责统计、报告工程进度；

（十）按规定办理变更设计；

（十一）按规定组织或参与对工程质量、人身伤亡和行车安全等事故的调查和处理；

（十二）负责工程项目的财务管理工作，按规定使用建设资金，办理与工程项目有关的各种结算业务；

（十三）负责验工计价，及时办理工程价款等资金的拨付与结算；

（十四）负责工程竣工验收前期工作，组织编制工程竣工文件和竣工决算，组织编写工程总结。

## 第四章　招标投标与合同管理

第二十条　铁路建设必须按照社会主义市场经济体制的要求，构建统一、开放、有序的铁路建设市场。

第二十一条　铁路建设项目工程勘察设计、施工、监理以及工程建设有关的重要物资、设备等采购，应当依法进行招标投标。

第二十二条　铁路建设工程招标投标活动应当遵循公开、公平、公正和诚实信用的原则。

第二十三条　铁路建设工程招标投标活动不受地区或部门限制，任何单位和个人不得违法限制或排斥本地区、本系统以外的具备相应资格的企业或其他组织参加投标，不得以任何方式非法干涉招标投标活动。

任何单位和个人不得将依法必须招标的铁路建设项目化整为零或以其他任何理由规避招标。

第二十四条　铁路建设工程招标投标活动受国家法律保护，招标投标活动及其当事人应当接受国务院铁路主管部门及其委托部门的监督。

第二十五条　建设管理单位不得要求中标企业分割标段；勘察设计、施工企业不得转包或违法分包承接的铁路建设工程业务；监理企业不得转让承接的铁路建设工程监理业务。

第二十六条　招标确定中标人后，建设管理单位和中标人必须在规定的时限内，按照招标投标文件约定的合同条款，签订书面合同，明确当事人双方的权利和义务。当事人应严格履行合同约定，违约方必须承担相应的经济、法律责任。

第二十七条　铁路建设勘察设计、施工、监理承包实行履约担保制度，积极推行保险制度。

第二十八条　铁路建设实行合同备案制度，合同签定 15 日内，建设管理单位应向国务院铁路主管部门或其指定单位备案。

## 第五章　勘察设计管理

第二十九条　铁路建设工程勘察设计应当与社会、经济发展水平及铁路发展目标相适应，遵循经济效益、社会效益和环境效益统一的原则。

第三十条　铁路建设工程勘察设计应认真贯彻执行国家和国务院铁路主管部门颁布的技术政策、工程建设强制性标准和国家有关部门关于项目建议书、可行性研究报告和初步设计审查批复意见。

第三十一条　铁路建设工程勘察设计按有关规定实行招标投标制度、工程地质勘察监理制度、设计咨询制度和设计文件审查制度。

第三十二条　承担铁路建设工程勘察设计的企业必须加强技术管理和质量管理。工程地质勘察资料必须真实、准确；设计工作应认真做好经济社会调查，运用系统工程理论，综合考虑运输能力、运输质量、建设规模和投资，推荐先进适宜的技术标准。在充分进行方案论证和经济技术比较的基础上，推荐最佳设计方案。

第三十三条　铁路建设工程设计文件必须达到规定的深度，初步设计概算静态投资与批复可行性研究报告静态投资的差额一般不得大于批复可行性研究报告静态投资的10%。

第三十四条　铁路建设工程设计选用的材料、设备，应当注明其规格、型号、性能等技术指标，其质量要求必须符合国家规定的标准。

除有特殊要求的建筑材料、专用设备和工艺生产线等外，设计单位不得指定生产厂、供应商。

第三十五条　铁路建设项目开工前，勘察设计企业必须按勘察设计合同约定，向施工、监理企业说明设计意图，解释设计文件，并选派设计代表机构与人员常驻现场，及时解决施工中出现的勘察设计问题，完善和优化勘察设计，并按规定进行变更设计。

第三十六条　铁路建设工程勘察、设计取费，按国家和国务院铁路主管部门有关规定实行优质优价。

## 第六章　施工管理

第三十七条　承担铁路建设项目的工程施工承包企业必须执行国家有关质量、安全、环境保护等法律、法规，接受相关部门依法进行的监督、检查。

第三十八条　工程施工承包企业必须履行合同，按照合同约定，组建现场管理机构，配备相应的工程技术人员、施工力量和机械设备。

第三十九条　工程施工承包企业必须详细核对设计文件，依据施工图和施工组织设计施工。对设计文件存在的问题以及施工中发现的勘察设计问题，必须及时以书面形式通知设计、监理和建设管理单位。

第四十条　工程施工承包企业必须建立质量责任制，强化质量、安全管理，建立健全质量、安全保证体系，开展文明施工，推行标准化工地建设。

第四十一条　工程施工承包企业对工程施工的关键岗位、关键工种，必须严格执行先培训后上岗的制度。

第四十二条　工程施工承包企业必须对建筑材料、混凝土、构配件、设备等按规定进行检查和检验，严禁使用不合格的材料、产品和设备。

第四十三条　工程施工承包企业不得转包和违法分包工程。确需分包的工程，应在投标文件中载明，并在签定合同中约定。工程施工承包企业对分包工程的质量、安全负责。

第四十四条　工程施工承包企业在工程施工中应准确填写各种检验表格，按规定编制竣工文件。

## 第七章　监理管理

第四十五条　铁路建设工程监理实行总监理工程师负责制和监理执业人员持证上岗制。

第四十六条　工程监理必须执行铁路建设有关规程规范，依据设计文件、工程质量检验评定标准进行监理。

第四十七条　监理企业必须按照监理合同和投标承诺，设置现场监理机构，配备总监理工程师、专业监理工程师以及必需的检测设备。

第四十八条　施工现场应建立总监理工程师、监理工程师、监理员各负其责的工程监理体系，现场监理人员的配置必须满足监理工作需要，涉及工程结构安全的关键工序和隐蔽工程，必须实行旁站监理。

第四十九条　监理人员必须认真审阅、检查设计文件，依据设计文件和施工组织设计实施监理,对发现的勘察设计问题,必须及时以书面形式通知设计和建设管理单位。

第五十条　建筑材料、构配件和设备必须经监理工程师检查签字后方可使用或安装,涉及工程结构安全的关键工序和隐蔽工程,必须经监理工程师签字后方可进行下一道工序作业。

第五十一条　建设管理单位拨付工程款之前,验工计价文件应经总监理工程师签认。

## 第八章　质量管理

第五十二条　铁路建设应严格遵守《建设工程质量管理条例》,建设管理单位和勘察设计、施工、监理企业依法承担相应的质量责任。

第五十三条　铁路建设实行工程质量监督制度,铁路工程质量监督机构及派出单位依法对铁路建设工程质量实施监督。建设管理单位必须在工程项目开工前,按规定办理质量监督手续。

第五十四条　铁路建设工程质量事故的报告、调查和处理,执行国家和国务院铁路主管部门的有关规定。发生工程质量事故,建设管理单位和施工、监理企业必须按规定及时报告,并组织或协助调查处理。严禁延误报告或隐瞒不报。

工程质量事故处理资料应作为竣工资料移交接管单位。

第五十五条　铁路建设实行工程质量保修制度。工程施工承包企业应对保修范围和保修期限内发生的质量问题,按规定履行保修义务,并对造成的损失承担赔偿责任。

## 第九章　安全管理

第五十六条　铁路建设必须严格执行《中华人民共和国安全生产法》和其他有关安全生产的法律、法规,严格执行保障安全生产的国家标准和国务院铁路主管部门制定的有关安全规定。

第五十七条　铁路建设的建设管理、勘察设计、施工、监理企业,应当建立健全劳动安全教育培训制度,加强对职工安全生产的教育培训,未经安全生产培训的人员,不得上岗作业。

第五十八条　铁路建设实行安全责任制和事故责任追究制度,依法追究事故责任人员的法律责任。

第五十九条　铁路建设项目安全设施必须与主体工程同时设计、同时施工、同时竣工,经验收合格后方可投入正式运营。

第六十条　严格安全事故报告、调查和处理制度,发生安全事故的工程施工承包企业、建设管理单位及监理企业等均必须按规定及时报告,并协助调查和处理。严禁延误报告和隐瞒不报。

第六十一条　承担既有线改建的建设管理单位和勘察设计、施工、监理企业,必须严格执行国务院铁路主管部门关于既有线施工的规章制度,接受运营单位的指导和监督,确保运输和施工安全。

既有线改造过渡工程必须经验收合格后方可开通运营。

## 第十章　建设资金管理

第六十二条　铁路建设应合理确定建设项目投资,建设项目初步设计批准概算静态投资超出批复可行性研究报告静态投资的部分不应大于批复可行性研究报告静态投资的10%,因特殊情况而超出者,须报原可行性研究报告批准单位批准。

第六十三条　铁路建设必须严格控制工程投资，避免损失和浪费，提高投资效益。除政策和特殊原因外，不得调增建设项目初步设计批准概算。

第六十四条　铁路建设必须严格执行国家有关财务管理制度，加强资金管理。

第六十五条　铁路建设项目的财政投资，必须按规定编制建设资金预算，严格执行批准预算。

第六十六条　铁路建设必须严格执行有关建设资金支付规定，严格按照合同约定拨付工程价款，不得超拨，也不得拖欠。严禁挤占、截留或挪用建设资金。

第六十七条　铁路建设资金的使用和管理，依法接受审计和监督检查。

## 第十一章　竣工验收

第六十八条　铁路建设项目按批准的设计文件建成后，必须按国家规定验收。未经验收或验收不合格的，不得交付使用。

第六十九条　铁路建设项目由验收机构组织验收，验收机构按国家规定设立。验收包括初验、正式验收和固定资产移交。限额以下项目和小型项目可一次验收。

第七十条　建设管理单位确认建设项目达到初验条件后提出申请初验报告，验收机构认为达到初验标准后，组织对项目进行初验；初验合格后，方可交付临管运营。

第七十一条　正式验收原则上在初验一年后进行。验收机构认为建设项目达到正式验收标准后，组织验收。验收合格后交付正式运营。

第七十二条　建设项目正式验收合格后，按规定办理固定资产移交工作。

## 第十二章　罚　　则

第七十三条　参与铁路建设活动的单位和个人，在铁路建设中发生违规违法行为的，依法承担相应的行政、经济和法律责任。

国务院铁路主管部门及其委托部门对违反本办法的行为进行行政处罚。

第七十四条　铁路建设管理单位违反本办法规定，有下列行为之一者，责令改正；情节严重的，降低资质等级；对直接责任人员依法给予行政处罚；构成犯罪的，依法追究刑事责任。

（一）必须招标的建设工程项目不进行招标，或违法、违规进行招标，或将工程项目发包给不具有相应资质条件的承包单位；

（二）不履行建设管理单位职责，造成延误工期、工程质量低劣或发生重大质量、安全事故；

（三）未按规定办理工程质量监督手续擅自开工；

（四）建设项目未经验收或验收不合格，擅自交付使用；

（五）擅自扩大建设项目规模、提高或降低建设标准；

（六）挤占、截留或挪用建设资金；

（七）未按批准的工期组织建设，盲目压缩工期，造成工程质量低劣，发生重大质量、安全事故；

（八）其他违法违规行为。

第七十五条　勘察设计企业承担铁路工程勘察设计业务违反本办法规定，有下列行为之一者，责令改正；情节严重的，暂停投标资格，由资质审批部门降低铁路专业资质等级直至撤销资质；对直接责任人员依法给予行政处罚；构成犯罪的，依法追究刑事责任。

(一)超越资质等级许可的范围承揽铁路工程勘察设计业务,允许其他单位或者个人以本单位名义承揽铁路勘察设计业务,将所承揽的铁路勘察设计业务进行转包或违法分包;

(二)未按照工程建设强制性标准进行设计,或未根据勘察成果资料进行工程设计;

(三)设计失误,造成严重经济损失;

(四)未按规定进行变更设计;

(五)其他违法违规行为。

第七十六条　工程施工承包企业承担铁路建设项目工程施工业务违反本办法规定,有下列行为之一者,责令改正;情节严重的,暂停投标资格,由资质审批部门降低铁路专业资质等级直至撤销资质;构成犯罪的,依法追究刑事责任。

(一)违法、违规参加工程投标,以非法手段中标;允许其他单位或者个人以本单位名义承揽铁路工程施工业务,转包或违法分包工程;

(二)未按照设计文件、施工技术标准施工;施工中偷工减料,使用不合格的建筑材料、建筑构配件和设备;施工现场管理混乱,造成工程质量低劣和安全隐患;

(三)不履行合同和投标承诺,不履行保修义务;

(四)不接受工程质量监督机构监督,不接受监理单位检查;

(五)发生重大工程质量事故或重大安全事故隐瞒不报、谎报或拖延报告;

(六)发现设计文件错误不报,造成工程质量低劣和安全隐患;

(七)其他违法违规行为。

第七十七条　工程监理企业承担铁路工程监理业务违反本办法规定,有下列行为之一者,责令改正;情节严重的,暂停投标资格,由资质审批部门降低铁路专业资质等级直至撤销资质;构成犯罪的,依法追究刑事责任。

(一)违法、违规参加工程监理投标,采用非法手段中标,转让监理业务;

(二)与建设管理、设计、施工企业串通,弄虚作假;

(三)不认真履行委托监理合同和投标承诺,监理人员因过错或失职造成质量事故;

(四)监理人员收受贿赂,接收礼品,索要钱物;

(五)发现设计文件错误不报,或接到施工单位关于设计文件错误的报告而未及时向建设管理单位报告,造成工程质量低劣和事故隐患;

(六)其他违法违规行为。

第七十八条　铁路建设管理部门的工作人员有徇私舞弊、滥用职权、玩忽职守行为的,依法给予纪律或行政处分;构成犯罪的,依法追究刑事责任。

## 第十三章　附　　则

第七十九条　利用外资(含国外贷款)的铁路建设项目,国家另有规定的,执行国家规定。

第八十条　已发布的铁路建设管理方面的规定、办法与本办法相悖的,以本办法为准。

第八十一条　本办法由国务院铁路主管部门负责解释。

第八十二条　本办法自2003年10月1日起施行。铁道部发布的《铁路基本建设管理暂行办法》(铁建〔1990〕191号)同时废止。

# 附录E　铁路建设工程质量管理规定

（铁道部2005年第25号令）

## 第一章　总　　则

第一条　为加强铁路建设工程质量管理，保证铁路建设工程质量，保护人民生命和财产安全，依据国家有关法律法规，制定本规定。

第二条　凡在中华人民共和国境内从事铁路建设工程新建、扩建、改建等有关活动及实施对铁路建设工程质量监督管理的，必须遵守本规定。

第三条　从事铁路建设工程建设、勘察设计、咨询、施工、监理的单位必须贯彻以人为本、服务运输、强本简末 、系统优化、着眼发展的建设理念组织建设，对铁路建设工程合理使用年限内的质量负责。

第四条　从事铁路建设工程勘察设计、咨询、施工、监理的单位及主要从业人员，应当取得相应等级的资质证书和个人执业资格，并在批准的资质和执业范围内从业。

第五条　铁道部负责全国铁路建设工程质量监督管理。

铁道部在其职权范围内可以依法委托铁路建设工程质量监督机构具体实施铁路建设工程质量监督管理工作。

## 第二章　铁路建设单位质量责任和义务

第六条　铁路建设单位必须严格执行有关法律、法规、规章和工程建设强制性标准，依据批准的设计文件组织工程建设，对工程质量负总责。

第七条　铁路建设单位应依法对工程建设项目的勘察设计、施工、监理进行招标，并应在所签订的合同中依法明确质量目标、责任。

由铁路建设单位采购建筑材料、构配件和设备的，铁路建设单位应当保证其质量符合设计文件和合同要求。

第八条　铁路建设单位应合理划分铁路建设工程标段，不得将铁路建设工程肢解发包，不得迫使投标人以低于成本的价格竞标，不得迫使中标人分包工程，不得任意压缩合理工期。

第九条　铁路建设单位不得明示或者暗示设计单位或施工单位违反工程建设强制性标准，降低工程质量；不得明示或者暗示施工单位使用不合格的建筑材料、构配件和设备。

铁路建设单位及其工作人员不得指定、推荐、介绍建筑材料、构配件和设备的生产厂、供应商。

第十条　铁路建设单位应当按规定在开工前到铁道部委托的铁路建设工程质量监督机构办理工程质量监督手续。

第十一条　铁路建设单位应当建立现场质量管理机构，配备相应的质量管理人员，制定建设项目质量管理制度，建立健全质量保证体系，落实质量责任。

第十二条　铁路建设单位应按规定对初步设计和Ⅰ类变更设计进行初审，对Ⅱ类变更设计进行审批，按规定组织工程地质勘察监理、设计咨询、施工图审核等。未经审核的施工图，不得使用。

第十三条　铁路建设单位应督促铁路建设工程的勘察设计、施工、监理单位按照投标承诺和合同约定落实组织机构、人员和机械设备，以保证工程质量。

第十四条　铁路建设单位应认真组织编制工程项目施工组织设计，加强施工过程质量检查，并按规定对有关单位进行质量信誉评价，及时处理存在的质量问题，及时组织单位工程质量验收。并应加强基础技术资料管理，保证竣工文件符合要求。

第十五条　发生工程质量事故后，铁路建设单位应按规定及时组织事故调查、处理和报告，不得隐瞒不报、谎报或拖延不报，并按规定妥善保管有关资料。

第十六条　铁路建设工程所涉及的新技术、新工艺、新材料、新设备，应按规定通过技术鉴定或审批，并制定相应质量验收标准。没有经过鉴定、批准或没有质量验收标准的，不得采用。

第十七条　铁路建设工程未经验收或验收不合格，不得交付使用。

## 第三章　勘察设计单位质量责任和义务

第十八条　勘察设计单位应按其资质等级及业务范围承揽铁路建设工程，不得转包或违法分包所承揽的工程。

第十九条　勘察设计单位必须严格执行有关法律、法规、规章和工程建设强制性标准，按照有关规程、规范和标准进行勘察设计，并对其勘察设计的质量负责。

第二十条　勘察单位的勘察成果必须真实、准确，设计单位应根据勘察成果进行设计，不得简化程序和工序。

勘察设计应当达到规定的内容及深度要求，明确工艺工序及质量要求，注明工程合理使用年限。特殊工程、新技术、新工艺、新设备、新材料等应在设计文件中作出详细说明。

第二十一条　设计单位在设计文件中选用的建筑材料、构配件和设备，应当注明标准、规格、性能等技术指标，其质量要求必须符合国家和行业有关标准。

除有特殊要求的建筑材料、专用设备等外，设计单位不得指定生产厂、供应商。

第二十二条　勘察设计单位应对审核合格的施工图进行交底，向施工单位作出详细说明，并应设置现场机构，及时解决施工过程中有关勘察设计问题。

第二十三条　勘察设计单位必须加强质量管理，制定项目质量管理制度，建立健全质量保证体系，明确和落实质量责任。应分阶段采取有效的质量控制措施和必要的质量技术保证，按照工程地质勘察监理、设计咨询、施工图审核意见等对勘察设计进行优化完善。

第二十四条　勘察设计单位应按规定参加工程检查和检验批以及分项、分部、单位工程的验收。发现违反设计文件进行施工的，应及时通知建设、施工、监理单位。

第二十五条　勘察设计单位应当参加铁路建设工程质量事故分析，提出相应的技术处理方案。对因勘察设计原因造成的工程质量事故承担相应责任。

第二十六条　勘察设计单位应按规定做好质量技术资料的整理、归档。

## 第四章　施工单位质量责任和义务

第二十七条　施工单位应在其资质等级许可的范围内承揽铁路建设工程。

施工单位不得转包、违法分包工程；使用劳务的，必须符合国家和铁道部劳务分包有关规定。

第二十八条　施工单位必须严格执行有关法律、法规和规章，严格执行工程建设强制性标准,按照有关规程、规范、标准和审核合格后的施工图施工,对施工质量负责。

第二十九条　依法分包的专项工程,分包单位应当对分包工程的质量向总承包单位负责,总承包单位对分包工程的质量承担连带责任。联合体中标的,联合体牵头人应对中标工程质量负总责。联合体各方应当共同与招标人签订合同,就中标项目工程质量向招标人承担连带责任。

第三十条　施工单位必须按照投标承诺和合同约定,设置现场施工管理机构,确定项目经理、技术负责人和质量负责人,明确其质量责任,并按规定在工程档案中明确记载,且未经铁路建设单位同意,不得更换。施工单位现场应实行扁平化管理。

第三十一条　施工单位应按照ISO－9000质量标准要求,在现场管理机构设置专门质量管理部门,配足专职工程质量管理人员,制定项目质量管理制度,建立健全质量保证体系,明确和落实质量责任。质量管理部门的人员一般应具有工程系列中级技术职称,至少有一人具有工程系列高级技术职称。

第三十二条　施工单位应加强从业人员的教育培训,坚持先培训、后上岗。未经教育培训或者考核不合格的人员,不得上岗作业。特种作业人员必须持证上岗。

第三十三条　施工单位必须按规定对建筑材料、构配件、设备等进行检验。未经检验或检验不合格的,禁止使用。涉及结构安全的,必须按规定进行见证取样。

施工单位设置的工地实验室必须符合有关规定。检验结果必须真实、准确,并按规定做好检验签认,保存检验资料。

第三十四条　施工单位开工前必须核对施工图,提出书面意见。施工中发现有差错或与现场实际情况不符的,应及时书面通知监理、勘察设计和建设单位,不得修改设计和继续施工。若继续施工造成损失的,施工单位与监理、勘察设计单位要承担同等责任。

第三十五条　发生工程质量事故后,施工单位必须按规定及时报告,并立即采取有效措施,防止事故扩大,保护事故现场,协助事故调查。对因施工原因造成的工程质量事故承担相应责任。

第三十六条　施工单位必须加强质量管理,在施工过程中强化质量自控,建立健全质量检验制度,严格工序管理,按规定做好隐蔽工程的检查、记录和签认,做到工程质量全过程控制。

第三十七条　施工单位在竣工验收时应落实工程保修责任,并对铁路建设工程合理使用年限内的施工质量负责。

第三十八条　施工单位应按规定做好质量技术资料的收集、整理和归档,保证竣工文件真实、完整。

## 第五章　监理单位质量责任和义务

第三十九条　监理单位必须按其资质等级及业务范围承担铁路建设工程监理业务,不得转让所承担的工程监理业务。

第四十条　监理单位必须严格执行有关法律、法规和规章,依照有关规程、规范、标准、批准的设计文件和委托监理合同实施监理,并对施工质量承担监理责任。

第四十一条　监理单位与被监理工程的施工单位以及建筑材料、建筑构配件和设备供应单位有隶属关系或者其他利害关系的,不得承担该项建设工程的监理业务。

第四十二条　监理单位必须按照投标承诺和委托监理合同约定,设置现场监理机构,配置现场监理人员,配备必需的试验、检测、办公设备及交通、通讯工具等。

总监理工程师及监理工程师变动必须经建设单位同意。

第四十三条　监理单位必须加强现场监理管理，制定监理工作管理制度，建立健全质量保证体系，明确和落实质量责任，并分阶段采取有效的质量控制措施，保证监理工作质量。

第四十四条　监理单位在开工前和施工中应核对施工图，发现差错或与现场实际情况不符，必须及时书面通知建设、设计、施工单位。

第四十五条　监理单位在开工前和施工中，必须按规定对施工单位的施工组织设计、开工报告、分包单位资质、进场机械数量及性能、投标承诺的主要管理人员及资质、质量保证体系、主要技术措施等进行审查，提出意见和要求，并检查整改落实情况。

第四十六条　监理单位应按规定组织或参加对检验批、分项、分部、单位工程验收。

第四十七条　监理单位应参与工程质量事故调查处理，对因监理原因造成的工程质量事故承担相应责任。

监理单位应按规定做好监理资料的整理、归档。

第四十八条　建设单位可根据工作需要调配使用监理人员。

## 第六章　监 督 管 理

第四十九条　铁道部及铁道部委托的铁路建设工程质量监督机构应当加强对有关建设工程质量的法律、法规和强制性标准执行情况的监督检查。

从事铁路建设工程质量监督的机构，必须按国家有关规定经铁道部考核合格后，方可实施质量监督。监督管理具体办法另行制定。

第五十条　铁路建设工程质量监督的主要内容是各责任主体的质量行为及工程实体质量，监督的主要方式是抽查和对竣工验收实施监督，并按规定出具工程质量监督报告。

第五十一条　铁路建设工程质量监督机构应将各责任主体及检测机构等有关单位的不良质量行为进行核实、记录，并按规定进行通报、公布。

第五十二条　铁路建设工程质量监督机构履行监督检查职责时，有权采取下列措施：

一、要求被检查的单位提供有关工程质量的文件和资料；

二、进入被检查单位的施工现场进行检查；

三、发现工程质量问题时，责令改正或临时停工。

第五十三条　铁路建设工程质量监督机构进行监督检查时，有关单位和个人应予支持和配合，不得拒绝或阻碍质量监督检查人员依法执行职务。

第五十四条　任何单位和个人对铁路建设工程质量事故、质量缺陷和影响工程质量的行为有权进行举报。

对因举报而避免或消除重大质量问题、隐患的，由铁路建设工程质量监督机构或报请有关部门给予表彰和奖励。

## 第七章　法 律 责 任

第五十五条　铁路建设工程的建设、勘察设计、施工、监理单位及其有关人员违反本规定，责令改正，并由铁道部或铁道部委托的铁路建设工程质量监督机构依照《建设工程质量管理条例》规定进行行政处罚。

第五十六条　铁路建设单位违反本规定第十一、十三、十四、十五、十六条的，由铁道部或铁路建设工程质量监督机构责令改正，并对单位和直接责任人给予警告。

第五十七条　铁路勘察设计单位违反本规定第二十二、二十三、二十四、二十六条的，责令改正，并由铁道部或铁路建设工程质量监督机构对单位和直接责任人给予警告。同一年度、同一建设项目勘察设计单位连续受到两次及以上警告的，按规定限制其参加铁路勘察设计投标或方案竞选。

第五十八条　铁路施工单位违反本规定第三十、三十一、三十二、三十四、三十六、三十八条的，责令改正，由铁道部或铁路建设工程质量监督机构对单位和直接责任人给予警告。同一年度、同一建设项目施工单位连续受到两次及以上警告的，按规定限制其参加铁路工程施工投标。

第五十九条　铁路监理单位违反本规定第四十二、四十三、四十四、四十五、四十六、四十七条的，责令改正，由铁道部或铁路建设工程质量监督机构对单位和直接责任人给予警告。同一年度、同一建设项目监理单位连续受到两次及以上警告的，按规定限制其参加铁路工程监理投标。

第六十条　铁路建设工程的勘察设计、施工、监理单位的建筑师、结构工程师、建造师、监理工程师等注册执业人员因过错造成质量大事故的，一年内不得在铁路建设市场执业；造成重大质量事故的，五年内不得在铁路建设市场执业；情节特别严重的，建议国家有关部门吊销执业资格。

在铁路工程建设中弄虚作假，编制或出具虚假技术资料和实验、检测结果的责任人员，五年内不得在铁路建设市场执业；情节特别严重的，建议国家有关部门吊销相关资格。

第六十一条　铁道部有关工作人员或铁路建设工程质量监督管理人员在监督管理工作中玩忽职守、滥用职权、循私舞弊，未构成犯罪的，责令改正，并依法给予行政处分；构成犯罪的，依法移交司法机关追究刑事责任。

## 第八章　附　　则

第六十二条　从事铁路建设工程咨询等业务的单位质量责任和义务，另行规定。

第六十三条　本规定由铁道部负责解释。

第六十四条　本规定自2006年3月1日起实施。

# 附录 F　公路水运工程试验检测信用评价办法(试行)

(交质监发〔2009〕318 号)

## 第一章　总　　则

第一条　为加强公路水运试验检测管理和诚信体系建设,增强试验检测机构和人员诚信意识,促进试验检测市场健康有序发展,依据《建设工程质量管理条例》、《公路建设市场管理办法》(交通部 2004 年 14 号令)和《公路水运工程试验检测管理办法》(交通部令 2005 年 12 号,以下简称 12 号令),制定本办法。

第二条　本办法所称信用评价是指交通运输主管部门对持有公路水运试验检测工程师或试验检测员证书的试验检测从业人员和取得公路水运工程试验检测等级证书并承担公路水运工程质量鉴定、验收、评定(检验)、监测及第三方试验检测业务的试验检测机构的从业承诺履行状况等诚信行为的综合评价。

第三条　信用评价应遵循公开、客观、公正、科学的原则。

第四条　交通运输部负责公路水运工程试验检测机构和人员信用评价工作的统一管理。负责试验检测工程师和取得公路水运甲级及专项等级证书并承担高速公路、独立特大桥、长大隧道及大型水运工程质量鉴定、验收、评定(检验)、监测及第三方试验检测业务试验检测机构的信用评价和信用评价结果的发布。交通运输部所属的质量监督机构(以下简称部质监机构)负责信用评价的具体组织实施工作。

省级交通运输主管部门负责在本行政区域内从事公路水运工程试验检测业务的试验检测人员和相关试验检测机构信用评价工作的管理。省级交通运输主管部门所属的质量监督机构(以下简称省级质监机构)负责信用评价的具体组织实施工作。

在本省注册,属交通运输部发布范围的试验检测机构和试验检测工程师信用评价结果经省级交通运输主管部门审核后报部质监机构。

在本省注册的试验检测员和取得公路水运乙级、丙级等级证书并承担工程质量鉴定、验收、评定(检验)、监测及第三方试验检测业务的试验检测机构,及根据本省实际确定的其它范围的试验检测机构的信用评价结果,由省级交通运输主管部门审定后发布。

第五条　信用评价周期为 1 年,评价的时间段从 1 月 1 日至 12 月 31 日。评价结果定期公示、公布,对被直接评为信用很差的试验检测机构和人员应当及时公布。

## 第二章　试验检测机构信用评价

第六条　试验检测机构的信用评价实行综合评分制。试验检测机构设立的工地试验室及单独签订合同承担的工程质量鉴定、验收、评定(检验)及监测等现场试验检测项目(以下简称现场检测项目)的信用评价,作为其信用评价的组成部分。

综合评分的具体扣分标准见《公路水运工程试验检测机构信用评价标准》(附件 1)和《公路水运工程工地试验室及现场检测项目信用评价标准》(附件 2)。

第七条　试验检测机构、工地试验室及现场检测项目的信用评价基准分为 100 分。按附件4的公式计算。

第八条　试验检测机构信用评价分为AA、A、B、C、D五个等级,评分对应的信用等级分别为:

AA级:信用评分>95分,信用好;

A级:85 <信用评分≤95分,信用较好;

B级:70<信用评分≤85分,信用一般;

C级:60 <信用评分≤70分,信用较差;

D级:信用评分≤60分,信用很差。

被评为D级的试验检测机构直接列入黑名单,并按12号令予以处罚。

第九条　试验检测机构信用评价程序

(一)试验检测机构应于 次年1月20日前完成信用评价自评,并将自评表(附件5)报其注册地的省级质监机构。

(二)工地试验室及现场检测项目应于当年12月31日前,或工程建设项目(含现场检测项目)结束时完成信用评价自评,并将自评表(附件6)报项目业主;项目业主根据项目管理过程中所掌握的情况提出评价意见,于次年1月15日前将工地试验室及现场检测项目的评价意见及扣分依据材料报负责该项目监督的质监机构,项目业主应对评价意见的客观性负责;质监机构根据业主评价意见结合日常监督情况进行评价,评价结果于1月30日前报省级质监机构。

(三)省级质监机构对工地试验室及现场检测项目信用评价结果进行复核评价。工地试验室及现场检测项目的母体试验检测机构为外省区注册的,信用评价结果经省级交通运输主管部门审核后于2月10日前转送其注册地省级质监机构。

省级质监机构对在本省注册的试验检测机构信用进行综合评分。属交通运输部发布范围的试验检测机构信用评价结果及相关资料,经省级交通运输主管部门审核后于2月25日前报送部质监机构。属本省发布范围的试验检测机构的信用评价结果,由省级交通运输主管部门审定后于4月底前完成公示、公布。

(四)属交通运输部发布范围的试验检测机构信用评价结果,由部质监机构在汇总各省信用评价结果的基础上,结合掌握的相关信用信息进行复核评价,于4月底前在交通运输部信用评价系统中统一公示、公布。

第十条　质监机构用于复核评价的不良信用信息采集每年至少1次且要覆盖到评价标准的所有项。

各级质监机构开展的监督检查中发现的违规行为、投诉举报查实的违规行为、交通运输主管部门通报批评中的违规行为均作为对试验检测机构、工地试验室及现场检测项目信用的评价依据。

信用检查结果应有检查人员的签字确认,多次发现的问题可累计扣分。上一级质监机构应当对下一级质监机构所负责评价的试验检测机构。

工地试验室及现场检测项目进行随机抽查复核。

## 第三章　试验检测人员信用评价

第十一条　试验检测人员信用评价实行随机检查累计扣分制,工地试验室授权负责人实行定期检查累计扣分制,评价标准见《公路水运工程试验检测人员信用评价标准》(附件3)。

信用评价扣分依据为项目业主掌握的不良信用信息，质监机构监督检查中发现的违规行为、投诉举报查实的违规行为、交通运输主管部门通报中的违规行为等。

第十二条　评价周期内累计扣分分值大于等于 20 分，小于 40 分的试验检测人员信用等级为信用较差；扣分分值大于等于 40 分的试验检测人员信用等级为信用很差。

连续 2 年信用等级被评为信用较差的试验检测人员，其信用等级直接降为信用很差。

被确定为信用很差或伪造证书上岗的试验检测人员列入黑名单，并按 12 号令予以处罚。

第十三条　在评价周期内，试验检测人员在不同项目和不同工作阶段发生的违规行为实行累计扣分。一个具体行为涉及两项以上违规行为的，以扣分标准高者为准。

第十四条　各省级质监机构负责对在本省从业的试验检测人员进行信用评价。

试验检测工程师的信用评价结果及相关资料经省级交通运输主管部门审核后于次年 2 月 25 日前报送部质监机构。

跨省从业的试验检测员的信用评价结果及相关资料经省级交通运输主管部门审核后于 2 月 10 日前转送其注册地省级质监机构。

在本省注册的试验检测员的信用评价结果，由省级交通运输主管部门审定后于 4 月底前完成公示、公布。

部质监机构对试验检测工程师在全国范围内的扣分进行累加。信用评价结果于 4 月底前完成公示、公布。

## 第四章　信用评价管理

第十五条　信用评价结果公布前应予以公示，公示期为 10 个工作日，最终确定的信用评价结果自正式公布之日起 5 年内，向社会提供公开查询。

第十六条　质监机构应指定专人负责试验检测机构和试验检测人员信用评价工作，及时完成相关信用信息的整理、资料归档、数据录入等工作。

第十七条　信用评价实行评价人员及评价机构负责人签认负责制，做出信用评价的机构及人员对评价结果负责，并接受上级部门及社会各界的监督。发现评价结果不符合实际情况的应予以纠正；发现在评价工作中徇私舞弊、打击报复、谋取私利的，按有关规定追究相关人员的责任。

## 第五章　附　　则

第十八条　省级交通运输主管部门可根据本省实际情况，参照本办法制定实施细则。实施细则报交通运输部备案。

第十九条　本办法自印发之日起施行。

第二十条　本办法由交通运输部负责解释。

## 附件1

### 公路水运工程试验检测机构信用评价标准

| 序号 | 行为代码 | 失信行为 | 扣分标准 | 备注 |
|---|---|---|---|---|
| 1 | JJC201001 | 出借或借用试验检测等级证书承揽试验检测业务的 | 直接确定为D级 | |
| 2 | JJC201002 | 以弄虚作假或其他违法形式骗取等级证书或承接业务的 | 直接确定为D级 | |
| 3 | JJC201003 | 出具虚假数据报告并造成质量标准降低的 | 直接确定为D级 | |
| 4 | JJC201004 | 所设立的工地试验室及现场检测项目有得分为0分的 | 直接确定为D级 | |
| 5 | JJC201005 | 存在虚假数据报告及其他虚假资料 | 扣10分/份、单次扣分不超过30分 | ★ |
| 6 | JJC201006 | 超等级能力范围承揽业务的 | 扣5分/参数 | |
| 7 | JJC201007 | 未对设立的工地试验室及现场检测项目有效监管的 | 扣10分/个 | |
| 8 | JJC201008 | 聘用信用很差或无证试验检测人员从事试验检测工作的，或所聘用的试验检测人员被评为信用很差的 | 扣10分/人 | |
| 9 | JJC201009 | 报告签字人不具备资格 | 扣2分/份、单次扣分不超过10分 | ★ |
| 10 | JJC201010 | 试验检测机构的重要变更（指机构行政负责人、技术、质量负责人、地址等的变更）未在规定期限内办理变更手续 | 扣5分/次 | |
| 11 | JJC201011 | 评价期内，持证人员数量达不到相应等级要求 | 扣5分/试验检测工程师、扣3分/试验检测员 | |
| 12 | JJC201012 | 评价期内，试验检测机构技术负责人、质量负责人上岗资格达不到相应等级要求 | 扣10分/人 | |
| 13 | JJC201013 | 评价期内，强制性试验检测设备配备不满足等级标准要求 | 扣10分/台 | |
| 14 | JJC201014 | 试验检测设备未按规定检定校准的 | 扣2分/台，单次扣分不超过20分 | ★ |
| 15 | JJC201015 | 试验检测环境达不到技术标准规定要求的 | 扣2分/处，单次扣分不超过10分 | ★ |
| 16 | JJC201016 | 试验检测原始记录信息及数据记录不全，结论不准确，试验检测报告不完整（含漏签、漏盖章） | 扣3分/类 | |
| 17 | JJC201017 | 无故不参加质监机构组织的比对试验的 | 扣10分/次 | |

★：单次扣分达到标准上限的，应在3个月内再次进行监督复查，若仍存在同样问题应再次扣分。

**附件 2**

## 公路水运工程工地试验室及现场检测项目信用评价标准

| 序号 | 行为代码 | 失 信 行 为 | 扣分标准 | 备 注 |
|---|---|---|---|---|
| 1 | JJC202001 | 出虚假数据报告并造成质量标准降低的 | 扣 100 分 | |
| 2 | JJC202002 | 存在虚假数据和报告及其他虚假资料 | 扣 10 分/ 份,单次扣分不超过 30 分 | ★ |
| 3 | JJC202003 | 聘用信用很差或无证试验检测人员从事试验检测工作的，或所聘用的试验检测人员被评为信用很差的 | 扣 10 分/人 | |
| 4 | JJC202004 | 未经母体机构有效授权 | 扣 20 分/项 | ▲ |
| 5 | JJC202005 | 授权负责人不是母体机构派出人员的 | 扣 10 分 | ▲ |
| 6 | JJC202006 | 超授权范围开展业务 | 扣 5 分/参数 | ▲ |
| 7 | JJC202007 | 未按规定或合同配备相应条件的试验检测人员或擅自变更试验检测人员 | 扣 5 分/试验检测师・次、3 分/试验检测员・次 | |
| 8 | JJC202008 | 未按规定或合同配备满足要求的仪器设备、设备未按规定检定校准的 | 扣 2 分/台,单次扣分不超过 20 分 | ★ |
| 9 | JJC202009 | 试验检测环境达不到技术标准规定要求的 | 扣 2 分/处,单次扣分不超过 10 分 | ★ |
| 10 | JJC202010 | 报告签字人不具备资格 | 扣 2 分/份,单次扣分不超过 10 分 | ★ |
| 11 | JJC202011 | 试验检测原始记录信息及数据记录不全,结论不准确,试验检测报告不完整(含漏签、漏盖章),试验检测频率不满足规范或合同要求 | 扣 3 分/类 | |
| 12 | JJC202012 | 未按规定上报发现的试验检测不合格事项以及不合格报告 | 未上报扣 5 分/次 | |
| 13 | JJC202013 | 对各级监督部门提出的检查意见整改不闭合的 | 扣 20 分/项 | |
| 14 | JJC202014 | 未经备案审核开展检测业务的 | 扣 20 分 | ▲ |
| 15 | JJC202015 | 严重违反试验检测技术规程操作的 | 扣 10 分/项 | |

★:单次扣分达到标准上限的,应在 3 个月内再次进行监督复查,若仍存在同样问题应再次扣分。
▲:仅适用于工地试验室。

## 附件3

# 公路水运工程试验检测人员信用评价标准

| 序号 | 行为代码 | 失信行为 | 扣分标准 | 备注 |
|---|---|---|---|---|
| 1 | JJC203001 | 在试验检测活动中被司法部门认定构成犯罪的 | 扣40分 | |
| 2 | JJC203002 | 出具虚假数据报告造成质量标准降低的 | 扣40分 | |
| 3 | JJC203003 | 出现JJC201001、JJC201002、JJC201003、JJC201004项行为对相应负责人的处理 | 1001、1002行为扣40分，1003、1004行为扣20分 | |
| 4 | JJC203004 | 同时受聘于两个或两个以上试验检测机构的 | 扣20分 | |
| 5 | JJC203005 | 出借试验检测人员资格证书的 | 扣40分/次 | |
| 6 | JJC203006 | 在试验检测工作中，有徇私舞弊、吃拿卡要行为 | 扣20分/次 | |
| 7 | JJC203007 | 利用工作之便推销建筑材料、构配件和设备的 | 扣20分/次 | |
| 8 | JJC203008 | 玩忽职守造成质量安全隐患或事故的； | 扣20分/次 | |
| 9 | JJC203009 | 出现JJC201007、JJC201011、JJC201013项行为的对技术或质量负责人的处理，出现JJC201008、JJC201010、JJC201012、JJC201017、JJC202005项行为的对机构负责人的处理 | 扣3分/项 | |
| 10 | JJC203010 | 未按相关标准、规范、试验规程等要求开展试验检测工作，试验检测数据失真的 | 扣5分/次 | |
| 11 | JJC203011 | 超出资格证书中规定项目范围进行试验检测活动的 | 扣5分/项 | |
| 12 | JJC203012 | 出具虚假数据和报告的 | 扣10分/份 | |
| 13 | JJC203013 | 越权签发、代签、漏签试验检测报告的 | 扣5分/类 | |
| 14 | JJC203014 | 工地试验室信用评价得分<70分时对其授权负责人的处理 | 20分 | ● |
| 15 | JJC203015 | 工地试验室有JJC202002－3、JJC202006、JJC202012、JJC202015项行为时对其授权负责人的处理 | 2002－3行为扣5分/项，2006、12、15行为扣3分/项 | ● |

●：仅适用于工地试验室授权负责人

# 参 考 文 献

[1] 铁道第一勘察设计院．铁路路基设计规范(TB 10001—2005)．北京:中国铁道出版社,2005.

[2] 铁道第三勘察设计院集团有限公司．高速铁路设计规范(试行)(TB 10621—2009)．北京:中国铁道出版社,2010.

[3] 中铁十二局集团有限公司．铁路路基工程施工质量验收标准(TB 10414—2003)．北京:中国铁道出版社,2004.

[4] 中铁十二局集团有限公司．高速铁路路基工程施工质量验收标准(TB 10751—2010)．北京:中国铁道出版社,2011.

[5] 中交集团第一公路工程局有限公司．公路路基施工技术规范(JTG F10—2006)．北京:人民交通出版社,2006.

[6] 交通部公路科学研究所．公路工程质量检验评定标准．第一册．土建工程(JTG F80/1—2004)．北京:人民交通出版社,2004.

[7] 中国纺织科学研究院．土工合成材料．短丝针刺非织造土工布(GBT 17638—1998)．北京:中国标准出版社,1999.

[8] 中国纺织科学研究院．土工合成材料．长丝纺粘针刺非织造土工布(GB/T 17639—2008)．北京:中国标准出版社,2008.

[9] 中国纺织科学研究院．土工合成材料．长丝机织土工布(GB/T 17640—2008)．北京:中国标准出版社,2008.

[10] 中国纺织科学研究院．土工合成材料．裂膜丝机织土工布(GB/T 17641—1998)．北京:中国标准出版社,1999.

[11] 国家纺织制品质量监督检验中心．非织造布复合土工膜(GB/T 17642—2008)．北京:中国标准出版社,2008.

[12] 黑龙江齐塑塑料制品有限公司．聚氯乙烯土工膜(GB/T 17688—1999)．北京:中国标准出版社,1999.

[13] 交通部公路科学研究所．公路工程土工合成材料土工膜(JT/T 518—2004)．北京:人民交通出版社,2004.

[14] 重庆庆兰实业有限公司．土工合成材料:塑料土工格栅(GB/T 17689—2008)．北京:中国标准出版社,2008.

[15] 交通部公路科学研究所．交通工程土工合成材料．土工格栅(JT/T 480—2002)．北京:人民交通出版社,2002.

[16] 交通部公路科学研究所．公路工程土工合成材料．有纺土工织物(JT/T 514—2004)．北京:人民交通出版社,2004.

[17] 交通部公路科学研究院．公路土工合成材料．无纺土工织物(JT/T 667—2006)．北京:人民交通出版社,2007.

[18] 交通部公路科学研究所．公路土工合成材料．塑料排水板(带)(JT/T 521—2004)．北京:人民交通出版社,2004.

[19] 交通部公路科学研究所．公路土工合成材料．短纤针刺非织造土工布(JT/T 520—2004)．北京:人民交通出版社,2004.

[20] 交通部公路科学研究所．公路工程土工合成材料．长丝纺粘针刺非织造土工布(JT/T 519—2004)．北

京:人民交通出版社,2004.

[21] 南京水利科学研究院．土工试验方法(2008 版)(GB/T 50123—1999)．北京:中国计划出版社,2008.

[22] 交通部公路科学研究院．公路土工试验规程(JTG E40—2007)．北京:人民交通出版社,2007.

[23] 中铁第一勘察设计院集团有限公司．铁路工程土工试验规程(TB 10102—2010)．北京:中国铁道出版社,2011.

[24] 交通部公路科学研究院．公路路基路面现场测试规程(JTG E60—2008)．北京:人民交通出版社,2008.

[25] 建设综合勘察研究设计院．岩土工程勘察规范(2009 年版)(GB 50021—2001)．北京:中国建筑工业出版社,2009.

[26] 铁道第四勘察设计院．铁路工程地质原位测试规程(TB 10018—2003)．北京:中国铁道出版社,2003.

[27] 中交第一公路勘察设计研究院有限公司．公路工程地质勘察规范(JTG C20—2011)．北京:人民交通出版社,2011.

[28] 天津市第一预应力钢丝有限公司,天津市银龙预应力钢丝有限公司．预应力混凝土用钢丝(GB/T 5223—2002)．北京:中国标准出版社,2002.

[29] 天津市第一预应力钢丝有限公司,新华金属制品股份有限公司．预应力混凝土用钢绞线(GB/T 5224—2003)．北京:中国标准出版社,2003.

[30] 天津第一预应力钢丝有限公司．预应力混凝土用钢棒(GB 5223.3—2005)．北京:中国标准出版社,2005.

[31] 中国建筑科学研究院．无黏结预应力钢绞线(JG 161—2004)．北京:中国标准出版社,2004.

[32] 国家建筑钢材质量监督检验中心．预应力混凝土用螺纹钢筋(GB/T 20065—2006)．北京:中国标准出版社,2006.

[33] 苏州混凝土水泥制品研究院,苏州中材建筑建材设计院．混凝土制品用冷拔低碳钢丝(JC/T 540—2006)．北京:建材工业出版社,2006.

[34] 中国建筑科学研究院．预应力筋用锚具、夹具和连接器(GB/T 14370—2007)．北京:中国标准出版社,2008.

[35] 中交公路规划设计院有限公司．公路桥梁预应力钢绞线用锚具、夹具和连接器(JT/T 329—2010)．北京:人民交通出版社,2011.

[36] 中国建筑科学研究院．预应力混凝土用金属波纹管(JG 225—2007)．北京:中国标准出版社,2007.

[37] 交通部公路科学研究所．预应力混凝土桥梁用塑料波纹管(JT/T 529—2004)．北京:人民交通出版社,2004.

[38] 中交公路规划设计院有限公司．公路桥梁盆式支座(JT/T 391—2009)．北京:人民交通出版社,2009.

[39] 铁道科学研究院铁道建筑研究所,铁道专业设计院．铁路桥梁盆式橡胶支座(TB/T 2331—2004)．北京:中国铁道出版社,2004.

[40] 中交公路规划设计院．公路桥梁板式橡胶支座(JT/T 4—2004)．北京:人民交通出版社,2004.

[41] 铁道科学研究院,中铁工程设计咨询集团有限公司．铁路桥梁板式橡胶支座(TB/T 1893—2006)．北京:中国铁道出版社,2007.

[42] 中交第一公路工程局有限公司．公路桥涵施工技术规范(JTG/T F50—2011)．北京:人民交通出版社,2011.

[43] 湖北省计量测试技术研究院．液压千斤顶检定规程(JJG 621—2005)．北京:中国计量出版社,2005.

[44] 中国铁道科学研究院金属及化学研究院．铁路隧道防水材料暂行技术条件·第 1 部分·防水板(科技基〔2008〕21 号)．北京:中国铁道出版社,2008.

[45] 中国铁道科学研究院金属及化学研究院．铁路隧道防水材料暂行技术条件·第 2 部分·止水带(科技基〔2008〕21 号)．北京:中国铁道出版社,2008.

[46] 北京市橡胶制品设计研究院．高分子防水材料·第二部分·止水带(GB 18173.2—2000)．北京:中国标准出版社,2000.

[47] 铁道部经济规划研究院．中空锚杆技术条件(TB/T 3209—2008)．北京:中国铁道出版社,2008.

[48] 煤炭科学研究总院北京建井研究所．水泥锚杆:卷式锚固剂(MT 219—2002)．北京:煤炭工业出版社,2002.

[49] 苏州混凝土水泥制品研究院,苏州中材建筑建材设计研究院．预应力混凝土管(GB 5696—2005)．北京:中国标准出版社,2007.

[50] 中交第一公路工程局有限公司．公路隧道施工技术规范(JTG F60—2009)．北京:人民交通出版社,2009.

[51] 中铁一局集团有限公司．高速铁路隧道工程施工质量验收标准(TB 10753—2010)．北京:中国铁道出版社,2011.

[52] 中铁二局集团有限公司．铁路隧道工程施工质量验收标准(TB 10417—2003)．北京:中国铁道出版社,2004.

[53] 中铁一局集团有限公司．铁路隧道工程施工技术指南(TZ 204—2008)．北京:中国铁道出版社,2009.

[54] 中铁二局集团有限公司．高速铁路隧道工程施工技术指南(铁建设〔2010〕241 号)．北京:中国铁道出版社,2011.

[55] 冶金部建筑研究总院．锚杆喷射混凝土支护技术规范(GB 50086—2001)．北京:中国计划出版社,2001.

[56] 水利部松辽水利委员会．水利水电工程锚喷支护技术规范(SL 377—2007)．北京:中国水利水电出版社,2008.

[57] 中国水利水电第一工程局．水电水利工程锚喷支护施工规范(DLT 5181—2003)．北京:中国水利水电出版社,2003.

[58] 中国煤炭工业协会煤矿支护专业委员会．煤巷锚杆支护技术规范(MTT 1104—2009)．北京:煤炭工业出版社,2010.

[59] 中铁二院工程集团有限公司．铁路隧道监控量测技术规程(TB 10121—2007)．北京:中国铁道出版社,2007.

[60] 交通部公路科学研究所．公路路面基层施工技术规范(JTJ 034—2000)．北京:人民交通出版社,2000.

[61] 交通部公路科学研究所．公路沥青路面施工技术规范(JTG F40—2004)．北京:人民交通出版社,2004.

[62] 交通部公路科学研究院．公路水泥混凝土路面施工技术规范(JTG F30—2003)．北京:人民交通出版社,2003.

[63] 交通部公路科学研究院．公路工程无机结合料稳定材料试验规程(JTG E51—2009)．北京:人民交通出版社,2009.

[64] 中国铁道科学研究院．客运站向铁路 CRTS Ⅰ型板式无砟轨道用水泥乳化沥青砂浆暂行技术条件(科技基〔2008〕74 号)．北京:中国铁道出版社,2008.

[65] 中国铁道科学研究院．客运站向铁路 CRTS Ⅰ型板式无砟轨道用水泥乳化沥青砂浆暂行技术条件—严寒地区补充规定(科技基〔2009〕77 号)．北京:中国铁道出版社,2009.

[66] 中国铁道科学研究院．客运站向铁路 CRTS Ⅱ型板式无砟轨道用水泥乳化沥青砂浆暂行技术条件(科技基〔2008〕74 号)．北京:中国铁道出版社,2008.

[67] 中国铁道科学研究院．客运专线铁路 CRTS Ⅰ型板式无砟轨道凸形挡台填充聚氨酯树脂(CPU)暂行技术条件(科技基〔2008〕74 号)．北京:中国铁道出版社,2008.

[68] 中国铁道科学研究院．客运专线铁路 CRTS Ⅰ型板式无砟轨道水泥乳化沥青浆和凸台树脂用灌注袋暂行技术条件(科技基〔2008〕74 号)．北京:中国铁道出版社,2008.

[69] 铁道第三勘察设计院集团有限公司．客运专线铁路 CRTSⅡ型板式无砟轨道高强度挤塑板暂行技术条件(科技基〔2009〕88 号)．北京:中国铁道出版社,2009.

[70] 中国铁道科学研究院．铁路碎石道砟(TB/T 2140—2008)．北京:中国铁道出版社,2008.

[71] 铁道部科学研究院铁道建筑研究所．铁路碎石道床底碴(TB/T 2897—1998)．北京:中国铁道出版

社,1998.
[72] 中铁一局集团有限公司．铁路轨道工程施工质量验收标准(TB 10413—2003)．北京:中国铁道出版社,2004.
[73] 中铁八局集团有限公司．高速铁路轨道工程施工质量验收标准(TB 10754—2010)．北京:中国铁道出版社,2011.
[74] 中铁第一勘察设计院集团有限公司．铁路工程土工试验规程(TB 10102—2010)．北京:中国铁道出版社,2011.
[75] 铁道部工程管理中心．客运专线铁路工地试验室建设管理手册(工管工【2009】57 号)．北京:中国铁道出版社,2009.
[76] 中铁四局集团有限公司．铁路建设项目工程试验室管理标准(TB 10442—2009)．北京:中国铁道出版社,2009.
[77] 刘世强．公路工程试验检测技术与标准规范应用实务手册．吉林:吉林音像出版社,2003.
[78] 叶阳升．论铁路路基填料分类．中国铁道科学,2004 年第 2 期．
[79] 张彦秋,李乃千．浅谈沥青混合料配合比设计注意事项．黑龙江交通科技,2009 年第 2 期．
[80] 梁隽．SMA 沥青混合料配合比设计．交通世界,2009 年第 13 期．
[81] 侯永生．粉煤灰对混凝土性能的影响．建材技术与应用,2005 年第 2 期．
[82] 侯永生．水玻璃系混凝土养护剂的研究．山西建筑,2005 年第 10 期．
[83] 侯永生．混凝土收缩与非受力裂缝．山西建筑,2005 年第 11 期．
[84] 孙开华,侯永生．金刚砂灰粉混凝土活性掺合料的研究．山西建筑,2004 年第 5 期．
[85] 侯永生,刘桂君,王联芳．混凝土的配制及施工技术．北京:中国铁道出版社,2010.
[86] 侯永生．客运专线铁路改良土填筑施工技术．粉煤灰综合应用,2010 年第 3 期．
[87] 侯永生．铁路现浇箱梁高性能混凝土的配制与施工控制．山西建筑,2011 年第 33 期．